Synthèse réalisée par la
Rédaction des Éditions Francis Lefebvre
en collaboration avec

Pascal JULIEN SAINT-AMAND
Notaire à Paris
Ancien avocat fiscaliste
Président du Groupe notarial Althémis
Docteur en droit français et Docteur en droit européen

Sophie GONSARD
Notaire au Vésinet
Spécialiste stratégie patrimoniale du Groupe Althémis, réseau notarial

Responsabilité éditoriale
Rémy FOSSET

ÉDITIONS FRANCIS LEFEBVRE
42, rue de Villiers – 92300 LEVALLOIS

ISBN : 978 2 36893 630 6 - Éditions Francis Lefebvre 2022

DOSSIER PRATIQUE

THÈMEXPRESS

ASSURANCE-VIE ET CONTRATS DE CAPITALISATION

CONSULTEZ VOTRE DOSSIER PRATIQUE MIS À JOUR
sur
abonnes.efl.fr
Login : **ASVIE**
Mot de passe : **2022**

À jour au 15 Avril 2022

EDITIONS
FRANCIS LEFEBVRE

Sommaire analytique

LES CHIFFRES RENVOIENT AUX NUMÉROS DES PARAGRAPHES

Synthèse

Synthèse

I. Présentation générale de l'assurance-vie

Qu'est-ce que l'assurance-vie ?

1 Le terme « assurance-vie » est un terme générique qui désigne des **contrats de nature très différente**. Au sein des « assurances de personnes », la catégorisation réalisée par la Fédération française de l'assurance (qui a adopté le nom d'usage France Assureurs en 2022) distingue entre :

– les contrats « Épargne et retraite », c'est-à-dire les « assurances en cas de vie » et les contrats de capitalisation ;
– les contrats « Santé et prévoyance » que sont les assurances en cas de maladie et d'accidents corporels et les assurances en cas de décès.

En revanche sous le terme « assurance-vie » la Fédération française de l'assurance regroupe les assurances en cas de vie, les assurances en cas de décès et les contrats de capitalisation.

Familles de contrats d'assurance-vie

2 À la différence des contrats de capitalisation, les contrats d'assurance en cas de vie ou en cas de décès présentent la **caractéristique commune** d'être souscrits sur la tête d'un assuré dont le décès ou la survie au cours du contrat va conditionner le sort final de l'opération.
Les contrats de capitalisation feront donc l'objet d'une étude séparée. Voir ▶ 421 s.
Au sein de l'assurance-vie, on distinguera **trois grandes catégories** de contrats (à l'intérieur desquelles les assureurs ont élaboré une multitude de sous-catégories) :

– l'assurance couvrant le risque de vie, dont la finalité est la constitution d'un capital ou d'une rente (▶ 3 s.) ;
– l'assurance couvrant le risque de décès, dont l'objet est de garantir un capital à des bénéficiaires désignés, en cas de décès de l'assuré (▶ 7 s.) ;
– l'assurance « combinée », dont l'objectif est à la fois la constitution d'une épargne et la garantie d'un capital en cas de décès de l'assuré (▶ 12 s.). Elle constitue l'essentiel du marché de l'assurance-vie placement.

Il convient aussi d'évoquer quelques **formules voisines de placement** s'inspirant de l'assurance-vie, parmi lesquelles la tontine (▶ 47 s.) et les utilisations « jumelées » entre assurance-vie et crédit (▶ 52 s.).

Seront enfin présentées les grandes lignes du contrôle des compagnies françaises (▶54 s.) et le cas des contrats souscrits auprès de compagnies établies à l'étranger, essentiellement des compagnies luxembourgeoises en ce qui concerne les contrats d'assurance-vie placement (▶58 s.).

a. Contrats d'assurance couvrant le risque de vie

En bref

3 L'objectif est de couvrir le risque que l'assuré soit encore en vie à une date déterminée ou à un âge donné, en prévoyant dans cette hypothèse le versement d'un capital ou d'une rente par la compagnie d'assurance. **Plusieurs formules** doivent être envisagées.

Assurance de capital diffère (sans contre-assurance)

4 En contrepartie d'une prime unique ou de primes périodiques, l'assureur est tenu au versement du capital convenu si l'**assuré** est toujours **en vie à une date déterminée** ou à un **âge déterminé.** En cas de prédécès de l'assuré, l'assureur est définitivement dégagé de toute obligation de paiement.
Cette formule permet au souscripteur-assuré de se constituer un capital destiné à lui être versé à une date ou à une période déterminée : par exemple à la retraite.
Le fait que les primes investies soient perdues en cas de prédécès avant le terme du contrat en limite l'intérêt dans sa formule « pure ». Ainsi, ce type de contrat n'a connu un réel succès qu'en étant assorti d'une contre-assurance décès (▶15).

Assurance de rente

5 Il s'agit de convertir un capital en rente viagère ou en rente certaine (rente versée pendant une durée fixe définie à l'avance), l'**objectif** étant la perception de revenus dont le versement est étalé dans le temps.
L'assurance de rente permet ainsi au souscripteur de s'assurer ou d'assurer à un tiers le versement d'une somme déterminée, à échéances régulières.
Selon le type de contrat, le versement de la rente peut intervenir :

- soit immédiatement, contre paiement d'une prime unique à la souscription du contrat : il s'agit de « l'assurance de **rente immédiate** » ;
- soit à une époque différée dans le temps (contre paiement de primes le plus souvent périodiques) : c'est « l'assurance de **rente différée** ».

6 Le **choix** entre la souscription d'un contrat d'assurance de rente immédiate ou de rente différée résulte du contexte :

- dans le premier cas, le souscripteur dispose d'un capital d'une certaine importance qu'il verse à une compagnie d'assurances et demande, en contrepartie, le paiement d'une rente viagère ;
- dans le second, le souscripteur paye une prime unique ou des primes pendant un délai déterminé (par exemple, tant qu'il est en activité) et demande en contrepartie le versement d'une rente viagère à compter d'une date fixée (par exemple, dès qu'il sera en retraite). En cas de prédécès de l'assuré, l'assureur sera définitivement dégagé de ses obligations de paiement, à moins que le souscripteur n'ait assorti le contrat d'une contre-assurance ou qu'une clause

de réversion de la rente (totale ou partielle) au profit du conjoint survivant (ou d'une autre personne) n'ait été stipulée au contrat.

Les contrats de rente peuvent également être assortis d'une **clause,** dite « **d'annuités certaines** », qui assure un certain nombre de versements aux ayants droit de l'assuré dans l'hypothèse de son décès.

b. Contrats d'assurance couvrant le risque de décès

En bref

7 L'assurance décès couvre le **seul risque** de décès de l'assuré et garantit aux bénéficiaires désignés le versement d'un capital, en contrepartie du versement d'une ou plusieurs primes. Ces contrats d'assurance en cas de décès sont qualifiés de « **contrats prévoyance** », puisque le souscripteur-assuré entend prémunir certains tiers des conséquences financières de son décès. **Plusieurs formules** de contrats d'assurance-vie en cas de décès sont envisageables.

Assurance en cas de décès « vie entière »

8 L'assureur est tenu au versement, selon le cas, du **capital** assuré **ou** d'une **rente** après le décès de l'assuré, quelle que soit la date de ce décès.
En contrepartie, le souscripteur-assuré s'engage à payer des primes :

- soit pendant toute sa vie (contrat « vie entière à primes viagères ») ;
- soit seulement pendant une période déterminée, par exemple tant qu'il est en activité (contrat « vie entière à primes temporaires ») ;
- soit enfin en une seule fois, par exemple parce qu'il dispose d'un capital important (contrat « vie entière à prime unique »).

9 La souscription d'une assurance « vie entière » peut répondre à un **objectif de protection** lorsque le souscripteur entend protéger financièrement une personne démunie : personne sans ressources, conjoint dont le montant de la retraite est faible, enfant handicapé, etc.
Le souscripteur peut également, de la sorte, permettre à un héritier ou légataire de payer les droits de succession ou encore éventuellement privilégier un proche.

Assurance temporaire décès

10 L'assureur est tenu au versement d'un capital ou d'une rente à un ou plusieurs bénéficiaires en cas de **décès** de l'assuré **avant une date déterminée** (laquelle est généralement fixée avant le 75e anniversaire de l'assuré).
L'assureur est définitivement dégagé si le **décès ne survient pas avant cette date** (assurance à fonds perdus).
L'**intérêt** de l'assurance temporaire décès est de garantir le risque de décès pendant une période déterminée (par exemple, pendant la durée d'un crédit bancaire, l'assurance venant alors en remboursement des sommes empruntées, ou encore pendant la durée des études des enfants du souscripteur-assuré, l'assurance permettant le paiement d'une rente destinée à financer les études).
Le contrat peut prévoir que le capital assuré sera décroissant, en contrepartie d'une baisse des primes, pour aligner le coût de la protection sur les besoins de l'assuré.

Assurance de survie

11 L'assureur est tenu au versement d'un capital ou d'une rente entre les mains du **bénéficiaire** désigné pour le cas uniquement où ce dernier **survit à l'assuré.**
Cette assurance ne comporte pas de valeur de rachat pour le souscripteur ; seul le risque de décès de l'assuré est pris en compte.
Le **but** de l'assurance de survie est de garantir un capital ou un revenu, après le décès du souscripteur-assuré, à une personne qui est à sa charge et qui se retrouverait totalement démunie s'il prédécédait : enfant handicapé, enfant mineur (ou jeune majeur) qui recevra une rente-éducation jusqu'à la fin de sa scolarité, conjoint survivant qui bénéficiera ainsi d'un revenu en attendant de percevoir la pension de réversion, etc.
La formule de « rente-survie » destinée à protéger des personnes handicapées permet au souscripteur, sous certaines conditions, de bénéficier d'une réduction d'impôt sur le revenu (▶311 s.).

C. Contrats d'assurance « combinés » couvrant à la fois le risque de vie et de décès

En bref

12 Ces contrats tiennent compte **à la fois** du **risque vie** et du **risque décès** (assurance combinée). De ce fait, ils permettent à la fois au souscripteur-assuré de se constituer une épargne et d'assurer un capital ou une rente à des tiers désignés, sachant que ces deux objectifs sont alternatifs et non cumulatifs : la réalisation de l'un des risques assurés, soit la survie, soit le décès, implique pour l'assureur l'obligation d'exécuter la prestation prévue au contrat à la survenance du risque en question, mais le dégage au titre de l'autre risque. Ils se déclinent sous **trois formes principales** : contrats mixtes, contrats « vie universelle » et contrats à capital différé avec contre-assurance. Cette dernière formule constitue la quasi-totalité du marché dit de l'assurance-vie placement.

Contrats « mixtes »

13 Il s'agit de contrats dont la prime est affectée pour partie à la couverture du risque vie et pour partie à celle du risque décès. Si le contrat se dénoue en cas de vie, la part des primes affectée au risque de décès est perdue. Si le contrat se dénoue par décès, les primes affectées à la constitution d'un capital en cas de vie sont conservées par l'assureur.
Dans son principe, l'assurance mixte peut produire les mêmes effets qu'un contrat de capital différé avec contre-assurance, à savoir le versement d'un capital identique en cas de vie et en cas de décès. Mais dans les contrats mixtes, les **deux garanties** sont **souvent différentes,** la garantie décès étant généralement supérieure à la garantie en cas de vie (par exemple, doublement ou triplement du capital en cas de décès).
Il est reproché à ces contrats d'être peu lisibles et de permettre de cacher un niveau de frais plus important que la moyenne. Ils sont désormais **rares,** le relais ayant été pris par les contrats « vie universelle ».
En tout état de cause, le capital en cas de vie constitué dans un contrat mixte sera inférieur à celui d'un contrat de capital différé. En effet, dans le premier cas, sur 100 € versés (nets de frais), il faudra soustraire le montant correspondant à la couverture du risque décès (par exemple 15 €) et

seul le solde sera affecté au placement (soit 85 €). En revanche, l'intégralité de la somme (100 €) est investie dans un contrat de capital différé.

Contrats « vie universelle »

14 Leur principe est de garantir aux bénéficiaires désignés en cas de décès le **versement d'un capital minimum,** quelle que soit la date du décès du souscripteur, tout en maintenant la faculté de rachat du souscripteur, qui peut récupérer son capital en cas de vie sous forme d'un rachat total ou de rachats réguliers.

Le souscripteur fixe le montant qui sera versé, en tout état de cause, au bénéficiaire. S'il s'agit d'un contrat en unités de compte, le contrat vie universelle permet de supprimer le risque de conjoncture boursière défavorable au moment du décès. S'il s'agit d'un contrat en euros, le bénéficiaire a la certitude de recevoir, en cas de décès prématuré de l'assuré, le montant fixé par le souscripteur (par exemple 150 000 €, alors que le capital investi est de 100 000 €).

La garantie n'est appelée à jouer que dans la mesure où le capital en compte est inférieur au montant fixé par le souscripteur. Dès lors que ce montant est atteint, la garantie n'a plus lieu de s'appliquer et le paiement de la prime correspondante cesse. Le montant de la prime, fonction de l'âge de l'assuré, est prélevé directement sur le contrat.

Le **montant de la garantie décès peut évoluer** dans le temps, voire disparaître en cours de contrat, si les objectifs du souscripteur évoluent.

À titre d'**exemple,** le souscripteur assuré peut, dans un premier temps, investir son capital dans une garantie décès au bénéfice d'un enfant en bas âge, puis diminuer progressivement le montant de la garantie décès pour privilégier la partie épargne, dans le but de se constituer un capital retraite. Par la suite, le souscripteur-assuré peut choisir de réinvestir son épargne dans la garantie décès, dans le but de préparer sa succession.

Capital différé avec contre-assurance

15 Les contrats d'assurance de capital différé purs sont à « **fonds perdus** », en ce sens que l'assureur est définitivement dégagé si l'assuré décède avant l'échéance du contrat : il conserve les primes payées pour couvrir le risque qui ne s'est pas réalisé (▶ 4). Pour **éviter la perte des primes versées** par l'assuré, il est prévu une « contre-assurance » en cas de décès.

À l'origine, il s'agissait d'un engagement de l'assureur de rembourser les primes aux bénéficiaires en cas de décès de l'assuré avant le terme.

Actuellement, l'engagement porte sur la valeur de rachat qui correspond, sauf exception, aux primes nettes, valorisées ou dévalorisées en fonction de l'indexation choisie, après prélèvement des frais de gestion.

Cette formule de capital différé avec contre-assurance consiste donc pour l'assureur à s'engager à restituer la valeur de rachat en cas de vie comme en cas de décès de l'assuré. Elle est le moule juridique et technique de l'essentiel des contrats commercialisés au titre de l'assurance-vie placement.

d. L'assurance-vie placement dans la gestion de patrimoine

En bref

16 Malgré la présence du terme « assurance », ce type de contrat, qui constitue l'essentiel du marché, est généralement déconnecté de tout risque de sinistre. Il a pour **but** exclusif ou quasi exclusif de

constituer et de valoriser une épargne, ou de rentabiliser le capital investi. Sur le **plan financier,** l'assurance-vie placement fonctionne comme les contrats de capitalisation (qui ne comportent pas d'assuré), les deux formules étant soumises à un certain nombre de dispositions communes. Le rattachement à l'assurance tient à l'existence d'un **aléa,** reconnu par la Cour de cassation, dès lors que les effets du contrat « dépendent de la durée de la vie humaine », en l'occurrence celle de l'assuré. Cette construction du contrat avec un souscripteur et un assuré implique de facto de désigner un bénéficiaire du capital dans l'hypothèse de son décès.

L'assurance-vie placement en chiffres

17 L'assurance-vie placement est devenue l'actif financier préféré des épargnants tant pour son **rendement** sur le long terme que pour sa **fiscalité** avantageuse.

Toutefois, de réforme en réforme, l'intérêt fiscal de l'assurance-vie a été atténué. Dans le même temps, le ralentissement des performances des fonds en euros en a également réduit l'attrait.

L'assurance-vie n'en demeure pas moins un placement intéressant, dans un cadre fiscal favorable, avec un statut juridique particulier.

Elle constitue un instrument de gestion du patrimoine très apprécié des ménages Français puisqu'elle représente 40 % de leur patrimoine financier (les titres représentant 31 % et les liquidités 29 %). Ainsi, la collecte brute annuelle se maintient à un niveau élevé (en moyenne 130 milliards sur les 5 dernières années), et la fraction affectée aux unités de compte est en constante augmentation.

18 La **collecte nette** correspond à la différence entre les cotisations encaissées et les prestations versées par les assureurs. Elle a été négative en 2020, après avoir été en 2018 et 2019 en nette hausse par rapport à celle de 2017.

L'**encours total** (collecte + participation aux bénéfices) continue à augmenter et s'établit à 1 796,5 Mds fin 2020. Voir tableau ci-dessous.

L'assurance-vie en chiffres (en milliards d'euros)						
Années	**2015**	**2016**	**2017**	**2018**	**2019**	**2020**
Cotisations encaissées	135,527	133,918	134,631	139,706	144,558	116,333
dont UC	28,00	28,1	38,40	38,80	40,10	40,50
(-) Prestations versées	112,027	116,909	126,318	118,214	122,662	118,690
(=) Collecte nette	**23,500**	**17,009**	**8,313**	**21,492**	**21,896**	**- 2,4**
dont collecte nette UC	14,30	14,80	21,40	21,20	14,30	22,9
Encours total	**1 584,5**	**1 632,6**	**1 682,3**	**1 692,5**	**1 782,8**	**1 796,5**

Source : rapport de France Assureurs « Les assurances de personnes » - données clés 2020.

PRÉCISIONS Ces chiffres ne tiennent pas compte des **contrats d'assurance-vie détenus à l'étranger** par des résidents fiscaux français, essentiellement au Luxembourg. Sur ce marché, l'encours global serait de l'ordre de 70,3 milliards d'euros, l'encours total du marché de l'assurance-vie au Luxembourg étant de 212 milliards d'euros. La France est ainsi le **premier client de l'assurance-vie luxembour-**

geoise (Rapport annuel 2020/2021 du Commissariat aux assurances luxembourgeois p. 56 s.). Voir ▶64 s.

Objectifs de l'assurance-vie

19 L'assurance-vie peut répondre à plusieurs objectifs :

- un objectif d'**épargne,** en vue par exemple de se constituer un complément de retraite : le souscripteur épargne pendant son activité et procédera ensuite à des rachats partiels du contrat pour compléter ses revenus pendant sa retraite. L'assurance-vie répond aussi à une optique d'épargne de précaution mobilisable à court terme en cas de besoin, notamment pour faire face aux besoins liés à la dépendance ;
- un objectif de **gestion** d'un capital sur le long terme au sein d'une enveloppe à fiscalité privilégiée, permettant notamment de compléter ses revenus par des rachats réguliers ou une rente viagère ;
- un objectif de **transmission** du patrimoine **et** de **protection** des proches en cas de décès. L'assurance-vie permet d'apporter des solutions appropriées dans le cadre de la préparation de sa succession compte tenu d'une fiscalité avantageuse et d'une plus grande liberté dans le choix des bénéficiaires.

Choix des contrats d'assurance-vie

20 Face à la diversité des contrats proposés, le souscripteur doit impérativement, pour choisir le « bon » contrat, commencer par **définir** précisément **ses besoins.** Ceux-ci peuvent être très divers :

- une protection à court terme ou dans l'avenir ;
- une protection personnelle (se constituer une épargne ou préparer sa retraite) ou la protection de sa famille ou d'un tiers (assurer un patrimoine ou le versement d'une rente au profit de son conjoint, de ses enfants ou de toute autre personne, préparer sa succession) ;
- un rendement faible mais sûr ou une rentabilité potentiellement supérieure mais un placement plus risqué ;
- une « visibilité » dans le placement, avec la faculté de participer à la gestion de l'épargne et de déterminer des choix de placement, ou à l'inverse un mandat de gestion confié à l'assureur qui globalisera alors la gestion de l'ensemble des primes investies et répartira le risque du fait d'une plus grande diversification du portefeuille géré.

Le souscripteur d'un contrat d'assurance-vie doit également s'assurer de la **qualité de la gestion financière,** se renseigner sur le montant des frais d'entrée, des frais de gestion, des frais d'arbitrage, des éventuelles pénalités de sortie anticipée, de la diversité des supports, etc.

e. Supports en euros ou en unités de compte

Évolution historique

21 À l'origine, la plupart des contrats d'assurance-vie limitaient l'investissement à **un seul support,** en euros ou en unités de compte.
Au fur et à mesure du développement du marché, les contrats sont devenus **multisupports,** permettant l'accès à un support en euros (parfois plusieurs) et à une gamme d'unités de compte plus

ou moins étendue : parts d'OPCVM, de SCPI, ou de titres vifs (actions ou obligations). En pratique, les unités de compte sont le plus souvent constituées de parts d'OPCVM.

Selon les **données statistiques** fournies par France Assureurs, l'encours total des sommes placées en assurance-vie demeure majoritairement investi sur l'actif en euros, qui représentait, fin 2020, 76 % du total pour seulement 24 % en unités de compte. L'encours en euros est investi principalement au sein de contrats multisupports (70 %) et pour le solde au sein de contrats monosupports (30 %).

Néanmoins, la **tendance** est à un développement des unités de compte aux dépens des supports en euros. Alors qu'en 2013 seulement 14 % du total des cotisations était investi sur des supports en unités de compte, ce taux était de 35 % en 2020 (France Assureurs, « Les assurances de personnes », données clés 2020). Voir aussi ► 18.

1° Supports en euros

Intérêt du support en euros

22 Le support en euros présente l'avantage de la **sécurité** car l'établissement gestionnaire est tenu de rembourser à l'échéance du contrat une somme égale aux primes nettes versées, augmentées des produits capitalisés et diminuées des frais de gestion. De ce fait, les placements sont principalement sans risque (obligations, notamment).

En contrepartie, le **rendement** est limité. Le rendement moyen des supports en euros après frais de gestion mais avant prélèvements sociaux s'établissait ainsi à 1,5 % en 2019 et à 1,3 % en 2020. À titre de comparaison, l'inflation a été de 1,1 en 2019 et de 0,5 % en 2020.

Le support en euros s'inscrit donc dans une logique de placement sécurisant avec une valorisation désormais concurrencée, pour les investissements de faibles montants, par ceux des placements sur livret qui ne supportent ni frais d'entrée ou de gestion, ni impôt et prélèvements sociaux. Ainsi, le taux de rendement offert par le livret A ou le livret de développement durable est de 1 % depuis le 1er février 2022.

Performance après frais de gestion et brute de prélèvements sociaux et fiscaux

Années	2016	2017	2018	2019	2020
Perf. moyenne fonds euros	(+) 1,9 %	(+) 1,8 %	(+) 1,8 %	(+) 1,5 %	(+) 1,3 %
Inflation	(+) 0,2 %	(+) 1 %	(+) 1,8 %	(+) 1,1 %	(+) 0,5 %

Source : rapport de France Assureurs « Les assurances de personnes » - données clés 2020.

Rémunération des supports en euros

23 **Composantes de la rémunération** Les placements financiers affectés au contrat génèrent des produits financiers dont la plus grande partie vient augmenter l'épargne constituée sous forme d'un **taux d'intérêt** crédité au contrat. Ce taux est chaque année composé de deux éléments :

– un « taux d'intérêt technique » ;
– une « participation aux bénéfices » réalisés par l'assureur. Le contrat d'assurance doit préciser les conditions d'attribution de cette participation.

L'un et l'autre sont définitivement acquis : chaque année, ils viennent s'ajouter au montant de l'épargne constituée, pour devenir à leur tour productifs d'intérêts.
Ce principe de capitalisation d'un taux positif (par opposition à l'évolution à la hausse ou à la baisse des unités de compte) génère un « **effet de cliquet** » sur le capital atteint à la fin de la période.
Chaque année, l'assureur doit calculer la **provision mathématique** de chaque contrat et la communiquer au souscripteur. Elle correspond aux sommes que l'assureur doit provisionner pour faire face à ses engagements et en général à la valeur de rachat du contrat.
Dans tout document destiné au public (publicité, annonce dans la presse), le **taux de rendement indiqué** correspond en principe au taux de rendement net de frais de gestion annuels et avant prélèvements sociaux.

24 **Taux d'intérêt technique** Le taux d'intérêt technique est **plafonné** dans les conditions suivantes (C. ass. art. A 132-1) :

- pour les contrats à prime unique ou à versements libres, à 75 % du taux moyen des emprunts d'État (TME) calculé sur une base semestrielle, sans pouvoir dépasser au-delà de 8 ans le plus bas des deux taux suivants : 60 % du TME ou 3,50 % ;
- pour les contrats à primes périodiques ou à capital variable, sur toute la durée du contrat, au plus faible des deux taux suivants : 60 % du TME ou 3,50 %.

Le taux à prendre en compte pour déterminer le taux d'intérêt technique applicable est :

- pour les contrats à prime unique ou à versements programmés, le taux en vigueur à la date de souscription ;
- et pour les contrats à versements libres, le taux en vigueur au moment de chaque versement.

PRÉCISIONS
L'article A 132-1 du Code des assurances est issu d'un arrêté du 28 mars 1995, entré en vigueur le 1er juin 1995 (JO 7-4-1995 p. 5548). Auparavant, la plupart des contrats prévoyaient un taux au moins égal à 4,5 %. Concernant les **contrats souscrits avant le 1er juin 1995,** la Cour de cassation a précisé que le taux prévu par le contrat reste applicable aux versements déjà effectués ou programmés dès la souscription. Les versements non programmés effectués depuis le 1er juin 1995 sont en revanche soumis aux plafonds de l'article A 132-1 (Cass. 2e civ. 3-2-2011 n° 10-13.581 F-D). Pour les contrats en cause, les assureurs doivent ainsi appliquer un taux différent en fonction de la date des versements, avant ou après le 1er juin 1995, et pour les versements effectués après cette date, selon qu'il s'agit de versements programmés ou non.

25 **Participation aux bénéfices** La notion de participation aux bénéfices (C. ass. art. A 132-10 s.) correspond à l'**obligation pesant sur les assureurs** de faire participer les souscripteurs à une partie de leurs bénéfices : 90 % au minimum de leurs bénéfices techniques (c'est-à-dire ceux qui correspondent aux bénéfices de gestion, soit globalement à la différence entre les frais effectivement prélevés et les dépenses réalisées, et aux éventuels bénéfices de mortalité) et 85 % au minimum de leurs bénéfices financiers (qui proviennent du placement de l'épargne acquise). Cette obligation de faire participer les souscripteurs aux bénéfices tant techniques que financiers a été réaffirmée par la Cour de cassation (Cass. 2e civ. 6-2-2014 n° 13-11.331 FS-PB : BPAT 2/14 inf. 75).
Les assureurs ne sont pas obligés de reverser immédiatement les sommes correspondantes, dont ils peuvent mettre chaque année une partie de côté sous forme de **réserve** de participation aux excédents (PPE). Les sommes mises en réserve doivent être distribuées au cours des 8 années suivantes (C. ass. art. A 132-16). Cette technique permet aux assureurs de lisser leurs résultats en mettant de côté une partie des bénéfices réalisés au cours des bonnes années pour les redistribuer

au cours des années moins favorables. Mais elle pénalise ceux qui sortiront avant l'incorporation de ces sommes à la valeur du contrat.

PRÉCISIONS Afin de renforcer leurs fonds propres et leur marge de solvabilité, les assureurs peuvent **reprendre la PPE,** après autorisation de l'ACPR, si le résultat technique du dernier exercice comptable est négatif et si leur exigence de solvabilité n'est plus couverte. La restitution des montants repris sur la PPE doit avoir lieu dans les 8 ans (C. ass. art. A 132-16-1 créé par l'arrêté ECOT1936946A du 24-12-2019 : JO 28 texte n° 51).

26 **Taux minimum garanti** Les assureurs ont la **possibilité** de garantir un rendement minimum annuel sous la forme d'un taux minimum garanti (C. ass. art. A 132-2). Dans ce cas, le rendement total du contrat, c'est-à-dire les intérêts techniques servis et la participation aux bénéfices, rapporté au montant de l'épargne, ne pourra pas être inférieur à ce taux minimum. Le taux minimum garanti doit être exprimé sur une **base annuelle** et, sauf exception, fixé sur une **durée** continue au moins égale à 6 mois et au plus égale à la période séparant la date d'effet de la garantie de la fin de l'exercice suivant (C. ass. art. A 132-3, II). Le taux minimum garanti (net de chargements sur encours mais avant prélèvements sociaux) est **plafonné** (C. ass. art. A 132-3, III). Il ne peut en principe excéder le minimum entre :
Borne 1 - 150 % du taux d'intérêt technique maximal (à savoir 75 % du taux moyen des emprunts d'État sur les 6 derniers mois) ;
Borne 2 - le maximum entre 120 % de ce même taux d'intérêt technique maximal et 110 % de la moyenne des taux moyens servis aux assurés lors des 2 derniers exercices précédant immédiatement la date d'effet de la garantie.

EXEMPLE Taux moyen des emprunts d'État (TME) lissé sur 6 mois : 0,70 %.
Taux servi par la compagnie en moyenne sur les 2 dernières années : 1,80 %.
Le taux maximum garanti qu'elle pourra offrir sera le minimum entre :
- d'une part : 150 % × 75 % × 0,70 % = 0,7875 % ;
- et d'autre part : le maximum entre 120 % × 75 % × 0,70 % soit 0,63 %, et 110 % × 1,80 % = 1,98 %.

D'où un taux maximum garanti de 0,7875 %.

Réduction de la performance du fonds euros

27 Les pouvoirs publics et organismes de contrôle (ACPR) souhaitent encourager les assureurs à limiter la performance du fonds euros. Ainsi, le HCSF (**Haut Conseil de stabilité financière**) peut, sur proposition du gouverneur de la Banque de France, moduler la constitution et la reprise de la provision pour participation aux bénéfices afin de contraindre les assureurs et organismes assimilés à réduire la rémunération versée au titre des fonds euros pour renforcer leur solvabilité financière (C. mon. fin. art. L 631-2-1, 5° bis issu de la loi 2016-1691 du 9-12-2016 relative à la transparence, à la lutte contre la corruption et la modernisation de la vie économique, dite « Sapin 2 », art. 49). Cette règle concerne les **actifs en euros des compagnies françaises,** qu'ils soient détenus au sein d'un contrat souscrit auprès d'une société française ou auprès d'une société luxembourgeoise.

Fonds euros dynamiques

28 Pour pallier la baisse des rendements (voir ►22), les assureurs proposent de **nouvelles solutions,** en particulier les nouveaux fonds en euros dits « dynamiques ». Leur principe de gestion est fondé

sur une répartition des fonds gérés entre l'actif en euros (60 et 80 %) et des supports dynamiques de type actions, gérés selon les techniques d'assurance de portefeuille. Ainsi, si la perte sur la poche dynamique excède les intérêts générés par le fonds en euros, la position action est arbitrée pour passer à 100 % sur le fonds en euros. En cas de perte sur les marchés actions, il n'y aura pas de rémunération sur le contrat. En revanche, si la performance sur la poche actions est supérieure à celle de l'actif en euros sur l'année, la gestion générera un gain supplémentaire.

D'autres assureurs introduisent une **poche de diversification plus importante** dans l'actif général (actions ou immobilier), sans pour autant renoncer à un taux minimum garanti (▶26) mais pour une durée limitée.

2° Contrats en unités de compte

29 **Caractéristiques des contrats en unités de compte** Ces contrats n'ont pas pour référence l'euro, mais une ou plusieurs unités de compte (UC) dont la valeur est susceptible de varier à la hausse ou à la baisse.

À l'origine, chaque unité de compte faisait l'objet d'un contrat distinct (contrat « **monosupport** »), ce qui n'est plus le cas aujourd'hui, le marché étant essentiellement composé de contrats « **multisupports** ».

Ces contrats sont dits « **à capital variable** », leur valeur variant à la hausse ou à la baisse en fonction de l'évolution de la valeur des unités de compte, elles-mêmes reflétant les fluctuations des marchés boursiers ou immobiliers de référence. L'assureur garantit le nombre d'unités de compte, mais non leur valeur au cours de l'exécution du contrat. Le souscripteur assume seul le **risque** de placement.

En pratique, la quasi-totalité des contrats multisupports commercialisés intègrent un **support en euros,** réalisant une « fusion » entre les deux catégories que le Code des assurances et l'administration fiscale ont longtemps analysé de manière séparée en rattachant un contrat multisupport même investi à 100 % en euros à la catégorie des contrats en unités de compte. Désormais, et notamment en matière de prélèvements sociaux (▶303 s.), l'actif en euros est traité de manière identique qu'il soit détenu au sein d'un contrat mono ou multisupport.

PRÉCISIONS L'assureur a des **obligations spécifiques d'information** sur les contrats en UC. Lors de la **souscription** du contrat, ces obligations se matérialisent par la fourniture préalable d'une information détaillée sur chaque UC (voir ▶76) et la remise d'un « document d'informations clés » (voir ▶78). **En cours de contrat,** l'assureur doit communiquer annuellement au souscripteur la valeur des UC, leur évolution annuelle depuis la souscription, les modifications significatives affectant chaque UC et une information relative aux frais prélevés au titre de chaque UC (C. ass. art. L 132-22, al. 11 modifié par la loi 2019-486 du 22-5-2019 art. 72).

30 **Constitution des supports en unités de compte** Les unités de compte doivent être constituées de valeurs mobilières ou d'actifs offrant une **protection suffisante de l'épargne** investie (C. ass. art. L 131-1). Les unités de compte visées sont listées à l'article R 131-1 du Code des assurances, qui régit également l'exposition des contrats d'assurance-vie en unités de compte à certaines catégories d'actifs peu liquides (Décret 2017-1105 du 23-6-2017 : JO 25 texte n° 7).

Le nombre de **supports UC** offert est variable selon les contrats. Les supports UC sont le plus souvent **investis** en Sicav ou FCP, en SCPI, en OPCI et parfois directement en actions ou en obligations. Sur la période récente, on peut signaler la création de plusieurs contrats offrant l'accès à une large gamme d'actions en titres vifs et se positionnant en alternative au PEA ou à une gestion de portefeuille en titres vifs. Sont également devenues éligibles à l'assurance-vie les unités de compte constituées de parts de fonds d'investissement alternatifs ouverts à des investisseurs professionnels, tels par exemple les FPCI (fonds professionnels de capital-investissement), sous réserve de respecter des conditions tenant à la situation financière, aux connaissances ou à l'expérience du souscripteur en matière financière (C. ass. art. L 131-1-1 créé par la loi 2019-486 du 22-5-2019 : BPAT 4/19 inf. 132 ; C. ass. art. R 131-1-1 s. créés par le décret 2019-1172 du 14-11-2019 : BPAT 1/20 inf. 27).

Par ailleurs, afin d'encourager le développement des **unités de compte vertes, solidaires et responsables,** tout contrat en unités de compte (UC) conclu **depuis le 1er janvier 2022** doit proposer dans sa gamme de produits financiers au moins une UC adossée à un fonds solidaire, une UC adossée à un fonds bénéficiant d'un label ISR (Investissement socialement responsable) reconnu par l'État et une UC adossée à un fonds bénéficiant d'un label relatif au financement de la transition énergétique et écologique reconnu par l'État (C. ass. art. L 131-1-2 créé par la loi 2019-486 du 22-5-2019 art. 72 : JO 23 texte n° 2). Pour accompagner cette mobilisation en faveur du développement durable, un guide de bonnes pratiques à destination des compagnies d'assurance a été adopté (France Assureurs, Structurer et promouvoir l'offre d'unités de compte responsables, vertes et solidaires en assurance-vie - juin 2020).

PRÉCISIONS

a. Dans un arrêt rendu à propos d'un contrat en unités de compte constituées de **produits structurés** commercialisés comme un produit obligataire non garanti en capital à l'échéance (en l'espèce des EMTN - Euro Medium Term Notes), la Cour de cassation a jugé que l'absence de garantie de remboursement du nominal du titre n'était pas un obstacle à la qualification d'obligation (Cass. 2e civ. 23-11-2017 n° 16-22.620 F-PBI ▶574), puis que ce produit structuré, dès lors qu'il s'analysait en une obligation négociée sur un marché reconnu visée à l'article R 131-1 du Code des assurances, remplissait la condition de protection suffisante de l'épargne et était éligible comme unité de compte dans un contrat d'assurance-vie (Cass. 2e civ. 16-7-2020 n° 19-16.922 F-PBI : BPAT 5/20 inf. 165 ▶588).

b. L'assureur peut **faire évoluer** la **liste et** le **nombre des supports** en cours de contrat, mais cette faculté n'est pas sans limite. Ainsi, dans un contrat comportant une clause d'arbitrage à cours connu (sur la base du dernier cours de la semaine précédant l'ordre) pour lequel l'assureur avait supprimé les principaux supports spéculatifs, le souscripteur a obtenu le rétablissement de l'intégralité des supports d'origine ou leur équivalent (Cass. 2e civ. 7-5-2009 n° 08-16.501 F-D : BPAT 4/09 inf. 160 ▶544). La Cour de cassation a même admis la possibilité d'étendre la restitution à tous les supports dont le souscripteur a été privé, y compris à ceux rendus éligibles en cours d'exécution du contrat (Cass. 2e civ. 25-6-2020 n° 19-16.109 et 19-16.110 F-D : BPAT 5/20 inf. 166 ▶586). Encore faut-il caractériser un **abus commis par l'assureur** dans l'usage de la prérogative contractuelle lui donnant la faculté de modifier la liste des supports (Cass. 2e civ. 13-6-2013 n° 12-22.308 F-D : BPAT 6/13 inf. 240 ▶559). Cet abus est caractérisé lorsque l'assureur modifie de manière unilatérale l'offre de supports afin de priver d'une grande partie de son intérêt le jeu de la clause d'arbitrage à cours connu et ainsi de limiter ses coûts (Cass. 2e civ. 12-1-2017 n° 15-27.908 F-D : BPAT 2/17 inf. 67 ▶570).

31 **Gestion des contrats multisupports** La plupart des contrats multisupports offrent au souscripteur la faculté de participer à la gestion **directe** du contrat en répartissant lui-même son épargne entre les différents supports proposés par l'assureur par le biais d'arbitrages. Ces arbitrages permettent de ne pas figer les placements à la date de la souscription du contrat, mais de les faire évoluer en fonction des fluctuations des marchés financiers ou de considérations propres au souscripteur ; celui-ci pourra opter pour une gestion plus risquée en contrepartie d'une espérance de gain plus forte, pour progressivement adopter une démarche plus prudente en fonction de son avancée en âge. L'arbitrage a toutefois un coût, variable selon les contrats (frais fixes, ou en pourcentage de la valeur arbitrée : de 0,5 % à 1 %). Il doit procéder d'une instruction écrite du souscripteur et fait l'objet d'un avenant au contrat.

32 Pour les épargnants qui ne souhaitent pas gérer directement leur épargne, les compagnies proposent de réaliser elles-mêmes les arbitrages en fonction d'un « profil » fixé par l'épargnant (contrats à **gestion profilée**), qui comporte généralement trois options :

- une gestion sécuritaire ou prudente : par exemple, 85 % de placements sans risque (fonds en euros et obligations à court terme) et 15 % d'actions ;
- une gestion équilibrée : par exemple, 50 % de placements sans risque et 50 % d'actions ;
- une gestion dynamique : par exemple, 70 % d'actions (y compris le cas échéant sur des marchés à fort risque) et 30 % de fonds en euros et d'obligations à court terme. Certains contrats prévoient une option pour une gestion « dynamique plus », dans laquelle l'épargne est exclusivement indexée sur des unités de compte en actions.

Une autre solution consiste à autoriser le souscripteur à **déléguer sa faculté d'arbitrage** à une société de gestion, qu'il choisira généralement au sein d'un panel proposé par la compagnie d'assurance. Certains auteurs estiment que cette gestion « sous mandat » pose problème sur le plan juridique (A. Depondt, La gestion sous mandat dans les contrats d'assurance sur la vie en unités de compte : un non-sens juridique : BPAT 2/10 inf. 78). S'agissant de la responsabilité de la société de gestion, la Cour de cassation a jugé que le contrat d'assurance et le mandat d'arbitrage étaient unis par un lien tel que l'action en responsabilité du souscripteur contre le mandataire dérivait du contrat d'assurance et était soumise à la prescription biennale (Cass. 2e civ. 8-2-2018 n° 17-11.659 F-PB : BPAT 2/18 inf. 80 ▶ 576).

33 D'autres compagnies proposent diverses **options d'arbitrage automatique.** Citons à titre d'**exemples** :

- le rééquilibrage automatique qui consiste à effectuer les arbitrages nécessaires pour conserver la ventilation initialement choisie. Par exemple, si le souscripteur a choisi une répartition 25 % actions/ 75 % fonds euros et qu'en raison d'une baisse de la valeur des actions la répartition à la fin de l'exercice est de 20 % actions/80 % fonds euros, une fraction du fonds euros sera cédée pour acquérir des actions, de façon à ce que la répartition 25 % /75 % soit maintenue, ce qui permet de faire des moyennes à la baisse lorsque les supports plus risqués ont décroché ;
- l'écrêtage de plus-value (arbitrage automatique vers le fonds en euros au-delà d'un certain gain) ou encore les options « stop loss » qui se traduisent par la cession de l'unité de compte au-delà d'un certain seuil de perte, avec réinvestissement sur un support moins risqué.

Quelle que soit l'option retenue, l'épargnant conserve généralement la faculté de **modifier ses choix d'origine,** ce qui sera le cas, notamment, si ses objectifs patrimoniaux ont changé.
Sous le même vocable de contrats d'assurance-vie sont ainsi regroupés des contrats présentant des caractéristiques sensiblement différentes.

34 **Valorisation des contrats en unités de compte** La performance globale du contrat est constituée par différents éléments :

- les **fruits** des unités de compte (dividendes, intérêts, revenus des supports immobiliers). Si les supports choisis fonctionnent en **capitalisation,** il y a réinvestissement automatique de la totalité des produits des titres en portefeuille et l'incorporation des revenus non distribués va se traduire par une augmentation de leur valeur liquidative.

Inversement, s'il s'agit d'**unités de compte de distribution** (OPCVM, SCPI, etc.), les revenus restent au sein du contrat et vont servir à acheter de nouvelles unités de compte. Le souscripteur va se retrouver à la tête d'un plus grand nombre de parts ;

- les **plus-values et moins-values** dégagées à l'occasion des arbitrages entre supports. En l'absence de rachat, le prix de cession est automatiquement réinvesti (à la différence d'un PEA, un contrat d'assurance-vie ne comporte pas de compte espèces) ;
- les plus et moins-values latentes ;
- le tout sous déduction des **frais du contrat** (frais d'entrée, de gestion et d'arbitrage).

35 La performance du capital investi en unités de compte n'est pas garantie et va suivre celle des supports choisis : elle va donc progresser (ou régresser) en fonction de l'**évolution des marchés financiers,** ce qui présente à la fois une possibilité de rentabilité importante et un risque de perte élevé. C'est pourquoi ce type de contrat doit être réservé à des investisseurs acceptant de prendre certains risques dans l'espoir de mieux rentabiliser leur épargne.

En 2020, la **performance moyenne** des contrats en unités de compte s'est traduite par une hausse de 1,9 % en moyenne, alors que le CAC 40 a baissé de 7,1 % sur la même période.

Années	2016	2017	2018	2019	2020
Perf. moyenne UC	(+) 2,9 %	(+) 5,8 %	(-) 8,1 %	(+) 13,9 %	(+) 1,9 %
CAC 40	(+) 4,9 %	(+) 9,3 %	(-) 11 %	(+) 26,4 %	(-) 7,1 %

Source : rapport de France Assureurs « Les assurances de personnes » - données clés 2020.

36 Au terme du contrat ou en cas de **rachat total ou partiel avant l'échéance** du contrat, le remboursement se fera sur la base de la valeur du contrat au jour du rachat. Les souscripteurs ne sont donc pas à l'abri des baisses, puisque aucune garantie ne leur est offerte : ils peuvent être amenés à recevoir un capital moindre que les primes investies. Les souscripteurs doivent être attentifs à structurer leurs investissements patrimoniaux de telle manière qu'ils ne soient pas contraints de procéder à des rachats sur des contrats fortement investis en actions lorsque les marchés sont bas (sauf s'ils pensent qu'ils le resteront durablement). Les bénéficiaires risquent de connaître également des déconvenues en cas de décès de l'assuré dans une période de forte baisse des marchés financiers.

37 **Sortie des contrats** Au terme du contrat ou en cas de rachat total ou partiel avant l'échéance du contrat, le souscripteur ou le bénéficiaire a la faculté d'opter soit pour le **versement d'espèces** (sous forme d'un capital ou d'une rente lorsque le contrat le prévoit : voir ▶ 5 s.), soit pour la **remise de titres** ou de parts (C. ass. art. L 131-1).

Peuvent être remis au contractant ou au bénéficiaire des titres cotés et OPCVM, des titres non cotés, certains placements, notamment des parts de fonds communs de placement à risques ou non négociables, ou encore des parts ou actions de fonds d'investissements alternatifs. La loi Pacte a étendu cette liste aux FPCI (fonds professionnel de capital-investissement) sous certaines conditions tenant notamment à la connaissance ou expérience financière du contractant (C. ass. art. L 131-1-1 créé par la loi 2019-486 du 22-5-2019 art. 72 : JO 23 texte n° 2).

En toute hypothèse les titres remis en règlement ne doivent pas conférer de droit de vote.

Le paiement de la valeur de rachat ou du capital décès par remise de titres ou de parts peut présenter un intérêt lorsque le support d'investissement a notablement baissé par rapport à sa valeur lors de la souscription : elle permet leur conservation plutôt qu'une cession immédiate. À noter toutefois que les supports étant sortis de l'enveloppe assurance-vie, les plus-values réalisées entre le jour du décès et celui de la cession des valeurs mobilières seront imposées.

PRÉCISIONS S'agissant spécifiquement de **titres ou** de **parts non négociés sur un marché réglementé** :

- l'option du souscripteur ou du bénéficiaire doit intervenir préalablement au règlement et irrévocablement. Elle ne peut être imposée à l'assureur qui doit donner son accord ;
- lorsque le souscripteur opte pour la remise de titres ou de parts au moment du rachat, cette option s'applique aussi, sauf mention expresse contraire, au bénéficiaire du contrat en cas de décès ;
- lorsque l'option pour la remise des titres non cotés est prise irrévocablement par le bénéficiaire en cas de décès, elle n'entraîne pas acceptation du bénéfice du contrat, au sens de l'article L 132-9 du Code des assurances ;
- à titre de clause anti-abus, le paiement en titres ou en parts ne peut avoir lieu qu'à la condition que le contractant, son conjoint ou partenaire de Pacs, leurs ascendants, leurs descendants ou les frères et soeurs du contractant n'aient pas détenu, ensemble ou séparément, directement ou indirectement, au cours des 5 années précédant le paiement, plus de 10 % des titres ou des parts de la même entité que ceux remis par l'assureur.

38 **Garanties en cas de décès** Pour limiter les risques de perte en cas de décès de l'assuré à une époque de baisse boursière, certains assureurs associent aux contrats en unités de compte, de façon automatique ou optionnelle, différents types de garanties. Ces garanties ne jouent qu'en cas de décès de l'assuré et uniquement si, au moment de ce décès, la valeur du contrat est inférieure aux sommes versées par le souscripteur : « garantie **plancher** » (versement d'un capital au moins égal aux cotisations investies), « garantie **majorée** » (versement d'un montant de capital fixé par le souscripteur dont le montant viendra s'ajouter à la valeur du contrat à la date du décès), « garantie **indexée** » (versement d'un capital égal aux cotisations investies majorées chaque année d'un indice déterminé à l'origine), ou encore « garantie **cliquet** » (versement d'un capital égal à la valeur de rachat la plus élevée atteinte à un moment quelconque par le contrat).

Le coût de la garantie décès est généralement facturé à chaque souscripteur en fonction de son âge et du montant du capital sous risque (ce dernier étant calculé par différence entre le capital garanti en cas de décès et la valeur de rachat du contrat).

3° Contrats « euro-croissance »

39 Introduits dans le Code des assurances par l'ordonnance 2014-696 du 26 juin 2014, les contrats euro-croissance peuvent être des contrats **en cas de vie ou en cas de décès,** à l'exception des contrats temporaires décès (C. ass. art. L 134-1, al. 1). Ils peuvent prendre la forme de contrats **multisupports** investis en euros ou en unités de compte classiques et dans des supports de type euro-croissance (C. ass. art. L 134-1, al. 6).

Les contrats euro-croissance sont assez proches dans leur philosophie des anciens contrats « euros diversifiés », qu'ils ont d'ailleurs remplacés. Eux aussi visent à **combiner les avantages des supports** en euros (capital garanti) avec ceux des supports en unités de compte (potentialité de gain plus importante). À la différence des supports en unités de compte classiques, qui sont entièrement soumis aux fluctuations du marché, les supports de type euro-croissance comportent une **garantie du capital investi** (C. ass. art. L 134-1, al. 2). Cette garantie ne joue cependant pas à tout moment comme dans les supports en euros mais seulement, **en cas de vie,** à une échéance définie par le contrat.

À côté du **régime « classique »** des contrats euro-croissance, dans lequel le capital garanti est exprimé en euros et en parts de provisions de diversification, la loi Pacte a créé un **nouveau régime** dans lequel le capital garanti est exprimé uniquement en parts de provisions de diversification avant l'échéance et donne lieu à une garantie à l'échéance exprimée en euros (C. ass. art. L 134-1, al. 3 et 4).

Les dispositions du Code des assurances relatives aux **contrats euros diversifiés** ont été abrogées au 28 juin 2014. Les contrats en cours à cette date sont « considérés » comme des contrats euro-croissance et soumis aux mêmes règles que ces derniers (Ord. 2014-696 du 26-6-2014 art. 1, 7°).

PRÉCISIONS

a. Fin 2020, les contrats euro-croissance représentaient un **encours global** de 3,3 milliards d'euros (Rapport de France Assureurs « Les assurances de personnes » - données clés 2020 - p. 27).

b. La **transformation** des engagements pris dans le cadre de contrats euro-croissance « classiques » en engagements exprimés selon le schéma des nouveaux contrats euro-croissance est possible : elle requiert l'accord du souscripteur et de l'assureur et s'effectue soit par avenant au contrat, soit par la souscription d'un nouveau contrat (C. ass. art. L 134-1, al. 5 nouveau créé par la loi 2019-486 du 22-5-2019 art. 72 : JO 23 texte n° 2). Cette transformation n'entraîne pas les conséquences fiscales d'un dénouement du contrat (CGI art. 125-0 A, I-2°).

4° Contrats comportant des contraintes d'investissement

Contrats « vie-generation »

40 Créé par la loi de finances rectificative pour 2013 (Loi 2013-1279 du 29-12-2013 art. 9 : JO 30 texte 2) et accessible depuis le 1er janvier 2014, le contrat vie-génération permet de bénéficier d'un **abattement supplémentaire de 20 %** sur la valeur globale taxable des capitaux décès soumis au prélèvement de l'article 990 I du CGI (mais non pour les droits de succession qui peuvent être dus en application de l'article 757 B du CGI), ce qui se traduit par un allégement de l'imposition à acquitter lors de la transmission par décès. En contrepartie, le contrat doit respecter un **quota d'investissements** « à risque ». Les primes doivent être représentées par une ou plusieurs unités de compte dont l'actif est constitué à hauteur de 33 % au moins par certains titres permettant de financer le logement social et intermédiaire, l'économie sociale ou solidaire, le capital-risque, ou encore les entreprises de taille intermédiaire (CGI art. 990 I, I bis).

Fin 2019, 4 095 contrats vie-génération avaient été souscrits, pour un encours global de 934 millions d'euros (Rapport de France Assureurs « Les assurances de personnes » - données clés 2020 - p. 32).

Contrats « NSK » et « DSK »

41 **Contrats « NSK »** Ces contrats ont pu être souscrits entre le 1er janvier 2005 et le 31 décembre 2013. La possibilité de souscrire de nouveaux contrats NSK a été supprimée depuis le 1er janvier 2014 pour accompagner le lancement des nouveaux contrats euro-croissance et vie-génération, qui poursuivent le même objectif d'orientation de l'épargne vers les entreprises. Les contrats existants continuent toutefois à fonctionner dans le respect de leur régime spécifique.

Dans les contrats NSK, 30 % de l'épargne sont obligatoirement investis en **actions ou** en **titres assimilés de sociétés ayant leur siège dans un État** de l'Espace économique **européen.** Les titres à risque (actions de sociétés non cotées ou cotées de faible capitalisation, parts de fonds communs de placement à risques ou dans l'innovation, actions de sociétés de capital-risque et de sociétés financières d'innovation) doivent représenter 10 % au moins de l'actif, avec un minimum de 5 % en titres non cotés (CGI art. 125-0 A). Ces critères de placement doivent être respectés pendant toute la durée du contrat ; à défaut, le souscripteur perd le bénéfice du régime fiscal de faveur attaché à ces contrats (exonération d'impôt sur le revenu après 8 ans de détention).

Les contrats NSK peuvent se référer à une seule unité de compte (**contrats monosupports**) ; dans ce cas, les primes versées et les produits capitalisés sont investis dans un seul OPCVM répondant aux normes NSK. Plus souvent, il s'agit de contrats **multisupports** dans lesquels chacune des unités de compte répond aux normes NSK ou seulement certaines d'entre elles sous réserve que la totalité des sommes investies respecte bien ces normes. Les contrats multisupports peuvent être à gestion directe ou déléguée. L'épargnant ou le gestionnaire, selon le cas, place comme il l'entend l'autre partie de l'épargne investie : OPCVM obligataire, OPCVM monétaire, fonds en euros pour équilibrer les risques ou, au contraire, sur d'autres supports actions s'il est prêt à supporter des risques plus importants dans l'espérance d'un rendement plus élevé.

42 **Contrats « DSK »** Prédécesseurs des contrats NSK, ces contrats ont pu être souscrits jusqu'au 31 décembre 2004 ; ils comportent obligatoirement 50 % au moins d'actions ou de titres assimilés de sociétés ayant leur siège dans un État de l'Espace économique européen, dont 5 % au moins de titres à risque. Sous cette réserve, les contrats DSK obéissent au même régime que les contrats NSK. Les contrats DSK qui n'ont pas été transformés en contrats NSK (ce qui était possible jusqu'au 30 juin 2007) continuent de fonctionner selon leurs conditions propres, les souscripteurs pouvant continuer à y verser des primes.

PRÉCISIONS Du fait de la **sortie du Royaume-Uni de l'Union européenne** le 1er janvier 2021, les titres et parts de sociétés ou d'organismes de placements collectifs établis au Royaume-Uni ne sont plus comptabilisés dans les quotas d'unités de compte de 50 % et de 30 % permettant de bénéficier de l'exonération d'impôt sur le revenu au titre des contrats NSK et DSK (BOI-INT-DG-15-10 n° 150 s.).

5° Transformation du contrat d'assurance-vie

43 La transformation d'un contrat en un autre contrat emporte en principe les mêmes **conséquences fiscales** (taxation des produits) que si le souscripteur avait racheté son contrat pour en souscrire un nouveau.

Bien évidemment, cette règle n'interdit pas l'arbitrage de l'intégralité des capitaux investis sur des unités de compte vers un support en euros ou inversement si le contrat comporte ces deux catégories depuis la souscription.

Deux dispositifs permettent néanmoins la **transformation d'un contrat sans incidence fiscale** :

- la faculté de transformation d'un contrat existant en contrat en unités de compte, initiée par le dispositif dit « Fourgous » et étendue par la loi Pacte ;
- la faculté de transformation d'un contrat existant en contrat euro-croissance.

Effectuée dans le respect des règles applicables à chacun des dispositifs, la transformation s'effectue sans pénalisation fiscale : pour l'impôt sur le revenu comme pour la fiscalité applicable en cas de décès, le contrat est réputé avoir été souscrit à la date du premier versement sur le contrat d'origine (BOI-RPPM-RCM-30-10-20-20 n° 347). Dans les deux cas, la transformation ne peut toutefois avoir lieu qu'auprès de la compagnie dans laquelle le contrat objet de la transformation avait été initialement souscrit.

Transformation en contrat en unités de compte

44 **Dispositif issu de la loi Pacte** Ce dispositif autorise la **transformation d'un contrat** d'assurance-vie ou de capitalisation (y compris un PEP), qu'il soit monosupport ou multisupport, en euros ou en unités de compte, en un contrat partiellement ou totalement investi en unités de compte, sans que cela n'entraîne les conséquences fiscales d'un dénouement. Cette transformation s'effectue soit par avenant au contrat, soit par la souscription d'un nouveau contrat auprès de la même entreprise d'assurance (CGI art. 125-0 A, I-2° modifié par la loi 2019-486 du 22-5-2019 art. 72 : JO 23 texte n° 2).

La loi Pacte est allée au-delà du dispositif Fourgous (voir ▶45) en permettant que la transformation porte sur **tous types de contrats,** rendant ainsi possible le transfert d'un contrat multisupport vers un autre contrat multisupport plus performant commercialisé par la même compagnie.

L'assureur est tenu d'informer, **une fois par an,** le souscripteur des possibilités et des conditions de transformation de son contrat (C. ass. art. L 132-22, al. 14 modifié).

45 **Dispositif « Fourgous »** Le dispositif dit « Fourgous », du nom du député qui a été à son origine, prévoit la possibilité de transformer un contrat monosupport en euros en un contrat multisupport en unités de compte (Loi 2005-842 du 26-7-2005 art. 1 : JO 27 texte 2). Dans le cadre de ce dispositif, le maintien de l'**antériorité fiscale** du contrat est subordonné par l'administration fiscale à la condition qu'une part significative de l'épargne soit investie en actions. Sans chiffrer expressément la **part des primes** devant être **affectée à des supports à risque** lors de la conversion du contrat, l'administration a souligné « à titre indicatif » que, en moyenne, les contrats multisupports détenus sur le marché français sont investis à hauteur de 20 % en unités de compte (Inst. 5 I-4-05 n° 10 ; Rép. Dupont-Aignan : AN 1-8-2006 n° 84160, non reprise dans la base Bofip). Un **engagement déontologique** avait traduit cette indication en une autoréglementation, les sociétés adhérentes de la Fédération française de l'assurance (qui a adopté le nom d'usage France Assureurs en 2022) n'acceptant de pratiquer une transformation du contrat sans novation que si « les sommes affectées à des unités de compte, notamment investies en actions, représentent au moins 20 % du total » (Recueil des engagements à caractère déontologique des entreprises d'assurance membres de la FFA - version mars 2019 p. 32 s.).

Concernant la **durée d'investissement nécessaire** à la consolidation de la transformation, point sur lequel ni le législateur ni l'instruction fiscale ne se sont prononcés, l'engagement déontologique recommandait « une durée suffisante ».

Ces exigences relatives à la part des primes et à la durée d'investissement ne figurent plus dans la dernière version de l'engagement déontologique, qui écarte toutes les dispositions n'ayant qu'une valeur indicative ou de recommandation (Recueil des engagements à caractère déontologique des entreprises d'assurance membres de la FFA - version juillet 2021 p. 31, voir ▶525). Faute de dispositions légales ou administratives allant dans ce sens, ces conditions ne semblent pas être exigées dans le cadre du nouveau dispositif issu de la loi Pacte.

	Transformations « Fourgous »					Cumul
	2016	2017	2018	2019	2020	Depuis 2005
Nombre de contrats transformés (en milliers)	131	218	174	99	86	**3 143**
Montant total transféré (en milliards d'euros)	5,2	8,3	5,6	2,9	2,5	**107,0**
Dont réinvesti en unités de compte	1,6	2,7	1,8	1,0	0,9	**32**
Pourcentage réinvesti en UC/total transféré	30 %	32 %	32 %	34 %	35 %	**30 %**

Source : rapport de France Assureurs « Les assurances de personnes » - données clés 2020 - p. 28.

EXEMPLE Soit un contrat monosupport en euros souscrit le 1er septembre 2012 alors que l'assuré était âgé de 65 ans, sur lequel a été versée une prime unique de 50 000 €. Le 1er décembre 2021, la valeur de rachat du contrat est de 75 000 € et le contrat est transformé en contrat en unités de compte alors que l'assuré est âgé de 74 ans.

Réputé avoir été souscrit le 1er septembre 2012, le contrat conserve son ancienneté tant en matière d'impôt sur le revenu (contrat de plus de 8 ans) que de transmission par décès (primes versées avant 70 ans).

Transformation en contrat euro-croissance ou vie-génération

46 La transformation peut porter sur un **contrat d'assurance-vie ou** un **contrat de capitalisation** (y compris un PEP), qu'il soit en euros ou en unités de compte et qu'il soit monosupport ou multi-support.

La transformation en contrat euro-croissance s'opère avec maintien de l'**antériorité fiscale** (CGI art. 125-0 A, I-2°-al.1). Cette possibilité était conditionnée au fait que, lorsque le contrat avait fait l'objet de conversions d'engagements en euros en engagements en unités de compte au cours des six mois précédant la transformation, seuls les engagements restés investis en euros pouvaient être convertis en engagements donnant lieu à la constitution d'une provision de diversification. La loi de finances pour 2022 a supprimé cette condition pour les transformations réalisées depuis le 1er janvier 2022 (Loi 2021-1900 du 30-12-2021 art. 35, I-10° et XXII supprimant CGI art. 125-0 A, I-2°-al. 2).

La transformation d'un contrat d'assurance-vie existant en contrat vie-génération a pu s'opérer sans perte d'antériorité fiscale entre le 1er janvier 2014 et le 1er janvier 2016 (CGI art. 990 I, I bis-1).

PRÉCISIONS

a. La loi Pacte a créé un **nouveau régime des contrats euro-croissance** à côté du régime « classique » et a prévu la possibilité de transformer les anciens contrats euro-croissance en nouveaux contrats euro-croissance sans que cela n'entraîne les conséquences fiscales d'un dénouement (CGI art. 125-0 A, I-2°). Voir ▶39.

b. Historiquement, le maintien de l'antériorité fiscale en cas de transformation en contrat euro-croissance était subordonné à la conversion d'au moins 10 % des engagements en euros en engagements de type euro-croissance. Cette **exigence** a été **supprimée** par la loi de finances pour 2020 (Loi 2019-1479 du 28-12-2019 art. 9).

c. La **taxe à la charge de la compagnie d'assurance** égale à 0,32 % des sommes affectées ou réaffectées lors de la transformation du contrat a été supprimée (Loi 2013-1279 du 29-12-2013 art. 9, IV abrogé par la loi 2020-1721 du 29-12-2020 art. 64, XII : JO 30 texte n° 1).

f. Opérations voisines de l'assurance-vie

Tontine

47 Bien qu'il s'agisse d'une formule ancienne, elle perdure sur le marché sous la forme de **sociétés à forme tontinière** régies par les articles R322-139 à R322-159 du Code des assurances.
La tontine en cas de vie offrait un avantage ISF attrayant. En effet, ne pouvant faire l'objet d'un rachat avant le terme, la valeur financière du contrat n'avait pas à être prise en compte dans le patrimoine taxable à l'ISF. Avec le passage à l'IFI, cet avantage ne perdure que pour l'éventuelle fraction de l'actif investie en immobilier.

48 La **constitution** d'une tontine dans le cadre du Code des assurances consiste en la création d'une association par un ensemble d'épargnants (leur nombre est de 200 au minimum ; il peut augmenter en cours de vie de l'association, par l'arrivée de nouveaux membres). Chacun des **membres** (adhérents) s'engage à verser une cotisation (prime unique ou primes périodiques) moyennant des frais d'entrée en général élevés.
Il existe deux types d'associations : associations en cas de survie et associations en cas de décès. Les **fonds** provenant de la capitalisation des cotisations sont **répartis** (sous déduction des frais de gestion) entre les survivants des associations en cas de vie et entre les ayants droit des décédés des associations en cas de décès, en tenant compte de l'âge des adhérents et de leurs versements.

49 **Associations en cas de vie** L'**épargne** reste **bloquée** pendant toute la durée prévue (de 10 ans au minimum à 25 ans au maximum). Durant cette période, l'épargnant ne peut récupérer son épargne (il peut éventuellement cesser les versements, mais court le risque de perdre la totalité des fonds investis si cette interruption intervient dans les deux premières années de son entrée dans le groupement). En cas de **décès de l'épargnant** au cours de cette période, l'épargne n'est pas transmissible à ses héritiers, sauf recours à une contre-assurance dont le coût reste élevé.
Les **revenus** produits par l'épargne ne sont pas distribués, mais sont intégrés au capital et portent eux-mêmes intérêts.
Au terme de l'association en cas de vie, les épargnants encore en vie se partagent l'actif disponible (y compris l'épargne des membres prédécédés) suivant des barèmes tenant compte de l'âge de l'épargnant et de la durée de son épargne. Le capital versé à l'échéance sera d'autant plus important que l'épargnant est âgé (le risque de décéder avant la fin de la tontine étant plus élevé). Celui-ci ne peut toutefois avoir plus de 70 ans au terme de l'association.
Fiscalement, les tontines en cas de vie sont des placements de même nature que les bons ou contrats de capitalisation mentionnés à l'article 125-0 A du CGI et obéissent au même régime que les contrats d'assurance-vie. Les produits versés sont imposables dans les conditions énoncées ▶ 267 s., sous deux réserves :

- les tontines n'étant pas des contrats en unité de compte, les produits ne peuvent pas bénéficier de l'exonération des contrats en actions de plus de 8 ans ;
- l'imposition aux prélèvements sociaux des produits intervient à l'expiration de l'association, au moment de l'individualisation des droits des bénéficiaires.

50 **Associations en cas de décès** Ces associations doivent être liquidées à la fin de chaque année ; l'intégralité des avoirs de l'association (sous déduction des prélèvements spécifiés dans les statuts) est alors répartie entre les ayants droit des membres décédés au cours de l'année.

Contrat de capitalisation

51 Le contrat (ou bon) de capitalisation est une opération voisine de l'assurance-vie par son objectif de capitalisation d'une épargne sur le long terme, mais elle s'en distingue par le fait qu'elle ne comporte **aucun assuré,** étant déconnectée de toute notion de couverture d'un risque. Le contrat de capitalisation est étudié ▶421 s.

B. Opérations jumelées

Jumelage de contrats d'assurance avec d'autres produits financiers

52 Les organismes financiers proposent parfois le jumelage de deux produits financiers. L'un capitalise une fraction de l'investissement dans un cadre fiscal favorable (contrat d'assurance-vie ou de capitalisation) pour reconstituer l'intégralité du capital à terme, pendant que l'autre (**Sicav ou compte à terme**) permet à l'investisseur en consommant le capital et les intérêts du placement de percevoir des ressources régulières et peu taxées pendant la durée du placement. Ces ressources sont peu imposables car elles se composent de capital (non taxable) et d'intérêts ou de plus-values, soumis au régime fiscal des valeurs mobilières ou des comptes à terme. Dans un environnement économique dans lequel le rendement des placements monétaires est proche de zéro alors que les contrats d'assurance-vie en fonds euros ont un rendement sensiblement supérieur (malgré la baisse des rendements des fonds euros), la solution du placement sur un contrat de capitalisation ou d'assurance-vie couplée à des rachats programmés reste plus attractive.

Par ailleurs, jusqu'au 25 septembre 2003, certains contrats d'assurance-vie ont pu être souscrits dans le cadre d'un **plan d'épargne populaire.**

Adossement d'un emprunt in fine sur un contrat d'assurance

53 Afin d'optimiser la rentabilité d'un investissement immobilier de rapport, il est fréquemment proposé de financer l'acquisition à l'aide d'un prêt in fine et d'assurer le remboursement du capital de l'emprunt à l'aide d'un placement sur un contrat d'assurance-vie (ou de capitalisation : voir ▶435). Cette stratégie permet de réduire le montant des revenus fonciers imposables à l'**impôt sur le revenu** pendant que les intérêts du placement réalisé sur le contrat d'assurance-vie ou le contrat de capitalisation se capitalisent. L'adossement permet également d'**optimiser la transmission,** soit en réalisant l'adossement au nom des héritiers et en leur transmettant à terme le bien immobilier et la dette, soit en adaptant la clause bénéficiaire du contrat d'assurance souscrit par l'emprunteur, en désignant les héritiers comme bénéficiaires à charge pour eux de constituer un gage espèce au profit de la banque sur le capital versé par la compagnie d'assurance et ce jusqu'à complet remboursement du prêt. Cette stratégie permet d'éviter les conséquences défavorables et très contestables que la doctrine fiscale déduit de l'arrêt rendu par la Cour de cassation en matière de nantissement d'un contrat d'assurance-vie (Cass. 2e civ. 9-2-2012 n° 11-12.109 F-D ; BOI-ENR-DMTG-10-10-20-20 n° 35) ; voir ▶334.

MODÈLE
Garantie de remboursement d'un prêt avec un capital payable en cas de décès
« Je soussigné (*nom de l'emprunteur*), assuré par (*nom de la compagnie d'assurance*) dans les conditions prévues au contrat no... souscrit le..., déclare que le capital dû en cas de décès en application du contrat précité sera versé au profit des bénéficiaires désignés sur un compte séquestre ouvert à leur nom au sein de l'office notarial (*nom de l'office*) au profit de la banque (*nom de la banque*) en garantie du prêt no... et jusqu'à complet remboursement du prêt.
Au cas où mes engagements seraient inférieurs au montant du capital garanti, ou si ceux-ci ont pris fin par désintéressement total, le reliquat ou la totalité du capital dû en cas de décès sera payable directement aux bénéficiaires désignés.
Je déclare renoncer formellement pour l'avenir à toute désignation bénéficiaire autre que celle mentionnée au présent avenant jusqu'à complet remboursement du prêt indiqué ci-dessus.
Je m'engage à informer l'organisme prêteur de toute interruption ou cessation des garanties du contrat précité. Je m'engage à justifier de l'existence de la garantie décès à tout moment et à première demande de la banque (*nom de la banque*). »
La convention précisera les modalités de gestion des sommes placées sur ce compte, ainsi que la possibilité pour les bénéficiaires de retirer les sommes, après la mise sous séquestre, au fur et à mesure du remboursement du prêt que ce gage garantit.
Ce document sera signé par l'emprunteur, l'organisme prêteur et l'assureur.

h. Contrôle des compagnies d'assurance établies en France et fonds de garantie

Contrôle des compagnies d'assurance

54 En France, le contrôle des banques et des assurances est exercé par l'Autorité de contrôle prudentiel et de résolution (ACPR). Il s'agit d'une autorité administrative dont le Code monétaire et financier établit l'indépendance pour l'exercice de ses missions et l'autonomie financière. Pour son fonctionnement (moyens humains et informatiques), l'ACPR est adossée à la Banque de France. L'ACPR exerce une **surveillance** de l'ensemble des organismes du secteur de l'assurance, en contrôlant le respect des dispositions législatives et réglementaires en vigueur (C. mon. fin. art. L 612-1 s.).

Au-delà du domaine prudentiel, la supervision des risques concerne aussi les pratiques commerciales ainsi que la lutte contre le blanchiment des capitaux et le financement du terrorisme.

PRÉCISIONS L'ACPR joue aussi le rôle d'autorité de **résolution** pour le secteur des assurances. Le dispositif s'inspire du régime de résolution existant pour les établissements de crédit et les entreprises d'investissement. Il prévoit la mise en place de plans préventifs de rétablissement et de résolution (Ord. 2017-1608 du 27-11-2017 : JO 28 texte n° 22).

Fonds de garantie des assurances de personnes

55 Le Fonds de garantie des assurances de personnes (FGAP) a pour objet de renforcer la protection des assurés en cas de défaillance d'une société d'assurance de personnes (Loi 99-532 du 25-6-1999 relative à l'épargne et à la sécurité financière ; C. ass. art. L 423-1 à L 423-8 et R 423-1 à R 423-18).

Toutes les sociétés d'assurance-vie et de capitalisation agréées en France (mais pas les mutuelles) adhèrent obligatoirement au Fonds et sont couvertes par lui.

En revanche, les sociétés de l'Union européenne ou de l'Espace économique européen exerçant en France en libre établissement ou en libre prestation de services sont écartées du dispositif.

56 Le dispositif de sécurité comporte **plusieurs niveaux** :

– si l'ACPR relève des difficultés significatives, elle place la compagnie sous surveillance et lui enjoint de prendre toutes les mesures appropriées pour restaurer sa situation financière ;
– si les mesures prises ne permettent pas à la compagnie d'honorer ses engagements à 100 %, le FGAP peut être saisi. Cette saisine est notifiée par la société d'assurance défaillante à chaque souscripteur de contrat ou chaque bénéficiaire de prestations ;
– en parallèle, l'ACPR lance un appel d'offres en vue du transfert de tout ou partie des contrats d'assurance auprès d'autres compagnies.

57 L'indemnisation est prévue jusqu'à concurrence d'un montant de provisions techniques de 70 000 € par assuré, souscripteur ou bénéficiaire du contrat, **quel que soit le nombre des contrats** souscrits auprès d'une même société. Par exemple, pour un souscripteur de deux contrats d'assurance-vie auprès d'une même société d'assurances, l'intervention du FGAP ne pourra dépasser 70 000 €. En revanche, en cas de cosouscription, le plafond sera de 140 000 €.

PRÉCISIONS La mise en liquidation de la société ICD Vie en 2000 a constitué le **premier dossier** de saisine du FGAP, qui n'a finalement pas eu à intervenir pour indemniser les souscripteurs, tous les contrats d'assurances ayant été transférés à d'autres sociétés d'assurance.

i. Contrats souscrits auprès de compagnies établies à l'étranger

Passeport européen

58 Les résidents de France peuvent librement souscrire un contrat d'assurance-vie auprès d'un organisme établi dans un État membre de l'Espace économique européen, si ce dernier est titulaire d'un **agrément** dit « passeport européen » donné par l'autorité de contrôle du pays dont relève la compagnie. Ainsi, une structure contrôlée dans un pays européen peut opérer dans un autre pays européen, en créant une succursale (liberté d'établissement) ou en opérant en libre prestation de services. Les contrats souscrits en infraction à cette règle sont frappés de nullité, cette dernière n'étant pas opposable, aux assurés, aux souscripteurs et aux bénéficiaires lorsqu'ils sont de bonne foi (C. ass. art. L 310-2 ; Cass. 2e civ. 14-6-2007 n° 05-21.166 FS-PB). Lorsque l'engagement est pris sur le territoire de la République française, la loi applicable au contrat est la loi française, à l'exclusion de toute autre. Toutefois, si le souscripteur est une personne physique et est ressortissant d'un autre État membre de l'Espace économique européen, les parties au contrat d'assurance peuvent choisir d'appliquer soit la loi française, soit la loi de l'État dont le souscripteur est ressortissant (C. ass. art. L 183-1).

PRÉCISIONS Depuis le 1er janvier 2021, le **droit européen** n'est plus applicable au **Royaume-Uni.** Les assureurs agréés outre-Manche ne disposent plus du droit d'offrir leurs services en France en vertu du libre établissement ou de la libre prestation de services. Ils peuvent toutefois continuer à fournir leurs services en France, selon les cas, soit par l'intermédiaire d'une filiale ou succursale agréée en France, soit par l'intermédiaire d'une filiale agréée dans un autre pays de l'Espace économique européen et agissant en France en vertu du libre établissement ou de la libre prestation de services.

Régime fiscal du contrat souscrit auprès d'une compagnie établie à l'étranger

59 **Obligations déclaratives** Au regard de la législation française, à l'occasion de sa déclaration de revenus, le **souscripteur** d'un contrat d'assurance-vie (ou d'un contrat de capitalisation) à l'étranger **doit indiquer** (CGI art. 1649 AA, al. 1), sous peine d'amende :

- les références du ou des contrats concernés ;
- la date d'effet et la durée du ou des contrats ;
- les opérations de remboursement et de versement des primes effectuées au cours de l'année précédente sur des contrats déjà existants ;
- et, le cas échéant, la valeur de rachat ou le montant du capital garanti, y compris sous forme de rente, au 1er janvier de l'année de la déclaration.

Cette déclaration doit indiquer, pour chaque contrat, certaines informations relatives notamment au souscripteur, à l'assureur et à certaines opérations effectuées sur le contrat (CGI ann. III art. 344 C modifié par le décret 2021-184 du 18-2-2021 art. 1 : BPAT 3/21 inf. 129).

Sauf preuve contraire, les versements faits à l'étranger ou en provenance de l'étranger par l'intermédiaire de contrats non déclarés constituent des revenus imposables (CGI art. 1649 AA, al. 2). L'imposition établie en application de cette présomption de revenus est assortie d'une majoration de 40 % (CGI art. 1758, al. 1), à laquelle s'ajoute l'intérêt de retard.

La **méconnaissance de l'obligation** de déclaration est sanctionnée d'une amende de 1 500 € par contrat non déclaré, ou de 10 000 € si le contrat est détenu dans un État ou territoire non-coopératif (CGI art. 1766). Une majoration de 80 % s'applique aux droits dus en cas de rectification du fait des sommes figurant ou ayant figuré sur le ou les contrats qui auraient dû être déclarés. Cette majoration ne peut pas être inférieure au montant de l'amende précitée et exclut l'application de cette amende, de même qu'elle exclut l'application de la majoration prévue à l'article 1758 (CGI art. 1729-0 A, I-b). Par ailleurs, lorsque cette déclaration n'a pas été respectée au moins une fois au titre des 10 années précédentes, l'administration peut demander au souscripteur de fournir dans un délai de soixante jours toutes informations ou justifications sur l'origine et les modalités d'acquisition des avoirs figurant sur le contrat d'assurance-vie (LPF art. L 23 C). À défaut de justifier l'origine et les modalités d'acquisition des avoirs, ceux-ci sont réputés constituer un patrimoine acquis à titre gratuit taxé au taux de 60 % sur la valeur du contrat d'assurance-vie la plus élevée connue de l'administration au cours des 10 années précédentes, diminuée de la valeur des avoirs dont l'origine et les modalités d'acquisition ont été justifiées (CGI art. 755).

60 **Fiscalité en cas de retrait** La fiscalité en cas de retrait étant celle du **pays de résidence** du souscripteur (le pays source du revenu pouvant cependant prévoir un prélèvement à la source, dans les limites et avec les effets prévus par la convention fiscale conclue s'il en existe une), les souscripteurs domiciliés en France demeurent imposables dans les conditions exposées ▶ 267 s.

Toutefois, seuls les contrats souscrits auprès d'un assureur établi dans un État membre de l'Union européenne ou dans un État partie à l'accord sur l'Espace économique européen permettent au contribuable :

- de bénéficier des **abattements** de 4 600 € ou 9 200 € pour les contrats d'au moins 8 ans (CGI art. 122) ;
- d'opter, à raison de la fraction des produits attachés à des primes versées jusqu'au 26 septembre 2017, pour le **prélèvement forfaitaire libératoire** (CGI art. 125 D, II) ;

– de bénéficier, à raison de la fraction des produits attachés à des primes versées depuis le 27 septembre 2017, du prélèvement forfaitaire obligatoire non libératoire au **taux réduit** de 7,5 % pour les contrats d'au moins 8 ans (CGI art. 200 A, 1-B-2°).

Le prélèvement, qu'il s'agisse du prélèvement obligatoire non libératoire ou du prélèvement forfaitaire libératoire, est **déclaré et acquitté** :

– soit, lorsqu'il est établi dans un État membre de l'Espace économique européen et mandaté à cet effet par le redevable, par l'établissement payeur étranger ;
– soit, à défaut de mandat, par le contribuable lui-même (formulaire 2778-SD).

61 **Prélèvements sociaux** Les prélèvements sociaux sont dus dans les mêmes conditions que pour un contrat souscrit en France, mais la **question du prélèvement à la source** est plus complexe à gérer lorsque la compagnie est établie hors de France, notamment pour les prélèvements au fil de l'eau sur les actifs en euros. L'obligation de paiement repose en effet sur le souscripteur mais compte tenu de la complexité de la déclaration, c'est en général la compagnie qui accepte de s'en charger pour son compte lorsque le contrat a été souscrit dans un État de l'Espace économique européen.

62 **IFI** Au regard de l'IFI, le contrat d'assurance rachetable doit être déclaré par le contribuable résident fiscal français, au même titre que ses autres **actifs détenus à l'étranger.** Sa valeur de rachat entre dans l'assiette de l'IFI à hauteur de la fraction représentative des unités de compte constituées de biens ou droits immobiliers situés en France ou à l'étranger et détenus directement ou indirectement au travers dudit contrat d'assurance-vie (CGI art. 965 et 972).
Cependant, si la déclaration fait suite au **retour en France** d'un contribuable qui n'a pas été domicilié sur le territoire national pendant les 5 années précédentes, seuls les biens et droits immobiliers situés en France entrent dans l'assiette de l'IFI pendant les 5 années suivant ce retour (CGI art. 964, 1°). Dès lors, la fraction de la valeur de rachat représentative de biens ou droits immobiliers situés à l'étranger et détenus directement ou indirectement au travers dudit contrat d'assurance-vie ne sera pas soumise à l'IFI.

63 **Fiscalité en cas de décès** La fiscalité en cas de décès de l'assuré est **identique** à celle d'un contrat souscrit en France (▶333 s.). Toutefois, il est possible que les capitaux décès soient **aussi taxés dans l'État source.** Pour les primes soumises à l'article 757 B du CGI, la double imposition est gérée soit par l'existence d'une convention fiscale, soit par la possibilité d'imputer les droits payés à l'étranger sur les droits réglés en France. Il n'en va pas de même pour la fiscalité issue de l'article 990 I, s'agissant d'un prélèvement « sui generis » pour lequel aucun mécanisme n'est prévu pour éviter la double imposition.

Contrats d'assurance-vie luxembourgeois

64 **Spécificités des contrats luxembourgeois** Les contrats luxembourgeois représentent une part significative de la collecte réalisée sur le marché français (voir ▶18). Ces contrats sont commercialisés très majoritairement par des filiales luxembourgeoises d'assureurs français. Cette commercialisation met en avant certaines spécificités des contrats luxembourgeois par rapport aux contrats français.
Sur le plan financier :

– la possibilité de disposer d'autres devises que l'euro ;
– l'acceptation du paiement de la prime par apport de titres éligibles (voir ▶67 pour l'application à un souscripteur résident de France) ;

- un choix de supports très élargi (application des règles luxembourgeoises), avec notamment des fonds dédiés, étant précisé que le droit luxembourgeois conditionne le choix des actifs au montant de la prime et au patrimoine du souscripteur (voir lettre circulaire 15/3 du Commissariat aux assurances relative aux règles d'investissements pour les produits d'assurance-vie liés à des fonds d'investissement).

Sur le plan de la sécurité du souscripteur :

- notion dite « de triangle de sécurité » : dans le cadre des contrats en unités de compte, les avoirs du client sont conservés non pas auprès de la compagnie d'assurance (1er point du triangle), mais auprès d'une **banque dépositaire** distincte agréée (2e point du triangle) avec un contrôle du CAA - Commissariat aux assurances (3e point du triangle) ;
- les souscripteurs bénéficient d'un privilège de premier rang (notion dite « de superprivilège ») qui leur permet de primer tous les autres créanciers en cas de défaillance de l'assureur.

Cette architecture de protection de l'épargnant est présentée comme plus sécurisante que celle prévue en droit français, avec une détention des actifs par la compagnie d'assurance, et un plafond de 70 000 € en cas de faillite d'un assureur. Voir ▶55 s.

Sur le plan fiscal

Il n'existe aucun avantage ni inconvénient fiscal spécifique pour un souscripteur résident fiscal français. En revanche, les assureurs luxembourgeois mettent en avant une caractéristique qui peut se révéler intéressante, au regard de l'impôt sur le revenu, **en cas de départ à l'étranger** du souscripteur initialement domicilié en France. En effet, en cas de rachat effectué sur le contrat, le droit pour le nouveau pays de résidence du souscripteur d'imposer les produits compris dans ce rachat sera déterminé par l'éventuelle convention fiscale conclue entre cet État et le Luxembourg. À la différence de la France, le Luxembourg ne pratique pas de retenue à la source, ce qui est un facteur de simplification appréciable.

PRÉCISIONS La possibilité d'**adosser un contrat d'assurance-vie à un fonds dédié,** c'est-à-dire spécialement constitué à cet effet avec des titres apportés par le souscripteur, est l'une des caractéristiques qui font l'attrait des contrats luxembourgeois. En droit français, la liste des valeurs mobilières pouvant servir d'unités de compte pour les contrats d'assurance-vie est fixée de manière limitative par le Code des assurances (C. ass. art. R 131-1). Voir ▶30. Cela interdit, par exemple, à un souscripteur d'envisager de transmettre les titres de son entreprise familiale par le biais d'un contrat d'assurance-vie français ; la possibilité d'opter pour la remise de titres à la sortie du contrat est d'ailleurs également restreinte (C. ass. art. L 131-1). Voir ▶37.

65 **Diversité des contrats luxembourgeois** Il existe différents contrats d'assurance-vie luxembourgeois, qui offrent **plusieurs types de supports financiers** :

- « branche 21 » : il s'agit de contrats qui garantissent contractuellement le capital et le rendement, à l'instar des contrats monosupports en euros français ;
- « branche 23 » : ces contrats ne garantissent ni le capital ni le rendement, comme les contrats en unités de compte de droits français, avec toutefois des différences significatives en matière de supports éligibles ;
- « branche 44 » : ces contrats combinent les contrats « branche 21 » et les contrats « branche 23 ».

66 **Loi applicable aux contrats luxembourgeois** Le contrat souscrit par un résident français auprès d'une compagnie d'assurance établie au Luxembourg relève de :

- la **loi française** pour les effets du contrat entre les parties, et notamment l'ensemble des obligations relatives à l'information précontractuelle et au devoir de conseil de l'assureur ;
- la **loi luxembourgeoise** pour la gestion financière du contrat. Il en résulte que les limitations imposées par l'article R 131-1 du Code des assurances concernant les supports éligibles aux contrats français ne s'appliquent pas. Pour autant, l'ACPR a indiqué qu'elle se réservait la possibilité d'intervenir pour des contrats étrangers commercialisés auprès de résidents français, en prenant les mesures et sanctions prévues par la loi française si elle devait constater un manquement à la notion générale de « protection suffisante » (L'Agefi Actifs septembre 2014 n° 635). Aux termes de l'article L 131-1 du Code des assurances, seuls les actifs « offrant une protection suffisante de l'épargne investie » peuvent servir d'unités de compte dans des contrats d'assurance-vie français (voir ▶304).

67 **Paiement de la prime en nature** Un résident français avait souscrit un contrat d'assurance-vie « à fonds dédié » auprès d'une société de droit luxembourgeois en effectuant l'**apport de titres** d'un organisme de placement collectif régi par le droit des îles Vierges britanniques acquis pour l'occasion. La société auprès de laquelle étaient intégralement investis les actifs détenus par cet organisme a fait faillite (elle était détenue par Bernard Madoff, auteur d'une célèbre escroquerie révélée à l'occasion de la crise financière de 2008). Le souscripteur, qui avait subi une importante perte financière, a demandé devant le tribunal français l'annulation du contrat d'assurance-vie sous prétexte notamment que la **loi française,** qui lui était applicable, ne prévoyait pas le règlement de la prime en nature, et n'aurait par ailleurs pas autorisé ce type d'unités de compte. La Cour de cassation confirme l'arrêt d'appel : si le droit français n'envisage que le paiement des primes d'assurance en numéraire, **aucune disposition légale** d'intérêt général ne prohibe la distribution en France de contrats d'assurance-vie qui sont régis par la loi française mais dont les caractéristiques techniques et financières relèvent du droit luxembourgeois et permettent l'apport de titres sur des fonds dédiés fermés (Cass. 2e civ. 19-5-2016 n° 15-13.606 FS-PBRI : BPAT 4/16 inf. 164 ▶569).

68 L'étude d'impact annexée au projet de loi Pacte avait relevé qu'« une minorité de contribuables français parmi les plus fortunés utilisent les marges de manoeuvre offertes à l'étranger dans le paiement de la prime de leur contrat d'assurance pour y placer leurs propres titres de sociétés et bénéficier du régime fiscal français de l'assurance-vie ». En conséquence, l'article L 113-3 du Code des assurances, qui est **d'ordre public** en droit français, a été modifié et précise désormais que les primes d'un contrat d'assurance doivent être payées en numéraire (C. ass. art. L 113-3, al. 1 modifié par la loi 2019-486 du 22-5-2019 art. 72).

PRÉCISIONS Cette mesure vise à servir un **objectif d'intérêt général,** en limitant le préjudice fiscal lié à cette « concurrence faussée » (avec les assureurs luxembourgeois) et a donc vocation à s'appliquer à tous les contrats, y compris luxembourgeois, lorsque la loi applicable au contrat est la loi française. La notion d'intérêt général à laquelle il est fait référence s'entend au sens du droit européen. L'avenir dira si la Cour de cassation en tirera des conséquences quant à sa position (voir M. Thomas-Marotel, Projet de loi Pacte : efficacité de l'interdiction du paiement des primes d'assurance-vie par apports de titres : Rev. Lamy Droit civil oct. 2018 n° 163 p. 34 s.).

II. Analyse juridique du contrat d'assurance-vie

En bref

69 L'assurance-vie, efficace outil d'**épargne** et de **capitalisation,** est également un instrument précieux pour assurer la **transmission** de son patrimoine. Juridiquement, le **contrat d'assurance-vie** peut être **défini** comme le contrat par lequel une personne (l'assureur) s'engage, en contrepartie du paiement d'une ou de plusieurs primes ou cotisations par le souscripteur, à verser un capital ou une rente à une personne déterminée en cas soit de décès (bénéficiaire en cas de décès), soit de vie (bénéficiaire en cas de vie) de l'assuré à une époque déterminée. Il s'agit d'un contrat original régi à la fois par le Code civil, le Code des assurances et le Code général des impôts.

Le contrat d'assurance peut ainsi faire intervenir, outre la compagnie d'assurance, **trois participants** : souscripteur(s), assuré(s) et bénéficiaire(s), gouvernés par des règles et relations juridiques qu'il convient de préciser. Il est fréquent que souscripteur, assuré et bénéficiaire en cas de vie soient la même personne, mais d'autres configurations sont utilisées, notamment en cas d'adhésion conjointe ou d'investissement avec des capitaux démembrés.

Un contrat source de débats

70 Sur un certain nombre de points, le Code des assurances déroge au droit commun, ce qui est susceptible de générer des opportunités (pour celui pour qui l'application de la règle dérogatoire est favorable) et/ou des contentieux (initiés par celui à qui la règle dérogatoire est défavorable). Ces divergences font l'objet de **débats entre notaires et assureurs,** avec deux thèmes récurrents, depuis le 96e Congrès des notaires de France (Lille mai 2000) abordés à nouveau par le 108e Congrès des notaires de France (Montpellier septembre 2012) : le caractère hors succession de l'assurance-vie et ses conséquences en termes de rapport et réduction (C. ass. art. L 132-12 et L 132-13), et l'appartenance ou non à la communauté des contrats non dénoués financés avec des primes communes, lorsque la communauté est dissoute par décès. On peut regretter que, trop fréquemment, seule l'approche financière ou fiscale soit envisagée. Il s'ensuit que l'épargnant et parfois même son conseil ne perçoivent qu'imparfaitement **la portée juridique du placement** réalisé.

71 Les développements qui suivent concernent essentiellement les contrats d'assurance-vie « placement », c'est-à-dire les formules à capitaux différés assortis d'une contre-assurance (contre-assurés) et les contrats assimilés (sur ces notions, voir ▶ 15).

A. Le souscripteur

En bref

72 Le souscripteur est la personne qui **s'engage au versement des primes** prévues par le contrat d'assurance. Il est le **stipulant** dans la stipulation pour autrui que constitue le mécanisme de l'assurance-vie. Il est d'ailleurs également souvent dénommé « stipulant », « contractant » ou encore « adhérent ».

a. Information et renonciation du souscripteur d'un contrat d'assurance-vie

Devoir de conseil de l'assureur

73 Le distributeur d'assurance (qu'il s'agisse de l'assureur ou de l'intermédiaire d'assurance) est tenu d'agir de manière honnête, impartiale et professionnelle, au mieux des intérêts du souscripteur (C. ass. art. L 521-1, I).

Avant la souscription d'un contrat d'assurance-vie individuel comportant une valeur de rachat, l'assureur (ou l'intermédiaire) doit **préciser par écrit** les exigences et besoins exprimés par le souscripteur éventuel et les raisons justifiant le caractère approprié du contrat proposé. Il doit fournir au souscripteur des **informations objectives** sur le produit d'assurance sous une forme claire, exacte et non trompeuse afin de lui faire prendre une décision en connaissance de cause. Ces précisions doivent être adaptées à la complexité du contrat d'assurance ou de capitalisation proposé et doivent permettre de déterminer le caractère approprié pour le souscripteur du contrat proposé. L'assureur doit conseiller un contrat qui soit **cohérent avec les exigences et les besoins du souscripteur** et doit préciser les raisons qui motivent ce conseil. À cette fin, il s'enquiert auprès du souscripteur de sa situation financière et de ses objectifs d'investissement, ainsi que de ses connaissances et de son expérience en matière financière (C. ass. art. L 522-5, I).

L'assureur peut fournir un service de recommandation personnalisé qui consiste à expliquer au souscripteur éventuel en quoi, parmi différents contrats ou différentes options d'investissement au sein d'un contrat, un ou plusieurs contrats ou options sont plus adéquats à ses exigences et besoins et en particulier plus adaptés à sa tolérance aux risques et à sa capacité à subir des pertes (C. ass. art. L 522-5, II).

Si le souscripteur refuse de donner les informations nécessaires, l'assureur doit le mettre en garde préalablement à la conclusion du contrat (C. ass. art. L 522-6, al. 2).

Par ailleurs, lorsque l'assureur (ou l'intermédiaire) a informé le souscripteur qu'il procéderait à une évaluation périodique de l'adéquation des produits d'investissement recommandés, cette évaluation doit comporter une déclaration mise à jour sur la manière dont l'investissement fondé sur l'assurance répond aux préférences, aux objectifs et aux autres caractéristiques du souscripteur (C. ass. art. L 522-6, al. 1).

Toutes ces informations fournies par l'assureur doivent être claires, exactes et non trompeuses (C. ass. art. L 521-1, II). Elles sont communiquées au souscripteur sur **support papier, ou** sur un **support durable** autre que le papier sous réserve que ce support soit approprié aux opérations commerciales entre le distributeur et le souscripteur et que ce dernier ait choisi ce mode de communication après s'être vu proposé les deux modalités. Ces informations peuvent également être fournies au moyen d'un site Internet si elles sont adressées personnellement au souscripteur et qu'un certain nombre de conditions sont remplies (C. ass. art. L 521-6).

Doivent également être claires, exactes et non trompeuses les **communications à caractère publicitaire** fournies par l'assureur (C. ass. art. L 132-27 et L 521-1, II ; Recommandation ACPR 2019-R-01 du 6-12-2019, sur les communications à caractère publicitaire des contrats d'assurance-vie).

74 Le **non-respect du devoir de conseil** peut engager la responsabilité de l'assureur. L'Autorité de contrôle prudentiel et de résolution (ACPR) insiste sur la nécessité de recueillir et d'**actualiser les informations** relatives à la connaissance du client dans le cadre du devoir de conseil en assurance-vie à l'occasion notamment de nouveaux versements, rachats, arbitrages. Ces informations sur le souscripteur et son conjoint, la configuration de sa famille, son âge, ses charges, son expérience financière visent à déterminer objectivement son profil au regard du rendement attendu et du niveau de risque qu'il est prêt à supporter (Recommandation ACPR 2013-R-01 du 8-1-2013, prise sur la base des dispositions en vigueur avant le 1-10-2018). Ces recommandations ont été déclinées pour les contrats commercialisés au moyen d'une interface numérique (Recommandation ACPR 2013-R-01, ann. concernant le recueil via des interfaces numériques du 14-11-2016).

La Fédération française de l'assurance (qui a adopté le nom d'usage France Assureurs en 2022) a publié un **recueil d'engagements déontologiques** (France Assureurs, recueil des engagements à caractère déontologique, version juillet 2021, voir ▶525) dont l'application est obligatoire pour les entreprises d'assurance. Ces engagements visent à garantir aux particuliers un certain niveau dans l'information qui leur est donnée, dans les caractéristiques des produits qui leur sont proposés et dans les conditions dans lesquelles leurs demandes et dossiers sont traités. L'engagement relatif à la commercialisation des contrats vie et capitalisation rappelle l'importance de ne pas faire de promesses inappropriées concernant le délai et le montant des avances et rachats, ou l'évolution des garanties (éviter les hypothèses de revalorisation exagérées par rapport aux taux les plus récents). Des recommandations particulières concernent la transformation de contrats d'assurance-vie ou de capitalisation en euros en contrats ou bons en unités de compte (sur la transformation du contrat d'assurance-vie, voir ▶43 s.). Par ailleurs, l'engagement déontologique relatifs aux contrats d'assurance-vie souligne les points de vigilance à porter concernant l'âge du souscripteur, le montant des primes versées (en fonction de ses objectifs et de la composition de son patrimoine) et enfin, la rédaction de la clause bénéficiaire.

> **PRÉCISIONS** Le souscripteur qui a été informé des risques attachés au contrat d'assurance-vie qu'il a souscrit et au profil de gestion qu'il a choisi ne peut pas reprocher à l'assureur un manquement à son devoir de conseil : si l'assureur doit porter à la connaissance de son client les données lui permettant de prendre la mesure du risque auquel il s'expose, il ne lui appartient pas de se prononcer sur les **choix spéculatifs** de son client (Cass. com. 16-6-2009 n° 08-11.618 FP-PB : BPAT 5/09 inf. 204).

Information préalable du souscripteur

75 **Devoir précontractuel d'information de l'assureur** Comme tout professionnel, l'assureur est tenu à une **obligation générale d'information précontractuelle** concernant l'enveloppe et le contenu du placement lui-même. Avant la signature du contrat d'assurance, il doit informer précisément le souscripteur des caractéristiques essentielles du contrat qu'il se propose de lui faire souscrire. S'agissant par exemple d'un contrat en unités de compte, l'assureur doit communiquer les caractéristiques essentielles des supports financiers du contrat et les risques qui leur sont associés. Pour ces mêmes contrats, il doit désormais préciser pour chaque unité de compte proposée sa performance brute de frais, celle nette de frais et les frais prélevés au cours d'une période définie par arrêté (C. ass. art. L 522-5, I-al. 4 nouveau créé par la loi 2019-486 du 22-5-2019 art. 72 : JO 23 texte n° 2). À partir du 1er juillet 2022, l'information précontractuelle sera renforcée, les assureurs devant également indiquer le total des frais supportés par chaque unité de compte (C. ass. art. A 522-5 modifié par l'arrêté ECOT2204216A du 24-2-2022 : JO 6-3 texte n° 10). Par un accord de place signé le 2 février 2022, les assureurs et distributeurs de contrats d'assurance-vie se sont également engagés à mettre en ligne sur leur site internet, dès le 1er juin 2022, un tableau standard regroupant les frais prélevés sur ces contrats, par catégories, afin que les souscripteurs puissent comparer les droits d'entrée, les frais annuels (en fonction du type de fonds et de gestion) et les frais ponctuels à l'occasion d'un versement, arbitrage, rachat, transfert vers un autre contrat, etc. (Ministère de l'Economie et des Finances, communiqué de presse n° 1974 du 2-2-2022).

Parallèlement à cette obligation générale d'information précontractuelle, les assureurs doivent respecter le **Code des assurances** qui leur impose de remettre au souscripteur deux documents d'information : une proposition d'assurance (ou un projet de contrat) et une note d'information (voir ▶ 76 s.). Par exception, la proposition d'assurance (ou le projet de contrat) suffit si un encadré comportant certaines mentions obligatoires figure en tête de ce document (C. ass. art. L 132-5-2).

Ces deux **obligations** d'information sont **indépendantes** l'une de l'autre : la remise des documents requis par le Code des assurances ne dispense pas l'assureur de son obligation générale d'information précontractuelle ; réciproquement, la non-remise de ces documents n'implique pas nécessairement un manquement à cette obligation (en ce sens, notamment, Cass. 2e civ. 11-9-2008 n° 07-16.149 FS-D).

Les **sanctions** des deux obligations sont différentes : un manquement à l'obligation générale d'information précontractuelle peut engager la responsabilité de l'assureur, qui devra des dommages-intérêts au souscripteur, tandis que la non-remise des documents prescrits par le Code des assurances a pour seul effet de prolonger la durée pendant laquelle le souscripteur peut renoncer à son contrat (sur la faculté de renonciation et sa prorogation, voir ▶ 80 s.). Si l'assureur a manqué aux deux obligations, les deux sanctions sont cumulables. Par exemple, le fait que le souscripteur ait pu renoncer tardivement à son contrat faute d'avoir reçu la note d'information ne lui interdit pas de demander des dommages et intérêts s'il a également été victime d'un défaut d'information précontractuelle (Cass. 2e civ. 18-2-2010 n° 09-10.595 FS-D ▶ 548). Dans ce cas, pour apprécier le dommage résultant du manquement de l'assureur à son devoir précontractuel d'information, il convient de tenir compte de la restitution des sommes versées et du paiement des intérêts (Cass. 2e civ. 23-11-2017 n° 16-21.671 FS-PB : BPAT 1/18 inf. 34 ▶ 573).

PRÉCISIONS

a. La **fiscalité applicable au contrat** d'assurance-vie doit être présentée de manière suffisamment claire pour permettre une comparaison avec d'autres choix de placement. La seule mention dans les conditions générales du contrat que la fiscalité applicable est la « fiscalité française de l'assurance-vie » est insuffisante (Cass. 2e civ. 3-10-2013 n° 12-24.957 F-D : BPAT 6/13 inf. 241 ▶ 561). En l'espèce, le souscripteur âgé de 71 ans n'avait pas été informé de la fiscalité spécifique applicable aux primes versées après 70 ans, ce qui lui a fait perdre une chance de transmettre son capital dans des conditions plus favorables à sa compagne.

En revanche, l'assureur n'a pas l'obligation d'informer le souscripteur :

- des **risques fiscaux** liés à une possible requalification du contrat en donation indirecte (Cass. 2e civ. 5-7-2006 n° 05-13-580 FS-PB : RJDA 12/06 n° 1197 ▶ 534) ;
- que le défaut de remise des documents d'information prescrits par le Code des assurances a pour effet la **prorogation du délai de renonciation** au contrat (Cass. 2e civ. 9-7-2009 n° 08-18.730 FS-PB : BPAT 5/09 inf. 205 ▶ 547).

b. Des **recommandations de l'ACPR** imposent des obligations d'information spécifiques pour la commercialisation de certains contrats. Tel est le cas, par exemple, pour les contrats dont les supports en unités de compte intègrent des instruments financiers considérés comme complexes (Recommandation ACPR 2016-R-04 du 13-12-2016).

76 **Documents d'information requis par le Code des assurances** Doivent notamment figurer dans la **proposition d'assurance** (ou dans le projet de contrat) (C. ass. art. L 132-5-2, al. 2 et 3) :

- un modèle de rédaction destiné à faciliter l'exercice de la faculté de renonciation, avec l'indication de la date jusqu'à laquelle cette renonciation peut être effectuée et de l'adresse à laquelle elle peut être envoyée (par lettre recommandée ou par envoi recommandé électronique avec demande d'avis de réception), et une mention précisant les modalités de renonciation (C. ass. art. A 132-4-2) ;

– pour les contrats rachetables, un tableau mentionnant la valeur de rachat du contrat au terme de chacune des huit premières années du contrat (valeur de transfert pour les Perp) et la somme des primes dont le versement est prévu au terme des huit premières années du contrat. S'il s'agit d'un contrat en unités de compte, la valeur de rachat est exprimée en unités de compte (par exemple, pour 100 unités de compte), et l'assureur doit mentionner en caractères très apparents qu'il ne s'engage que sur le nombre des unités et non sur leur valeur, et que cette valeur est susceptible de variation à la hausse comme à la baisse. La valeur de rachat indiquée dans le tableau doit tenir compte des frais dont le montant est connu à l'avance ; pour les autres frais (par exemple, frais d'arbitrage qui dépendront des arbitrages réalisés par le souscripteur), il doit être indiqué en caractères très apparents que la valeur de rachat n'en tient pas compte. Si le contrat est partiellement investi en unités de compte, la part de la valeur de rachat afférente au capital investi en euros est indiquée de manière distincte.

La **note d'information** renseigne le souscripteur sur les conditions d'exercice de la faculté de renonciation et sur les dispositions essentielles du contrat : définition de chaque garantie, durée du contrat, modalités de versement des primes, modalités de calcul et conditions d'attribution de la participation aux bénéfices, principales caractéristiques des unités de compte lorsque le contrat comporte des garanties en unités de compte, frais prélevés, modalités de sortie, sort de la garantie décès si la faculté de renonciation est exercée, etc. La note d'information doit également renseigner le souscripteur sur les modalités de la désignation d'un bénéficiaire, dans le bulletin d'adhésion ou ultérieurement, par acte sous seing privé ou notarié (C. ass. art. L 132-5-2, al. 1 et ann. art. A 132-4).

77 L'**encadré** qui doit figurer en tête de la proposition d'assurance (ou du projet de contrat) pour que l'assureur soit dispensé de l'obligation de remettre également au souscripteur une note d'information contient notamment les informations suivantes (sur une page maximum) : nature du contrat (assurance-vie individuelle ou de groupe, ou contrat de capitalisation) ; garanties offertes (pour les contrats en unités de compte, il est indiqué en caractères très apparents que les montants investis sur les supports en unités de compte ne sont pas garantis et sont sujets à des fluctuations à la hausse ou à la baisse) ; participation aux bénéfices ; faculté de rachat ou de transfert ; frais supportés par le souscripteur, en distinguant les frais sur versement, les frais en cours de contrat et les frais de sortie ; durée du contrat ; modalités et conséquences de la désignation d'un bénéficiaire (C. ass. art. L 132-5-2, al. 1 et A 132-8).

78 **Document d'informations clés** Depuis le 1er janvier 2018, l'assureur doit obligatoirement remettre au souscripteur un DIC (document d'informations clés), avant la conclusion du contrat (Règl. UE 1286/2014 du 26-11-2014, UE 2016/2340 du 14-12-2016 et UE 2017/653 du 8-3-2017). Ce DIC est **rédigé de manière concise** (trois pages A4 maximum) et doit être mis à jour au moins une fois par an. Il présente les principales caractéristiques du produit, décrit le risque (via un indicateur de risque situant le produit sur une échelle de 1 à 7) et les possibilités de gains, présente la durée de détention recommandée, les frais et leur impact sur le rendement. Ce document doit aussi indiquer l'endroit où peuvent être obtenues les informations spécifiques à chaque option d'investissement sous-jacente.

Présentation du contrat d'assurance-vie

79 Le contrat d'assurance appelé « police » est un document comportant deux parties :

– les **conditions générales** qui décrivent le fonctionnement du produit : modalités de paiement de la prime, frais prélevés par l'assureur, durée du contrat, pénalités de rachat, étendue des garanties, exclusions, déclarations de sinistre, cas de résiliation ;
– les **conditions particulières** qui indiquent les caractéristiques du contrat : souscripteur, assuré, capital ou rente, garanties, bénéficiaire du capital ou de la rente, risque assuré ou échéance de paiement, modalités particulières de règlement du capital ou de la rente, frais perçus par l'assureur.

Faculté de renonciation du souscripteur

80 **Caractéristiques de la faculté de renonciation** Le souscripteur personne physique qui signe une proposition d'assurance ou un contrat, y compris en cas de démarchage à domicile, dispose de **30 jours** calendaires pour renoncer au contrat par lettre recommandée ou par envoi recommandé électronique, avec demande d'avis de réception (C. ass. art. L 132-5-1). Conçue à l'origine pour permettre au souscripteur de renoncer sans préjudice financier lorsqu'après réflexion il souhaite revenir sur sa décision (investissement d'impulsion, pression commerciale, etc.), cette faculté de renonciation était devenue un moyen pour certains souscripteurs peu scrupuleux ayant subi des pertes sur leur contrat de se voir rembourser le capital initialement investi. En effet, la **faculté de renonciation peut être prorogée** si l'information n'est pas délivrée dans la bonne forme et il était jugé que, s'agissant d'un droit discrétionnaire pour le souscripteur, sa bonne foi n'était pas requise. Cette situation a conduit le législateur à intervenir pour réserver la prorogation du délai de renonciation au seul souscripteur de bonne foi, renversant ainsi la jurisprudence antérieure (C. ass. art. L 132-5-2, al. 4, dans sa rédaction issue de la loi 2014-1662 du 30-12-2014). Lorsqu'elle est possible, la renonciation au contrat est plus simple qu'une action visant à faire reconnaître les manquements à leurs obligations d'information et de conseil du courtier et/ou de l'assureur lors de la souscription du contrat. Elle n'en est cependant pas exclusive. Il s'agit également d'un droit **personnel,** qui ne peut par conséquent pas être exercé par un tiers, même l'avocat du souscripteur, sans un mandat spécial (Cass. 2e civ. 19-2-2009 n° 08-11.901 FS-PB), ni par les héritiers du souscripteur après son décès (CA Aix-en-Provence 22-1-2009 n° 07/15528).

La renonciation au contrat constitue un acte d'administration : voir ▶99 s. et ▶107.

81 **Point de départ du délai de renonciation** Le **délai de 30 jours** court à compter de la date à laquelle le souscripteur a été informé de la conclusion du contrat (C. ass. art. L 132-5-1).

Le délai de 30 jours est **prorogé** si (C. ass. art. L 132-5-2) :

– le contrat définitif n'est pas conforme à la proposition initiale. Le délai de 30 jours court à compter de la date de réception du contrat par le souscripteur ;
– l'assureur n'a pas fourni au souscripteur les documents d'information prévus par le Code des assurances (▶76 s.) ou les a fournis, mais de manière insatisfaisante. Tel est le cas, par exemple, lorsque la proposition d'assurance ne comportait pas de modèle de lettre de renonciation (Cass. 2e civ. 25-2-2010 n° 09-11.352 FS-PB : BPAT 2/10 inf. 113 ▶549), lorsque les frais étaient indiqués de manière imprécise, pouvant donner lieu à confusion (Cass. 2e civ. 21-5-2015 n° 14-18.742 F-PBI : BPAT 4/15 inf. 144 ▶564) ou encore lorsque les informations délivrées ne mentionnaient pas le fait que le contrat ne garantissait aucun taux d'intérêt (Cass. 2e civ. 11-3-2021 n° 18-12.376 F-P : BPAT 3/21 inf. 132 ▶595) ou aucun frais ou indemnité en cas de rachat (Cass. 2e civ. 16-12-2021 n° 19-23.907 F-B : BPAT 1/22 inf. 41 ▶596). Le délai pour renoncer au contrat n'expire que 30 jours après la remise effective des documents requis. Peu importe qu'il se soit écoulé plusieurs

années depuis la souscription du contrat, que le titulaire ait déjà effectué des arbitrages ou des rachats partiels (en ce sens, notamment, Cass. 2e civ. 7-3-2006 n° 05-12.338 FS-PBRI : BPAT 2/06 inf. 63 ; Cass. 2e civ. 13-7-2006 n° 05-10.958 FS-PB : Bull. civ. II n° 205). Les mêmes règles s'appliquent aux contrats de groupe (Cass. 2e civ. 10-07-2008 n° 07-12.071 FS-D).

82 **Limites légales à la prorogation du délai de renonciation** Tout d'abord, pour les contrats souscrits depuis le 1er mars 2006, la prorogation ne peut jamais conduire à exercer la faculté de renonciation au-delà du **délai de 8 ans** à compter de la date à laquelle le souscripteur a été informé de la souscription du contrat (mais elle n'est enfermée dans aucun délai pour les contrats souscrits avant cette date : voir ci-après).

En outre, depuis la modification de l'article L 132-5-2 du Code des assurances par la loi du 30 décembre 2014, la **bonne foi du souscripteur** est **expressément exigée** pour qu'il puisse bénéficier de la prorogation du délai de renonciation (Loi 2014-1662 du 30-12-2014 art. 5). Cette modification, qui ne concerne que les contrats souscrits à compter de l'entrée en vigueur de la loi, s'opposait à la jurisprudence qui voyait dans la faculté de rétractation un droit discrétionnaire du souscripteur, dont la bonne foi n'était pas requise (par exemple, Cass. 2e civ. 9-7-2009 n° 08-18.730 FS-PB : BPAT 5/09 inf. 205 ▶547). Il est vrai que la lettre de l'article L 132-5-2 appelait une telle interprétation en indiquant que le délai de renonciation était prorogé « de plein droit » à défaut de remise des documents d'information prévus par le Code des assurances.

PRÉCISIONS

a. Pour les **souscriptions réalisées avant le 1er mars 2006** pour lesquelles le formalisme lié à l'information requis à l'article L 112-2 du Code des assurances n'a pas été respecté, certaines compagnies ont réalisé des campagnes d'envoi massif des informations manquantes, faisant constater ces envois par huissier. L'objectif était de faire courir le délai de 30 jours et ainsi « purger » définitivement le risque d'une renonciation. Il semble cependant que, conformément à la lettre du Code des assurances, la remise doit s'effectuer contre récépissé et qu'en l'occurrence, si la preuve de l'envoi pouvait être apportée, il n'en est pas de même de celle de sa réception (CA Paris 10-4-2002 n° 10/11710). La Cour de cassation a jugé que, en cas d'envoi de la note d'information par lettre recommandée au domicile du souscripteur, elle n'est pas considérée comme lui ayant été remise lorsqu'il n'est pas le signataire de l'avis de réception. Par conséquent, cela ne fait pas courir le délai de renonciation prorogé de 30 jours (Cass. 2e civ. 7-2-2019 n° 17-27.223 F-PBI : BPAT 2/19 inf. 62).

b. Les **objectifs poursuivis** par l'introduction de la condition de bonne foi sont, selon l'amendement qui en est à l'origine, d'écarter les investisseurs avertis qui utilisaient ce système pour annuler leurs pertes éventuelles, les reportant ainsi sur les autres assurés et dissuadant les compagnies d'assurance de proposer des contrats comportant une part de risque en capital (notamment, les contrats euro-croissance) qui sont plus favorables au financement de l'économie.

83 **Limites jurisprudentielles à la prorogation du délai de renonciation** Par un arrêt de 2016, la Cour de cassation a élargi aux contrats non concernés par la loi la nécessité de bonne foi, en imposant aux juges du fond de rechercher, dans chaque affaire, la **finalité de l'exercice du droit de renonciation** par le souscripteur et s'il n'en résulte pas un abus de droit. Cette **appréciation** doit être faite au regard de la situation concrète du souscripteur, de sa qualité de souscripteur averti ou profane et des informations dont il disposait réellement (Cass. 2e civ. 19-5-2016 n° 15-12.767 FS-PBRI : BPAT 4/16 inf. 166 ▶568 ; Cass. 2e civ. 5-10-2017 n° 16-19.565 F-D et 16-22.557 F-D : BPAT 6/17 inf. 250).

À eux seuls, les **manquements de l'assureur** à son obligation d'information ne suffisent pas à exclure un détournement de la finalité de l'exercice de la faculté de renonciation par l'assuré, susceptible de caractériser un abus de ce droit (Cass. 2e civ. 13-6-2019 n° 18-17.907 F-PBI : BPAT 5/19 inf. 197).
La bonne foi étant présumée en droit, c'est à l'assureur d'établir la mauvaise foi du souscripteur, laquelle peut ressortir notamment du nombre et du type d'opérations d'arbitrage réalisées sur le contrat. L'abus du souscripteur dans l'exercice de sa faculté de renonciation doit être recherché à la **date d'exercice** de sa faculté et non pas à la date de souscription de son contrat (Cass. 2e civ. 28-3-2019 n° 18-15.612 F-PB : BPAT 3/19 inf. 109 ▶ 579).
Par ailleurs, quelle que soit la date de souscription des contrats, le souscripteur ne peut plus renoncer à son contrat s'il en a demandé le **rachat total** (en ce sens, notamment, Cass. 2e civ. 19-2-2009 n° 08-12.280 FS-PB ; Cass. 2e civ. 14-1-2010 n° 09-12.575 F-D ; Cass. 2e civ. 15-12-2011 n° 10-27.703 F-D).

> **ILLUSTRATIONS** Commet par exemple un abus de droit l'**assuré averti** qui invoque les manquements de l'assureur pour renoncer au contrat alors qu'il disposait, en tant que professionnel de la finance, de toutes les informations lui permettant de comprendre la portée de son engagement (Cass. 2e civ. 25-6-2020 n° 19-14.047 F-D : BPAT 5/20 inf. 164 ▶ 585). Pour autant, pour exclure un abus de droit de la part du souscripteur, les juges du fond ne peuvent pas se contenter de relever que sa profession et son patrimoine immobilier ne permettent pas de le qualifier d'assuré averti et que ses **connaissances spécifiques** dans le domaine financier ne sont pas démontrées (Cass. 2e civ. 7-2-2019 n° 17-27.223 F-PBI : BPAT 2/19 inf. 62).

84 **Renonciation tacite au bénéfice de la renonciation** Il se peut que le souscripteur ayant usé de sa faculté de renonciation soit ultérieurement considéré comme ayant **renoncé** au bénéfice de celle-ci en raison de la **poursuite de l'exécution du contrat** après la signification de la renonciation à la compagnie d'assurance. Les juges du fond sont toutefois exigeants en la matière et apprécient les actes du souscripteur avec bienveillance pour lui assurer une protection maximale. Ils estiment que la renonciation à un droit ne se présume pas, mais doit résulter d'actes non équivoques manifestant la volonté de renoncer (par exemple, Cass. 2e civ. 28-6-2012 n° 11-18.207 FS-D : BPAT 5/12 inf. 262).
Jugé qu'il y a renonciation tacite à la renonciation lorsque le souscripteur a prolongé la délégation de créance dont faisait l'objet son contrat pour garantir un prêt (Cass. 2e civ. 25-2-2010 n° 09-11.352 FS-PB : BPAT 2/10 inf. 113 ▶ 549) ou lorsque la veuve qui a repris l'instance engagée par son mari pour obtenir la restitution des primes demande le versement du capital décès prévu par le contrat (Cass. 2e civ. 8-7-2010 n° 09-68.864 FS-D : BPAT 5/10 inf. 291).
En revanche, n'ont pas été considérées comme une renonciation tacite à la renonciation, la modification de la clause bénéficiaire décès et la suppression de l'option pour une garantie décès (Cass. 2e civ. 24-5-2012 n° 11-16.393 F-D : BPAT 4/12 inf. 229). De même, un rachat partiel (en l'occurrence justifié selon la Cour par des raisons financières et familiales) suivi d'un versement complémentaire (accompagné d'un document manifestant clairement l'absence de renonciation à la renonciation) n'ont pas été considérés comme une renonciation tacite (Cass. 2e civ. 28-6-2012 n° 11-18.207 FS-D : BPAT 5/12 inf. 262). Ou encore, des rachats partiels opérés au profit et à la demande d'une banque en exécution d'une délégation de créance (Cass. 2e civ. 6-2-2014 n° 13-10.406 F-D : BPAT 2/14 inf. 76).

> **CONSEIL** Il convient d'éviter autant que possible des **actes postérieurs à la renonciation,** dont l'analyse se fera par les tribunaux au cas par cas. Et ce d'autant que les assureurs ont intérêt lorsque la performance du contrat est négative (ce qui est le cas de la quasi-totalité des renonciations tardives, le souscripteur assuré se plaignant rarement d'un défaut d'information l'ayant enrichi) à refuser le remboursement et à rendre son aboutissement aussi difficile que possible pour dissuader de nouvelles

actions. Si elles sont rendues indispensables par les circonstances, il conviendra d'accompagner les opérations sur le contrat d'une explication permettant d'éclairer le tribunal ultérieurement.

85 **Modalités d'exercice de la faculté de renonciation** Pour exercer sa faculté de renonciation au contrat, le souscripteur doit utiliser le **modèle de rédaction** qui figure dans la proposition d'assurance (ou le projet de contrat) qui lui a été remise et l'adresser à l'assureur par **lettre recommandée** ou par envoi recommandé électronique, avec demande d'avis de réception. L'envoi par lettre recommandée n'est pas une simple règle de preuve de la réception de la renonciation mais une **condition de validité** de celle-ci. La renonciation ne peut donc pas être utilement exercée par lettre simple même si l'assureur reconnaît l'avoir reçue (Cass. 2e civ. 28-2-2013 n° 12-14.385 FS-PB : BPAT 3/13 inf. 108 ▶557), ni même par voie d'action en justice (Cass. 2e civ. 13-11-2008 n° 07-18.566 F-D). La renonciation par lettre recommandée adressée après une renonciation irrégulière par voie d'action en justice est cependant possible (Cass. 2e civ. 9-2-2012 n° 11-13.707 F-D : BPAT 3/12 inf. 182).

À compter de la réception de la lettre recommandée, l'assureur a 30 jours pour **rembourser** l'intégralité des sommes versées. Au-delà de ce **délai,** il est tenu, en outre, au versement d'intérêts calculés sur les sommes dues, au taux légal majoré de moitié durant 2 mois, et au double du taux légal à l'expiration de ce délai de 2 mois.

En cas de renonciation au contrat, l'assureur ne peut pas réclamer au souscripteur les **intérêts des avances** qu'il a pu lui consentir (Cass. 2e civ. 8-9-2016 n° 15-20.576 F-D : BPAT 6/16 inf. 237). En effet, ces avances dérivent du contrat d'assurance et sont indivisibles de celui-ci, de sorte que la renonciation au contrat emporte l'anéantissement corrélatif de l'acte d'avance et de la stipulation d'intérêts dont cet acte est assorti.

PRÉCISIONS Si l'**assureur refuse la renonciation,** le souscripteur doit agir en justice pour obtenir la restitution des primes. L'**action en restitution des primes** doit être exercée dans un délai de 2 ans qui démarre à la date à laquelle l'assureur a refusé la renonciation du souscripteur (Cass. 2e civ. 7-7-2011 n° 10-20.857 F-PB : BPAT 5/11 inf. 305). Tant que la décision n'est pas rendue, le souscripteur doit s'abstenir de tout acte qui serait susceptible de s'analyser en une poursuite de l'exécution du contrat : voir ▶84.

b. Primes et frais du contrat d'assurance-vie

En bref

86 Les contrats d'assurance sont des contrats à titre onéreux : le **souscripteur** est tenu de payer une certaine somme appelée « prime » (dans les sociétés d'assurance par actions) ou « cotisation » (dans les sociétés d'assurances mutuelles) qui englobe tant le coût de la garantie (selon le cas, prime de risque ou prime d'épargne) que les frais.

Calcul des primes du contrat d'assurance-vie

87 Dans les contrats d'**assurance en cas de décès,** la prime est calculée par l'assureur en tenant compte de l'âge de l'assuré, de la durée et des caractéristiques du contrat souscrit et de ses propres frais de gestion administrative. La prime peut être majorée (surprime) lorsque l'assuré est considéré comme étant une personne à risque : personne ayant subi de graves problèmes de santé ou personne particulièrement exposée, du fait d'un métier ou d'un sport à risque.

Sur les conséquences du **non-paiement de la prime** (et, le cas échéant, de la surprime), voir ▶91.

Versement des primes sur le contrat d'assurance-vie

88 **Différentes modalités de versement des primes** Les modalités de versement des primes sont purement contractuelles. S'agissant des contrats d'assurance-vie placement, le souscripteur peut se voir proposer le **choix** entre le versement :

- d'une prime unique, payable en une fois lors de la conclusion du contrat ;
- de primes programmées, versées régulièrement en cours de contrat ;
- de primes à versements libres, cette formule étant la plus répandue à l'heure actuelle.

Un versement **minimal** à l'entrée, d'un montant supérieur à celui exigé pour les versements suivants, est souvent demandé dans les formules à versements libres ou programmés.
Contrairement à d'autres produits d'épargne, il n'existe pas de montant **plafond** des versements en matière de contrat d'assurance-vie. Mais, sur le plan civil, les primes excessives peuvent être remises en cause (▶ 239 s.).

89 **Contrats à versements libres** Ces contrats sont les plus fréquents. Le souscripteur investit à son gré, sous réserve des **contraintes** susceptibles d'être imposées par le contrat : montant minimal exigé à l'entrée et, parfois, pour chaque versement.
Cette formule présente deux **avantages.** En premier lieu, évidemment, sa souplesse. En second lieu, et c'est sans doute tout aussi important, le fait qu'elle ne nécessite pas d'apport significatif pour ouvrir le contrat : le montant minimal exigé à l'entrée excède rarement 1 000 €. Avec une mise de fonds limitée, il est ainsi possible de prendre date et de créer une enveloppe qui pourra servir plus tard à placer une somme importante en bénéficiant de l'antériorité fiscale du contrat.

90 **Contrats à versements programmés** C'est à la souscription du contrat que sont définis le montant et la fréquence des versements, qui peuvent être mensuels, trimestriels, semestriels ou annuels. Aux dates convenues, les primes sont automatiquement prélevées par l'assureur sur le compte du souscripteur.
Avantage : la constitution d'une épargne régulière et ne nécessitant pas d'effort significatif (les montants minimaux exigés sont de l'ordre de 500 € à 1 000 € par an). Certains contrats offrent la possibilité d'effectuer des versements supplémentaires (« libres »), ce qui constitue un avantage.
Inconvénient : les frais sont souvent plus élevés et, sur certains contrats, ils étaient précomptés, ce qui signifie que les premiers versements du souscripteur servaient à payer les frais calculés sur toute la durée du contrat.

PRÉCISIONS Pour éviter cette technique de précompte, défavorable au souscripteur, le **montant des frais** d'entrée et des frais sur versement mis à la charge du souscripteur au cours d'une année donnée est **limité** à 5 % du montant des primes versées la même année. Ainsi, la valeur de rachat du contrat ne peut pas être amputée de plus de 5 % par les frais précomptés, ce qui garantit au souscripteur qui demande un rachat anticipé de son contrat de recevoir au moins 95 % de ce qu'il aurait reçu en l'absence de frais précomptés (C. ass. art. L 132-21-1).

91 **Caractère facultatif du versement des primes** Le paiement des primes, mêmes programmées, ne présente pas un caractère obligatoire, l'assureur n'ayant aucune action pour contraindre le souscripteur à les payer (C. ass. art. L 132-20, al. 1).
À défaut de règlement des primes, l'assureur peut seulement :

- résilier le contrat si sa valeur de rachat est nulle ou insuffisante ;

- faire pour le souscripteur l'avance de la prime ou fraction de prime impayée, dans la limite de la valeur de rachat ;
- réduire le contrat (l'assureur peut substituer d'office le rachat du contrat à sa réduction si la valeur de rachat est inférieure à la moitié du Smic mensuel : C. ass. art. R 132-2).

L'assureur doit **informer par lettre recommandée** le souscripteur des conséquences du non-paiement, lesquelles prennent effet à l'expiration d'un délai de 40 jours à compter de l'envoi de cette lettre (C. ass. art. L 132-20, al. 2). S'il n'a pas respecté cette formalité, l'assureur ne peut ni réduire ni résilier le contrat (Cass. 2e civ. 25-10-2007 n° 06-18.939 FS-PB : RJS 2/08 inf. 221).

Prise d'effet du contrat d'assurance-vie

92 Contractuellement, la prise d'effet du contrat d'assurance est généralement fixée à la date d'**encaissement de la première prime,** le cas échéant avec effet rétroactif à la date de conclusion du contrat.

La simple **remise du chèque** à l'assureur vaut paiement (Cass. 1e civ. 2-12-1968 : Gaz. Pal. 1969 p. 136), ce qui tend à annuler les effets du non-encaissement ou d'un encaissement tardif par l'assureur. Ce principe ne prévaut, néanmoins, que dans la mesure où le compte tiré est approvisionné : la remise d'un chèque sans provision ne vaut pas paiement.

La date de remise est présumée être celle figurant sur le chèque, la charge de la preuve d'une remise plus tardive incombant à l'assureur (Cass. 2e civ. 16-11-2006 n° 05-18.768 F-D).

Frais du contrat d'assurance-vie

93 **Frais de souscription** Sauf exception, la prime n'est pas intégralement investie sur le contrat d'assurance puisqu'il faut en déduire des frais de souscription (appelés également « frais d'entrée » ou « frais sur versement ») à l'occasion de chaque versement. Ces frais sont généralement proportionnels au montant du versement. Certains assureurs proposent des barèmes dégressifs selon l'importance du versement (sur les frais précomptés sur les contrats à versements programmés, voir ▶90). Les contrats commercialisés par Internet prévoient souvent une absence de frais sur versement.

94 **Frais de gestion** Les frais de gestion, destinés notamment à couvrir la rémunération de l'assureur, sont en général prélevés **chaque année** sur le montant des primes investies et des produits capitalisés. Dans les contrats en unités de compte, viennent s'ajouter les frais de gestion spécifiques aux unités de compte acquises dans le cadre du contrat. Lorsque ces dernières ne distribuent pas ou distribuent insuffisamment, les frais de gestion sont payés « en nature » par prélèvement d'unités de compte.

95 **Frais ponctuels** Enfin, certaines opérations particulières donnent lieu à la perception de frais ponctuels. Tel est le cas (liste non exhaustive) des frais de transfert prélevés à l'occasion de la transformation d'un contrat en euros en un contrat en unités de compte, des frais d'**arbitrage** perçus, dans le cadre des contrats multisupports, lors du passage d'une unité de compte à une autre, des frais prélevés sur les **avances,** des frais de mise en service de rachats programmés ou, de plus en plus rarement pour les contrats souscrits par les personnes physiques, des pénalités lors d'un retrait anticipé. Il peut aussi s'agir des prélèvements effectués en vue de financer le coût d'une garantie décès associée à un contrat en unités de compte : voir ▶38.

96 **Calculateur de l'AMF** L'AMF publie un **guide pédagogique,** accessible sur son site internet, ayant pour objet de permettre aux investisseurs d'identifier les frais qui sont prélevés par les intermédiaires financiers sur les produits financiers qu'ils commercialisent et notamment sur les contrats d'assurance-vie (Guide AMF « Les frais liés à vos investissements financiers »). Un calculateur est disponible sur le site internet de l'AMF pour évaluer l'impact des différents frais du contrat.

> **EXEMPLE** (Réalisé avec le calculateur de l'AMF) Soit un contrat d'assurance-vie sur lequel est effectué un versement initial de 100 000 €. Avec des frais sur versement de 1 %, des frais de gestion de 1 % et un rendement de 3 %, le capital final s'établira après 15 ans (avant fiscalité) à 132 654 €, soit un taux de rendement annuel net de frais de 1,901 % avec un impact des frais de 1,098 % sur le taux de rendement brut prévu. Avec une diminution des frais sur versement et des frais de gestion à 0,5 %, le capital final passe à 143 790 € soit un taux de rendement annuel net de frais de 2,45 % avec un impact des frais de 0,55 % sur le taux de rendement brut prévu.

C. Conditions requises pour souscrire un contrat d'assurance-vie

En bref

97 Le souscripteur peut être une personne morale ou une personne physique. Dans l'un et l'autre cas, deux conditions doivent être cumulativement remplies : le souscripteur doit avoir la **capacité** juridique **de souscrire** le contrat **et** le pouvoir **de verser les fonds** sur le contrat.

1° Souscripteur personne morale

98 S'agissant d'une personne morale, il conviendra en premier lieu de s'assurer de sa **capacité juridique** : dispose-t-elle effectivement de la personnalité morale au moment de la souscription du contrat ? Dans l'affirmative, il conviendra de s'assurer de la capacité juridique de son représentant personne physique ainsi que de l'étendue des pouvoirs dont il dispose. Les règles générales du droit des sociétés sont ici applicables.

2° Souscripteur personne physique

Souscription d'un contrat d'assurance-vie pour le compte d'un mineur

99 La souscription d'un contrat d'assurance-vie constituant un acte de disposition, la représentation du mineur obéit aux règles suivantes, au regard de l'ordonnance 2015-1288 du 15 octobre 2015 portant simplification et modernisation du droit de la famille et supprimant notamment le régime de l'administration légale sous contrôle judiciaire :

- si le mineur est soumis à l'**administration légale de ses deux parents,** le contrat doit être souscrit par ses deux parents (C. civ. art. 382 et art. 387-1 a contrario). En cas de désaccord entre les parents, l'autorisation du juge des tutelles devra être obtenue ;
- si le mineur est soumis à l'**administration légale d'un seul parent,** par exemple dans l'hypothèse d'un lien de filiation unique ou du décès de l'autre parent, l'autorisation du juge n'est plus requise depuis le 1er janvier 2016 ;
- si le mineur est sous **tutelle,** le tuteur a besoin de l'autorisation du conseil de famille ou du juge des tutelles (C. civ. art. 505).

Contrairement à la souscription du contrat, l'**exercice de la faculté de renonciation** constitue un simple acte d'administration (Cass. 1e civ. 18-5-2011 n° 10-23.114 F-PBI : BPAT 4/11 inf. 250, pour le cas d'un mineur ▶552). La renonciation peut donc être effectuée par l'un ou l'autre des parents en cas d'administration légale conjointe (et a fortiori par le seul parent administrateur) ou par le tuteur seul. Lorsqu'un seul des parents est investi de l'autorité parentale, il exerce seul l'administration légale et l'autre parent ne peut pas exercer la faculté de renonciation au contrat d'assurance-vie du mineur (Cass. 2e civ. 26-11-2020 n° 19-12.499 F-D ▶591).

PRÉCISIONS

a. La **qualification d'acte de disposition** de la souscription d'un contrat d'assurance-vie résulte du décret 2008-1484 du 22 décembre 2008. Bien que pris pour l'application de la loi du 5 mars 2007 relative aux majeurs protégés, ce décret concerne également la gestion des biens des mineurs.
La même qualification d'acte de disposition s'applique au **rachat du contrat,** aux demandes d'**avances,** à la **désignation** et à la **modification du bénéficiaire** du contrat (de même qu'à la révocation de la clause bénéficiaire) et, sauf circonstances particulières, au versement de **nouvelles primes** sur le contrat.

b. Si on considère qu'une demande d'avance constitue un « emprunt » à la compagnie, elle doit alors être validée par le juge des tutelles, même si les deux parents sont d'accord (C. civ. art. 387-1).

Souscription d'un contrat d'assurance-vie pour le compte d'un majeur protégé

100 **Sauvegarde de justice** Le majeur placé sous **sauvegarde de justice** a la pleine capacité. Il peut donc librement souscrire un contrat d'assurance-vie. Toutefois, l'acte peut être annulé pour trouble mental (C. civ. art. 414-1) ; après le décès du souscripteur, ses héritiers n'ont pas à établir que l'acte a porté en lui-même la preuve d'un trouble mental ou qu'une action en vue de placer l'intéressé sous tutelle ou sous curatelle a été ouverte (C. civ. art. 414-2, al. 2). L'acte peut également être rescindé pour simple lésion ou réduit en cas d'excès (C. civ. art. 435, al. 2).

101 **Tutelle et curatelle** Pour les majeurs sous curatelle et sous tutelle, la **souscription** obéit aux règles suivantes (C. ass. art. L 132-4-1 et décret 2008-1484 du 22-12-2008 ann. 1) :

- les majeurs sous curatelle peuvent souscrire un contrat avec l'assistance de leur curateur ;
- pour les majeurs sous tutelle, le tuteur ne peut souscrire le contrat qu'avec l'autorisation du juge (ou du conseil de famille s'il a été constitué).

Si le **bénéficiaire du contrat** d'assurance sur la vie est le **tuteur (ou** le **curateur)**, il est réputé être en opposition d'intérêts avec la personne protégée (C. ass. art. L 132-4-1, al. 3). Le contrat doit être souscrit par le subrogé tuteur (ou avec l'assistance du subrogé curateur). En l'absence de subrogé tuteur (ou curateur), le juge ou le conseil de famille s'il en a été constitué un nomme un tuteur (ou curateur) ad hoc (C. civ. art. 455).

102 Les règles relatives à la souscription s'appliquent de la même façon aux **rachats** ou demandes d'**avances,** à la **désignation** et à la **modification du bénéficiaire** du contrat, de même qu'à la révocation de la clause bénéficiaire (C. ass. art. L 132-4-1 et L 132-9 et décret 2008-1484 du 22-12-2008 ann. 1). La Cour de cassation a précisé que le changement de bénéficiaire par un majeur sous curatelle nécessite l'assistance du curateur même lorsqu'il est effectué par testament (Cass. 2e civ. 8-6-2017 n° 15-12.544 F-PB : BPAT 4/17 inf. 159 ▶572).

Les règles relatives à la souscription s'appliquent également au versement de **nouvelles primes** sur le contrat, sauf circonstances particulières qui permettent de considérer que cela n'engage pas le patrimoine de la personne protégée, pour le présent ou l'avenir, par une modification importante de son contenu, une dépréciation significative de sa valeur en capital ou une altération durable de ses prérogatives (Décret 2008-1484 du 22-12-2008 ann. 2). Le versement par le tuteur de nouvelles primes sur le contrat du majeur sous tutelle requiert donc en principe l'autorisation du juge. Précisons que l'autorisation donnée par le juge ne fait pas obstacle à ce que les primes versées avec son accord soient ultérieurement jugées comme étant manifestement exagérées (Cass. 1e civ. 7-2-2018 n° 17-10.818 FS-PBI : BPAT 2/18 inf. 53 ▶575).

Concernant la **renonciation au contrat** dans le délai de réflexion de 30 jours, un arrêt de principe rendu à propos d'un mineur indique qu'il s'agit d'un simple acte d'administration (voir ▶99). Réitéré à propos d'époux communs en biens (voir ▶107). Il semble que cette solution doive être transposée à l'identique aux majeurs protégés, même si, en cas de tutelle, elle entraîne de facto l'annulation d'un contrat dont la souscription et la clause bénéficiaire ont été validées par le juge.

PRÉCISIONS

a. Si un **contrat** a été **souscrit au cours des 2 années qui ont précédé** la publicité du jugement d'ouverture de la **tutelle ou** de la **curatelle,** l'**acceptation du bénéficiaire** peut être annulée si l'incapacité du majeur était notoire ou connue du cocontractant à l'époque de la conclusion du contrat (C. ass. art. L 132-4-1, al. 3). Bien que la loi utilise le terme de « cocontractant », on doit à notre avis interpréter le texte comme visant la connaissance par le bénéficiaire acceptant - et non par la compagnie d'assurance - de l'altération des facultés du majeur.

b. Par dérogation à l'alinéa 1er de l'article L 132-4-1 du Code des assurances, le tuteur n'a pas à obtenir une autorisation du juge pour souscrire une formule de **financement d'obsèques** (CGCT art. L 2223-33-1) sur la tête d'un majeur en tutelle (C. ass. art. L 132-4-1, al. 2 modifié par la loi 2019-222 du 23-3-2019 : JO 24 texte 2).

c. La loi de réforme pour la justice a autorisé le tuteur à placer, sans autorisation, des fonds du majeur protégé sur un compte (C. civ. art. 501, al. 1 modifié par la loi 2019-222 du 23-3-2019 art. 9). Ces dispositions ne sont pas applicables au **versement de nouvelles primes** sur un contrat d'assurance-vie. En effet, précise la Cour de cassation, le contrat d'assurance-vie n'est pas un compte et peut comporter des risques financiers, notamment lorsqu'il est investi en unités de compte. Par ailleurs, il comporte une clause bénéficiaire susceptible de placer le tuteur dans une situation de conflit d'intérêts avec le majeur sous tutelle. Enfin, le décret qualifiant le versement de nouvelles primes sur un contrat d'assurance-vie d'acte de disposition, sauf circonstances particulières, n'a pas été modifié (Décret 2008-1484 du 22-12-2008, ann. 2 col. 2 : JO 31 texte 94). Dès lors, sauf circonstances particulières, le tuteur doit solliciter l'**autorisation du conseil de famille ou, à défaut, du juge** des contentieux de la protection, pour verser des primes sur un contrat d'assurance-vie existant (Cass. 1e civ. avis 18-12-2020 n° 20-70.003 F-PB : BPAT 2/21 inf. 83 ▶593).

103 **Habilitation familiale** L'habilitation familiale **avec représentation** implique que la personne protégée conserve l'exercice de ses droits, sauf de ceux dont l'exercice a été confié à la **personne habilitée** à la représenter (C. civ. art. 494-8 modifié par la loi 2019-222 du 23-3-2019 art. 29). Cette dernière peut être habilitée à représenter le majeur pour certains actes particuliers ou d'une manière générale. Elle peut alors agir sans autorisation préalable du juge des tutelles, sauf pour les actes de disposition à titre gratuit (C. civ. art. 494-6, al. 1 à 5). Dès lors, la personne habilitée à représenter le majeur de façon générale pour l'ensemble des actes portant sur ses biens ou spécifiquement pour la souscription ou la gestion (rachat, avance) d'un contrat d'assurance-vie pourra agir seule.

La solution est à nuancer pour la désignation ou la modification du bénéficiaire. Dès lors qu'on considère qu'elle relève d'une intention libérale et est assimilable à un **acte de disposition à titre**

gratuit, la personne habilitée (que l'habilitation soit spéciale ou générale) devra recueillir l'autorisation du juge des tutelles.
En cas d'habilitation familiale générale, la personne habilitée ne peut pas accomplir un acte pour lequel elle se trouve en **opposition d'intérêts** avec la personne protégée. On peut, par exemple, penser à la situation de la personne habilitée souhaitant se désigner ou désigner un descendant en qualité de bénéficiaire. Elle pourra néanmoins être autorisée par le juge à agir à titre exceptionnel, lorsque l'intérêt du majeur le commande (C. civ. art. 494-6, al. 6).
Si la personne protégée passe seule un acte dont l'accomplissement a été confié à la personne habilitée, celui-ci est **nul de plein droit** sans qu'il soit nécessaire de justifier d'un préjudice. Il en va de même si c'est la personne habilitée qui accomplit seule, en cette qualité, un acte n'entrant pas dans le champ de l'habilitation qui lui a été délivrée ou qui ne pouvait être accompli qu'avec l'autorisation du juge (C. civ. art. 494-9, al. 1 et 5).
L'habilitation familiale **avec assistance** est possible depuis le 25 mars 2019 (C. civ. art. 494-1 dans sa rédaction issue de la loi 2019-222 du 23-3-2019 art. 29). Elle implique que la personne protégée soit assistée dans les conditions prévues pour la curatelle (C. civ. art. 467 sur renvoi de art. 494-1). L'assistance de la personne habilitée sera donc requise pour la plupart des actes portant sur le contrat d'assurance-vie, dès lors qu'ils entrent dans le champ de l'habilitation délivrée par le juge (voir ▶ 101 s.).
Si la personne protégée accomplit seule un acte dont l'accomplissement nécessitait une assistance de la personne habilitée, l'acte ne peut être **annulé** que s'il est établi que la personne protégée a subi un préjudice (C. civ. art. 494-9, al. 2 modifié par la loi 2019-222 du 23-3-2019 art. 29).

104 **Mandat de protection future** Le mandat de protection future permet à une personne (mandant) de désigner à l'avance la ou les personnes (mandataires) qu'elle souhaite voir être chargées de veiller sur sa personne et/ou sur tout ou partie de son patrimoine, pour le jour où elle ne serait plus en état, physique ou mental, de le faire seule, ce qui doit être médicalement constaté par un médecin inscrit sur une liste établie par le procureur de la République. Une fois le mandat mis à exécution, le mandant est donc reconnu médicalement incapable mais ne se voit pas privé pour autant de sa capacité sur le plan juridique. La question se pose alors de savoir si la **souscription** d'un contrat d'assurance-vie peut valablement être réalisée **par le mandant,** dont l'impossibilité de pourvoir seul à ses intérêts a pourtant été médicalement constatée. Au regard de la capacité, et en l'absence d'ouverture d'une mesure de protection, le mandant pourrait juridiquement souscrire un contrat et nommer des bénéficiaires (en ce sens également, M. Iwanesko et M. Leroy, Clause bénéficiaire : Dossier pratique Francis Lefebvre 2012), mais il n'en reste pas moins que le risque d'une annulation postérieure de celui-ci sur le fondement de l'existence d'un trouble mental du souscripteur au moment de l'acte (C. civ. art. 414-1) sera particulièrement marqué. En outre, les actes passés par le mandant après l'ouverture du mandat peuvent être rescindés (c'est-à-dire annulés) ou réduits s'ils lui causent un préjudice financier, quelle que soit son importance (C. civ. art. 488).
En ce qui concerne le **mandataire,** celui-ci devra se présenter, muni du mandat et du certificat médical au greffe du tribunal d'instance pour faire viser le mandat par le greffier et permettre ainsi sa mise en oeuvre. Si le mandat donne au mandataire des pouvoirs de disposition (mandat notarié exclusivement), le mandataire devrait pouvoir, sans l'intervention du juge, souscrire un contrat d'assurance-vie sans désignation de bénéficiaire (il s'agit alors d'un acte de disposition à titre onéreux : arbitrage d'actifs, voir ▶ 108, Précisions). En revanche, une **désignation de bénéficiaire** en cas de décès devant être regardée comme une forme de libéralité, il conviendra impérativement lorsqu'il y est procédé d'obtenir l'autorisation du juge pour assurer la validité de celle-ci. En conséquence, du **point de vue pratique,** dès lors que l'incapacité médicale (au sens du mandat) est constatée et que le mandat est ouvert, il nous semble préférable d'obtenir l'autorisation du juge,

qu'il s'agisse de la souscription d'un contrat d'assurance-vie avec désignation bénéficiaire par le mandant ou par le mandataire en application du mandat. En ce qui concerne la possibilité pour le mandataire de procéder seul aux **rachats** et demandes d'**avances** pour assurer des ressources au mandant, voir ▶ 115. Le mandat de protection future doit donc prévoir une clause expresse visant les rachats, et avoir impérativement été établi sous forme notariée puisque le pouvoir est donné pour accomplir un acte de disposition. On pourrait s'interroger sur la qualification des rachats partiels lorsqu'ils préservent le capital (rachat des produits générés par le contrat). Par assimilation à la perception des revenus du placement, certains auteurs envisagent de les considérer comme un simple acte d'administration (M. Leroy, Appréciation de la classification des actes en droit de l'assurance-vie : Dr. et patrimoine nov. 2016 p. 61).

Souscription par un époux commun en biens

105 La difficulté se situe ici non dans la capacité juridique, chacun des époux ayant la capacité de souscrire un contrat, mais dans les pouvoirs de disposer des fonds communs en désignant le bénéficiaire.

Si les primes versées proviennent des **fonds propres de l'époux souscripteur,** celui-ci pourra agir seul. Il conviendra seulement d'attirer son attention sur l'utilité de procéder à une déclaration de remploi, conformément aux articles 1434 et suivants du Code civil, pour conserver son caractère propre au contrat d'assurance-vie. À défaut, la souscription étant effectuée au cours de l'union, le contrat serait commun, à charge de récompense au profit du souscripteur (pour une illustration, Cass. 1e civ. 25-2-2009 n° 08-12.137 F-D).

Si, en revanche, situation plus fréquente en pratique, les **primes** versées sur le contrat **proviennent de la communauté,** il convient de **distinguer** l'analyse que propose le Code civil (▶ 106) et celle que propose le Code des assurances (▶ 108), chacune n'étant bien évidemment pas exclusive de l'autre.

106 Au regard des **règles du Code civil,** si les **primes** sont prélevées sur l'excédent de revenus, l'article 223 du Code civil permet en effet à chacun des époux de disposer librement de ses gains et salaires (après avoir contribué aux charges du mariage). Si la souscription provient d'une épargne préconstituée, l'article 1421 du Code civil permet à chacun des époux de disposer des biens communs, sous réserve de répondre des fautes qu'il commet dans sa gestion ou d'une intention frauduleuse, et sous réserve encore des autres dispositions du Code civil qui réduisent cette liberté de principe. Selon la Cour de cassation, la créance sur la société d'assurance née en raison du décès de l'assuré (le capital décès) est acquise au seul profit des bénéficiaires désignés (C. ass. art. L. 132-12) et n'appartient plus à la communauté une fois le contrat dénoué, de sorte que les dispositions de l'article 1421 du Code civil ne s'appliquent pas à l'attribution du capital décès (Cass. 1e civ. 12-12-2006 n° 04-17.430 F-D, confirmé par Cass. 1e civ. 17-6-2009 n° 08-13.621 F-D).

Pour mémoire, il avait déjà été jugé de longue date que « le changement de bénéficiaire d'un contrat d'assurance » constitue « un **acte de gestion courante** des biens communs n'exigeant pas à ce titre le consentement du conjoint » (Cass. ass. plén. 12-12-1986 n° 84-17.867 : Bull. civ. plén. n° 14, Defrénois 1987 541 note Aubert, JCP G 1987 II, 20760 note L. Boyer).

L'article 1422 du Code civil indique que les époux ne peuvent l'un sans l'autre disposer entre vifs, à titre gratuit, des biens de la communauté. En l'absence de respect de cette règle, le conjoint qui n'a pas donné son consentement dispose alors d'une action en nullité conformément aux dispositions de l'article 1427. La jurisprudence de la Cour de cassation écarte la possibilité d'utiliser l'action en nullité, estimant que la désignation du bénéficiaire ne constitue pas un acte de disposition compte tenu de l'existence d'une valeur de rachat. Il en irait différemment dans l'hypothèse où le contrat réaliserait une donation indirecte (Cass. 1e civ. 20-11-2019 n° 16-15.867 FS-PBI : BPAT 1/20 inf. 26 ▶584).

107 Concernant la **renonciation au contrat** souscrit par un seul époux à l'aide de fonds de la communauté, dans le délai de réflexion de 30 jours, **celle-ci** peut être réalisée par l'époux souscripteur du contrat, sans l'intervention de son conjoint commun en biens.
En cas de cosouscription par les deux époux à l'aide de fonds communs, la Cour de cassation a précisé que la renonciation est un acte relevant de la « gestion concurrente » des époux et qu'elle peut en conséquence être effectuée par l'un ou l'autre sans la participation ni même l'autorisation de son conjoint (Cass. 1e civ. 11-5-2016 n° 15-10.447 FS-PBI : BPAT 4/16 inf. 165 ▶567).
Qu'en est-il de la possibilité pour l'époux commun en biens d'exercer la faculté de renonciation pour le contrat souscrit par son conjoint à l'aide de fonds de communauté ? Le conjoint n'étant pas partie au contrat, il ne nous semble pas qu'il puisse intervenir pour renoncer au contrat.

108 Dans le **Code des assurances,** la question des pouvoirs des époux n'est pas abordée, seule l'est celle des effets. L'article L 132-16 du Code des assurances distingue les conséquences du dénouement du contrat financé par des primes communes en fonction de l'identité du bénéficiaire, assurant une protection du conjoint par la mécanique des récompenses lorsque le bénéfice du contrat ne lui est pas attribué (voir ▶255 s.). Ce dispositif est ici un moyen d'assurer la protection du conjoint de manière pragmatique, au moment du dénouement du contrat, lorsque le bénéficiaire final sera connu, sans pour autant faire intervenir le conjoint à la souscription.

PRÉCISIONS En l'**absence de désignation d'un bénéficiaire,** celle-ci n'étant pas obligatoire (C. ass. art. L 132-11), la souscription du contrat constituera un acte de disposition à titre onéreux (arbitrage d'actifs) et non une libéralité. Les pouvoirs devront alors être appréciés au regard de l'article 1421 du Code civil (voir ▶106).

3° Assurance de groupe et assurance individuelle

En bref

109 Le souscripteur peut soit adhérer à une assurance de groupe, soit souscrire à une assurance individuelle. Les **deux techniques d'assurance** sont relativement similaires.
Par simplification, le cocontractant de l'assureur est souvent désigné par le terme de « **souscripteur** » et cela également lorsqu'il s'agit de « l'**adhérent** » à une assurance de groupe.

Adhésion à un contrat d'assurance de groupe

110 Il s'agit d'un « contrat souscrit par une **personne morale ou** un **chef d'entreprise** en vue de l'adhésion d'un ensemble de personnes répondant à des conditions définies au contrat, pour la couverture des risques dépendant de la durée de la vie humaine, des risques portant atteinte à l'intégrité physique de la personne ou liés à la maternité, des risques d'incapacité de travail ou d'invalidité, ou du risque de chômage. Les adhérents doivent avoir un lien de même nature avec le souscripteur » (C. ass. art. L 141-1).
Une seule personne (physique ou morale tels un employeur, une association représentative d'épargnants ou un établissement de crédit) souscrit, auprès d'une compagnie d'assurance, un contrat d'assurance auquel d'autres personnes, liées au souscripteur, ont la faculté d'adhérer.

À titre d'**exemples,** il peut s'agir de salariés garantis collectivement par leur employeur de façon facultative ou obligatoire, d'emprunteurs souscrivant un crédit auprès d'un établissement de crédit ou de membres d'une association représentative d'épargnants.

111 Suivant les contrats, l'**assuré** peut être soit l'adhérent lui-même, soit un tiers désigné par ce dernier. Le **bénéficiaire** qui recevra les indemnités d'assurance peut être soit l'adhérent lui-même, soit un tiers désigné par ce dernier.

Dans le cas de l'assurance en cas de décès, le bénéficiaire est toujours un tiers désigné par l'adhérent. Pour ce faire, l'adhérent peut retenir la « clause standard » de la police d'assurance, variable d'une compagnie à l'autre. Celle-ci désigne le plus souvent son conjoint non divorcé ni séparé, à défaut ses enfants, à défaut ses ayants droit dans l'ordre de la succession ; l'adhérent peut également adopter une clause sur mesure et désigner nommément une ou plusieurs personnes, par exemple en précisant la fraction des droits de chacun.

La **prime** est généralement d'un montant inférieur à celle de l'assurance individuelle pour couvrir le même risque. Cela se justifie par le fait que l'assureur n'a en charge qu'un contrat unique conclu avec un seul souscripteur, ce qui simplifie considérablement sa gestion.

112 Dans le cadre d'une assurance de groupe, le souscripteur est tenu d'**informer par écrit** les adhérents des modifications apportées à leurs droits et obligations, au minimum 3 mois avant la date prévue de leur entrée en vigueur. L'adhérent peut dénoncer son adhésion en raison de ces modifications (C. ass. art. L 141-4).

PRÉCISIONS Lorsque l'assurance de groupe est souscrite par une association, les adhérents au contrat sont membres de droit de l'association souscriptrice. Ils disposent d'un droit de vote à l'assemblée générale et peuvent proposer à celle-ci une résolution (C. ass. art. L 141-7, I-al. 2). La loi Sapin 2 (Loi 2016-1691 du 9-12-2016 art. 85) a renforcé les droits des adhérents, en soumettant toute modification des dispositions essentielles du contrat d'assurance de groupe souscrit par l'association à un vote en assemblée générale (C. ass. art. L 141-7, I-al. 3). La **liste des dispositions essentielles** comprend (C. ass. art. R 141-6) :

- la définition des garanties offertes ;
- la durée du contrat ;
- les modalités de versement des primes ;
- les frais et indemnités de toute nature prélevés par l'assureur, à l'exception des frais supportés par une unité de compte ;
- le taux d'intérêt garanti et la durée de cette garantie ;
- les modalités de calcul et d'attribution de la participation aux bénéfices ;
- la liste des supports en unités de compte, sauf lorsque la modification est prévue par le contrat, et les conditions d'évolution de cette liste ;
- les modalités de rachat, de transfert ou de versement des prestations du contrat et la faculté de procéder à des avances.

L'assemblée générale peut **déléguer au conseil d'administration** le pouvoir de signer un ou plusieurs avenants relatifs à des dispositions du contrat d'assurance de groupe, dès lors que ces **dispositions** ne sont pas **essentielles.**

Souscription d'une assurance individuelle

113 L'assurance individuelle est souscrite par la personne physique ou morale (souscripteur) auprès de la compagnie d'assurance.

Le souscripteur souscrit généralement le contrat sur sa propre tête (il est alors aussi assuré du contrat), mais peut éventuellement souscrire sur la tête d'un tiers. Comme pour l'assurance de groupe, il peut désigner la personne de son choix comme bénéficiaire, ou retenir la clause standard préimprimée, qui varie d'une compagnie à l'autre. Sur l'importance d'une réflexion sur ce point, voir ▶126.

d. Pouvoirs et nature des droits du souscripteur d'un contrat d'assurance-vie

En bref

114 L'un des principaux droits du souscripteur est la faculté de **racheter** totalement le contrat ou de réaliser des retraits (rachats) partiels, de demander des **avances** ou d'effectuer des **arbitrages** si le contrat comporte plusieurs supports accessibles.

Le souscripteur dispose également d'autres prérogatives essentielles sous l'angle de la transmission : il s'agit du droit de **désigner le bénéficiaire** et de préciser les **modalités de la sortie** (versement d'un capital ou d'une rente).

1° Rachat du contrat d'assurance-vie et avances

Règles générales

115 En cas de besoin de liquidités ou de changement d'orientation dans la gestion de son patrimoine, le souscripteur peut souhaiter **récupérer son épargne,** en tout ou en partie, **avant le dénouement normal du contrat.** Cette opération peut prendre la forme soit d'un rachat (partiel ou total), soit d'une avance.

La faculté de rachat d'un contrat d'assurance-vie est un **droit personnel** du souscripteur qui ne peut être exercé par son mandataire qu'en vertu d'un mandat spécial prévoyant expressément cette faculté (Cass. 2e civ. 5-6-2008 n° 07-14.077 FS-PB ▶541). La solution vaut à notre avis également pour les avances.

Sur les règles applicables aux **mineurs** et aux **majeurs sous tutelle** ou sous **curatelle,** voir respectivement ▶99 et ▶101.

Rachat du contrat d'assurance-vie

116 **Rachat total** Le rachat total est l'opération qui permet au souscripteur de **mettre fin au contrat** en demandant à l'assureur le versement anticipé du capital. Si le contrat est rachetable, l'assureur ne peut s'y opposer : le rachat total est **de droit** (l'article L 132-23 du Code des assurances qui le prévoit n'est pas cité par l'article L 111-2 parmi les dispositions légales qui peuvent être écartées par les parties).

La faculté de rachat ne concerne que les contrats qui ont une valeur de rachat et pour lesquels il y a une certitude de versement de la prestation. Sont par conséquent **exclues** les assurances temporaires en cas de décès, les rentes viagères immédiates ou en cours de service, les assurances de capitaux de survie et de rente de survie, les assurances en cas de vie sans contre-assurance et les rentes viagères différées sans contre-assurance (C. ass. art. L 132-23).

Sur les conséquences de l'**acceptation du bénéficiaire** sur la faculté de rachat, voir ▶191 (contrat accepté depuis le 18-12-2007) et ▶194 s. (contrat accepté avant le 18-12-2007).
Sur le **régime fiscal** du rachat total du contrat, voir ▶267 s.

117 La **valeur de rachat** est égale à la provision mathématique diminuée, le cas échéant, de pénalités contractuelles qui ne peuvent dépasser 5 % de la valeur de rachat. Ces pénalités sont interdites lorsque le rachat intervient plus de 10 ans après la prise d'effet du contrat (C. ass. art. R 132-5-3).
La proposition d'assurance doit impérativement indiquer les valeurs de rachat au terme de chacune des huit premières années au moins. Pour les contrats en unités de compte, cette information doit être donnée en nombre d'unités de compte, après déduction des frais. En outre, les modalités de calcul du montant en euros de la valeur de rachat doivent être clairement indiquées (C. ass. art. L 132-5-2 et A 132-4-1).
Chaque année, l'assureur doit communiquer au souscripteur la valeur de rachat de son contrat (sa valeur de transfert pour les Perp), le montant des capitaux garantis et de la prime versée (C. ass. art. L 132-22, al. 1 à 5). Pour les contrats dont les garanties sont exprimées en unités de compte, l'assureur doit mettre à disposition du contractant par tout support durable, à une fréquence au moins trimestrielle, le montant de la valeur de rachat (C. ass. art. L 132-22, al. 12).
Le souscripteur qui n'exclut pas d'exercer sa faculté de rachat dans les premières années doit **vérifier** que la valeur de rachat est représentative de l'épargne qu'il a investie, compte tenu des frais qu'il a acquittés sur le contrat (pour les contrats à frais précomptés, voir ▶90).
Il convient de noter, en outre, qu'un rachat du contrat demandé à certaines périodes de la vie du contrat peut autoriser l'assureur à ne pas verser la participation aux bénéfices techniques et financiers acquis dans l'année.

118 **Rachat partiel** La faculté de rachat partiel permet au souscripteur de recevoir une **fraction des primes investies majorées,** le cas échéant, **d'une fraction des produits acquis,** sans mettre fin au contrat qui se poursuit sur la base de capitaux réduits.
Le souscripteur peut effectuer **plusieurs retraits partiels.** Ces retraits partiels peuvent parfois être programmés et constituer ainsi une source régulière de revenus, bénéficiant d'un **régime fiscal** avantageux : voir ▶267 s.
Sur les conséquences de l'**acceptation du bénéficiaire** sur la faculté de rachat partiel, voir ▶191 (contrat accepté depuis le 18 décembre 2007) et ▶194 s. (contrat accepté avant le 18 décembre 2007).

119 **Délai de versement des sommes par l'assureur** En cas de demande de rachat, l'assureur doit verser les sommes dans un délai de 2 mois (C. ass. art. L 132-21, al. 3). Au-delà de ce délai, les sommes non versées produisent de plein droit **intérêt** au taux légal majoré de moitié durant 2 mois, puis, à l'expiration de ce délai de 2 mois, au double du taux légal (C. ass. art. L 132-21, al. 5).

Avance sur le contrat d'assurance-vie

120 **Modalités de l'avance** Dans la limite de la valeur de rachat du contrat, les **contrats rachetables** peuvent prévoir une faculté d'avance sur police (C. ass. art. L 132-21, al. 2). L'avance permet au souscripteur, en cas de besoin temporaire de liquidités, de se voir avancer une somme équivalant à un pourcentage de la provision mathématique. L'avance n'est ni plus ni moins qu'un **prêt** que l'assureur s'est contractuellement engagé à accorder, sous certaines conditions prédéfinies, si le souscripteur en fait la demande.

En l'absence de dispositions réglementaires en la matière, la Fédération française de l'assurance a encadré les modalités de ces avances par un **engagement déontologique** de juin 2011 (qui fait suite à un engagement antérieur de 1995), afin d'éviter le risque éventuel de requalification des avances en rachats partiels par l'administration fiscale sur le terrain de l'abus de droit (France Assureurs, recueil des engagements à caractère déontologique, version juillet 2021, p. 44 s., voir ▶525) :

- aucune avance ne peut être effectuée avant l'expiration du délai de renonciation ;
- les avances ne doivent pas être programmées dans le contrat ni revêtir un caractère systématique ;
- l'avance en cours ne doit pas être imputée sur les provisions mathématiques pour éviter qu'elle ne soit confondue avec un rachat partiel ;
- le montant de l'avance ne doit pas dépasser 80 % du montant de la provision mathématique pour les contrats en euros et 60 % pour les contrats en unités de compte (sachant que les avances ne peuvent pas s'effectuer en unités de compte mais seulement en euros) ;
- la durée de l'avance ne peut excéder trois années renouvelables deux fois et les entreprises d'assurance doivent inciter les souscripteurs à procéder au remboursement de l'avance au plus tard à son terme (mais aucune sanction n'est prévue) ;
- les conditions de l'avance doivent faire l'objet d'un document spécifique remis par l'assureur au souscripteur ou l'adhérent lorsque l'avance est consentie et notamment indiquer les conditions de calcul du taux d'intérêt annuel auquel est consentie l'avance. Le taux d'intérêt doit être au moins égal au taux moyen des emprunts d'État (ou le taux de rémunération du compartiment euros du contrat de l'année précédant la demande d'avance, s'il en existe un et s'il est supérieur au TME) majoré du taux des frais de gestion du contrat et d'une rémunération normale de l'assureur.

121 **Analyse juridique de l'avance** En demandant une avance, le souscripteur n'exerce pas son droit de rachat et ne **résilie** pas son contrat d'assurance. L'avance lui permet de ne pas diminuer le capital investi et ne modifie pas l'économie du contrat d'origine. Si le souscripteur s'est engagé au paiement de primes périodiques, il doit poursuivre ses règlements. Dès lors que les intérêts dus au titre de l'avance sont régulièrement payés, l'assureur est tenu à l'engagement contracté à l'origine. Si l'**avance est remboursée** avant l'échéance du contrat, l'assureur est tenu de verser au bénéficiaire le capital garanti, dans les termes initialement convenus.

Si l'avance **n'est pas remboursée** avant le terme du contrat, l'assureur déduit du capital assuré les sommes non remboursées. Si la valeur de rachat ne suffit pas à couvrir l'avance (en cas par exemple d'une baisse importante de la valeur des unités de compte entre la demande d'avance et le terme du contrat), la compagnie réclamera le solde au souscripteur (avant le dénouement du contrat) ou à sa succession en cas de dénouement du contrat par décès.

Sur les conséquences de l'**acceptation du bénéficiaire** sur la faculté d'avance sur police, voir ▶191 (contrat accepté depuis le 18-12-2007) et ▶194 s. (contrat accepté avant le 18-12-2007).

122 **Analyse fiscale de l'avance** Fiscalement, au regard de l'**impôt sur le revenu,** les avances ne sont pas taxables, sauf si l'administration démontre qu'il s'agit en fait d'un rachat partiel. Concernant la déduction des intérêts réglés, voir ▶296.

CONSEIL Il peut être intéressant **fiscalement,** sous l'angle de la **transmission,** de privilégier l'avance par rapport à un rachat lorsque le souscripteur a plus de 70 ans, détient un contrat alimenté de primes versées avant son 70e anniversaire et estime pouvoir effectuer par la suite de nouveaux versements :

ces nouveaux versements seront traités comme le remboursement des avances, et non comme des primes versées après le 70e anniversaire, ce qui évitera leur taxation aux droits de succession.

123 **Alternative à l'avance** Certains assureurs proposent de remplacer l'avance par un **prêt ou** un **crédit revolving** avec le nantissement du contrat d'assurance-vie : le crédit est remboursé selon les modalités convenues avec l'organisme prêteur (crédit amortissable ou in fine), avec des fonds qui proviennent généralement des revenus ou du patrimoine hors assurance-vie. Cette formule ne peut pas être considérée comme une avance régie par le droit des assurances, dans la mesure où elle n'est pas directement liée au contrat d'assurance ; celui-ci en est simplement la garantie.
Son **intérêt** par rapport à l'avance classique est double :

- le taux d'intérêt appliqué est généralement minoré par rapport au taux de l'avance ;
- en cas de prédécès de l'assuré avant remboursement de l'avance, l'intégralité du capital assuré est versée au(x) bénéficiaire(s), hors droits de succession, alors que le prêt en cours est inscrit au passif de la succession qui devra assurer son remboursement ou est couvert par le biais d'une assurance décès souscrite par ailleurs.

Ainsi, le bénéficiaire recevra la totalité du capital assuré et non, comme en matière d'avance, la valeur de rachat déduction faite du montant de l'avance. Le montant net transmis est le même dans les deux cas (capital décès versé par l'assureur sous déduction du solde du capital emprunté restant dû) mais le **régime fiscal** est **plus favorable** dans le cadre de l'emprunt, sous réserve que la garantie donnée à la banque sur le contrat soit convenablement rédigée. La banque pourrait, par exemple, bénéficier d'un nantissement du contrat pendant la vie du souscripteur assuré et d'un gage-espèces sur les capitaux versés en cas de décès du souscripteur assuré avant le remboursement de l'emprunt. La clause bénéficiaire en cas de décès prévoit en ce cas que les bénéficiaires le sont sous condition de consentir un gage-espèces au profit de l'organisme prêteur jusqu'à l'extinction de la dette. Voir ►53.

Restriction temporaire des droits financiers des souscripteurs

124 La loi « Sapin 2 » (Loi 2016-1691 du 9-12-2016 art. 49) a doté le **Haut Conseil de stabilité financière** (HCSF) de nouveaux pouvoirs lui permettant notamment, sur proposition du gouverneur de la Banque de France, président de l'Autorité de contrôle prudentiel et de résolution, après avis du collège de supervision de cette autorité, de limiter temporairement les droits des souscripteurs de contrats d'assurance-vie en cas de **circonstances exceptionnelles,** qui constitueraient une menace grave et caractérisée pour les compagnies d'assurances ou plus généralement la stabilité du système financier (crise financière, hausse brutale des taux d'intérêt).
Il s'agit notamment (C. mon. fin. art. L 631-2-1, 5° ter) :

- de ne plus accepter de nouveaux versements ;
- de retarder ou limiter la faculté d'arbitrages ou le versement d'avances sur contrat ;
- de suspendre le paiement des valeurs de rachat.

Ces restrictions ne concernent pas le paiement des capitaux à la suite du décès de l'assuré ou au terme du contrat, de même que le service des rentes viagères (Rép. Malhuret : Sén. 10-8-2017 n° 265).
Le Conseil constitutionnel a estimé que ces mesures visant à la protection des épargnants en cas de décollecte brutale ne méconnaissent aucune exigence constitutionnelle, compte tenu de leur motif d'intérêt général, de l'obligation impartie par la loi au HCSF de veiller aux intérêts des assurés et du caractère temporaire des mesures prudentielles prévues par le législateur (Cons. const. 8-12-2016

n° 2016-741 DC). En effet, de telles mesures peuvent être prises pour une **période maximale** de 3 mois, renouvelable sous conditions. La limitation temporaire du paiement des valeurs de rachat ne peut en outre être maintenue plus de 6 mois consécutifs.
Le dispositif concerne tous les contrats d'assurance-vie ou de capitalisation souscrits auprès de **compagnies établies en France,** y compris ceux conclus avant l'entrée en vigueur de la loi.

PRÉCISIONS

a. Les **contrats luxembourgeois** ne sont en théorie pas impactés par les mesures décidées par le HCSF. Néanmoins, ces mesures peuvent concerner les contrats luxembourgeois, souscrits auprès d'une filiale d'un assureur français, dont les actifs en euros sont réassurés en France.

b. L'ACPR (l'Autorité de contrôle prudentiel et de résolution) disposait déjà de pouvoirs similaires, mais seulement pour les **compagnies en difficulté** (C. mon. fin. art. L612-33, 7°).

2° Droit de désigner le bénéficiaire du contrat d'assurance-vie

Droit personnel du souscripteur

125 La désignation du bénéficiaire appartient au souscripteur. Il s'agit d'un droit personnel, **attaché à la qualité de souscripteur** (pour la désignation du bénéficiaire d'un contrat souscrit au nom d'un **mineur ou** d'un **majeur protégé** : voir respectivement ▶ 99 et ▶ 101 s.). De même, le droit de révoquer cette stipulation n'appartient qu'au souscripteur et ne peut, en conséquence, être exercé de son vivant ni par ses créanciers ni par ses représentants légaux (C. ass. art. L 132-9).
En cas de **cosouscription** du contrat, voir ▶ 142.
Le droit de désigner étant un droit personnel, la **délégation** de ce droit n'est pas possible. Il existe toutefois une exception, au profit de l'assuré, lorsqu'il est différent du souscripteur. Par exemple, dans les assurances de groupe souscrites par un employeur sur la tête de ses salariés, ce sont ces derniers (assurés) qui désignent dans leur adhésion la ou les personnes bénéficiaires du contrat.
Dans le cas rare où le **souscripteur n'est pas l'assuré** du contrat, le droit du souscripteur de désigner le bénéficiaire est subordonné à l'accord de l'assuré (C. ass. art. L 132-8, al. 8).

PRÉCISIONS

Le délai de prescription de 2 ans applicable à toutes actions dérivant d'un contrat d'assurance est, en matière d'assurance-vie, porté à 10 ans lorsque le **bénéficiaire** est distinct du **souscripteur** (C. ass. art. L 114-1, al. 1 et 4). Ainsi, la veuve qui revendique la qualité de bénéficiaire du contrat souscrit par son époux et réclame le paiement de sommes en exécution de ce contrat bénéficie de ce délai de prescription de 10 ans (Cass. 2e civ. 16-9-2021 n° 20-10.013 F-B : BPAT 6/21 inf. 269).

Importance du choix du bénéficiaire plutôt que la « clause type »

126 La rédaction d'une clause bénéficiaire pour le contrat n'est pas impérative, mais elle est quasi systématiquement mise en place. En effet, **à défaut de bénéficiaire(s)** - déterminé(s) ou déterminable(s) - les sommes entrent dans la succession de l'assuré et supportent les droits de mutation par décès. En résumé la fiscalité favorable de l'assurance-vie est liée à l'existence d'un bénéficiaire en cas de décès (comme d'ailleurs l'insaisissabilité de principe du contrat). La réflexion sur la clause bénéficiaire doit être au moins aussi approfondie que celle relative à la rédaction d'un testament portant sur les actifs de la succession, et peut-être même plus, dans la mesure où l'assurance-vie étant « hors succession », les dispositions prises via la clause ne seront pas corrigées par les garde-fous traditionnels que constituent la protection des réservataires ou les règles de la représentation.

En général, la **clause type proposée par la compagnie d'assurance** est rédigée comme suit : « mon conjoint, à défaut mes enfants nés ou à naître, vivants ou représentés, à défaut mes (ou les) héritiers ». Il est à souligner qu'elle présente comme normale une solution qui s'écarte des règles de la dévolution successorale. Si ce capital avait été investi sur d'autres placements il ne serait pas revenu intégralement au conjoint : ce dernier aurait reçu au mieux (au-delà de sa part de communauté dans l'hypothèse de primes communes) la plus large quotité disponible sur les biens dépendant de la succession du défunt et les enfants auraient reçu leur réserve.

Modalités de désignation du bénéficiaire

127 **Moment et support de la désignation** La désignation peut être faite à tout moment et sur tout support. La note d'information ou l'encadré placé en tête de la proposition d'assurance doit d'ailleurs expressément indiquer :

- que le souscripteur peut désigner le bénéficiaire dans le contrat ou le bulletin d'adhésion ou ultérieurement, par voie d'avenant ;
- que la désignation peut notamment être faite par acte sous seing privé (par exemple par testament olographe, ou par clause bénéficiaire autonome déposée chez le notaire : voir ►129) ou par acte authentique (C. ass. art. L 132-9-1).

128 La **modification de la clause** peut intervenir **à tout moment** jusqu'au décès du souscripteur. Elle peut être faite par voir d'avenant au contrat, sans qu'il soit nécessaire de respecter un parallélisme des formes entre la voie choisie pour la désignation initiale (par testament authentique, par exemple) et celle retenue pour la modification (par avenant, par exemple) (Cass. 1e civ. 3-4-2019 n° 18-14.640 FS-PBI : BPAT 3/19 inf. 110 ►580). La modification est efficace, qu'elle soit envoyée en lettre simple ou recommandée (Cass. 2e civ. 7-4-2005 n° 04-11.712 F-D). Néanmoins, cette lettre doit manifester la **volonté du souscripteur** de modifier le bénéficiaire, ce qui n'est pas le cas d'une lettre type non signée de l'intéressé et envoyée, qui plus est, une semaine avant son décès (Cass. 2e civ. 26-11-2020 n° 18-22.563 F-PBI : BPAT 1/21 inf. 33, voir ►590).

La Cour de cassation admettait que l'assureur n'ait eu **connaissance de la modification** qu'après le décès (Cass. 2e civ. 13-9-2007 n° 06-18.199 FS-PB : BPAT 6/07 n° 178 ►537 , décision rendue à propos d'une assurance de groupe mais transposable). Cette même solution a été confirmée dans un cas où la compagnie a reçu, postérieurement au décès de l'assuré, un courrier portant modification de clause bénéficiaire au profit de ses enfants, le bénéficiaire nommé dans la clause détenue par l'assureur, en l'occurrence le conjoint, ayant déjà accepté le capital décès avant la réception dudit courrier par l'assureur (Cass. 2e civ. 22-3-2015 n° 14-11.206 FS-PB : BPAT 3/15 inf. 101 ►563).

Toutefois, un arrêt récent semble retenir une position différente. Après avoir rappelé que la modification du bénéficiaire doit faire l'objet d'une volonté certaine et non équivoque du souscripteur, la Haute Juridiction précise que l'écrit modificatif doit être connu par l'assureur **du vivant de l'assuré, sauf** s'il s'agit d'un testament (Cass. 2e civ. 13-6-2019 n° 18-14.954 F-PBI : BPAT 5/19 inf. 198 ►581). Dans l'arrêt rendu sur renvoi après cassation, la Cour de cassation a jugé que l'écrit litigieux constituait bien un testament olographe qui, de ce fait, n'avait pas à être porté à la connaissance de l'assureur. Ainsi, le bénéficiaire final désigné dans ce testament a pu obtenir la restitution des capitaux décès auprès du bénéficiaire initialement désigné à qui l'assureur les avait versés (Cass. 2e civ. 10-3-2022 n° 20-19.655 F-B ►598).

En tout état de cause, il est essentiel **d'informer l'assureur aussi vite que possible** pour éviter un paiement de bonne foi (donc libératoire pour l'assureur) au profit des bénéficiaires désignés dans la clause qu'il détient. Dans un tel cas, le bénéficiaire réel doit se retourner directement contre celui qui a perçu à tort le capital de la compagnie pour en obtenir remboursement.

Du point de vue pratique, en cas de modification de la clause bénéficiaire, il est essentiel que le souscripteur assuré transmette cette clause immédiatement à la compagnie d'assurance.

En cas de **modification tardive,** il convient de vérifier et de se ménager la preuve de la capacité et du consentement du souscripteur. Ainsi dans une espèce où le souscripteur avait signé une clause bénéficiaire désignant deux de ses filles sur trois, il a été jugé que la simple signature (révélant dans sa graphie une grande fatigue physique) et les conditions de la rédaction (écrite à la main par sa fille et non par lui) ne permettaient pas d'établir que le souscripteur avait eu connaissance du contenu et de la portée exacts du document qu'il avait signé, ni qu'il avait exprimé la volonté certaine et non équivoque de modifier les bénéficiaires du contrat (Cass. 1e civ. 25-9-2013 n° 12-23.197 F-PB : BPAT 6/13 inf. 242 ▶560). Dans ce type de situations, des précautions doivent être prises comme, par exemple, l'établissement d'un certificat médical indiquant que le souscripteur a le discernement requis pour prendre des décisions concernant son patrimoine, une rédaction manuscrite ou sous la forme d'un testament authentique.

ATTENTION Un changement de bénéficiaire effectué à une date très proche du décès n'est pas sans **risque fiscal.** La Cour de cassation a en effet considéré qu'un tel changement pouvait participer de la requalification du contrat en donation indirecte, ce facteur s'ajoutant à d'autres éléments (Cass. ch. mixte 21-12-2007 n° 06-12.769 FS-PBRI : BPAT 1/08 inf. 20 ▶539) ; voir ▶416 s.

129 **Intérêt de la désignation par une clause déposée chez un notaire** Ce mode de désignation permet une extrême souplesse pour **définir les modalités de versement** aux bénéficiaires du capital assuré : clauses à options (que certains assureurs sont réticents à accepter dans les clauses qu'ils détiennent directement), ou clauses bénéficiaires en démembrement précisant les conditions d'exercice du quasi-usufruit ou au contraire l'obligation d'emploi : voir ▶226 s.

Si le souscripteur-assuré prend la précaution de mentionner les différents contrats d'assurance-vie qu'il a souscrits dans le document désignant les bénéficiaires chez son notaire et que ce document fait l'objet d'une **inscription au fichier central notarial des dernières volontés,** il est également certain que l'existence de ces contrats sera révélée ce qui permet d'éviter que le bénéfice de ceux-ci ne soit pas réclamé ou le soit tardivement (sur les dispositions relatives à l'identification des bénéficiaires, voir ▶204 s.).

Il est conseillé de désigner les bénéficiaires dans un document autonome, dont l'objet est limité à la désignation des bénéficiaires. Il peut s'agir d'une clause manuscrite ou d'une clause dactylographiée, datée et signée. Mais il est possible également de **désigner les bénéficiaires dans un testament.** Dans ce cas, la rédaction devra être réalisée avec un soin particulier pour qu'il n'y ait pas de confusion entre la désignation des bénéficiaires et l'étendue de leurs droits et la désignation des héritiers et légataires et l'étendue de leurs droits.

En premier lieu, la clause bénéficiaire du (ou des) contrat(s) d'assurance-vie doit renvoyer à la désignation testamentaire. Ensuite, le testament doit faire référence expressément à ce ou ces contrats d'assurance-vie.

Ainsi, la validité de la désignation bénéficiaire dans un testament n'a pas été retenue dans une situation dans laquelle le souscripteur n'avait pas complété la clause bénéficiaire, ni renvoyé expressément à une clause testamentaire, mais s'était limité à indiquer dans son testament général : « Je lègue à ma fille Catherine et ses deux enfants [...] les capitaux de mon assurance-vie [...] pour un tiers chacun à parts égales ». La cour d'appel, approuvée par la Cour de cassation, en a déduit

la volonté du souscripteur d'inclure ce capital dans sa succession et d'en réaliser le legs particulier aux personnes désignées (Cass. 1e civ. 10-10-2012 n° 11-17.891 F-PBI : BPAT 6/12 inf. 301 ▶556).
S'il est possible que le souscripteur ait entendu produire cet effet, il est malheureusement probable qu'il ait en fait voulu réaliser une désignation bénéficiaire du contrat d'assurance-vie dans son testament, mais en utilisant une **mauvaise formulation.** Au final, du fait de l'absence de clause bénéficiaire (auprès de la compagnie ou dans le testament), les personnes alloties n'ont ni bénéficié de la fiscalité de l'assurance-vie ni du caractère hors succession du contrat. Ce résultat est à distinguer de celui, volontaire, qui consiste à écarter sciemment le régime juridique particulier de l'assurance-vie en la rendant rapportable ou réductible (voir ▶251).

130 Une cour d'appel a pris en compte (avec d'autres éléments) le **support de la désignation,** en l'occurrence un testament, pour en induire la volonté du testateur d'inclure dans la masse successorale le contrat d'assurance-vie (CA Aix-en-provence 18-4-2018 n° 16/05537).
Selon les juges, le libellé de la clause déposée auprès de la compagnie révèle une intention manifeste du souscripteur de faire le lien entre le capital de l'assurance-vie et sa succession. Les juges retiennent notamment :

- le fait que le souscripteur se réserve la possibilité de désigner le bénéficiaire de l'assurance-vie par voie testamentaire (au lieu de le désigner directement sur le contrat) ;
- l'indication à la compagnie qu'à défaut de cette désignation par testament les bénéficiaires seraient ses héritiers.

En l'occurrence, le testament olographe rédigé postérieurement à la souscription énonçait que le souscripteur souhaitait qu'une femme, autre que son épouse, soit la bénéficiaire du contrat d'assurance-vie. Le tribunal voit dans cette rédaction la confirmation de la volonté du souscripteur de gratifier la bénéficiaire désignée en lui **léguant** cette assurance-vie à cause de mort, sans avoir l'intention de percevoir les fonds placés, même en cas de vie au terme du contrat.
Elle en tire la conclusion suivante : « Une telle désignation d'un bénéficiaire d'une assurance-vie par testament permet d'intégrer le capital de l'assurance-vie et de le faire rentrer dans la succession contrairement au principe posé dans l'article du Code des assurances précité. Cette assurance-vie doit être en effet requalifiée en legs. »
L'argumentation juridique retenue par les juges du fond apparaît extrêmement fragile (en ce sens également voir SNH 31/18 inf. 9). Selon notre analyse, il ne peut être tiré aucune **conséquence du choix du support** de désignation du bénéficiaire, et le véhicule testamentaire, olographe ou authentique, ne permet pas d'induire une quelconque intention du souscripteur d'inclure les capitaux décès dans la succession.

131 Pour éviter tout risque, il est préférable de privilégier la désignation bénéficiaire dans une clause spécifique déposée chez le notaire, distincte du testament.
Soulignons par ailleurs que si l'objectif du souscripteur est de soumettre le capital décès aux règles du rapport et de la réduction, il est parfaitement possible d'intégrer ce capital dans la succession (voir ▶251). L'intégration de la clause bénéficiaire dans le testament comporte donc des risques sans apporter d'intérêt.

MODÈLE
Clause bénéficiaire autonome distincte du testament
Cette clause pourrait être libellée comme suit :
« Clause bénéficiaire déposée en l'office de Maître..., Notaire à...
Ceci est la clause bénéficiaire de mon contrat d'assurance-vie no... souscrit le... auprès de la compagnie... portant les références...

Je désigne **en qualité de bénéficiaire de ce contrat** en cas de décès (*nom, prénom, date* et *lieu de naissance*).
Il est expressément stipulé que cette clause bénéficiaire ne sera pas annulée par un testament ultérieur ou toute autre disposition à cause de mort, sauf si celui-ci ou celle-ci vise expressément la désignation bénéficiaire des contrats d'assurance-vie et en ce cas la modification ne concernera que les contrats expressément visés ».
Pour se prémunir contre le risque d'absence de désignation de bénéficiaire d'un contrat d'assurance-vie, qui pourrait résulter du renvoi du contrat d'assurance-vie à la clause bénéficiaire déposée chez le notaire et parallèlement d'une absence de dépôt par les souscripteurs d'une telle clause chez le notaire, il est conseillé de rédiger la clause bénéficiaire du contrat d'assurance-vie comme suit :
« Voir clause bénéficiaire déposée chez Maître..., Notaire à..., à défaut (*indiquer ici le nom des héritiers que l'on souhaite faire bénéficier du contrat*). »

La clause bénéficiaire comme outil patrimonial

132 **En dehors même de tout avantage fiscal,** la désignation d'un ou plusieurs bénéficiaires pour la fraction des actifs financiers investie en assurance-vie est un élément de souplesse patrimoniale très important, permettant de **multiplier les combinaisons au décès.** Ainsi par exemple est-il envisageable de protéger très largement un conjoint par l'intermédiaire d'un changement de régime matrimonial, tout en prévoyant le transfert de certains actifs aux enfants communs via la succession, et en utilisant l'assurance-vie comme variable d'ajustement : si le **conjoint** en a besoin, le capital peut lui être attribué ou à défaut l'être aux enfants, par modification de la clause bénéficiaire ou en ayant libellé la clause en prévoyant des options de telle sorte que le conjoint puisse en accepter une partie seulement, ou encore ne pas y prendre part s'il le préfère. Sur la non-acceptation de sa désignation par le bénéficiaire, voir ▶ 179.

De même, en présence d'**enfants** et **petits-enfants,** l'existence d'un patrimoine dépendant de la succession et d'un patrimoine investi en assurance-vie, permet, avec une bonne rédaction de la clause bénéficiaire, d'envisager que les enfants et/ou petits-enfants reçoivent tout (hors les droits de l'éventuel conjoint survivant dans la succession), ou rien (renonciation à la succession et à l'assurance-vie), ou encore la succession et pas l'assurance-vie, ou inversement l'assurance-vie mais pas la succession.

Décès du souscripteur avant la désignation du bénéficiaire

133 Dans cette situation, si le **souscripteur** est **également assuré,** la faculté de désigner le bénéficiaire disparaît avec lui, le contrat est dénoué et sa valeur acquise rentre dans l'actif successoral du souscripteur-assuré, avec toutes ses conséquences fiscales (taxation aux droits de succession). En effet, ses ayants droit ne peuvent pas, pour son compte et rétroactivement, agir à sa place.

Si le contrat n'a pas de valeur de rachat (hypothèse d'un contrat décès pur), il semble que les primes soient perdues et acquises à l'assureur (sous réserve éventuellement de la possibilité ouverte aux héritiers d'engager à l'encontre de l'assureur une action au titre de l'enrichissement sans cause).

Si le **souscripteur n'est pas l'assuré,** le contrat n'est pas dénoué par le décès du souscripteur. De nombreuses compagnies estiment qu'il s'agit alors d'un « contrat sans maître » pour lequel il ne peut être réalisé ni rachat ni nouvelle désignation bénéficiaire (en ce sens, Traité de Droit des assurances dir. J. Bigot : LGDJ 2007 t. 4 n° 285). Il nous semble au contraire que ce contrat non dénoué au décès du souscripteur **dépend de la succession** de ce dernier. Les ayants droit du souscripteur deviennent souscripteurs en indivision du contrat, sauf attribution à l'un d'entre eux à la suite d'un partage de l'actif successoral. La faculté de désignation du bénéficiaire appartient alors à ce (ou ces) nouveau(x) souscripteur(s). En l'absence de désignation préalable de bénéficiaire, la désignation peut être exercée librement. Dans le cas contraire, le bénéficiaire initialement désigné peut être librement modifié par le(s) nouveau(x) souscripteur(s), sauf s'il a accepté la clause bénéficiaire.

Dans un arrêt de rejet rendu **en matière fiscale** et non publié au bulletin, la Cour de cassation a toutefois indiqué que le capital stipulé n'a pas à être réintégré dans la succession du souscripteur au décès de celui-ci, lorsque l'assuré est toujours en vie (Cass. com. 20-5-2008 n° 07-10.794 FS-D : BPAT 4/08 inf. 136). L'administration fiscale prenait une position contraire en indiquant que lorsque l'assuré n'est pas décédé, le régime fiscal de l'assurance-vie prévu aux articles 757 B du CGI ou 990 I du CGI ne s'applique pas. Il en résulte que la valeur de rachat de tout contrat non dénoué est soumise aux droits de succession dans les conditions de droit commun (BOI-ENR-DMTG-10-10-20-20 n° 380 dans sa version en vigueur jusqu'au 31-5-2016). Depuis l'intégration de la réponse ministérielle Ciot, ce paragraphe du Bofip a été supprimé.

Il nous semble donc que la transmission par succession d'un contrat d'assurance-vie par suite du décès du souscripteur, non assuré, sans dénouement du contrat du fait de l'absence de décès de l'assuré, ne donne lieu à aucune taxation dans le cadre de la succession ou de l'assurance-vie. La fiscalisation intervient seulement selon les règles applicables en matière d'assurance-vie au moment du dénouement du contrat, c'est-à-dire au décès de l'assuré.

Absence de désignation d'un bénéficiaire

134 L'**absence de désignation de bénéficiaire** est parfois **volontaire,** un « choix » étant fait au profit d'une transmission soumise aux droits de succession, plutôt qu'au régime de l'assurance-vie, lorsqu'ils sont moins élevés que le prélèvement de 20 % ou 31,25 %.

L'absence de désignation bénéficiaire peut être volontaire également lorsque le souscripteur assuré vit à l'étranger et que les bénéficiaires sont résidents de France. Dans une telle situation, en application du droit interne du nouveau pays de résidence, la valeur des contrats peut être soumise aux droits de succession alors que dans le même temps les capitaux décès versés aux résidents français seront soumis à la fiscalité prévue par l'article 990 I du Code général des impôts. Même en présence d'une convention fiscale destinée à éviter les doubles impositions conclue entre la France et le nouveau pays de résidence du souscripteur assuré, les clauses de la convention ne permettront pas d'écarter la double imposition, la taxation sui generis de l'article 990 I n'étant pas assimilée à des droits de succession. La suppression de la désignation bénéficiaire permet de faire tomber les capitaux dans la succession et d'éviter alors la double imposition par application de la convention successorale lorsqu'elle existe.

En cas de **changement de résidence fiscale,** il conviendra donc d'avoir une **réflexion spécifique** en ce qui concerne la rédaction de la clause bénéficiaire.

Plus souvent, l'absence de désignation d'un bénéficiaire résulte d'un **oubli ou** d'un **concours de circonstances défavorables.** C'est le cas, par exemple, lorsque le souscripteur qui a précisé que le bénéficiaire serait la personne désignée dans son testament décède avant d'avoir rédigé ledit testament, ou lorsqu'il a désigné un bénéficiaire unique qui décède avant lui.

> **CONSEIL** Afin d'éviter de se trouver dans ces situations, il est conseillé, dans tous les cas, d'indiquer le nom d'autres bénéficiaires à défaut des bénéficiaires que l'on souhaite prioritairement avantager et de **s'entourer des conseils d'un professionnel du droit de la famille,** au premier rang desquels figurent les notaires, pour rédiger la clause bénéficiaire.

3° Choix des modalités de dénouement du contrat

En bref

135 Le choix entre le versement, à l'échéance du contrat d'assurance, d'un capital ou d'une rente appartient en principe au souscripteur. Il doit être fait en fonction de l'objectif poursuivi.

Tous les contrats n'offrent pas la même souplesse : certains contrats prévoient en effet que ce choix doit être effectué **au moment de la souscription du contrat.** Le souscripteur est définitivement lié par ce choix.

Mieux vaut retenir un contrat qui laisse au souscripteur le choix du mode de sortie **au moment du dénouement du contrat** (mais qui prévoit clairement dès la souscription que le souscripteur pourra opter pour le versement d'une rente car, à défaut, il ne pourrait pas bénéficier de l'exonération d'impôt attachée aux produits capitalisés).

Sortie en capital

136 Elle impose à l'assureur le versement d'une somme soit au souscripteur-assuré s'il est encore en vie, soit au bénéficiaire désigné dans le cas inverse.

Sortie en rente viagère

137 **Caractéristiques du contrat à sortie en rente viagère** Si le souscripteur opte pour la sortie en rente viagère, l'épargne et les gains accumulés ne lui appartiennent plus mais deviennent la propriété de l'assureur chargé de lui verser en contrepartie une rente jusqu'à son décès.

Le **montant de la rente** dépend du capital accumulé et de l'âge du souscripteur au moment où il demande le versement de celle-ci à son profit, ainsi que de l'existence ou non de clauses de réversion. Plus le souscripteur est jeune et son espérance de vie élevée, plus le montant de la rente sera faible. S'il s'agit d'une rente réversible au profit du conjoint ou des héritiers, le souscripteur reçoit dès le départ une rente dont le montant est inférieur à celui qu'il aurait reçu en l'absence de réversion puisque, du fait de la réversion, la durée probable de la rente sera plus longue.

PRÉCISIONS Les contrats à sortie en rente viagère étaient souvent plus coûteux pour les femmes, qui, en raison de leur plus grande longévité, devaient cotiser davantage que les hommes pour obtenir le même montant de rente. Cette pratique de **tarifs différenciés selon le sexe** a toutefois été jugée discriminatoire par la Cour de justice de l'Union européenne et est totalement interdite depuis le 22 décembre 2012 (CJUE 1-3-2011 aff. C-236/09 : BPAT 2/11 inf. 140).

138 **Avantages et inconvénients de l'option pour la rente viagère** L'option pour la rente viagère présente plusieurs avantages : prise en charge de la gestion de l'épargne par l'assureur et garantie de recevoir sa vie durant un complément de revenus réguliers (qui viendra utilement majorer, après la cessation d'activité, le montant des retraites dont le niveau va décroissant).

Il convient néanmoins de prendre en compte les inconvénients de l'option pour la rente viagère, le principal étant qu'elle interdit toute possibilité de transmettre le capital ainsi accumulé (sauf dans les contrats à annuités certaines). Le **capital** est **définitivement perdu pour les héritiers,** qui ne recevront rien en cas de décès du souscripteur bénéficiaire de la rente (sauf rente réversible à leur profit, ce qui sera rare en pratique car une telle stipulation se traduit par une minoration du montant de la rente).

Par ailleurs, il est très difficile de pouvoir estimer le montant futur de la rente : la plupart des contrats prévoient que le calcul de la rente s'opérera en fonction de la table de mortalité applicable à la date de la sortie. L'espérance de vie augmentant régulièrement, chaque nouvelle table de mortalité diminue le montant de la rente.

Enfin, lorsque le bénéficiaire a une espérance de vie inférieure à la moyenne (cas de certains handicaps), la sortie en rente sera financièrement très pénalisante, puisque calculée sur une durée théorique très supérieure à la durée réelle probable de la rente.

CONSEIL Il est parfois préférable en termes de **stratégie fiscale** de **sortir en capital** plutôt qu'en rente, puis de faire **réinvestir** le bénéficiaire du capital sur un contrat d'assurance lui appartenant. Il pourra ensuite procéder à des retraits sur ce contrat avec une fiscalité plus favorable que celle applicable à la rente (▶267 s.).

4° Sort des contrats d'assurance-vie non dénoués à la dissolution de la communauté

139 **Contrat non dénoué souscrit avec des fonds communs** Sur le plan civil, la valeur des contrats d'assurance-vie souscrits par un époux commun en biens doit être incluse dans l'actif de la communauté si celle-ci est dissoute sans dénouement du contrat et si, comme cela se présume, les primes ont été versées avec les deniers de la communauté (Cass. 1e civ. 31-3-1992 n° 90-16.343, Praslicka : Bull. civ. I n° 95 ▶526 ; Cass. 1e civ. 10-7-1996 n° 94-18.733, Daignan : Bull. civ. I n° 309).

Après plusieurs réponses ministérielles ambiguës, cette analyse civile a été confirmée par différentes réponses ministérielles rendues en matière civile (Rép. Proriol : AN 10-11-2009 n° 27336 ▶517) et en matière fiscale (Rép. Bacquet : AN 29-6-2010 n° 26231 : BPAT 4/10 inf. 233-1 ▶518) qui ont harmonisé le traitement civil et fiscal du contrat non dénoué, qui, constituant un actif de communauté, faisait l'objet d'une taxation pour sa fraction dépendant de la succession.

Depuis 2016, le **traitement civil** du contrat d'assurance-vie non dénoué souscrit avec des fonds communs est à nouveau **dissocié de son traitement fiscal.** En effet, il est désormais admis, pour les successions ouvertes depuis le 1er janvier 2016, que la valeur de rachat d'un tel contrat n'est pas, au plan fiscal, intégrée à l'actif de la communauté conjugale lors de sa liquidation par décès (Rép. Ciot : AN 23-2-2016 n° 78192 : BPAT 2/16 inf. 48 ▶520).

Toutefois, la réponse ministérielle Ciot prend soin de souligner que « conformément à l'article 1401 du Code civil, et sous réserve de l'appréciation souveraine des juges du fond, la valeur de rachat des contrats d'assurance-vie souscrits avec des fonds communs et non dénoués lors de la liquidation d'une communauté conjugale à la suite du décès de l'époux bénéficiaire du contrat, fait partie de l'actif de communauté » (sur les conséquences fiscales, voir ▶327 s. ; sur la communication entre assureurs et notaires, voir ▶262). La portée purement fiscale de la réponse ministérielle Ciot a été réaffirmée par deux autres réponses ministérielles récentes (Rép. Malhuret : Sén. 26-5-2016 n° 19978 ▶521 , qui précise à nouveau qu'« il est confirmé que la réponse Ciot a une portée exclusivement fiscale et n'emporte aucune conséquence sur le traitement civil des contrats d'assurance-vie » ; dans le même sens, Rép. Frassa : Sén. 26-5-2016 n° 17499).

L'administration a précisé que cette règle s'applique « et ce quelle que soit la qualité du ou des bénéficiaires désignés » (BOI-ENR-DMTG-10-10-20-20 n° 380).

EXEMPLE Des époux communs en biens détiennent un patrimoine commun de 1 600 000 €. Ce patrimoine se compose d'une résidence principale d'une valeur de 500 000 €, d'une résidence secondaire d'une valeur de 300 000 €, de liquidités pour 200 000 € et de deux contrats d'assurance-vie d'une

valeur de 300 000 € chacun, soit 1 600 000 € au total. L'un des contrats est souscrit par Madame et désigne bénéficiaire Monsieur, l'autre contrat est souscrit par Monsieur avec comme bénéficiaire Madame.
Monsieur décède. Le contrat qu'il a souscrit se dénoue. Conformément à l'article L 132-16 du Code des assurances, le capital garanti par le contrat est un propre pour le conjoint bénéficiaire et aucune récompense n'est due à la communauté.
Le patrimoine commun se compose de : 1 600 000 € (patrimoine total avant décès) - 300 000 € (contrat dénoué par décès) = 1 300 000 €.
Le contrat de Madame, non dénoué par le décès de Monsieur, fait partie de l'actif de communauté dans les conditions de droit commun. L'actif successoral se compose **sur le plan civil** de la moitié de la communauté incluant le contrat d'assurance-vie non dénoué, soit 1 300 000 € × 50 % = 650 000 € et **sur le plan fiscal** de la moitié de la communauté excluant le contrat d'assurance-vie non dénoué, soit (1 300 000 € - 300 000 €) × 50 % = 500 000 €.
140.

140 **Assurer le transfert du contrat non dénoué au profit du survivant** Si l'objectif est d'assurer **civilement** le transfert du contrat non dénoué au profit du conjoint survivant **au premier décès,** en plus de ses droits dans la communauté, afin d'améliorer sa protection financière, la meilleure solution est l'introduction d'une clause particulière dans le contrat de mariage (préciput sur le contrat non dénoué par décès, attribution intégrale de communauté, etc.). La transmission du contrat non dénoué par décès est ainsi assurée civilement (dans les limites des droits des éventuels descendants du défunt non communs au conjoint survivant). Du point de vue fiscal cette transmission est réalisée en franchise d'impôt : les avantages matrimoniaux ne sont pas soumis aux droits de succession, cette non-taxation ayant perdu, au moins pour le moment, sa spécificité depuis que le conjoint est également exonéré en cas de transmission par le biais de la succession.
La transmission du contrat non dénoué au profit du survivant s'applique aussi bien au contrat non dénoué dont le conjoint survivant est le seul souscripteur assuré qu'au contrat souscrit conjointement par deux époux avec dénouement au second décès.
Sur le plan fiscal, et dans le cadre d'une réflexion familiale et si le conjoint survivant n'a pas besoin d'une protection financière supplémentaire, il peut être plus opportun qu'il ne prélève pas le contrat d'assurance-vie non dénoué au titre d'une convention préciputaire, mais qu'au contraire il le laisse dépendre de la communauté (après prélèvement le cas échéant d'autres actifs qu'il aura pu souhaiter prélever) et donc pour moitié de la succession. Cette démarche permet d'alléger le coût fiscal successoral supporté par les autres héritiers en leur permettant, depuis la réponse Ciot, de recevoir leurs droits successoraux sur cet actif non soumis à fiscalité successorale. Voir exemple ▶329.

PRÉCISIONS La réponse dite « **Bacquet** » du 29 juin 2010 qui intègre sur le plan fiscal à l'actif de communauté la valeur de rachat des contrats d'assurance-vie souscrits avec des fonds communs et non dénoués lors de la liquidation de la communauté continue à s'appliquer pour les **décès intervenus avant le 31 décembre 2015** (Rép. Laqhila : AN 13-11-2018 n° 1594). En cas d'omission du contrat dans la déclaration de succession, le délai de prescription sexennale s'applique.

5° Souscription conjointe (ou cosouscription) du contrat d'assurance-vie

Présentation générale de la souscription conjointe

141 **Pluralité de souscripteurs**
Dans le principe, le contrat d'assurance-vie peut comporter plusieurs souscripteurs et/ou plusieurs assurés (C. ass. art. L 132-1, al. 2). En pratique, on rencontre principalement les configurations suivantes :

– cosouscription **en démembrement,** qui consiste en un contrat comportant deux souscripteurs, l'un pour l'usufruit, l'autre pour la nue-propriété, le nu-propriétaire étant seul assuré (voir ▶ 147 s.) ;
– cosouscription **en pleine propriété,** pour laquelle le contrat comporte deux souscripteurs qui sont par ailleurs tous deux assurés, le dénouement du contrat pouvant être prévu au premier décès, ou au second décès.

142 **Pouvoirs des souscripteurs sur le contrat cosouscrit** Lorsque le contrat comporte plusieurs souscripteurs, ils doivent en principe s'accorder pour exercer les **prérogatives attachées à la qualité de souscripteur** : rachat, avance, arbitrage sur le contrat, nantissement du contrat, même si une convention peut en principe attribuer les pouvoirs à un seul d'entre eux ou fixer certains seuils permettant d'agir seul et d'autres obligeant à une signature conjointe. Concernant le **choix des bénéficiaires** en cas de décès, les souscripteurs doivent s'accorder sur la désignation. Pour autant, lorsque les cosouscripteurs sont aussi coassurés, il est parfaitement envisageable, et même souvent souhaitable, que la clause bénéficiaire ne soit pas identique selon que le contrat sera dénoué par le décès de l'un ou de l'autre. Dans cette configuration, deux solutions peuvent s'envisager pour la rédaction de la clause. La première consiste à établir une seule clause qui prévoit qui seront les bénéficiaires dans chacune des hypothèses, cette clause étant signée des deux souscripteurs. La seconde consiste à ce que chacun des souscripteurs établisse une clause bénéficiaire dans l'hypothèse où le fait générateur du dénouement du contrat est son propre décès (en premier ou en second), l'autre souscripteur intervenant pour donner son accord à cette désignation. La désignation des bénéficiaires par testament toutefois pose problème dans la mesure où les testaments conjonctifs sont nuls.
En revanche, chacun des souscripteurs dispose du droit d'exercer seul la **faculté de rétractation** (voir ▶ 107) et devrait pouvoir verser de **nouvelles primes** (sauf à organiser ces pouvoirs par convention).

Dénouement du contrat cosouscrit

143 **Dénouement au premier décès** Lorsque le contrat comporte deux assurés et se dénoue au décès du premier d'entre eux, la clause bénéficiaire est immédiatement activée et le cosouscripteur survivant n'a aucun droit sur le contrat dénoué, sauf à avoir aussi la qualité de bénéficiaire. Lorsque des **époux communs en biens** choisissent de souscrire conjointement un contrat avec des fonds de la communauté en prévoyant un dénouement au premier décès, il n'y a pas lieu d'intégrer ni civilement ni fiscalement la valeur du contrat dans la communauté au premier décès, ce contrat étant dénoué. Si le survivant est désigné bénéficiaire, aucune récompense n'est due à la communauté. En revanche, on peut se demander si une récompense est due dans l'hypothèse où les cosouscripteurs ont décidé conjointement de désigner un autre bénéficiaire que le survivant des époux. L'ar-

ticle L 132-16 du Code des assurances énonce qu'aucune récompense n'est due à la communauté lorsque l'époux est le bénéficiaire de l'assurance contractée par son conjoint mais ne prévoit rien dans les autres cas. Il pourrait en être tiré argument pour soutenir qu'une récompense serait due en application des règles du Code civil. Cependant, cela ne nous paraît pas conforme à l'esprit du texte. En effet, la prise de décision en commun par les époux devrait exclure la récompense dont l'objectif est de protéger le conjoint survivant contre l'appauvrissement de la communauté contre son gré. La question n'a cependant pas été tranchée à notre connaissance par la jurisprudence.

EXEMPLE Des époux communs en biens détiennent un patrimoine commun de 1 600 000 €. Ce patrimoine se compose d'une résidence principale d'une valeur de 500 000 €, d'une résidence secondaire d'une valeur de 300 000 €, de liquidités pour 200 000 € mais au lieu de deux contrats d'assurance-vie d'une valeur de 300 000 € chacun, le couple dispose d'un seul contrat de 600 000 € dont le dénouement est prévu au premier décès.

Dans cette hypothèse, le contrat souscrit en coadhésion se dénoue au profit du conjoint survivant et l'actif de la communauté s'établit à 1 600 000 € - 600 000 € (valeur du contrat dénoué par décès) = 1 000 000 €, au lieu de 1 300 000 € dans l'hypothèse de deux contrats distincts. Au premier décès, l'actif successoral se compose de la moitié de la communauté, soit 1 000 000 € × 50 % = 500 000 € sur le plan civil et fiscal, au lieu de 650 000 € sur le plan civil et 500 000 € sur le plan fiscal en présence de deux contrats distincts de 300 000 €.

Sur le plan patrimonial, il faut souligner que si les héritiers des deux époux ne sont pas les mêmes, la première solution (deux contrats) est préférable à la seconde, dans la mesure où la répartition des patrimoines entre les deux branches familiales est plus équilibrée.

144 **Dénouement au second décès** En cas de cosouscription avec dénouement au second décès, le contrat d'assurance-vie n'est pas dénoué par le décès du premier des assurés ; il ne se dénouera qu'au décès du second, par ailleurs cosouscripteur. Le survivant devient de facto alors seul titulaire du contrat et peut seul exercer toutes les prérogatives attachées à la qualité de souscripteur. Ainsi il peut notamment effectuer des rachats sur le contrat et modifier la clause bénéficiaire s'il le souhaite.

L'**appropriation de fait** du contrat par le survivant doit faire l'objet d'un **traitement juridique.** Certains auteurs se sont demandé si la souscription conjointe avec dénouement au second décès ne constituait pas une forme de **tontine.** Cette analyse ne nous paraît guère convaincante :

- en cas de tontine, le montant du versement de chacun des tontiniers doit être en corrélation avec son risque de prédécès. Ce n'est généralement pas le cas dans l'hypothèse d'une souscription par des époux mariés sous le régime de la communauté. Les fonds sont le plus souvent prélevés intégralement sur la communauté, et donc censés provenir pour moitié de chacun des époux sans tenir compte de leur espérance de vie respective ;
- à la différence de l'acquisition en tontine réalisée avec un tiers, le patrimoine commun sur lequel sont prélevées les primes est toujours perdant si la valeur de rachat n'y figure pas et si aucune récompense n'est prévue.

Dès lors que le contrat est alimenté par des fonds communs et non dénoué au décès du premier époux, il **constitue civilement un actif de la communauté,** même si seul le survivant des souscripteurs peut en disposer : les solutions sont les mêmes que pour le contrat souscrit seul par le conjoint survivant (pour une illustration récente, Cass. 1e civ. 26-6-2019 n° 18-21.383 F-PB : BPAT 5/19 inf. 199 ▶ 582). Dans cet arrêt, la Cour de cassation a censuré la cour d'appel qui avait retenu que le survivant était bénéficiaire du contrat et pouvait se prévaloir des dispositions de l'article L 132-16, alinéa 1er du Code des assurances selon lesquelles « le bénéfice de l'assurance contractée par un époux commun en biens en faveur de son conjoint constitue un propre pour celui-ci ».

À défaut, la qualification de **donation indirecte** (de l'époux décédé au profit du survivant) pourrait être envisagée si l'intention libérale des époux pouvait être établie à l'occasion de la souscription d'un contrat en adhésion conjointe avec dénouement au second décès (Rép. Lazaro : AN 20-12-1993 n° 5703 et, postérieurement à la réponse Ciot, Rép. Malhuret : Sén. 10-01-2019 n° 256). Voir ▶325 s. pour l'analyse fiscale de l'opération.

Malgré cette clarification, il est à noter que, **en pratique,** de nombreuses **compagnies d'assurance** ont maintenu comme norme interne de n'accepter de cosouscription avec dénouement au second décès que pour des époux communs en biens dont le contrat de mariage comporte un avantage matrimonial permettant au survivant de conserver le contrat (voir ▶ 140). Cette position nous paraît sans fondement (sur ce thème et dans le même sens, voir notamment J. Aulagnier, Cosouscription d'une assurance-vie et coadhésion : réticences injustifiées des assureurs : SNH 24/19 inf. 12).

> **EXEMPLE** Des époux communs en biens détiennent un patrimoine commun de 1 600 000 €. Ce patrimoine se compose d'une résidence principale d'une valeur de 500 000 €, d'une résidence secondaire d'une valeur de 300 000 €, de liquidités pour 200 000 € et d'un contrat en coadhésion de 600 000 € dont le dénouement est prévu au décès du survivant des conjoints.
> L'actif de la communauté s'établit à 1 600 000 € (dont 600 000 € correspondant au contrat non dénoué). Lors de la première succession, l'actif successoral se compose sur le plan civil de la moitié de la communauté, soit 1 600 000 € × 50 % = 800 000 €. Sur le plan fiscal, l'actif successoral se limite à (1 600 000 - 600 000) × 50 % = 500 000 €, comme en présence de deux contrats égaux (car l'un est dénoué et l'autre bénéficie de la réponse ministérielle Ciot), ou d'un dénouement au premier décès (car il est alors dénoué).

145

Synthèse des exemples présentés 139, 143 et 144

Situation au premier décès	2 contrats distincts	Contrat en cosouscription avec dénouement au 1er décès	Contrat en cosouscription avec dénouement au 2nd décès
Communauté	1 600 000 €	1 600 000 €	1 600 000 €
Dont contrat non dénoué	300 000 €		600 000 €
Dont contrat dénoué	300 000 €	600 000 €	
Masse successorale civile	**650 000 €**	**500 000 €**	**800 000 €**

Depuis la réponse Ciot qui neutralise fiscalement la valeur de rachat du contrat d'assurance-vie non dénoué financé avec des fonds communs, le choix d'effectuer la souscription de deux contrats ou d'une coadhésion avec un dénouement au premier ou second décès ne constitue plus désormais pour les époux un enjeu fiscal au premier décès au regard des droits de succession. Mais il demeure un enjeu fiscal au second décès, par la transmission non fiscalisée qu'elle permet en présence d'un contrat non dénoué **suivi d'un partage avant le second décès.**

Il demeure également un enjeu civil à différents titres, car :

1. Les contrats dénoués au premier décès permettent :

– de diminuer la masse civile de succession, et d'affecter un capital à des bénéficiaires qui peuvent être distincts des héritiers ou opérer une autre répartition entre eux que celle issue de la succession. La fraction qui ne revient pas au conjoint donne lieu à une récompense en faveur de la communauté. Étant prélevée sur la succession, la récompense diminue les droits des héritiers et non ceux des bénéficiaires (voir ▶255 s.) ;

- d'opérer un démembrement de la clause bénéficiaire entre le conjoint et d'autres bénéficiaires (voir ▶224) ;
- au conjoint survivant, lorsqu'il est bénéficiaire en pleine propriété et que la clause est bien rédigée, de renoncer au bénéfice de ses droits ou de les réduire, permettant aux bénéficiaires en second de voir leur part accrue (voir ▶179 s.).

Soulignons que lorsqu'ils sont souscrits en coadhésion, la clause bénéficiaire est soumise à l'accord des deux souscripteurs jusqu'au dénouement, alors qu'en présence de deux contrats distincts chacun des époux pourrait modifier seul la rédaction de sa clause bénéficiaire.

2. Les contrats non dénoués au premier décès permettent :

- d'augmenter la masse civile des actifs dépendant de la succession au décès du premier des époux ;
- et dans le cas où le conjoint survivant conserve les contrats non dénoués par le biais d'un cantonnement ou à la suite d'un partage (voir ▶332), d'augmenter les droits des enfants sur d'autres actifs dépendants de la succession ;
- de modifier la clause bénéficiaire jusqu'au dénouement, c'est-à-dire jusqu'au décès de l'assuré du contrat. En cas de cosouscription, cette modification s'opère avec l'accord des deux souscripteurs, puis ensuite, du survivant d'entre eux.

146 Lorsque le **contrat n'est pas souscrit avec des fonds communs** ou que les **cosouscripteurs ne sont pas mariés** (s'il s'agit de concubins, par exemple), la question se pose de la qualification du transfert de la valeur de rachat au profit du survivant au premier décès. Une réponse ministérielle non reprise au Bofip a estimé que l'administration fiscale était fondée à apporter la preuve que la souscription conjointe a permis de réaliser une **donation indirecte,** dans la mesure où l'un des cosouscripteurs bénéficie « directement ou indirectement » des sommes investies par l'autre (Rép. Lazaro : AN 20-12-1993 n° 5703). Si la qualification de donation indirecte est retenue, l'opération est alors soumise aux mêmes conséquences civiles et fiscales que celle-ci.

La donation indirecte peut être réalisée du vivant des deux souscripteurs, lorsque l'un d'entre eux réalise des rachats supérieurs à la quote-part de la valeur de rachat correspondant à ses versements. En tout état de cause, elle se réalise au décès du premier des deux souscripteurs pour la quote-part de la valeur de rachat financée par ses versements et transmise au survivant. Voir ▶325 s. pour l'analyse fiscale de l'opération.

Souscription conjointe en démembrement de propriété

147 **Validité de la souscription d'un contrat d'assurance-vie en démembrement**

Dans le cadre d'une souscription en démembrement, il s'agit de cumuler deux techniques :

- **cosouscription** : le contrat comportera deux souscripteurs, l'un au titre de l'usufruit et l'autre au titre de la nue-propriété ;
- **différenciation assuré-souscripteur** : seul le cosouscripteur en usufruit est assuré du contrat.

Alors que la souscription en démembrement d'un contrat de capitalisation ne pose aucune difficulté, la **validité juridique** de la souscription du contrat d'assurance-vie en démembrement est loin d'être certaine. En effet, la souscription d'un contrat d'assurance-vie donne au souscripteur des prérogatives de natures différentes. Si le démembrement de la valeur de rachat du contrat ne pose pas de difficulté de principe, car l'usufruit peut être établi sur toutes sortes de biens mobiliers ou immobiliers (C. civ. art. 581), le contrat d'assurance-vie est également une stipulation pour autrui, et la possibilité de démembrer certains attributs du contrat - et en particulier le droit de désignation du bénéficiaire - est plus discutable.

Envisager globalement un démembrement du contrat aurait pour conséquence de faire porter le démembrement sur l'ensemble de ces droits. Or la possibilité d'appliquer un démembrement, notion du droit **des biens,** à certains **droits** tels que la désignation bénéficiaire paraît incohérente.

Toutefois, il nous semble que l'on peut envisager de démembrer la **valeur patrimoniale** du contrat ou plus exactement **la créance** que les souscripteurs détiennent contre l'assureur, cette valeur étant un élément du patrimoine du souscripteur (voir notamment Cass. com. 24-6-1997 : JCP N 1998 p. 1276). Ce démembrement s'accompagnerait d'une convention créant un fruit par la volonté de l'homme conformément à l'article 579 du Code civil, car la créance détenue contre la compagnie d'assurance ne génère pas en elle-même de fruit. Le fruit pourrait ainsi se composer de la valeur du contrat excédant le montant total des primes versées (voir ▶ 152).

La désignation bénéficiaire doit faire l'objet d'un exercice conjoint (comme dans toute cosouscription indivise en pleine propriété) et il nous semble qu'il en va de même pour la mise en garantie du contrat ou le choix des supports et des arbitrages, ces aspects financiers pouvant éventuellement être délégués aux termes d'un mandat par l'un des cosouscripteurs au profit de l'autre.

Si l'on admet la validité d'une souscription en démembrement de propriété, le contrat sera souscrit conjointement par une personne au titre de l'usufruit et par une autre personne au titre de la nue-propriété. Si la souscription n'est pas réalisée en remploi de capitaux préalablement démembrés, la **part relative de prime initiale** qui sera versée par les cosouscripteurs résultera d'une négociation entre les parties en fonction des avantages économiques attendus par chacun d'eux, s'agissant d'une opération à titre onéreux. La **valeur de l'usufruit** est fonction des flux de revenus futurs susceptibles d'être produits par le contrat et d'être appréhendés par l'usufruitier pendant la durée de l'usufruit ; quant à la valeur de la **nue-propriété,** elle correspond à la valeur actualisée de la pleine propriété future.

148 La souscription en démembrement résulte en réalité quasi exclusivement du **réinvestissement conjoint d'actifs préalablement démembrés.** La situation visée est la suivante : à la suite de la cession d'un bien dont la propriété était démembrée, l'usufruitier et le nu-propriétaire décident de réinvestir le produit de la vente dans la souscription d'un contrat de capitalisation ou, sous réserve de sa validité juridique, de la souscription démembrée d'un contrat d'assurance-vie.

Rappelons que lorsqu'un actif meuble ou immeuble grevé d'un usufruit est cédé conjointement par le nu-propriétaire et par l'usufruitier, le prix de vente est en principe réparti entre l'un et l'autre. Cependant, les parties peuvent écarter cette répartition et décider avant la vente de remployer le prix de vente dans l'acquisition d'un bien sur lequel se reportera le démembrement de propriété initial (C. civ. art. 621).

Du point de vue pratique, il convient, en conséquence, de conserver la trace de l'origine des capitaux apportés, de la volonté des parties de maintenir le démembrement, et du choix commun du placement. Ces éléments pourront être indiqués dans une convention entre l'usufruitier et le nu-propriétaire qui accompagnera le démembrement.

MODÈLE Convention accompagnant le réinvestissement d'actifs préalablement démembrés dans la souscription conjointe d'un contrat d'assurance-vie en démembrement

S'il s'agit du **remploi d'un portefeuille-titres dont la nue-propriété a été préalablement donnée** par un donateur qui en avait conservé l'usufruit, la convention pourrait, par exemple, reprendre la formulation suivante :

« Il est précisé que les capitaux ayant servi à l'acquisition du contrat d'assurance proviennent de la vente d'un portefeuille-titres détenu en usufruit par le cosouscripteur en usufruit, et en nue-propriété par le cosouscripteur en nue-propriété, par suite de la donation en nue-propriété qui a été faite de ce portefeuille-titres par Monsieur X, qui s'en est réservé l'usufruit au terme d'un acte reçu par Maître..., en date du..., enregistré le...
Les cosouscripteurs d'un commun accord ont convenu d'écarter les effets des articles 587 et 621 du Code civil et de réemployer ensemble le produit de la vente des titres susvisés dans la souscription du contrat d'assurance ci-dessus visé. »

149 En cas de démembrement d'un contrat de capitalisation ou, sous réserve de sa validité, d'un contrat d'assurance-vie, la difficulté réside dans l'**identification des « fruits » du contrat.** En effet, la créance détenue contre la compagnie d'assurance ne génère pas de revenus puisque le mécanisme économique du contrat repose sur la capitalisation des éventuels revenus et non sur leur distribution (pour les actifs des contrats en euros et les distributions et/ou la plus-value des unités de compte).

150 **Lors de la souscription du contrat** Les parties établissent une convention (voir ▶152) permettant de définir l'**usufruit,** conformément à l'article 579 du Code civil. Cet usufruit sera valorisé en fonction de la valeur du « fruit » déterminé par les cosouscripteurs.
Il pourra être convenu, par exemple, que l'usufruit correspondra à l'excédent de valeur acquise par le capital investi et qui pourra être appréhendé par l'usufruitier dans le cadre de la faculté de rachat partiel.
Une autre approche pourrait être retenue pour permettre au nu-propriétaire que le contrat soit géré de façon plus dynamique, sans pour autant porter atteinte aux droits de l'usufruitier. Il pourrait ainsi être prévu :

- pour les **supports en euros,** que l'usufruit correspondra à l'excédent de valeur annuelle acquise par le capital investi et que celui-ci pourra être appréhendé par l'usufruitier dans le cadre de la faculté de rachat partiel ;
- pour les **supports en unités de compte,** que sera défini un rendement minimum, variable selon l'unité de compte retenue, lorsqu'elle distribue et/ou un droit sur une fraction des éventuelles plus-values attendues.

151 L'**assuré du contrat** ainsi souscrit en démembrement de propriété sera bien évidemment le nu-propriétaire. En effet, l'objectif est qu'au décès de l'usufruitier, le nu-propriétaire se retrouve seul souscripteur et assuré du contrat. Entre usufruitier et nu-propriétaire, la transmission est assurée par l'extinction de l'usufruit, conformément à l'article 617 du Code civil et cela en exonération de droits de succession lorsqu'elle se réalise au décès de l'usufruitier (CGI art. 1133). Si la transmission de l'usufruit était réalisée au travers d'une donation, elle donnerait lieu à taxation dans les conditions de droit commun, en fonction du lien de parenté entre usufruitier et nu-propriétaire.
Les **bénéficiaires** du contrat en cas de décès de l'assuré (le nu-propriétaire) seront désignés dans les conditions exposées à propos des souscriptions conjointes (voir ▶142). La logique patrimoniale implique de retenir les personnes que le nu-propriétaire aurait désignées s'il avait été seul souscripteur en pleine propriété. Toutefois, si cette désignation leur attribue le capital décès en pleine propriété, l'usufruitier perdra définitivement ses droits en cas de dénouement du contrat par décès de l'assuré. Si les cosouscripteurs souhaitent maintenir les droits de l'usufruitier, ce qui n'est pas une obligation, la clause bénéficiaire doit faire l'objet d'un démembrement de propriété, le cosouscripteur en usufruit étant alors désigné comme bénéficiaire en usufruit du capital versé en

cas de décès de l'assuré. À cet égard, il est à signaler que si le contrat est taxable (au titre de l'article 990 I ou de l'article 757 B du CGI) et que l'usufruitier n'est pas une personne exonérée, il sera soumis à une imposition pour conserver son droit en cas d'investissement des capitaux démembrés en assurance-vie. Tel ne serait pas le cas dans l'hypothèse d'une cosouscription d'un contrat de capitalisation, puisque le décès du nu-propriétaire n'entraîne pas alors le dénouement du contrat, mais simplement la transmission des droits en nue-propriété à ses héritiers (et leur taxation), le cosouscripteur en usufruit demeurant pour sa part inchangé. Au décès de ce dernier, la pleine propriété du contrat de capitalisation se reconstituera entre les mains des nus-propriétaires.

152 **Nécessité d'une convention entre usufruitier et nu-propriétaire** La convention passée entre l'usufruitier et le nu-propriétaire concomitamment à la souscription s'impose à la compagnie d'assurance. Elle rappellera éventuellement l'origine du démembrement et définira les droits de chacune des parties.

La convention pourra prévoir, par exemple, que le **choix des supports** (contrat multisupports) reviendra au seul usufruitier ou, au contraire, au seul nu-propriétaire, ou encore aux deux parties d'un commun accord.

La convention devra définir également les **retraits partiels** que le cosouscripteur en usufruit pourra réaliser seul, en général ceux qui correspondent au montant du fruit civil défini par cette même convention, et ceux qui requerront l'accord conjoint des cosouscripteurs.

Enfin, en cas de **demande conjointe de remboursement,** la convention pourra préciser le sort des sommes remboursées. S'agissant du remboursement d'une créance grevée d'usufruit, le paiement par la compagnie sera fait entre les mains de l'usufruitier si rien n'est prévu par la convention. À défaut d'une telle convention et comme le droit de l'usufruitier portera sur un bien consomptible par le premier usage, un quasi-usufruit devrait prendre naissance avec les limites des articles 601 et 602 du Code civil cependant (voir ►227). Des dispositions différentes peuvent toutefois être retenues : répartition des sommes entre nu-propriétaire et usufruitier, remploi des sommes reçues en démembrement pour tout ou partie, etc.

La convention précisera également les conditions dans lesquelles sera effectuée la **désignation du ou des bénéficiaires.** Les cosouscripteurs devront désigner conjointement le(s) bénéficiaire(s) en cas de décès de l'assuré. Le droit de désignation du bénéficiaire étant un droit personnel, on peut en effet douter de la possibilité pour l'un ou l'autre des cosouscripteurs de déléguer son droit de désignation à l'autre cosouscripteur.

Si l'on admet la validité de partager la désignation bénéficiaire, la ventilation suivante pourrait être retenue :

- l'usufruitier pourrait se limiter à se désigner comme bénéficiaire en usufruit en cas de décès de l'assuré (le nu-propriétaire), étant ainsi certain de voir son droit d'usufruit reporté sur les capitaux décès, s'il le souhaite ;
- le nu-propriétaire ne pourrait désigner les bénéficiaires que dans le respect de cette limite tant que l'usufruitier du contrat est en vie, et les désigner seul en pleine propriété après le décès du souscripteur usufruitier.

153 **Exemple d'application d'une souscription en démembrement** L'exemple suivant permettra d'illustrer l'utilité de la souscription d'un contrat en démembrement de propriété.

Germaine Ledoux, âgée de 78 ans, et sa fille Christine Ledoux, âgée de 58 ans, possèdent un **immeuble** d'une valeur de 450 000 € **recueilli dans la succession** de l'époux de Germaine Ledoux et donné en location. Germaine est usufruitière de l'immeuble dont la nue-propriété est revenue à Christine. À la suite de la vente de ce bien, Germaine souhaite percevoir les revenus tirés du

prix de vente et s'assurer qu'à son décès les sommes reviendront à sa fille en franchise de droits de succession.
Germaine et Christine Ledoux décident (sous réserve de la validité juridique d'une souscription en démembrement) de **placer le produit de la vente en assurance-vie** selon les modalités suivantes.
Cosouscripteurs du contrat : Germaine Ledoux, usufruitière ; Christine Ledoux, nue-propriétaire.
Assurée : Christine Ledoux.
Capital souscrit : 450 000 €.
Durée du contrat : vie entière.
Déclaration d'origine des deniers : il est précisé que la prime versée provient de la vente d'un immeuble appartenant pour l'usufruit à Germaine Ledoux et pour la nue-propriété à Christine Ledoux. Le contrat d'assurance-vie constitue le remploi du prix de vente.
Bénéficiaires en cas de décès de l'assuré :

- en cas de survie de Germaine Ledoux : Germaine Ledoux en usufruit, les enfants de l'assurée (Christine), nés ou à naître, vivants ou représentés, par parts égales, pour la nue-propriété, l'usufruitier disposant d'un quasi-usufruit au titre des sommes ainsi versées ;
- en cas de prédécès de Germaine Ledoux : les enfants de l'assurée (Christine), nés ou à naître, vivants ou représentés, par parts égales, à défaut ses ayants droit au prorata de leurs droits dans la succession.

Parallèlement, il est convenu entre les cosouscripteurs que le **droit de modifier la clause bénéficiaire** (en l'absence d'acceptation) appartient conjointement aux cosouscripteurs.
Convention de retrait : il est précisé que le souscripteur **nu-propriétaire** ne peut, du vivant de l'usufruitier, demander aucun remboursement total ou partiel, ni aucune avance, sans l'accord de l'usufruitier. L'**usufruitier,** quant à lui, peut demander sous sa seule signature le remboursement partiel de la valeur de rachat dans la limite de l'excédent de la valeur acquise du contrat par rapport au montant investi net de frais. En cas de demande supérieure à cet excédent, l'accord du souscripteur nu-propriétaire est nécessaire (dans une telle situation, la fraction du retrait supérieur à cet excédent pourrait être considérée comme une donation indirecte du nu-propriétaire à l'usufruitier et donc être taxée à ce titre). Il serait donc souhaitable de reporter sur les retraits le démembrement de propriété et de consentir au profit de l'usufruitier un quasi-usufruit avec enregistrement de la convention de quasi-usufruit.

154 Cette souscription conjointe du contrat d'assurance-vie répond aux **objectifs patrimoniaux des cosouscripteurs.** Germaine Ledoux, grâce aux retraits partiels, recevra les revenus annuels du contrat. Cela n'est possible cependant qu'en raison de la convention de démembrement jointe à la souscription du contrat d'assurance-vie. À noter que le régime fiscal des retraits partiels opérés par l'usufruitière est incertain (▶ 155).
Au **décès de l'usufruitière,** le contrat ne se dénoue pas, car elle n'en est pas l'assurée. Christine Ledoux (ou ses ayants droit si Christine est décédée avant Germaine) devient seule souscriptrice du contrat, l'usufruit de Germaine Ledoux s'éteignant lors de son décès sans taxation, conformément à l'article 1133 du CGI.
Au **décès de la nue-propriétaire,** soit sa mère Germaine est encore en vie, auquel cas les capitaux sont transmis en usufruit à Germaine et en nue-propriété aux enfants de Christine, soit Germaine est prédécédée, auquel cas les enfants vivants ou représentés sont bénéficiaires en pleine propriété par parts égales.

MODÈLE

Clause concernant les rachats dans une convention de démembrement

« Le cosouscripteur usufruitier peut demander sous sa seule signature des rachats partiels dans la limite de l'excédent de la valeur de rachat du contrat par rapport au montant net investi. Le choix des modalités d'imposition lui appartiendra et les sommes seront réglées par l'assureur directement entre ses mains. »

Remarque : la convention devra aussi prévoir la répartition des pouvoirs pour les rachats excédant ce montant, les arbitrages, les avances, etc.

155 **Difficultés d'application de la souscription en démembrement** Cette organisation patrimoniale, lors de la souscription du contrat d'assurance-vie, soulève deux interrogations relatives aux **rachats,** l'une civile, l'autre fiscale.

Du point de vue **civil,** la faculté de rachat est un droit personnel accordé au souscripteur du contrat et on peut s'interroger sur la possibilité pour le nu-propriétaire de déléguer ce droit personnel. Toutefois, de la même manière qu'il peut être délégué au profit d'une banque, nous ne voyons pas d'argument déterminant s'opposant à la possibilité pour le nu-propriétaire de procéder à une telle délégation.

Du point de vue **fiscal,** la question concerne le montant taxable des rachats opérés par l'usufruitier. L'administration fiscale considère qu'en cas de retrait, une fraction du retrait correspond au capital et le solde aux intérêts, et en tire la conclusion que seule la fraction correspondant aux intérêts doit être taxée (▶269 s.). Dès lors que l'usufruitier dispose de la possibilité de retirer la fraction qui excède le capital initialement placé au titre de son usufruit, cela ne revient-il pas à qualifier de fruit (C. civ. art. 579) l'intégralité de cette fraction ? L'administration fiscale ne serait-elle pas alors fondée à imposer l'intégralité du retrait et non pas une fraction uniquement ?

156 **Conseils pratiques** Même si en l'état actuel nous n'avons connaissance d'aucune contestation sur ce point de la part de l'administration fiscale, il convient de souligner que toute incertitude est évitée en réalisant la souscription d'un **contrat de capitalisation en pleine propriété** au sein d'une **société civile non soumise à l'impôt sur les sociétés dont les parts seraient démembrées.**

Cette solution a par ailleurs l'intérêt sur le plan juridique, à l'instar du contrat de capitalisation, de maintenir la continuité des droits de l'usufruitier en cas de décès du nu-propriétaire, et de permettre une définition statutaire des pouvoirs de chacun de l'usufruitier et du nu-propriétaire, le tout en déléguant éventuellement de larges pouvoirs au gérant, y compris celui de changer de véhicule d'investissement (par exemple pour acquérir de l'immobilier).

Pour reprendre le même exemple (▶153), les parts seraient détenues par Germaine Ledoux pour l'usufruit et par sa fille Christine pour la nue-propriété. Cette solution présenterait cependant la faiblesse de ne pas gérer le volet transmission de Christine Ledoux, qui devra donc être organisée par la transmission des parts de la société civile (ou plutôt par la transmission de la nue-propriété des parts de la société en réservant à Christine Ledoux un usufruit successif).

Par ailleurs, en cas de retrait sur le contrat au sein de la société civile, la rigueur voudrait que ne soit distribuée sous forme de résultat que la fraction correspondant aux intérêts et non celle correspondant au capital. Afin de cumuler le régime fiscal de faveur des retraits et la possibilité d'attribuer à l'usufruitier des parts l'intégralité de la fraction du contrat de capitalisation qui excède la somme initialement placée (c'est-à-dire l'intérêt capitalisé), il convient de réévaluer le contrat à la clôture de chaque exercice indépendamment de la réalisation ou non de retraits. Cette réévaluation, qui, au sein d'une société civile semi-transparente, ne constitue pas un fait générateur d'imposition, permet de dégager un résultat annuel de l'intégralité de la réévaluation. Ce résultat peut ensuite être distribué à l'usufruitier par tout moyen (emprunt, vente d'actifs, ou retrait sur le contrat de capitalisation).

Cette dissociation du traitement civil et comptable, d'une part, et fiscal, d'autre part, permet ainsi d'éviter le risque d'un débat fiscal sur la nature des sommes attribuées à l'usufruitier des parts de la société lorsqu'elles proviennent du retrait sur le contrat de capitalisation détenu par celle-ci.

Il conviendra d'apporter un soin particulier à la rédaction des statuts, en particulier en ce qui concerne la répartition du résultat en cas de démembrement. Sur la société civile, voir ▶223 notamment.

157 Plutôt que de procéder à la souscription d'un contrat en démembrement de propriété, les parties peuvent convenir que l'usufruitier bénéficiera d'un **quasi-usufruit sur la somme d'argent** provenant de la vente du bien initialement démembré.

En reprenant le même exemple (▶153), l'usufruitier (Germaine) pourrait **souscrire en pleine propriété** le contrat d'assurance-vie avec le prix de vente de l'immeuble, le nu-propriétaire (Christine) disposant seulement d'un droit de créance (extérieur au contrat) contre l'usufruitier du fait de l'existence de ce quasi-usufruit. L'assuré de ce contrat d'assurance-vie serait le souscripteur (c'est-à-dire le quasi-usufruitier : Germaine) et le bénéficiaire serait, par exemple, l'ancien nu-propriétaire de l'immeuble (Christine) titulaire de la créance contre le quasi-usufruitier. À la différence de la situation précédente, au décès de l'ancien usufruitier bénéficiaire du quasi-usufruit (Germaine), le contrat s'éteindrait, ne permettant pas à l'ancien nu-propriétaire (Christine) de bénéficier de l'antériorité du contrat. Toutefois, cet inconvénient pourrait être sensiblement atténué par la souscription par Christine, concomitamment à la souscription du contrat de sa mère Germaine, d'un contrat d'assurance destiné à prendre date. Christine pourrait ainsi au dénouement du contrat de sa mère réinvestir sur ce contrat le capital reçu. Il est aussi envisageable qu'elle fasse donation de tout ou partie de la créance de restitution.

Transformation d'une souscription unique en cosouscription

158 **Analyse juridique de la transformation en cosouscription** Sur le plan juridique, rien ne s'oppose à la transformation d'un contrat souscrit initialement par une seule personne en une cosouscription. Le débat porte en revanche sur l'analyse et les **conséquences de cette modification.** L'administration fiscale avait analysé une telle opération comme une « novation » (Rép. Cuq : AN 6-3-2000 n° 37181, non reprise à ce jour au Bofip), le passage d'une souscription classique en cosouscription se traduisant par la fin du contrat initial et le début d'un nouveau à la date de la transformation. Cette position a été contredite par un arrêt de la cour d'appel de Paris dans une situation pour laquelle l'enjeu fiscal était crucial.

L'affaire soumise aux juges du fond était la suivante. Un homme souscrit un contrat d'assurance-vie en 1988 et voit son épouse adhérer à ce même contrat en 1995. Après le décès de Monsieur, celle-ci désigne comme bénéficiaires à parts égales, ses sept petits-neveux et nièces et procède à un versement complémentaire. Au décès de leur tante en 2003, ces derniers reçoivent leur quote-part de capital et l'administration fiscale leur réclame le paiement de droits de mutation. Elle considère que le contrat n'a pas été souscrit en 1988, mais en 1995, l'entrée de l'épouse comme cosouscriptrice et coassurée ayant réalisé novation du contrat initial, et applique les dispositions de l'article 757 B du CGI.

L'enjeu était le suivant : si l'on considérait que la date de souscription était celle de sa transformation, les capitaux décès étaient soumis à l'article 757 B du CGI, alors qu'ils étaient exonérés en conservant la date d'origine. Les juges du fond ont débouté l'administration fiscale en estimant que

l'adjonction d'un souscripteur et d'un assuré **ne constituait pas une novation** du contrat (CA Paris 22-10-2013 n° 2012/18207 : BPAT 1/14 inf. 26). Pour rappel, la novation suppose notamment l'extinction d'une obligation à laquelle se substitue une obligation nouvelle (C. civ. art. 1329 anciennement art. 1271). L'administration fiscale a introduit un pourvoi en cassation. La Cour suprême l'a rejeté en précisant que la décision de considérer que l'entrée d'un nouveau souscripteur assuré entraînait extinction ou non du rapport d'obligation contracté entre l'assureur et le premier souscripteur assuré et son remplacement par une obligation nouvelle relevait du **pouvoir souverain d'appréciation** des juges du fond en fonction du contenu du contrat en cause (Cass. 1e civ. 19-3-2015 n° 13-28.776 F-PB : BPAT 3/15 inf. 102 ▶ 562).
Récemment interrogée à ce sujet, l'administration a indiqué que la question de savoir si le passage en cosouscription par ajout d'un nouveau souscripteur-assuré constitue une novation faisant perdre au contrat son antériorité fiscale devait s'apprécier au cas par cas (Rép. Malhuret : Sén. 30-5-2019 n° 00260 ▶ 522 ; Rép. Frassa : Sén. 30-5-2019 n° 01398 : BPAT 4/19 inf. 156 ▶ 523).

159 **Analyse pratique de la transformation en cosouscription** L'introduction d'un nouveau souscripteur-assuré a pourtant pour effet de **modifier considérablement le contrat** tant durant sa vie (les rachats, les arbitrages, le nantissement du contrat, la désignation bénéficiaire relèvent des deux cosouscripteurs et non plus d'un seul) qu'en cas de décès (puisque le contrat ne se dénoue plus au profit des bénéficiaires désignés en cas de prédécès du souscripteur initial, mais du dernier des cosouscripteurs et que le nouveau souscripteur s'il survit au premier peut librement modifier la clause bénéficiaire, ce qu'il a fait dans l'affaire susvisée).
D'ailleurs, à notre connaissance, aucune compagnie d'assurance n'accepte le passage d'une souscription unique en cosouscription, estimant qu'une telle stratégie ne pourrait prospérer dans la durée, soit qu'elle serait analysée comme constitutive d'un abus de droit, soit que le législateur intervienne pour modifier les textes afin de rendre une telle opération taxable à la date de sa transformation.

B. L'assuré

En bref

160 L'**assuré** est la **personne sur laquelle repose le risque** de décès et/ou de survie selon le type de contrat en cause. Dans les **contrats** d'assurance **à adhésion conjointe,** le dénouement du contrat en cas de décès peut intervenir au premier décès ou bien au décès du survivant des assurés.

a. Distinction du souscripteur et de l'assuré

161 Le souscripteur et l'assuré sont souvent la **même personne.**
Il est également possible de souscrire un **contrat sur la tête d'une autre personne** (C. ass. art. L 132-1). À titre d'exemple, souscripteur et assuré seront deux **personnes distinctes** lorsque le souscripteur, souhaitant assurer un capital ou des revenus au bénéficiaire en cas de décès d'une tierce personne, désigne cette dernière en qualité d'assurée ; ainsi un grand-parent, voulant assurer une rente à ses petits-enfants en cas de décès de leur père, indiquera ce dernier comme étant l'assuré. Dans ce cas, l'assuré (le père dans notre exemple) doit donner son consentement par écrit avec indication du capital ou de la rente initialement garantis ; à défaut, le contrat est nul (C. ass. art. L 132-2). L'article L 132-2 visant les assurances décès, il est possible de souscrire des contrats en cas de vie sur

la tête d'un assuré différent du souscripteur sans son accord (en ce sens, J.-A. Chabannes et N. Eymard-Gauclin, Le manuel de l'assurance-vie : L'Argus de l'assurance 2004 p. 79).

b. Critères de choix de l'assuré

162 À la différence du souscripteur et du bénéficiaire, qui peuvent être des personnes morales, l'assuré ne peut être qu'une **personne physique.**

L'assuré ne tire de cette qualité ni obligation ni avantage. Du **point de vue civil et pratique,** le choix de l'assuré est essentiel puisque de lui dépendront les modalités de dénouement du contrat. Du point de vue **fiscal,** le choix est déterminant également ; la fiscalité applicable aux sommes transmises par le biais du contrat d'assurance-vie dépend de l'âge de l'assuré au moment du versement des primes, ainsi que du lien de parenté entre l'assuré et le bénéficiaire lorsque le contrat est taxable dans le cadre de l'article 757 B du CGI (▶ 338 s.).

163 Le choix de l'assuré n'est pas totalement libre, la loi interdisant les assurances décès contractées sur la tête de certaines personnes : mineur de **moins de douze ans, majeur sous tutelle, personne placée dans un établissement psychiatrique** d'hospitalisation (C. ass. art. L 132-3). Le non-respect de cette interdiction est sanctionné par la nullité du contrat ; une amende de 4 500 € est en outre encourue par l'assureur et le souscripteur.

L'article L 132-3 visant les assurances décès et l'alinéa 6 de cet article disposant : « Ces dispositions ne mettent point obstacle, dans l'assurance en cas de décès, au remboursement des primes payées en exécution d'un contrat d'assurance en cas de vie, souscrit sur la tête d'une personne mentionnée au premier alinéa ci-dessus », certaines compagnies d'assurance considèrent qu'il est possible de souscrire des contrats en cas de vie (même assortis d'une contre-assurance en cas de décès) sur la tête d'un assuré relevant de la catégorie des personnes visées par l'article L 132-3, alinéa 1. Le ministère de la justice est du même avis (Rép. Aboud : AN 16-8-2011 n° 104076).

Les contrats « groupe » souscrits par l'employeur d'un incapable majeur échappent également à l'interdiction posée par l'article L 132-3 (C. ass. art. L 141-5).

Enfin, selon une partie de la doctrine, les contrats d'assurance décès dont le souscripteur serait l'assuré échapperaient également à l'interdiction posée par l'article L 132-3 (en ce sens, notamment, J. Charlin et J.-Y. Lachuer, La protection des mineurs et des majeurs incapables par l'assurance-vie : JCP N 1996 p. 3775 ;Rép. Derosier : AN 4-12-2000 n° 45887). Cette position apparaît plus fondée sur l'esprit du texte que sur la lettre de celui-ci.

PRÉCISIONS

a. Le Code des assurances ne prévoit aucune interdiction de nommer comme assuré un **majeur sous curatelle** ou un **mineur de plus de douze ans.** L'assurance sur la tête d'un mineur de plus de douze ans est possible avec son consentement doublé de l'autorisation de son représentant légal (C. ass. art. L 132-4).

b. Par dérogation à l'article L 132-3, alinéa 1er du Code des assurances, il est possible de souscrire **un contrat de financement d'obsèques** (CGCT art. L 2223-33-1) sur la tête d'un majeur en tutelle (C. ass. art. L 132-3 modifié par la loi 2019-222 du 23-3-2019 : JO 24 texte 2).

c. Suicide de l'assuré

164 Dans les contrats individuels d'assurance en cas de décès, la couverture du suicide de l'assuré pendant la **première année du contrat** est interdite (C. ass. art. L 132-7). La preuve de la réalité du

suicide, c'est-à-dire de son caractère volontaire, incombe à l'assureur et n'est en pratique pas facilement admise par les juges (pour une illustration, CA Toulouse 8-2-2005 n° 5/53).
Les assureurs sont en revanche obligés de couvrir le suicide dès la **deuxième année** du contrat. Les clauses contractuelles prévoyant une durée d'exclusion supérieure à un an ou excluant le suicide de la garantie sont interdites (C. ass. art. L 132-7).

PRÉCISIONS L'exclusion légale de garantie du suicide la première année ne s'applique pas à certains **contrats de groupe,** tels ceux souscrits par les entreprises au profit de leurs salariés ou par les établissements de crédit en garantie de leurs financements bancaires. Par ailleurs, dans les contrats de groupe souscrits pour garantir le remboursement d'un prêt contracté pour financer l'acquisition du logement principal de l'assuré, la garantie décès est acquise dès la souscription du contrat dans la limite de 120 000 € (C. ass. art. L 132-7, al. 4 et R 132-5). Autrement dit, les assureurs ne peuvent pas prévoir que la garantie décès ne joue pas en cas de suicide de l'assuré ou imposer un délai de carence.

C. Le bénéficiaire

En bref

165 Le règlement de la garantie prévue par le contrat en cas de **réalisation du risque** s'effectue au profit du ou des bénéficiaires. Le bénéficiaire peut, suivant le cas, être expressément désigné ou ne pas l'être. Si le contrat comporte à la fois des garanties **en cas de vie** et **en cas de décès** (contrat « combiné »), un bénéficiaire doit être désigné pour chacune des configurations de dénouement : bénéficiaire en cas de vie ou en cas de décès. Lorsque certains contrats combinés ne prévoient pas de terme autre que le décès, ou organisent une tacite reconduction au terme initialement prévu pour le contrat, seule la désignation d'un bénéficiaire en cas de décès est prévue au contrat.

a. Désignation du bénéficiaire

Enjeux de la désignation du bénéficiaire d'un contrat d'assurance-vie

166 La désignation du bénéficiaire est une prérogative qui **appartient au souscripteur** (▶ 125 s.) et fonde l'insaisissabilité du **contrat** (▶ 183) dès lors qu'elle est effectivement réalisée (C. ass. art. L 132-14).

Désignation d'un bénéficiaire par les mineurs et majeurs protégés

167 Il n'existe aucune restriction concernant la désignation des mineurs et des majeurs protégés en tant que bénéficiaires d'un contrat d'assurance-vie. En revanche, leur liberté d'effectuer eux-mêmes une telle désignation est encadrée.
Lorsque le **souscripteur** est un **majeur protégé,** la désignation et la modification des bénéficiaires sont possibles : voir modalités précisées aux ▶ 100 s.
Lorsque le **souscripteur** est un **mineur,** ses représentants légaux n'ont en théorie pas le pouvoir de désigner pour son compte un bénéficiaire en cas de décès. Quant au mineur lui-même, dans la mesure où la désignation d'un bénéficiaire en cas de décès traduit une intention libérale, elle se rapproche considérablement d'une disposition testamentaire par les effets qu'elle produit. Au-delà de 16 ans et jusqu'à la majorité ou l'émancipation du mineur, ce parallélisme devrait conduire à permettre d'envisager une désignation par le mineur lui-même, dans les limites de l'article 904 du Code civil (la moitié des biens dont la loi permet à un majeur de disposer) (C. civ. art. 904, al. 1). Cette

solution conduirait cependant, en cas de décès de l'assuré pendant la phase d'absence de désignation bénéficiaire, à faire tomber dans l'actif successoral le capital versé par la compagnie d'assurance, ce qui supprimerait l'intérêt fiscal du contrat d'assurance-vie au regard de la transmission. En pratique, nombre de compagnies d'assurance considèrent que lorsque le contrat est souscrit par un mineur, la clause bénéficiaire est valide dès lors qu'elle ne modifie pas la dévolution légale (**exemple de clause bénéficiaire** : « mes héritiers légaux au prorata de leurs droits théoriques dans ma succession »).

Choix du bénéficiaire du contrat d'assurance-vie

168 **Liberté de choix du bénéficiaire** Contrairement à l'assuré qui ne peut être qu'une personne physique, le bénéficiaire peut être soit une **personne physique,** soit une **personne morale,** hypothèse notamment des contrats « homme clé » dans le cadre de l'entreprise ou encore de l'assurance décès contractée sur la tête du dirigeant s'étant porté caution d'un prêt consenti à la société. Le bénéficiaire peut dans ces cas être la société, d'autres solutions pouvant toutefois être préférées sous l'angle juridique et fiscal afin d'éviter l'imposition du capital décès à l'impôt sur les sociétés (voir, notamment, P. Julien Saint-Amand : L'Argus de l'assurance 1996 et CE 10-7-1992 n° 110213 : RJF 8-9/92 n° 1249).
Il peut s'agir d'une association, d'une fondation ou d'un fonds de dotation, lorsque la désignation bénéficiaire correspond à une démarche philanthropique.

169 **Limites à la liberté de choix du bénéficiaire** Seules deux règles sont de nature à limiter la liberté du choix du bénéficiaire d'un contrat d'assurance-vie :

- ne peuvent être désignées bénéficiaires les personnes frappées d'une incapacité relative de recevoir une libéralité fondée sur une **présomption de captation** : membres des professions médicales ayant traité une personne durant sa dernière maladie, ou mandataires judiciaires à la protection des majeurs et personnes morales au nom desquelles ils exercent leurs fonctions, par exemple. Selon une jurisprudence constante, cette incapacité vise les libéralités quelle qu'en soit la forme. Dès lors, elle peut concerner les stipulations réalisées dans le cadre de l'assurance-vie (pour une illustration, Cass. 1e civ. 4-11-2010 n° 07-21.303 FS-PBI : BPAT 6/10 inf. 355 ▶551) ;
- la désignation du bénéficiaire ne doit pas avoir une **cause immorale ou illicite.** En pratique, la nullité de la clause bénéficiaire pour contrariété à l'ordre public ou aux bonnes moeurs est exceptionnelle. Ainsi, la veuve ne peut pas obtenir l'annulation du contrat d'assurance-vie souscrit par son mari au profit de sa maîtresse (Cass. 1e civ. 25-1-2005 n° 96-19.878 F-PB : Bull. civ. I n° 35). Une fille ne peut pas non plus obtenir l'annulation de la modification de la clause bénéficiaire opérée par son père à son détriment, alors même qu'elle invoque le caractère raciste de cette modification (liée à l'origine de son compagnon) : quel qu'ait pu être le mobile de son père, la cause du changement était sa volonté de gratifier les nouveaux bénéficiaires (CA Paris 1-2-2011 n° 08/23888 : BPAT 2/11 inf. 141).

Dans l'hypothèse où la clause bénéficiaire serait considérée comme nulle, soit le contrat est réputé avoir été fait sans désignation du bénéficiaire avec les conséquences qui en découlent, soit la nullité touche le contrat lui-même et l'assureur doit rembourser le souscripteur à concurrence des primes payées. La première analyse semble devoir être préférée.

Détermination du bénéficiaire désigné au contrat

170 **Nécessité d'un bénéficiaire déterminé ou déterminable** À titre préalable, rappelons que, lorsque l'**assurance** est **réalisée sans désignation de bénéficiaire,** le capital ou la rente garantis font partie du patrimoine ou de la succession du contractant (C. ass. art. L 132-11).

Au contraire, si le **bénéficiaire** de l'assurance-vie est **désigné,** le capital ou la rente versés ne font pas partie de la succession de l'assuré (C. ass. art. L 132-12) et, sauf exception, ils ne sont soumis ni aux règles du rapport à succession ni à celles de la réduction pour atteinte à la réserve des héritiers du contractant (C. ass. art. L 132-13).

L'article L 132-8 du Code des assurances résout par avance un certain nombre de difficultés relatives à cette détermination, en considérant que : « Est notamment considérée comme faite au profit de bénéficiaires déterminés la stipulation par laquelle le bénéfice de l'assurance est attribué à une ou plusieurs **personnes** qui, sans **être nommément désignées,** sont **suffisamment définies** dans cette stipulation pour pouvoir être identifiées au moment de l'exigibilité du capital ou de la rente garantis. »

Bien que le texte de l'article L 132-8 ne le précise pas, il en va de même de la **fraction du capital attribuée à chaque bénéficiaire.** À défaut d'être déterminée dans le contrat (en valeur absolue ou en pourcentage), cette fraction doit être déterminable à partir de la volonté exprimée par le souscripteur, ce qui selon nous autorise ce dernier à offrir le choix entre plusieurs alternatives à certains bénéficiaires, à condition d'avoir précisé les conséquences de cette option au regard des droits des autres bénéficiaires.

PRÉCISIONS Lorsque la clause bénéficiaire est imprécise ou ambiguë quant à l'identité du bénéficiaire, elle place l'assureur dans une situation délicate : s'il **refuse** indûment **de verser les capitaux** d'assurance-vie au bénéficiaire désigné, il s'expose à devoir lui verser des pénalités pouvant aller jusqu'au triple du taux d'intérêt légal (C. ass. art. L 132-23-1 ▶ 210). En revanche si l'assureur **verse les fonds au mauvais bénéficiaire,** il n'est pas libéré de son obligation à l'égard du bénéficiaire réel. Et même s'il est en droit de réclamer le remboursement des sommes au bénéficiaire erroné, rien ne le prémunit contre l'insolvabilité de ce dernier. Entre ces deux risques, on peut supposer que l'assureur choisira d'attendre que le juge se prononce sur l'identité du bénéficiaire.

171 **Désignation des enfants nés ou à naître** Remplit la condition de bénéficiaire déterminé la désignation des enfants nés ou à naître du contractant, de l'assuré ou de toute autre personne désignée (C. ass. art. L 132-8).

La portée de cette désignation s'apprécie, non au moment de la souscription du contrat, mais **au moment de la survenance du risque,** c'est-à-dire lors du décès de l'assuré (Cass. 1e civ. 10-12-1985 n° 84-14.328 : Bull. civ. I n° 339).

Les **enfants conçus mais non encore nés** à la date du décès de l'assuré constituent donc des bénéficiaires déterminés. En effet, l'article L 132-8 du Code des assurances vise expressément « les enfants nés ou à naître » comme remplissant la condition de « bénéficiaire déterminé ».

Si l'on souhaite cependant éviter toute discussion, la **meilleure formule,** d'ailleurs retenue par la clause type de nombreux contrats, est d'indiquer, par exemple : « mes enfants nés ou à naître au jour de mon décès, vivants ou représentés » ou, si la désignation vise les petits-enfants, « mes petits-enfants nés ou à naître au jour de mon décès, vivants ou représentés ».

172 **Désignation des héritiers ou ayants droit** Est considérée comme faite au profit de bénéficiaires déterminés la stipulation visant les héritiers ou ayants droit de l'assuré ou d'un bénéficiaire prédécédé (C. ass. art. L 132-8).

En principe, la **qualité d'héritier** s'apprécie comme en matière de dévolution légale (Rép. Laffineur : AN 28-7-2009 n° 44814). Il en résulte que des petits-enfants venant à la succession de leur grand-mère par représentation sont bénéficiaires du contrat souscrit par cette dernière au profit de ses « héritiers » (CA Bordeaux 10-2-2014 n° 12/03121 : BPAT 2/14 inf. 77). Toutefois, pour identifier le bénéficiaire désigné sous le terme « héritier », les tribunaux ne doivent s'attacher exclusivement ni à l'acception du terme « héritier » dans le langage courant ni à la définition de ce terme en droit des successions mais doivent rechercher et analyser **la volonté du souscripteur** (Cass. 2e civ. 14-12-2017 n° 16-27.206 F-D). Dans leur recherche, les juges doivent, le cas échéant, prendre en considération le testament rédigé par le souscripteur, le bénéficiaire pouvant s'entendre d'un légataire à titre universel. Une femme ayant deux enfants avait institué par testament olographe sa fille légataire de la moitié de la quotité disponible et sa petite-fille, fille de son fils, légataire de l'autre moitié. La clause bénéficiaire du contrat d'assurance-vie souscrit par la suite indiquait « mes héritiers ». Au décès de l'intéressée, l'assureur a versé les capitaux selon la répartition suivante : 1/2 pour la fille, 1/3 pour le fils et 1/6 pour la petite-fille (ses droits dans la succession étant de 1/6 au titre de la moitié de la quotité disponible). Le fils a contesté, estimant que sa fille, légataire à titre universel, ne saurait être assimilée à un héritier. Pourvoi rejeté par la Haute Juridiction, qui approuve les juges du fond d'avoir pris en compte le testament pour identifier les bénéficiaires désignés sous le terme « mes héritiers » (Cass. 1e civ. 30-9-2020 n° 19-11.187 FS-PB : BPAT 6/20 inf. 204 ▶ 589).

Lorsque le souscripteur a désigné par testament un **légataire universel,** c'est en principe ce dernier qui est bénéficiaire du capital assuré (Cass. 1e civ. 4-4-1978 n° 76-12.085 : Bull. civ. I n° 138 ; dans le même sens, CA Paris 30-1-2001 n° 99/1843 et 99/2842 : BPAT 3/01 inf. 57). Cette qualité de légataire universel s'applique au bénéficiaire d'un legs portant sur la nue-propriété de l'ensemble des biens de la succession (Cass. 1e civ. 10-2-2016 n° 14-27.057 FS-PBI : BPAT 2/16 inf. 70 ▶ 566). Cependant, tout dépend des circonstances d'espèce. Une cour d'appel a par exemple décidé que lorsque deux contrats d'assurance-vie ont été souscrits à quelques années d'intervalle, le premier au profit de la légataire universelle du souscripteur, le second au profit de ses « héritiers », la rédaction différente retenue pour le second contrat prouve la volonté du souscripteur de gratifier ses héritiers légaux dans le second cas (Cass. 2e civ. 12-5-2010 n° 09-11.256 F-D : BPAT 4/10 inf. 232).

Les juges du fond doivent également rechercher la volonté du souscripteur quant à la **répartition du capital** entre héritiers. Une femme ayant trois enfants avait désigné comme bénéficiaires ses héritiers, mais avait légué à l'un des trois la quotité disponible de tous les biens composant sa succession. L'assureur ayant informé ce dernier qu'il avait droit à la moitié du capital, les autres enfants ont contesté cette répartition. La cour d'appel a fait droit à leur demande en jugeant que chacun devait recevoir un tiers du capital car le testament n'a pas d'effet sur la désignation des enfants comme bénéficiaires en leur qualité d'héritier dès lors que le capital décès ne fait pas partie de la succession de l'assuré. Censure de la Cour de cassation, qui reproche à la cour d'appel de n'avoir pas recherché la volonté du souscripteur quant à la répartition du capital garanti (Cass. 1e civ. 19-9-2018 n° 17-23.568 FS-PB : BPAT 6/18 inf. 253 ▶ 578).

173 La **renonciation à succession** par l'héritier ou légataire désigné bénéficiaire du contrat n'a aucune incidence sur l'assurance-vie (C. ass. art. L 132-8), car c'est à la date de l'exigibilité des prestations, c'est-à-dire au jour du décès, que s'apprécie la détermination des bénéficiaires. Ainsi, en supposant

que la clause bénéficiaire désigne « mes héritiers », ces derniers peuvent renoncer à leurs droits dans la succession et accepter le bénéfice du contrat d'assurance-vie.

ILLUSTRATIONS Une veuve sans enfant a souscrit un contrat d'assurance-vie en désignant le bénéficiaire en cas de décès à l'aide de la clause type du contrat : « Mon conjoint, à défaut mes enfants nés, à naître, vivants ou représentés, à défaut mes héritiers. »

Elle a rédigé quelques années plus tard un testament pour désigner deux légataires universels.

Après son décès, les deux légataires universels renoncent à la succession, tout en acceptant le bénéfice du contrat d'assurance-vie. L'assureur leur verse les capitaux décès.

Devenue héritière du fait de la renonciation des légataires universels, la soeur de la défunte accepte la succession sous bénéfice d'inventaire et revendique le versement du capital décès. Devant le refus de l'assureur (qui avait déjà payé...), elle saisit le tribunal qui accueille sa demande, estimant que les légataires ayant renoncé à la succession n'ont pas la qualité d'héritiers et ne sont donc pas bénéficiaires du contrat.

La cour d'appel saisie par l'assureur infirme le jugement : c'est à la date de l'exigibilité des prestations, c'est-à-dire au jour du décès, que s'apprécie la détermination des bénéficiaires. À cette date, les légataires universels avaient bien la qualité d'héritiers (CA Dijon 18-12-2007 n° 06/00329).

174 **Renonciation d'un héritier au bénéfice du contrat et représentation** En matière successorale, un héritier peut renoncer à la succession, alors même qu'il est vivant, afin que ses propres descendants héritent à sa place par le mécanisme de la représentation - en ligne directe ou collatérale au profit des descendants des frères et soeurs (C. civ. art. 754). Qu'en est-il en matière d'assurance-vie, lorsque la clause bénéficiaire indique « mes **enfants vivants ou représentés** par parts égales entre eux... » et que **l'un des enfants renonce au contrat** sans renoncer à la succession ? Ses propres descendants peuvent-ils prétendre recueillir la part qui devait lui revenir ? Certaines compagnies d'assurances accepteraient d'interpréter la clause comme ayant pour effet, en cas de renonciation d'un enfant vivant au bénéfice du contrat, d'appeler comme bénéficiaires de substitution ses propres enfants (ses « représentants »), qui perçoivent alors en ses lieux et place la fraction du capital décès destinée à lui revenir. Bien qu'elle favorise une logique transgénérationnelle, cette extrapolation d'un mécanisme du droit des successions nous semble source d'insécurité, même si la notion de représentation peut être interprétée différemment de celle qui existe en droit civil (voir ▶ 177).

Ainsi, si la volonté du souscripteur est de permettre à chacun des bénéficiaires de pouvoir renoncer au profit de ses propres enfants, il est préférable de rédiger la clause en ce sens. Ainsi, en présence de deux enfants, la **clause** pourrait indiquer, par **exemple** : « pour 50 % mon fils X, à défaut (qu'il soit prédécédé ou qu'il refuse sa désignation), ses propres enfants, vivants ou représentés, à défaut... et pour 50 % ma fille Z, à défaut... (idem) ».

Il conviendra d'apprécier au cas par cas l'opportunité de prévoir ou non cette faculté dans la rédaction de la clause bénéficiaire. L'essentiel est en tout état de cause d'éviter une rédaction ambiguë.

175 **Désignation du conjoint** L'assurance faite au profit du conjoint profite à la personne qui a cette qualité **au moment de l'exigibilité** des prestations (C. ass. art. L 132-8), c'est-à-dire au jour du décès, et non à celle qui était le conjoint au moment de la souscription du contrat ou au moment de la désignation du bénéficiaire. Il en irait différemment si le conjoint était désigné non en sa qualité, mais par son nom. Seul le mariage donne la qualité de conjoint. Si la clause type est retenue et qu'elle prévoit « mon conjoint, à défaut mes enfants nés ou à naître », le partenaire pacsé et le concubin ne sont pas concernés.

Toutefois, la jurisprudence se montre parfois plus souple, une décision de cour d'appel illustrant de manière remarquable l'importance que les juges du fond attachent à la volonté du souscripteur assuré. Une veuve vivant en **concubinage** avait souscrit des contrats d'assurance-vie. Lors de la signature des contrats, elle avait coché la case « conjoint » du document préimprimé. Se fondant sur l'ensemble des éléments du dossier, la cour a considéré que la veuve, qui n'avait pas de conjoint, avait voulu, en remplissant ainsi la clause bénéficiaire, gratifier son concubin (CA Rennes 6-11-2002 n° 371 : BPAT 3/02 inf. 46).

CONSEIL En cas de désignation du **concubin,** cette qualité est délicate à apprécier et on ne saurait trop conseiller de procéder à une **désignation nominative,** en veillant à modifier la clause en cas de séparation. Si la désignation a été faite par la qualité, les deux personnes concernées ont pu rédiger une attestation, ou un certificat de vie commune (ou de concubinage) peut avoir été établi par la mairie du domicile (mais les mairies ne sont plus obligées de délivrer ce certificat).

176 **Décès du bénéficiaire de premier rang, prévoir ou non une représentation par décès** Il faut distinguer selon que le décès du bénéficiaire intervient avant ou après le décès de l'assuré.

Si le **bénéficiaire décède avant l'assuré** (ou en même temps que lui), peu importe qu'il ait ou non accepté la clause rédigée à son profit. Sauf stipulation contraire, l'attribution à titre gratuit du bénéfice d'une assurance sur la vie est présumée faite sous la condition de l'existence du bénéficiaire à l'époque de l'exigibilité du capital ou de la rente garantis (C. ass. art. L 132-9, al. 4). La représentation ne joue pas de plein droit en matière d'assurance-vie et, sauf clause contraire, la prestation garantie :

- tombera dans la succession de l'assuré si aucun bénéficiaire de second rang n'a été désigné (pour une illustration, Cass. 2ᵉ civ. 1-6-2011 n° 10-30.430 FS-PB : BPAT 4/11 inf. 251 ▶553 et Cass. 2ᵉ civ. 10-9-2015 n° 14-20.017 F-PB : BPAT 6/15 inf. 232 ▶565). Conséquences fiscales : voir ▶349 s. ;
- sera versée aux bénéficiaires à titre subsidiaire s'il en a été désigné.

La **clause bénéficiaire type** de certains contrats « mon conjoint, à défaut mes enfants vivants, par parts égales, à défaut mes héritiers » prive les petits-enfants dont l'auteur est prédécédé de tous droits au bénéfice du contrat d'assurance-vie (en ce sens, par exemple, Cass. 2ᵉ civ. 22-9-2005 n° 04-13.077 F-D ▶565). À moins que cela ne corresponde vraiment aux souhaits du souscripteur, il convient de bannir cette clause ou, à tout le moins, de la compléter en indiquant : « Mon conjoint, à défaut mes enfants, nés ou à naître, vivants ou représentés, par parts égales, à défaut... »

177 La Cour de cassation laisse aux juges du fond le soin d'**interpréter la volonté du souscripteur** pour déterminer s'il a voulu, malgré la présence de plusieurs bénéficiaires de premier rang, permettre néanmoins la « représentation » en cas de prédécès de l'un d'entre eux. À cet égard, il est à noter que cette notion de « représentation » en matière d'assurance peut aussi être interprétée différemment de celle qui existe en droit civil.

Ainsi, une femme avait souscrit un contrat d'assurance-vie, désignant comme bénéficiaires ses trois enfants, R, V et A, par parts égales, à défaut leurs héritiers, et à défaut encore ses propres héritiers. L'un des enfants, R, était décédé avant la souscriptrice en laissant lui-même des héritiers. Selon la Cour de cassation, la cour d'appel a pu valablement écarter l'attribution de la part du bénéficiaire de premier rang décédé aux autres bénéficiaires de premier rang survivants et déduire de la rédaction retenue que la souscriptrice avait désigné comme bénéficiaires « par représentation » les héritiers de son fils défunt, au rang desquels on trouvait non seulement ses deux enfants mais aussi son conjoint (Cass. 2ᵉ civ. 13-6-2013 n° 12-20.518 F-D : BPAT 5/13 inf. 184 ▶558).

Avec une rédaction « mes enfants par parts égales, nés ou à naître, à défaut de l'un ses descendants, à défaut mes héritiers », la « représentation » par ses descendants d'un des enfants pourtant décédé avant la souscription du contrat a été admise (Cass. 2e civ. 10-04-2008 n° 07-12.992 F-D : BPAT 3/08 inf. 108).

La rédaction de certaines clauses les rend parfois délicates à interpréter, ce qui fait peser un aléa important sur la répartition du capital décès. **En pratique,** le souscripteur a tout intérêt à se montrer le plus explicite possible dans la rédaction de la clause bénéficiaire afin de s'assurer que sa volonté sera fidèlement respectée et de prévenir le risque de contentieux. Au titre de son devoir d'information l'assureur doit vérifier qu'une clause ne comportant pas de représentation du bénéficiaire désigné correspond bien à la volonté du souscripteur. À défaut, sa responsabilité pourrait être engagée.

178 Lorsque le **bénéficiaire de premier rang décède après l'assuré,** quel sera le sort des sommes figurant sur le contrat d'assurance-vie ?

Si le bénéficiaire de premier rang a **accepté la clause** avant de décéder à son tour, la situation ne pose aucune difficulté : le bénéficiaire à titre subsidiaire n'a aucun droit sur la prestation garantie.

Si le bénéficiaire de premier rang **n'a pas accepté la clause** avant de décéder à son tour, la jurisprudence considère traditionnellement que la prestation garantie doit revenir aux héritiers du bénéficiaire, « sauf lorsque le stipulant a désigné outre ce bénéficiaire, des bénéficiaires subsidiaires, sans réserver les droits des héritiers du premier nommé » (en ce sens, notamment, Cass. 1e civ. 10-6-1992 n° 90-20.262 : Bull. civ. I n° 174 ; Cass. 2e civ. 7-4-2005 n° 03-20.611 F-D).

Deux décisions rendues à quelques jours d'intervalle par la Cour de cassation à l'automne 2008 sont cependant venues jeter le trouble :

- un arrêt rendu le 23 octobre 2008 a, semble-t-il, amorcé un revirement de jurisprudence en décidant que la clause bénéficiaire qui désignait les deux « enfants (de la souscriptrice), par parts égales, à défaut les descendants » comportait deux stipulations distinctes (une par enfant), la rédaction retenue ayant été interprétée comme la volonté qu'à défaut d'un enfant les descendants de celui-ci recueillent sa part (Cass. 2e civ. 23-10-2008 n° 07-19.163 FS-PB : BPAT 6/08 inf. 215 ▶ 542 , solution reprise par la cour d'appel de renvoi : CA Paris 3-5-2011 n° 09-07863) ;
- un arrêt rendu le 5 novembre 2008 a écarté les enfants du fils décédé sans avoir accepté en considérant que la clause par laquelle la souscriptrice avait désigné « ses enfants nés ou à naître et à défaut ses héritiers » ne réservait pas les droits des héritiers des bénéficiaires premiers nommés (Cass. 1e civ. 5-11-2008 n° 07-14.598 FS-PBI : BPAT 6/08 inf. 215 ▶ 543).

L'explication de la divergence des deux solutions, toutes deux publiées au Bulletin, tient au libellé différent des clauses bénéficiaires (sur cette question, voir les explications de S. Gonsard au BPAT 6/08 inf. 215).

PRÉCISIONS

a. Si le **décès du bénéficiaire intervient au cours du délai** qui lui est reconnu **pour faire part ou non de son acceptation,** la doctrine la plus autorisée considère qu'elle peut être formulée par les héritiers du bénéficiaire. On peut citer notamment MM. Flour et Aubert précisant : « L'acceptation n'est pas le fait générateur de la créance, elle n'est qu'un moyen de la consolider. Il s'ensuit qu'elle peut intervenir soit après la mort du stipulant, soit même après la mort du tiers bénéficiaire, auquel cas elle est évidemment exprimée par les héritiers de celui-ci… » (J. Flour et J. L. Aubert, Droit civil : les obligations, 1 n° 476).

b. L'**acceptation** n'est **opposable à l'assureur** que du jour où il en a eu connaissance (C. ass. art. L 132-25). À défaut, le versement du capital décès à un bénéficiaire révoqué est libératoire pour l'assureur de bonne foi.

179 **Renonciation au bénéfice du contrat d'assurance-vie** Lorsque le **bénéficiaire** désigné est vivant au dénouement du contrat d'assurance-vie, mais renonce au bénéfice du contrat, cette renonciation a naturellement pour effet d'attribuer le capital aux autres bénéficiaires de même rang ou au(x) bénéficiaire(s) subsidiaire(s) désigné(s). Par suite, les **droits de succession** éventuellement dus sont **liquidés en fonction** du lien de parenté existant entre le second bénéficiaire et l'assuré. Cette analyse était confirmée par une réponse ministérielle (Rép. Roques : AN 20-12-1993 n° 6119) actuellement non reprise dans la base Bofip, mais dont le principe n'est pas remis en cause pour autant. En effet, l'acceptation ou la non-acceptation de « l'offre » du capital décès appartient au seul bénéficiaire et n'est pas constitutive d'une libéralité dans l'hypothèse où c'est le souscripteur qui a choisi les bénéficiaires « à défaut » d'être vivant ou à défaut d'accepter. Voir confirmation de cette analyse déjà ancienne au ▶181.

PRÉCISIONS La charge de la preuve d'un éventuel **vice du consentement du renonçant** pèse sur ce dernier (Cass. 2e civ. 10-2-2018 n° 17-10.423 F-D ▶577). Pour éviter tout débat, il est toutefois souhaitable de se ménager la preuve du consentement éclairé du renonçant, notamment de sa connaissance du montant des capitaux décès en cause.

180 **Faculté de réduction ouverte à un des bénéficiaires, accroissant la part d'un autre** Un avis du comité juridique de la FNDP (Fédération nationale droit du patrimoine), qui fédère sept Masters 2 Droit et gestion de patrimoine et des représentants de différentes professions du droit (http://www.fndp.eu), avait proposé de transposer à la clause bénéficiaire du contrat d'assurance-vie la faculté de cantonnement des legs, prévue à l'article 1002-1 du Code civil, en insérant une faculté de réduction au profit d'un bénéficiaire dans la clause elle-même. Concrètement, il était envisagé que la clause puisse autoriser un bénéficiaire donné à **choisir la fraction qu'il souhaite recevoir,** dans la limite d'un plafond fixé par le souscripteur, la fraction non retenue revenant à un ou plusieurs autres bénéficiaires, désignés de même par le souscripteur. Ainsi par exemple, X pourrait être désigné bénéficiaire d'une fraction du capital décès comprise, à son choix, entre 0 % et 100 % de la valeur du contrat à la date du paiement, le solde revenant à Y (voir aussi, J. Aulagnier, La faculté de division du bénéfice d'un contrat d'assurance ouverte par la volonté du stipulant : Sol. Not. 4/11 inf. 111).

De nombreuses compagnies d'assurances émettaient des réserves sur cette proposition, avec deux principales sources de réticences :

- la clause reviendrait à transmettre à un des bénéficiaires la faculté de configurer sa part et celle des autres, ce qui, selon les assureurs en cause, serait contraire aux principes du Code des assurances ;
- la réduction de la fraction reçue par le décisionnaire en deçà du maximum prévu par le souscripteur pourrait être assimilée à une renonciation partielle, qui pourrait être analysée comme une donation indirecte d'un bénéficiaire en faveur d'un autre.

181 Une réponse ministérielle est venue lever ces interrogations en faveur de la position défendue par la FNDP, à propos d'une clause bénéficiaire dans laquelle le stipulant a précisé que le bénéficiaire en premier pourrait n'accepter qu'une quotité du capital, par exemple 100 %, 75 % ou 50 %, la fraction non acceptée du capital revenant au bénéficiaire en second désigné par le stipulant lui-même. Il était demandé au ministre de confirmer que l'acceptation partielle comme le refus total

du bénéficiaire en premier ne pouvaient nullement être constitutifs d'une libéralité indirecte au profit du bénéficiaire en second et que ce faisant, les **droits de succession** éventuellement dus (au titre de l'article 757 B du CGI) seraient liquidés en fonction du lien de parenté entre le second bénéficiaire et l'assuré (en non en fonction du lien de parenté entre le bénéficiaire en premier et le bénéficiaire en second). La réponse indique que dans l'hypothèse où le contrat d'assurance-vie prévoit un ou plusieurs bénéficiaires successifs en cas de renonciation totale ou partielle du premier bénéficiaire, la fiscalité applicable est limitée à celle applicable entre l'assuré et chacun des bénéficiaires et non entre le premier bénéficiaire et le second (Rép. Malhuret : Sén. 1-10-2015 n° 18026 : BPAT 6/16 inf. 238 ▶ 519).

182 Cette réponse a été donnée dans le cadre de l'application de l'article 757 B du CGI, sans être expressément étendue aux capitaux décès dont la transmission serait soumise à l'article 990 I, mais la formulation générale reconnaissant au bénéficiaire en premier rang la possibilité de renoncer **partiellement** ou **totalement** au bénéfice du contrat lorsque la clause le prévoit sans dénaturer le mécanisme de l'assurance-vie nous semble permettre d'avoir une lecture extensive. Il était d'ores et déjà clair, selon nous, que le souscripteur pouvait prévoir plusieurs combinaisons d'attribution (par exemple : 30 % au conjoint en pleine propriété et 70 % aux enfants, ou 100 % en usufruit au conjoint et 100 % en nue-propriété aux enfants) et confier le soin d'opter à l'un des bénéficiaires (par exemple, le conjoint). La réponse Malhuret permet, sous réserve d'une bonne rédaction de la clause, de confier le curseur à un des bénéficiaires, qui, en configurant sa propre part, définit de facto celle des autres bénéficiaires désignés par le souscripteur pour recevoir le solde du capital décès.

Pour des exemples de clauses bénéficiaires à options, voir ▶ 487 et ▶ 491.

Insaisissabilité de l'assurance-vie

183 **Principe d'insaisissabilité de l'assurance-vie** La loi a posé dès l'origine un principe d'insaisissabilité du contrat d'assurance-vie : le **capital ou** la **rente** garantis au profit d'un **bénéficiaire déterminé** ne peuvent être réclamés par les créanciers du souscripteur (C. ass. art. L 132-14). Ces derniers ont seulement droit au remboursement des **primes** manifestement exagérées (au sens de l'article L 132-13, al. 2) dans deux hypothèses :

- si le versement des primes a été fait en fraude de leurs droits, les créanciers pouvant alors exercer l'action « paulienne » prévue à l'article 1341-2 du Code civil ;
- ou si le versement a été effectué après la cessation des paiements par un débiteur en procédure collective (nullités pendant la période suspecte prévues aux articles L 632-1 et L 632-2 du Code de commerce).

L'insaisissabilité d'un contrat dont le bénéficiaire est déterminé est inhérente au **mécanisme de l'assurance-vie,** qui repose sur l'existence d'un aléa et une stipulation pour autrui : tant que le contrat n'est pas dénoué, ni le souscripteur ni le bénéficiaire n'ont droit à la prestation garantie. Au décès de l'assuré, le bénéficiaire désigné sera réputé avoir eu seul droit au capital ou à la rente du jour de la souscription du contrat (C. ass. art. L 132-12). Les créanciers du souscripteur n'ayant pas plus de droits que leur débiteur, ils ne peuvent se faire attribuer ce que ce dernier ne peut recevoir. La **faculté de rachat** et le droit de désigner ou modifier le bénéficiaire (tant que ce dernier n'a pas accepté sa désignation) sont qualifiés par la jurisprudence de droits personnels du souscripteur, ce qui exclut qu'ils puissent être exercés par les créanciers (en ce sens, notamment, Cass. 1e civ. 2-7-2002 n° 99-14.819 F-PB : RJF 12/02 n° 1416 ▶ 527 ; Cass. 2e civ. 10-2-2011 n° 10-12.172 F-D) ou par le liquidateur dans le cadre d'une procédure collective (Cass. com. 25-10-1994 n° 90-14.316 : Bull. civ. IV n° 311, JCP N 1995 prat. p.

517). Toutefois, si le souscripteur procède de lui-même à des rachats, les sommes correspondantes entrent dans son patrimoine et peuvent dès lors être saisies par ses créanciers. Lorsque les rachats sont effectués par un souscripteur en procédure collective, la règle du dessaisissement ne remet pas en cause leur validité (Cass. com. 11-12-2012 n° 11-27.437 F-PB : RJDA 2/13 n° 146).

184 **Remise en cause de l'insaisissabilité de l'assurance-vie** Une première exception au principe d'insaisissabilité du contrat d'assurance-vie a été introduite, **en matière pénale,** par la loi du 9 juillet 2010 (Loi 2010-768 du 9-7-2010) dans le cadre de la **lutte contre le blanchiment** de l'argent criminel. La saisie doit être notifiée au souscripteur et à l'assureur. Tant que le jugement définitif au fond n'est pas rendu, la saisie interdit l'acceptation du bénéficiaire et entraîne la suspension des facultés de rachat, d'avance, de renonciation et de nantissement du souscripteur (CPP art. 706-155, al. 2).

185 L'exception la plus significative au principe d'insaisissabilité a été introduite par la loi du 6 décembre 2013 afin de permettre à l'administration de recouvrer les **créances fiscales** par voie d'avis à tiers détenteur (Loi 2013-1117 du 6-12-2013 art. 41). L'avis à tiers détenteur et les procédures de saisie similaires (telles que la saisie à tiers détenteur, l'opposition à tiers détenteur ou l'opposition administrative) ont été remplacés par une procédure unique intitulée « saisie administrative à tiers détenteur » (Loi 2017-1775 du 28-12-2017 art. 73 modifiant LPF art. L 262). Peuvent être saisies par les comptables publics, par voie de saisie administrative à tiers détenteur, les sommes détenues sur un **contrat d'assurance rachetable** souscrit par un redevable, y compris si la possibilité de rachat fait l'objet de limitations (C. ass. art. L 132-14 ; LPF art. L 262).

La **saisie** est notifiée au redevable et au tiers détenteur (en l'occurrence l'assureur). Elle entraîne le rachat forcé du contrat et a pour effet d'affecter aux créanciers dont la créance est ainsi recouvrée par le comptable public la valeur de rachat du contrat d'assurance au jour de la notification de la saisie.

L'administration a précisé que les contrats rachetables **échappent à la saisie en cas** (BOI-REC-FORCE-30-30-20-10 n° 200 s.) :

- de délégation du contrat antérieurement consentie ;
- de nantissement du contrat antérieurement constitué ;
- d'acceptation du contrat par le bénéficiaire.

Position confirmée par la Cour de cassation **en cas de nantissement** d'un contrat d'assurance-vie rachetable, le droit au paiement de la valeur de rachat dont dispose le bénéficiaire du nantissement excluant tout concours avec les autres créanciers du souscripteur, y compris le comptable public recourant à un avis à tiers détenteur (Cass. 2e civ. 2-7-2020 n° 19-11.417 et 19-13.636 F-PBI : BPAT 5/20 inf. 167 ▶ 587 ; Cass. 2e civ. 17-9-2020 n° 19-10.420 F-PBI).

b. Acceptation du bénéficiaire avant le dénouement du contrat d'assurance-vie

186 **Caractère facultatif de l'acceptation** Avant le dénouement du contrat, l'acceptation du bénéficiaire n'est pas exigée pour la **validité du contrat.** Il n'est d'ailleurs pas nécessaire que le bénéficiaire soit **informé** de l'existence du contrat établi à son profit. S'il l'est, il peut demander à accepter le contrat. Les règles relatives à cette acceptation ont été profondément modifiées par une **loi du 17 décembre 2007** (Loi 2007-1775 du 17-12-2007).

187 **Tableau récapitulatif des règles en matière d'acceptation** Les règles relatives à l'acceptation sont résumées dans le tableau ci-après.

Acceptation intervenue avant le 18-12-2007	**Acceptation intervenue depuis le 18-12-2007**
Acceptation possible **sans l'accord du souscripteur**	Acceptation impossible sans l'**accord du souscripteur**
Conséquences de l'acceptation : > Impossibilité pour le souscripteur de modifier l'identité du bénéficiaire acceptant sans l'accord de ce dernier (195). En cas de décès du bénéficiaire avant l'assuré, le souscripteur assuré retrouve la liberté de nommer le bénéficiaire de son choix. > Si le contrat comporte un terme en cas de vie, le souscripteur récupère le capital au terme du contrat. > Possibilité pour le souscripteur d'effectuer rachat ou avance sans l'accord du bénéficiaire acceptant, sauf s'il a renoncé à cette faculté de manière définitive et que le contrat ne comporte pas de terme en cas de vie (194 s.).	**Conséquences de l'acceptation** : > Impossibilité pour le souscripteur de modifier l'identité du bénéficiaire acceptant sans l'accord de ce dernier (189). > Impossibilité d'effectuer rachat ou avance sans l'accord du bénéficiaire acceptant (191). En cas de décès du bénéficiaire avant l'assuré, le souscripteur assuré retrouve la liberté de nommer le bénéficiaire de son choix et d'effectuer des rachats. > Si le contrat comporte un terme en cas de vie, le souscripteur récupère le capital au terme du contrat. > Si le contrat ne comporte pas de terme en cas de vie, ce n'est qu'en cas de décès des bénéficiaires acceptants que le souscripteur retrouve sa faculté de rachat.

1° Formes de l'acceptation du bénéficiaire

188 Quelle que soit la date de souscription du contrat, l'acceptation du bénéficiaire nécessite l'**accord du souscripteur** et prend la forme (C. ass. art. L 132-9, II dans sa rédaction issue de la loi 2007-1775 du 17-12-2007 applicable depuis le 18-12-2007) :

– soit d'un avenant au contrat, signé de l'entreprise d'assurance, du souscripteur et du bénéficiaire ;
– soit d'un acte authentique ou sous seing privé signé du souscripteur et du bénéficiaire, et qui n'a d'effet à l'égard de l'assureur que lorsqu'il lui est notifié.

Lorsque la **désignation** du bénéficiaire est faite **à titre gratuit,** la loi interdit toute acceptation précipitée en offrant au souscripteur ce qui s'apparente à un délai de réflexion : l'acceptation du bénéficiaire ne peut intervenir que 30 jours après que le souscripteur a été informé de la conclusion du contrat.

PRÉCISIONS

a. Pour les **majeurs sous tutelle et sous curatelle,** l'acceptation de la clause bénéficiaire d'un contrat d'assurance-vie sans charge constitue sauf circonstances particulières un acte d'administration (Décret 2008-1484 du 22-12-2008 ann. 2 : JO 31 p. 20631). Il en résulte que le majeur sous curatelle peut accepter le contrat souscrit à son profit sans l'assistance de son curateur, et que le tuteur n'a pas besoin de l'autorisation du juge des tutelles (ou du conseil de famille) pour accepter le contrat souscrit au profit du majeur sous tutelle.
Si à l'inverse le contrat a été souscrit par le majeur protégé, le consentement donné à l'acceptation du bénéficiaire constitue à notre avis un acte de disposition qui doit être accompli dans les conditions exposées ▶101.
Sur la possibilité de remise en cause de l'acceptation du bénéficiaire du contrat souscrit par un majeur moins de deux ans avant son placement sous tutelle ou sous curatelle : voir Précisions au ▶102.

b. **Avant le 18 décembre 2007,** l'acceptation du bénéficiaire n'était soumise à aucune condition particulière et pouvait intervenir sans le consentement ni même l'information du souscripteur.

2° Effets de l'acceptation du bénéficiaire

Effets d'une acceptation intervenue depuis le 18 décembre 2007

189 **Irrévocabilité de la désignation du bénéficiaire**
L'acceptation a pour effet de **bloquer le contrat** au profit du bénéficiaire : « La stipulation en vertu de laquelle le bénéfice de l'assurance est attribué à un bénéficiaire déterminé devient irrévocable par l'acceptation de celui-ci » (C. ass. art. L 132-9, I).
Concrètement, et ce peut-être un avantage, le bénéficiaire est certain de le demeurer si le contrat se dénoue par le décès de l'assuré, sauf s'il accepte de laisser le souscripteur modifier la clause.
On pourrait envisager que l'acceptation ne soit que temporaire c'est-à-dire qu'un **terme** soit conventionnellement prévu dans l'avenant d'acceptation.

PRÉCISIONS L'acceptation dont il est question est celle du **bénéficiaire de premier rang.** L'acceptation du bénéficiaire **de second rang** n'empêche pas le souscripteur de modifier le bénéficiaire de premier rang (Cass. 2e civ. 2-6-2005 n° 04-13.306 FS-PB : BPAT 5/05 inf. 155 ▶531 , solution rendue sous le régime antérieur mais toujours valable).

190 **Exceptions à l'irrévocabilité de la désignation du bénéficiaire** Il existe quelques exceptions au caractère irrévocable de la désignation du bénéficiaire après son acceptation. Ce sont les exceptions prévues au principe d'irrévocabilité des donations, et elles ont par conséquent vocation à s'appliquer lorsque le contrat d'assurance-vie peut être analysé comme une **donation indirecte au profit du bénéficiaire.**
La principale d'entre elles concerne la **désignation du conjoint.** La donation réalisée au conjoint ne produisant pas d'effet pendant le mariage (les sommes n'étant dues qu'au décès du souscripteur) reste librement révocable (C. civ. art. 1096, al. 2 a contrario). Le souscripteur peut donc à tout moment substituer à son conjoint la personne de son choix.
La révocation serait également possible (toujours dans l'hypothèse où on considère que la désignation bénéficiaire acceptée réalise une donation indirecte) dans les cas suivants (exceptionnels) :

- en cas d'**ingratitude** du bénéficiaire, notamment en cas de tentative d'homicide du souscripteur (ou de l'assuré) par le bénéficiaire ;
- en cas de **survenance d'enfants** (sauf lorsque le bénéficiaire est le conjoint), si cette révocation a été prévue dans le document constitutif, en l'occurrence l'avenant ou l'acte constatant l'acceptation ;
- en cas d'**inexécution des charges** qui auraient pu être prévues en contrepartie du consentement du souscripteur à l'acceptation.

191 **Opérations nécessitant l'accord du bénéficiaire acceptant** Jusqu'au terme du contrat,le souscripteur a besoin de l'accord du bénéficiaire acceptant pour certaines opérations susceptibles de porter atteinte à la substance même du contrat.
L'acceptation du bénéficiaire réalisée avec l'accord du souscripteur interdit à ce dernier d'effectuer des **rachats ou** d'obtenir une **avance** sans l'accord du bénéficiaire (C. ass. art. L 132-9, I-al. 1 in fine). De la même façon, le **nantissement du contrat** accepté n'est pas possible sans l'accord du bénéficiaire (C. ass. art. L 132-10, al. 2).

Toutefois, il ne faut pas confondre la nécessité d'obtenir un accord avec l'impossibilité de faire : le souscripteur peut demander un rachat, une avance ou nantir son contrat si le bénéficiaire acceptant donne expressément son accord à l'opération. On peut même envisager que cet accord soit donné par avance (dans des limites précisément définies) directement dans l'avenant d'acceptation ou postérieurement.

Les **autres modifications contractuelles,** dans la mesure où elles n'ont pas pour effet de clôturer le contrat, de diminuer l'épargne acquise au jour de l'acceptation ou de réduire les droits antérieurs du bénéficiaire, sont de la compétence exclusive du souscripteur.

Le souscripteur d'un contrat en unités de compte peut ainsi librement décider d'un changement de profil de gestion (passage d'un profil prudent à un profil dynamique, par exemple), en dépit du fait que ce changement peut avoir des répercussions importantes à la hausse comme à la baisse sur la valeur de rachat du contrat. On peut cependant se demander dans quelle mesure la transformation en unités de compte d'un contrat en euros ne nécessite pas l'accord du bénéficiaire acceptant. Dans le doute, il n'est pas exclu que les assureurs demandent au bénéficiaire de signer l'avenant au contrat avec le souscripteur (N. Ducros, Un formalisme sans conséquence sur les effets de l'acceptation bénéficiaire : L'Agefi Actifs 18-1-2008).

PRÉCISIONS L'**acceptation d'un contrat déjà donné en nantissement** est sans effet pour le créancier nanti ; sauf clause contraire de l'acte de nantissement, le créancier peut provoquer le rachat en dépit de l'acceptation (C. ass. art. L 132-10, al. 3 et 4).

192 **Nature juridique du contrat d'assurance-vie accepté** Un auteur qualifie à juste titre « l'acceptation acceptée » d'OJNI (objet juridique non identifié) qu'il analyse comme un « contrat d'irrévocabilité » (C. Grimaldi, L'acceptation de l'acceptation d'un contrat d'assurance-vie : Defrénois 2008 art. AD2008DEF1645N1 p. 1645).

La complexité de la qualification tient dans la **multiplicité des alternatives.**

Si le **contrat se dénoue par le décès** de l'assuré, le bénéficiaire recevra effectivement le capital en compte. Mais avant cette date, il aura pu consentir à des rachats, diminuant ainsi la valeur de ce qu'il a vocation à recevoir, ou encore accepter un changement de bénéficiaire.

Si le contrat comporte un **terme et** que l'**assuré** est **en vie** à cette date, le contrat d'assurance-vie sera dénoué au profit du bénéficiaire en cas de vie, qui est en général le souscripteur lui-même. Le bénéficiaire en cas de décès qui avait pourtant accepté sa désignation n'aura aucun droit sur les sommes issues du contrat, sauf à ce que la convention initiale ait prévu « un droit de suite » sur le capital. Pour autant, ce droit de suite devra être fondé sur une cause autre que celle du contrat d'assurance-vie. Si la désignation a été réalisée à titre onéreux (remboursement d'un prêt accordé au souscripteur, garantie du paiement d'un prix, etc.), il sera logique de prendre le relais via un séquestre des sommes ou un nantissement sur le nouveau placement. Si la désignation a initialement été réalisée à titre gratuit, le relais sera plus difficile à trouver, sauf à souscrire un nouveau contrat d'assurance-vie… qui devra faire l'objet d'une nouvelle acceptation.

Il n'est donc pas possible de conclure que le contrat d'assurance-vie accepté doit systématiquement être analysé comme une donation indirecte entre le souscripteur et le bénéficiaire. En revanche, il est certain que cette acceptation acceptée contribue au faisceau d'indices permettant éventuellement cette requalification.

193 **Cession du bénéfice du contrat par le bénéficiaire acceptant** Après avoir accepté la stipulation faite à son profit, le bénéficiaire peut céder le bénéfice du contrat si la cessibilité de ce droit a

été expressément prévue ou s'il obtient le consentement du souscripteur et de l'assuré (C. ass. art. L 132-15).

En pratique, il est extrêmement rare que la cessibilité par le bénéficiaire acceptant du bénéfice du contrat soit prévue, ce qui se comprend aisément puisque cette faculté permettrait au bénéficiaire initialement désigné d'imposer au souscripteur un nouveau bénéficiaire qu'il n'a pas choisi.

Effets d'une acceptation intervenue avant le 18 décembre 2007

194 **Position jurisprudentielle**

Pour les contrats acceptés avant le 18 décembre 2007, la loi ne réglait pas la question de la possibilité, pour le souscripteur, d'effectuer un rachat (ou une avance) sur son contrat après l'acceptation du bénéficiaire. La Cour de cassation a tranché cette question en décidant que, si le droit de rachat est prévu dans les conditions générales du contrat d'assurance-vie, le bénéficiaire qui a accepté sa désignation en cas de décès ne peut pas s'opposer à la demande de rachat du souscripteur dès lors que ce dernier n'a pas expressément renoncé à son droit (Cass. ch. mixte 22-2-2008 n° 06-11.934 PBRI : BPAT 2/08 inf. 63 ▶540 , confirmé par Cass. 1e civ. 20-11-2019 n° 16-15.867 FS-PBI : BPAT 1/20 inf. 26 ▶584). La solution est à notre avis la même pour les avances.

195 Reste à savoir ce que recouvre la **notion de renonciation expresse du souscripteur** à son droit de racheter librement son contrat.

La plupart des contrats avaient intégré un avertissement dans leurs **conditions générales** indiquant au souscripteur qu'il ne lui serait pas possible d'opérer un rachat (et/ou une avance, un nantissement) sous sa seule signature en présence d'un bénéficiaire acceptant. Cette mention vaut-elle renonciation expresse ? Une réponse négative a été apportée par la Cour de cassation, qui a décidé qu'une clause du contrat d'assurance ne permet pas à elle seule de faire la preuve d'une renonciation expresse du souscripteur à son droit unilatéral de rachat (Cass. 2e civ. 3-11-2011 n° 10-25.364 F-D : BPAT 1/12 inf. 33 ▶554).

PRÉCISIONS

a. Bien que non destinée à une vaste publication, cette décision (Cass. 2e civ. 3-11-2011 n° 10-25.364 F-D), qui casse l'arrêt d'appel ayant pris la position inverse, érige la solution en principe : seul un **acte distinct du contrat** et **manifestant de façon non équivoque la volonté du souscripteur** de subordonner son droit de rachat à l'accord du bénéficiaire acceptant peut valoir renonciation expresse au droit unilatéral de rachat. Une telle situation devrait être exceptionnelle.

b. Conséquence de l'absence de renonciation expresse du souscripteur à l'exercice de son droit de rachat : les juges ne peuvent pas **requalifier le contrat en donation indirecte** au motif que le souscripteur, en consentant à l'acceptation du bénéficiaire (intervenue avant le 18 décembre 2007), se serait dépouillé irrévocablement (Cass. 1e civ. 20-11-2019 n° 16-15.867 FS-PBI : BPAT 1/20 inf. 26 ▶584).

c. L'acceptation « subie » intervenue avant le changement de loi empêche toujours le souscripteur de modifier l'identité du bénéficiaire, ainsi que le rappelle un arrêt non publié (Cass. 2e civ. 22-11-2012 n° 11-26.109 F-D). Dans cette affaire, la bénéficiaire unique initialement désignée au moment de la souscription du contrat par sa mère (réalisée en 1989) avait accepté sa désignation par un courrier adressé à la compagnie d'assurance en date du 11 avril 1995, courrier posté le 12 avril 1995 et présenté à l'assureur le 14 avril 1995. La souscriptrice a modifié sa désignation en date du 13 avril 1995. Le 11 avril étant antérieur au 13 avril, l'acceptation était parfaite à la date de l'expression de la volonté du bénéficiaire, même si l'assureur en a été informé plus tardivement et la modification ultérieure voulue.

3° Intérêt de l'acceptation acceptée du bénéficiaire

Applications multiples

196 Autant avant le 18 décembre 2007 l'acceptation par le bénéficiaire effectuée contre le gré du souscripteur s'avérait choquante, autant l'acceptation aujourd'hui « librement consentie » peut apporter une réponse satisfaisante. Nous en voyons ici **quelques illustrations,** sachant que des applications multiples peuvent être trouvées pour répondre à des situations fort diverses ; il appartient aux conseils (notaires, etc.) de mettre dans ce domaine leur imagination féconde au service de leur clientèle.

Nantissement du contrat

197 L'acceptation du bénéficiaire peut être mise en place pour conférer une garantie : c'est la situation classique de la désignation de la banque comme bénéficiaire acceptant au titre de la garantie accordée **en contrepartie d'un crédit** qu'elle consent, à hauteur tout au moins du capital correspondant à la garantie demandée, le souscripteur du contrat pouvant, le cas échéant, procéder aux rachats partiels du contrat pour la fraction excédentaire. Si le contrat comporte déjà un bénéficiaire acceptant, son accord sera nécessaire pour lui substituer un nouveau bénéficiaire (▶ 189).
Fiscalement, financièrement et économiquement, il peut être **préférable** d'indiquer comme bénéficiaires des personnes choisies par le souscripteur assuré, à charge pour elles de rembourser le solde de l'emprunt (selon des modalités à préciser). Afin de garantir la banque, les fonds seront bloqués dans un compte séquestre (gage-espèces) chez un notaire, à charge pour ce dernier de libérer les fonds au profit de la banque au moindre incident de paiement, et au profit des bénéficiaires désignés pour la fraction excédant le solde de l'emprunt à rembourser, majoré du solde des intérêts de l'emprunt, par exemple.

PRÉCISIONS Le souscripteur qui a donné en nantissement un **contrat en unités de compte** pour garantir un emprunt bancaire conserve le pouvoir de gérer son épargne : sauf clause contraire, la **faculté d'effectuer les arbitrages** entre les différents supports proposés par le contrat n'est pas transférée à la banque (Cass. com. 12-7-2005 n° 04-10.214 FS-PBRI : RJDA 5/06 inf. 589 ▶ 532).

Protection du souscripteur

198 L'acceptation du bénéficiaire peut présenter un intérêt pour le souscripteur lui-même qui, craignant de voir ses facultés décliner et de se trouver soumis à certaines « amicales pressions », souhaite « verrouiller » la désignation du bénéficiaire.

Transmission familiale

199 La souscription d'un contrat d'assurance-vie au bénéfice d'un **héritier défavorisé** peut être réalisée (dans les limites de l'article L 132-13 du Code des assurances) dans le cadre d'une opération globale afin d'équilibrer les différents lots. Afin d'assurer la pérennité de l'équilibre, le transfert du capital assuré n'intervenant qu'au dénouement du contrat, l'acceptation de la clause bénéficiaire pourra être une utile précaution.

200 L'acceptation de la clause bénéficiaire peut également être envisagée dans la gestion d'une **donation par des grands-parents,** par exemple, **à leurs petits-enfants.** Les grands-parents souscrivent chacun un contrat sur la tête de leurs petits-enfants (s'ils sont mineurs, voir ▶163), en se constituant bénéficiaires réciproques en cas de décès du prémourant. Puis les grands-parents acceptent mutuellement le bénéfice des contrats et enfin procèdent à la donation de ceux-ci aux petits-enfants. Les petits-enfants sont ainsi propriétaires de contrats dont la clause bénéficiaire est acceptée, ce qui assure un contrôle de l'utilisation des sommes figurant au contrat jusqu'au décès des grands-parents, même lorsque les enfants seront majeurs. Si les grands-parents veulent renforcer la durée du contrôle, il leur suffit dans la désignation des bénéficiaires de prévoir que les parents seront bénéficiaires successifs, de manière à ce qu'en cas de décès prématuré des grands-parents les parents puissent prendre le relais. Pour accroître la sécurité de l'opération, les grands-parents pourront insérer dans la donation aux petits-enfants une clause d'interdiction d'aliéner (voir aussi F. Lucet et D. Coron, La donation consentie par les parents en vue de la souscription d'un contrat d'assurance-vie : Ingénierie Patrimoniale nov.-déc. 1998 p. 2, ainsi que 96e Congrès des notaires de France : Le patrimoine au XXIe siècle p. 584).

201 L'acceptation du contrat d'assurance-vie peut également être envisagée pour assurer financièrement la **compensation d'une renonciation anticipée à l'action en réduction.**

EXEMPLE Jean est chef d'entreprise et a deux enfants, Sylvie et Arthur. Son patrimoine se compose d'une entreprise d'une valeur de 400 et de contrats d'assurance-vie pour 400. Il souhaite transmettre l'entreprise à sa fille et les liquidités à son fils. Le capital versé par la compagnie d'assurance l'étant hors succession, cette somme ne sera pas prise en compte pour le calcul des droits réservataires des héritiers. Dès lors, l'attribution du capital décès au profit d'Arthur ne l'empêcherait pas de contester l'attribution au profit de Sylvie de l'entreprise. Une solution peut consister pour Jean à obtenir d'Arthur la signature d'un acte de renonciation anticipée à l'action en réduction. Cela permettra à Jean de rédiger un testament léguant l'entreprise à Sylvie sans risque qu'après son décès, Arthur puisse contester cette attribution. À titre de compensation, la volonté de Jean étant d'assurer l'égalité entre ses enfants, Arthur sera désigné bénéficiaire du contrat d'assurance-vie. L'acceptation du bénéfice du contrat permettra à Arthur d'empêcher toute modification ultérieure de la désignation bénéficiaire, lui-même ayant perdu dès la signature de l'acte de renonciation tout droit de contester l'attribution à Sylvie de l'entreprise. Afin de sécuriser également les droits de Sylvie sur la succession, car l'attribution de l'entreprise à son profit ne sera définitive que si son père rédige en sa faveur un testament (à défaut de la transmettre de manière anticipée), il pourrait être envisagé que le bénéfice du contrat au profit d'Arthur soit subordonné à la transmission effective de l'entreprise à sa soeur.
Une alternative pourrait consister à ce que le souscripteur impose la prise en compte de l'assurance-vie dans le règlement de la succession, en considérant que la valeur du capital décès sera rapportable (voir ▶251). Dans ce cas de figure, la renonciation anticipée à l'action en réduction ne serait plus nécessaire pour compenser avec l'assurance-vie encaissée par Arthur le lot reçu par Sylvie.

IFI

202 Pendant leur détention, les contrats rachetables exprimés en unités de compte sont partiellement imposables : leur **valeur de rachat** est incluse dans le patrimoine du souscripteur à hauteur de la fraction représentative des unités de compte constituées d'actifs imposables à l'IFI (CGI art. 972).
L'**acceptation du bénéficiaire** intervenue **avant le 18 décembre 2007** est sans incidence sur la base imposable à l'IFI puisque, sauf s'il y a expressément renoncé (▶194), le souscripteur peut librement racheter son contrat sans l'accord du bénéficiaire acceptant (Cass. ch. mixte 22-2-2008

n° 06-11.934 PBRI : RJF 6/08 n° 755, BPAT 2/08 inf. 63 ▶ 540). Il doit donc déclarer chaque année la valeur imposable de son contrat au 1er janvier.

L'acceptation du bénéficiaire avec l'accord du souscripteur intervenue **depuis le 18 décembre 2007** a pour effet d'interdire au souscripteur de demander le rachat du contrat à son profit sans l'accord du bénéficiaire (C. ass. art. L 132-9, I-al. 1 in fine). Au 1er janvier de l'année (date du fait générateur de l'impôt), le souscripteur ne dispose donc pas d'un droit de rachat libre, ce qui devrait selon nous justifier une analyse particulière de sa situation concrète. Voir ▶ 314 s.

C. Situation du bénéficiaire du contrat d'assurance-vie au décès de l'assuré

1° Droit au paiement du capital ou de la rente

Acceptation du bénéfice du contrat

203 Au dénouement du contrat, le capital ou la rente est versé au **bénéficiaire** sous réserve que celui-ci **accepte** le bénéfice du contrat. Après le décès de l'assuré, cette acceptation est libre (C. ass. art. L 132-9, II-al. 3).

Si le **bénéficiaire n'a pas accepté** trois mois après avoir été mis en demeure par acte extrajudiciaire de déclarer s'il accepte par les héritiers, ces derniers peuvent le révoquer (C. ass. art. L 132-9, I-al. 2).

Mise en relation de l'assuré et de l'assureur

204 **Obligations de l'assureur** C'est normalement l'assureur qui se charge de retrouver les bénéficiaires, ce qui évite que le contrat ne reste non réclamé et ne tombe en déshérence si le souscripteur n'a pas pris de disposition pour que les bénéficiaires soient informés du contrat souscrit à leur profit (désignation par une clause déposée chez un notaire, par exemple : voir ▶ 129).

Les assureurs ont l'**obligation de s'informer** au moins une fois par an du décès éventuel de leurs assurés (il en est de même pour les souscripteurs de contrats de capitalisation à l'exception de ceux au porteur) ; à cet effet, ils doivent consulter, via le dispositif Agira, le répertoire national d'identification des personnes physiques, ou RNIPP (C. ass. art. L 132-9-3). S'ils ont connaissance du décès, ils ont l'**obligation de rechercher** les bénéficiaires, même si leur nom ne figure pas sur le contrat. S'ils retrouvent les bénéficiaires, ils ont l'obligation de les prévenir de la stipulation qui a été faite à leur profit (C. ass. art. L 132-8, dernier al.).

205 Pour respecter ces dispositions, les assureurs se sont notamment engagés à prendre des **mesures de prévention** qui consistent :

- à attirer l'attention du souscripteur ou de l'adhérent sur la nécessité de rédiger la clause bénéficiaire en adéquation avec ses volontés et sur l'utilité de l'actualiser en tant que de besoin ;
- à inciter le souscripteur, lorsqu'il ne choisit pas la clause prérédigée, à renseigner de la façon la plus complète possible l'identité (nom, prénom, date et lieu de naissance) du ou des bénéficiaires désignés, y compris les personnes morales (associations…) ;
- à attirer l'attention des souscripteurs sur l'utilité d'informer les bénéficiaires (y compris s'il s'agit de personnes morales) ou des personnes de confiance de l'existence du contrat et des coordonnées de l'assureur ;
- à mettre en place des procédures de traitement des retours de courriers adressés aux souscripteurs et revenant sans avoir pu être distribués.

Les entreprises d'assurance se sont également engagées à faire leurs meilleurs efforts pour rechercher par tous moyens les bénéficiaires des contrats d'assurance-vie non réclamés dès qu'elles ont connaissance du décès de l'assuré, et, lorsqu'elles font appel à des **généalogistes** ou des **enquêteurs privés,** à leur demander des justificatifs de leurs conditions d'exercice et à prévoir des règles déontologiques dans leurs contrats de prestation (France Assureurs, recueil des engagements à caractère déontologique, version juillet 2021, p. 58 s., voir ▶525).

PRÉCISIONS
a. Les organismes d'assurance doivent publier chaque année **le nombre et l'encours des contrats non réglés.** Ils précisent les démarches qu'ils ont effectuées au cours de l'année, le nombre de recherches et le nombre et l'encours des contrats correspondants ainsi que les sommes dont le versement au bénéficiaire résulte de ces démarches. Ils établissent chaque année un rapport, adressé à leur demande à l'Autorité de contrôle prudentiel et de résolution et au ministre chargé de l'économie, précisant le nombre et l'encours des contrats d'assurance sur la vie et des bons et contrats de capitalisation dont les capitaux ou les rentes dus n'ont pas été versés au bénéficiaire (C. ass. art. L 132-9-3-1).
b. Les organismes professionnels représentatifs des assureurs doivent également rendre public, chaque année, un **bilan des contrats non réclamés,** comportant le nombre et l'encours des contrats d'assurance-vie dont les capitaux ou les rentes n'ont pas été versés à leur bénéficiaire (C. ass. art. L 132-9-4). Ce bilan répond à des critères fixés par arrêté (C. ass. art. A 132-9-6).

206 **Ficovie** La loi de finances rectificative pour 2013 a posé les bases d'un fichier centralisé des contrats de capitalisation et d'assurance-vie, dit « **Ficovie** » (Loi 2013-1279 du 29-12-2013 art. 10 : JO 30 texte 2).
Ce fichier, géré par l'administration fiscale, recense les contrats de capitalisation et d'assurance-vie souscrits auprès d'organismes d'assurance établis en France et contient les données d'identification des souscripteurs, assurés et bénéficiaires de ces contrats, qu'ils soient ou non résidents français. Ce fichier contient également des informations financières relatives à ces contrats au 1er janvier de chaque année et, s'agissant uniquement des contrats d'assurance-vie, à la répartition des sommes entre les bénéficiaires à la suite du décès de l'assuré (Arrêté ECFE1626313A du 1-9-2016).
En application des dispositions de l'article L 151 B du LPF, les notaires ont un droit d'accès à Ficovie (grâce à une application sécurisée accessible par Internet) à deux titres (sur mandat des héritiers) :

- identifier l'ensemble des contrats de capitalisation souscrits par le défunt pour établir l'actif successoral en vue du règlement de la succession ;
- obtenir communication des informations relatives aux contrats d'assurance dont le mandant est identifié comme bénéficiaire et dont le défunt était l'assuré.

PRÉCISIONS La base de données accessible aux notaires ne permet pas d'obtenir une information satisfaisante. En effet, elle ne porte pas sur l'existence de contrats d'assurance-vie souscrits par le défunt, mais seulement sur ceux dont chaque mandant est identifié **nominativement** comme bénéficiaire. Ainsi, la base de données ne révélera pas l'existence d'un contrat souscrit au bénéfice du conjoint survivant ou des enfants s'ils ne sont pas désignés par leur nom.

207 **Agira** Toute personne physique ou morale qui pense avoir été désignée bénéficiaire en cas de décès d'un contrat d'assurance-vie peut, après le décès de l'assuré, s'informer de l'existence d'un contrat souscrit à son profit (C. ass. art. L 132-9-2). À condition de joindre à son courrier la preuve du décès de l'assuré, il est possible d'**interroger l'ensemble des assureurs français** en écrivant à un organisme unique habilité à cet effet : l'Association pour la gestion des informations sur le risque en assurance (Agira). Le courrier doit être adressé à **Agira,** Recherche des bénéficiaires en cas de décès, 1 rue

Jules Lefebvre, 75431 Paris Cedex 09 (il est également possible de remplir un formulaire sur le site internet www.agira.asso.fr).

À réception du courrier, l'Agira a 15 jours pour interroger les assureurs. Celui auprès duquel le contrat a été souscrit a ensuite un mois pour informer directement le bénéficiaire de l'existence du contrat et du montant du capital ou de la rente devant lui revenir. S'il n'existe pas de contrat, aucune réponse n'est envoyée. À l'instar de Ficovie, cette procédure ne peut fonctionner que si la personne a été désignée **nominativement** (par exemple, Jean Dupond), mais pas par sa qualité (mon cousin, Jean). En revanche, elle a le mérite, ayant informé les assureurs du décès de l'assuré, d'enclencher la procédure de recherche des bénéficiaires.

208 **Rôle du notaire dans le déblocage des capitaux** Selon une réponse ministérielle, le notaire n'a vocation à intervenir que lorsque le capital décès dépend de la succession de l'assuré et en aucun cas lorsqu'un bénéficiaire est directement désigné (Rép. Goua : AN 23-12-2014 n° 63859). Cette réponse précise aussi que le capital est susceptible de dépendre de la succession de l'assuré dans deux cas : absence de bénéficiaire ou volonté délibérée du souscripteur de faire entrer le capital dans la succession, tout en l'attribuant à une personne déterminée (Cass. 1e civ. 10-10-2012 n° 11-17.891 F-PBI : BPAT 6/12 inf. 301 ▶556). Voir ▶129. En réalité, le notaire est susceptible d'intervenir à d'autres titres, directement ou indirectement, et notamment :

- pour établir l'identité des personnes désignées par leur qualité (héritiers, conjoint, enfants…) via une attestation dévolutive ;
- pour établir l'identité et les droits des bénéficiaires lorsque la clause est déposée entre les mains du notaire ou inscrite dans un testament, et qu'elle comporte des options, entre lesquelles le choix effectué doit être relaté dans un acte ;
- pour intégrer dans le calcul des droits de succession la fraction d'abattement utilisée pour la taxation des contrats soumis à l'article 757 B du CGI (voir ▶348) ;
- pour établir et enregistrer une convention de quasi-usufruit ;
- pour interroger le fichier Ficovie lorsqu'il a été mandaté en ce sens par le bénéficiaire éventuel d'un contrat d'assurance-vie (voir ▶206).

Paiement du capital au bénéficiaire

209 **Documents à fournir par le bénéficiaire pour obtenir le paiement** Le bénéficiaire informé de sa désignation doit, pour obtenir le paiement du capital ou de la rente par la compagnie d'assurance, **aviser l'assureur du décès de l'assuré** et lui remettre, plusieurs documents, dont un extrait d'acte de décès, une copie de sa pièce d'identité, un relevé d'identité bancaire du compte du compte sur lequel seront versées les sommes, et, sauf exonération, un document fourni par l'administration fiscale, obligatoire si tout ou partie des primes sont soumises à l'article 757 B du CGI, et consistant soit en un certificat d'acquittement des droits de mutation, soit en un certificat attestant qu'aucun droit n'est dû (voir ▶356). Le bénéficiaire doit le cas échéant **justifier de sa qualité** lorsque la désignation n'est pas nominative (pour la désignation « mes enfants » par exemple, il sera demandé un acte de notoriété).

PRÉCISIONS Pour les avoirs versés depuis le 1er janvier 2018, **le conjoint et le partenaire de Pacs survivants** n'ont plus à produire le certificat de non-exigibilité des droits de succession pour obtenir la libération des fonds par l'assureur. Sont également dispensés de produire ce certificat, pour les avoirs versés depuis le 1er août 2020, les **organismes exonérés de droits de succession en application de l'article** 795 du CGI, notamment certains établissements publics ou d'utilité publique et certaines associations ou fondations reconnues d'utilité publique (CGI art. 806, III-al. 4 modifié par la loi 2020-935 du 30-7-2020 art. 15).

210 **Délais à respecter par l'assureur et revalorisation du capital** L'assureur dispose d'un délai de **15 jours** à compter de la réception de l'avis de décès et de sa prise de connaissance des coordonnées du bénéficiaire pour demander à ce dernier de lui fournir l'ensemble des pièces nécessaires au paiement (sans qu'il puisse s'agir de pièces identiques ou redondantes). La loi Pacte a prévu que, au-delà de ce délai de 15 jours, le capital produit de plein droit intérêt au double du taux légal durant un mois puis, à l'expiration de ce délai d'un mois, au triple du taux légal (C. ass. art. L 132-23-1, al. 4 créé par la loi 2019-486 du 22-5-2019 art. 72 : JO 23 texte n° 2).

À réception des pièces demandées, l'assureur doit effectuer le versement du capital ou de la rente dans un délai qui ne peut excéder **un mois.** Ce délai n'est pas suspendu si l'assureur a omis de demander une pièce au bénéficiaire dans le délai de 15 jours susvisé. Passé le délai d'un mois, le capital non versé produit de plein droit intérêt au double du taux légal durant deux mois puis au triple du taux légal (C. ass. art. L 132-23-1).

S'impute sur le calcul de ce délai de 2 mois la période au cours de laquelle le capital a, le cas échéant, produit intérêt en vertu des dispositions relatives au non-respect du délai de 15 jours pour demander les pièces nécessaires au paiement (C. ass. art. L 132-23-1, al. 5 modifié par la loi 2019-486 du 22-5-2019 art. 72 : JO 23 texte n° 2).

La loi impose aux assureurs, à compter du décès de l'assuré et jusqu'à la réception des pièces nécessaires, ou, le cas échéant, jusqu'au dépôt de ce capital à la Caisse des dépôts et consignations, de **revaloriser le capital** garanti. Cette revalorisation ne peut pas être inférieure à un taux fixé par décret (C. ass. art. L 132-5, al. 3).

À compter de la date de connaissance du décès de l'assuré, cette revalorisation annuelle du capital en euros, nette de frais, est au minimum égale au moins élevé des deux taux suivants :

- la moyenne sur les 12 derniers mois du taux moyen des emprunts d'État (TME), calculée au 1er novembre de l'année précédente ;
- le dernier TME disponible au 1er novembre de l'année précédente.

Entre la date du décès et la date de connaissance du décès par l'assureur, aucun minimum n'est fixé, mais les clauses du contrat doivent effectivement aboutir à une revalorisation du capital nette de frais. À défaut, la revalorisation minimale prévue à compter de la connaissance du décès commence à s'appliquer dès la date du décès (C. ass. art. R 132-3-1, al. 2).

Pour les engagements exprimés en unités de compte ou donnant lieu à la constitution d'une provision de diversification, la revalorisation du capital garanti en cas de décès intervient à compter de la date à laquelle la valeur en euros du capital garanti a été arrêtée (C. ass. art. R 132-3-1, al. 3).

Enfin, les frais prélevés après la date de connaissance du décès par l'assureur sont plafonnés et l'assureur ne peut prélever aucuns frais au titre de l'accomplissement de ses obligations de recherche et d'information (C. ass. art. L 132-5, al. 3).

Délai de réclamation et sort des sommes non réclamées

211 **Réclamation des sommes à l'assureur** Les bénéficiaires ont **10 ans** pour réclamer les sommes qui leur sont dues (C. ass. art. L 114-1, al. 4). Ce délai ne **court** que du jour où les intéressés ont eu connaissance du décès.

Sur un plan général, la jurisprudence considère que la prescription ne court pas contre celui qui a été empêché d'agir en raison d'un cas de force majeure. Si l'on admet que l'ignorance du contrat est un cas de force majeure, la prescription ne court pas tant que les bénéficiaires du contrat n'ont pas eu connaissance de l'existence même du contrat. Cependant, l'action des bénéficiaires est en tout état de cause **prescrite** au plus tard 30 ans à compter du décès de l'assuré (C. ass. art. L 114-1, al. 5).

ILLUSTRATIONS L'existence d'une **demande de règlement** est **appréciée strictement** par les tribunaux : après le décès en décembre 1993 de son mari qui avait souscrit une assurance-vie en cas de décès à son profit, une veuve écrit à l'assureur à plusieurs reprises en 1993 et 1994 et par l'intermédiaire de son avocat en 2003 pour lui réclamer copie de documents en vue d'une analyse préalable à une possible action future.

Ce n'est toutefois qu'en 2006 que la veuve assigne l'assureur en paiement de la garantie décès portant sur plus de 300 000 €. La Cour de cassation confirme l'arrêt de la cour d'appel indiquant que la réclamation de copies de documents en vue d'une analyse à une action future, n'avait pas interrompu le délai de la prescription décennale (Cass. 1e civ. 9-2-2012 n° 10-20.357 F-D : BPAT 2/12 inf. 123).

212 **Dépôt des sommes non-réclamées à la CDC** Depuis le 1er janvier 2016, les sommes dues au titre des contrats d'assurance-vie ou de capitalisation non réclamées doivent être déposées à la Caisse des dépôts et consignations (CDC) au terme d'un délai de 10 ans. Ce délai a pour point de départ la date de prise de connaissance par l'assureur du décès de l'assuré ou de l'échéance du contrat. Le dépôt doit intervenir dans le mois qui suit l'expiration du délai de 10 ans. Par dérogation, les sommes dues au titre d'un contrat d'assurance temporaire en cas de décès ne doivent pas faire l'objet d'un dépôt à la CDC lorsque le décès de l'assuré est survenu avant le 1er janvier 2015. Parallèlement au dépôt des fonds, les assureurs doivent transmettre à la CDC les informations nécessaires au versement des sommes au souscripteur ou au bénéficiaire du contrat. Les assureurs doivent conserver ces informations jusqu'à l'acquisition de la déchéance au profit de l'État, soit pendant 20 ans à compter du dépôt (C. ass. art. L 132-27-2).

Le dépôt des sommes à la CDC est **libératoire pour l'assureur,** à l'exception de ses obligations en matière de conservation d'informations et de documents. Ce caractère libératoire n'emporte toutefois aucune exonération de responsabilité pour les manquements commis antérieurement au dépôt.

PRÉCISIONS Le site internet **Ciclade. fr** permet de rechercher gratuitement les sommes non réclamées issues de contrats d'assurances-vie, transférées par les organismes d'assurance à la CDC (BPAT 5/16 inf. 189).

Récupération des aides sociales et assurance-vie

213 **Récupération auprès du bénéficiaire du contrat d'assurance-vie** Lorsque le souscripteur reçoit des aides sociales récupérables sur sa succession (aides à l'hébergement des personnes âgées, aides sociales à domicile pour les personnes âgées ou les personnes handicapées) et verse des primes après 70 ans sur un contrat d'assurance-vie, ces dernières peuvent faire l'objet d'un recours en récupération par l'État ou le département contre le bénéficiaire du contrat d'assurance-vie pour les décès intervenus depuis le 30 décembre 2015 (CASF art. L 132-8, 4°). La récupération est exercée à titre subsidiaire, c'est-à-dire si elle ne peut pas être réalisée sur la succession du bénéficiaire de l'aide sociale. Elle est limitée à la fraction des primes versées par le souscripteur après l'âge de 70 ans. Si la récupération concerne plusieurs bénéficiaires, la récupération s'effectue au prorata des sommes versées à chacun d'eux. Échappent notamment à la récupération : l'APA, la prestation de compensation et les frais d'hébergement et d'entretien des personnes handicapées (CASF art.

L232-19, L245-7 et L344-5). À notre avis, l'Aspa et l'ASI qui relèvent du Code de la sécurité sociale ne sont pas non plus récupérables sur ce fondement.

214 **Récupération auprès des héritiers du souscripteur assuré** Par ailleurs, les **primes versées sur le contrat** peuvent être sujettes à récupération auprès des héritiers, donataires ou légataires dans plusieurs hypothèses :

- lorsque les primes versées par le défunt sont manifestement exagérées, les créanciers (tels que les Caisses de retraite ayant versé l'Aspa) peuvent demander leur réintégration dans l'actif de la succession. L'autorisation donnée par le juge des tutelles au tuteur de placer, sur un contrat d'assurance-vie, des capitaux revenant au majeur protégé ne prive pas les créanciers de la possibilité de demander cette réintégration (Cass. 1e civ. 7-2-2018 n° 17-10.818 FS-PBI : BPAT 2/18 inf. 53 ▶575) ;
- lorsque le contrat d'assurance-vie fait l'objet d'une requalification judiciaire en donation indirecte, les juges considérant que compte tenu des circonstances dans lesquelles il a été souscrit (souscripteur âgé ou malade), le contrat révèle pour l'essentiel une intention libérale envers le bénéficiaire (voir ▶253). Ainsi jugé, par exemple, à propos d'un contrat portant sur environ 15 000 € et souscrit peu de temps avant son admission en maison de retraite par une femme de 89 ans, qui devait décéder cinq ans plus tard (Cass. 1e civ. 13-3-2008 n° 05-15.306 F-D). Le juge doit prendre en compte l'âge, l'importance des primes versées et l'utilité du contrat pour le souscripteur (Cass. 1e civ. 3-3-2021 n° 19-21.420 F-D : BPAT 3/21 inf. 133 ▶594). Le montant de la récupération est limité au montant des primes versées par le souscripteur du contrat (CE 7-4-2016 n° 383342) ;
- s'agissant de l'Aspa, les primes versées par l'allocataire postérieurement à la demande d'allocation peuvent être réintégrées pour déterminer l'actif net successoral ouvrant droit à récupération dès lors qu'elles sont manifestement incompatibles avec les ressources ou bien déclarés par l'allocataire pour obtenir ou continuer à percevoir l'allocation de solidarité et qu'elles ont pour effet, en minorant l'actif net successoral, de faire obstacle en tout ou partie à l'exercice par l'organisme attributaire de son action en recouvrement de l'allocation sur la succession (CSS art. D 815-6).

2° Aménagements de la gestion du capital décès

215 **Objectifs de la limitation des pouvoirs de gestion du bénéficiaire** Les motivations pouvant amener le souscripteur à chercher à limiter ou aménager la liberté de gestion des fonds par le bénéficiaire (ou ses représentants légaux) après le dénouement du contrat sont **multiples** :

- crainte d'un excès de prodigalité de la part du bénéficiaire qui risquerait de léser ses propres héritiers ou de le conduire rapidement au dénuement le plus total ;
- méfiance vis-à-vis de la gestion du représentant légal du bénéficiaire, qui dispose par ailleurs de la jouissance légale jusqu'aux 16 ans de l'enfant (notamment entre ex-époux divorcés en présence d'enfants mineurs, ou par des grands-parents souhaitant assurer les études de leurs petits-enfants, mais se méfiant de la gestion des parents) ;
- souci d'éviter la perception d'un capital risquant d'entraîner la récupération ultérieure de certaines prestations versées par des organismes sociaux ;
- souci d'éviter une majoration des revenus du bénéficiaire risquant de lui faire perdre le bénéfice de certaines prestations ;

- souci d'éviter un « gonflement » du patrimoine du bénéficiaire risquant d'être lourdement imposé lors d'une transmission ultérieure ;
- et, d'une façon générale, souhait d'imposer un mode de gestion spécifique des fonds que le bénéficiaire sera amené à recueillir (par exemple, gestion de type « bon père de famille »).

216 Face à des préoccupations aussi diverses, les réponses le sont tout autant et font appel à des **techniques juridiques et financières** qui parfois se combineront entre elles.

Lorsque l'objectif poursuivi est de faire administrer le capital par une personne différente du bénéficiaire ou de son représentant légal, ou de permettre un contrôle de la gestion du capital transmis par le biais d'un contrat d'assurance-vie, plusieurs techniques juridiques peuvent être envisagées. Elles s'appuient essentiellement sur le caractère de libéralité ou de stipulation pour autrui du contrat d'assurance-vie, ou recourent à l'utilisation de certaines techniques sociétaires ou du droit des biens avec le démembrement de la clause bénéficiaire.

PRÉCISIONS Il n'est pas possible de recourir au **mandat à effet posthume** pour faire administrer les capitaux décès par une personne autre que son bénéficiaire. Car ce mandat ne vise que les actifs de la succession (C. civ. art. 812). L'assurance-vie en est exclue, puisque le capital versé l'est hors succession (indépendamment de son régime fiscal).

Techniques juridiques d'aménagement de la gestion du capital

217 **Limitation des pouvoirs du bénéficiaire mineur ou de ses représentants légaux**

Les dispositions de l'article 384 du Code civil, qui autorisent le donateur (ou le testateur) à **disposer de biens en faveur d'un mineur sous la condition** qu'ils seront administrés par un tiers autre que l'administrateur légal, s'appliquent-elle au bénéficiaire d'un contrat d'assurance-vie ?

Une telle application peut notamment être recherchée par des **grands-parents** qui souhaitent avantager leurs petits-enfants, mais se méfient de la gestion des parents de ceux-ci, ou par des **parents divorcés ou séparés** qui souhaitent soustraire à l'administration légale de leur ex-conjoint ou concubin la partie des biens de leur succession qui reviendra à leur enfant mineur.

218 Il n'existe pas de jurisprudence sur la question, et la doctrine est divisée.

Pour certains auteurs, l'article 384 du Code civil qui vise expressément les biens « donnés ou légués » au mineur, ne serait pas applicable à l'assurance-vie. Les capitaux décès ne pourraient donc être gérés que par l'administrateur légal.

D'autres auteurs parviennent à la conclusion de la possibilité d'introduire une clause d'administration par un tiers, mais sur un **fondement différent** : l'attribution à titre gratuit d'une assurance sur la vie étant réalisée hors succession, elle peut s'accompagner d'une charge sui generis, équivalente à celle de l'article 384 du Code civil. Il serait donc possible de confier l'administration du capital à un tiers et d'échapper à l'administration légale.

219 Si l'on admet la possibilité de déroger aux règles de l'autorité parentale pour les sommes versées en vertu d'un contrat d'assurance, un tiers pourrait être désigné pour administrer le capital reçu par le mineur par le biais de l'assurance-vie. Les pouvoirs du **tiers administrateur** devront être définis dans la clause.

En matière de donation ou de legs, il est possible de soustraire à la gestion parentale non seulement les biens entrant dans la quotité disponible, mais également ceux entrant dans la **part réservataire de l'enfant.**

220 En retenant la thèse de l'application directe au capital décès de l'article 384 du Code civil, qui ne concerne que les enfants mineurs, l'effet de la mesure disparaît automatiquement avec la **survenance de la majorité**.

En revanche, si la gestion par un tiers s'analyse comme une condition sui generis attachée à la désignation bénéficiaire, il est possible de la maintenir au-delà du cap de la majorité. Il conviendra simplement de veiller à une rédaction adaptée de la clause afin d'éviter toute hésitation sur la volonté de maintenir la condition de gestion par un tiers après la majorité du bénéficiaire.

221 **Limitation des pouvoirs du bénéficiaire majeur** Il nous semble possible, toujours sur le fondement du caractère hors succession de l'assurance-vie, d'assortir la clause bénéficiaire au profit d'un majeur d'un certain nombre de **conditions et obligations sui generis**, et notamment celle de la gestion par un tiers. Le bénéficiaire devra accepter ces conditions pour obtenir le capital. Par cette acceptation, il consent également à faire gérer la somme par l'administrateur désigné par le stipulant. S'il refusait l'administrateur désigné, il ne pourrait accepter la stipulation pour autrui et bénéficier du capital. Après son acceptation, il ne pourra pas à notre sens contester l'administrateur, sauf à perdre le bénéfice de la stipulation.

222 Que le bénéficiaire soit majeur ou mineur, cette volonté d'une gestion par un tiers administrateur réclame une **rédaction spécifique et détaillée** de la clause. Il est notamment conseillé de désigner un tiers administrateur de substitution pour suppléer à l'empêchement ou au décès du tiers administrateur désigné en premier (en ce sens, H. Leyrat, La désignation d'un tiers administrateur des capitaux-décès versés lors du dénouement d'un contrat d'assurance-vie : JCP N 2021 n° 1343).

Aménagement de la gestion du capital par l'utilisation des techniques sociétaires

223 La technique consiste à **constituer une société civile** relevant de l'impôt sur le revenu, dont la **gérance** sera confiée à une personne de confiance et les **parts** seront attribuées aux personnes que l'on souhaite avantager.

La société civile peut être désignée **bénéficiaire du contrat** d'assurance-vie souscrit. Au décès de l'assuré, elle recevra le capital assuré et celui-ci sera géré par le gérant au profit des associés de la société.

Pour sécuriser le bénéfice du régime fiscal de l'assurance-vie, il est préférable de nommer bénéficiaires les personnes que l'on souhaite avantager, sous la condition qu'elles apportent la somme nette reçue après fiscalité à la société civile (pour le cas où la société est bénéficiaire, voir ▶ 367).

Afin d'assurer la permanence de la solution retenue, les **statuts** seront rédigés en fonction des objectifs poursuivis et quelques **parts** seront attribuées au **gérant** pour lui permettre de s'opposer, le cas échéant, à l'adoption de certaines décisions qui iraient à l'encontre de la volonté qu'avait le souscripteur du contrat d'assurance-vie.

La solution peut être affinée et permettre par exemple un différé dans le versement des fruits provenant du capital placé, en procédant à un **démembrement des parts et du capital versé.** La répartition des pouvoirs entre nus-propriétaires et usufruitiers sera établie en fonction des objectifs poursuivis. Cette solution pourra être préférée à celle envisagée.

Démembrement de la clause bénéficiaire du contrat d'assurance-vie

224 **Mécanisme de la clause bénéficiaire démembrée** Du point de vue civil, le souscripteur d'une assurance-vie peut stipuler que le capital décès reviendra respectivement en **usufruit** et en **nue-pro-**

priété à des **bénéficiaires distincts,** ce qui s'apparente au double legs de l'usufruit et de la nue-propriété. Cette technique qui a fait couler beaucoup d'encre lors de sa proposition dans les années 1990 (et ne doit pas être confondue avec le démembrement de la valeur de rachat, également appelé démembrement « ab initio » : voir ▶ 147 s.) a été ensuite popularisée, parfois à l'excès, du fait des avantages fiscaux (désormais restreints) qui l'accompagnaient dans certaines configurations.

Le démembrement de propriété conserve encore d'intéressants atouts fiscaux, ainsi qu'une véritable utilité civile par la protection de l'usufruitier qu'elle assure tout en permettant au nu-propriétaire de récupérer à terme les capitaux provenant originellement du patrimoine du souscripteur.

L'usufruit peut être attribué pour une durée viagère (ce sera le cas le plus fréquent), mais il peut également être attribué à titre temporaire, ce qui peut être adapté si l'objectif est que le bénéficiaire en nue-propriété ne perçoive la disponibilité des capitaux qu'à compter d'un certain âge.

225 Dans le cas le plus fréquent où le règlement du contrat se fait en argent (et non en unités de compte), le **démembrement de la clause bénéficiaire** confère au bénéficiaire un quasi-usufruit sur les sommes ainsi versées, conformément à l'article 587 du Code civil. Au décès de l'assuré, l'assureur devra verser le capital garanti entre les mains de l'usufruitier, qui pourra en disposer librement, dans les limites des articles 601, 602 et le cas échéant 1094-3 du Code civil (▶ 227 s.), à charge pour lui de restituer en fin d'usufruit - c'est-à-dire à son décès lorsque l'usufruit est viager - un capital équivalent au nu-propriétaire désigné. En outre, la créance du nu-propriétaire contre l'usufruitier sera déductible de l'actif successoral pour la liquidation des droits de succession et constitue un passif de succession qui n'aurait pas existé si la clause bénéficiaire du contrat avait été établie au profit du bénéficiaire en pleine propriété au lieu de l'être en usufruit. Sur le régime fiscal du démembrement de la clause bénéficiaire, voir ▶ 391 s.

Pour éviter tout litige quant à l'application du quasi-usufruit sur la somme versée (C. civ. art. 621), il est **conseillé** de rédiger avec soin la clause bénéficiaire et de ne pas se limiter au traditionnel « mon conjoint pour l'usufruit, mes enfants pour la nue-propriété ». À défaut, en effet, les dispositions des articles 601, 602 et le cas échéant 1094-3 du Code civil pourraient réduire à peau de chagrin les prérogatives de l'usufruitier (▶ 227 s.).

PRÉCISIONS Du point de vue civil, le démembrement de la clause bénéficiaire est une **solution médiane** entre la désignation de l'usufruitier en pleine propriété et la désignation du nu-propriétaire en pleine propriété. En effet, par rapport à la première solution, la liberté de gestion de l'usufruitier est sauvegardée, mais le nu-propriétaire se voit reconnaître un droit de créance contre la succession dont il n'aurait pas bénéficié si l'usufruitier avait été désigné en pleine propriété. Sa situation en est donc améliorée. Inversement, par rapport à la seconde solution, le démembrement de la clause bénéficiaire préserve les droits de l'usufruitier puisqu'elle lui reconnaît un usufruit (quasi-usufruit lorsque le règlement du contrat se fait en argent, sous les réserves susvisées) alors que cette seconde solution lui dénierait tout droit.

226 **Aménagement des pouvoirs respectifs de l'usufruitier et du nu-propriétaire** Il est possible de moduler l'étendue des pouvoirs respectifs de l'usufruitier et du nu-propriétaire. Cette modulation intervient généralement dans le cadre d'un démembrement de la clause par **testament ou clause bénéficiaire déposé chez un notaire,** les compagnies d'assurances ne souhaitant pas toujours se charger de ce type de question. Le testament ou, de préférence, la clause bénéficiaire déposée, peut par exemple stipuler que le quasi-usufruit ne portera que sur une fraction des sommes versées au titre du contrat d'assurance-vie, le solde étant affecté d'une obligation d'emploi, et qu'en outre l'usufruitier devra fournir une garantie assurant le remboursement à terme de tout ou partie de la créance du nu-propriétaire. La rédaction de la clause avec l'assistance d'un notaire paraît ici particulièrement recommandée.

Une rédaction adaptée de la clause bénéficiaire permet de renforcer ou d'atténuer la protection du nu-propriétaire prévue par les articles 601 et 602 du Code civil d'une part, 1094-3 d'autre part, ainsi que par l'article 759 en cas de déqualification du contrat d'assurance-vie ou de primes manifestement exagérées : voir ci-après ▶227 s.

227 **Protection du nu-propriétaire** Si la clause bénéficiaire prévoyant le démembrement de propriété ne dispense pas expressément l'usufruitier de son **obligation de fournir caution,** le nu-propriétaire pourra lui imposer le placement des sommes comprises dans l'usufruit (voir aussi P. Julien Saint-Amand et M. Iwanesko, Variations juridiques et fiscales autour du démembrement de la clause bénéficiaire du contrat d'assurance-vie : BPAT 6/02 p. 3 ; S. Chaine et M. Iwanesko, Congrès des notaires mai 2000, Le patrimoine au XXIe siècle p. 779). Rappelons en effet que l'article 601 du Code civil dispose que l'usufruitier « donne caution de jouir raisonnablement, s'il n'en est dispensé par l'acte constitutif de l'usufruit ; cependant les père et mère ayant l'usufruit légal du bien de leurs enfants, le vendeur ou le donateur, sous réserve d'usufruit, ne sont pas tenus de donner caution ». Cette obligation à la charge de l'usufruitier a pour objet de protéger le nu-propriétaire contre l'éventuelle insolvabilité de l'usufruitier. L'article 602 complète le dispositif en précisant la sanction applicable en l'absence de caution : « Si l'usufruitier ne trouve pas de caution… ; les sommes comprises dans l'usufruit sont placées… ; les intérêts de ces sommes… appartiennent dans ce cas à l'usufruitier. »

228 Les descendants peuvent demander en justice la **conversion de l'usufruit légal ou conventionnel du conjoint survivant en rente viagère** (C. civ. art. 759). Ce texte vise expressément la faculté pour chaque enfant ou descendant d'exiger la conversion de l'usufruit en rente viagère sur « les biens du prédécédé » ; or, le capital décès ne fait pas partie de la succession de l'assuré (C. ass. art. L 132-12). Il ne nous semble donc pas qu'un héritier nu-propriétaire puisse utilement invoquer cet article pour faire échec à l'attribution d'un usufruit au conjoint sur le capital versé par la compagnie en application des clauses du contrat. L'action ne pourrait prospérer efficacement qu'en cas de déqualification du contrat ou en présence de primes manifestement exagérées et de réintégration de celles-ci dans l'actif successoral.

229 Lorsque l'usufruitier est le conjoint survivant, les descendants peuvent, « nonobstant toute stipulation contraire du disposant, exiger, quant aux biens soumis à l'usufruit, qu'il soit… fait **emploi des sommes**… » (C. civ. art. 1094-3). La rédaction de cet article a une portée très générale puisqu'il est question du « disposant », terme particulièrement vaste, et qu'il n'est pas fait référence aux « biens du prédécédé ». En outre, il s'agit d'un texte d'ordre public. Son application à l'assurance-vie nous semble donc pouvoir être défendue avec de bonnes chances de succès.

Si l'on suit cette analyse, l'obligation d'emploi apparaît difficilement conciliable avec le mécanisme du quasi-usufruit. Certes, rien n'interdit au souscripteur de préciser après l'analyse des futurs besoins de l'usufruitier que, sur un pourcentage déterminé des capitaux versés, il y aura application du quasi-usufruit (quitte à envisager des garanties) et sur le reste obligation d'emploi. Mais les descendants auront toujours la possibilité d'imposer l'obligation d'emploi sur le tout.

230 **Montant de la dette de restitution** Le **principe** est celui du nominalisme monétaire. Malgré l'absence d'assise jurisprudentielle déterminante, il semble possible de **déroger conventionnellement** à ce principe.

Trois techniques pourront être retenues :

- l'adoption d'une clause d'indexation de la créance de restitution, l'indice choisi devant être en relation soit avec l'objet du contrat, soit avec l'activité d'une des parties, en raison de l'interdiction des indexations générales ;
- l'adoption d'une clause prévoyant que la créance suivra le sort des emplois successifs, suivant le principe de la subrogation, comme pour le calcul des récompenses en fonction du profit subsistant ;
- l'adoption d'une clause prévoyant qu'à l'extinction du quasi-usufruit, les usufruitiers devront restituer non la somme elle-même, mais toutes les destinées de l'emploi qui en aura été fait.

Sur l'opposabilité de ces clauses à l'**administration fiscale,** voir ▶400.

Pour assurer la **conservation de la preuve** de la dette, même en l'absence de convention particulière quant à l'évaluation de la créance, il est conseillé aux parties d'établir un acte authentique (▶401).

231 **Démembrement simple et démembrement complexe** La clause bénéficiaire peut prévoir l'attribution de l'usufruit et de la nue-propriété à des bénéficiaires distincts : l'un pour l'usufruit, l'autre pour la nue-propriété. Mais elle peut également prévoir l'attribution de chacun des droits démembrés à **plusieurs bénéficiaires conjointement,** ou encore prévoir l'attribution d'un usufruit au profit d'un premier bénéficiaire et d'un **usufruit successif** au profit d'un second bénéficiaire, et gérer ainsi la transmission sur plusieurs générations (P. Julien Saint-Amand et M. Iwanesko, Assurance-vie : variations juridiques et fiscales autour du démembrement de la clause bénéficiaire : BPAT 6/02 p. 3).

Techniques financières d'aménagement de la gestion du capital

232 **Objectif poursuivi** Certains souscripteurs souhaitent **éviter que,** au dénouement du contrat, **le bénéficiaire ne reçoive l'intégralité du capital assuré.** Plusieurs pistes peuvent être explorées, notamment le différé de paiement et la sortie en rente viagère.

233 **Différé de paiement** Le souhait de nombreux souscripteurs est parfois de **retarder l'entrée en jouissance du bénéficiaire** soit jusqu'à un certain âge à partir duquel il sera considéré comme plus « mûr » pour gérer ses biens, soit jusqu'à ce que se produise un événement déterminé (tel que le mariage, par exemple). Plutôt que de prévoir une entrée en jouissance différée qui semble difficile à mettre en oeuvre, il paraît préférable de prévoir un différé contractuel de paiement du capital.

La **technique employée** sera donc celle d'une assurance « à effet différé » ; or, si cette technique ne semble pas poser de problème dans le cadre d'une assurance décès pure, il semble qu'elle soulève des **difficultés** de mise en oeuvre au niveau de la contre-assurance incluse dans un contrat d'assurance-vie à capital différé. En outre, il est évident que ce différé de paiement implique que les fonds resteront la propriété de l'assureur jusqu'à cette date et qu'il en assumera seul la gestion, ce qui interdira, en principe, toute perception de revenus par le bénéficiaire.

Sur le **plan fiscal,** l'administration a précisé que le prélèvement de 20 % (ou 31,25 %) prévu par l'article 990 I du CGI serait calculé à partir de la valeur de rachat du contrat au jour du versement des sommes et non pas au jour du décès (BOI-TCAS-AUT-60 n° 220). La base du prélèvement sera ainsi majorée.

234 **Sortie en rente** Si la possibilité de sortie en rente viagère (ou temporaire) est en général prévue en cas de vie en faveur du souscripteur, il est plus rare qu'elle le soit, en cas de décès, en faveur du bénéficiaire.

Certains contrats prévoient cependant cette possibilité, qui peut s'avérer adaptée à certaines situations. Tel est le cas notamment lorsque les **bénéficiaires** sont des **majeurs protégés,** car ils ont généralement plus besoin de revenus que de capital. Toutefois, du point de vue strictement financier, le versement d'une rente viagère pour ces majeurs protégés peut s'avérer défavorable lorsque leur espérance de vie, en raison de l'importance de leur handicap, est inférieure à l'espérance de vie moyenne qui sert de référence au calcul de la rente servie. La solution du versement au profit d'une société civile peut alors être préférable.

d. Nature des droits du bénéficiaire du contrat d'assurance-vie et conséquences juridiques

Contrat en cas de vie ou en cas de décès

235 La nature juridique de la transmission au profit du bénéficiaire du contrat et les **conséquences** qui en sont tirées sont **différentes** selon que le contrat se dénoue en cas de vie ou en cas de décès.

1° Bénéficiaire en cas de vie

Analyse de l'opération

236 Rappelons tout d'abord que lorsque le contrat prévoit un bénéficiaire en cas de vie, il s'agit, dans la majorité des cas, du souscripteur lui-même (pure opération de placement). Il peut toutefois être une **personne différente du souscripteur,** ce qui est parfaitement légal.

Si l'on réserve l'hypothèse (sans doute rare mais concevable) où l'attribution du capital s'effectuerait à titre onéreux, l'opération procédera d'une intention libérale et réalisera une **donation indirecte** soumise au droit commun des libéralités.

Cette libéralité indirecte - distincte du don manuel et de la donation déguisée - s'effectue par l'intermédiaire d'une tierce personne, l'assureur, qui encaisse les primes et règle les sommes assurées.

Sous l'angle civil, le versement au(x) bénéficiaire(s) par la compagnie d'assurance des capitaux dus ou de la rente prévue en contrepartie du versement des primes doit être analysé au regard des règles du rapport à succession et de la récompense à la communauté.

Rapport à succession et réduction des libéralités excessives

237 Lorsque le contrat d'assurance-vie est utilisé pour réaliser une donation indirecte au profit d'un bénéficiaire en cas de vie, cette libéralité est soumise aux règles de droit commun des libéralités. En effet, les règles dérogatoires édictées par les articles L 132-12 et L 132-13 du Code des assurances (▶170 et ▶239 s.) ne concernent que les assurances décès à bénéficiaire désigné.

Les règles du rapport et de la réduction ont donc vocation à s'appliquer au décès du souscripteur, qu'il y ait ou non des primes manifestement exagérées (cette notion ne concernant que les assurances en cas de décès). Il en résulte que :

- si le bénéficiaire est soumis au **rapport** (héritier en présence d'au moins un autre héritier), la libéralité résultant du contrat d'assurance-vie sera rapportable, sauf si elle a été consentie hors part successorale ;
- en ce qui concerne la **réduction,** la libéralité sera réductible pour la fraction excédant la quotité disponible, dans les conditions fixées par les articles 920 et suivants du Code civil.

Une incertitude demeure sur le **montant à prendre en compte** pour le rapport et la réduction : s'agit-il du montant dont le donateur s'est appauvri (montant des primes) ou bien de celui dont le bénéficiaire s'est enrichi (montant du capital versé) ? À notre avis, le montant à prendre en compte est celui du capital, par application des articles 860, 922 et 924-2 du Code civil.

Récompense à la communauté

238 La question est délicate. Le Code des assurances ne vise pas expressément cette situation. Il convient donc d'essayer d'interpréter les rares dispositions qu'il contient en ce domaine.

L'article L 132-16 du Code des assurances dispose : « Le bénéfice de l'assurance contractée par un époux commun en biens **en faveur de son conjoint** constitue un propre pour celui-ci. Aucune récompense n'est due à la communauté en raison des primes payées par elle sauf dans les cas spécifiés dans l'article L 132-13, deuxième alinéa », c'est-à-dire lorsque les primes ont été manifestement exagérées eu égard aux facultés du souscripteur.

Cette disposition s'applique-t-elle uniquement lorsque le bénéfice de l'assurance résulte du décès de l'assuré ou bien s'applique-t-elle également en cas de bénéficiaire en cas de vie ?

À la différence des articles L 132-12 et L 132-13, l'article L 132-16 ne vise pas expressément le décès de l'assuré. Une interprétation littérale pourrait donc conduire à appliquer les dispositions de cet article, que le bénéficiaire reçoive le bénéfice du contrat en cas de vie ou en cas de décès de l'assuré. Les développements concernant les récompenses à la communauté en cas de décès (voir ► 255 s.) seraient donc transposables mutatis mutandis au versement des primes d'un contrat d'assurance se dénouant en cas de vie au profit d'un bénéficiaire autre que le souscripteur.

2° Bénéficiaire en cas de décès

Rapport à succession et réduction des libéralités

239 **Régime dérogatoire de l'assurance-vie**

Les **sommes reçues par le bénéficiaire** au titre d'un contrat ne font pas partie de la succession de l'assuré (C. ass. art. L 132-12). À la différence des libéralités classiques soumises au seul Code civil, le capital décès issu d'un contrat d'assurance-vie n'est pas rapportable à la succession et n'est pas davantage soumis aux règles de la réduction pour atteinte à la réserve (C. ass. art. L 132-13, al. 1). C'est l'une des conséquences de la stipulation pour autrui dont l'assurance décès est une application. Le rapport et la réduction ne peuvent pas porter sur le capital assuré, parce que ce dernier n'a jamais fait partie du patrimoine du souscripteur. Il est versé au bénéficiaire par l'assureur en vertu d'un droit propre détenu par le premier contre le second.

240 Quant aux **primes versées par le souscripteur,** elles échappent de même aux règles du rapport et de la réduction, sauf si elles ont été manifestement exagérées (C. ass. art. L 132-13, al. 2).

Le rapport vise à tenir compte dans le règlement de la succession des libéralités consenties à différents héritiers en avance sur leur part d'héritage. Toutes les libéralités sont concernées, sauf celles qui sont hors part, ainsi que les donations-partages. La réduction permet de protéger les héritiers réservataires de l'atteinte qui peut être portée à leur réserve lorsque le défunt a consenti des libéralités, de son vivant ou par décès, excédant la quotité disponible de son patrimoine.

PRÉCISIONS

a. Le principe selon lequel les capitaux versés à un bénéficiaire déterminé ne font pas partie de la succession de l'assuré a pour conséquence que l'héritier qui dissimule un contrat d'assurance-vie dont il est bénéficiaire ne commet pas un **recel successoral,** sauf en cas de primes manifestement exagérées (en ce sens, notamment, Cass. 1e civ. 4-6-2009 n° 08-15.093 F-PB : BPAT 4/09 inf. 156, décision rendue en application de l'ancien article 792 du Code civil mais transposable ; Cass. 1e civ. 1-2-2012 n° 10-21.444 F-D).

b. Bien que les capitaux décès n'aient jamais fait partie du patrimoine du souscripteur défunt, les bénéficiaires désignés peuvent avoir l'obligation de **reverser les capitaux** en tout ou partie au profit d'un tiers en exécution d'un **legs universel avec charge.** Il en va ainsi lorsque le testateur institue ses enfants bénéficiaires du contrat d'assurance-vie légataires universels, à charge pour eux de reverser le capital décès à leur belle-mère (Cass. 1e civ. 20-5-2009 n° 08-11.355 FS-PB : BPAT 4/09 inf. 157 ▶ 545).

241 **Champ d'application du régime dérogatoire**

Le régime dérogatoire posé par les articles L 132-12 et L 132-13 du Code des assurances n'est pas réservé aux seules assurances décès, du type temporaire décès par exemple.

Ce principe a été réaffirmé par la Cour de cassation dans 4 arrêts de principe en date du 23 novembre 2004 : le régime dérogatoire s'applique à tous les **contrats d'assurance dont les effets dépendent de la vie humaine,** ce qui comprend les contrats d'assurance-vie qualifiés « de pure capitalisation » (Cass. ch. mixte 23-11-2004 n° 02-11.352 P : BPAT 6/04 inf. 139 ▶ 528).

242 La Cour de cassation a réitéré sa position en estimant qu'il n'y avait **pas lieu de poser une question prioritaire de constitutionnalité** sur le fait de savoir si les dispositions des articles L 132-12 et L 132-13 du Code des assurances portent ou non atteinte au principe fondamental d'égalité des citoyens devant la loi, et notamment au principe de non-discrimination entre les héritiers réservataires. En effet, elle estime que l'absence de rapport ou de réduction du capital et des primes ne crée pas en elle-même de discrimination entre les héritiers ni ne porte atteinte au principe d'égalité dans la mesure où les primes manifestement exagérées peuvent être réintégrées par le juge dans la succession (Cass. 2e civ. 19-10-2011 n° 11-40.063 F-D). La Cour a également jugé que les dispositions en cause ne constituent pas non plus une discrimination portant atteinte au droit au respect de la vie familiale garanti par l'article 8 de la **Convention européenne** de sauvegarde des droits de l'Homme (Cass. 1e civ. 19-3-2014 n° 13-12.076 F-PB : BPAT 3/14 inf. 136).

En l'état actuel du droit positif français, tant les capitaux décès que les primes versées sur ces contrats échappent aux règles du rapport et de la réduction, sous réserve que les primes ne soient pas excessives.

Ce sujet est toujours objet de débats, avec notamment les propositions de soumettre, pour les seuls aspects civils, l'assurance-vie au droit commun des successions et libéralités (voir ▶ 252). De même, d'autres voies de contestations sont esquissées autour de la requalification en donation indirecte (voir ▶ 253).

PRÉCISIONS La **Cour constitutionnelle de Belgique** saisie d'une question préjudicielle de constitutionnalité relative à l'article 124 de la loi du 25 juin 1992 sur le contrat d'assurance terrestre (LCAT, équivalent de l'article L 132-13 du Code des assurances français) a pris une position inverse dans un arrêt du 26 juin 2008. En effet, estimant que ces placements concernent « des avoirs d'épargne considérables », elle conclut que le caractère hors succession de l'assurance-vie est contraire à la règle de la réserve et ne peut être invoqué à l'égard du capital en cas « d'opération d'épargne par le de cujus sous la forme d'une assurance-vie mixte ». À compter de la loi du 10 décembre 2012 (Moniteur belge du 11-1-2013) ayant pris effet le 21 janvier 2013, l'article 124 était libellé comme suit : « En cas de décès du preneur d'assurance, la prestation d'assurance est, conformément au Code civil, sujette à réduction et, pour autant que le preneur d'assurance l'a spécifié expressément, à rapport. ». La loi belge prévoyait donc que la prestation d'assurance était sujette à réduction et qu'au regard du rapport elle était considérée comme préciputaire, sauf si le disposant avait souhaité la rendre rapportable. L'article 124 de la loi sur le contrat d'assurance terrestre est devenu l'article 188 du même Code avec la loi du 4 avril 2014 relative aux assurances. La loi du 31 juillet 2017, modifiant le Code civil en ce qui concerne les successions et les libéralités, a écarté la présomption du caractère préciputaire de l'assurance-vie. Elle a réécrit l'article 188 de la loi sur le contrat d'assurance qui prévoit désormais que la prestation d'assurance est rapportable « sauf dispense de rapport certaine émanant du preneur d'assurance ».

Une distinction est cependant maintenue entre les désignations intervenues avant le 1er septembre 2018 et celles intervenues après cette date. Pour les clauses bénéficiaires établies avant l'entrée en vigueur de la loi, la présomption du caractère hors part successorale perdure, sauf précision inverse expresse (ancien art. 188 de la loi sur le contrat d'assurance terrestre). Les bénéficiaires désignés postérieurement à l'entrée en vigueur de la loi, c'est-à-dire à compter du 1er septembre 2018, sont pour leur part présumés désignés en avancement d'hoirie, lorsqu'ils sont aussi des héritiers soumis au rapport, sauf si une dispense de rapport expresse est prévue par le preneur d'assurance.

Définition des primes manifestement exagérées

243 **Absence de critères légaux** Il n'existe pas de définition légale des primes « manifestement exagérées » alors même que ce correctif est visé à plusieurs reprises dans le Code des assurances (pour protéger les héritiers : C. ass. art. L 132-13 ; mais aussi le conjoint : C. ass. art. L 132-16 ; ou encore les créanciers : C. ass. art. L 132-14). Cette notion peut être éclairée au moyen du **rapport** préalable rendu par la **commission d'assurance et de prévoyance sociales** présenté le 5 août 1926, qui indique qu'« elles (les primes) ont dû normalement être prises sur les revenus. Ni les héritiers ni les créanciers ne peuvent se plaindre des dépenses faites par leur auteur quand elles ont été en rapport avec la situation de fortune, la libéralité ou la fraude ne commencent à apparaître que si les sommes versées à titre de primes ont été manifestement exagérées, excessives, en raison des facultés de l'assuré, et dans cette mesure seulement qu'il y aura lieu à rapport ou à réduction pour permettre l'égalité du partage et évaluer la quotité disponible ».

Les arrêts de la Cour de cassation du 23 novembre 2004 fixent les **critères** clés de l'appréciation de l'exagération, avec deux axes, régulièrement confirmés par la jurisprudence de la Cour suprême :

- critère « **quantitatif** », comme le montant des primes versées par rapport aux revenus et au patrimoine du souscripteur, qui permet de procéder à un contrôle de proportionnalité ;
- critères « **qualitatifs** », comme l'utilité de l'opération, qui permet un contrôle de l'opportunité. Il peut également s'agir de l'âge du souscripteur ou de son état de santé, donc de la proximité du décès. Le mobile de la souscription est également pris en compte. L'absence de disproportion peut être, par exemple, appréciée par rapport au service rendu.

Les juges du fond peuvent tenir compte, dans leur analyse des situations patrimoniale et fiscale du souscripteur, du fait qu'il partage les charges de la vie courante avec une autre personne (Cass. 1e civ. 6-11-2019 n° 18-16.153 F-D ▶ 583).

La **date** à laquelle le caractère exagéré des primes doit être établi est celle de leur versement, et non celle du décès de l'assuré.

Les **juges du fond** apprécient souverainement l'existence de l'excès, mais ils doivent limiter leur approche aux critères définis par la Cour de cassation et ne doivent pas se référer au montant de la quotité disponible (Cass. 2e civ. 4-7-2007 n° 06-11.659 FS-D) ou à l'intention du souscripteur d'échapper aux règles du droit successoral (Cass. 2e civ. 23-10-2008 n° 07-19.550 F-D).

Précisons enfin que seuls les contrats existant lors du décès du souscripteur doivent être pris en compte par le juge. En effet, les dispositions de l'article L 132-13 du Code des assurances relatives au rapport et à la réduction des primes manifestement exagérées ne s'appliquent pas aux primes versées sur un **contrat racheté** par le souscripteur avant son décès (Cass. 1e civ. 9-2-2022 n° 20-18.544 F-PB : BPAT 2/22 inf. 97 ▶ 597).

PRÉCISIONS

a. Le caractère manifestement exagéré des primes n'a pas nécessairement à être constaté par une décision de justice rendue à la demande des héritiers du souscripteur (Cass. com. 10-12-2013 n° 12-22.424 F-D : BPAT 1/14 inf. 25). Si les héritiers et le bénéficiaire du contrat parviennent à se mettre d'accord pour se faire des concessions réciproques, la **conclusion d'une transaction** peut permettre d'éviter un long procès à l'issue incertaine.

b. La condamnation du souscripteur à la **sanction du recel communautaire,** qui emporte privation rétroactive de tout ou partie de son patrimoine, est sans incidence sur l'appréciation du caractère exagéré des primes versées avant cette condamnation (Cass. 1e civ. 30-9-2020 n° 19-13.129 F-D : BPAT 5/20 inf. 143).

244 **Illustrations jurisprudentielles** Ont été jugées **exagérées** :

- une prime d'un montant total de **8 700 €** (en quatre versements sur 2 ans), le contrat ayant été souscrit par une femme de 89 ans dont les revenus nets mensuels s'élevaient à 640 € et qui ne laissait aucun bien à son décès (Cass. 1e civ. 31-10-2007 n° 06-14.399 FS-PB ▶ 538) ;
- une prime de **46 000 €** représentant plus de la moitié du prix de vente d'un immeuble, le solde du prix et les ressources limitées de la souscriptrice (800 € par mois) ne lui permettant pas de couvrir ses besoins, notamment ses frais de séjour en maison de retraite (Cass. 2e civ. 1-7-2010 n° 09-67.770 F-D) ;
- une prime de **54 000 €** versée par une souscriptrice de 91 ans dont les revenus mensuels s'élevaient à 2 000 € (Cass. 1e civ. 4-7-2007 n° 06-16.382 F-D, décision qui ne précise pas l'importance du patrimoine de la souscriptrice) ;
- une prime de **106 114 €** représentant 60 % du prix de vente d'un immeuble, versée par un souscripteur de 63 ans dont les revenus étaient de l'ordre de 20 000 € par an sur la période considérée (de 1995 à 1997), laissant pour lui succéder son conjoint survivant (bénéficiaire), leur fille commune ainsi que trois enfants nés de précédentes unions (Cass. 1e civ. 10-10-2012 n° 11-14.018 FS-PB : BPAT 6/12 inf. 308 ▶ 555) ;
- des primes versées au titre de divers contrats d'assurance-vie représentant près de **512 000 €** : selon la Cour de cassation, la cour d'appel a jugé souverainement que les primes versées présentaient un caractère manifestement exagéré après avoir pris en considération l'âge, les situations patrimoniale et familiale du souscripteur et l'utilité des contrats pour ce dernier.
  En l'occurrence, les primes versées dépassaient largement les revenus du ménage et provenaient en fait de la vente d'une partie de l'actif immobilier, à savoir une maison située sur la Côte d'Azur. Le souscripteur étant âgé de 79 ans, ce placement présentait peu d'intérêt pour lui-même (Cass. 1e civ. 12-9-2012 n° 11-17.600 F-D) ;
- des primes versées pour un montant global de **46 000 €** provenant de la vente de son logement par une personne sous tutelle percevant une allocation mensuelle de 220 € et bénéficiant de l'allocation de solidarité aux personnes âgées et ce, alors même que les versements ont été autorisés par le juge des tutelles (Cass. 1e civ. 7-2-2018 n° 17-10.818 FS-PBI : BPAT 2/18 inf. 53 ▶ 575) ;
- des primes versées pour un montant total de plus de **2 000 000 €** en l'espace de 3 ans sur deux contrats, par un veuf âgé de plus de 65 ans et disposant d'une retraite confortable de

55 000 €. La cour d'appel a retenu que ces placements, représentant 61 % de l'actif successoral, ne s'inscrivaient pas dans un projet particulier tel que le financement de frais d'hébergement en maison de retraite et ne présentaient aucun intérêt personnel ni économique mais avaient pour seul but de soustraire l'essentiel de l'actif de la succession au profit d'un seul héritier réservataire (Cass. 1e civ. 16-12-2020 n° 19-17.517 F-D).

245 Ont été jugées **non exagérées** :

- une prime d'un montant de **94 000 €** qui représentait 75 % du patrimoine de la souscriptrice âgée de 78 ans, possédant 28 000 € d'économies et bénéficiant d'une pension de retraite mensuelle de 1 750 €, n'ignorant pas la gravité de sa maladie. La prime ne présente pas un caractère manifestement exagéré car par ce versement, elle entendait placer et garantir le capital acquis à la suite de la vente de sa maison, et pouvoir percevoir, si besoin, des revenus complémentaires. La cour d'appel a appliqué les bons critères (Cass. 2e civ. 13-9-2012 n° 11-20.756 F-D) ;
- une prime d'un montant de **60 980 €** versée par un souscripteur âgé de 81 ans sur un contrat souscrit au bénéfice de son conjoint. À cette époque, les revenus mensuels du souscripteur s'élevaient à 380 € environ et il disposait d'une somme de 325 479 € provenant de la vente de ses biens immobiliers. Prime non manifestement exagérée eu égard à ses facultés. Ainsi, la non-révélation de l'existence du contrat par le conjoint n'était pas constitutive d'un recel successoral (Cass. 1e civ. 1-2-2012 n° 10-21.444 F-D) ;
- des primes d'un montant global de près de **135 000 €** correspondant à trois contrats souscrits en 1987 (30 000 €), 1992 (60 000 €) et 1993 (45 000 €) par une personne dont la retraite mensuelle s'élevait à 1 700 €, compte tenu des circonstances suivantes : la souscriptrice possédait un mobilier estimé à 50 000 € en 1990, des valeurs mobilières pour 180 000 € en 1992 avant la souscription du deuxième contrat et laissait à son décès en 1996 des biens immobiliers évalués à 75 000 € (Cass. ch. mixte 23-11-2004 n° 02-17.507 P : BPAT 6/04 inf. 139 ▶ 529) ;
- une prime de **229 000 €** versée par un homme de 80 ans, compte tenu de l'importance de son patrimoine à la date du versement : capital de 313 000 € + usufruit de deux maisons (Cass. 2e civ. 4-7-2007 n° 06-14.048 FS-PB ▶ 536) ;
- des primes d'un montant net (déduction faite des rachats) d'environ **1 900 000 €** versées de 1994 à 2004, le revenu global du souscripteur sur la période étant de 3 100 000 € et ses déclarations d'ISF mentionnant une base imposable allant de 1 000 000 € à 2 000 000 €. La cour d'appel, qui a relevé que, compte tenu de son âge (78 ans en 2004), de son espérance de vie, de la nature de ses obligations familiales (marié, sans enfant) et de la possibilité de rachat en cas de difficultés de trésorerie, le contrat souscrit présentait pour le souscripteur une utilité certaine tout en lui permettant d'assurer ses obligations à l'égard de son épouse, a souverainement estimé qu'au regard des situations patrimoniale et familiale du souscripteur les primes versées n'étaient pas manifestement exagérées (Cass. 1e civ. 17-6-2009 n° 08-13.620 FS-PB : BRDA 17/09 inf. 25 ▶ 546) ;
- une prime d'un montant de **2 300 000 €** versée par une femme âgée de 60 ans. La cour d'appel a souverainement estimé que cette prime n'était pas manifestement exagérée au regard des situations familiale et patrimoniale de la souscriptrice : la prime représentait moins de 14 % du patrimoine commun de la souscriptrice et de son conjoint ; la souscriptrice avait un enfant et trois petits-enfants (contrat souscrit au profit du mari et, à titre subsidiaire, des descendants) ; bien que malade, elle avait une réelle espérance de vie (Cass. 1e civ. 8-7-2010 n° 09-15.291 F-D).

– des primes d'un montant de **252 222 €** versées sur une période de 7 ans par un souscripteur âgé et gravement malade, père de trois enfants dont deux handicapés, sur 12 contrats d'assurance-vie au bénéfice de sa concubine. La cour d'appel a souverainement estimé que les primes n'étaient pas manifestement exagérées : le souscripteur avait l'habitude de souscrire de nombreux contrats d'assurance-vie et autres formules de placements financiers ; le cancer qui a entraîné son décès 4 ans après la souscription du dernier contrat n'était, au moment des souscriptions, nullement tenu pour incurable ; les fonds ainsi investis présentaient toujours un caractère révocable ; la souscription des contrats pouvait se justifier par son souci de pouvoir faire face à tout moment à des dépenses imprévues (Cass. 2e civ. 15-1-2015 n° 13-27.768 F-D).

246 Certains arrêts ont été **cassés pour « défaut de méthode »** :

– un fils assigne la compagne de son père en remboursement de la prime d'un montant de 200 000 € que son père avait versée sur un contrat d'assurance-vie dont elle était bénéficiaire estimant la prime manifestement exagérée. La cour d'appel lui donne partiellement raison ; elle estime que la prime était manifestement exagérée à concurrence de 50 000 € et ordonne le remboursement de cette somme au profit de l'héritier.
La Cour de cassation casse la décision, non pas sur l'appréciation du caractère exagéré des primes (qui relève de l'appréciation souveraine des juges du fond), mais pour en avoir ordonné le remboursement sans avoir recherché s'il y avait eu **atteinte à la réserve** du fils (Cass. 2e civ. 3-11-2011 n° 10-21.760 F-D : BPAT 1/12 inf. 34). Lorsque, comme en l'espèce, le bénéficiaire du contrat n'est pas un héritier du souscripteur assuré, la seule sanction de l'exagération est la réduction de la prime dans la mesure où elle excéderait la quotité disponible. La cour d'appel ne pouvait donc pas ordonner le remboursement de la prime à l'héritier sans rechercher s'il y avait eu atteinte à la réserve ;

– le souscripteur avait souscrit 5 contrats d'assurance sur la vie au bénéfice de son épouse. Après le décès de cette dernière il a institué sa fille puis modifié à nouveau ses clauses entre 2003 et 2005, désignant la SPA et de la Ligue nationale contre le cancer. Il a souscrit un nouveau contrat d'assurance sur la vie en août 2003 au profit des mêmes bénéficiaires. Atteint d'un cancer et âgé de 72 ans, il a mis fin à ses jours le 29 novembre 2005. L'actif successoral représentait moins de 800 € alors que les sommes placées en assurance-vie représentaient près de 600 000 €. Sa fille a assigné les compagnies en nullité des désignations des bénéficiaires des contrats au motif que le contrat était fondé sur une **cause illicite,** en l'occurrence la volonté de nuire à sa fille en raison d'une discrimination raciale fondée sur la race de son conjoint et la couleur de peau de ses enfants, et a aussi réclamé la qualification des primes comme exagérées. La cour d'appel retient en l'occurrence que les primes étaient manifestement exagérées puisqu'elles représentaient près de 100 % de ce qu'aurait été la succession. Or, en statuant ainsi, sans avoir égard à la **situation patrimoniale et familiale** du souscripteur au moment du versement des primes et sans tenir compte de l'**utilité,** pour le souscripteur, des contrats souscrits et des modifications intervenues, la cour d'appel n'a pas donné de base légale à sa décision. L'arrêt est donc cassé (Cass. 2e civ. 28-6-2012 n° 11-14.662 FS-D).
Concernant la cause illicite, la cour d'appel a jugé que les témoignages apportés ne démontraient pas que le souscripteur souhaitait priver sa fille de tout héritage pour cette raison et que désigner la Ligue nationale contre le cancer correspondait à une logique, son épouse comme lui-même ayant été atteints de cette maladie. En tout état de cause, quel que soit le mobile qui a animé le souscripteur, il entendait bien gratifier les bénéficiaires désignés ;

- la cour d'appel avait estimé que les primes versées entre 2000 et 2004 par une souscriptrice alors âgée de 85 à 89 ans et mère de trois enfants au bénéfice exclusif de leur fille et du fils de celle-ci, pour un montant de 24,83 % de son patrimoine, ne présentaient pas un caractère manifestement exagéré. La Cour de cassation casse l'arrêt : en statuant ainsi, sans se prononcer sur l'**utilité** des contrats pour la souscriptrice, la cour d'appel n'a pas donné de base légale à sa décision (Cass. 1e civ. 19-03-2014 n° 13-12.076 F-PB : BPAT 3/14 inf. 136) ;
- dans le cas suivant, la cour d'appel a retenu avec les « bons critères » que les sommes versées à titre de primes étaient manifestement exagérées eu égard aux facultés du contractant et qu'en conséquence la bénéficiaire devrait rapporter à la succession les sommes de 30 500 € et 76 225 € en vue d'une éventuelle réduction. Mais les enfants de la première union ayant demandé le **rapport du capital décès** et non des primes versées, l'arrêt de la cour d'appel est cassé pour avoir modifié l'objet du litige (Cass. 1e civ. 6-10-2010 n° 09-14.343 F-D) ;
- en 1998, la souscriptrice d'un contrat d'assurance sur lequel elle a versé la somme de 46 870 € et, le 6 février 2002, celle de 121 168 €, désigne comme bénéficiaires sa fille et le fils de cette dernière, puis leur fait donation de biens immobiliers. Elle a aussi institué sa fille légataire universelle, avant de décéder en octobre 2011. Ses autres héritiers étaient trois petits-enfants, venant à sa succession par représentation de leur père décédé, sachant qu'il existait de très fortes tensions avec ces derniers qui ont attaqué les bénéficiaires pour faire constater l'exagération de la deuxième prime. La cour d'appel a estimé les primes exagérées au regard du contexte familial et de l'ensemble des opérations patrimoniales déjà effectuées, qui démontraient que la souscriptrice avait cherché à faire échapper cette somme à sa succession, et, partant, à la réserve héréditaire des enfants de son fils prédécédé. La Cour de cassation a cassé l'arrêt au regard du motif inopérant retenu par la cour d'appel, dans la mesure où cette dernière avait elle-même constaté que le versement en cause présentait un **intérêt pour la souscriptrice,** alors âgée de 71 ans, dans la mesure où les revenus trimestriels qu'elle percevait de l'assurance amélioraient sa retraite (Cass. 1e civ. 6-7-2016 n° 15-21-643 F-D).

247 **Preuve du caractère exagéré des primes** Ce sont les héritiers qui entendent se prévaloir de l'article L 132-13 du Code des assurances qui doivent établir le caractère excessif des primes.

Cette preuve n'est pas toujours facile à rapporter, car elle suppose que les héritiers aient connaissance du ou des contrats et soient en mesure de reconstituer le patrimoine et/ou les revenus du souscripteur à l'époque du versement des primes. L'**accord Notaires-Assureurs** d'avril 2002, mis à jour en juillet 2017, encadre la communication des informations entre les parties au travers d'un modèle d'échange de lettres entre notaires et assureurs. Il fait partie du corpus des engagements à caractère déontologique de la Fédération française de l'assurance (France Assureurs, recueil des engagements à caractère déontologique, version juillet 2021, p. 54, voir ▶525).

Ainsi, le notaire peut obtenir de l'assureur communication de l'existence des contrats souscrits par le défunt et du montant des primes versées. En revanche, le respect des obligations de confidentialité auquel l'assureur s'estime tenu ne lui permet pas de révéler l'identité du ou des bénéficiaires, cette information devant alors être obtenue par voie judiciaire.

De même, sauf spécificité d'une transaction entre le bénéficiaire et les héritiers (▶243, Précisions), ce sont les tribunaux qui doivent juger du caractère exagéré des primes.

Somme à prendre en compte pour le rapport et la réduction en présence de primes excessives

248 Lorsque les primes sont exagérées, que faut-il rapporter à la succession ? Certains arrêts décident que le rapport doit seulement porter sur la fraction excessive des primes (Cass. 1e civ. 4-7-2007 n° 06-16.382 F-D ; Cass. 1e civ. 16-12-2020 n° 19-17.517 F-D). D'autres arrêts concluent au rapport de l'intégralité des primes versées par le souscripteur (en ce sens, notamment, Cass. 1e civ. 1-7-1997 n° 95-15.674 : Bull. civ. I n° 217 ; CA Paris 30-5-2000 n° 00/118505). Dans un arrêt récent, la Cour de cassation a tranché en faveur de cette seconde solution (Cass. 1e civ. 16-12-2020 n° 19-17.517 F-D ▶592).
Dans tous les cas, le bénéficiaire conserve le capital décès issu du contrat (avec la fiscalité de l'assurance-vie) mais peut être amené à en restituer une partie au titre d'une indemnité de rapport ou de réduction.

249 Lorsque le **bénéficiaire** n'est **pas soumis au rapport** (parce que n'étant pas un héritier du souscripteur défunt ou parce que, étant l'un des héritiers, il renonce à la succession), la prime « excessive » ne sera pas rapportable. Ainsi, les petits-enfants du souscripteur bénéficiaires du contrat n'ayant pas la qualité d'héritiers présomptifs, leur père étant encore en vie et ayant accepté la succession, ne peuvent être tenus du rapport (Cass. 1e civ. 8-3-2017 n° 16-10.384 F-PB : BPAT 3/17 inf. 108 ▶571). Elle sera, le cas échéant, réductible dans les conditions fixées par les articles 920 et suivants du Code civil en cas d'atteinte à la réserve.
Lorsque le **bénéficiaire** est **redevable du rapport,** la solution nous semble dépendre de la qualification donnée aux primes versées.
Si les primes sont assimilées à un legs, la libéralité opérée sera réputée faite hors part successorale et les primes ne seront par conséquent pas rapportables (sauf hypothèse rare où le souscripteur aurait exprimé la volonté contraire). Seule la fraction de la prime (ou la fraction de la partie exagérée de la prime selon l'interprétation retenue : voir ▶248) devra être prise en compte. Cette même fraction constitue la libéralité réductible dans les conditions fixées par les articles 920 et suivants du Code civil.
Si les primes sont traitées comme une donation indirecte (à envisager par exemple dans certains cas pour un contrat accepté par le bénéficiaire avec l'accord du souscripteur), elles seront au contraire présumées rapportables et seront donc soumises au rapport (sauf dispense). Le rapport devrait porter sur l'intégralité de la prime (ou de la fraction de la partie exagérée de la prime selon l'interprétation retenue).
Si l'on renonce à faire entrer la délivrance du capital décès dans une catégorie existante en acceptant qu'il s'agit d'une libéralité « sui generis », la lecture a contrario de l'article L 132-13 du Code des assurances donne le mode d'emploi suivant : si les sommes versées à titre de prime par le contractant sont manifestement exagérées, elles sont soumises « aux règles du rapport à succession », et « à celles de la réduction pour atteinte à la réserve des héritiers du contractant ». Cette approche semble aller dans le sens d'une analyse de l'opération d'assurance-vie comprise comme rapportable pour les bénéficiaires lorsqu'ils sont aussi héritiers tenus au rapport et réductible dans les autres cas.

250 **Sur le plan fiscal,** l'éventuelle indemnité de rapport ou de réduction est traitée fiscalement selon les règles de droit commun d'une telle opération. Si l'on considère que l'indemnité de réduction est susceptible d'être taxée entre les mains de celui qui la reçoit, le bénéficiaire du contrat d'assurance-vie peut-il envisager l'imputation fiscale de ce qu'il est amené à restituer sur la base taxable du capital décès ? Si le contrat est exonéré, la question est sans objet. Pour un contrat imposable dans le cadre de l'article 990 I du CGI, l'imposition porte sur le capital décès versé par la compagnie et non sur les primes ayant alimenté ce contrat. La déduction de l'excès de prime ne nous semble donc pas défendable. En revanche, lorsque l'imposition résulte de l'application de l'article 757 B du CGI, la fraction imposable porte sur les primes versées ; il nous semble dès lors que le bénéficiaire du contrat soumis au versement d'une indemnité de rapport ou de réduction à ce titre pourrait déduire tout (ou partie, à hauteur de la fraction imposable : indemnité × (total des primes - 30 500 €)/total des primes) de son montant.

La jurisprudence semble se prononcer en faveur de la déductibilité. Ainsi la cour d'appel d'Angers dans un arrêt du 21 juin 2011 a-t-elle refusé de déduire de l'assiette soumise à l'article 757 B du CGI une dette de quasi-usufruit (car s'agissant d'un passif successoral) mais a précisé que dans l'hypothèse de primes exagérées, la déductibilité serait admise (CA Angers 21-6-2011 n° 10/00567 : RJF 3/12 inf. 320).

Rendre l'assurance-vie rapportable et réductible

251 Le souscripteur peut volontairement écarter le régime dérogatoire de l'assurance-vie pour intégrer à la succession les capitaux décès et les soumettre aux règles du rapport et de la réduction. La Cour de cassation a admis cette possibilité en cassant un arrêt d'appel qui s'était abstenu de répondre à des conclusions en ce sens (Cass. 1e civ. 8-7-2010 n° 09-12.491 F-PB : RJPF 10/2010 note P. Delmas Saint-Hilaire ▶ 550 ; J. Aulagnier, Imposer le rapport, le stipulant le peut, s'il le veut : Newsletter AUREP n° 105). Un héritier du souscripteur faisait valoir que ce dernier avait exprimé, dans son testament, la volonté que le capital décès d'assurance-vie soit pris en considération pour le calcul de la réserve et de la quotité disponible, en précisant que ce capital devrait être inclus dans le « lot » de sa fille, légataire de la quotité disponible.

La **volonté du souscripteur** est toutefois souverainement appréciée par les juges du fond. C'est ce qui explique que, dans la même affaire, la cour d'appel de renvoi a malgré tout pu juger que cette volonté n'était pas établie en l'espèce (Cass. 1e civ. 20-3-2013 n° 11-27.221 F-D : BPAT 4/13 inf. 147).

252 **En pratique,** pour ne pas être tributaire d'une interprétation judiciaire, le souscripteur doit se montrer particulièrement explicite. Il nous semble préférable d'atteindre le résultat recherché par une rédaction adaptée de la clause bénéficiaire en subordonnant l'attribution bénéficiaire au profit de l'un des héritiers à la condition qu'il ne remette pas en cause la répartition de l'actif successoral prévue par le testament. De cette manière, l'objectif poursuivi par le défunt sera atteint avec une attribution plus forte en assurance-vie pour l'un ou l'autre, compensée par une moindre attribution dans la succession.

Reste par ailleurs à confirmer que cette soumission volontaire au champ successoral ne fait pas perdre aux capitaux le **régime fiscal** de faveur de l'assurance-vie.

PRÉCISIONS

a. Dans son **rapport sur la réserve héréditaire** remis au garde des Sceaux le 13 décembre 2019, le groupe de travail dirigé par C. Pérès et P. Potentier propose de soumettre, pour les seuls aspects civils, l'assurance-vie au droit commun des successions et des libéralités. Cette proposition conduirait cependant non pas à regarder tout contrat d'assurance-vie comme une donation mais à le traiter comme telle lorsqu'il constitue une libéralité. Pour éviter qu'un contentieux ne se développe au sujet de la preuve du caractère libéral de l'opération, le groupe de travail invite le législateur à mentionner dans la loi, afin de guider le juge, les critères permettant d'identifier les assurances-vie constitutives de libéralités en droit civil (Rapport du groupe de travail présidé par C. Pérès et P. Potentier du 13-12-2019, propositions n° 23 et 24). Voir aussi, en faveur de cette proposition, l'éclairage de J. Aulagnier (J. Aulagnier, Assurance-vie : la proposition n° 23 du rapport sur la réserve héréditaire marquée du sceau du réalisme : SNH 12/20 inf. 10).

b. Le retour de l'assurance-vie au droit commun correspond à l'un des **voeux du 108e Congrès des notaires de 2012** : « Si un contrat d'assurance-vie ne réunit pas les critères classiques de qualification d'une libéralité, il contient de manière évidente une intention libérale de la part du souscripteur dans la désignation d'un bénéficiaire à titre gratuit » ; « tout en lui conservant toute sa spécificité tant juridique que fiscale », il convient de modifier l'article L 132-13 du Code des assurances. Ainsi est-il proposé que l'attribution à titre gratuit du capital ou de la rente payable au décès du contractant, correspondant à la valeur de rachat du contrat à la date du décès, soit traitée, pour le rapport et la réduction, comme une libéralité au profit des bénéficiaires, prenant rang à cette date.
La reconnaissance de cette solution avec une neutralité fiscale au regard du régime de l'assurance-vie assurerait dans un cadre favorable une plus grande souplesse et cohérence du recours à l'assurance-vie.

L'alternative de la requalification en donation indirecte

253 Fondement de la requalification

Il s'agit d'une approche radicalement différente qui consiste à faire requalifier le contrat par le tribunal pour défaut d'aléa. Ainsi, du fait du risque d'un décès très proche, l'intention libérale l'emporte sur toute autre dimension du placement en assurance-vie.

La **faculté de rachat** dont dispose le souscripteur fait en principe obstacle à son **dépouillement irrévocable au profit du bénéficiaire** désigné en cas de décès, dépouillement qui est nécessaire à l'existence d'une donation. Cependant, la requalification en donation est possible « si les circonstances dans lesquelles son bénéficiaire a été désigné révèlent la volonté du souscripteur de se dépouiller de manière irrévocable », c'est-à-dire si, compte tenu des circonstances, la faculté de rachat est illusoire (en ce sens, notamment, Cass. ch. mixte 21-12-2007 n° 06-12.769 FS-PBRI : BPAT 1/08 inf. 20, JCP N 2008 n° 1174 note R. Riche, JCP N 2008 n° 1222 obs. P. Pierre et R. Gentilhomme ▶ 539 ; Cass. com. 26-10-2010 n° 09-70.927 F-D : BPAT 6/10 inf. 362 ; Cass. 1e civ. 28-2-2018 n° 17-13.269).

Le risque de requalification d'un contrat d'assurance-vie en donation pourrait également se rencontrer lorsque le souscripteur a **consenti à l'acceptation par le bénéficiaire** de sa désignation et se retrouve privé de sa faculté de rachat autonome. Pour les contrats acceptés avant le 19 décembre 2007, il est alors nécessaire de constater une renonciation expresse du souscripteur à l'exercice de son droit de rachat afin de pouvoir révéler la volonté de ce dernier de se dépouiller de manière irrévocable (Cass. 1e civ. 20-11-2019 n° 16-15.867 FS-PBI : BPAT 1/20 inf. 26 ▶ 584), voir ▶ 194. En revanche, l'acceptation du bénéficiaire survenue depuis le 19 décembre 2007 avec le consentement du souscripteur fait perdre à ce dernier sa faculté d'effectuer un rachat sans l'accord du bénéficiaire acceptant, ce qui, aux côtés d'autres éléments, peut constituer un faisceau d'indices caractérisant une donation indirecte.

ILLUSTRATIONS Une décision est venue confirmer que la piste de la requalification en donation indirecte pouvait s'avérer parfaitement efficace dans certaines circonstances, notamment lorsque le décès intervient relativement rapidement. Ainsi, ne voulant plus entretenir de contact avec sa famille, et en particulier ses enfants, une femme vend deux immeubles en viager à une association puis souscrit au profit de cette même association un **contrat d'assurance-vie.**
Après son décès, survenu deux ans après la vente et dix-huit mois après la souscription du contrat d'assurance-vie, ses enfants demandent la requalification des deux opérations en donations et leur réduction pour atteinte à la réserve. Ils obtiennent gain de cause devant la cour d'appel, qui conclut

à l'**intention libérale** de la défunte envers l'association et à sa **volonté d'organiser sa succession pour en évincer ses enfants** :

- la vente en viager des maisons a été conclue à une époque où la vendeuse avait conscience d'être atteinte d'une **maladie incurable.** Elle savait par conséquent que l'association échapperait rapidement au paiement de la rente viagère ;
- le contrat d'assurance-vie a été souscrit six mois plus tard, alors que la maladie empirait, moyennant le paiement d'une prime correspondant à la partie du prix de vente des maisons payée comptant par l'association.

Les circonstances dans lesquelles le contrat a été souscrit démontrent l'**absence d'aléa** et la **volonté de** la souscriptrice de **se dépouiller de manière irrévocable** au profit de l'association, sa faculté de rachat du contrat ou de désignation d'un autre bénéficiaire étant illusoire. La Cour de cassation approuve (Cass. 1e civ. 26-10-2011 n° 10-24.608 F-D : BPAT 6/11 inf. 364).

254 **Effets de la requalification** Les conséquences d'une telle requalification sont :

- la perte du caractère d'assurance-vie et la taxation des capitaux aux droits de succession ;
- une libéralité qui devient rapportable et réductible pour le capital et non seulement pour les primes.

PRÉCISIONS Cette même voie de la requalification du contrat est aussi suivie devant le **Conseil d'État** par des créanciers en vue du **remboursement de l'aide sociale** accordée au défunt, avec une approche plus étendue en termes de délai entre la souscription et le décès (CE 6-6-2007 n° 274521).

Récompense à la communauté

255 Lorsque le **contrat d'assurance** a été **alimenté à l'aide de fonds communs,** une récompense est-elle due à la communauté à la dissolution de celle-ci ?
Trois situations doivent être envisagées.

256 **Conjoint bénéficiaire du contrat dénoué** Le conjoint survivant bénéficie d'un avantage très étendu : le bénéfice de l'assurance contractée par un époux commun en biens en faveur de son conjoint constitue un **propre** pour celui-ci et, sauf en cas de primes manifestement exagérées, aucune récompense n'est due à la communauté en raison des primes payées par elle (C. ass. art. L 132-16). Il en résulte que, pour le calcul des **droits de succession,** aucune récompense ne peut être inscrite au passif de la succession (Cass. 1e civ. 8-3-2005 n° 03-10.854 FS-PB : RJF 11/05 n° 1318 ▶ 530).

257 Ces règles dérogatoires au droit commun ne s'appliquent pas, cependant, lorsque le **conjoint survivant** est **décédé avant d'avoir accepté le contrat** souscrit à son profit. Ainsi jugé dans une espèce où le souscripteur avait désigné comme bénéficiaire de premier rang son épouse, décédée quelques semaines après lui sans avoir eu le temps d'accepter le contrat, et comme bénéficiaire subsidiaire son fils d'un premier lit, lequel était réputé avoir droit aux sommes stipulées depuis le jour de la souscription du contrat. Les primes ayant été acquittées au moyen de fonds communs et dans le seul intérêt du mari, la communauté avait droit à une récompense, conformément aux règles de droit commun posées par l'article 1437 du Code civil (Cass. 1e civ. 22-5-2007 n° 05-18.516 F-PB : BPAT 4/07 inf. 114 ▶ 535). Elles ne s'appliquent pas non plus dans l'hypothèse de **primes manifestement exagérées,** puisque dans cette hypothèse, une récompense est due à la communauté.
Le Code des assurances ne précise pas qui doit cette récompense du souscripteur ou du conjoint bénéficiaire. En première approche, il semble logique que cette récompense soit due par la succession du souscripteur puisque c'est lui qui a prélevé sur la communauté. Mais dans un tel cas,

le mécanisme correctif joue une fonction inverse au but poursuivi : la communauté augmente du montant de la récompense dont la moitié de la valeur revient au conjoint, son règlement étant à la charge de la succession, c'est-à-dire à la charge des héritiers que l'on semblait vouloir protéger pourtant. En réalité, celui qui a tiré un profit personnel des biens de la communauté (sans être pour autant l'initiateur du contrat) est ici le conjoint bénéficiaire. Ne serait-ce pas lui alors qui devrait la récompense, ce qui viendrait ramener ses droits dans le contrat à ceux qu'il aurait reçus si la souscription du contrat d'assurance-vie n'avait pas eu lieu ?

258 **Conjoint non bénéficiaire du contrat dénoué** Lorsque le bénéficiaire du contrat n'est pas le conjoint, aucune disposition du Code des assurances ne prévoit de disposition particulière.

La doctrine majoritaire pense que la communauté a droit dans tous les cas à récompense (conséquence fiscale : voir ▶411). La Cour de cassation va dans ce sens y compris lorsque le conjoint, à l'origine bénéficiaire de premier rang, était décédé sans avoir accepté, le capital revenant alors à l'enfant de l'assuré désigné bénéficiaire de second rang (Cass. 1e civ. 22-5-2007 n° 05-18.516 F-PB : BPAT 4/07 inf. 114 ▶535).

D'autres auteurs distinguent selon l'origine des sommes versées sur le contrat :

- si les primes sont payées avec l'excédent des gains et salaires (prélèvement sur les revenus de la communauté), il n'y aurait pas lieu à récompense (Cass. 1e civ. 29-2-1984 : D. 1984 601 note Martin ; Defrénois 1984 art. 33379 note G. Champenois) ;
- si les primes sont prélevées sur un capital (préconstitué), la communauté aurait un droit à récompense. Celui-ci serait égal, selon certains, aux primes versées, pour d'autres, à la valeur du contrat au dénouement de celui-ci.

259 Lorsque le bénéficiaire est le **conjoint pour partie** et un **tiers pour une autre partie,** la récompense ne concernera que la fraction perçue par le tiers. En cas de **démembrement** de propriété, le conjoint pour l'usufruit et les enfants pour la nue-propriété, quel mode d'évaluation des droits démembrés de chacun retenir pour définir le montant de la récompense ? La valorisation économique devrait s'appliquer, car le barème fiscal de l'article 669 du CGI ne s'applique que pour la détermination des droits d'enregistrement.

Dans l'hypothèse d'une cosouscription par des époux communs en bien avec dénouement au premier décès, lorsque le bénéfice revient à une autre personne que le conjoint survivant, la question se pose de savoir si l'intervention des deux époux à la rédaction de la clause est susceptible de générer une récompense ou s'il convient d'en écarter le principe du fait de l'accord des deux époux pour le choix des bénéficiaires.

À l'occasion d'un aménagement ou d'un changement de leur régime matrimonial, les époux communs en biens peuvent prévoir une **dispense de récompense** à la communauté dans toutes les configurations, ou en fonction de l'identité des bénéficiaires. Cette dispense de récompense constitue un avantage matrimonial. En présence d'enfant non commun du conjoint premier décédé, cet **avantage matrimonial** est susceptible de subir une action en retranchement.

260 **Communauté dissoute avant le dénouement du contrat** Il convient en premier lieu de constater que l'article L 132-16 du Code des assurances (▶256) n'a pas vocation à s'appliquer puisqu'il s'agit ici d'une hypothèse de survie du contrat d'assurance-vie malgré la dissolution de la communauté. Pour l'application de cet article, en effet, il faut un décès et la désignation d'un bénéficiaire qui soit le conjoint. Le contrat n'étant pas dénoué, ce qui est en jeu est la « valeur du contrat », propriété du souscripteur, et non le bénéfice du contrat intéressant le bénéficiaire.

En cas de dissolution de la communauté par **divorce,** lorsque les primes ont été payées avec des fonds communs, la valeur du contrat fait partie de l'actif de communauté et il doit être tenu compte de « la valeur du contrat au jour de la dissolution de la communauté » (Cass. 1e civ. 31-3-1992 n° 90-16.343, Praslicka : Bull. civ. I n° 95 ▶526 ; Cass. 1e civ. 10-7-1996 n° 94-18.733, Daignan : Bull. civ. I n° 309 ; Cass. 1e civ. 19-4-2005 n° 02-10.985 FS-PB).

261 La solution applicable lorsque la dissolution de la communauté résulte d'un divorce est transposable en cas de dissolution par **décès du conjoint du souscripteur** (la communauté est dissoute par le décès de l'époux bénéficiaire, le souscripteur assuré survit et le contrat n'est pas dénoué). Cette position a été confirmée par différentes réponses ministérielles, en matière civile (Rép. Proriol : AN 10-11-2009 n° 27336 ▶517) et fiscale (Rép. Ciot : AN 23-2-2016 n° 78192 ▶520). Ces deux réponses précisent expressément que les contrats non dénoués au décès, financés à l'aide de fonds communs, sont, au plan civil, des actifs de communauté devant être traités comme tels même si ce n'est plus le cas sur le plan fiscal (sur ce dernier point, voir ▶327 s.).

Aucune récompense n'est donc due à la communauté puisque la valeur de rachat du contrat d'assurance-vie au jour du décès est prise en compte pour moitié dans la succession du conjoint décédé.

Notaires et assureurs, une communication encadrée

262 Malgré la confirmation de la jurisprudence Praslicka et la réponse ministérielle Proriol, la position officielle des assureurs était demeurée en retrait par rapport à la réglementation. Ainsi, avant sa mise à jour, le recueil des engagements à caractère déontologique de la Fédération française de l'assurance considérait qu'il demeurait une controverse, le contrat non dénoué souscrit avec des fonds communs pouvant être considéré comme un bien propre du souscripteur (à charge de récompense en cas d'exagération) ou un bien commun. Il en concluait qu'il appartenait aux héritiers de se prononcer sur cette question, non sans les avertir que la solution retenue aurait des conséquences importantes sur le plan juridique et fiscal.

À la suite de la réponse Ciot, un nouvel accord Notaires-Assureurs a été signé en juillet 2017, et le recueil des engagements à caractère déontologique de la Fédération française de l'assurance (France Assureurs, recueil des engagements à caractère déontologique, version juillet 2021, p. 54 s., voir ▶525) **ne porte plus mention d'une controverse civile.** Ainsi, il indique simplement que le notaire, en application du mandat qu'il a reçu de la part du conjoint survivant commun en biens, peut interroger l'assureur sur l'existence éventuelle de contrats d'assurance-vie souscrits par le conjoint survivant. Le modèle de correspondance indique qu'il sera donné directement réponse au notaire, avec copie au conjoint survivant. En pratique, de nombreux assureurs n'ont pas encore adopté ce nouveau modèle, et continuent à utiliser l'ancienne version, ce qui est source de confusion pour le conjoint survivant.

Conseils pratiques

263 Les interactions entre le droit civil et le droit des assurances sont nombreuses et complexes. Il est donc essentiel lors de la mise en place d'une stratégie de transmission recourant à l'assurance-vie de procéder à une **simulation des incidences civiles** en résultant. Ceci est d'autant plus important pour les couples mariés sous le régime de la communauté (c'est-à-dire plus de 80 % des personnes mariées). Au jour du décès de l'un des époux, il convient de traiter les incidences liées au contrat dénoué par décès et celles liées au contrat non dénoué.

264 En ce qui concerne le **contrat dénoué par décès,** si les primes sont manifestement exagérées, les sommes sont soumises à rapport et réduction. Si les primes ne sont pas manifestement exagérées, ce qui est le cas le plus fréquent, il n'y a aucun rapport ni réduction. En revanche, une récompense peut être due à la communauté.

Aucune récompense ne sera due si le **bénéficiaire est le conjoint ou** si les primes ont été financées à l'aide de **fonds propres du souscripteur** défunt. Dans ce dernier cas, il conviendra de réaliser une déclaration de remploi conforme aux articles 1434 et suivants du Code civil afin d'éviter la présomption de communauté.

Si le **bénéficiaire n'est pas le conjoint,** une récompense sera due à la communauté si le contrat a été financé à l'aide de fonds communs. Ainsi, dans l'hypothèse où le conjoint est désigné bénéficiaire et à défaut ses enfants, la non-acceptation du bénéfice du contrat par le conjoint conduira à la majoration des droits des enfants dans l'attribution des capitaux décès, mais à la réduction de leurs droits dans la succession en raison de la récompense due à la communauté. La récompense due par la succession majore la communauté, dont la moitié compose la succession, ce qui limite la réduction de l'actif successoral à la moitié de la récompense versée (la succession s'appauvrit de 100 % de la récompense mais récupère 50 % de ce montant car 50 % de la communauté entre dans la succession). Réciproquement, le conjoint qui n'aura pas de droit dans les capitaux décès du fait de sa renonciation percevra, au titre de ses droits dans la communauté, la moitié de la récompense versée par la succession. Parallèlement, comme pour les autres héritiers, ses droits dans la succession seront minorés du fait de la réduction résultant de la récompense due à la communauté (cette réduction étant égale à la moitié de la récompense).

En ce qui concerne le **contrat non dénoué par décès,** la valeur de rachat sera intégrée dans la valorisation de la communauté et fera partie pour moitié de l'actif civil de succession à répartir entre les héritiers, tout en bénéficiant d'un traitement fiscal privilégié (voir ▶327 s.).

III. Analyse fiscale du contrat d'assurance-vie : détention et transmission

Cadre fiscal avantageux de l'assurance-vie

265 L'articulation des avantages fiscaux dont bénéficie l'assurance-vie, **en cas de vie et en cas de décès,** permet de dessiner les contours d'un placement financier original, conciliant deux objectifs contradictoires : l'optimisation des revenus et l'optimisation de la transmission. Le régime fiscal encourage le souscripteur à **constituer et à conserver** un capital de précaution pour l'avenir, au travers du mécanisme de la capitalisation. Il peut en tirer en cas de besoin un complément de **revenus.** Un régime favorable également sous l'angle de la **transmission** vient renforcer ce dispositif : la fraction non consommée du capital pourra être transmise à un coût généralement plus favorable que celui applicable en matière de droits de succession et d'autant plus faible que la souscription a été réalisée avant un certain âge (voir ▶320 s.). Ces avantages fiscaux viennent contrebalancer les mesures incitant à la transmission anticipée du patrimoine par le biais de donations (utilisation des abattements et des premières tranches du tarif des droits de mutation à titre gratuit se reconstituant après 15 années, réduction de la base imposable en cas de donation de la nue-propriété, paiement des droits par le donateur, etc.). En ce sens, l'assurance-vie constitue

un excellent outil de « gestion patrimoniale », pouvant s'adapter à des objectifs de prévoyance évolutifs dans le temps : pour soi-même et, à défaut, pour autrui.

A. Régime fiscal de l'opération de placement sur un contrat d'assurance-vie

Présentation

266 Les développements qui suivent exposent le régime applicable aux contrats d'assurance-vie au regard de l'**impôt sur le revenu** et des **prélèvements sociaux,** en distinguant notamment :

– le régime d'imposition des produits des contrats d'assurance-vie, avec l'importante évolution que constitue la fin de la fiscalité dégressive et la soumission de l'assurance-vie au PFU pour les primes versées depuis le 27 septembre 2017 ;

– la réduction d'impôt encore attachée aux primes versées sur certains contrats d'assurance-vie.

Il convient aussi d'évoquer les dispositions applicables aux contrats d'assurance-vie en matière d'**IFI** et leur intérêt dans le cadre du **plafonnement** de cet impôt.

PRÉCISIONS Les contrats d'assurance sur la vie et de rente viagère échappent, quelle que soit la date de leur souscription, à la **taxe annuelle sur les conventions d'assurances.** Dans l'hypothèse où le contrat serait assorti de garanties complémentaires qui ne relèvent pas strictement de l'assurance-vie mais de l'assurance-dommages, la fraction des primes afférente à ces garanties serait soumise à la taxe (BOI-TCAS-ASSUR-10-40-30-10 n° 220).

1. Régime d'imposition des produits des contrats

a. Principes généraux de l'imposition des produits du contrat d'assurance-vie

267 Au sein de l'enveloppe de capitalisation que constitue le contrat d'assurance-vie en tant que placement, la **notion de revenu** (et/ou de plus-value, s'agissant de supports en unités de compte) est **remplacée par celle de « produits ».** Voir ▶269 s. pour les modalités de calcul des produits imposables.

Les produits générés sur le contrat sont **provisoirement exonérés d'impôt** sur le revenu (les règles sont différentes au regard des prélèvements sociaux, voir ▶303 s.) pendant la durée du contrat, **tant qu'aucune sortie de capitaux n'intervient,** que le contrat soit en euros ou en unités de compte, y compris en cas d'arbitrage.

La **taxation des produits** intervient seulement au titre du **dénouement du contrat en cas de vie** (arrivée du terme et paiement du capital au bénéficiaire en cas de vie) ou lors de son **rachat** total ou partiel. Il existe toutefois différents cas d'exonération (voir ▶280 s. et ▶293 s.).

Le **produit imposable** est **différent du montant du rachat,** et son montant fait l'objet d'un calcul par la compagnie en fonction des données intrinsèques du contrat (montant des primes versées et valorisation constatée sur le contrat).

La fiscalité applicable dépend globalement de la date de souscription du contrat et de celle du versement des primes. Plusieurs réformes sont intervenues avec, comme **philosophie générale,** de n'appliquer leurs effets qu'aux produits attachés **aux primes versées postérieurement** à leur **entrée en vigueur.** Il s'ensuit une relative **complexité** dans la mesure où les produits compris dans un rachat peuvent être éclatés entre plusieurs régimes différents selon la date de versement des primes auxquels ils se rattachent.

La **dernière réforme** en date concerne les **produits taxables** attachés à des primes versées depuis le 27 septembre 2017 (Loi 2017-1837 du 30-12-2017 art. 28, I-9° et 28°) et, de facto, tous les contrats souscrits après cette date. Visant à soumettre l'assurance-vie au **régime du prélèvement forfaitaire unique** comme les autres placements financiers, elle introduit une rupture avec le système de fiscalité progressivement dégressive en fonction de la durée du contrat. Toutefois, elle conserve la philosophie d'un encouragement à la détention longue avec un allégement de la fiscalité pour les retraits intervenant au-delà de 8 années de détention, à travers deux mécanismes :

- maintien à l'identique, dans son montant et ses conditions, de l'abattement sur les produits taxables (voir ▶277 s. et ▶291) ;
- possibilité de bénéficier d'un taux allégé de 7,5 % après cette durée de détention, avec toutefois l'introduction d'un plafond dans le nouveau régime.

b. Détermination de la base imposable

268 **Régime défini à l'article 125-0 A du CGI** Le régime d'imposition concernant « les produits attachés aux bons ou contrats de capitalisation ainsi qu'aux placements de même nature » est défini à l'article 125-0 A du CGI. Les contrats d'assurance-vie placement comportant une valeur de rachat ou la garantie du paiement d'un capital à leur terme en cas de vie sont visés par l'expression « **placement de même nature** ». L'article 125-0 A du CGI précise notamment les faits générateurs de taxation, les cas d'exonération, le principe général du mode de calcul des produits, le montant et les modalités d'application de l'abattement pour durée de détention, la fiscalité applicable à un certain nombre de contrats particuliers que le législateur a souhaité encourager avec une fiscalité allégée, la fiscalité applicable selon que les primes ont été versées avant ou après le 26 septembre 2017 et selon que les souscripteurs ont (ou non) leur domicile fiscal en France.

Le **fait générateur** entraînant la taxation des produits du contrat est le dénouement du contrat en cas de vie (arrivée du terme) ou le rachat total ou partiel du contrat, sauf sortie motivée par un événement personnel (▶293).

PRÉCISIONS

a. Les produits des contrats d'assurance-vie sont soumis au même régime fiscal que les produits des **bons et contrats de capitalisation,** avec cependant une adaptation pour ces derniers lorsque le bon ou contrat a été acquis à titre gratuit ou onéreux auprès d'un tiers. Voir ▶448 s.

b. Pour le régime des **contrats souscrits auprès d'entreprises établies hors de France,** voir ▶60.

c. Un **tableau récapitulatif** de l'imposition des produits des contrats d'assurance-vie figure au ▶292.

269 **Détermination du produit imposable** Lors du **dénouement** du contrat en cas de vie **ou** du **rachat total,** le produit imposable est déterminé en faisant la différence entre le montant des sommes remboursées au souscripteur et celui des primes versées (frais et charges compris).

En cas de **rachat partiel,** les primes versées ne sont retenues qu'au prorata des sommes remboursées au titre du rachat partiel par rapport à la valeur de rachat de la totalité du contrat à la même date (BOI-RPPM-RCM-20-10-20-50 n° 80).

Le produit imposable est déterminé selon la formule suivante : Montant du rachat partiel - Total des primes versées à la date du rachat partiel × (Montant du rachat partiel/Valeur de rachat totale à la date du rachat partiel).

Cette formule de calcul vise à déterminer le montant des produits en déduisant du montant du rachat partiel la fraction des primes versées qu'il contient. Cette fraction est déterminée au même prorata que le rapport entre le montant du rachat partiel et la valeur de rachat du contrat. Voir exemple au ▶270.

En cas de **rachats partiels successifs,** on tient compte des remboursements déjà intervenus. En conséquence, seul le solde des primes versées est pris en compte pour le calcul de la base imposable. Inversement, en cas de nouveau(x) versement(s), les primes versées à prendre en compte sont augmentées d'autant.

PRÉCISIONS a. Si des **avances** ont été consenties par l'assureur, il n'en est pas tenu compte pour déterminer le montant imposable : étant considérées comme des prêts, les avances ne sont pas déduites de la valeur de rachat, sauf si elles ont été requalifiées en rachat et donc déjà taxées.

b. Pour la fiscalité applicable au produit compris dans un rachat ou au dénouement d'un **bon ou contrat de capitalisation** acquis auprès d'un tiers par le bénéficiaire des produits, le second terme de la différence, à savoir le montant des primes versées, est remplacé par le montant des primes versées depuis l'acquisition du bon ou contrat, augmenté, dans ce cas, du prix d'acquisition du bon ou contrat (CGI art. 125-0 A, I-1°, al. 3). En cas de transmission à titre gratuit, le prix d'acquisition est la valeur retenue pour le calcul des droits de mutation. Cette situation particulière est traitée en détail au ▶448.

270 **Exemple** Soit un contrat dont la valeur de rachat s'établit à 250 000 € pour des primes brutes versées de 200 000 €. En cas de **rachat total,** les produits imposables s'établissent à 50 000 € (soit 250 000 € - 200 000 €).

Pour un **rachat partiel** de 50 000 €, il convient de déterminer le rapport entre ce retrait et la valeur globale du contrat (50 000 €/250 000 €), soit 20 %. On calcule alors qu'en rachetant 20 % du contrat, le souscripteur récupère aussi 20 % des primes investies, soit 40 000 € (20 % × 200 000 €). Par différence, le produit imposable s'établit au montant du rachat, sous déduction de la fraction des primes rachetées, soit 10 000 € (50 000 € - 40 000 €), ce qui correspond également à 20 % des produits, soit 20 % × 50 000 € = 10 000 €.

Au lendemain du rachat partiel, la nouvelle valeur de rachat s'établit à 200 000 €.

On suppose qu'un **deuxième rachat partiel** intervient pour un montant de 20 000 €, alors que les sommes en compte sur le contrat sont passées à 205 000 €. On appliquera la même formule, en tenant toutefois compte du fait qu'il ne reste au contrat que 160 000 € de la prime initiale sur les 200 000 € d'origine, les primes versées étant réputées avoir été récupérées à hauteur de 40 000 € lors du premier rachat. En rachetant 20 000 €, le souscripteur rachète 20 000 €/205 000 € = 9,76 % de la valeur du contrat, se composant de 9,76 % des primes, soit 9,76 % × 160 000 € = 15 609,76 € et 9,76 % des produits, soit 9,76 % × (205 000 € - 160 000 €) = 4 390,24 €, soit par application de la formule : 20 000 € - 160 000 € × (20 000 €/205 000 €). Seule la fraction du retrait correspondant aux produits, soit 4 390,24 €, sera imposable. À la suite de ce retrait, la valeur du contrat sera de 205 000 € - 20 000 € = 185 000 € et sera réputée composée de 160 000 € - 15 609,76 € = 144 390,24 € de primes et de 185 000 € - 144 390,24 € = 40 609,76 € de produits.

Le souscripteur procède alors à un **nouveau versement de primes** de 50 000 €. Un an plus tard, le contrat a une valeur de 245 000 € se composant de 144 390,24 € + 50 000 € de primes = 194 390,24 € et de 50 609,76 € de produits.
Un **troisième rachat partiel** de 20 000 € est réalisé. La fraction réputée correspondre à des primes est de (20 000 €/245 000 €) × 194 390,24 € = 15 868,59 €. Le solde constitue le produit imposable, soit 4 131,41 €.

271 Ainsi, la formule de calcul aboutit à ce que la **part de produits comprise dans un rachat** correspondant au produit généré sur le contrat augmente au fil du temps.

EXEMPLE Capital investi 200 000 €, capitalisation de 3 % net, rachat annuel de 6 000 €

Durée	(1) Valeur de rachat	(2) Rachat annuel fin de période	(3) Dont capital initial	(4) Dont produit	Pourcentage produit dans rachat (4)/(2)	Solde prime initiale
1 an	206 000 €	6 000 €	5 825,24 €	174,76 €	2,91 %	194 174,76 €
2 ans	206 000 €	6 000 €	5 655,58 €	344,42 €	5,74 %	188 519,18 €
3 ans	206 000 €	6 000 €	5 490,85 €	509,15 €	8,49 %	183 028,33 €
4 ans	206 000 €	6 000 €	5 330,92 €	669,08 €	11,15 %	177 697,41 €
5 ans	206 000 €	6 000 €	5 175,65 €	824,35 €	13,74 %	172 521,76 €
6 ans	206 000 €	6 000 €	5 024,91 €	975,09 €	16,25 %	167 496,85 €
7 ans	206 000 €	6 000 €	4 878,55 €	1 121,45 €	18,69 %	162 618,30 €
8 ans	206 000 €	6 000 €	4 736,46 €	1 263,54 €	21,06 %	157 881,85 €
9 ans	206 000 €	6 000 €	4 598,50 €	1 401,50 €	23,36 %	153 283,35 €
10 ans	206 000 €	6 000 €	4 464,56 €	1 535,44 €	25,59 %	148 818,78 €

272 **Contrat en moins-value** Lorsque la valeur de rachat du contrat est inférieure au cumul des primes brutes, le contrat est en moins-value. Le rachat total ou partiel effectué sur le contrat comprend donc exclusivement des primes et n'est naturellement pas imposable.
En cas de **rachat partiel** sur un contrat en moins-value, la formule de calcul exposée au ► 269 s'applique pour déterminer la part des primes considérées comme remboursées lors du rachat, mais **cette part est plafonnée au montant du rachat** (BOI-RPPM-RCM-20-10-20-50 n° 100). Cette règle permet d'éviter la taxation d'un produit inexistant si le souscripteur effectue par la suite un nouveau rachat (total ou partiel) alors que son contrat est en hausse. Cette tolérance administrative au regard de l'application stricte de la formule qui aboutirait à créer un produit taxable fictif (voir exemple ci-dessous) est applicable pour les rachats effectués depuis le 31 mai 2010. Les contrats qui ont connu des rachats antérieurs à cette date n'ont pas bénéficié de ce retraitement. Il conviendra donc, pour les rachats effectués à compter de cette date, de déterminer les produits imposables comme si la règle avait été appliquée antérieurement (sans remboursement néanmoins de l'éventuel trop-payé au titre des rachats intervenus avant le 31 mai 2010).
Quant à la **perte en capital** constatée à l'occasion du rachat, elle ne constitue pas un déficit déductible et ne peut faire l'objet d'aucune **imputation** ni sur le revenu global ni sur d'autres revenus de

même nature (CE 20-3-2013 n° 347881 et 347882 : RJF 6/13, BPAT 3/13 inf. 109), ce qui est logique s'agissant d'une enveloppe de capitalisation.

EXEMPLE Au jour du **rachat partiel** de 50 000 €, la valeur de rachat du contrat s'établit à 150 000 € pour des primes brutes versées de 200 000 €. Le contrat a donc subi une perte de 50 000 €. Ce rachat comprenant exclusivement des primes, il n'est pas imposable.
Au lendemain du rachat partiel, la nouvelle valeur de rachat s'établit à 100 000 €.
Un **nouveau rachat** (total) intervient sur ce contrat alors que la valeur de rachat a progressé à 150 000 €. Aucun produit n'est imposable.
Si on appliquait strictement la formule indiquée au ▶ 269, la plus-value serait calculée par différence entre la valeur de rachat (150 000 €) et le montant des primes corrigées 200 000 € - (200 000 € × 50 000 €/150 000 €) = 200 000 € - 66 667 €, soit 133 333 €. On aboutirait à une plus-value « mathématique » de 16 667 € (soit 150 000 € - 133 333 €), alors que la plus-value financière globale du contrat est nulle (200 000 € de versement et deux rachats, le premier de 50 000 €, le second de 150 000 €).

C. Régimes fiscaux applicables selon la date de souscription et de versement des primes

Dualité de régimes

273 Pour la clarté de la présentation, il sera distingué **deux régimes d'imposition** pour les produits imposables compris dans **les rachats effectués depuis le 1er janvier 2018,** dont les principes sont synthétisés dans le tableau ci-dessous.

Régime « historique » **IR ou PFL** Voir 274 s.	**Produits des primes versées jusqu'au 26 septembre 2017** Imposition au barème progressif de l'impôt sur le revenu (**IR**) ou option individualisée pour un prélèvement forfaitaire libératoire (**PFL**) dégressif par paliers en fonction de la durée de détention du contrat (35 %, 15 % ou 7,5 %). Déduction d'un abattement après une certaine durée de détention (8 ans, sauf exception) et possibilité d'opter pour un taux de 7,5 %, sans plafond.
Régime « nouveau » **PFU ou IR** Voir 287 s.	**Produits des primes versées depuis le 27 septembre 2017** Prélèvement forfaitaire unique (**PFU**) de 12,8 % ou imposition au barème progressif de l'impôt sur le revenu (**IR**) en cas d'option globale pour ce régime, applicable à tous les revenus de la même catégorie. Déduction d'un abattement après une certaine durée de détention (8 ans) et application d'un **taux réduit** de 7,5 % dans la limite d'un **plafond.**

Les primes versées jusqu'au 26 septembre 2017 représentent l'essentiel de l'encours d'assurance-vie. Le régime historique va donc continuer à s'appliquer en très large partie. Cependant, les produits attachés aux **versements effectués depuis le 27 septembre 2017,** y compris sur des contrats ouverts avant cette date sont soumis au nouveau régime de la « flat tax » pour tous les rachats intervenant depuis le 1er janvier 2018.

PRÉCISIONS

a. Le régime historique comporte lui-même plusieurs **strates,** en fonction de l'évolution de la fiscalité au cours de la période, et un certain nombre de régimes dérogatoires ; voir ▶ 280 s.

b. Le régime historique comme le régime nouveau comportent la possibilité d'imputer un **abattement** sur la base imposable au-delà d'un certain délai de détention du contrat.

c. Certains contrats bénéficient d'une exonération de fiscalité **après 6 ou 8 ans,** exonération totale pour les contrats en actions DSK ou NSK, exonération totale ou partielle pour les contrats souscrits avant le 26 septembre 1997 ; voir ▶280 s.

d. Certaines **causes de rachat** du contrat permettent aussi de bénéficier d'une exonération indépendamment de la date à laquelle le rachat intervient, voir ▶293.

1° Régime « historique » (produits des primes versées jusqu'au 26 septembre 2017) : IR ou PFL

Principe d'imposition au barème progressif de l'impôt sur le revenu

274 Pour les produits attachés aux primes versées jusqu'au 26 septembre 2017, le **principe** d'imposition au barème progressif de l'impôt sur le revenu demeure inchangé. Ainsi les produits taxables sont intégrés dans la déclaration générale des revenus et doivent être portés ligne 2YY sauf pour ceux bénéficiant de l'abattement pour durée de détention, qui sont déclarés en ligne 2CH (voir ▶277 s. pour le montant et les modalités de cet abattement). Ces produits ne sont pas intégrés au mécanisme de prélèvement à la source forfaitaire obligatoire (PFO) par l'établissement payeur.

Option pour le prélèvement libératoire

275 **Taux du prélèvement** Sur option expresse du contribuable, un prélèvement forfaitaire libératoire peut être pratiqué par la compagnie d'assurance. Pour les contrats souscrits **depuis le 1er janvier 1990,** ces taux sont de :

- **35 %** si la durée du contrat est inférieure ou égale à 4 ans ;
- **15 %** lorsque cette durée est supérieure à 4 ans et inférieure à 8 ans.

Un régime de faveur s'applique aux contrats conservés pendant **au moins 8 ans** avec l'application d'un taux de **7,5 %** (ou une exonération dans certains cas, voir ▶280 s.).

L'option permet d'échapper à la taxation au barème progressif de l'impôt sur le revenu et présente donc un **intérêt** chaque fois que le taux du prélèvement, fixé à 7,5 %, 15 % ou 35 % selon l'ancienneté du contrat, est inférieur au taux marginal d'imposition sur le revenu de l'assuré (corrigé de l'impact de l'imputation de la quote-part de CSG déductible, voir ▶310).

Alors que la loi de finances pour 2013 a supprimé la faculté d'opter pour un prélèvement libératoire pour les dividendes ou les placements à revenu fixe, cette possibilité perdure pour l'assurance-vie et les contrats de capitalisation, avec des taux à ce jour inchangés.

Les revenus qui ont supporté le prélèvement libératoire n'entrent évidemment pas en compte dans la détermination du revenu taxable au barème progressif de l'impôt sur le revenu, mais doivent figurer sur une ligne spéciale de la déclaration de revenus pour être intégrés dans le revenu fiscal de référence pour le calcul de la contribution exceptionnelle de 3 % et 4 %, qu'ils sont ainsi susceptibles de supporter.

Inconvénient de l'option pour le prélèvement forfaitaire libératoire : les revenus qui ont supporté le prélèvement ne viennent pas majorer les revenus pris en compte pour le plafonnement des niches fiscales. Soulignons cependant que par suite de la décision du Conseil constitutionnel (Cons. const. 29-12-2012 n° 2012-662 DC, cons. 123 : FR 53/12 inf. 3 n° 11), le plafond applicable en la matière est actuellement décorrélé du revenu fiscal.

PRÉCISIONS

a. Le délai de détention est calculé à partir de la **date d'ouverture** du contrat.

b. Le délai est de 8 ans pour les bons ou contrats souscrits depuis le 1er janvier 1990 ou de 6 ans pour les bons ou contrats souscrits entre le 1er janvier 1983 et le 31 décembre 1989 avec toutefois une notion de **durée moyenne pondérée** (voir ▶ 284).

c. Lorsqu'elle est autorisée (voir ▶ 43 s.), la **transformation du contrat** est sans incidence sur son antériorité fiscale.

276 **Modalités de l'option** L'option est **irrévocable** et doit être **formulée au plus tard** lors de l'encaissement des revenus par le souscripteur (CGI ann. III art. 41 duodecies E). Le souscripteur ne peut plus exercer l'option après ni revenir sur une option déjà exercée (CE 24-10-2014 n° 366962 : RJF 1/15 n° 21). Cette règle s'explique par le fait que, en faisant le choix d'opter pour le prélèvement libératoire, le contribuable bénéficie de la sécurité juridique d'un régime dont les paramètres ne sont plus susceptibles d'évoluer, avec comme contrepartie l'impossibilité de revenir sur ce choix (Rép. Le Borgn' : AN 27-1-2015 n° 59415).

Toutefois, s'il y a intérêt, le contribuable peut, à l'occasion d'un même rachat ou de rachats successifs, exercer une **option partielle** pour le prélèvement libératoire.

En pratique, le contribuable choisira le prélèvement forfaitaire libératoire (PFL) lorsque le taux de celui-ci est inférieur à son taux marginal d'imposition sur le revenu.

EXEMPLE Jean a souscrit un contrat d'assurance-vie le 1er mars 2016 sur lequel il a versé une prime unique de 200 000 €. Le 10 mars 2022, il procède à un retrait de 120 000 €. La valeur du contrat à la date du retrait s'élève à 240 000 €. Son taux marginal d'imposition à l'impôt sur le revenu étant de 30 %, Jean optera pour le prélèvement libératoire qui s'élève à 15 %, le contrat ayant une ancienneté comprise entre 4 et 8 ans.

Au-delà de 8 ans, la même démarche s'applique, étant précisé que l'option n'a d'incidence qu'au-delà de l'abattement de 4 600 € ou 9 200 €, car en deçà aucune imposition n'est due.

Abattement pour durée de détention

277 **Caractéristiques de l'abattement** Pour encourager l'épargne longue, un abattement annuel est prévu pour l'ensemble des produits des bons ou contrats de capitalisation ou d'assurance-vie d'une **durée au moins égale à 8 ans** (bons ou contrats souscrits depuis le 1er janvier 1990) ou 6 ans (bons ou contrats souscrits entre le 1er janvier 1983 et le 31 décembre 1989). Il est fait masse de l'ensemble des produits imposables des bons ou contrats de capitalisation et d'assurance-vie, d'une durée au moins égale à 8 ans (ou 6 ans pour les contrats conclus entre le 1er janvier 1983 et le 31 décembre 1989), souscrits par les membres du foyer fiscal.

L'abattement est fixé :

– à 4 600 € pour les contribuables célibataires, divorcés ou veufs, pour les contribuables mariés lorsqu'ils sont soumis à une imposition distincte ou les couples qui ont choisi l'option de l'imposition distincte pour la première année du mariage ou du Pacs ;

– 9 200 € pour les contribuables mariés ou « pacsés » et les couples qui choisissent d'être soumis à imposition commune l'année du mariage ou de la conclusion du Pacs.

Ce montant s'impute sur la part de produit imposable comprise dans le rachat et non sur le montant du rachat lui-même.

L'abattement est réservé aux contribuables **fiscalement domiciliés en France.** Il concerne tous les rachats effectués au cours d'une même année sur l'**ensemble des contrats** d'assurance-vie et de capitalisation éligibles du foyer fiscal.
S'il n'a pas été entièrement utilisé, l'abattement **ne peut pas être reporté** sur l'année suivante.

PRÉCISIONS

a. En cas de **décès** dans un **couple soumis à imposition commune,** un abattement de 9 200 € est accordé pour l'imposition commune (du 1er janvier à la date du décès) et un abattement de 4 600 € pour la période postérieure au décès au nom de l'époux ou « pacsé » survivant (BOI-RPPM-RCM-20-10-20-50 n° 320).

b. L'abattement s'applique, que les sommes soient soumises à prélèvement libératoire, à l'impôt sur le revenu ou encore au PFU, mais les **modalités d'imputation** sont différentes (voir ▶279).

c. L'abattement s'applique **en priorité** aux produits attachés aux primes versées avant le 27 septembre 2017 puis l'éventuel solde, sur les produits attachés aux primes versées après le 27 septembre 2017 et, dans ce cas, en priorité sur les produits imposés au taux de 7,5 %. Voir ▶291.

d. Si les **prélèvements sociaux** sont effectués **lors du rachat,** ils ne bénéficient pas de l'abattement de 4 600 € ou 9 200 €. Voir ▶303 s.

278 **Exemple d'application de l'abattement** Prenons l'exemple d'un premier **rachat partiel** de 30 000 € par un célibataire sur un contrat de plus de 8 ans, dont la valeur de rachat s'établit à 300 000 € pour une prime versée de 250 000 €. Le produit compris dans le rachat (voir formule de calcul au ▶269) est de 5 000 € (30 000 - [(30 000/300 000) × 250 000]), soit une **base imposable** de 400 € (5 000 - 4 600) pour un rachat de 30 000 €.

279 **Modalités d'application de l'abattement** L'abattement est **déduit directement** par l'administration fiscale **en cas d'imposition au barème progressif** de l'impôt sur le revenu (voir ▶274) et prend la forme d'un **crédit d'impôt** en cas d'option pour le **prélèvement forfaitaire libératoire.** Ce crédit d'impôt est égal à 7,5 % du montant des produits, dans la limite de l'abattement et sous déduction de l'éventuelle fraction déjà utilisée pour des produits imposés au barème de l'impôt sur le revenu. Il s'impute sur le montant de l'impôt sur le revenu, l'excédent éventuel étant restitué.
Pour permettre à l'administration de calculer le montant du crédit d'impôt, le bénéficiaire doit porter le montant brut (hors prélèvement) des produits qui ont supporté le prélèvement libératoire sur une ligne spéciale de sa déclaration de revenus (ligne 2DH). Voir exemples au BOI-RPPM-RCM-20-10-20-50 n° 360.

Cas d'exonération partielle après 8 ans (ou 6 ans)

280 **Contrats souscrits du 1er janvier 1983 au 25 septembre 1997**
Les produits de ces contrats sont, selon le cas, totalement ou partiellement exonérés d'impôt sur le revenu lors de leur dénouement ou de leur rachat (intervenant aujourd'hui par hypothèse après 6 ans pour les contrats souscrits avant le 31 décembre 1989, voir ▶284, ou, plus généralement, 8 ans pour les contrats souscrits à compter du 1er janvier 1990).

Les **produits acquis ou constatés jusqu'au 31 décembre 1997** sont totalement exonérés d'impôt sur le revenu.

Les produits acquis ou constatés **depuis le 1er janvier 1998** sont soumis à un double régime :

- les produits qui correspondent à des primes versées depuis le 26 septembre 1997 (sauf pour les primes assimilées à des primes versées avant cette date) sont imposables dans les conditions de droit commun. Sauf exonération liée à la situation personnelle du souscripteur, les produits sont imposables sous déduction de l'abattement annuel de 4 600 € (ou 9 200 €) avec, au-dessus de ce montant, possibilité d'option pour le prélèvement libératoire au taux de 7,5 % (pour plus de précisions, voir ▶274 s.), ou imposition selon le nouveau régime de la « flat tax » s'ils correspondent à des primes versées depuis le 27 septembre 2017 (voir ▶287 s.) ;

– les produits des primes versées jusqu'au 25 septembre 1997 sont totalement exonérés.

PRÉCISIONS Sont **assimilés à des primes versées jusqu'au 25 septembre 1997** et bénéficient de la même exonération pour les produits correspondants :

– les primes versées sur des contrats à primes périodiques, à condition qu'elles n'excèdent pas celles prévues au contrat initial ;
– les versements programmés effectués du 26 septembre au 31 décembre 1997 : versements effectués en exécution d'un engagement antérieur au 26 septembre 1997 et prévoyant la périodicité et le montant des versements ;
– les primes exceptionnelles versées du 26 septembre au 31 décembre 1997, dans la limite de 200 000 F par souscripteur (400 000 F pour les couples mariés si chacun des époux disposait d'un ou de plusieurs contrats).

281 En pratique, afin de pouvoir déterminer le montant des produits taxables lors des rachats, les contrats souscrits avant le 1er janvier 1998 comportent deux compartiments (BOI-RPPM-RCM-20-10-20-50 n° 180) :

– le **premier compartiment** comprend les sommes (primes et produits capitalisés) qui ouvrent droit à exonération ;
– le **second compartiment** comprend les versements et produits capitalisés taxables.

Dans le cas particulier des contrats souscrits entre le 26 septembre et le 31 décembre 1997, le premier compartiment comprend les revenus acquis ou constatés entre la date de souscription et le 31 décembre 1997 et le second compartiment comprend tous les revenus acquis ou constatés depuis le 1er janvier 1998.

Pour les **contrats en unités de compte** (mais non pour les contrats en euros), l'administration autorise les assureurs à appliquer une méthode globale qui consiste à calculer un coefficient déterminant la part imposable du contrat : cette méthode s'applique sur option irrévocable des entreprises d'assurances et pour l'ensemble des contrats en unités de compte offerts par une même entreprise (Lettre DLF au délégué général du Groupement des assurances de personnes du 16-6-1999).

282 L'unicité juridique du contrat et par conséquent son ancienneté décomptée du jour de la souscription (le second compartiment ne constitue pas un contrat distinct) conduisent, **en cas de rachat partiel,** à déterminer les produits imposables de la manière suivante.

Le produit attaché au rachat partiel (p. 1) est déterminé par la formule p. 1 = montant du rachat - (total des primes versées à la date du rachat × montant du rachat)/(valeur de rachat totale à la date du rachat).

Le total des primes versées à la date du rachat partiel s'entend, en cas de rachats partiels successifs, du total des primes versées qui n'ont pas déjà fait l'objet d'un remboursement en capital lors d'un ou de plusieurs rachats partiels antérieurs (▶269 s.).

Le produit imposable (p. 2) est calculé par la formule p. 2 = (produit attaché au rachat p. 1 × montant des produits imposables)/(montant total des produits capitalisés à la date du rachat). Cette formule s'écrit également : p. 2 = (p. 1 × produits du second compartiment)/(total des produits du premier et du second compartiment).

283 Exemple chiffré Soit un contrat souscrit en 1995 sur lequel a été versée une prime d'un montant de 15 245 €. Un second versement de 76 225 € a été effectué sur le contrat en 2000.

Le 2 janvier 2022, l'épargnant effectue un rachat partiel de 45 735 €.

Au 31 décembre 2021, la provision mathématique correspondant au premier versement s'élève à 28 020 € et la provision mathématique correspondant au second versement est de 100 449 €.

La valeur de rachat totale du contrat à la date du rachat partiel est de 28 020 € + 100 449 €, soit 128 469 €.

Les produits capitalisés afférents au premier versement s'élèvent à : 28 020 € -15 245 €, soit 12 775 €, et les produits capitalisés afférents au second versement s'élèvent à : 100 449 € - 76 225 € = 24 224 €.

À la date du rachat, la somme des produits capitalisés s'élève donc à : 12 775 € + 24 224 € = 36 999 €.

Les deux compartiments se présentent donc comme suit :

	Premier compartiment : primes versées avant le 26-9-1997 (et versements assimilés) et produits afférents	**Second compartiment : primes versées depuis le 26-9-1997 et produits afférents**	**Totaux**
Primes versées	15 245 €	76 225 €	91 470 €
Produits capitalisés	12 775 €	24 224 €	36 999 €
Provision mathématique	28 020 €	100 449 €	128 469 €

Les produits imposables sont déterminés de la manière suivante :

Produit attaché au rachat (p. 1) = 45 735 € - (91 470 € × 45 735 €/128 469 €) = 13 171,65 €.

Produit imposable (p. 2) = 13 171,65 € × 24 224 €/36 999 € = 8 623,75 €.

PRÉCISIONS La taxation du produit des **primes versées depuis le 27 septembre 2017** obéit au nouveau régime et se traduit par la création d'un compartiment dédié (BOI-RPPM-RCM-20-10-20-50 n° 75).

284 **Contrats souscrits entre le 1er janvier 1983 et le 31 décembre 1989** Ces contrats ont la particularité d'avoir une durée minimale de 6 ans au lieu de 8 ans (fiscalité applicable de 45 % entre 0 et 2 ans, 25 % entre 2 et 4 ans, 15 % entre 4 et 6 ans et, 7,5 % au-delà de 6 ans pour les produits des versements éligibles à cet impôt, dans les mêmes conditions qu'au ►280). En revanche, si la durée à prendre en considération est plus courte, il ne s'agit pas systématiquement de la durée effective du contrat (décomptée à partir de la souscription). En effet, en présence de contrats comportant des versements irrégulièrement échelonnés (ce qui est le cas de versements libres, par exemple), c'est une durée moyenne pondérée qui doit être retenue pour connaître le taux de prélèvement forfaitaire libératoire susceptible d'être appliqué en cas d'option pour cette modalité d'imposition.

La durée moyenne pondérée s'obtient par l'application de la formule suivante (calculée selon la méthode présentée sur la notice 2777-NOT-SD), sans pouvoir être inférieure à la durée effective :

$2m \times (V1 \times m^1) \pm (V2 \times m^2) + (V3 \times m^3) + \ldots$

$m + n\,V$

m : nombre de mois écoulés entre le versement de la première prime et le dénouement ou le rachat du contrat (durée effective).

n : nombre de mois écoulés entre le versement de la dernière prime et le dénouement ou le rachat du contrat.
V1, V2... : montant du versement de la 1e prime, de la 2e prime, etc.
m^1, m^2... : nombre de mois pendant lesquels a été placée la 1e prime, la 2e prime, etc.
V : total des primes versées.
Pour le décompte du nombre de mois correspondant à la durée effective du contrat, il est admis de négliger le nombre de jours ne correspondant pas à un mois entier.
Cette formule vise à éviter que les souscripteurs ne bénéficient indûment pour les produits perçus de l'application d'une fiscalité plus favorable en versant en début de contrat des primes faibles et en fin de contrat des primes élevées.
Ainsi, même si pour un rachat intervenant en 2015 la durée effective est d'au moins 25 ans (dernière souscription possible le 31 décembre 1989), la durée moyenne pondérée peut s'avérer inférieure à 6 ans avec un versement tardif important, proche de la date du rachat. Cette règle ne s'applique pas pour les contrats souscrits depuis le 1er janvier 1990, même si une réforme visant à rétablir la durée moyenne pondérée est régulièrement évoquée.

PRÉCISIONS

a. Lorsque qu'un **contrat souscrit avant le 1er janvier 1990** fait l'objet d'une **transformation** qui ne constitue pas une novation (voir ▶43 s.), la règle de la durée moyenne ne s'applique pas à ce contrat (BOI-RPPM-RCM-30-10-20-20 n° 350).

b. La taxation du produit des **primes versées depuis le 27 septembre 2017** obéit au nouveau régime.

285 **Contrats souscrits avant le 1er janvier 1983** Les produits de ces contrats sont **totalement exonérés** d'impôt sur le revenu lorsqu'ils sont issus de primes versées avant le 10 octobre 2019, mais sont cependant soumis aux prélèvements sociaux. En revanche, **en cas de versements de nouvelles primes** après le 10 octobre 2019, les produits issus de ces primes sont, pour les rachats effectués à compter du 1er janvier 2020, soumis au régime fiscal du PFU (Loi 2019-1479 du 28-12-2019 art. 9 : BPAT 1/20 inf. 2).

286 **Contrats en actions NSK et DSK** Lorsque la sortie ou un rachat partiel intervient **après 8 ans,** les produits des contrats investis en actions définis ▶41 s. sont exonérés d'impôt sur le revenu (CGI art. 125-0 A, I-quater et I-quinquies).
Les produits des **primes versées à compter du 27 septembre 2017** échappent au nouveau régime de la « flat tax ».

2° Régime « nouveau » (produits des primes versées depuis le 27 septembre2017) : PFU ou IR

Réforme entrée en vigueur le 1er janvier 2018

287 Le régime d'imposition des revenus du capital (Loi 2017-1837 du 31-12-2017 art. 28 I-9° et 28°) est désormais celui d'un **prélèvement forfaitaire unique (PFU)** ou « flat tax » sur tous les revenus mobiliers et les plus-values de cession de valeurs mobilières, sauf option pour une taxation au barème progressif de l'impôt sur le revenu.

Application du PFU aux contrats d'assurance-vie

288 Pour les **produits des primes versées depuis le 27 septembre 2017,** le dénouement du contrat en cas de vie ou le rachat total ou partiel du contrat depuis le 1er janvier 2018 entraîne leur imposition au taux de 12,8 %. L'assurance-vie rentre ainsi dans « le droit commun » de la fiscalité applicable aux placements financiers.

Toutefois, pour **maintenir une prime à l'épargne longue,** lorsque le rachat intervient sur un contrat de plus de 8 ans, deux dispositifs d'allégements fiscaux ont été maintenus par le législateur :

- l'abattement pour durée de détention de 4 600 € et 9 200 € (sans condition de plafond) ;
- au-delà de cet abattement, possibilité d'application d'un taux de 7,5 % au lieu de celui de 12,8 % (CGI art. 200 A, B-2°), mais, contrairement au « régime historique », dans la limite d'un plafond au-delà duquel le taux repasse à 12,8 %.

Les produits sont **imposés en deux temps** : un prélèvement forfaitaire obligatoire non libératoire, à titre d'acompte l'année de leur versement, puis, l'année suivante, une imposition liquidée dans le cadre de la déclaration de revenus, tenant compte du prélèvement.

289 **Prélèvement forfaitaire non libératoire** Un prélèvement forfaitaire non libératoire **(PFNL)** de l'impôt, pratiqué par le tiers payeur lors du versement des produits, s'applique aux contrats souscrits auprès d'entreprises françaises ou étrangères. Il est fixé à 12,8 % pour les contrats d'une **durée inférieure à 8 ans** et à 7,5 % pour les contrats d'une **durée égale ou supérieure à 8 ans.** Les revenus ayant fait l'objet du prélèvement sont portés sur la déclaration de revenus souscrite l'année suivante pour être soumis à l'imposition forfaitaire ou au barème progressif. Ce PFNL **s'impute sur l'impôt** sur le revenu **dû au titre de l'année au cours de laquelle il a été opéré.** L'excédent est, le cas échéant, restitué (CGI art. 125-0 A, II-2).

290 **Impôt sur le revenu** L'impôt sur le revenu s'applique d'office à un **taux forfaitaire** (CGI art. 200 A-1-A), sauf **option expresse, globale et irrévocable** du contribuable pour l'imposition selon le **barème progressif** de l'ensemble de ses revenus et plus-values (CGI art. 200 A-2).

À l'instar du PFNL, le taux forfaitaire est de 12,8 % pour les **contrats de moins de 8 ans.**

Au-delà de 8 ans, il y lieu de distinguer deux situations selon que le montant des primes versées sur l'ensemble des contrats du bénéficiaire desdits produits excède ou non le seuil de 150 000 € :

- si les primes versées sont inférieures à 150 000 € : 7,5 %
- si les primes versées sont supérieures à 150 000 € : 7,5 % au prorata de l'encours ne dépassant pas 150 000 € et 12,8 % pour la fraction excédentaire.

Le **prorata** permettant de connaître le montant des produits éligibles au taux de 7,5 % est déterminé par la formule suivante (BOI-RPPM-RCM-20-15 n° 190).

Montant total des produits multiplié par :

- **au numérateur,** le montant de 150 000 € réduit, le cas échéant, du montant des primes versées antérieurement au 27 septembre 2017 et qui, au 31 décembre de l'année qui précède le fait générateur d'imposition des produits concernés, n'ont pas déjà fait l'objet d'un remboursement en capital ;
- **au dénominateur,** le montant des primes versées depuis le 27 septembre 2017 et qui, au 31 décembre de l'année qui précède le fait générateur de l'imposition des produits concernés, n'ont pas déjà fait l'objet d'un remboursement en capital.

Les produits non-éligibles au taux de 7,5 % demeurent imposables au taux de droit commun de 12,8 %.

PRÉCISIONS

a. Pour l'appréciation du seuil de 150 000 €, tous les contrats d'assurance-vie et de capitalisation, souscrits en France ou à l'étranger, sont pris en compte, que les produits soient imposables ou exonérés (BOI-RPPM-RCM-20-15 n° 160).

b. Le seuil de 150 000 € est un seuil personnel qui s'apprécie au niveau de **chaque souscripteur.**
En cas de **démembrement** de propriété du bon ou contrat, les primes versées ne sont prises en compte que pour la détermination du seuil applicable à l'usufruitier.
En cas de **cosouscription,** le principe est que les primes versées sont intégralement retenues pour chacun des cosouscripteurs, quel que soit celui qui les a versées. À titre dérogatoire, si les cosouscripteurs sont des époux ou des partenaires de Pacs, il y a lieu de prendre en compte pour chacun la moitié du total des primes versées sur le bon ou contrat concerné.
Lorsqu'il s'agit d'un **bon ou contrat de capitalisation acquis à titre gratuit ou onéreux,** les primes retenues sont toutes celles versées, y compris celles versées antérieurement à son acquisition (BOI-RPPM-RCM-20-15 n° 170).

c. Si le montant des **primes versées avant le 27-9-2017** dépasse 150 000 €, le numérateur de l'équation est retenu dans la limite de zéro. Ainsi, aucune fraction des produits attachés à des primes versées après le 27 septembre 2017 ne pourra bénéficier d'un taux réduit de 7,5 % (BOI-RPPM-RCM-20-15 n° 190).

291 **Abattement pour durée de détention** L'abattement de 4 600 € (personnes seules) ou 9 200 € (couples soumis à imposition commune) est applicable aux produits attachés aux primes versées depuis le 27 septembre 2017 si le **contrat a plus de 8 ans.** L'imputation de cet abattement s'effectue en priorité sur les produits attachés aux primes versées avant le 27 septembre 2017, puis, pour les produits attachés aux primes versées depuis cette date, sur la fraction taxable à 7,5 % puis sur celle imposable à 12,8 % (CGI art. 125-0 A, I-1°-al. 5).

PRÉCISIONS La loi relative à la croissance et la transformation des entreprises dite « loi Pacte » (Loi 2019-486 du 22-5-2019 art. 72) a prévu un dispositif temporaire d'**exonération d'impôt** pour les produits des contrats d'assurance-vie d'une durée égale ou supérieure à 8 ans, **dans la limite** annuelle globale d'un montant égal à l'abattement prévu en cas de rachat après 8 ans (4 600 € pour les contribuables célibataires, veufs ou divorcés et 9 200 € pour les contribuables mariés soumis à imposition commune), **sous réserve** du respect des conditions suivantes :

- rachat effectué entre le 24 mai 2019 et le **1er janvier 2023** ;
- dans un délai d'au moins **5 ans** avant l'âge de départ à la retraite du souscripteur ;
- sous condition de réinvestissement de l'**intégralité** du montant du rachat **sur un plan d'épargne retraite** avant le 31 décembre de l'année du rachat.

Cet abattement exceptionnel se cumule avec l'abattement standard et obéit aux mêmes règles d'imputation.

3° Synthèse de la fiscalité en cas de rachat

Tableau récapitulatif

292 En cas de rachat (ou dénouement du contrat en cas de vie avec sortie en capital), hors prélèvements sociaux.

Durée de vie du contrat	Primes versées jusqu'au 26-9-2017		Primes versées depuis le 27-9-2017*		
	En N	En N + 1	En N	En N + 1	
Moins de 4 ans	Sur option, PFL de 35 %	À défaut d'option pour le PFL, barème progressif	PFNL de 12,8 % (imputable sur l'IR dû au titre de l'année N)	Taux forfaitaire de 12,8 % ou, sur option globale, barème progressif	
Entre 4 et 8 ans	Sur option, PFL de 15 %				
Plus de 8 ans	Sur option, PFL de 7,5 %	À défaut d'option pour le PFL, barème progressif	PFNL de 7,5 % (imputable sur l'IR dû au titre de l'année N)	**Encours < 150 000 €** Taux forfaitaire de 7,5 % ou, sur option globale, barème progressif	**Encours ≥ 150 000 €** Taux forfaitaire de 7,5 % sur une partie des revenus et de 12,8 % pour le surplus, ou, sur option globale, barème progressif
		Application prioritaire de l'abattement de 4 600 ou 9 200 € (sous forme de crédit d'impôt si option pour le PFL)		Application de l'éventuel solde de l'abattement de 4 600 ou 9 200 € (en priorité sur la fraction imposable à 7,5 % puis sur celle imposable à 12,8 %)	
* depuis le 10-10-2019 pour les contrats souscrits avant 1983					

d. Cas d'exonération totale

Exonération liée à la situation du souscripteur

293 Sont exonérés d'impôt sur le revenu les produits des contrats, quelle que soit leur durée, dont le rachat résulte :

- du **licenciement** du souscripteur ou de son conjoint ou partenaire de Pacs (mais pas d'une rupture conventionnelle du contrat de travail), à condition selon l'administration que l'intéressé soit inscrit à Pôle emploi comme demandeur d'emploi et qu'il n'ait pas retrouvé un emploi avant la fin de la période au titre de laquelle il prétend à l'exonération (BOI-RPPM-RCM-10-10-80 n° 102). La fin d'un contrat à durée déterminée ou la révocation d'un mandat social, ne constituant pas un licenciement, ne donnent pas droit à l'exonération (BOI-RPPM-RCM-10-10-80 n° 103) ;
- de la mise à la **retraite anticipée** du souscripteur ou de son conjoint ou partenaire de Pacs ;

- de la survenance d'une **invalidité** de deuxième ou troisième catégorie prévue par l'article L341-4 du Code de la sécurité sociale frappant le souscripteur ou son conjoint ou partenaire de Pacs ;
- de la cessation d'une activité non salariée du souscripteur ou de son conjoint ou partenaire de Pacs à la suite d'un jugement de **liquidation judiciaire.**

L'administration fiscale précise qu'elle réserve ces exonérations aux **produits perçus** jusqu'à la fin de l'année qui suit la réalisation de l'un de ces événements (BOI-RPPM-RCM-10-10-80 n° 101). Lorsqu'ils peuvent en bénéficier, les contribuables doivent naturellement s'abstenir de demander à l'établissement payeur d'opérer le prélèvement libératoire de l'impôt sur le revenu pour les produits qui y sont éligibles.

Contrats se dénouant par le versement d'une rente viagère

294 Lorsque le contrat se dénoue par le versement d'une rente viagère, les **produits capitalisés** jusqu'à la date de la sortie sont exonérés d'impôt sur le revenu quelles que soient la durée du contrat et sa date de souscription (CGI art. 125-0 A, I-1° al. 2).

Selon l'administration, cette exonération ne s'applique que si l'option pour la conversion en rente viagère a été prévue dans le contrat initial et est exercée au plus tard à la date d'échéance de ce contrat (BOI-RPPM-RCM-10-10-80 n° 90). Elle ne s'applique pas aux contrats qui se dénouent par le versement d'un capital ultérieurement converti en rente viagère, même si cette conversion intervient à brève échéance.

L'exonération des produits capitalisés est très relative puisque, à l'exception des rentes versées dans le cadre d'un PEP après 8 ans, les **versements successifs de la rente** sont imposables à l'impôt sur le revenu pour une fraction de leur montant. Cette imposition concerne toutes les rentes viagères, y compris celles servies en exécution d'un contrat d'assurance-vie souscrit avant le 1er janvier 1983. La fraction imposable de la rente est déterminée une fois pour toutes en fonction de l'âge du souscripteur à la date d'entrée en jouissance de la rente.

Contrats se dénouant par le décès

295 En cas de dénouement du contrat par décès, le capital versé au bénéficiaire ne supporte aucun impôt sur le revenu, les produits acquis par le contrat étant définitivement exonérés. En revanche, des prélèvements sociaux vont généralement s'appliquer s'ils ne l'ont pas été antérieurement (voir ▶ 382 s.).

e. Avance sur le contrat d'assurance-vie

Traitement fiscal de l'avance

296 L'avance est considérée comme un prêt de la compagnie d'assurance, gagé sur la valeur de rachat du contrat (sur les aspects juridiques, voir ▶ 120 s.). Elle **ne donne** naturellement **pas lieu à fiscalisation** lors de la remise des capitaux correspondant par l'assureur. Toutefois, l'administration fiscale se réserve la possibilité de démontrer que, sous couvert d'avances, le contribuable a entendu disposer définitivement de tout ou partie de la valeur de rachat en échappant à la taxation ou en bénéficiant d'une taxation réduite en procédant à un rachat pour la solder après 8 ans, par exemple (BOI-RPPM-RCM-20-10-20-50 n° 140 et 150). Le traitement du contrat comportant une avance au regard du calcul de la base imposable à retenir est précisé au ▶ 269 s'agissant des rachats et, s'agissant

de la fiscalité applicable au capital décès, au ▶368 pour les contrats soumis à l'article 990 I du CGI et au ▶342 pour ceux soumis à l'article 757 B du CGI.

PRÉCISIONS Lorsque l'avance consentie sur un contrat d'assurance-vie est utilisée pour conserver, acquérir, construire, réparer ou améliorer un bien immobilier donné en location et qu'elle appelle un remboursement à échéance du capital avancé et le paiement d'**intérêts** à l'organisme créditeur, les intérêts payés à cette occasion peuvent être admis en **déduction** pour la détermination du **revenu net foncier,** à condition que l'avance soit effectivement remboursée à l'assureur au terme du prêt (Rép. Delpon : AN 18-12-2018 n° 11053 ; Rép. Malhuret : Sén. 20-12-2018 n° 02170). Il en irait de même pour les autres revenus catégoriels qui permettent la déduction d'intérêt si les autres conditions de déduction sont remplies par ailleurs.

f. Cas particuliers : contrats à bonus de fidélité et contrats à participation différée

Contrats à bonus de fidélité

297 Le Code des assurances offre aux assureurs la possibilité de prévoir une garantie (un « bonus ») pour récompenser la fidélité des souscripteurs (C. ass. art. L 132-22-2 et R 132-5-3). **En pratique,** l'essentiel des contrats à bonus de fidélité présents sur le marché a été construit sur les bases suivantes :

- la valorisation constatée sur le contrat (ou une partie de celle-ci, définie par les conditions générales ou choisie par le souscripteur) est affectée à une **garantie** de fidélité, **gérée de manière spécifique** et distincte de la garantie dite principale (qui correspond à l'investissement du capital) ;
- cette garantie de fidélité est **versée** au terme défini (en général 8 ans) exclusivement aux souscripteurs fidèles. Elle est **perdue** pour les autres.

Il est à souligner que la **notion de « fidélité »** dans ces opérations est globalement conçue de manière assez souple : absence de rachat total sur la période (mais possibilité de retraits partiels allant dans certaines formules jusqu'à 80 % de la valeur de rachat) ou perte du bonus en cas de décès (généralement compensée par une assurance spécifique).

298 L'**objectif** de ces contrats était, selon leurs promoteurs, d'**optimiser la fiscalité** des détenteurs, que ce soit pour l'impôt sur le revenu en cas de rachat ou pour l'évaluation des contrats au titre de l'ISF. Pour lever toute incertitude sur « la commercialisation de ces contrats » à propos desquels l'**administration fiscale** aurait pu considérer « que la possibilité de racheter jusqu'à 80 % (...) n'est pas compatible avec les avantages fiscaux des contrats à bonus de fidélité procurés au titre de l'impôt sur le revenu et de l'ISF », une question extrêmement explicite a été posée à l'administration. La réponse apportée (Rép. Pinte : AN 22-1-2008 n° 7706, non reprise dans la base Bofip) confirme au passage la validité des contrats à bonus de fidélité et indique que si le **rachat** n'entraîne pas la perte de la garantie de fidélité, la valeur de cette dernière doit être ajoutée à la valeur de rachat retenue pour déterminer l'assiette taxable à l'**impôt sur le revenu.** Concrètement, la fiscalité applicable est dès lors identique à celle d'un contrat classique sans bonus de fidélité. Le fait que le rachat ne puisse pas être prélevé sur la garantie de fidélité entraîne une pénalisation financière (non-liquidité), mais sans traduction fiscale au niveau de l'impôt sur le revenu.

Contrats à participation aux bénéfices différée

299 Ces contrats, qui poursuivent le même **objectif** d'allégement temporaire de la fiscalité que les contrats à bonus de fidélité, s'appuient sur une **technique** différente. Le « bénéfice » réalisé (sur les supports en euros, OPCVM de distribution, parts de SCPI) n'est pas distribué immédiatement au contrat mais affecté à la provision globale constituée par la compagnie pour participation aux excédents, cette dernière devant être distribuée avant 8 ans aux souscripteurs présents à la date de la distribution (▶25). La participation n'étant pas comprise dans la valeur de rachat, elle échappe donc à toute fiscalité à l'occasion d'un rachat, tant qu'elle n'est pas affectée au contrat.

8. Contrats souscrits auprès d'entreprises étrangères et contrats souscrits en France par des non-résidents

Contrats souscrits auprès d'entreprises étrangères

300 Les produits des contrats souscrits auprès d'entreprises d'assurance établies à l'étranger sont imposables à l'impôt sur le revenu (et aux prélèvements sociaux) s'ils sont **perçus par des personnes physiques domiciliées en France** (BOI-RPPM-RCM-20-10-20-50 n° 370 s.).

Si le **contrat** a été souscrit auprès d'un **assureur établi hors** d'un État membre de l'Union européenne ou d'un État de l'Espace économique européen, le contribuable ne bénéficie pas de l'abattement annuel après 8 ans, ni de l'option pour le prélèvement forfaitaire libératoire, ni du taux réduit de 7,5 % (voir ▶60).

PRÉCISIONS

a. Les personnes physiques fiscalement domiciliées en France qui souscrivent des contrats d'assurance-vie auprès d'organismes établis hors de France sont tenues de les **déclarer** de même que les opérations effectuées au cours de l'année civile (voir ▶59).

b. Le **prélèvement forfaitaire non libératoire** de l'impôt sur le revenu s'applique, y compris pour les compagnies d'assurance hors de France (EEE ou hors EEE).

Contrats souscrits en France par des non-résidents

301 La fiscalité applicable aux rachats effectués par des non-résidents sur des contrats souscrits en France auprès de compagnies françaises dépend de l'existence ou non d'une convention fiscale avec l'État de résidence, et de la manière dont elle traite ce type de placements.

L'article 125-0 A, II bis du CGI prévoit que les produits compris dans des **rachats** effectués par un non-résident sur un contrat détenu en France sont obligatoirement soumis aux prélèvements forfaitaires libératoires de 35 %, 15 % ou 7,5 % en fonction de la durée écoulée pour les produits issus de primes versées jusqu'au 26 septembre 2017 (voir ▶275), ou au prélèvement libératoire de 12,8 % pour les produits issus de primes versées à compter du 27 septembre 2017 (aucune option pour le barème progressif n'étant possible). En revanche, ces rachats ne bénéficient pas des abattements de 4 600 € ou 9 200 € après 8 ans, qui sont réservés aux résidents fiscaux français.

Par exception, le taux du prélèvement est fixé à 75 %, quelle que soit la durée du contrat, lorsque les produits bénéficient à des personnes qui ont leur domicile fiscal ou qui sont établies dans un **État ou territoire non coopératif** (au sens de l'article 238-0 A du CGI).

302 **En présence d'une convention,** le traitement des produits issus de contrats d'assurance-vie, qui constituent des revenus de créance, est celui prévu au paragraphe « intérêts ».

Lorsque le droit d'imposer est reconnu à l'État dont le bénéficiaire est résident, il est généralement prévu que l'État d'origine des produits (en l'occurrence la France) conserve le droit de les soumettre à un impôt prélevé à la source, dont le taux est fixé par la convention (par exemple 15 % pour la convention franco-belge).

C'est alors le taux le plus faible entre celui prévu à l'article 125-0 A, II bis du CGI et celui de la convention qui s'applique. Ainsi, pour un résident belge, en cas de rachat après 8 ans, c'est le taux de 7,5 % et non celui de 15 % qui s'appliquera. Pour bénéficier d'un taux réduit, le souscripteur doit produire à l'assureur la preuve de sa résidence fiscale à l'étranger au jour du rachat.

La déclaration de ce prélèvement accompagnée de son paiement est effectuée par l'assureur à la recette des impôts des non-résidents sur le formulaire 2777 dans les quinze jours suivant l'expiration du mois au cours duquel les revenus ont été payés.

Parallèlement, le souscripteur ayant procédé au retrait sera éventuellement taxable dans son pays de résidence en fonction de la fiscalité s'appliquant en droit interne. La convention prévoira en règle générale la possibilité d'imputer sur cet impôt, la retenue à la source ou le prélèvement forfaitaire appliqué en droit français.

Les rachats réalisés par des non-résidents ne supportent pas les prélèvements sociaux, ni les prélèvements « au fil de l'eau » (voir ▶303).

> **CONSEIL** Il peut être préférable pour des souscripteurs non résidents ou des souscripteurs résidents de France au jour de la souscription, mais qui risquent de ne plus l'être au jour du rachat, de privilégier la souscription de **contrats luxembourgeois.** Cette démarche leur permet d'éviter en cas de retrait d'avoir la fiscalité minimale prévue par le droit français. Ils ne seront soumis qu'à la fiscalité prévue par le pays dans lequel ils seront résidents au jour du retrait. Lorsque ce pays a conclu avec la France une convention destinée à éviter la double imposition et que l'impôt français est inférieur à l'impôt de l'autre État et intégralement imputable sur celui-ci, le choix d'un contrat français ou luxembourgeois sera sans incidence. Dans les autres cas, en revanche, le choix du contrat luxembourgeois permettra de bénéficier d'une fiscalité atténuée.

2. Prélèvements sociaux hors dénouement du contrat par décès

Historique de l'application des prélèvements sociaux

303 Comme tous les autres revenus du capital, les produits des contrats d'assurance-vie perçus par des contribuables domiciliés en France supportent des prélèvements sociaux. Toutefois, les cas d'exonération sont longtemps restés relativement nombreux.

Deux **réformes successives** sont intervenues pour supprimer la plupart des configurations qui permettaient aux contrats d'assurance-vie d'échapper aux prélèvements sociaux :

- la loi de financement de la sécurité sociale pour 2010 (Loi 2009-1646 du 24-12-2009) a instauré une ponction spécifique à l'occasion du dénouement du contrat par décès sur les produits non antérieurement soumis aux prélèvements sociaux ;
- la loi de finances pour 2011 (Loi 2010-1657 du 29-12-2010) soumet depuis le 1er juillet 2011 aux prélèvements sociaux « au fil de l'eau » les intérêts crédités au titre de l'actif en euros détenu dans les contrats multisupports, à l'instar des règles jusqu'alors applicables aux seuls contrats monosupports en euros.

Nous examinons ici les prélèvements sociaux qui frappent le contrat en tant qu'opération de placement, c'est-à-dire ceux dont le fait générateur est l'inscription en compte et/ou le rachat. Sur la taxation au décès, voir ▶ 382 s.

PRÉCISIONS Les contrats pour lesquels le dénouement intervient du fait de la survenance d'une **invalidité du souscripteur ou de son conjoint** correspondant à un classement dans la 2e ou 3e catégorie prévue à l'article L 341-4 du Code de la sécurité sociale ne sont pas imposables et bénéficient normalement, sur justificatif, d'une exonération des prélèvements sociaux (Inst. 5 I-3-11 n° 41, non reprise au Bofip). Sous cette réserve, les exonérations d'impôt sur le revenu mentionnées ▶ 293 ne s'appliquent pas aux prélèvements sociaux.

Modalités de recouvrement des prélèvements sociaux

304 Les règles sont communes aux bons ou contrats de capitalisation et aux contrats d'assurance-vie. Elles sont indépendantes de la date de souscription mais diffèrent selon que les produits sont attachés à des droits exprimés en euros (ou en devises) ou en unités de compte.

Pour les **produits attachés aux droits exprimés en euros** (ou en devises), les prélèvements sociaux sont perçus chaque année, « au fil de l'eau » par l'assureur dès leur inscription en compte (sauf exception pour les contrats d'épargne handicap qui ne sont imposables qu'en cas de rachat total ou partiel). Peu importe que l'actif en euros soit au sein d'un contrat monosupport en euros ou d'un contrat multisupport.

Par exemple, pour un taux de rendement net de frais de gestion de 2 %, l'assureur retient les prélèvements sociaux au taux actuel de 17,2 % (soit 0,344 point), ce qui ramène le taux de valorisation du placement à 1,656 %.

Pour les **produits attachés aux droits exprimés en unités de compte** (produits des contrats monosupports en unités de compte et produits des supports en unités de compte des contrats multisupports), les prélèvements sont dus lors du retrait ou du dénouement du contrat.

Pour les **contrats euro-croissance,** les prélèvements sont dus à l'atteinte de la garantie pour les produits des engagements donnant lieu à la constitution d'une provision de diversification.

305

Fait générateur des prélèvements sociaux	Contrats concernés
Inscription des produits sur le bon ou le contrat de capitalisation ou sur le contrat d'assurance-vie.	Bons ou contrats monosupports dont les droits sont exprimés en euros ou en devises.
	Part des produits attachée aux droits exprimés en euros ou en devises au sein des contrats multisupports (rattachés à la catégorie des contrats en unités de compte au sens de l'article L 131-1 du Code des assurances), pour les produits inscrits aux bons ou contrats depuis le 1er juillet 2011 (à l'exception de ceux correspondant aux bénéfices de l'exercice 2010).
	Taux applicable : celui en vigueur au jour du fait générateur. Depuis le 1-1-2018 : 17,2 %.
Dénouement ou **retrait** (contrat de capitalisation et assurance-vie).	Part des produits attachée aux droits exprimés en unités de compte au sein des contrats mono ou multisupports.
	Contrats d'assurance diversifiés (C. ass. art. L 142-1).

	Part des produits attachée aux droits exprimés en euros ou en devises au sein des contrats multisupports, pour les produits inscrits aux bons ou contrats avant le 1er juillet 2011.
	Taux applicable : celui en vigueur au jour du fait générateur, soit 17,2 % (depuis le 1-1-2018) pour les produits imposables et taux en vigueur au jour de la constitution des produits pour les produits exonérés.

306 Lorsqu'ils sont prélevés à l'occasion du rachat ou au dénouement du contrat, les **prélèvements** sociaux sont toujours directement retenus **à la source** par l'assureur, que le contribuable ait opté ou non pour le prélèvement libératoire de l'impôt sur le revenu.
Toutefois, lorsque le rachat (sur un contrat de capitalisation) est effectué par une société de personnes exerçant une activité civile (par exemple, une société civile de portefeuille) et que l'un au moins des associés est une personne physique, les prélèvements sociaux doivent être effectués par la société (et non par la compagnie d'assurance) en sa qualité d'établissement payeur : voir ►473.

Taux des prélèvements sociaux

307 Le taux applicable est celui en vigueur au jour du fait générateur :
- date d'inscription en compte pour les produits des **supports en euros,** qui correspond à la date à laquelle les produits sont acquis ;
- date du rachat ou du dénouement du contrat pour les produits des **supports en unités de compte.**

PRÉCISIONS Il était fait exception à ce principe pour les produits des contrats exonérés d'impôt sur le revenu, pour lesquels le taux des prélèvements sociaux applicable était fonction de leur date d'entrée en vigueur (**notion de « taux historique »**). Par exemple, pour un contrat multisupports souscrit avant 1983 et dénoué en 2014, la part des intérêts acquise en 1997 sur les supports en unités de compte supporte la CSG à 3,4 % et la CRDS à 0,5 %, et rien d'autre. La loi de financement de la sécurité sociale pour 2014 a mis fin à l'imposition selon le taux historique, de sorte que c'est le taux au jour du fait générateur de l'impôt qui s'applique. Toutefois, compte tenu de la réserve d'interprétation formulée par le Conseil constitutionnel, les contrats d'assurance-vie souscrits entre le 1er janvier 1990 et le 25 septembre 1997 continuent à bénéficier du taux historique pour les produits acquis ou constatés au cours des 8 premières années suivant leur souscription (Cons. const. 19-12-2013 n° 2013-682 DC).

Régularisations à opérer

308 Pour les **contrats multisupports** qui comportent **à la fois un compartiment en euros et des unités de compte,** les prélèvements sociaux effectués tous les ans sur les produits du compartiment en euros peuvent s'avérer excessifs ou insuffisants lors du dénouement ou d'un rachat partiel du contrat. Une régularisation doit donc être opérée, selon les modalités suivantes.
En cas de **rachat total du contrat** (contrat d'assurance-vie ou de capitalisation), l'assiette des prélèvements est calculée par différence entre la valeur de rachat du contrat et les primes brutes versées (selon la formule de calcul des produits imposables exposée au ►269), le montant des primes brutes étant augmenté des produits du compartiment en euros ayant déjà subi les prélèvements (on retient leur montant net de ces mêmes prélèvements).
En cas de **rachat partiel,** la formule de calcul est adaptée sur la base d'un prorata (assiette des prélèvements sociaux en cas de rachat total × montant du rachat/valeur de rachat).

De même, en cas de **rachats partiels successifs,** l'assiette des primes retenues pour le calcul des prélèvements sociaux doit être diminuée de la quote-part de ces dernières déjà prise en compte lors du ou des précédents rachats.

EXEMPLE Valeur de rachat du contrat au jour du rachat total : 250 000 €. Primes versées : 200 000 €. Montant des produits sur le compartiment en euros ayant déjà supporté les prélèvements sociaux : 10 000 €. Montant soumis aux prélèvements sociaux : 40 000 € (250 000 - (200 000 + 10 000)).

309 La régularisation opérée lors du rachat ou au dénouement du contrat se traduit selon le cas par un **complément ou** une **restitution de prélèvements** sociaux.

Si le calcul fait apparaître un versement excédentaire, un mécanisme de restitution sur réclamation est prévu sous la forme d'un crédit au contrat du « trop-payé ». Le reversement peut également se faire directement par paiement au souscripteur du contrat.

PRÉCISIONS

a. L'exonération des produits des contrats rachetés à la suite de la survenance d'une **invalidité du souscripteur ou de son conjoint** ne s'applique que pour les prélèvements sociaux restant dus au jour du rachat. Si le contrat comporte ou a comporté un compartiment en euros sur lequel des prélèvements ont été effectués, ils ne seront pas restitués, sauf dans le cas général où ils excéderaient ceux dus au titre de la totalité des produits.

b. Le contribuable peut obtenir des **intérêts moratoires** au taux légal sur l'excédent qui lui est reversé (Cons. const. 17-9-2015 n° 2015-483 QPC : BPAT 6/15 inf. 233).

Conséquences des prélèvements sociaux en matière d'impôt sur le revenu

310 Les prélèvements sociaux effectués annuellement sur les **actifs en euros** viennent en déduction du taux de rendement (▶304). Ils sont mécaniquement déduits des produits imposables, que ces derniers soient taxés au barème progressif ou au prélèvement forfaitaire (libératoire ou non libératoire). Ainsi pour le calcul du prélèvement forfaitaire ou de l'impôt sur le revenu au taux marginal d'imposition, l'intégralité des prélèvements sociaux prélevés au fil de l'eau sont déduits. En revanche, les performances liées aux **unités de compte** subissent les prélèvements sociaux au moment du rachat ou du retrait. Ceux-ci ne sont pas déductibles de la base de calcul en cas d'option pour le prélèvement forfaitaire libératoire ou de soumission au prélèvement forfaitaire unique. Ils ne sont déductibles qu'à hauteur de 6,8 % (sur les 17,2 % de prélèvements) de la base imposable à l'impôt sur le revenu au taux progressif. Pour bénéficier de cette déduction, les contribuables doivent reporter dans leur déclaration de revenus 2042 de l'année du rachat le montant des produits en cause pour permettre de calculer la quote-part de CSG déductible.

Lorsque le choix du régime d'imposition existe (taux progressif ou prélèvement forfaitaire), il doit **intégrer l'incidence de la fraction déductible** des prélèvements sociaux. Mieux vaut un prélèvement forfaitaire libératoire au taux de 15 % (rachat entre 4 et 8 ans après la souscription du contrat) ou un PFU à 12,8 % avec des prélèvements sociaux à 17,2 %, qu'une imposition à 30 % avec des prélèvements sociaux à 17,2 % dont 6,8 % sont déductibles.

3. Réduction d'impôt attachée aux primes de certains contrats

Contrats concernés

311 Seules les primes versées à raison des contrats de « rente-survie » et d'« épargne handicap » sont susceptibles d'ouvrir droit à réduction d'impôt (CGI art. 199 septies).

Les **contrats de « rente-survie »** permettent notamment aux membres de la famille proche d'un enfant atteint d'une infirmité de prémunir celui-ci contre des conséquences de leur propre disparition. Il s'agit de contrats d'assurance garantissant, en cas de décès de l'assuré, le versement d'un capital ou d'une rente viagère à un enfant ou à tout parent en ligne directe ou collatérale jusqu'au troisième degré de l'assuré, ou à toute personne réputée à charge de celui-ci, lorsque ces bénéficiaires sont atteints d'une infirmité qui les empêche de se livrer à une activité professionnelle dans des conditions normales de rentabilité ou, s'ils sont âgés de moins de 18 ans, d'acquérir une instruction ou une formation professionnelle d'un niveau normal (handicapés hors d'état de subvenir à leurs propres besoins sans l'aide de leur famille). Il n'est pas nécessaire que le bénéficiaire du contrat soit compté comme personne à charge du foyer fiscal du souscripteur au titre de l'IR pour bénéficier de la réduction d'impôt, dès lors que toutes les conditions sont par ailleurs remplies (BOI-IR-RICI-40 n° 131).

Les **contrats d'« épargne handicap »** sont des contrats d'assurance-vie d'une durée effective d'au moins 6 ans qui garantissent le versement d'un capital en cas de vie ou d'une rente viagère avec jouissance effectivement différée d'au moins 6 ans à un souscripteur-assuré atteint, lors de la conclusion du contrat, d'une infirmité qui l'empêche de se livrer, dans des conditions normales de rentabilité, à une activité professionnelle.

Montant de la réduction d'impôt

312 La réduction d'impôt est **égale à** 25 % du montant total des primes versées, prises dans la limite annuelle de 1 525 € plus 300 € par enfant à charge (CGI art. 199 septies). Cette limite s'applique à l'ensemble des contrats de « rente-survie » et d'« épargne handicap » souscrits par les membres du foyer fiscal, à condition que le domicile fiscal soit établi en France (au sens de l'article 4 B du CGI). Elle échappe au plafonnement des niches fiscales.

Les primes peuvent être prises en compte, qu'il s'agisse de contrats individuels ou de contrats collectifs (assurance groupe). Toutefois, elles ne doivent pas avoir été déduites d'un revenu catégoriel.

> **EXEMPLE** Un couple ayant un enfant handicapé qu'il compte à sa charge a souscrit au profit de celui-ci un contrat de « rente-survie » et a versé à ce titre en N une prime de 1 500 €. Cet enfant a lui-même conclu un contrat d'« épargne handicap » sur lequel il a versé une prime de 610 €.
> Compte tenu de la limite applicable à l'ensemble des contrats, le foyer fiscal bénéficie d'une réduction d'impôt égale à (1 525 € + 300 €) × 25 % = 456 €.

Conditions de la réduction d'impôt

313 L'octroi de la réduction d'impôt est subordonné à la production, par le souscripteur, d'un **certificat** comportant un certain nombre de mentions, qui lui est délivré par son assureur et qu'il doit joindre à sa déclaration de revenus (CGI ann. IV art. 17 E). Les contribuables qui souscrivent leur déclaration de revenus sur internet doivent conserver ce certificat pour pouvoir le produire à la demande de l'administration.

En cas d'**inexactitude ou** d'**insuffisance** des renseignements fournis à titre de justification, la réduction d'impôt est remise en cause et les impositions supplémentaires sont assorties des pénalités pour insuffisance de déclaration. L'assureur est en outre passible d'une amende.

PRÉCISIONS Concernant les contrats qui auraient pu bénéficier de la qualification « épargne handicap » mais pour lesquels la compagnie, n'ayant pas été informée de la situation, n'a pas délivré de certificat, les contribuables peuvent effectuer une **réclamation** en produisant à l'appui de leur demande les **justificatifs** de l'infirmité au jour du versement des primes (BOI-IR-RICI-40 n° 270).

4. Synthèse en matière d'IFI

314 En matière d'impôt sur la fortune immobilière, deux questions doivent être abordées :

- la **valeur à déclarer** à l'IFI ;
- le montant des revenus issus de ces placements à prendre en compte pour le **calcul du plafonnement** de l'IFI.

Taxation maintenue pour les actifs immobiliers

315 La plupart des contrats d'assurance-vie et bons et contrats de capitalisation sont exclus de la base imposable de l'IFI car ils sont investis en actifs financiers. Toutefois, la **valeur de rachat représentative des actifs immobiliers** inclus dans les contrats d'assurance-vie ou les bons ou contrats de capitalisation est à prendre en compte au titre de l'actif imposable à l'IFI (CGI art. 972).

Seuls les actifs imposables constituant les unités de compte sont retenus, ce qui exclut la fraction immobilière éventuellement détenue au sein d'actifs dits « en euros ».

316 **Contrats rachetables** Sont imposables à l'IFI les contrats rachetables (qu'il s'agisse d'assurance en cas de vie ou d'assurance en cas de décès, ou de contrats de capitalisation).

Sont **considérés comme rachetables** :

- les contrats nantis ou donnés en délégation en garantie d'un prêt bancaire (BOI-PAT-IFI-20-20-30-30 n° 90) ;
- les contrats assortis d'une clause d'indisponibilité temporaire, telle que visée à l'article R 142-8 du Code des assurances, cette clause n'ayant comme conséquence que de différer la possibilité d'exercice du droit de rachat (BOI-PAT-IFI-20-20-30-30 n° 100).

Concernant la question du caractère rachetable du contrat pour sa prise en compte dans le patrimoine taxable au titre de l'ISF, une série de trois arrêts du 12 décembre 2018 de la Cour de cassation est venue apporter plusieurs éclairages :

- en cas de souscription d'un contrat d'assurance-vie d'une durée fixe (en l'occurrence 8 années) contenant une **clause d'indisponibilité** pendant toute la durée du contrat, sauf situation exceptionnelle, la Cour conclut au caractère rachetable du contrat et donc à sa taxation à l'ISF, la clause d'indisponibilité insérée à la police d'assurance laissant subsister dans le patrimoine du souscripteur la créance qu'il détenait sur son assureur, même si le remboursement de celle-ci en était différé (Cass. com. 12-12-2018 n° 17-15.195 FS-PB) ;
- en revanche, en présence d'une **acceptation des bénéficiaires** en cas de décès et parallèlement d'une **rénonciation expresse et irrévocable du souscripteur à l'exercice de sa fa-**

culté de rachat ou d'avance, la Cour de cassation a confirmé la position de la cour d'appel considérant que le contrat avait acquis un caractère non rachetable. En effet, le droit de créance du souscripteur était sorti de son patrimoine, le retour à la situation antérieure étant subordonné à l'accomplissement d'une condition tenant à l'accord de l'ensemble des bénéficiaires (Cass. com. 12-12-2018 n° 17-20.913 FS-PB et n° 17-20.914 FS-D). En l'occurrence, l'acceptation des bénéficiaires était intervenue avant la modification de l'article L 132-9 du Code des assurances (C. ass. art. L 132-9 modifié par la loi 2007-1775 du 17-12-2007 art. 8).

PRÉCISIONS Pour rappel, l'article L 132-9 du Code des assurances en sa rédaction issue de la loi du 17 décembre 2007 prévoit que, **lorsque l'acceptation est acceptée,** c'est-à-dire signée conjointement par le bénéficiaire et le souscripteur, ce dernier ne peut exercer sa faculté d'obtenir des rachats ou avances qu'avec l'accord du bénéficiaire.
Dans cette configuration, une réponse ministérielle de 2010 indique qu'en présence d'une « acceptation acceptée » le souscripteur conserve son droit au rachat du contrat et que le fait que son exercice soit subordonné à l'accord du bénéficiaire ne lui fait pas perdre son caractère rachetable au regard de l'ISF (Rép. Dolez : AN 16-2-2010 n° 18648).
Cette réponse ministérielle n'étant pas reprise au Bofip et étant antérieure à la position de la Cour de cassation, la situation devra sans doute être clarifiée par la jurisprudence. En effet, l'acceptation acceptée ne constitue pas une renonciation expresse et irrévocable du souscripteur à l'exercice de sa faculté de rachat.
Les règles relatives à l'acceptation avant et après la modification de l'article L 132-9 du Code des assurances sont présentées ▶ 186 s.

317 **Valeur imposable** La valeur imposable des contrats d'assurance-vie ou des bons et contrats de capitalisation correspond à la **fraction de la valeur des unités de compte représentative de biens ou droits immobiliers** imposables. Compte tenu de la complexité d'accéder à l'information, aucun rehaussement n'est effectué si le redevable, de bonne foi, démontre qu'il n'était pas en mesure de disposer des informations nécessaires à l'estimation de la fraction de la valeur des parts ou actions imposables représentative des biens ou droits immobiliers qu'il détient indirectement (BOI-PAT-IFI-20-20-20-10 n° 290).

318 **Exemple** (BOI-PAT-IFI-20-20-30-30 n° 210). M. X détient un contrat d'assurance-vie rachetable constitué pour une partie d'un fonds « euros » et pour une autre partie d'une **unité de compte** (UC). L'UC détenue par M. X détient 30 % des parts d'un organisme de placement collectif (OPC). La valeur totale des parts distribuées par l'OPC s'élève à 300 000 €. À l'actif de l'OPC se trouve un immeuble imposable d'une valeur vénale de 150 000 €. La valeur totale des actifs détenus par l'OPC est évaluée à 500 000 €.
La partie investie en fonds euros n'est pas imposable.
La **valeur imposable** des biens et droits immobiliers composant l'UC est la suivante (application des principes définis à l'article 965 du CGI) :
Fraction de la valeur imposable de l'OPC = valeur de l'OPC × valeur de l'immeuble imposable/valeur totale des éléments de l'actif de l'OPC = 300 000 × (150 000/500 000) = 90 000 €.
L'UC détenant 30 % de l'OPC, il est donc composé de biens ou droits immobiliers imposables à hauteur de 90 000 × 30 % = 30 000 €.
Le souscripteur du contrat devra intégrer ces 30 000 € dans son assiette imposable au titre de l'IFI.

PRÉCISIONS Dans le régime de l'ISF, les **non-résidents** n'étaient pas imposables sur les contrats d'assurance-vie, qui étaient considérés comme des actifs financiers. Avec l'IFI, il convient de prendre en compte la valeur des unités de compte investies en actifs immobiliers situés en France.

Plafonnement de l'IFI

319 Le principe du plafonnement de l'IFI applicable **aux redevables ayant leur domicile fiscal en France** est le suivant : la somme de la cotisation IFI augmentée des impôts et prélèvements sociaux dus en France et à l'étranger au titre des revenus et produits de l'année précédente ne doit pas excéder 75 % du total des revenus mondiaux (avec certaines déductions limitées), ces derniers intégrant les revenus exonérés d'impôt sur le revenu et les produits soumis à un prélèvement libératoire réalisés au cours de la même année en France ou hors de France.

Concernant les contrats d'**assurance-vie** et de **capitalisation,** le législateur avait décidé de considérer différents revenus comme « réalisés », notamment la variation de la valeur de rachat des bons ou contrats de capitalisation et contrats d'assurance-vie souscrits auprès d'entreprises établies en France ou hors de France, entre le 1er janvier et le 31 décembre de l'année précédente, nette des versements et des rachats opérés entre ces mêmes dates.

Le Conseil constitutionnel ayant censuré ce texte (Cons. const. 29-12-2012 n° 2012-662 DC : FR 53/12 inf. 17 n° 7), les contrats d'assurance-vie doivent être pris en compte comme suit au regard du plafonnement :

Revenus	Impôts	Prélèvements sociaux
En l'absence de rachat : néant (pas de prise en compte des revenus capitalisés sur l'actif en euros à la différence de la solution qui était retenue pour le « bouclier fiscal »).	**Tous les impôts** afférents aux produits compris dans le rachat ou dénouement, qu'ils soient imposés au barème progressif de l'impôt sur le revenu, au prélèvement forfaitaire libératoire ou au prélèvement forfaitaire unique.	**Prélèvements sociaux effectués au fil de l'eau** au cours de l'année sur les actifs en euros.
En cas de rachat ou de dénouement du contrat : tous les produits compris dans ce rachat ou dénouement, qu'ils soient taxables ou exonérés.		**Prélèvements sociaux opérés à la source** en cas de rachat ou au dénouement du contrat.

Cette situation est plus favorable que celle du bouclier fiscal dans sa dernière version, qui réputait réalisés les produits des actifs en euros au sein des contrats monosupports et multisupports.

B. Régime fiscal de la transmission

320 Nous exposons ici le régime fiscal des contrats d'assurance-vie au regard des **droits de mutation à titre gratuit,** en distinguant le contrat non dénoué par le décès de l'assuré du contrat dénoué par le décès de l'assuré.

1. Contrat d'assurance-vie non dénoué par le décès de l'assuré

Hypothèses de non-dénouement par décès

321 Lorsque le contrat comporte un terme, il prévoit le versement d'un capital ou d'une rente dans l'hypothèse où l'assuré serait vivant à l'expiration du contrat. En règle générale, le **bénéficiaire en cas de vie** est le souscripteur et le versement du capital par l'assureur constitue le dénouement d'une pure opération de placement insusceptible de donner lieu au versement de droits de mutation à titre gratuit. La question de l'existence d'une libéralité taxable au dénouement du contrat se pose en revanche lorsque le bénéficiaire de celui-ci, en cas de vie du souscripteur, est une **personne différente de ce dernier,** ce qui, rappelons-le, est parfaitement légal.
La question de la taxation aux droits de mutation à titre gratuit peut aussi se poser, **en l'absence de dénouement du contrat,** dans **deux cas de figure** :
- lorsque le contrat est souscrit conjointement avec une clause de survie après le décès du premier assuré cosouscripteur. Le survivant dispose alors d'un droit de rachat sur le contrat à la suite du décès du premier assuré et bénéficie ainsi d'un avantage, bien que le contrat ne soit pas dénoué ;
- lorsque le contrat est souscrit par un époux commun en biens, seul, à l'aide de fonds communs, et que le décès de son conjoint n'entraîne pas dénouement dudit contrat.

a. Dénouement du contrat en cas de vie : bénéficiaire et souscripteur distincts

Existence d'une donation indirecte

322 La souscription d'un contrat d'assurance en cas de vie au profit d'un tiers bénéficiaire procède sauf exception d'une **intention libérale** et réalise, au jour de son dénouement, une donation indirecte (dès lors qu'il y a dessaisissement irrévocable du souscripteur et acceptation du bénéficiaire), soumise en tant que telle aux droits de donation (BOI-ENR-DMTG-20-10-10 n° 100 : « une libéralité est taxable quelle que soit la qualification juridique de la convention »).
L'administration fiscale, à qui incombe la charge de la **preuve** de l'intention libérale et donc de la donation, établit par exemple celle-ci en rapportant les circonstances suivantes : la souscriptrice s'est dépouillée au profit exclusif de sa nièce et de l'époux de celle-ci, de façon irrévocable, des sommes investies qui, à compter de la signature du contrat les assurant sur la vie, ne pouvaient profiter qu'à eux. L'intéressée a donc volontairement transmis de son vivant, sans contrepartie, un bien de grande valeur à une nièce à qui elle avait encore manifesté son affection en l'instituant légataire à titre universel, ainsi qu'au mari de celle-ci (Cass. com. 1-12-1998 n° 96-16.010 : RJF 2/99 n° 254).
À compter de la réalisation de la donation (dénouement du contrat en cas de bénéficiaire en cas de vie), l'administration dispose d'un **délai** qui expire le 31 décembre de la sixième année qui suit **pour taxer** le bénéficiaire aux droits de donation (prescription sexennale en l'absence de déclaration de la libéralité).

323 **En pratique,** la **taxation** est souvent **établie** au décès du souscripteur, par application de la règle du rapport fiscal des donations antérieures, lorsque le bénéficiaire est un de ses héritiers ou légataires. En effet, « lorsqu'ils n'ont pas été soumis aux droits de mutation au titre de l'article

757 du CGI, les dons manuels consentis aux héritiers du donateur deviennent imposables en raison du décès de ce dernier, en vertu de l'obligation de rapport des donations antérieures entre les mêmes personnes, prévue à l'article 784 du CGI. Par un arrêt du 31 mars 2004, la Cour de cassation a décidé que les droits alors exigibles constituaient des droits de mutation par décès. Il s'ensuit que l'ensemble des textes relatifs aux droits de succession leur est applicable, notamment les règles de solidarité entre cohéritiers prévues par l'article 1709 du CGI (Cass. com. 31-3-2004 n° 02-10.578 FS-PB) » (BOI-ENR-DMTG-10-50-50 n° 60).

Il peut **également** y avoir lieu à taxation de la donation indirecte :

- par révélation du contrat, postérieurement à son dénouement, à la demande de l'administration ;
- par révélation spontanée du contrat, postérieurement à son dénouement, par son bénéficiaire, avec un choix en ce cas entre un paiement des droits dans le mois de la révélation ou dans le mois du décès (CGI art. 635 A). Si le bénéficiaire est un présomptif héritier du souscripteur, il peut avoir intérêt à révéler la donation et à opter pour un paiement immédiat des droits, de façon à réduire la base taxable et à faire courir le délai de 15 ans de la dispense de rappel fiscal des donations antérieures ;
- ou lorsque le contrat d'assurance fait l'objet d'une reconnaissance judiciaire. Tel serait le cas si la donation indirecte que constitue l'assurance en cas de vie au profit d'un tiers était visée dans une décision judiciaire.

324 L'**assiette des droits de donation** est à notre avis constituée des capitaux versés par la compagnie d'assurance, la **date d'exigibilité** étant la date à laquelle ces capitaux sont versés au bénéficiaire. L'administration fiscale semble retenir cette position (position SLF du 8-7-1993 relative aux adhésions conjointes).

Le **tarif de l'impôt** est fonction du lien de parenté entre le souscripteur et le bénéficiaire, dès lors que le contrat réalise une donation indirecte du premier au profit du second.

b. Non-dénouement du contrat en cas de décès du coassuré : transfert du droit de rachat au cosouscripteur survivant

Souscription conjointe avec clause de survie

325 En cas de souscription conjointe d'un contrat d'assurance-vie avec clause de survie du contrat après le décès du premier assuré-souscripteur, le ou les **survivants reçoivent un avantage.** Si le contrat comporte une valeur de rachat, cet avantage peut être évalué : il suffira de calculer dans quelle mesure la valeur actuelle de rachat est imputable aux versements du souscripteur prédécédé.

> **EXEMPLE** Alain et Béatrice souscrivent conjointement un contrat. Alain verse 40, Béatrice verse 60. Au décès d'Alain, la valeur de rachat du contrat s'élève à 200. La fraction de la valeur de rachat imputable à Alain s'élève ainsi à : $(40/(40 + 60)) \times 200 = 80$.
> À défaut de preuve contraire, la division pourra être réalisée par parts viriles.

326 Selon l'administration, l'avantage revenant au survivant constitue une donation indirecte et les **droits de mutation à titre gratuit** sont dus au décès du premier souscripteur (en ce sens, notamment, Rép. Lazaro : AN 20-12-1993 n° 5703). Cette analyse de principe a été censurée par la Cour de cassation, qui a fort heureusement rappelé qu'il ne peut y avoir donation que si les conditions de l'article 894 du Code civil sont réunies (intention libérale, dépouillement actuel et irrévocable, ac-

ceptation du donataire du vivant du donateur). Lorsque chaque souscripteur bénéficie de la faculté de rachat pendant la durée du contrat, toute notion de dépouillement irrévocable est exclue et le transfert du droit de rachat du contrat au décès du premier souscripteur ne peut être considéré de principe comme une donation indirecte à rappeler dans la succession de ce dernier (Cass. com. 28-06-2005 n° 03-18.397 FS-D : RJF 11/05 n° 1315).

PRÉCISIONS Pour autant, on peut en conclure non pas que l'éventuel transfert de propriété qui accompagne le premier décès n'est pas taxable, mais seulement qu'il ne l'est pas au titre d'une donation indirecte (sauf cas particulier). Lorsque le contrat a été financé avec des fonds communs, voir ▶ 327 s.

C. Contrats souscrits à l'aide de fonds de communauté conjugale et non dénoués au décès de l'un des époux

Rappel historique

327 Au titre de la **succession** du conjoint premier décédé, le **traitement fiscal de la valeur de rachat** d'un contrat souscrit à l'aide de fonds communs par le survivant des époux (et donc non dénoué à la dissolution de la communauté) **a varié au fil du temps.**

Par le passé, l'administration fiscale avait offert aux héritiers la possibilité de traiter la valeur de rachat du contrat comme un bien propre du survivant (en ce sens, notamment, Rép. Bataille : AN 3-7-2000 n° 35728). Cette **tolérance** était motivée par un souci de neutralité fiscale : assurer un traitement identique aux contrats souscrits à l'aide de fonds communs quels que soient leur date de dénouement et l'ordre des décès des conjoints (neutralité qui au demeurant n'existait pas puisque, avant la loi Tepa du 21 août 2007, le dénouement par décès au profit du conjoint déclenchait la fiscalité de l'assurance-vie, alors que l'absence de dénouement selon cette doctrine évitait toute fiscalité). Considérée comme devenue sans objet à compter de la loi Tepa du 21 août 2007 qui a exonéré le conjoint survivant de droits de succession, cette tolérance a été rapportée en juin 2010, incluant fiscalement la valeur de rachat des contrats d'assurance-vie souscrits avec des fonds communs dans l'**actif de communauté soumis aux droits de succession** dans les conditions de droit commun (Rép. Bacquet : AN 29-6-2010 n° 26231 ▶ 518).

Cependant, et contrairement à ce que laissait entendre la réponse ministérielle, cet alignement n'était pas neutre sur le plan fiscal. Car si le **conjoint survivant** est exonéré de droits de succession, il n'en allait pas de même pour les **autres héritiers.** L'intégration de la valeur de rachat du contrat dans l'actif commun, et donc de la moitié de cette valeur dans l'actif de la succession, se traduisait donc généralement par un supplément de droits de succession pour les héritiers autres que le conjoint. Ce surcoût fiscal **au premier décès** était toutefois généralement compensé par une moindre taxation lors de la **transmission du patrimoine du survivant.**

Contrat commun non dénoué et décès depuis le 1er janvier 2016

328 La réponse ministérielle Ciot (AN 23-2-2016 n° 78192 : BPAT 2/16 inf. 48 ▶ 520) a rapporté expressément la doctrine Bacquet. Ainsi, en cas de décès intervenu depuis le 1er janvier 2016, la valeur de rachat d'un contrat d'assurance-vie souscrit avec des fonds communs et non dénoué au décès de l'époux bénéficiaire de ce contrat ne doit pas être intégrée **fiscalement** à l'actif de la communauté lors de sa liquidation.

La fiscalisation interviendra seulement au décès du souscripteur-assuré, entre les mains des bénéficiaires, dans les conditions de droit commun de l'assurance-vie. Qu'ils soient ou non bénéficiaires au décès du souscripteur assuré, les héritiers du conjoint décédé le premier n'auront aucune imposition à acquitter au titre de la première succession.

PRÉCISIONS

a. Si le texte de la réponse ministérielle Ciot visait expressément le décès de « l'époux bénéficiaire » du contrat d'assurance-vie non dénoué, l'administration fiscale a précisé au Bofip dès le 31 mai 2016 que la règle s'appliquait « quelle que soit la qualité des bénéficiaires désignés » (BOI-ENR-DMTG-10-10-20-20 n° 380).

b. La règle fiscale est clairement déconnectée de tout impact civil et la réponse ministérielle Ciot, comme les réponses Malhuret (Rép. Malhuret : Sén. 26-5-2016 n° 19978 ▶521) et Frassa (Rép. Frassa : Sén. 26-5-2016 n° 17499), prend soin de réaffirmer que le contrat non dénoué constitue juridiquement un bien commun dont la valeur de rachat doit être intégrée dans l'actif à répartir entre le conjoint et les héritiers (voir ▶139).

Mesure de l'impact fiscal de la réponse ministérielle CIOT

329 Un couple avec deux enfants est marié sous le régime de la communauté. Il dispose d'un patrimoine exclusivement commun d'une valeur totale de 1 000 000 €, composé comme suit :

- un immeuble d'une valeur de 200 000 € ;
- des SCPI d'une valeur de 300 000 € ;
- un contrat d'assurance-vie sur la tête du défunt en faveur de son conjoint pour 200 000 € ;
- un contrat d'assurance-vie souscrit sur la tête du conjoint survivant pour 200 000 € ;
- des liquidités pour 100 000 €.

Le conjoint optant pour 1/4 en pleine propriété, les droits des enfants s'établiront aux 3/4 indivis de l'actif de succession. Par ailleurs, on retiendra l'hypothèse que le contrat dénoué en faveur du conjoint se retrouve en valeur dans sa succession.

Au premier décès, **sur le plan civil,** la succession s'établit de manière identique que l'on applique la réponse Bacquet ou la réponse Ciot. En effet, la communauté se compose de tous les actifs, sauf le contrat dénoué par décès. Le conjoint survivant étant bénéficiaire de ce contrat, le dénouement de celui-ci ne génère pas de récompense au profit de la communauté (voir ▶255 s.). La communauté s'élève ainsi à 800 000 € (1 000 000 € - 200 000 €), dont la moitié, soit 400 000 €, constitue l'actif civil de la succession du conjoint décédé. Les enfants ont droit aux 3/4 de cette valeur, soit 300 000 €, et le conjoint à 1/4, soit 100 000 €.

Sur le plan fiscal, la réponse Ciot entraîne une diminution de la base imposable au titre de la succession. Celle-ci passe de 400 000 € avec la réponse Bacquet à 300 000 € avec la réponse Ciot, compte tenu de l'exonération de la fraction de la valeur de rachat du contrat non dénoué comprise dans la succession (50 % × 200 000 € = 100 000 €). Mais le conjoint étant exonéré de toute imposition au titre des droits de succession, seule la **fraction revenant aux enfants** bénéficiera réellement de l'**exonération,** soit 75 000 € dans l'exemple retenu (100 000 € × 3/4).

Ainsi, le gain fiscal lié à la réponse Ciot peut s'exprimer par l'**équation** suivante :

fraction des droits recueillis dans la succession du défunt par les héritiers taxables × 50 % de la valeur de rachat du contrat non dénoué × taux de droits de succession applicable aux héritiers taxables.

Aucun droit n'est ainsi dû par les héritiers taxables au titre du contrat non dénoué lors de la première succession, étant précisé que si les choses restent en l'état à la suite du premier décès, le contrat d'assurance-vie non dénoué au premier décès sur lequel portent les droits des héritiers disparaît par son dénouement, au second décès. Les bénéficiaires du contrat (qui peuvent être distincts des héritiers de la première succession) sont imposables selon les règles applicables au contrat d'assurance-vie. Les héritiers de la première succession sont donc exonérés au titre des droits afférents au contrat attribués civilement dans la première succession, droits qui disparaissent au second décès par le dénouement du contrat.

La réalisation d'un partage avant le décès du conjoint survivant leur permettrait, en revanche, de consolider leurs droits civils et le gain fiscal.

Intérêt de l'adaptation du régime matrimonial

330 La stratégie consistant pour les époux à aménager leur régime matrimonial par une **clause d'attribution ou** une clause **de préciput** sur le contrat d'assurance conserve toute sa pertinence sur le plan civil pour augmenter la protection du conjoint.

Cet aménagement permet d'accroître les droits du conjoint dans le cadre de la liquidation du régime matrimonial préalable au règlement de la succession, sous certaines limites en présence d'enfants non communs (C. civ. art. 1527 : action en retranchement ouverte aux enfants pour protéger leurs droits réservataires).

En revanche, cette stratégie ne permettra pas aux héritiers taxables de bénéficier d'un avantage fiscal équivalent à celui généré par l'application de la réponse Ciot, le contrat non dénoué ne se trouvant pas civilement dans la communauté et la succession.

C'est pourquoi le préciput doit être préféré à la clause d'attribution, afin de laisser au conjoint survivant le choix de prélever ou non le contrat dans le cadre de la liquidation de la communauté par décès. S'il n'a pas besoin d'augmenter ses droits, il renoncera à prélever le contrat et fera ainsi bénéficier les autres héritiers des effets de la réponse ministérielle Ciot, dans le cadre du partage, comme exposé ci-dessus. S'il a besoin d'augmenter ses droits dans la communauté ou si la règle fiscale vient à nouveau à évoluer, il pourra alors procéder à ce prélèvement.

Parallèlement, l'**intérêt fiscal de la cosouscription** avec dénouement au second décès (par rapport au contrat avec dénouement au premier décès) réside dans le report au second décès de l'exigibilité du prélèvement prévu à l'article 990 I du CGI (▶ 359). Si cette option est retenue, et afin d'optimiser fiscalement la transmission, chacun des conjoints pourra souscrire, par ailleurs, un contrat à son nom avec dénouement au premier décès dans la limite des abattements disponibles (152 500 € par bénéficiaire dans le cadre de l'article 990 I ou 30 500 € de primes versées après 70 ans dans le cadre de l'article 757 B).

Porter la valeur de rachat dans la déclaration de succession

331 Le **risque de l'absence de taxation** est d'omettre de mentionner l'existence et le montant de la valeur de rachat dans le cadre de la gestion du dossier de succession. Au sein d'une famille recomposée spécifiquement, ce choix se traduirait par un appauvrissement définitif des enfants non communs du conjoint décédé le premier, ces derniers n'héritant pas du conjoint survivant et n'ayant pas vocation à être bénéficiaires du contrat commun dont leur beau-parent est seul souscripteur et assuré. Pour éviter toute dérive, le montant de cette valeur de rachat doit systématiquement être porté à la connaissance des héritiers. Cette information peut s'envisager dans différents supports comme par exemple l'acte d'option du conjoint ou un acte spécifique.

Mentionner cette valeur de rachat dans le corps de la déclaration de succession elle-même (tout en la retenant pour zéro dans les calculs) est une **solution simple et cohérente** avec celle retenue pour les autres actifs totalement ou partiellement exonérés (voir P. Julien Saint-Amand et S. Gonsard, L'administration abandonne sa réponse Bacquet : Sol. Not. 2/16 n° 42 et S. Gonsard, Intégration de la réponse Ciot au Bofip : peu importe le bénéficiaire : Sol. Not. 11/16 n° 214).

332 Lorsque le **contrat non dénoué fait partie de l'actif de communauté,** un problème spécifique se pose dans l'hypothèse du **maintien du conjoint survivant et des héritiers dans l'indivision** post-communautaire et successorale. En effet, contrairement à un autre actif (par exemple, un bien immobilier ou un portefeuille-titres) qui peut sans difficulté être détenu en indivision et/ou en démembrement de propriété (selon l'option retenue par le conjoint dans la succession), on peut estimer que la spécificité du contrat d'assurance-vie ne se coule pas aisément dans ces moules juridiques et qu'il a vocation à être attribué à son seul souscripteur. À cette fin, **plusieurs solutions** peuvent être envisagées :

- procéder à un **partage** portant sur la communauté (ou sur la communauté et la succession confondues), éventuellement avec soulte si la valeur de rachat du contrat excède la valeur des droits du conjoint dans la masse à partager. Parfaitement approprié sur le plan juridique, le partage se heurte parfois à l'obstacle du coût lié à l'acte à établir (droits de partage de 2,5 % + émolument de l'acte notarié) ;
- si le conjoint survivant détient dans la succession des droits en usufruit, certains auteurs défendent la possibilité de conclure une **convention de quasi-usufruit** par laquelle les nus-propriétaires autorisent l'usufruitier à disposer seul du contrat, à charge de leur restituer une valeur équivalente en fin d'usufruit (A. Depondt et S. Bérial, Réponse Bacquet : l'administration fiscale prise à son propre piège ! : BPAT 1/11 inf. 6). La possibilité juridique de convenir d'un quasi-usufruit sur un contrat d'assurance-vie non-dénoué reste cependant très discutable. Nous ne partageons pas l'analyse selon laquelle l'établissement d'un quasi-usufruit conventionnel serait possible sur un contrat d'assurance-vie non dénoué. En revanche, un résultat assurant une protection comparable pour l'usufruitier peut être obtenu par un mécanisme moins sujet à débat. Une convention pourrait être signée entre l'usufruitier du contrat et le(s) nu(s)-propriétaire(s) aux termes de laquelle il serait spécifié qu'en cas de rachat, (possibilité qui appartient au titulaire du contrat), l'usufruitier du contrat bénéficiera d'un quasi-usufruit sur le montant du rachat avec dispense expresse d'emploi ou de fournir caution. De cette manière, le titulaire du contrat qui dispose en cette qualité du droit de déclencher le rachat pourra en sa qualité d'usufruitier disposer librement de la somme d'argent. Il sera conseillé d'accompagner le rachat, une fois effectué, d'une nouvelle convention constatant l'existence et le montant du quasi-usufruit sur la somme appréhendée par l'usufruitier ;
- lorsque le conjoint tire ses droits dans la succession d'un testament ou d'une donation entre époux lui attribuant l'intégralité de la succession, il peut cantonner son émolument et choisir les actifs sur lesquels porteront ses droits. Ce **cantonnement** peut lui permettre de laisser passer aux héritiers réservataires leur part réservataire sans qu'ils aient à exercer leur action en réduction.

Le conjoint pourra décider de conserver dans son émolument la moitié de la valeur du contrat d'assurance-vie faisant partie de la succession ou au contraire choisir de la laisser en dehors.

Dans le premier cas, le conjoint survivant détiendra l'intégralité du contrat (sa moitié de communauté et la moitié prélevée par cantonnement), sans passer par un partage et en évitant donc le coût afférent à cet acte. Mais ce choix conduira à ne laisser dans la part des enfants aucun droit sur la valeur du contrat d'assurance-vie non dénoué, alors même que cet actif n'est pas imposable.

Le conjoint peut alors préférer la seconde option qui consiste à faire porter le cantonnement sur divers actifs à l'exception de la moitié de la valeur du contrat qui compose la succession. De cette

manière, les droits des enfants porteront sur cet actif, qui depuis la réponse Ciot est exonéré de droits de succession.
Par la suite, le conjoint pourra décider de procéder à l'échange des droits des enfants sur le contrat d'assurance-vie non dénoué contre des droits sur d'autres actifs faisant partie de son patrimoine. Cette attribution conduira au paiement du droit de partage.
Les enfants détiendront alors à due concurrence des droits sur des actifs du conjoint survivant, qu'ils proviennent ou non de la succession, sans autre fiscalité que le droit de partage. Cette dernière approche nous semble être la solution à privilégier.

2. Contrat d'assurance-vie dénoué par le décès de l'assuré

Rappel du principe

333 En cas de décès de l'assuré, la compagnie d'assurance doit verser au bénéficiaire du contrat les **capitaux dus** ou la **rente** prévue en contrepartie soit de l'assurance décès, soit de l'assurance-vie lorsqu'elle comporte une contre-assurance, ce qui est la norme du marché.
Les sommes ainsi transmises sont en principe dispensées de **droits de succession,** pour autant qu'un bénéficiaire ait été désigné.

Désignation d'un bénéficiaire

334 Le capital ou la rente stipulés payables, lors du décès de l'assuré, à un **bénéficiaire déterminé** ou à ses héritiers ne font pas partie de la succession de l'assuré (C. ass. art. L 132-12).
En revanche, lorsque le bénéfice du contrat d'assurance en cas de décès est stipulé au profit du **souscripteur-assuré,** d'un **bénéficiaire indéterminé,** ou encore de **bénéficiaires prédécédés,** il fait partie de la succession du souscripteur-assuré et se trouve taxé dans les conditions de droit commun (et vient augmenter l'assiette du forfait mobilier de 5 %). Ainsi, une assurance décès ne comportant aucune désignation, même implicite, d'un bénéficiaire quelconque pour l'attribution du capital garanti doit être intégrée dans la succession de l'assuré (Cass. 1e civ. 16-2-1983 n° 81-16.715 : Bull. civ. I n° 63). Il en va de même, pour l'administration fiscale, lorsque la désignation bénéficiaire a fait l'objet d'une **suspension** qu'elle qu'en soit la cause (BOI-ENR-DMTG-10-10-20-20 n° 35 à propos de Cass. 2e civ. 9-2-2012 n° 11-12.109 F-D qui concerne une suspension par suite de la mise en gage au profit d'un créancier).

335 Comme en matière civile, est **considérée comme faite à un bénéficiaire déterminé** la convention conclue au profit du « conjoint » sans indication de nom (▶175), des « enfants et descendants nés ou à naître » (▶171) ou des « héritiers ou ayants droit » (▶172 s.), ou encore des représentants du bénéficiaire (▶349).
En dehors de ces cas qui sont expressément prévus par le Code des assurances, l'administration fiscale a précisé qu'était considérée comme faite au profit d'un bénéficiaire déterminé, « la stipulation par laquelle le contractant attribue le bénéfice de l'assurance soit à sa femme sans indication de nom, soit à ses enfants et descendants nés ou à naître, soit à ses héritiers ou à ses ayants droit » (BOI-ENR-DMTG-10-10-20-20 n° 50). Bien que l'administration n'ait pas posé de principe général assimilant le **bénéficiaire déterminable** au bénéficiaire déterminé, a été admise comme stipulée au profit d'un bénéficiaire désigné (autre que le contractant) l'assurance souscrite au profit d'une entreprise de pompes funèbres pour garantir à l'assuré défunt des obsèques décentes (Solution 12-9-1960 : BOE 1961-8365). Même solution pour les contrats prévoyant l'affectation des capitaux

garantis au paiement des droits de succession, l'administration considérant que ces contrats sont souscrits au bénéfice des successibles de l'assuré, et donc de personnes déterminées au sens de l'article L 132-12 du Code des assurances (Rép. Grosskost : AN 27-1-2009 n° 8246, non reprise cependant dans la base Bofip).

336 Lorsqu'un bénéficiaire est déterminé, celui-ci, quelles que soient la forme et la date de la désignation, est réputé y avoir eu seul droit à partir du jour du contrat même si son **acceptation** est intervenue **après la mort de l'assuré.**

a. Régime de faveur en matière de droits de succession

Principe de non-imposition devenu l'exception

337 Considérées comme recueillies par le bénéficiaire en vertu d'un droit direct et personnel qu'il puise dans la stipulation pour autrui résultant du contrat (C. civ. art. 1205), les sommes versées en exécution d'un contrat d'assurance au profit d'un bénéficiaire déterminé échappent en principe aux droits de succession, ce qui ne signifie pas qu'elles échappent à toute fiscalité. D'ailleurs, cette **exonération** est **doublement limitée** :

- les primes versées après 70 ans sont soumises aux droits de succession pour leur fraction qui excède 30 500 € (▶ 338 s.) ;
- un prélèvement spécifique (de 20 % puis 31,25 % en fonction des montants) est appliqué aux sommes versées par l'assureur au-delà de l'abattement de 152 500 € par bénéficiaire (▶ 357 s.).

1° Taxation partielle des primes versées au-delà de 70 ans

Contrats d'assurance-vie concernés

338 **Contrats souscrits depuis le 20 novembre 1991**
Tous les contrats d'assurance en cas de décès ou en cas de vie sont susceptibles d'entrer dans le champ d'application de la taxation des primes versées après 70 ans, quelle que soit leur **dénomination** (mixte, temporaire-décès, vie entière) et indépendamment de la **qualité du bénéficiaire** qui peut être une personne physique ou une personne morale.
Mais la taxation ne concerne que les **contrats** d'assurance **souscrits depuis le** 20 novembre 1991. Lorsque le **contrat** a été **souscrit avant cette date,** les capitaux versés à la suite du décès de l'assuré échappent aux droits de succession quel que soit l'âge de l'assuré au moment où il a versé les primes (mais sont susceptibles d'être soumis au prélèvement de 20 puis 31,25 %).

339 **Absence de modifications substantielles** L'administration fiscale subordonne cette exemption à la condition que le contrat n'ait pas subi de modifications substantielles **depuis cette date** (BOI-ENR-DMTG-10-10-20-20 n° 100).
Serait par **exemple** considéré comme une modification de nature à faire perdre son antériorité au contrat le changement d'assuré. Toujours selon l'administration, tel est aussi le cas de la transformation d'un contrat d'assurance à souscripteur unique en contrat à adhésion conjointe si le nouveau coadhérent devient aussi coassuré. Cette position a été contredite par la Cour de cassation (Cass. 1e civ. 19-3-2015 n° 13-28.776 F-PB : BPAT 3/15 inf. 102 ▶ 562). Sur la question de la novation en cas de transformation en adhésion conjointe, voir précisions ci-dessous.

En revanche, le versement de nouvelles primes non prévues dans le contrat initial, ou de primes disproportionnées par rapport à celles versées avant le 20 novembre 1991, ne constitue pas une modification substantielle du contrat (BOI-ENR-DMTG-10-10-20-20 n° 110). De même, des dispositifs spécifiques permettent de transformer un contrat en conservant son antériorité, sous réserve de respecter certaines conditions (voir ▶43 s.). Même solution, a fortiori, pour une simple prorogation du contrat, sa tacite reconduction (BOI-ENR-DMTG-10-10-20-20 n° 100) ou un changement de bénéficiaire après le 20 novembre 1991.

PRÉCISIONS

a. Selon un arrêt de la cour d'appel de Paris (CA Paris 22-10-2013 n° 2012/18207 : BPAT 1/14 inf. 26), la transformation d'un contrat à souscripteur unique en contrat à adhésion conjointe **ne constitue pas une novation** du contrat initial. En conséquence, l'antériorité du contrat est conservée et les implications fiscales qui en découlent le sont également. Confirmant l'analyse de la cour d'appel de Paris, la Cour de cassation (Cass. 1e civ. 19-3-2015 n° 13-28.776 F-PB : BPAT 3/15 inf. 102 ▶562) a condamné la position qu'avait adoptée l'administration dans la réponse ministérielle Cuq. Selon cette réponse ministérielle non reprise dans la base Bofip, la transformation d'un contrat d'assurance-vie à souscripteur unique en contrat à adhésion conjointe constituerait une novation dans l'hypothèse où, comme c'était le cas en l'espèce, le nouveau coadhérent devient aussi coassuré (Rép. Cuq : AN 6-3-2000 n° 37181).

b. Une réponse ministérielle de 2019 est venue commenter la position de la Cour de cassation et a indiqué que cette absence de novation en cas d'introduction d'un nouvel assuré est non pas un principe général mais **une question de fait,** qui doit être appréciée en fonction notamment des stipulations du contrat en cause, de la volonté des parties, des dates de souscription et de la situation et de l'espérance de vie de chacun des assurés lors de la cosouscription. Il est par ailleurs rappelé qu'une coadhésion est susceptible de constituer une donation indirecte en présence d'éléments démontrant l'intention libérale du souscripteur (dans l'hypothèse du transfert des versements de l'un au profit de l'autre par le biais de rachats postérieurs) (Rép. Malhuret : Sén. 30-5-2019 n° 00260 et Rép. Frassa : Sén. 30-5-2019 n° 01398 ▶522 et ▶523). Il n'est pas certain que cette réponse suffise à lever les réticences de nombreux assureurs qui, pour s'opposer au passage d'un contrat à souscription unique à un contrat à souscription conjointe, mettent en avant l'absence de dispositions législatives d'ordre fiscal à ce propos.

c. Pour une **analyse complémentaire** de la transformation d'une souscription unique en cosouscription, voir ▶158.

Sommes taxables

340 **Primes taxables** Les droits de succession sont exigibles sur le montant brut des **primes versées au-delà de 70 ans,** mais seulement après un abattement de 30 500 € (CGI art. 757 B). Lorsque les contrats sont investis en unités de compte (parts de Sicav, de SCI, etc.), il convient de retenir la valeur en euros des primes versées au jour de leur paiement.

L'**âge de l'assuré** (et non celui du souscripteur si celui-ci est une personne différente de l'assuré) à la date du versement des primes est le critère déterminant de l'assujettissement ou non aux droits de succession des sommes dues par l'assureur aux bénéficiaires. Le capital ou la rente dus par l'assureur à raison du décès de l'assuré donnent ouverture aux droits de succession à concurrence de la fraction des primes, sans déduction des frais de gestion, excédant 30 500 € qui ont été versées après le 70e anniversaire de l'assuré.

Restent exonérés de droits de succession :

- les produits attachés au contrat d'assurance (intérêts, participation aux bénéfices, plus-values, etc.), y compris ceux afférents aux primes versées après le 70e anniversaire de l'assuré ;
- les primes versées avant le 70e anniversaire de l'assuré ;
- les primes versées après le 70e anniversaire de l'assuré dans la limite de 30 500 €.

Les primes versées après 70 ans sont également exonérées lorsque le bénéficiaire est exonéré de droits de succession - cas du conjoint ou partenaire de Pacs survivant, de certains organismes sans but lucratif et, sous certaines conditions, des frères et soeurs.

Sur l'**articulation** des droits de succession **avec le prélèvement de l'**article 990 I du CGI : voir ▶374 s.

PRÉCISIONS Le ministère de l'économie et des finances a indiqué qu'il n'envisageait pas, malgré l'**allongement de l'espérance de vie,** de modifier l'âge de 70 ans au-delà duquel les primes versées sont soumises aux droits de succession. Il n'envisage pas non plus d'augmenter le montant de l'abattement de 30 500 € pour tenir compte de l'**inflation** depuis la fixation de ce montant en 1991 (Rép. Marlin : AN 20-2-2018 n° 2045).

341 **Abattement applicable** L'abattement de 30 500 € est **global** pour un même assuré, indépendamment du nombre de contrats et du nombre de bénéficiaires (sur la répartition de l'abattement entre les différents bénéficiaires, voir ▶346 s.).

Lorsque **plusieurs contrats** sont souscrits **sur la tête d'un même assuré,** il est fait masse de l'ensemble des primes versées, au titre de ces différents contrats, après le 70e anniversaire (BOI-ENR-DMTG-10-10-20-20 n° 200).

EXEMPLES

1. Contrat souscrit après le 20 novembre 1991 et **versement des primes après les 70 ans de l'assuré.** Le 10 janvier 2006, Henri, célibataire âgé de 76 ans, souscrit un contrat d'assurance-vie sur lequel il verse une prime unique de 75 000 €. Il désigne comme bénéficiaire son neveu, Pierre. Henri décède le 20 février 2022. Le capital dû par l'assureur à Pierre, bénéficiaire désigné, s'élève à 100 000 €.
La fraction de la prime taxable aux droits de succession s'élève à : 75 000 € - 30 500 € = 44 500 €.

2. Contrat souscrit après le 20 novembre 1991 et **versement de primes avant et après 70 ans.** Le 10 janvier 2004, André, veuf, âgé de 69 ans, souscrit un contrat d'assurance-vie sur lequel il verse une prime de 75 000 € et désigne comme bénéficiaire sa fille, Christine. Le 15 mai 2008, il verse une seconde prime de 60 000 €. Il décède le 20 février 2022. Le capital dû par l'assureur au profit du bénéficiaire s'élève à 170 000 €.
La fraction taxable de la prime versée en 2008 s'élève à : 60 000 € - 30 500 € (abattement) = 29 500 € et devra être incluse dans la part taxable de la fille (Christine). Demeurent exonérées **de droits de succession** la prime versée avant le 70e anniversaire (soit 75 000 €), ainsi que la fraction de la prime versée après le 70e anniversaire n'excédant pas 30 500 € et l'intégralité des produits attachés au contrat (soit 35 000 €).

342 **Incidence des rachats partiels et des avances non remboursées** Il n'en est en **principe** pas tenu compte pour le calcul du montant taxable. Le Conseil constitutionnel en a validé le principe au regard de l'objectif du législateur de décourager le recours tardif à l'assurance-vie aux fins d'échapper à la fiscalité successorale (Cons. const. 3-10-2017 n° 2017-658 QPC).

EXEMPLE Contrat souscrit en 1995 par Albert, âgé de 64 ans, dont il est l'assuré, le bénéficiaire étant sa nièce Solange. Une prime de 500 000 F est versée sur le contrat.
En 1997, âgé de 66 ans, il réalise un versement complémentaire de 300 000 F.
En 2004, âgé de 73 ans, il effectue un nouveau versement de 60 000 €.
En 2011, il demande une **avance** de 45 435 € que l'assureur lui consent.

Il décède le 20 février 2022 sans avoir remboursé l'avance. Le capital dû par l'assureur au profit du bénéficiaire désigné s'élève à 201 000 €.
Le régime fiscal des sommes versées par l'assureur est le suivant :

- les capitaux décès correspondant aux primes de 500 000 F et 300 000 F qui ont été versées avant le 70e anniversaire de l'assuré et avant le 13 octobre 1998 sont exonérés de droits de succession ;
- la prime de 60 000 € versée en 2004 est en revanche imposable aux droits de succession puisque versée après le 70e anniversaire de l'assuré, sous déduction cependant de l'abattement de 30 500 € ;
- l'avance de 45 435 € consentie par l'assureur reste sans incidence sur la détermination de la base taxable.

L'assiette taxable aux droits de succession s'élève donc à : 60 000 € - 30 500 € = 29 500 €.

343 **Intérêt d'ouvrir plusieurs contrats** Si le souscripteur envisage de procéder à des rachats partiels ou à des demandes d'avances sur des contrats alimentés par des primes versées après les 70 ans de l'assuré, il est conseillé d'ouvrir plusieurs contrats. Il sera ainsi possible de remplacer certains rachats partiels et certaines demandes d'avances par un **rachat total de certains contrats.** Ces derniers étant clôturés au jour du décès de l'assuré, les primes versées sur ces contrats après le 70e anniversaire de l'assuré ne seront pas prises en compte dans le calcul de l'abattement de 30 500 €. Cela n'est évidemment pas nécessaire si le bénéficiaire du contrat est exonéré de droits de succession.

EXEMPLE M. Senan a souscrit un contrat d'assurance-vie après 70 ans moyennant le versement d'une prime initiale de 100 000 € en 2007. En 2016, il effectue un nouveau versement sur ce même contrat pour 200 000 €, mais envisage un rachat de 20 000 €, 24 mois plus tard pour financer des travaux dans sa résidence secondaire. Le bénéficiaire en cas de décès est sa nièce.
Au jour du rachat, la valeur de rachat total du contrat souscrit en 2007 et abondé en 2016 est de 380 000 €. Pour les besoins de la simulation, on suppose que le souscripteur décède le lendemain du rachat. En comparant la solution qui consiste à reverser sur le contrat initial pour bénéficier de son ancienneté au moment du rachat ou celle qui consiste à ouvrir un nouveau contrat d'une valeur à terme égale au besoin de liquidité pour en effectuer un rachat total, on s'aperçoit que la seconde solution est plus favorable.
Solution 1. Reverser sur le contrat initial.
Fiscalité applicable au rachat :

- produit taxable : 20 000 € - [20 000 € × (300 000 €/380 000 €)] = 4 211 € ;
- impôt sur le revenu : néant (le contrat a de plus de 8 ans et le montant imposable est inférieur à l'abattement de 4 600 €) ;
- prélèvements sociaux : 653 €.

La base taxable aux droits de mutation est égale au cumul des primes versées après 70 ans (sans pouvoir excéder la valeur du contrat), soit 300 000 €, ce qui représente une base taxable de 269 500 € après abattement de 30 500 €. Au taux de 55 % applicable pour les transmissions aux neveux et nièces en l'absence de représentation, le montant des droits de succession à acquitter par la nièce est de 148 225 € (269 500 € × 55 %). La fraction exonérée de droits de succession avant rachat est de 110 500 € (380 000 € - 269 500 €) et 90 500 € (360 000 € - 269 500 €) après rachat.
Dit autrement, le strict respect de la logique de calcul issue de l'article 757 B du CGI revient à imputer le rachat sur la fraction exonérée au lieu de le répartir entre capital et produit, à l'instar du mode de calcul prévu en matière d'impôt sur le revenu.
Solution 2. Souscrire un nouveau contrat qui fera l'objet d'un rachat total pour financer le besoin de liquidités.
Répartition des versements :

- versement sur un nouveau contrat : pour disposer de 20 000 € dans 24 mois, M. Senan va investir 18 182 €. Ce contrat sera intégralement racheté ;
- versement sur l'ancien contrat de 2007 : le solde de l'investissement est effectué sur le contrat de 2007, soit 181 818 € (200 000 € - 18 182 €), qui totalise donc 100 000 + 181 818 = 281 818 € de primes, avec une valeur de rachat de 360 000 €.

Fiscalité applicable au rachat :

- produit taxable : 20 000 € - 18 182 € = 1 818 € ;
- impôt sur le revenu (prélèvement libératoire à 35 %) : 636 € ;
- prélèvements sociaux (17,2 %) : 312 €.

La base taxable aux droits de mutation est égale au cumul des primes versées après 70 ans sur le contrat n° 1, soit 281 818 €, ce qui représente une base taxable de 251 318 € après abattement de 30 500 €, soit 18 182 € de moins (correspondant à la prime investie après 70 ans ayant fait l'objet d'un rachat total). Au taux de 55 %, le montant des droits de succession à acquitter par sa nièce passe donc à 138 225 € (251 318 € × 55 %) contre 148 225 €. La fraction exonérée de droits de succession avant rachat est de (20 000 € + 360 000 €) - (300 000 € - 30 500 €) = 110 500 € et de [360 000 - (281 818 € - 30 500 €)] = 108 682 € après rachat. Le rachat de 20 000 € n'a donc minoré la base de la fraction exonérée que de 1 318 € (la fraction d'intérêt incluse dans le rachat) au lieu de 20 000 € (l'intégralité du rachat).

Conclusion. La seconde solution doit donc être intégrée dans les stratégies d'investissement, même si l'on ne peut exclure un contentieux avec l'administration fondé sur son mode de calcul de la fraction exonérée au titre de l'article 757 B du CGI, à l'instar de ce qui s'est passé pour la prise en compte de l'impact d'un rachat sur un contrat en perte au regard de l'impôt sur le revenu (▶272).

344 **Exception au principe** La taxation ne porte que sur le montant des capitaux versés aux bénéficiaires lorsque les **capitaux versés** par l'assureur sont **inférieurs aux primes versées** sur le contrat après le 70e anniversaire de l'assuré (BOI-ENR-DMTG-10-10-20-20 n° 190).

La même règle s'applique lorsque c'est en raison d'une **baisse de la valeur des unités de compte** que les capitaux reçus par le bénéficiaire sont inférieurs au montant des primes versées après les 70 ans de l'assuré.

EXEMPLE Roger, âgé de 71 ans, souscrit en décembre 2007 un **contrat en unités de compte** sur lequel il verse une prime unique de 100 000 €. Après imputation des frais sur versement (3 000 €), le montant de 97 000 € est investi dans l'achat de 1 940 actions d'une Sicav (prix unitaire de l'action lors de la souscription : 50 €). Roger désigne comme bénéficiaires ses enfants et petits-enfants.
Lors de son décès le 20 février 2022, la valeur des actions de la Sicav n'est plus que de 40 €. Les capitaux versés par l'assureur aux bénéficiaires désignés s'élèvent donc à 77 600 € (1 940 € × 40 €). Les droits de succession sont calculés sur cette base soit, après application de l'abattement de 30 500 €, sur 47 100 € (et non sur le montant des primes versées, 100 000 - 30 500 = 69 500 €).

345 L'impact éventuel des **prélèvements sociaux dont le fait générateur est le décès de l'assuré** (▶382 s.) n'est pas envisagé par l'administration. On peut en conclure que les règles « standard » s'appliquent : tant que les primes taxables demeurent inférieures à la valeur de rachat du contrat, la base imposable n'est pas impactée par la diminution des produits en compte du fait du prélèvement. En revanche, si la valeur de rachat est inférieure aux primes versées, elle s'y substitue.

346 **En cas de pluralité de bénéficiaires** L'**abattement** de 30 500 € est **réparti** entre les différents bénéficiaires au prorata de la part leur revenant dans les primes versées après le 70e anniversaire de l'assuré (BOI-ENR-DMTG-10-10-20-20 n° 210), après avoir extourné les primes afférentes aux capitaux versées aux personnes exonérées de droit de succession (voir ▶347).

Cette répartition s'effectue quel que soit le lien de parenté entre l'assuré et les bénéficiaires, et même en l'absence d'un tel lien.
Cas particulier du démembrement de la clause bénéficiaire voir ▶397.

EXEMPLE Le 10 janvier 1997, Henri, célibataire âgé de 72 ans, souscrit un contrat d'assurance-vie dont il est l'assuré et sur lequel il verse une prime de 500 000 F (soit 76 225 €). Henri désigne comme bénéficiaire sa concubine, Christiane.
Le 15 février 1998, Henri souscrit un deuxième contrat dont les bénéficiaires sont : sa concubine Christiane pour moitié et ses deux neveux, Alain et François, pour l'autre moitié. Il verse une prime de 200 000 F (soit 30 490 €).
Le 15 avril 2000, Henri ouvre un troisième contrat sur lequel il verse 300 000 F (soit 45 735 €). Les bénéficiaires sont sa concubine, Christiane, pour moitié et son neveu, Alain, pour l'autre moitié.
Henri décède le 20 février 2022, les capitaux dus par les assureurs s'élèvent à :

- 94 520 € au profit de Christiane au titre du contrat souscrit le 10 janvier 1997 ;
- 18 900 € au profit de Christiane, 9 450 € au profit d'Alain et 9 450 € au profit de François au titre du contrat souscrit le 15 février 1998 ;
- 28 200 € au profit de Christiane et 28 200 € au profit d'Alain au titre du contrat souscrit le 15 avril 2000.

Pour le calcul des droits de succession, il convient de retenir toutes les primes versées par Henri dès lors que les contrats ont été souscrits après le 20 novembre 1991 et que tous les versements ont été réalisés après le 70e anniversaire de l'assuré.
Les **primes imposables** s'élèvent donc, avant application de l'abattement de 30 500 €, à : 76 225 + 30 490 + 45 735 = 152 450 €.
L'**abattement** doit être **réparti** entre les différents bénéficiaires au prorata de leur part dans les primes imposables dans les conditions suivantes :

Primes imposables au titre des contrats souscrits le :	**Christiane**	**Alain**	**François**
10 janvier 1997	76 225,00 €	-	
15 février 1998	15 245,00 €	7 622,50 €	7 622,50 €
15 février 2000	22 867,50 €	22 867,50 €	
Assiette brute	114 337,50 €	30 490,00 €	7 622,50 €
Abattement	- 22 875,00 € (1)	- 6 100,00 € (2)	- 1 525,00 € (3)
Net imposable	91 462,50 €	24 390,00 €	6 097,50 €
(1) 30 500 × 114 537,5 / 152 450 = 22 875 (2) 30 500 × 30 490 / 152 450 = 6 100 (3) 30 500 × 7 622,5 / 152 450 = 1 525			

347 **En cas de pluralité de bénéficiaires dont certains exonérés de droits de succession** Il n'est pas tenu compte de la part revenant aux personnes exonérées **pour répartir l'abattement** de 30 500 € entre les différents bénéficiaires (en ce sens, notamment, BOI-ENR-DMTG-10-10-20-20 n° 220). La solution est évidemment favorable, comme le montre l'exemple suivant.

EXEMPLE M. Gondat, âgé de plus de 70 ans, a souscrit en 2004 plusieurs contrats :

- le 20 janvier, un contrat à prime unique de 60 000 € au profit de son fils Paul ;
- le 15 juin, un contrat à prime unique de 40 000 € au profit de sa femme Caroline ;

– le 10 septembre, un contrat à prime unique de 70 000 € au profit de sa fille Marie.

Il décède le 1er mars 2022. Les capitaux dus par les assureurs s'élèvent à :

– 66 000 € au profit de Paul ;
– 42 000 € au profit de Caroline ;
– 72 000 € au profit de Marie.

Pour la liquidation des droits de mutation à titre gratuit, il convient de retenir toutes les primes versées par M. Gondat (contrats souscrits après le 20 novembre 1991 et primes versées après 70 ans). Toutefois, comme l'**un des bénéficiaires** est le conjoint survivant, lequel est **exonéré de droits de succession,** il convient de retirer les primes correspondantes.

Primes imposables : 60 000 € + 70 000 € = 130 000 €.

L'**abattement** de 30 500 € doit être **réparti** entre Paul et Marie au prorata de leur part dans les primes imposables, soit :

– pour Paul : 30 500 € × 60 000 €/130 000 € = 14 077 € ;
– pour Marie : 30 500 € × 70 000 €/130 000 € = 16 423 €.

Paul est imposable sur 60 000 € - 14 077 € = 45 923 €.
Marie est imposable sur 70 000 € - 16 423 € = 53 577 €.

Calcul des droits de succession

348 **Application des conditions de droit commun** Après déduction de l'abattement de 30 500 €, les primes sont imposées aux droits de succession dans les conditions de droit commun, compte tenu du **lien de parenté** existant entre l'assuré et le bénéficiaire (CGI art. 757 B). La fraction des primes imposables ainsi déterminée est minorée, le cas échéant, des abattements de droit commun non épuisés par les autres actifs successoraux (lorsque les bénéficiaires sont aussi héritiers), y compris l'abattement prévu en faveur de bénéficiaires handicapés (Rép. Briand : AN 12-4-1999 n° 22518, BOI-ENR-DMTG-10-10-20-20 n° 230).

Pour la détermination du tarif applicable en cas de souscription conjointe avec **souscripteurs co-assurés** : voir ▶ 351 s. Pour le cas particulier du **démembrement** de la cause bénéficiaire : voir ▶ 397.

PRÉCISIONS

a. La taxation aux droits de succession ne remet pas en cause le principe selon lequel l'assurance-vie est délivrée hors succession. Dès lors, la fraction des primes taxable aux droits de succession ne vient pas majorer l'assiette du **forfait mobilier de 5 %** (Rép. Le Nay : AN 19-8-2008 n° 19399, non reprise dans la base Bofip) et ne peut pas s'imputer sur le **passif successoral** (CA Angers 21-6-2011 n° 10/00567).

b. Si le **bénéficiaire est une société,** le tarif applicable devrait être celui entre étrangers, soit 60 %, la fiscalité prévue à l'article 757 B du CGI s'appliquant aussi lorsque le bénéficiaire est une personne morale (BOI-ENR-DMTG-10-10-20-20 n° 80) sauf s'il s'agit d'un organisme sans but lucratif susceptible de bénéficier d'une exonération (tel que certaines associations ou fondations reconnues d'utilité publique ou certains fonds de dotation). Dans le cadre d'une stratégie de « contrôle » des capitaux affectés indirectement à une personne physique, mieux vaut donc généralement désigner bénéficiaire directement la personne physique, à charge pour elle d'effectuer ensuite l'apport à la société, qui pourra être créée à cette occasion ou avoir été créée préalablement.

349 **Représentation et application de l'article 757 B du CGI** Le point de vue de l'administration fiscale est pour le moins tranché en la matière puisqu'elle estime que, pour la détermination du tarif des droits, la représentation ne s'applique jamais aux sommes transmises dans le cadre d'un

contrat d'assurance-vie. Le principe peut sembler surprenant, surtout en présence d'une clause bénéficiaire indiquant « mes enfants vivants ou représentés ».
Selon l'administration, il n'existe que deux positions envisageables (BOI-ENR-DMTG-10-10-20-20 n° 250) :

- s'il existe un **bénéficiaire déterminé ou déterminable** (ici par référence à la notion de représentation du Code civil), les droits de mutation par décès sont calculés suivant le degré de parenté existant entre le bénéficiaire (devenu bénéficiaire « à titre personnel » et identifié par sa qualité) et l'assuré décédé ;
- s'il n'y a **pas de bénéficiaire déterminé ou déterminable,** les sommes viennent s'ajouter à l'actif successoral où effectivement la représentation va jouer, mais sans application de la fiscalité de l'assurance-vie.

Il n'est donc pas possible, selon l'administration, de bénéficier, en cas de décès du bénéficiaire désigné, du lien de parenté entre l'assuré et le bénéficiaire défunt pour calculer les droits dus par les bénéficiaires subséquents représentants du défunt au sens successoral, même si la clause bénéficiaire du contrat les désigne par référence au mécanisme de la représentation civile prévu en matière successorale.

350 L'analyse de l'administration implique de procéder à une **double liquidation des droits** avec deux liens de parenté différents : d'un côté la succession (où les enfants de l'héritier défunt viennent éventuellement par représentation mais aussi le cas échéant comme légataires, et donc en ce cas à titre personnel), de l'autre l'assurance-vie (ou l'on vient nécessairement à titre personnel).
Pour les **petits-enfants,** l'abattement applicable sur la fraction taxable des primes se limitera à celui, minime, prévu à défaut d'un autre abattement par le IV de l'article 788 du CGI, soit 1 594 € en 2021. Cette situation est défavorable si l'abattement dans la succession n'est pas entièrement utilisé. Dans le cas contraire, cette solution est favorable.
Le taux sera celui en ligne directe (CGI art. 777 tableau I), avec retour aux tranches basses du barème, ce qui est mécaniquement plus favorable qu'une intégration dans la succession (sauf abattement résiduel disponible).

Pour les **neveux et nièces,** l'application du taux de 55 % est systématiquement plus défavorable que les taux de 35 % et 45 % des successions entre frères et soeurs. Ils bénéficient en revanche d'un abattement plus élevé que les petits-enfants, soit 7 967 € chacun en 2019 (Rép. Le Nay : AN 23-2-2010 n° 59852, BOI-ENR-DMTG-10-10-20-20 n° 260).
Lorsque le versement des capitaux aux bénéficiaires est réalisé en application de la clause « à défaut mes **héritiers** », ceux-ci sont considérés comme des bénéficiaires déterminés du contrat (BOI-ENR-DMTG-10-10-20-20 n° 270). Aussi les sommes ne font-elles pas partie de la succession du contractant, mais constituent un droit de créance direct à l'encontre de l'assureur au profit exclusif des bénéficiaires. Une double liquidation est alors justifiée pour chaque héritier, pris, d'une part, en qualité de successible par représentation, et, d'autre part, en tant que bénéficiaire direct et personnel du contrat d'assurance-vie.

EXEMPLE M. Conver est veuf. Il a un fils, Jean et une **petite-fille,** Marie. Son patrimoine est composé d'un bien immobilier d'une valeur de 600 000 €. Il a souscrit après l'âge de 70 ans un contrat d'assurance-vie sur lequel il a versé une prime de 300 000 € et dont la valeur de rachat s'établit à 400 000 €. La clause bénéficiaire est rédigée comme suit : « Mes enfants nés ou à naître, vivants ou représentés, à défaut mes héritiers légaux. » M. Conver décède alors que son fils Jean est déjà décédé.
Double liquidation :

- succession : Jean est représenté dans la succession de son père par sa fille, Marie, par dérogation au principe civiliste selon laquelle la représentation ne peut jouer en présence d'une souche unique. Marie bénéficie donc de l'abattement de 100 000 € auquel aurait eu droit son père (BOI-ENR-DMTG-10-50-80 n° 330). Elle sera imposée sur une base de 500 000 € (600 000 € - 100 000 €), soit des droits de succession de 98 194 € ;

– assurance-vie : au titre de l'assurance-vie, Marie est considérée bénéficiaire à titre personnel (alors même que sa qualité de bénéficiaire lui vient de ce qu'elle représente son père prédécédé). Elle sera dès lors imposée sur une base de 269 500 € (300 000 € - 30 500 €) minorée de l'abattement successoral de droit commun de 1 594 € applicable à défaut d'autre abattement, soit un montant net taxable de 267 906 €. Les droits de succession, calculés au tarif applicable en ligne directe, sont de 51 776 €.

En l'absence de cette double liquidation, Marie aurait été taxée au barème progressif sur le cumul de la fraction nette imposable issue de la succession et de la fraction nette imposable des primes versées après 70 ans (500 000 € + 269 500 €), soit 769 500 €, et aurait supporté 173 812 € de droits de succession au lieu de 149 970 €. En l'occurrence, la double liquidation est favorable car elle permet d'atténuer la progressivité du tarif des droits de succession (elle évite d'atteindre la tranche taxée à 30 %), mais il peut en aller différemment. En effet, si la succession avait comporté un actif inférieur à l'abattement disponible de 100 000 €, par exemple, 60 000 €, la différence de 40 000 € constituant le solde de l'abattement disponible n'aurait pas pu être utilisée pour diminuer la base imposable au titre de l'assurance-vie. Il aurait alors été judicieux que le souscripteur rachète une fraction de son contrat avant son décès afin d'augmenter son actif successoral.

351 **Souscription conjointe de contrats d'assurance-vie** La règle fixée par l'article 757 B du CGI soulève au moins deux questions lorsque la souscription du contrat est conjointe : celle de l'**âge à prendre en considération** et celle du **degré de parenté** à retenir pour procéder à la taxation.
L'hypothèse qui pose problème est celle de la souscription conjointe avec souscripteurs coassurés. En effet, en cas de souscription conjointe et d'un **assuré unique,** aucune difficulté ne se pose, le seul âge à prendre en considération étant celui de l'assuré unique. En présence de **coassurés,** en revanche, le montant des primes versées après le 70e anniversaire de l'assuré peut être différent selon l'assuré auquel on se réfère.
Dans une lettre du Service de la législation fiscale (aujourd'hui Direction de la législation fiscale) du 20 novembre 1992 adressée à une compagnie d'assurance qui l'interrogeait, l'administration a précisé que les dispositions de l'article 757 B du CGI ne concernent que les primes acquittées après le 70e anniversaire de l'**assuré dont le décès entraîne le versement du capital** au bénéficiaire du contrat. Ce n'est ainsi qu'à partir du décès de l'avant-dernier assuré que l'on pourra avoir une idée précise du régime fiscal applicable. Il suffira, en effet, de prendre en compte les primes versées sur le contrat après le 70e anniversaire du dernier assuré pour déterminer le montant taxable. Peu importe, en revanche, que ces primes aient été versées par le dernier souscripteur assuré survivant ou par l'un des autres souscripteurs coassurés et prédécédés.
En conséquence, et puisque rien ne permet d'être certain que le plus jeune des assurés survivra, il est **conseillé en pratique,** si l'on veut être sûr d'éviter toute taxation, de cesser tout versement de primes au-delà des 30 500 € d'abattement, dès que le plus âgé des assurés atteint 70 ans. Le « risque » (ou de son point de vue la « chance ») existe que l'assuré le plus âgé soit l'ultime survivant. Cette précaution est bien sûr sans objet si le bénéficiaire du contrat est exonéré de droits de succession.

352 Les assurés peuvent ne pas être tous parents au même degré avec le ou les bénéficiaires. Quel sera en conséquence le **taux d'impôt** applicable ? Compte tenu du libellé de l'article 757 B du CGI et de la réponse donnée par le Service de la législation fiscale dans la lettre évoquée ci-dessus, il semble que seul doive être retenu l'assuré dont le décès entraîne le dénouement du contrat. Le

taux d'imposition est donc déterminé en fonction du lien de parenté de cet assuré avec le ou les bénéficiaires. La qualité de conjoint ou partenaire de Pacs survivant ou de frère et soeur exonérés sous conditions de droits de succession s'apprécie par conséquent à l'égard de l'assuré dont le décès entraîne le dénouement du contrat.

Obligations déclaratives

353 **Obligations des bénéficiaires** Même s'ils sont exonérés de droits, tous les bénéficiaires des **contrats** d'assurance en cas de vie ou en cas de décès **souscrits depuis le 20 novembre 1991** ou assimilés doivent déclarer dans la déclaration de succession générale ou dans une déclaration de succession partielle tous les contrats conclus sur la tête d'un **même assuré,** en vertu desquels des primes ont été versées après son 70e anniversaire (CGI ann. II art. 292 A). Voir formulaire au ►509.
La **déclaration doit préciser,** pour chaque contrat, la date de souscription et le montant des primes versées après le 70e anniversaire de l'assuré, les assureurs ayant l'obligation de communiquer ces informations aux bénéficiaires qui en font la demande (BOI-ENR-DMTG-10-10-20-20 n° 290).

354 **Obligations des assureurs** Les assureurs ne peuvent se libérer des sommes, rentes ou émoluments quelconques dus en cas de décès de l'assuré au titre des **contrats souscrits depuis le 20 novembre 1991** ou assimilés en vertu desquels des **primes** ont été **versées après le 70e anniversaire de l'assuré** qu'après s'être acquittés de certaines démarches et vérifications. Il en va ainsi même si les bénéficiaires de ces contrats sont exonérés de droits de succession (BOI-ENR-DMTG-10-70-10 n° 130 s.).

355 Lorsque le contrat dénoué par le décès de l'assuré se trouve dans le champ d'application de l'article 757 B du CGI, les assureurs sont tenus, **dans les 45 jours** qui suivent le jour où ils ont **connaissance du décès de l'assuré,** d'adresser à la direction des services fiscaux du domicile de l'assuré un document (formulaire n° 2739) mentionnant (CGI ann. II art. 292 B, I) :

- le nom ou la raison sociale et le domicile de l'assureur ;
- les nom, prénoms et domicile de l'assuré ainsi que la date de son décès ;
- les noms, prénoms et domiciles du ou des bénéficiaires ;
- la date de souscription du ou des contrats ;
- le montant des primes versées après le 70e anniversaire de l'assuré pour chacun des contrats.

Dans l'hypothèse où les assureurs ne disposent pas, dans le délai de 45 jours, de toutes les informations sur la qualité et le domicile des bénéficiaires, ils doivent déposer une **déclaration provisoire** en précisant au service des impôts que les informations manquantes seront transmises ultérieurement.
Cette obligation d'information est distincte de celle imposée aux assureurs dans le cadre de l'alimentation du fichier Ficovie, même si les informations se recouvrent largement. Voir ►206.

356 **Certificat d'acquittement ou de non-exigibilité de l'impôt** Sauf exceptions, les assureurs ne peuvent effectuer le règlement du capital aux bénéficiaires que **sur présentation** par ces derniers **d'un certificat** délivré sans frais par le comptable public constatant l'acquittement ou la non-exigibilité de l'impôt de mutation par décès (CGI art. 806, III).
Ce certificat intègre le formulaire de déclaration partielle de succession qui doit être complété par le bénéficiaire et l'administration (voir ►353). Voir formulaire au ►509.
Afin de ne pas retarder le règlement des indemnités aux bénéficiaires, l'administration fiscale admet que le certificat d'acquit des droits soit délivré, le cas échéant, au vu d'une déclaration de succession partielle ne comprenant que l'indemnité d'assurance, le paiement des droits étant

provisoirement limité aux droits dus sur la fraction taxable de cette indemnité (BOI-ENR-DMTG-10-70-20 n° 120).

Par exception, une **dispense** du certificat est admise exceptionnellement (BOI-ENR-DMTG-10-70-20 n° 100), notamment dans les deux cas suivants :

- lorsque les bénéficiaires demandent à l'assureur de **verser tout ou partie des sommes dues en l'acquit des droits** de mutation à titre gratuit. Les droits de mutation peuvent être ceux afférents soit au contrat lui-même lorsque les primes taxables font l'objet d'une déclaration partielle, soit à l'ensemble de la succession lorsque la fraction taxable des contrats est intégrée dans la déclaration de succession générale ;
- lorsque le bénéficiaire est le **conjoint** survivant ou le **partenaire de Pacs** survivant, ceux-ci n'étant plus tenus, depuis le 1er janvier 2018, de se faire délivrer un certificat de non-imposition par l'administration pour obtenir la libération des fonds (CGI art. 806, III, al. 4, issu de la loi 2017-1775 du 28-12-2017 art. 16). Il en va de même, depuis le 1er août 2020, des **organismes exonérés** de droits de succession en application de l'article 795 du CGI tels, par exemple, une fondation ou une association d'utilité publique (CGI art. 806 III, al. 4 modifié par la loi 2020-935 du 30-7-2020 art. 15).

PRÉCISIONS Le **certificat de non-exigibilité** ne constitue pas une prise de position formelle de l'administration au sens de l'article L 80 B du LPF et n'empêche donc pas celle-ci de procéder à une **rectification ultérieure des droits de succession,** a jugé une cour d'appel (CA Colmar 3-5-2013 n° 11/04081 : BPAT 5/13 inf. 187). Pour justifier sa décision, la cour relève que le certificat ne porte pas sur la totalité de l'assiette de l'impôt mais n'a trait qu'à des déclarations partielles et qu'il a simplement pour but de permettre un règlement rapide des capitaux décès par l'assureur.

2° Prélèvement au titre de l'article 990 I du CGI

Présentation du prélèvement

357 Depuis le 13 octobre 1998, date d'entrée en vigueur de l'article 990 I du CGI, les sommes issues des contrats d'assurance-vie non soumises aux droits de succession au titre de l'article 757 B du CGI ont cessé de bénéficier d'une exonération totale pour supporter un prélèvement, désormais progressif, sur leur fraction excédant un **abattement** de 152 500 € par bénéficiaire distinct.

Le prélèvement de 20 % puis 31,25 % constitue une **taxation spécifique** « sui generis », et non un droit de mutation à titre gratuit. Cette qualification emporte plusieurs **conséquences** :

- les indemnités qui y sont soumises ne sont pas comprises dans l'**actif successoral** taxable. Le prélèvement ne constitue pas une exception au principe selon lequel les sommes versées en exécution d'un contrat d'assurance-vie à un bénéficiaire déterminé (ou à ses héritiers) ne font pas partie de la succession de l'assuré ;
- les **exonérations** prévues en matière de droits de succession ne sont pas applicables. Cette règle a cependant une portée limitée dans la mesure où les exonérations de droits de succession prévues en faveur du conjoint ou partenaire de Pacs survivant, des frères et soeurs vivant ensemble (sous certaines conditions) et de certains organismes sans but lucratif s'appliquent dans les mêmes conditions au prélèvement (CGI art. 990 I, I-al. 3) ;
- le taux s'applique indépendamment du **lien de parenté** entre le bénéficiaire et l'assuré ou le souscripteur.

Le tableau suivant récapitule les **tranches et taux du prélèvement** applicables depuis le 1er juillet 2014 au-delà de l'abattement de 152 500 € par bénéficiaire.

Montant versé au bénéficiaire au-delà de 152 000 € (tous contrats confondus)	**Taux du prélèvement**
De 0 € à 700 000 €	20 %
Au-delà de 700 000 €	31,25 %

Champ d'application du prélèvement

358 Sont concernés les contrats prévoyant le **versement** d'indemnités au profit d'un bénéficiaire **au décès de l'assuré** : contrats d'assurance-vie en cas de décès, contrats d'assurance en cas de vie mixte, contrats d'assurance en cas de vie avec contre-assurance. Mais le prélèvement n'est pas dû si le contrat n'est pas dénoué par le décès de l'assuré (sur les contrats à souscriptions conjointes : voir ►359).

Le **bénéficiaire** doit être **désigné** : l'absence de désignation du bénéficiaire a pour effet de faire entrer ces sommes fiscalement et civilement dans l'actif successoral (BOI-ENR-DMTG-10-10-20-20 n° 30).

Le bénéficiaire peut être une personne physique ou morale, mais sont seuls concernés les **bénéficiaires à titre gratuit.**

Le prélèvement s'applique aux sommes reçues par le bénéficiaire qui correspondent à des **primes versées depuis le 13 octobre 1998** (sauf si ces primes sont taxées aux droits de succession : primes versées après le 70e anniversaire de l'assuré sur des contrats souscrits depuis le 20 novembre 1991). Sur l'articulation de ces deux taxations, voir ►374 s.

359 En présence de **contrats souscrits conjointement,** seuls les versements réalisés par les organismes d'assurance à la suite du décès qui entraîne le dénouement du contrat sont concernés par les dispositions de l'article 990 I.

Il en résulte qu'en présence de contrats souscrits conjointement avec **dénouement au décès du dernier des cosouscripteurs assurés,** le prélèvement ne s'appliquera qu'aux sommes, rentes ou valeurs transmises à raison de ce décès. Lors des décès des autres cosouscripteurs assurés, aucun prélèvement ne s'applique.

En présence de contrats souscrits conjointement avec **dénouement au décès du premier** des cosouscripteurs assurés, le prélèvement s'appliquera, le cas échéant, aux sommes, rentes ou valeurs transmises à raison de ce premier décès.

360 Le prélèvement s'applique aussi aux capitaux versés par un **assureur établi à l'étranger** et admis à opérer en France en libre prestation de services.

361 Les capitaux versés en exécution de **contrats souscrits par un non-résident** sont taxables si l'une des conditions suivantes est remplie (CGI art. 990 I, al. 5) :

- le bénéficiaire du contrat est, d'une part, fiscalement domicilié en France au sens de l'article 4 B du CGI au moment du décès de l'assuré et, d'autre part, a eu son domicile fiscal en France pendant au moins 6 ans au cours des 10 années précédentes ;
- ou l'assuré a son domicile fiscal en France au moment de son décès.

Restent donc **exonérés** du prélèvement les capitaux décès versés au titre de contrats souscrits en France par une personne non résidente à la date de son décès (même si elle l'était au jour de la souscription du contrat), lorsque le bénéficiaire n'est pas domicilié en France à la date du décès ou qu'il ne remplit pas la condition de domiciliation fiscale en France pendant plus de 6 ans au cours des 10 années précédant le décès.

PRÉCISIONS

a. Avant l'entrée en vigueur de la loi 2011-900 du 29 juillet 2011 ayant modifié l'article 990 I du CGI (soit pour les **décès survenus avant le 31 juillet 2011**), tout contrat souscrit pendant la non-résidence du souscripteur et avant ses 70 ans était exonéré du prélèvement, sans limitation de montant et quels que soient son âge à la date de versement des primes (dès lors que le contrat avait été ouvert avant ses 70 ans) et son lieu de résidence après l'ouverture du contrat.

b. On peut s'interroger sur la **compatibilité** de cette adjonction à l'article 990 I avec la **directive européenne** 2002/83/CE concernant l'assurance-vie, compte tenu de la lecture qu'en fait la Cour de justice (CJUE 21-2-2013 aff. C-243/11 : BPAT 3/13 inf. 110). Afin de prévenir les risques de doubles impositions et les distorsions de concurrence, l'article 50 de la directive réserve à l'État membre de souscription l'exclusivité de l'assujettissement aux « impôts indirects et taxes parafiscales » grevant les primes d'assurance : or, l'assiette de ce prélèvement, même s'il s'agit d'une fraction des capitaux versés par la compagnie d'assurance, provient principalement des primes. Reste à savoir si le prélèvement peut être qualifié d'impôt indirect, ce qui n'est pas évident. L'adjectif désigne généralement des impositions dont le redevable juridique n'est pas le contribuable économique (comme la TVA, par exemple). Mais il est parfois utilisé pour désigner les impôts « réels » par opposition aux impôts « personnels ».

c. Cette modification des règles d'imposition peut conduire à une **double imposition,** y compris avec des pays avec lesquels une convention fiscale est conclue. En effet, le prélèvement prévu par l'article 990 I est un droit « sui generis » non couvert par la convention fiscale. Le pays de résidence du souscripteur assuré peut ainsi taxer le contrat et la France soumettre les capitaux à l'article 990 I. Il convient en conséquence d'adapter pendant la résidence à l'étranger soit le mode de détention de l'investissement par le rachat du contrat, soit, lorsqu'il existe une convention fiscale conclue avec la France en matière de droits de succession, en supprimant la désignation bénéficiaire. De cette manière, les capitaux versés tomberont dans la succession et bénéficieront des dispositions de la convention permettant d'éviter les doubles impositions.

Contrats exclus du prélèvement

362 Sont expressément exclus du prélèvement les contrats d'**assurance décès de groupe** souscrits dans le cadre d'une **activité professionnelle.** Il s'agit :

- des contrats non rachetables visés à l'article 885 J du CGI (rentes viagères constituées dans le cadre d'une activité professionnelle) ;
- des contrats non rachetables visés à l'article 998, 1° du CGI (contrats d'assurance de groupe souscrits notamment par une entreprise au profit de ses salariés) ;
- des contrats d'assurance de groupe visés à l'article 154 bis du CGI (contrats « Madelin »).

Sont également exonérés les contrats de **rente-survie** (contrats d'assurance en cas de décès au profit d'enfants handicapés : voir ▶311), ainsi que les contrats d'assurance « **homme-clé** » souscrits par les entreprises pour se prémunir contre les risques de disparition de leurs dirigeants ou collaborateurs dès lors que les sommes dues par l'organisme d'assurance ou assimilé, à raison du décès du dirigeant ou collaborateur ayant la qualité d'assuré, sont versées à l'entreprise et constituent, pour elle, un produit taxable (BOI-TCAS-AUT-60 n° 50).

De même, les contrats qui revêtent le caractère de **contrats à titre onéreux** ne sont pas susceptibles d'entrer dans le champ d'application du prélèvement.
Il s'agit par **exemple** (BOI-TCAS-AUT-60 n° 40) :

- des contrats emprunteurs qui sont des contrats d'assurance de groupe ayant pour objet la garantie du remboursement des emprunts et qui sont souscrits par l'établissement de crédit, bénéficiaire en cas de décès de l'emprunteur ;
- des contrats d'assurance sur la vie donnés en garantie à un prêteur, à concurrence de la fraction des sommes versées par l'assureur au créancier **au titre de la clause bénéficiaire,** pour la fraction qui correspond au montant de la dette impayée par l'emprunteur au jour de son décès.

Calcul du prélèvement

363 **Assiette du prélèvement** Seule la **fraction excédant 152 500 €** des sommes dues à chaque bénéficiaire non exonéré (▶357) par les organismes d'assurances est soumise au prélèvement.
Peu importent, en revanche, les **modalités de versement,** car sont soumises au prélèvement « les sommes, rentes ou valeurs quelconques dues directement ou indirectement par un ou plusieurs organismes d'assurance », à raison du décès de l'assuré.
En cas d'existence dans le contrat d'une clause de différé de paiement, les **intérêts** produits par le contrat **entre la date du décès et celle du versement** sont, selon l'administration, également pris en compte dans l'assiette du prélèvement (BOI-TCAS-AUT-60 n° 220).
En revanche, que le contrat soit ou non rachetable, les capitaux décès correspondant aux **primes versées avant le 13 octobre 1998** n'ont pas à être pris en compte.
Les **contrats vie-génération** bénéficient d'un abattement d'assiette supplémentaire de 20 % qui s'applique avant l'abattement général de 152 500 € et se cumule avec lui (BOI-TCAS-AUT-60 n° 281).
L'**intérêt fiscal** de ces contrats est réel. Il est la contrepartie d'un risque financier plus important (en termes de rentabilité et de sécurité) lié aux quotas d'investissements dans l'économie sociale ou solidaire et à l'investissement dans certaines entreprises (voir ▶40). Le gain fiscal peut ainsi dans une certaine mesure compenser une éventuelle moindre rentabilité. Dans l'**exemple** ci-dessous, pour un capital décès brut de 1 000 000 €, le gain fiscal s'établit à 56 594 € (186 094 € - 129 500 €).
Pour que le net perçu après fiscalité soit équivalent avec un contrat classique, la performance du contrat vie-génération pourrait, au cas particulier, être moindre de 67 374 €. Le montant net après fiscalité serait néanmoins identique, soit un capital de 813 906 €.

	Contrat « classique »	**Contrat vie-génération**
Capital décès brut	1 000 000 €	1 000 000 €
Abattement de 20 %	Néant	200 000 €
Base taxable après abattement	1 000 000 €	800 000 €
Abattement général	152 500 €	152 500 €
Base taxable après abattement	847 500 €	647 500 €
Tranche à 20 % jusqu'à 700 000 €	140 000 €	129 500 €
Tranche à 31,25 % au-delà de 700 000 €	46 094 €	Néant
Imposition totale par bénéficiaire	**186 094 €**	**129 500 €**

Capital décès net	**813 906 €**	**870 500 €**
Taux effectif d'imposition	**18,61 %**	**12,95 %**

364 **Cas particulier du contrat soumis partiellement au prélèvement** Lorsqu'un contrat d'assurance-vie relevant de l'article 990 I du CGI est soumis pour partie seulement au prélèvement, l'assiette imposable doit être déterminée globalement à l'échelle du contrat avant d'être répartie entre les bénéficiaires selon leur part dans les capitaux décès. Le souscripteur ne peut pas répartir le capital décès entre les bénéficiaires selon la date de versement des primes afin de modifier l'impôt dû par chacun (Rép. Montaugé : Sén. 8-8-2019 n° 450 : BPAT 5/19 inf. 200 ▶ 524).

EXEMPLE Un contrat dont le capital décès s'établit à 1 000 000 € est exonéré pour 60 % (partie correspondant à des primes versées avant 70 ans et avant le 13 octobre 1998) et taxable au titre de l'article 990 I du CGI pour 40 % (partie correspondant à des primes versées avant 70 ans et après le 13 octobre 1998). La clause bénéficiaire attribue le capital décès à hauteur de 40 % au conjoint (exonéré) et 60 % au fils du souscripteur (taxable).
Sur le capital de 600 000 € attribué à ce dernier, 60 %, soit 360 000 €, seront soumis à l'article 990 I du CGI et 40 %, soit 240 000 €, seront exonérés.
Si le souscripteur avait ouvert un nouveau contrat B au lieu de faire un nouveau versement après le 13 octobre 1998 sur son contrat A entièrement exonéré, il aurait conservé la possibilité d'attribuer le capital décès issu du contrat A à son fils, et celui du contrat B, taxable, à son épouse, qui aurait bénéficié d'une exonération au titre de sa qualité de conjoint.

365 **Impact des prélèvements sociaux** Les prélèvements sociaux le cas échéant dus sur les produits qui n'y ont pas déjà été soumis (▶ 382 s.) sont déduits de l'assiette du prélèvement. La déduction s'effectue avant application de l'abattement de 152 500 €. Les deux catégories de prélèvements ne peuvent donc pas être additionnées pour analyser la ponction globale, car ils ne s'appliquent pas à la même **base** (voir tableau ci-dessous). En effet, l'assiette du prélèvement ne peut pas excéder le capital réellement versé en cas de décès (BOI-TCAS-AUT-60 n° 190).

Capital décès (en euros)	**150 000 €**	**150 000 €**	**150 000 €**	**600 000 €**	**600 000 €**	**600 000 €**
Quote-part de produits à soumettre aux prélèvements sociaux	10 %	30 %	50 %	10 %	30 %	50 %
Taux	17,20 %	17,20 %	17,20 %	17,20 %	17,20 %	17,20 %
Soit en pourcentage du capital décès	1,72 %	5,16 %	8,6 %	1,72 %	5,16 %	8,6 %
Montant des prélèvements sociaux (PS)	2 580 €	7 740 €	12 900 €	10 320 €	30 960 €	51 600 €

Capital net versé au bénéficiaire (en euros)	147 420 €	142 260 €	137 100 €	589 680 €	569 040 €	548 400 €
Prélèvement de 20 % (après abattement de 152 500 €) sur le capital net de prélèvements sociaux	Néant	Néant	Néant	87 436 €	83 308 €	79 180 €
Montant total des prélèvements (en euros)	2 580 €	7 740 €	12 900 €	97 756 €	114 268 €	130 780 €
Ponction totale sur le montant brut du capital décès	1,72 %	5,16 %	8,60 %	16,29 %	19,04 %	21,80 %

366 **Pluralité de contrats au profit d'un même bénéficiaire** Si plusieurs contrats ont été souscrits sur la tête **d'un même assuré** au profit d'un **même bénéficiaire,** il faut totaliser l'ensemble des sommes reçues par ce bénéficiaire à raison du décès de l'assuré : l'abattement de 152 500 € ne s'applique qu'**une seule fois** à raison de l'ensemble des sommes reçues par bénéficiaire. En présence de plusieurs contrats soumis à l'article 990 I, c'est le bénéficiaire et non la compagnie qui choisit l'ordre d'imputation, en produisant une attestation sur l'honneur : voir ▶380.
Pour le cas particulier du **démembrement de la clause bénéficiaire,** voir ▶392 s.

EXEMPLE Pierre et Jean sont bénéficiaires à part égale d'un contrat A et d'un contrat B, chacun d'une valeur nette taxable au titre de l'article 990 I de 305 000 € au décès. Pierre choisit d'utiliser son abattement pour le contrat A et Jean pour le contrat B. Pierre recevra donc le capital décès du contrat A (soit 152 500 €) en franchise d'impôt et se verra prélever 30 500 € (152 500 € × 20 %) sur le contrat B, pour lequel il recevra 122 000 €. Jean recevra quant à lui le capital décès du contrat B (soit 152 500 €) en franchise d'impôt et se verra prélever 30 500 € (152 500 € × 20 %) sur le contrat A, pour lequel il recevra 122 000 €.

367 **Personne morale bénéficiaire à titre gratuit** Lorsque le bénéficiaire du contrat est une personne morale et que sa désignation n'est pas faite à titre onéreux, **deux analyses** peuvent s'envisager :

- l'article 990 I ne distinguant pas selon la qualité du bénéficiaire, la société serait un bénéficiaire au même titre qu'une personne physique et se verrait appliquer un abattement unique de 152 500 € ;
- l'article 990 I du CGI visant les sommes dues « directement ou indirectement » à un même bénéficiaire, la société pourrait être considérée comme une personne interposée et l'abattement s'appliquerait en considérant chaque associé de la société comme un bénéficiaire distinct, le capital décès étant réparti en fonction des droits de chacun dans la société. Sur la fraction taxable des capitaux, chaque associé pourrait bénéficier, le cas échéant, de l'exonération liée à sa situation de conjoint, partenaire de Pacs, etc.

L'administration fiscale ne s'est pas prononcée sur ce point, si ce n'est pour indiquer que les organismes exonérés de droits de mutation à titre gratuit en application de l'article 795 du CGI le sont également du prélèvement sur les capitaux décès qui leur sont versés au titre de contrats d'assurance-vie (BOI-TCAS-AUT-60 n° 120). Pour pallier toute incertitude, il suffit de désigner la personne physique bénéficiaire, à charge pour elle d'apporter les capitaux à une société.

368 **Caractère rachetable ou non du contrat** Pour les **contrats non rachetables** (assurances temporaires en cas de décès), la base du prélèvement est constituée par la prime annuelle ou par la prime versée à la conclusion du contrat s'il s'agit d'une prime unique.

Pour les **contrats rachetables** et pour ceux comportant à la fois des garanties d'épargne et de prévoyance (par exemple, contrats vie entière avec contre-assurance en cas de décès), la base de la taxation est constituée :

- des sommes, rentes ou valeurs correspondant à la fraction rachetable, c'est-à-dire de la valeur de rachat du contrat au jour du décès de l'assuré ou, s'il s'agit d'un contrat à terme fixe, de la valeur de rachat au jour du versement des sommes. Les rachats partiels ainsi que les avances accordées par l'assureur et non remboursées au décès ne sont pas compris dans la base d'imposition ;
- et des primes correspondant à la fraction non rachetable, c'est-à-dire du produit résultant de la multiplication du montant du capital décès dû par l'assureur, diminué de la valeur de rachat du contrat au jour du décès de l'assuré, par le taux de mortalité qui correspond à l'âge de l'assuré lors de son décès dans la table de mortalité applicable à cette date (C. ass. art. A 132-18).

EXEMPLE Parmi les exemples donnés par l'administration (BOI-TCAS-AUT-60 n° 230 s.), nous retiendrons celui du calcul du prélèvement sur la fraction non rachetable d'un contrat d'une personne qui décède à 40 ans.

La table de mortalité indique que le nombre de personnes encore en vie (Lx) à 40 ans est de 94 746 ; à 41 ans (Lx + 1), elle est de 94 476 (sur la base de 100 000 vivants à la naissance).

La probabilité de décéder à 40 ans se calcule de la façon suivante :

Qx (probabilité de décès) = Lx - ((Lx + 1)/x)

La probabilité de décès à 40 ans est donc de :

(94 746 - 94 476)/94 746 = 0,0028497

Si le capital correspondant à la fraction non rachetable du contrat est de 152 500 €, la base du prélèvement sera de : 152 500 € × 0,0028497 € = 434 €.

369 **Taux du prélèvement** Il est égal à (CGI art. 990 I, I-al. 1) :

- **20 %** sur la fraction de part taxable de chaque bénéficiaire n'excédant pas 700 000 € ;
- **31,25 %** sur la fraction de part taxable de chaque bénéficiaire excédant cette limite.

Montant versé à chaque bénéficiaire distinct au-delà de 152 500 € (tous contrats confondus)	**Taux du prélèvement**
De 0 € à 700 000 €	20 %
Au-delà de 700 000 €	31,25 % (1)

(1) Seuil et taux applicables aux sommes dues à raison de décès survenus depuis le 1er juillet 2014. Auparavant, pour les décès survenus depuis le 31 juillet 2011, le taux de 20 % s'appliquait jusqu'à 902 838 € puis passait à 25 %. Un taux unique de 20 % s'appliquait avant cette date.

370 Le tableau qui suit permet de **mesurer les écarts de taux d'imposition** entre succession en ligne directe et prélèvement sur les capitaux décès d'un contrat classique (hors contrat vie-génération, voir ▶363), les abattements et tarifs retenus étant ceux applicables pour un décès survenu en avril 2022.

	Succession en ligne directe par part	**Prélèvement par bénéficiaire**	**Écart**
Abattement	100 000 €	152 500 €	
Moins de 8 072 €	5 %	20 %	15 %
Entre 8 072 € et 12 109 €	10 %	20 %	10 %
Entre 12 109 € et 15 932 €	15 %	20 %	5 %
Entre 15 932 € et 552 324 €	20 %	20 %	0 %
Entre 552 324 € et 700 000 €	30 %	20 %	**- 10 %**
Entre 700 000 € (1) et 902 838 €	30 %	31,25 %	1,25 %
Entre 902 838 € et 1 805 677 €	40 %	31,25 %	**- 8,75 %**
Supérieure à 1 805 677 €	45 %	31,25 %	**- 13,75 %**

(1) Pour la clarté de la comparaison, la tranche des droits de succession à 30 % a été découpée en deux parties afin de tenir compte du seuil de 700 000 € concernant l'assurance-vie.

371 En termes de **stratégie pour limiter la fiscalité de la transmission en ligne directe,** il convient donc (données 2022) :

- en premier lieu de saturer les abattements en matière successorale (100 000 €) et en matière d'assurance-vie (152 500 €), soit au total 252 500 € par enfant ;
- puis de transmettre les 15 932 € suivants par succession (tranches à 5 %, 10 % et 15 %), puis au-delà par succession à hauteur de 536 392 € et par assurance-vie pour 700 000 € (taux d'imposition de 20 %), puis à nouveau de revenir à la succession pour un montant de 202 838 € (902 838 € - 700 000 €). Au-delà, l'assurance-vie est systématiquement plus favorable.

EXEMPLE Transmission d'un patrimoine de 1 500 000 € par M. Vivault, veuf, à son fils unique.
Hypothèse 1. Transmission exclusivement via la succession :

- base imposable : 1 500 000 € - 100 000 € = 1 400 000 € ;
- droits de succession : 412 678 €, soit 27,51 % des actifs transmis, avec une tranche marginale à 40 %.

Hypothèse 2. Transmission exclusivement via assurance-vie (pas de primes versées après 70 ans) :

- base imposable : 1 500 000 € - 152 500 € = 1 347 500 € ;
- prélèvement de l'article 990 I du CGI : 342 344 €, soit 22,82 % des actifs transmis, avec une tranche marginale à 31,25 %.

Hypothèse 3. Transmission via assurance-vie pour 852 500 € et via la succession pour 647 500 €.
Assurance-vie :

- base imposable : 852 500 € - 152 500 € = 700 000 € ;

– prélèvement de l'article 990 I du CGI : 140 000 €, soit 16,42 % des actifs transmis, avec une tranche marginale à 20 %.

Succession :

– base imposable : 647 500 € - 100 000 € = 547 500 € ;
– droits de succession : 107 694 €, soit 16,33 % des actifs transmis, avec une tranche marginale à 20 %.

Conclusion. Le coût fiscal s'élève à 247 694 € en « panachant » transmission par succession et par assurance-vie, contre 342 344 € en investissant les fonds exclusivement en assurance-vie, et 412 678 € en cas de transmission par la seule succession.

372 Si l'on intègre dans la réflexion la transmission à la génération suivante (les petits-enfants du défunt), le recours à l'assurance-vie apparaît encore plus favorable puisqu'elle permet notamment de bénéficier d'autant d'abattements de 152 500 € supplémentaires qu'il y a de bénéficiaires.

Paiement du prélèvement

373 Le **redevable** du prélèvement est le bénéficiaire, mais le prélèvement est **liquidé et versé** par l'organisme d'assurance au comptable public au plus tard le 15 du mois suivant celui au cours duquel les sommes ont été versées au bénéficiaire.

Le prélèvement venant en diminution desdites sommes, les bénéficiaires perçoivent les capitaux décès nets de prélèvement, mais pas nécessairement nets d'impôt pour le cas où une fraction des sommes versées est taxable aux droits de succession en application de l'article 757 B du CGI (▶374 s.).

Articulation des droits de succession et du prélèvement

374 Les sommes dues au dénouement par décès d'un même contrat peuvent relever pour une fraction du prélèvement et pour une autre fraction des droits de succession. L'articulation de ces deux régimes mérite d'être précisée.

Le **prélèvement** visé à l'article 990 I du CGI **ne s'applique pas** aux sommes qui entrent dans le champ d'application des droits de succession, c'est-à-dire aux sommes correspondant aux primes versées après 70 ans sur un contrat souscrit après le 20 novembre 1991.

Dès lors, ne sont pas soumises au prélèvement les sommes correspondant aux primes versées depuis le 13 octobre 1998 après le 70e anniversaire de l'assuré dans le cadre de contrats souscrits après le 20 novembre 1991, c'est-à-dire les primes elles-mêmes y compris la fraction égale à 30 500 € (exonérée de droits de mutation), ainsi que les produits attachés à ces primes en application du contrat (intérêts, attributions ou participations également non soumis aux droits de succession).

En revanche, le prélèvement **s'applique** aux sommes, rentes ou valeurs qui correspondent à des primes versées depuis le 13 octobre 1998 au titre de contrats souscrits :

– avant le 20 novembre 1991, quel que soit l'âge de l'assuré lors de leur versement ;
– ou après cette date dès lors que l'assuré est âgé de moins de 70 ans à leur versement.

375 **Tableau récapitulatif** Fiscalité de l'assurance-vie en cas de décès.

Date de souscription	Date de versement des primes	
	Avant le 13 octobre 1998	Depuis le 13 octobre 1998
Contrat souscrit avant le 20 novembre 1991		
	Pas de taxation (sauf modification substantielle de l'économie du contrat après le 20 novembre 1991)	- 0 % pour la tranche de 0 à 152 500 € (abattement) - 20 % puis 31,25 % sur la fraction des sommes reçues au-delà de 152 500 € par bénéficiaire Le prélèvement s'applique quel que soit l'âge de l'assuré lors du versement des primes
Contrat souscrit depuis le 20 novembre 1991		
Primes versées avant le 70e anniversaire de l'assuré	Pas de taxation	- 0 % pour la tranche de 0 à 152 500 € (abattement) - 20 % puis 31,25 % sur la fraction des sommes reçues au-delà de 152 500 € par bénéficiaire
Primes versées après le 70e anniversaire de l'assuré	Droits de succession sur la fraction des primes qui excède 30 500 €	Droits de succession sur la fraction des primes qui excède 30 500 €

376 **Ventilation des sommes entre les régimes** En cas d'**application à la fois des droits de succession et du prélèvement** prévu à l'article 990 I, il convient de ventiler les sommes entre les régimes applicables.

EXEMPLE Pierre, né le 1er janvier 1932, a souscrit en 2001 plusieurs contrats dont il est souscripteur et assuré. Il a versé sur ces contrats, au cours de l'année 2001, donc avant ses 70 ans, une somme de 244 000 €.

Au cours des années 2005 et 2009, donc après ses 70 ans, Pierre a réalisé pour 130 500 € de versements complémentaires.

Pierre décède le 1er mars 2022. La valeur de rachat au jour du décès s'élève à 580 000 €, étant précisé que le montant des produits acquis au titre des primes versées en 2005 et 2009 s'élève à 39 000 €. Les bénéficiaires de ces contrats sont Anna (fille de l'assuré) pour 50 %, Jean (petit-fils de l'assuré) pour 25 % et Isabelle (nièce de l'assuré) pour 25 %.

La fraction des primes taxable aux droits de succession s'élève à : 130 500 € - 30 500 € (abattement sur les primes versées après 70 ans) = 100 000 €. Ce montant est ventilé au prorata des droits des bénéficiaires (▶ 346 s.) soit :

– Anna pour 50 000 € (puisqu'elle reçoit 50 % du capital global) ;
– Jean pour 25 000 € (puisqu'il reçoit 25 % du capital global) ;
– Isabelle pour 25 000 € (puisqu'elle reçoit 25 % du capital global).

L'imposition est effectuée, pour chacun des bénéficiaires, au taux correspondant à son degré de parenté avec l'assuré, après déduction des différents abattements personnels applicables selon la transmission.

La fraction de la somme correspondant aux primes versées en 2001 (244 000 €) avant les 70 ans de Pierre et aux produits acquis afférents à cette somme (580 000 € - 244 000 € - 130 500 € - 39 000 € = 166 500 €), soit globalement 410 500 €, entre dans le champ d'application du prélèvement de 20 %,

chacun des bénéficiaires étant, le cas échéant, imposable sur la fraction de la somme reçue excédant 152 500 €.
La fraction reçue par chaque bénéficiaire se décompose donc comme suit.
Anna recevra 410 500 € × 50 % = 205 250 €, soumis au prélèvement de 20 % pour la fraction excédant 152 500 €, soit sur 52 750 €. Montant du prélèvement : 52 750 € × 20 % = 10 550 €.
Jean recevra 410 500 € × 25 % = 106 625 €. Cette somme étant inférieure à 152 500 €, le prélèvement n'est pas dû.
Isabelle recevra 410 500 € × 25 % = 106 625 €. Cette somme étant inférieure à 152 500 €, le prélèvement n'est pas dû.
Sommes à verser par l'assureur :
Anna : (580 000 € × 50 %) = 290 000 € - 10 550 € (prélèvement de 20 %) = 279 450 €, dont 50 000 € taxables aux droits de succession.
Jean : (580 000 € × 25 %) = 145 000 €, dont 25 000 € taxables aux droits de succession.
Isabelle : (580 000 € × 25 %) = 145 000 €, dont 25 000 € taxables aux droits de succession.

377 Lorsque le **bénéficiaire du contrat est le conjoint ou partenaire de Pacs de l'assuré décédé** (ou un autre bénéficiaire exonéré : voir ▶357), les sommes versées ne sont imposables ni aux droits de succession, ni au droit de prélèvement de l'article 990 I du CGI. La question de la ventilation des sommes entre les deux régimes, en ce qui les concerne, ne se pose donc pas.

378 **Conseils pratiques** Pour les souscripteurs titulaires de **contrats d'assurance-vie susceptibles de relever** au décès de l'assuré, **pour certains, du prélèvement de l'article 990 I du CGI** (capitaux décès correspondant aux primes versées après le 13 octobre 1998, mais avant les 70 ans de l'assuré lorsque le contrat est postérieur au 20 novembre 1991 ou correspondant aux primes versées après les 70 ans de l'assuré et postérieurement au 13 octobre 1998 pour les contrats souscrits avant le 20 novembre 1991) **et, pour d'autres, des droits de succession** (versements après les 70 ans de l'assuré sur un contrat postérieur au 20 novembre 1991), une réflexion stratégique s'impose.

En premier lieu, il est préférable sous l'angle de la transmission d'opérer les **retraits** sur les contrats régis par la taxation la plus forte en cas de décès. Il convient d'arbitrer entre, d'un côté, une taxation au taux de 20 % (et, le cas échéant, pour partie au taux de 31,25 %) pour la fraction excédant 152 500 € par bénéficiaire quel que soit le lien de parenté et, de l'autre, une taxation dans le cadre successoral qui variera en fonction du lien de parenté et du montant transmis et qui ne portera que sur une fraction des sommes transmises puisque seule sera taxable la quote-part de primes versées excédant 30 500 €. Ainsi, un contrat soumis à l'article 757 B du CGI peut s'avérer moins taxé qu'un contrat soumis au prélèvement de l'article 990 I (voir exemple sous le ▶379).

En second lieu, la **désignation des bénéficiaires** doit être adaptée contrat par contrat en fonction de la date des versements des primes pour réduire le montant global (prélèvement et droits de succession) qui sera dû au titre du capital versé par la compagnie d'assurance.

EXEMPLE Reprise de l'exemple du ▶376. Supposons que Pierre ait réalisé sur un premier contrat les versements avant ses 70 ans et sur un second contrat les versements après ses 70 ans. Le premier contrat relèvera du prélèvement prévu par l'article 990 I (pour autant que le seuil de 152 500 € par bénéficiaire soit dépassé), le second contrat relèvera uniquement des droits de succession.
Pierre a tout intérêt à modifier la rédaction de ses clauses bénéficiaires afin de réduire la taxation applicable sans modifier la répartition globale souhaitée. En effet, il n'est pas neutre que la nièce, par exemple, reçoive des fonds provenant du premier contrat relevant de l'article 990 I ou du second contrat dépendant de l'article 757 B.
La réflexion de Pierre doit intégrer les deux éléments suivants : d'une part, la recherche de l'**utilisation optimale de l'abattement** de 152 500 € par bénéficiaire prévu par l'article 990 I, d'autre part,

l'attribution des sommes soumises aux **droits de succession** à ceux des bénéficiaires dont le lien de parenté est le plus proche.
En d'autres termes, il sera judicieux de faire porter les droits de la nièce, dans la limite de 152 500 €, en priorité sur le contrat relevant du prélèvement, et pour le solde, le cas échéant, de comparer le taux d'imposition réel entre le prélèvement forfaitaire de 20 %, voire 31,25 %, prévu par l'article 990 I, applicable à la somme qui excède les 152 500 € exonérés, et l'application du taux des droits de succession, qui est supérieur puisqu'il atteint 55 %, mais qui n'est applicable qu'à une fraction de la somme transmise relevant de l'article 757 B (on rappelle que les primes à hauteur de 30 500 € et l'intégralité des produits capitalisés sont exonérées).
Dans le présent exemple, les droits transmis à la nièce (Isabelle) étant de 145 000 €, il pourrait être envisagé de les prélever intégralement sur le contrat relevant du prélèvement : de cette manière, aucune taxation ne serait due. Les droits transmis au petit-fils (Jean) et à la fille (Anna) dans chacun des contrats seraient ensuite ajustés de manière à assurer la répartition en montant initialement prévue, tout en optimisant l'utilisation des abattements et l'application des droits de succession.
Le solde à répartir serait de 580 000 € - 145 000 € (somme versée à la nièce) = 435 000 € dont 410 500 € - 145 000 € = 265 500 € (pour le contrat qui relève du prélèvement) et 169 500 € (pour le contrat qui relève des droits de succession) ; la répartition entre le petit-fils (Jean) et la fille (Anna) pourrait être la suivante :

- somme attribuée au petit-fils : 145 000 € prélevés à hauteur de 132 000 € sur le contrat relevant du prélèvement et à hauteur de 13 000 € sur le contrat qui relève des droits de succession ;
- somme attribuée à la fille : 290 000 € prélevés à hauteur de 133 500 € sur le contrat qui relève du prélèvement et à hauteur de 156 500 € sur le contrat qui relève des droits de succession.

De cette manière, il n'y aura aucune somme soumise au prélèvement, que ce soit au nom de la nièce, du petit-fils ou de la fille. De plus, le montant soumis aux droits de succession (avant abattements) sera équivalent à l'hypothèse précédente (soit 100 000 € sur 169 500 €), mais les sommes étant exclusivement attribuées aux descendants seront imposées à un taux favorable et bénéficieront des abattements personnels s'ils ne sont pas utilisés par ailleurs.

379 **Souscrire ou non un nouveau contrat pour des versements après 70 ans** Supposons une personne âgée de plus de 70 ans qui détient un **contrat antérieur au 20 novembre 1991** et a l'intention d'effectuer de **nouveaux versements.** Cette personne peut verser des sommes sur ce contrat ou souscrire un nouveau contrat. Dans le premier cas, les sommes versées relèveront du prélèvement de 20 % puis 31,25 % (après abattement de 152 500 € par bénéficiaire non exonéré). Dans le second, ce sont les droits de succession qui seront dus sur la fraction des primes excédant 30 500 €, pour les bénéficiaires non exonérés.
Le graphique établi ci-après en retenant l'hypothèse d'un versement de 152 500 € sur un contrat en unités de compte souscrit au profit du bénéficiaire unique (non exonéré) et d'une revalorisation annuelle de 10 % par an met en évidence que l'ouverture d'un nouveau contrat (droits de succession) est favorable si le contrat se revalorise suffisamment avant le décès ; à défaut l'exonération est plus importante dans le cadre du prélèvement.

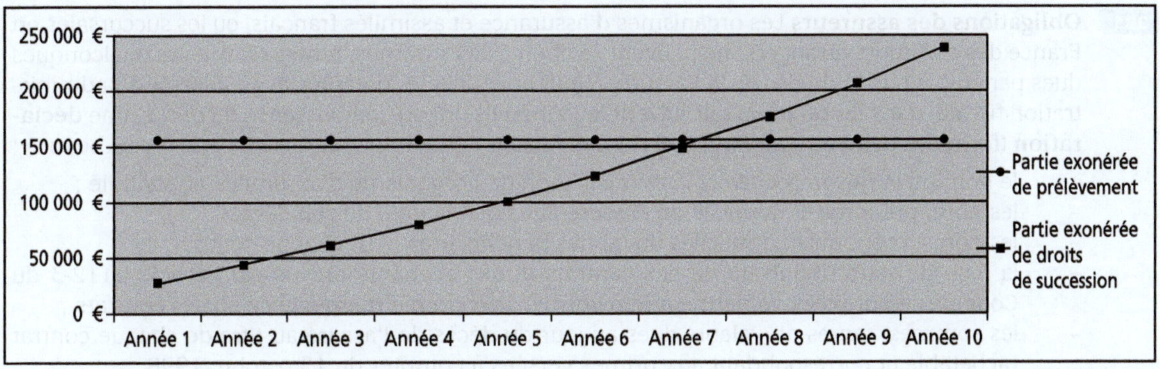

Si l'abattement de 152 500 € par bénéficiaire est déjà saturé, et en supposant un taux de taxation identique à 20 % (dans le cadre de l'article 990 I et dans le cadre successoral), l'assurance-vie après 70 ans serait plus favorable dès le premier euro.

Obligations déclaratives

380 **Obligations des bénéficiaires** Le bénéficiaire doit produire auprès des organismes d'assurances et assimilés une attestation sur l'honneur indiquant le montant des abattements déjà appliqués aux sommes, rentes ou valeurs quelconques reçues d'un ou plusieurs organismes d'assurances et assimilés à raison du décès du même assuré (CGI art. 990 I, I-al. 3). Cette attestation doit également mentionner le montant des capitaux soumis au prélèvement, de façon à permettre à l'assureur d'identifier le taux de prélèvement (20 % ou 31,25 %) applicable. Voir aussi ▶366 avec un exemple d'application.

Lorsque le versement du capital décès revêt un caractère à titre onéreux (de même que pour les autres contrats visés au ▶362), il n'est pas subordonné à la production d'une attestation sur l'honneur par les bénéficiaires de ces sommes, rentes ou valeurs.

381 **Obligations des assureurs** Les organismes d'assurance et assimilés français, ou les succursales en France des assureurs étrangers, ne peuvent se libérer des sommes, rentes ou valeurs quelconques dues par eux, à raison du décès de l'assuré, à tout bénéficiaire, qu'après avoir adressé à l'administration fiscale, dans les **60 jours** qui suivent le jour où ils ont eu connaissance du décès, une **déclaration** (formules délivrées par l'administration) faisant connaître (CGI art. 806, IV et ann. II art. 306-0 F) :

- le nom ou la raison sociale et la domiciliation de l'organisme d'assurance et assimilé ;
- les nom, prénoms et domicile de l'assuré ainsi que la date de son décès ;
- les noms, prénoms et domiciles du ou des bénéficiaires pour chaque contrat ;
- la date de souscription du ou des contrats et des avenants prévus par l'article L 112-3 du Code des assurances de nature à transformer l'économie même de ce ou ces contrats ;
- les sommes, rentes ou valeurs dues au jour du décès de l'assuré au titre de chaque contrat rachetable et correspondant aux primes versées à compter du 13 octobre 1998 ;
- le montant des primes versées à la même date au titre de chaque contrat non rachetable (autres que les contrats groupe) ;
- en cas de pluralité de bénéficiaires, la fraction des sommes, rentes ou valeurs revenant à chacun d'entre eux.

En ce qui concerne les **organismes d'assurance** et assimilés **non établis en France** et admis à y opérer en libre prestation de services, la déclaration est souscrite et adressée à la direction des services fiscaux du domicile de l'assuré par un représentant résidant en France, personnellement responsable du paiement du prélèvement.
Cette obligation d'information est distincte de celle imposée aux assureurs dans le cadre de l'alimentation du fichier Ficovie, même si les informations se recouvrent largement. Voir ▶206.

b. Prélèvements sociaux en cas de décès

Champ d'application des prélèvements sociaux

382 Le décès de l'assuré constitue un fait générateur de taxation aux prélèvements sociaux pour les **produits qui n'ont pas été soumis aux prélèvements du vivant de l'assuré.**
Les **contrats concernés** sont ceux qui comportent une double garantie vie et décès et qui ont été souscrits par des personnes physiques considérées comme fiscalement domiciliées en France au moment du décès de l'assuré (décès dénouant le contrat s'il y a plusieurs assurés).
Sont **exclus** du champ d'application des prélèvements sociaux au décès :

- les bons et contrats de capitalisation (car il n'y a pas de dénouement au moment du décès) ;
- les contrats d'assurance décès (contrats d'assurance temporaire décès, par exemple) ;
- les contrats d'assurance de groupe en cas de vie dont les prestations sont liées à la cessation d'activité professionnelle (Perp et contrats Madelin, notamment) ;
- les contrats de rente-survie et les contrats d'épargne handicap ;
- les PEP assurances.

Produits imposables

383 Pour les **supports en unités de compte,** les prélèvements s'appliquent à l'ensemble des produits constatés ou acquis depuis la date de souscription du contrat jusqu'au jour du décès de l'assuré, déduction faite des produits à raison desquels les prélèvements sociaux ont déjà été acquittés du fait de rachats (▶304).

Pour les **actifs en euros** pour lesquels un prélèvement annuel a été effectué, les prélèvements s'appliquent aux produits constatés du premier jour qui suit celui de la dernière inscription en compte desdits produits sur le contrat jusqu'à la date du décès.

Les prélèvements s'appliquent aux contrats dénoués par le **décès** de l'assuré survenu **depuis le 1er janvier 2010** (Loi 2009-1646 du 24-12-2009 art. 18). Seule exception, les contrats souscrits avant le 1er janvier 2010 et prévoyant au profit du bénéficiaire en cas de décès un capital garanti en euros (ou en francs) fixé lors de la souscription continuent à échapper aux prélèvements sociaux au décès de l'assuré.

PRÉCISIONS Jusqu'au 31 décembre 2009, les produits des contrats d'assurance-vie dont les garanties étaient exprimées en unités de compte - y compris ceux des contrats dits multisupports, même s'ils étaient investis exclusivement en euros - n'étaient imposés aux prélèvements sociaux qu'au dénouement en cas de vie du contrat, c'est-à-dire en cas de rachat total ou partiel ou d'arrivée du terme. En cas de décès de l'assuré, il n'y avait pas d'imposition aux prélèvements sociaux des produits acquis ou constatés par l'assuré pendant la phase d'épargne du contrat. Il en était de même pour les contrats monosupports en euros, pour les produits acquis ou constatés au titre de l'année du décès (depuis la dernière inscription en compte).

Selon le Gouvernement, la taxation pour les décès survenus depuis le 1er janvier 2010 « n'emporte pas **rétroactivité** ou atteinte à la confiance légitime dès lors qu'il ne s'appliquera qu'aux effets futurs des contrats en cours et que la loi peut régler les effets à venir des contrats conclus antérieurement à son entrée en vigueur » (Rép. Caillaud : AN 16-3-2010 n° 71165). Il n'en reste pas moins que les prélèvements sociaux s'appliquent aux contrats dénoués par décès depuis le 1er janvier 2010, y compris pour la fraction des produits et intérêts capitalisés avant le vote de la loi.

Taux des prélèvements sociaux

384 Le taux applicable est en principe celui **en vigueur** lors du décès de l'assuré, soit 17,2 % depuis le 1er janvier 2018.

Toutefois, pour les produits des supports en unités de compte, et de la même façon qu'en cas de rachat ou de dénouement en cas de vie (▶307), l'administration admettait que le taux des prélèvements sociaux soit celui en vigueur à la date de constatation des produits pour les contrats suivants :

- bons ou contrats souscrits avant le 1er janvier 1983 ;
- et bons ou contrats souscrits du 1er janvier 1983 au 25 septembre 1997, pour les produits acquis ou constatés jusqu'au 31 décembre 1997 d'une part, pour les produits acquis ou constatés depuis le 1er janvier 1998 afférents aux primes versées jusqu'au 25 septembre 1997 (ou aux primes assimilées à celles versées avant le 26 septembre 1997) d'autre part.

La loi de financement de la sécurité sociale pour 2014 a mis fin à cette modalité d'imposition, dite du **« taux historique ».** Une réserve d'interprétation formulée par le Conseil constitutionnel aboutit toutefois à limiter le champ de cette suppression concernant les produits de certains contrats (voir ▶307).

Application des prélèvements sociaux à un contrat à souscription conjointe

385 Pour que la valeur du contrat puisse être utilisée par le conjoint survivant en différant l'application des prélèvements sociaux au jour de l'utilisation effective des fonds, la souscription conjointe **avec dénouement au dernier décès** peut être envisagée. Cette démarche sera utilement couplée (sous l'angle juridique et fiscal) à la mise en oeuvre d'une adaptation du régime matrimonial (insertion d'une clause d'attribution ou de préciput portant sur le contrat au sein d'un régime de communauté ou assimilé) afin d'attribuer au conjoint survivant l'intégralité du contrat (voir ▶330).

386 La souscription conjointe d'un contrat avec **dénouement au premier décès** déclenche l'application des prélèvements sociaux sur la fraction de capitalisation qui ne l'a pas encore supportée, de même qu'elle déclenche sur le montant des capitaux décès l'application du prélèvement de l'article 990 I du CGI ou des droits de succession en application de l'article 757 B du CGI.

La souscription conjointe d'un contrat avec dénouement au premier décès **sans désignation de bénéficiaire** déclenche également l'application des prélèvements sociaux. Le prélèvement de l'article 990 I du CGI ne s'applique pas. En revanche, le capital versé vient majorer l'actif successoral taxable à due concurrence. Celui-ci, de surcroît, majore accessoirement l'assiette du forfait mobilier de 5 %.

Paiement des prélèvements sociaux

387 Lorsque le **contrat** est **souscrit auprès d'une entreprise d'assurance établie en France,** l'établissement payeur doit déclarer et acquitter les prélèvements sociaux au moyen de l'imprimé n° 2777-SD, déposé au service des impôts des particuliers non-résidents dans les 15 jours du mois suivant celui au cours duquel l'assureur a eu connaissance du décès de l'assuré.

Lorsque le contrat est souscrit auprès d'une entreprise d'assurance établie **hors de France,** les prélèvements sociaux sont déclarés et acquittés par le(s) bénéficiaire(s) du contrat au moyen de l'imprimé n° 2778-SD, qui doit être déposé auprès du service des impôts des entreprises du domicile du (ou des) bénéficiaire(s) dans les 15 jours du mois suivant la notification aux intéressés de leur qualité de bénéficiaires par l'entreprise d'assurance ou de la mise en paiement des sommes.

C. Assurance-vie et démembrement de propriété

Deux types de démembrement

388 Les questions fiscales posées par le démembrement de propriété appliqué à l'assurance-vie se posent de manière différente selon qu'il s'agit d'un démembrement pratiqué lors de la **souscription du contrat ou** d'un démembrement de la **clause bénéficiaire.**

1° Démembrement à la souscription du contrat

389 En cas de démembrement à la souscription et **sous réserve de la validité juridique de l'opération,** la situation est la suivante : l'un des souscripteurs souscrit en usufruit et l'autre en nue-propriété et l'assuré est généralement le cosouscripteur en nue-propriété : voir ▶147 s. et, en particulier, l'exemple de Germaine et Christine Ledoux donné ▶153.

En cas de **décès du cosouscripteur en usufruit,** l'usufruit s'éteint et le cosouscripteur en nue-propriété devient propriétaire du contrat en pleine propriété conformément aux dispositions de l'article 617 du Code civil. Du point de vue fiscal, les **droits de succession** ne sont pas dus - non pas en raison de dispositions spécifiques du droit des assurances (non applicables en l'espèce puisque, au décès de l'usufruitier, le contrat n'est pas dénoué, l'assuré du contrat étant le cosouscripteur en nue-propriété), mais en application de l'article 1133 du CGI suivant lequel la réunion de l'usufruit et de la nue-propriété ne donne ouverture à aucun impôt ou taxe lorsque cette réunion a lieu par l'expiration du temps fixé pour l'usufruit ou par le décès de l'usufruitier.

Le montant de la souscription proviendra généralement du remploi du prix de cession d'un actif démembré antérieurement. Quelle que soit l'origine du démembrement (sauf s'il provient d'une donation régulière du contrat réalisée plus de 3 mois avant le décès de l'usufruitier, et sous réserve de la validité d'une telle donation en raison de la spécificité de la stipulation pour autrui), la **présomption de propriété posée par l'**article 751 du CGI pourra être invoquée par l'administration fiscale. Selon les dispositions de cet article sont réputés, du point de vue fiscal, faire partie de la succession de l'usufruitier les biens détenus en usufruit par le défunt et en nue-propriété par l'un de ses présomptifs héritiers ou descendants d'eux. Il convient donc de conserver les justificatifs de l'origine du démembrement initial afin d'apporter la preuve contraire de nature à faire échec aux conséquences de l'application de l'article 751 du CGI.

390 Sous l'angle fiscal (comme du point de vue civil : voir ▶157), la souscription en démembrement doit être distinguée de la **souscription en pleine propriété par l'usufruitier** au titre de son **quasi-usufruit sur la somme d'argent reçue en démembrement de propriété.** En présence d'un quasi-usufruit, le nu-propriétaire et l'usufruitier ne procèdent pas à une souscription en démembrement de propriété. En application de l'article 587 du Code civil, l'usufruitier dispose d'un quasi-usufruit sur la somme d'argent et va souscrire, en pleine propriété, le contrat d'assurance-vie dont il sera également l'assuré. Le nu-propriétaire bénéficiera d'une créance de restitution contre la succession de l'usufruitier (sauf cas rare où cette créance aura été remboursée avant son décès). Du point de vue fiscal, cette construction peut apparaître discutable lorsque le nu-propriétaire est aussi le bénéficiaire du capital décès. En effet, en ce cas, il est à la fois bénéficiaire des sommes investies sur le contrat par le versement des capitaux décès avec la fiscalité de l'assurance-vie et détenteur d'une créance de restitution contre le quasi-usufruitier déductible de l'actif successoral du défunt. On peut s'interroger sur le risque que l'administration fiscale invoque l'existence d'un **abus de droit** sur le fondement de l'article L 64 du LPF (et, pour les opérations réalisées à compter du 1er janvier 2020, sur le fondement du but principalement fiscal visé à l'article L 64 A du LPF). La question ne se poserait pas si d'autres capitaux que ceux issus du quasi-usufruit avaient été investis en assurance-vie.

Le contrat peut également être utilisé pour régler la créance de restitution. Pour éviter l'application du prélèvement de l'article 990 I du CGI par exemple, lorsque la fiscalité successorale applicable à l'héritier titulaire de la créance de restitution est plus basse, le souscripteur assuré peut prévoir que le titulaire de la créance sera désigné **bénéficiaire à titre onéreux** du contrat en remboursement de sa créance. En ce cas, le prélèvement ne s'appliquera pas. Parallèlement, la succession ne sera pas minorée du montant de la dette de restitution. En l'absence même d'une telle désignation bénéficiaire à titre onéreux, l'administration fiscale a tenté de défendre cette qualification dans une affaire dans laquelle le bénéficiaire des capitaux versés au dénouement du contrat détenait, par ailleurs, contre le défunt une créance de restitution (CA Douai 12-5-2016 n° 15/03664). Voir ▶405.

2° Démembrement de la clause bénéficiaire

391 L'**intérêt juridique** du démembrement de la clause bénéficiaire a déjà été présenté ▶225.
Sur le plan **fiscal,** lorsque le bénéficiaire en usufruit est le conjoint ou le partenaire de Pacs (ou l'une des personnes mentionnées ▶357), le prélèvement de l'article 990 I du CGI et/ou les droits de succession ne sont dus que sur la valorisation fiscale de la nue-propriété (▶392 s.).
Par rapport à une attribution en pleine propriété, le démembrement du capital décès permet de constater, au décès de l'usufruitier, une créance déductible de la masse successorale pour la liquidation des droits de succession (▶399 s.).
La question de la déductibilité fiscale de cette créance de restitution est donc centrale, de même que celle du montant déductible.

Démembrement de la clause bénéficiaire et prélèvement de l'article 990 I du CGI

392 En cas de démembrement de la clause bénéficiaire, le nu-propriétaire et l'usufruitier sont considérés comme bénéficiaires au **prorata** de la part leur revenant dans les sommes, rentes ou valeurs versées par l'organisme d'assurance, déterminée selon le barème prévu à l'article 669, l'abattement de 152 500 € étant réparti de la même façon (CGI art. 990 I). La non-application par la loi comme par la doctrine fiscale de l'abattement complet au profit de chacun des titulaires de droits démembrés est une aberration du point de vue juridique. Chacun de ces bénéficiaires reçoit effectivement un droit réel, dont il peut jouir immédiatement ou à terme, ce qui justifie pleinement l'application de l'abattement total pour chacun. Cette solution n'a pas été retenue, ce qui soulève de nombreuses interrogations auxquelles il est désormais répondu dans la base Bofip (BOI-TCAS-AUT-60 n° 310 et 320).
Retenant une position favorable, l'administration admet que, lorsqu'il y a **plusieurs bénéficiaires en nue-propriété,** il y a autant d'abattements que de couples « usufruitier/nu-propriétaire ». Chaque nu-propriétaire partage l'abattement de 152 500 € avec l'usufruitier au prorata de leurs droits respectifs, l'usufruitier ne pouvant toutefois bénéficier au total que d'un abattement maximal de 152 500 € sur l'ensemble des capitaux reçus au décès d'un même assuré. Par exemple, pour un capital taxable de 1 000 000 € réparti entre un usufruitier de 75 ans et deux nus-propriétaires, l'usufruitier bénéficie d'un abattement de 2 × (152 500 € × 30 %) = 91 500 €, et chacun des nus-propriétaires a droit à un abattement de (152 500 × 70 %) = 106 750 €.
Lorsque l'**un des bénéficiaires est exonéré de prélèvement** (cas notamment où le conjoint ou le partenaire de Pacs survivant est désigné bénéficiaire en usufruit), l'administration refuse que la part d'abattement du bénéficiaire exonéré soit utilisée par les bénéficiaires non exonérés.
Enfin, elle précise que, si l'**abattement de 152 500 € n'est pas épuisé,** les bénéficiaires en démembrement peuvent utiliser le solde de l'abattement pour d'autres capitaux décès reçus en pleine propriété au titre du même contrat ou en usufruit, en nue-propriété ou en pleine propriété au titre d'un autre contrat (BOI-TCAS-AUT-60 n° 310).

EXEMPLE M. Cador dispose d'un contrat d'assurance-vie d'un montant de 900 000 €. Il a trois enfants, qu'il nomme bénéficiaires en pleine propriété à hauteur de 270 000 € globalement, soit 90 000 € chacun, et en nue-propriété pour le solde de 630 000 €, soit 210 000 € chacun. L'usufruit est attribué au conjoint âgé de 72 ans au jour du décès.
La fiscalité applicable au versement des capitaux, pour chacun des enfants, serait la suivante.
Capitaux reçus en nue-propriété : 210 000 € (valeur en pleine propriété).
Valorisation de la nue-propriété des capitaux reçus : 210 000 € × 70 % = 147 000 €.
Abattement disponible par bénéficiaire : 152 500 € × 70 % = 106 750 €.

Montant taxable : 147 000 - 106 750 = 40 250 €.
Impôt : 40 250 × 20 % = 8 050 € (par enfant).
Capitaux reçus en pleine propriété : 90 000 €.
Abattement résiduel par bénéficiaire : 152 500 - 106 750 € = 45 750 €.
Montant taxable : 90 000 - 45 750 = 44 250 €.
Impôt : 44 250 × 20 % = 8 850 €.
Total impôt par enfant : 8 050 + 8 850 = 16 900 €.
En termes d'organisation fiscale, le montant minimal à transmettre en pleine propriété pour saturer l'abattement dont peut bénéficier chacun des enfants est donc de 45 750 € par enfant, complément pour atteindre 152 500 €, au montant de 106 750 € utilisé sur la fraction démembrée.

393 Certains auteurs ont imaginé intégrer dans la rédaction de la clause elle-même une **formule mathématique permettant de répartir le capital décès** entre les différents bénéficiaires en fonction des montants en jeu, en maximisant l'utilisation de l'abattement de 152 500 € pour chaque bénéficiaire (M. Iwanesko et F. Rodriguez, L'article 990 I et le démembrement de la clause bénéficiaire : le retour : BPAT 5/11 inf. 270).

394 **Rappel de la doctrine antérieure** La loi du 29 juillet 2011 a mis fin à la **doctrine antérieure de l'administration fiscale** qui, en l'absence de texte, considérait que l'usufruitier était seul redevable du prélèvement, et donc seul bénéficiaire de l'abattement de 152 500 €, avec autant d'abattements que d'usufruitiers (en ce sens, notamment, Rép. Perruchot : AN 9-8-2005 n° 60024 ; Rép. Bernier : AN 5-5-2009 n° 30607 ; Rép. Dassault : Sén. 7-5-2009 n° 2652).
Si l'usufruitier était exonéré, aucune taxation n'était due au titre du versement des capitaux décès, même si le nu-propriétaire était taxable pour sa part. La désignation bénéficiaire attribuant l'usufruit au conjoint ou partenaire de Pacs et la nue-propriété à ses enfants (ou aux enfants du souscripteur assuré, s'ils n'étaient pas communs) était une stratégie efficiente civilement (elle renforçait la protection du conjoint tout en préservant celle des enfants) et fiscalement (depuis la loi Tepa du 21 août 2007, elle permettait de bénéficier d'une absence de fiscalité au décès du souscripteur assuré et d'une transmission aux enfants sans droits au décès du bénéficiaire usufruitier).

395 **Intérêt maintenu du démembrement au regard du prélèvement** Pour les **décès survenus depuis le 31 juillet 2011** (date d'entrée en vigueur de la loi 2011-900 du 29-7-2011), la nouvelle rédaction de l'article 990 I du CGI ne change rien à l'intérêt civil d'une désignation bénéficiaire du conjoint ou partenaire pacsé pour l'usufruit et des enfants pour la nue-propriété. Sur le plan fiscal, bien que l'intérêt soit réduit, il n'est pas supprimé.

EXEMPLE Isabelle et Louis ont chacun souscrit un contrat d'assurance-vie désignant le conjoint pour l'usufruit et les enfants pour la nue-propriété. Louis décède en 2021, Isabelle étant alors âgée de 67 ans. La désignation du conjoint comme bénéficiaire en usufruit réduit la fiscalité par rapport à une transmission directe aux enfants tout en protégeant le conjoint. Au-delà de l'abattement de 152 500 €, la fraction revenant à l'usufruitier sera exonérée et seule celle revenant au nu-propriétaire sera imposable. Le taux de 20 % ne s'appliquera qu'à la nue-propriété, soit 60 %, ce qui limite l'imposition globale à 20 % × 60 % = 12 % (et à 31,25 % × 60 % = 18,75 %, pour la fraction imposable dans la tranche à 31,25 %).

396 **Clause bénéficiaire démembrée et impact fiscal de l'exonération de l'usufruitier** Au-delà de l'abattement de 152 500 € et hors prélèvements sociaux, la taxation dans la tranche à 20 % ou 31,25 % sera limitée comme indiqué dans le tableau ci-dessous.

Âge du conjoint	De 51 à 60 ans	De 61 à 70 ans	De 71 ans à 80 ans	De 81 ans à 90 ans	91 ans et plus
Valorisation de l'usufruit	50 %	40 %	30 %	20 %	10 %
Fraction taxable	50 %	60 %	70 %	80 %	90 %
Taux réel du prélèvement					
Tranche à 20 %	10 %	12 %	14 %	16 %	18 %
Tranche à 31,25 %	15,63 %	18,75 %	21,88 %	25,0 %	28,13 %

Démembrement de la clause bénéficiaire et taxation des primes aux droits de suc- cession

397 En l'absence de disposition légale pour les contrats soumis aux droits de succession, l'administration a précisé que le nu-propriétaire et l'usufruitier sont imposables au **prorata** de leurs droits dans les capitaux décès déterminé par application du barème de l'usufruit viager posé par l'article 669, I du CGI (BOI-ENR-DMTG-10-10-20-20 n° 225).

Le nu-propriétaire et l'usufruitier étant tous deux imposables aux droits de succession, l'**abattement** de 30 500 € doit être réparti entre eux au prorata de la part leur revenant dans les primes taxables. Lorsque l'**usufruitier** est **exonéré,** le nu-propriétaire bénéficie de l'intégralité de l'abattement de 30 500 €. La doctrine fiscale précise en effet « en cas de pluralité de bénéficiaires, il n'est pas tenu compte de la part revenant aux personnes exonérées de droits de mutation par décès, pour répartir l'abattement visé à l'article 757 B du CGI entre les différents bénéficiaires » (BOI-ENR-DMTG-10-10-20-20 n° 220). Voir aussi ►343.

Adapter la rédaction de la clause bénéficiaire pour permettre aux titulaires de droits démembres de régler l'impôt dont ils sont redevables

398 Que les capitaux versés relèvent de l'article 990 I ou de l'article 757 B du CGI, le nu-propriétaire et l'usufruitier seront imposables (sauf ceux qui bénéficient d'une exonération expresse) dès lors que le seuil d'exonération sera dépassé. Or, en cas de démembrement, ni l'usufruitier ni le nu-propriétaire ne disposent de sommes en pleine propriété pour financer le prélèvement de l'article 990 I ou les droits de succession (contrats relevant de l'article 757 B).

En ce qui concerne l'**usufruitier,** la clause peut prévoir qu'il disposera d'un quasi-usufruit à hauteur d'une fraction du capital démembré afin de lui permettre de financer la taxe ou les droits lui incombant.

Pour le **nu-propriétaire,** deux solutions sont envisageables. La première consiste à accorder au nu-propriétaire une fraction des sommes en pleine propriété à hauteur du montant de la taxe ou des droits de succession afférents aux capitaux lui revenant, la seconde consiste à attribuer l'intégralité de la somme en démembrement en prévoyant un quasi-usufruit au profit de l'usufruitier (au moins à hauteur de la taxe globale ou des droits) à charge pour l'usufruitier de consentir un prêt au nu-propriétaire du montant des droits dus par ce dernier. Ce prêt sera remboursé par le nu-propriétaire à l'usufruitier au décès de celui-ci par imputation sur la créance de restitution.

Créance de restitution

399 **Principe de déductibilité** Le démembrement de la clause bénéficiaire permet de constater une créance au décès de l'usufruitier (C. civ. art. 587). Conformément aux règles de droit commun (CGI art. 768), la créance de restitution est **déductible de la masse successorale** pour la liquidation des droits de succession, à condition d'être dûment justifiée (sur la preuve de la créance de restitution, voir ▶401). Dans son principe, la déduction de la créance de quasi-usufruit n'est pas un avantage mais simplement le moyen de placer les titulaires de la créance de restitution dans la même position que des nus-propriétaires qui, dans le cadre d'un démembrement classique, verraient se reconstituer la pleine propriété entre leurs mains sur l'actif démembré sans avoir à acquitter de taxation supplémentaire (CGI art. 1133).

EXEMPLE M. Quint est plein propriétaire d'un bien immobilier d'une valeur de 500 000 €. Il est usufruitier d'actifs financiers d'une valeur de 300 000 € dont ses enfants ont la nue-propriété.
Hypothèse 1. Démembrement de propriété « classique » sur le patrimoine financier.
Au décès de M. Quint, les nus-propriétaires récupèrent la pleine propriété des actifs financiers démembrés sans taxation supplémentaire. Ils trouvent dans la succession le bien immobilier d'une valeur de 500 000 €, sur laquelle ils sont taxés.
Hypothèse 2. Quasi-usufruit sur le patrimoine financier.
Au décès de M. Quint, son patrimoine en pleine propriété est composé du bien immobilier et des actifs financiers, pour une valeur totale de 800 000 €. Sans possibilité de déduire la créance de restitution d'un montant de 300 000 €, les héritiers seraient dans une position fiscale défavorable par rapport à l'hypothèse d'un démembrement classique. En leur permettant de déduire cette créance, il y simplement égalité de traitement fiscal entre les deux situations (taxation sur 500 000 €) mais pas d'avantage spécifique pour le quasi-usufruit. Il peut cependant y avoir un écart entre les deux situations si la créance de quasi-usufruit n'est pas indexée sur le placement réalisé par le quasi-usufruitier. En ce cas, si les actifs financiers prennent de la valeur, le démembrement de propriété classique permet d'assurer la transmission sans fiscalité de l'intégralité des actifs, alors que le quasi-usufruit ne permet que de déduire la valeur nominale de la créance de restitution à la date de constitution du quasi-usufruit, l'accroissement de valeur restant taxable. C'est la raison pour laquelle la question de la possibilité de prévoir une clause de revalorisation de la créance est importante (voir ci-après ▶400).

400 **Montant de la créance de restitution** En ce qui concerne le **montant** de la créance de restitution, le principe en la matière est le nominalisme monétaire. L'usufruitier et le nu-propriétaire peuvent toutefois y déroger conventionnellement : voir ▶230.

À notre avis, le mode d'évaluation retenu par les parties pour la valorisation de la dette de restitution de l'usufruitier vis-à-vis du nu-propriétaire est opposable à l'administration, en particulier si le mécanisme d'indexation retenu est en lien avec les investissements effectivement réalisés et qu'elle peut jouer à la hausse comme à la baisse.

Il faut seulement réserver le cas où l'administration pourrait mettre en oeuvre la procédure de répression des abus de droit, si elle pouvait prouver que la mise en place de l'indexation retenue obéissait à des préoccupations principalement fiscales.

Lorsque la convention prévoit que l'**indexation de la créance de restitution ne peut jouer qu'à la hausse** et que les créanciers sont les héritiers du quasi-usufruitier, c'est-à-dire qu'ils recevront de toute façon la fraction du patrimoine du quasi-usufruitier après déduction de la dette de restitution, il sera particulièrement important de justifier les termes de l'indexation. Lorsque le quasi-usufruit est conventionnel, une rédaction de la clause d'indexation en faveur du seul nu-propriétaire peut être la contrepartie de la renonciation par celui-ci à la demande de partage du prix de cession prévue par l'article 621 du Code civil. De même, lorsque le quasi-usufruit résulte de l'attribution en démembrement des capitaux décès d'un contrat d'assurance-vie ou d'une distribution de dividendes en démembrement, sans que soit prévue la dispense d'emploi et de fournir caution imposée par les articles 601 et 602 du Code civil, l'indexation de la créance de restitution, à la hausse uniquement, peut être la contrepartie de la renonciation par le nu-propriétaire au bénéfice de ces garanties. En revanche, lorsque le quasi-usufruitier est déjà dispensé dans l'acte à l'origine du quasi-usufruit de l'obligation de faire emploi et de fournir caution, alors il conviendra, avant de prévoir une indexation en faveur du nu-propriétaire, de **justifier d'une contrepartie au bénéfice du quasi-usufruitier.** Ceci était déjà essentiel au regard du but exclusivement fiscal prévu par l'article L64 du LPF ; il l'est plus encore dans le cadre de l'article L64 A réprimant les actes poursuivant un but principalement fiscal.

En présence d'une telle convention particulière quant à l'évaluation de la créance, il est **conseillé** aux parties d'établir un acte authentique, ne serait-ce que pour des questions tenant à la formulation de la revalorisation et à la conservation de la preuve de la dette (voir ci-après ▶401).

401 **Preuve de la créance de restitution** En principe, l'existence des dettes déductibles de l'assiette des droits de succession peut être établie par tous modes de preuve compatibles avec la procédure écrite (CGI art. 768). Toutefois, l'article 773, 2° du CGI présume fictives les « **dettes consenties par le défunt** au profit de ses héritiers ou de personnes interposées » et indique qu'elles ne peuvent être déduites de l'actif successoral qu'à la double condition :

- qu'elles aient été consenties par un acte authentique ou par un acte sous seing privé ayant date certaine avant l'ouverture de la succession ;
- et que les héritiers prouvent la sincérité de cette dette et son existence au jour de l'ouverture de la succession.

L'administration précise toutefois les deux points suivants concernant cette exigence (BOI-ENR-DMTG-10-40-20-20 n° 50 et 60) :

- elle ne vise que les dettes consenties par le défunt et ne s'applique pas à celles qu'il n'a pas consenties ou qu'il a consenties à un autre qu'un héritier ou une personne réputée interposée ;
- elle n'est applicable qu'aux seules dettes d'origine contractuelle et ne peut viser celles résultant d'un **quasi-usufruit qui trouve sa cause dans la loi.**

Le quasi-usufruit dont dispose le bénéficiaire de capitaux décès démembrés est déductible de sa succession même en l'absence de convention enregistrée. En effet, il ne s'agit pas d'une dette consentie par le défunt. Rappelons que le défunt dont il s'agit n'est pas le souscripteur assuré du contrat d'assurance-vie mais le bénéficiaire en usufruit des capitaux versés au titre de ce contrat. Si la clause bénéficiaire dispense effectivement l'usufruitier de faire emploi et de fournir caution, la remise des capitaux entre ses mains à titre de quasi-usufruit ne fait pas intervenir les nus-propriétaires, par ailleurs héritiers, pour accepter ce règlement. Il n'y a alors aucune dette consentie par le débiteur de la créance de restitution. De plus, à notre sens, la dette n'est pas d'origine contractuelle mais trouve sa source dans la loi, laquelle prévoit que le quasi-usufruit s'applique en cas de démembrement sur une somme d'argent (en ce sens, Cass. com. 4-12-1984 : RJF 7/85 n° 1143). Dans cette configuration, l'article 773, 2° du CGI ne s'applique pas et il n'y a pas besoin, sous l'angle fiscal, de donner date certaine à la créance de restitution. Cependant cela peut s'avérer souhaitable pour des questions de preuve, de traçabilité et pour écarter toute discussion avec l'administration fiscale dans le cadre du règlement successoral.

CONSEIL Les titulaires de la créance de restitution ont toujours intérêt à procéder à l'établissement d'une **convention de quasi-usufruit par acte authentique ou par acte sous seing privé enregistré** afin soit de respecter les conditions posées par l'article 773, 2° du CGI, soit si ceci n'est pas nécessaire, pour assurer la traçabilité, la conservation et les modalités d'exercice du quasi-usufruit. Au regard de la conservation de la preuve et pour retrouver la convention au jour de la succession du quasi-usufruitier, l'inscription au **Fichier central des dispositions de dernières volontés** (FCDDV) sera privilégiée.

Démembrement de la clause bénéficiaire et présomption de propriété de l'article 751 du CGI

402 L'article 751 du CGI édicte une présomption fiscale de propriété lorsqu'un bien est détenu en usufruit par le défunt et en nue-propriété par l'un de ses présomptifs héritiers, « à moins qu'il y ait eu donation régulière et que cette donation, si elle n'est pas constatée dans un contrat de mariage, ait été consentie plus de 3 mois avant le décès ou qu'il y ait eu un démembrement de propriété effectué à titre gratuit, réalisé plus de 3 mois avant le décès, constaté par acte authentique et pour lequel la valeur de la nue-propriété a été déterminée selon le barème prévu à l'article 669 ».
Les capitaux décès versés, avec **maintien du démembrement,** pourront donc se trouver dans le champ d'application de l'article 751 au décès de l'usufruitier, lorsque le nu-propriétaire sera un héritier présomptif de l'usufruitier. Il appartiendra alors au nu-propriétaire d'apporter la preuve contraire (ce qui renforce l'intérêt de la convention fiscalement enregistrée à la suite du versement des capitaux décès). Il arrive parfois que la Cour de cassation qualifie la libéralité réalisée par le biais de l'assurance-vie de donation indirecte. Dans ce cadre, la **donation indirecte** relève bien des donations régulières visées par l'article 751 du CGI. Le risque que l'article 751 du CGI s'applique serait donc limité, en cas de décès du bénéficiaire en usufruit, à la période de 3 mois suivant la réalisation de cette « donation ».
Pour éviter tout risque concernant l'application de l'article 751 du CGI, il pourrait être envisagé de désigner comme bénéficiaires de la nue-propriété, non pas les présomptifs héritiers de l'usufruitier, mais une société civile dont ils seraient les associés. Cette solution présente cependant d'autres risques liés au régime d'imposition lorsque le bénéficiaire est une personne morale incitant à ne pas recourir à cette solution.

403 Pour écarter l'application de l'article 751, un argument peut être avancé lorsque le **quasi-usufruit** s'applique (ce qui suppose un contrat dont la sortie s'effectue en euros et une absence de report du démembrement par suite de la demande du nu-propriétaire en application des articles 601 et 602 du Code civil). La présomption de propriété vise les biens dont le défunt détient l'usufruit au jour de son décès, la nue-propriété étant détenue par l'un de ses présomptifs héritiers. Or, en présence d'un usufruit de sommes d'argent, l'usufruitier dispose non pas d'un usufruit, mais d'un quasi-usufruit lui conférant toutes les prérogatives du propriétaire, le nu-propriétaire n'ayant plus de droit réel sur la somme, mais seulement un droit de créance contre l'usufruitier. Dès lors, la réunion même des conditions d'application de la présomption posée par l'article 751 du CGI apparaît discutable.

Démembrement de propriété et abus de droit

404 La désignation en démembrement peut-elle être constitutive d'un abus de droit sur le fondement du but exclusivement fiscal (LPF art. L 64) ou du but principalement fiscal (LPF art. L 64 A) ? L'**intérêt**

civil du démembrement par rapport à une absence de désignation bénéficiaire ou par rapport à une désignation en pleine propriété suffit selon nous à écarter ce risque. En effet, l'attribution d'un droit en nue-propriété représente une richesse réelle, même si les pouvoirs sur celle-ci sont temporairement limités. Ainsi, un souscripteur qui retiendrait une clause bénéficiaire réservant l'usufruit à son conjoint et la nue-propriété à ses enfants assure une meilleure protection de son conjoint que s'il divisait les sommes en pleine propriété entre ses enfants et son conjoint, et assure une meilleure protection de ses enfants que s'il avait attribué les sommes en pleine propriété au conjoint survivant. En cas de démembrement de la clause bénéficiaire, en effet, les nus-propriétaires des sommes sont titulaires d'une créance de restitution et peuvent disposer, en outre, s'ils sont des descendants de l'usufruitier, de certains droits leur permettant de garantir celle-ci (voir ▶227 s.).

Le risque de redressement fondé sur l'abus de droit est en outre réduit par le moindre intérêt fiscal attaché au démembrement de la clause bénéficiaire depuis que la loi du 29 juillet 2011 a mis fin à l'exonération totale de prélèvement qui s'appliquait lorsque le bénéficiaire en usufruit était exonéré (voir ▶394).

Quasi-usufruit et réinvestissement en assurance-vie

405 Dans une affaire où le quasi-usufruitier avait utilisé les capitaux pour souscrire un contrat d'assurance-vie dont il avait désigné les **titulaires de la créance de restitution** comme **bénéficiaires,** l'administration fiscale a estimé que la dette de restitution ne pouvait pas être admise au passif de la succession. En effet, elle a analysé que la désignation bénéficiaire constituait une désignation à titre onéreux, éteignant de facto la créance du nu-propriétaire. La cour d'appel a confirmé le jugement de première instance indiquant que le choix de la manière dont l'usufruitier utilise les fonds dont il a la disposition est indifférent au principe même de la dette de restitution. Elle ajoute que la désignation du nu-propriétaire comme bénéficiaire des contrats ne constitue pas un moyen de paiement anticipé de la dette de l'usufruitier, étant observé que les capitaux décès font l'objet d'une imposition propre (en l'occurrence dans la situation considérée, au titre de l'article 757 B du CGI : CA Douai 12-5-2016 n° 15/03664).

Il reste à ce que cette position soit confirmée par la Cour de cassation. Si la clause bénéficiaire du contrat d'assurance-vie désigne d'autres personnes que le titulaire de la créance de restitution, ce choix permettra d'éviter tout risque de voir la désignation être requalifiée de paiement. En tout état de cause, il convient que la souscription présente une utilité pour le quasi-usufruitier (au sens retenu pour l'analyse des primes exagérées, voir ▶243) pour justifier d'objectifs autres que fiscaux à cette opération.

d. Conséquences fiscales des requalifications juridiques

406 La déqualification d'un contrat d'assurance-vie en opération de pure capitalisation était parfois opérée avant les arrêts rendus par la Cour de cassation pour laquelle tout contrat d'assurance dont les effets dépendent de la durée de la vie humaine constitue un contrat d'assurance-vie : voir ▶241. Le nombre de contentieux se développe désormais principalement sur le fondement des primes manifestement exagérées. Le résultat dépend largement de la juridiction saisie et crée ainsi un climat d'insécurité juridique. C'est la raison pour laquelle le **débat** sur la **dissociation du traitement civil et fiscal** de l'assurance-vie revient régulièrement dans la discussion. Ainsi,

le Congrès des notaires de Montpellier de 2012 a proposé du point de vue strictement civil de réintégrer les capitaux décès issus de contrat d'assurance-vie dans la succession (voir ▶252).
Cette intégration emporterait des **conséquences civiles** puisque le capital ne serait plus traité hors succession conformément aux articles L 132-12 et L 132-13 du Code des assurances. Mais cette intégration ne devrait emporter aucune **conséquence fiscale directe,** dans la mesure où le principe de non-imposition résulte expressément de la loi fiscale : article 757 B du CGI (droits de succession) et article 990 I du même Code (prélèvement de 20 % puis 31,25 %). Dès lors, la non-application éventuelle des articles L 132-12 et L 132-13 du Code des assurances n'a pas d'incidence directe sur le plan fiscal. Il s'agit d'une manifestation de l'autonomie du droit fiscal (qui exige toutefois la désignation d'un bénéficiaire) en vue d'encourager la détention d'assurance-vie par les particuliers, à l'instar du dispositif Dutreil qui encourage la transmission d'entreprise.

407 Les assureurs estiment pour leur part que le risque est élevé que le sort fiscal de l'assurance-vie soit lié à ses caractéristiques civiles.
Certains des exposés du Bofip semblent en effet lier les deux aspects : « En principe, les sommes stipulées payables lors du décès de l'assuré à un bénéficiaire déterminé autre que l'assuré lui-même ou à ses héritiers ne font pas partie de la succession du souscripteur » (...) « Considérées comme recueillies par le bénéficiaire en vertu d'un droit direct et personnel qu'il puise dans la stipulation pour autrui résultant d'un contrat (C. civ. art. 1205), les sommes versées en exécution d'un contrat d'assurance au profit d'un bénéficiaire déterminé échappent donc aux droits de mutation par décès » (BOI-ENR-DMTG-10-10-20-20 n° 50 et 60).
La question reste donc sensible, car le régime actuel de l'assurance n'est pas satisfaisant sur le plan civil, mais l'ensemble des professionnels, notaires et assureurs, en particulier, restent très attachés à son régime fiscal favorable.
En cas de reconnaissance de l'existence de **primes exagérées,** la même analyse s'appliquerait selon nous :

- les capitaux décès reviendraient effectivement au bénéficiaire désigné, avec la fiscalité applicable au contrat ;
- il y aurait lieu au rapport des primes à la succession ou à leur réduction.

408 Même en l'absence de fiscalité directe liée à la réintégration des capitaux décès dans la succession, la prise en compte, du point de vue civil, du contrat d'assurance-vie dans l'actif successoral aura une **incidence fiscale indirecte,** dans la mesure où elle modifiera les droits des héritiers sur les biens existants ou obligera un bénéficiaire non héritier soumis à la réduction à verser aux héritiers une indemnité de réduction.

e. Incidences fiscales liées à certaines souscriptions

Plafond de versement et âge limite de souscription

409 Il n'existe aucun **plafond de versement** au-delà duquel tout avantage serait supprimé en matière fiscale, que ce soit en valeur absolue ou relative par rapport au patrimoine global. De la même façon, aucun **âge** limite de souscription n'est prévu par les textes. L'**administration fiscale** pose même le principe de l'absence de limites : les versements sont « autorisés quel que soit l'âge du souscripteur ou l'encours du contrat. Il n'existe donc ni d'âge limite, ni de plafond de versements. Elles (les personnes concernées) ont ainsi la possibilité de continuer leur effort d'épargne ou, si elles en décident autrement, d'utiliser ces sommes pour leurs besoins personnels » (Rép. Loos : AN 14-7-2009 n° 41944).

Cependant, la **loi** prévoit une dégressivité des avantages fiscaux liés à l'âge du souscripteur au moment des versements et à leurs montants (CGI art. 757 B : voir ▶338 s.) ou aux montants perçus par bénéficiaire (CGI art. 990 I : voir ▶357 s.).

Par ailleurs, même si le principe d'absence d'âge limite est posé, l'administration dispose de deux **armes pour lutter contre les souscriptions vraiment tardives** (souscription sur le « lit de mort » notamment) :

- faire qualifier le bénéfice du contrat d'assurance-vie de donation indirecte : voir ▶416 s. ;
- mettre en oeuvre la procédure d'abus de droit dans les cas où le contrat peut s'analyser comme une simulation ou une fraude à la loi : voir ▶412 s.

Incidences fiscales indirectes liées au régime matrimonial au regard des sommes investies

410 Lorsque le souscripteur défunt est marié sous un **régime séparatiste ou** lorsque la souscription est financée à l'aide de **fonds provenant du patrimoine propre** du défunt marié sous un régime de communauté, les sommes investies sur les contrats d'assurance-vie sont sans incidence sur le montant de l'actif successoral.

411 Lorsque les souscriptions sont réalisées à l'aide de **fonds de la communauté,** deux situations doivent être distinguées pour les contrats dénoués, selon que le bénéficiaire du contrat est ou non le conjoint.

Lorsque le **bénéficiaire est le conjoint,** le bénéfice de l'assurance constitue un bien propre pour le conjoint et aucune récompense n'est due à la communauté en raison des primes payées par elle, sauf en cas de primes exagérées (C. ass. art. L 132-16). En d'autres termes, lorsque le bénéficiaire est le conjoint, aucune récompense ne sera généralement due. Cela conduit à enrichir le conjoint survivant de l'intégralité de la somme prélevée sur la communauté majorée de la capitalisation, alors qu'à défaut de souscription du contrat il n'aurait eu le droit qu'à la moitié de cette somme au titre de son régime matrimonial et à une fraction complémentaire au titre de ses droits successoraux.

Lorsque le **bénéficiaire n'est pas le conjoint,** et quel que soit le montant investi sur le contrat, une récompense sera due à la communauté. La communauté sera majorée du montant de la récompense, ce qui conduira à majorer l'actif successoral de la moitié de ce montant puisque l'actif successoral comprend le patrimoine propre du défunt et la moitié du patrimoine commun. Parallèlement l'actif successoral sera minoré du montant de la récompense. Globalement, l'actif successoral sera donc minoré de (100 % - 50 %) = 50 % du montant de la récompense. La minoration de la base successorale réduira la base imposable entre les mains des héritiers dans la succession en minorant le montant de celle-ci, ce qui limitera le montant des droits à payer par les héritiers non exonérés.

Pour le traitement du contrat **non dénoué** financé avec des primes communes, voir ▶327 s.

Abus de droit et but exclusivement fiscal

412 **Abus de droit retenu** L'administration fiscale tente parfois de démontrer que le **caractère prévisible du décès à court terme** du souscripteur retire tout caractère aléatoire à l'opération d'assurance-vie et implique qu'elle a comme seul objet d'éluder les droits de mutation par décès.

ILLUSTRATIONS Le **Comité de répression des abus de droit** (devenu depuis le Comité de l'abus de droit fiscal) a rendu quelques avis favorables à l'administration. Il a notamment retenu l'abus de droit dans les affaires suivantes :

– aff. 1999-18 (BOI 13 L-2-02). En l'espèce, la quasi-totalité des actifs de la souscriptrice avait été vendue et réinvestie en assurance-vie dans la semaine ayant précédé son décès, ces opérations ayant été réalisées par son fils (qu'on suppose muni des pouvoirs adéquats) qui était son seul héritier et le seul bénéficiaire des contrats ;
– aff. 2000-10 (BOI 13 L-1-03). L'essentiel du patrimoine du souscripteur avait été vendu et réinvesti en assurance-vie moins de 2 mois avant son décès ; la clause bénéficiaire désignait les nièces du souscripteur, qui étaient ses seules héritières et qui avaient abondé le contrat, le jour même du décès, au moyen des liquidités non réinvesties.

L'abus de droit a également été retenu par quelques décisions de **jurisprudence** :

– contrat d'assurance-vie souscrit le lendemain de l'hospitalisation de la souscriptrice, très peu de temps avant son décès qu'elle savait devoir être proche, et pour un montant représentant 77,5 % de ses actifs (CA Douai 29-9-2003 n° 02/2277 : RJF 7/04 n° 813) ;
– contrat souscrit quelques jours après l'hospitalisation de la souscriptrice, âgée de 85 ans et qui devait décéder moins d'un mois plus tard (CA Reims 26-1-2006 n° 04/2478 : RJF 7/06 n° 951).

Parmi les **indices favorisant la reconnaissance de l'abus,** figurent donc au-delà du caractère prévisible du décès :

– l'importance de la fraction du patrimoine placée en assurance-vie ;
– et la participation active des bénéficiaires du contrat à l'opération.

413 **Abus de droit écarté** En revanche, lorsque le **décès à court terme n'est pas prévisible,** l'abus de droit est écarté par le Comité de l'abus de droit fiscal : aff. 2000-30 (BOI 13 L-1-03), aff. 2001-9 (BOI 13 L-1-02), aff. 2006-06 (BOI 13 L-6-07). La jurisprudence va dans le même sens.

ILLUSTRATIONS La cour d'appel de Paris a ainsi **écarté l'abus de droit** dans une espèce où un homme de 56 ans gravement malade avait souscrit au profit de son épouse un contrat sur lequel il avait versé 300 000 €. L'homme étant décédé dix jours plus tard, l'administration estimait que l'opération constituait en réalité une donation déguisée du montant de la prime.
Le redressement a été annulé par la cour d'appel, qui a jugé que l'administration n'apportait pas la **preuve** (qui lui incombait, en l'absence de saisine du Comité) du **but exclusivement fiscal** de la souscription (CA Paris 19-9-2008 n° 06/13320 : RJF 3/09 n° 296) :

– le décès à bref délai du souscripteur n'était pas prévisible (selon les éléments médicaux recueillis) ;
– le souscripteur bénéficiait d'une faculté de rachat et pouvait modifier la clause bénéficiaire (contrat non accepté par l'épouse) et il n'était pas établi qu'il pensait ne jamais pouvoir utiliser ces prérogatives ;
– le souscripteur s'était toujours préoccupé de prendre des dispositions patrimoniales, et la souscription du contrat lui avait été conseillée dans ce cadre.

414 **Sanction de l'abus de droit** Sur le plan fiscal, la constatation de l'abus de droit a pour sanction la taxation des capitaux en cause au barème des droits de succession en fonction du lien de parenté entre l'assuré et le bénéficiaire.
À cette **taxation,** il faut ajouter l'application d'une **pénalité spécifique** (CGI art. 1729) de 40 %, portée à 80 % si l'administration établit que le contribuable est le bénéficiaire principal de l'abus de droit, ce qui est en général le cas.

Abus de droit et but principalement fiscal

415 Le nouvel article L64 A du LPF permet à l'administration fiscale d'écarter, comme ne lui étant pas opposables, « les actes qui, recherchant le bénéfice d'une application littérale des textes ou de décisions **à l'encontre des objectifs poursuivis par leurs auteurs** », ont « **pour motif principal** d'éluder ou d'atténuer les charges fiscales que l'intéressé, si ces actes n'avaient pas été passés ou réalisés, aurait normalement supportées eu égard à sa situation ou à ses activités réelles ».
La possibilité de contester l'opération lorsque le but n'est pas exclusivement fiscal mais principalement fiscal soulève une insécurité juridique liée à l'imprécision de la notion.
Il convient d'analyser la jurisprudence qui sera rendue sur le fondement de ce nouvel article afin de voir si les juges modifient fondamentalement ou non leur approche de l'abus.
Ces nouvelles dispositions s'appliquent aux rectifications notifiées depuis le 1er janvier 2021 portant sur des **actes passés ou réalisés depuis le 1er janvier 2020.**

Donation indirecte

416 **Critères de la donation indirecte** Une opération de transmission via un contrat d'assurance-vie peut être requalifiée en donation indirecte lorsque « les circonstances dans lesquelles son bénéficiaire a été désigné révèlent la **volonté du souscripteur de se dépouiller de manière irrévocable** » (Cass. ch. mixte 21-12-2007 n° 06-12.769 FS-PBRI : RJF 3/08 n° 370 ▶ 539). Il s'agit d'une question de fait souverainement appréciée par les juges du fond en fonction des **circonstances de chaque espèce** (âge, état de santé, ressources, situation patrimoniale du souscripteur, caractéristiques du contrat, liens d'affection entre le souscripteur et le bénéficiaire, etc.).
Cette voie est utilisée par l'administration fiscale pour obtenir l'assujettissement des sommes versées aux droits de succession.

> **PRÉCISIONS** En cas de **requalification** en donation indirecte, l'administration fiscale ne peut pas appliquer aux bénéficiaires de l'assurance-vie une majoration de 40 % pour manquement délibéré à leurs obligations déclaratives, dès lors que leur intention d'échapper aux **droits de mutation à titre gratuit** n'est pas démontrée (CA Versailles 12-10-2021 n° 20/03376 : BPAT 6/21 inf. 268).

417 **Illustrations jurisprudentielles de requalification en donation indirecte** Exemple 1. M. G., atteint d'un cancer depuis 1993 et le sachant, a souscrit deux contrats d'assurance-vie en 1994 et 1995 et versé une somme totale de 16 500 000 francs. Par un avenant du 27 août 1996, il a désigné Mme X comme seule bénéficiaire, cette dernière étant par ailleurs sa légataire universelle. Il est décédé trois jours plus tard. La Cour de cassation a validé le redressement opéré par l'administration sur le fondement de la donation indirecte (Cass. ch. mixte 21-12-2007 n° 06-12.769 FS-PBRI : RJF 3/08 n° 370 ▶ 539). Il semble ici que la modification de la clause bénéficiaire - quelques jours avant le décès - a fait pencher la balance du côté de la requalification, la Cour ayant souligné que « les circonstances dans lesquelles son bénéficiaire a été désigné révèlent la **volonté du souscripteur de se dépouiller de manière irrévocable** ».
Exemple 2. M. X était atteint depuis 1997 d'un cancer qui l'avait obligé à cesser ses activités professionnelles fin février 1998. Il a souscrit en mars 1998 trois contrats d'assurance-vie et est décédé fin décembre 1998 à la suite de l'aggravation régulière de son état. Jugé que l'absence d'aléa au moment de la souscription des contrats donnait un **caractère illusoire à la faculté de**

rachat et consacrait la volonté actuelle et irrévocable du souscripteur de se dépouiller (Cass. com. 26-10-2010 n° 09-70.927 F-D : RJF 2/11 n° 245).

418 Lorsque l'**assuré décède peu de temps après la souscription** du contrat (ou après un nouveau versement important, ou un changement de bénéficiaire), et que ce décès était prévisible, les redressements sont souvent validés par la jurisprudence. Encore faut-il que l'administration démontre que le souscripteur assuré avait conscience du caractère prévisible de son décès à court terme.

419 **Illustrations jurisprudentielles de non-requalification en donation indirecte** Jugé que ne constitue pas une donation indirecte le contrat souscrit au profit de sa nièce par une personne infirme et âgée de 87 ans (décédée 4 ans après), dès lors notamment que l'existence d'une clause de rachat prouve que la **souscriptrice ne s'est pas dessaisie immédiatement** et de manière irrévocable avant son décès (CA Paris 21-12-2007 n° 05/24815 : RJF 10/08 n° 1129).
L'administration a également été déboutée dans une affaire où elle entendait taxer aux droits de succession la bénéficiaire (également légataire universelle) d'un contrat d'assurance-vie souscrit 18 jours avant le décès de la souscriptrice, âgée de seulement 62 ans mais gravement malade. La cour d'appel a notamment relevé que la preuve de l'intention libérale n'était pas apportée : le **contrat avait pour objet d'améliorer les revenus de la souscriptrice,** bénéficiaire désignée en cas de vie et dont le décès aussi rapide n'était pas probable au moment de la souscription (CA Paris 8-4-2004 n° 02/16239 : RJF 3/05 n° 278). L'absence de la connaissance par le souscripteur de l'imminence de son décès permet d'écarter le caractère de donation indirecte (CA Nancy 8-11-2011 n° 10/02620).

420 **Recommandation de la FFA pour les opérations tardives** La Fédération française de l'assurance (qui a adopté le nom d'usage France Assureurs en 2022) recommande d'apporter le plus grand soin au contenu et à la rédaction des contrats en vue de permettre de prévenir la requalification par l'administration fiscale en donation indirecte (de même que les demandes en rapport ou en réduction des héritiers en cas de primes excessives), en particulier lorsque, compte tenu du montant des primes et de l'âge du souscripteur, l'aléa fait défaut.
Dans son engagement n° 17 (France Assureurs, recueil des engagements à caractère déontologique des entreprises d'assurance, version juillet 2021, p. 53, voir ▶525), elle invite la compagnie d'assurance (ou le courtier) :

- à analyser le **montant des primes** versées au regard des objectifs du souscripteur et de la composition de son patrimoine ;
- à écarter les demandes de souscription **émanant** de personnes d'un « **âge élevé** », en particulier lorsque les conditions de la souscription permettent de penser qu'il existe un risque de contestation ultérieure ;
- et à analyser systématiquement les demandes de souscription au-delà d'un certain âge, et en tout état de cause à partir de 85 ans.

IV. Analyse juridique et fiscale des contrats de capitalisation

Définition du contrat de capitalisation

421 Bien que commercialisé par les compagnies d'assurance (branche 24 de la classification des opérations d'assurance), le contrat de capitalisation ne repose pas sur la couverture d'un risque et ne dépend pas de la durée de la vie humaine. Ces deux notions, inhérentes au contrat d'assurance-vie, sont étrangères au contrat de capitalisation, qui se définit exclusivement comme une « **opération d'appel à l'épargne** en vue de la capitalisation et comportant, en échange de versements uniques ou périodiques, directs ou indirects, des engagements déterminés quant à leur durée et à leur montant » (C. ass. art. R 321-1).

Néanmoins, les contrats de capitalisation sont soumis à un certain nombre de **dispositions communes** avec celles applicables aux contrats d'**assurance sur la vie,** regroupées dans un chapitre spécifique du Code des assurances intitulé « Règles relatives aux assurances de personnes et aux opérations de capitalisation » (C. ass. art. L 131-1 s.). Malgré son titre, l'ensemble des dispositions de ce chapitre ne concerne pas systématiquement les deux formules.

Comparatif contrat de capitalisation et assurance-vie

422 Le tableau ci-après récapitule **points communs** et **spécificités** de l'assurance-vie et du contrat de capitalisation détenu en direct.

	Assurance-vie	**Contrat de capitalisation nominatif**
En tant que placement financier	Mêmes vecteurs de placement (support en euros ou unités de compte) Même délai de renonciation de 30 jours Même information sur la valeur de rachat, les frais, les supports Mêmes possibilités d'avance	
Insaisissabilité	Oui, dans une certaine mesure (voir 183)	Non (voir 437)
Fiscalité en cas de rachat ou au dénouement en cas de vie	Identique (CGI art. 125-0 A), avec un ajustement à pratiquer lorsque le contrat de capitalisation a fait l'objet d'une transmission (voir 448)	
ISF (jusqu'au 1er janvier 2017)	Taxation sur la valeur de rachat du contrat, quel que soit le support d'investissement.	Possibilité de substituer à la valeur de rachat le montant nominal investi (en cas de détention directe) quel que soit le support d'investissement.
IFI (depuis le 1er janvier 2018)	Taxation sur la fraction de la valeur de rachat du contrat correspondant aux unités de compte représentatives de biens ou droits immobiliers (voir 317)	
En tant qu'outil de transmission	**Aspects juridiques** - stipulation pour autrui	**Aspects juridiques** - opération de pure capitalisation

	- existence d'un assuré dont le décès conditionne le dénouement du contrat - hors succession, sauf primes exagérées - possibilité de désigner des bénéficiaires - les bénéficiaires reçoivent un capital financier (sauf exception) **Aspects fiscaux** - en présence d'un bénéficiaire, fiscalité spécifique de l'assurance-vie au lieu des droits de mutation à titre gratuit - la transmission par décès « purge » l'imposition latente sur les produits capitalisés (pour l'impôt sur le revenu seulement, les prélèvements sociaux restants dus dans les conditions prévues au 310)	- pas d'assuré ni de bénéficiaire en cas de décès - transmission successorale classique - les héritiers reçoivent le contrat lui-même, qui n'est pas dénoué **Aspects fiscaux** - taxation de la valeur de rachat aux droits de mutation à titre gratuit - les produits constitués depuis la transmission sont soumis à l'impôt sur le revenu et aux prélèvements sociaux en cas de rachat après transmission à titre gratuit. Demeurent en revanche imposés les produits attachés à la fraction non transmise (par exemple, dans l'hypothèse d'une donation avec réserve d'usufruit)

Terminologie du contrat de capitalisation

423 **Bon ou contrat de capitalisation** Au sens strict, on parle de « bon de capitalisation » lorsque le contrat de capitalisation est **matérialisé par un titre.** Cette technique, dite « de l'incorporation de la créance dans un titre », visait à l'origine à favoriser la transmissibilité des contrats et leur utilisation comme instrument de garantie. La distinction entre bons et contrats est largement tombée en désuétude dans la mesure où elle n'a a priori pas d'incidences pratiques, les deux étant soumis à des règles identiques. On constate une assez grande **diversité de la terminologie employée** par les textes : le Code des assurances utilise en règle générale les termes de « contrat de capitalisation » (mais retient parfois la formule de « bons ou contrats de capitalisation », comme à l'article L 132-9-3, par exemple). Pour la fiscalité applicable en cas de rachat, l'article 125-0 A du CGI vise de même les « bons ou contrats de capitalisation ». En revanche, le Bofip, qui faisait référence aux « bons de capitalisation et titres assimilés » s'agissant des règles applicables à leur évaluation au titre de l'ISF, fait référence aux « bons ou contrats de capitalisation » s'agissant de l'IFI (BOI-PAT-IFI-20-20-30-30 n° 60) et aux « bons de capitalisation et tous titres de même nature » pour les droits d'enregistrement (BOI-ENR-DMTG-10-10-20-10 n° 10). Dans les présents développements, on parlera indifféremment de « bon de capitalisation » ou de « contrat de capitalisation ».

424 **Contrat nominatif ou anonyme** Un bon ou contrat de capitalisation peut être nominatif ou au contraire anonyme.

Lorsqu'il est nominatif, il est **en général** au nom du souscripteur, mais il peut désigner un autre bénéficiaire.

Lorsqu'il est anonyme (ou au porteur), le bon ou le contrat peut être transmis à des tiers sans aucune formalité (le bénéficiaire est le porteur du bon ou contrat). Pour lutter contre cette pratique, les bons et contrats anonymes souscrits depuis le 1er janvier 1998 subissaient une fiscalité dissuasive (voir ▶466 s.). Le régime fiscal de l'anonymat a été supprimé depuis le 1er janvier 2018.

À l'heure actuelle, les contrats de capitalisation nominatifs (sans émission de titre au porteur et au nom du ou des souscripteurs) constituent l'essentiel des **formules commercialisées,** en alternative ou en complément d'un contrat d'assurance-vie ou pour servir de support à un PEA.

PRÉCISIONS Les contrats de capitalisation représentaient environ 6 % des **provisions mathématiques** des compagnies d'assurance fin 2019, avec un **encours** de 82,14 milliards d'euros pour 995 000 contrats (France Assureurs, Les assurances de personnes, données clés 2020 p. 31).

A. Régime juridique du contrat de capitalisation

Souscription du contrat de capitalisation

425 **Souscription par une personne physique** Toute personne physique, majeure ou mineure (même âgée de moins de 12 ans), peut souscrire un contrat de capitalisation.
S'il s'agit d'un **mineur** non émancipé **ou** d'un **majeur protégé,** la détermination des pouvoirs requis pour la souscription obéit à notre avis aux mêmes règles que pour la souscription d'un contrat d'assurance-vie : voir ▶99 s.

426 **Souscription par une personne morale** Les personnes morales ont la capacité de souscrire des contrats de capitalisation.
En raison d'abus de la part de certaines sociétés qui utilisaient les supports en euros au sein de contrats de capitalisation pour placer leur trésorerie à court terme, les **souscriptions** par les personnes morales ont été **encadrées** par la Fédération française de l'assurance (qui a adopté le nom d'usage France Assureurs en 2022), afin de ne pas « nuire à la mutualité des assurés » (France Assureurs, Recueil des engagements à caractère déontologique des entreprises membres de la FFA, version juillet 2021 p. 56, voir ▶525).
Les entreprises d'assurances membres de la FFA se sont engagées à ne pas accepter la souscription de contrats d'assurance-vie ou de capitalisation, qu'ils soient en euros ou en unités de compte, par « des **entreprises** industrielles, commerciales et artisanales et les personnes morales soumises à l'impôt sur les sociétés ».

427 Sont néanmoins **autorisées** - sous condition - les souscriptions par :
- des organismes de droit privé sans but lucratif ;
- des sociétés (soumises ou non à l'IS), mais dont les associés sont exclusivement des personnes physiques ou des sociétés non soumises à l'IS, **et** qui ont pour activité principale la gestion de leur propre patrimoine mobilier ou immobilier (avec une tolérance pour une activité industrielle, commerciale, artisanale ou libérale inférieure à 10 % du chiffre d'affaires et des produits financiers, y compris les plus-values).

Les contrats de capitalisation autorisés doivent respecter deux **règles spécifiques** en vue de décourager l'investissement sur courte période sur l'actif en euros :
- la rémunération de la 1re année pour l'actif en euros n'est versée au contrat qu'au terme de la 4e année qui suit la souscription ;
- en cas de rachat partiel avant 4 ans, la rémunération créditée au contrat est réduite, en fonction du montant du rachat comparé à la valeur totale du contrat.

La situation des **entreprises libérales** souffre certaines ambiguïtés : alors qu'elles ne sont pas explicitement visées par l'exclusion (qui concerne les entreprises industrielles, commerciales et

artisanales), les entreprises libérales sont néanmoins évoquées à propos de la tolérance de 10 % du chiffre d'affaires. Il est réaliste de les considérer comme concernées au regard de l'esprit du texte.
Les **contrats luxembourgeois** ne sont pas soumis aux règles déontologiques de la Fédération française de l'assurance en la matière et offrent ainsi une alternative.

428 Les règles relatives au devoir de **conseil et** à l'**information du souscripteur** sont les mêmes qu'en matière d'assurance-vie (voir ▶73 s.) et le souscripteur bénéficie de la même **faculté de renonciation** pendant 30 jours (voir ▶80 s.).
Le souscripteur qui investit dans un contrat de capitalisation est tenu au versement d'une **prime** ou cotisation, périodique ou unique et qui englobe les frais de souscription.
Comme en matière d'assurance-vie, il est possible de souscrire un contrat de capitalisation **en euros, en unités de compte ou** sous la forme d'un contrat **euro-croissance.**
La faculté de **renoncer** à un contrat de capitalisation prévue à l'article L 132-5-1 du Code des assurances est réservée aux souscripteurs personnes physiques et ne bénéficie donc pas aux **personnes morales** (CA Paris 25-3-2008 n° 05/09224).

429 **Souscription en démembrement** La souscription du contrat de capitalisation peut s'effectuer en démembrement de propriété. Cette solution est souvent plus adaptée, du point de vue juridique, que celle qui consiste à souscrire un contrat d'assurance-vie en démembrement de propriété (sur la question de la validité du démembrement de la stipulation pour autrui que réalise le contrat d'assurance-vie, voir ▶147 s.).
Une **convention** devra être signée entre usufruitier et nu-propriétaire, notamment pour définir les « fruits du contrat » et autoriser l'usufruitier à procéder à leur rachat sous sa seule signature (voir ▶150 s. et modèle au ▶154).
Les difficultés soulevées en matière d'assurance-vie par le **régime fiscal des retraits** opérés par l'usufruitier (taxation pour une partie de leur montant ou pour le tout : voir ▶155) existent de la même façon dans un contrat de capitalisation. Une **solution alternative** lorsque l'importance des capitaux le justifie réside dans la souscription des contrats par une **société civile familiale** semi-transparente à laquelle les **fonds** auront été **apportés en démembrement** de propriété : voir Précisions sous le ▶471.

Bénéficiaire du contrat de capitalisation

430 Le plus souvent, le **souscripteur** est le bénéficiaire du contrat ou bon de capitalisation. Mais, la désignation d'un bénéficiaire distinct du souscripteur est théoriquement envisageable. Ainsi, à condition que l'assureur autorise cette possibilité, le souscripteur peut désigner nominativement une **autre personne** en qualité de bénéficiaire. En pratique, la faculté de proposer la désignation d'un bénéficiaire n'est quasiment plus utilisée sur le marché.
La faculté de **désignation** ne peut s'exercer qu'**au moment** de la souscription et le nom du bénéficiaire ne peut pas être ultérieurement modifié. Elle implique la présence physique du bénéficiaire (ou de son représentant s'il est incapable) au jour de la souscription.

431 La notion de bénéficiaire d'un contrat de capitalisation est radicalement différente de celle de bénéficiaire d'un contrat d'assurance-vie, car la possibilité donnée au souscripteur de **désigner un bénéficiaire** n'emporte par elle-même aucune **conséquence** au regard du droit de propriété ou des règles civiles et fiscales en matière de succession. La clause bénéficiaire ne jouera que si, à l'échéance, le souscripteur n'a pas exercé le rachat du contrat.

Le souscripteur conserve ainsi, malgré la désignation d'une autre personne en qualité de bénéficiaire, la propriété des biens et la possibilité de les transmettre par donation ou legs à toute personne de son choix (éventuellement, au bénéficiaire désigné).
En l'absence d'une transmission par donation déclarée, le remboursement du contrat sera constitutif d'une donation indirecte (incidences fiscales, voir ▶322 s.).

Remise d'un titre au souscripteur du contrat de capitalisation

432 Lorsque le contrat de capitalisation est matérialisé par un « bon » qui constitue le titre remis au souscripteur, il convient d'y faire **mention** de toutes les **caractéristiques de la souscription** :

- en cas de souscription sous la forme nominative : nom, prénoms, date de naissance et adresse du souscripteur ;
- date d'effet ;
- date du terme. Le terme peut, si cela est prévu au contrat, résulter d'un tirage au sort (sur la licéité du tirage au sort dans les contrats de capitalisation, voir Cass. 1e civ. 2-2-1994 n° 89-16.311 : Bull. civ. I n° 38 et Cass. crim. 13-10-1993 n° 91-83.703 : Bull. crim. n° 293, Resp. civ. et assur. mai 1994 n° 195) ;
- valeur nominale (correspondant au montant investi) ;
- frais de souscription ;
- capital garanti minimum (en cas de souscription d'un bon en euros) ;
- répartition des investissements (nature de l'investissement, valeur de souscription, nombre de parts).

Le titre de capitalisation doit être **conservé** par le souscripteur ou le porteur **et** être **présenté** par ce dernier en cas de rachat ou de remboursement, ou par les héritiers en cas de décès du souscripteur ou du porteur.
En tout état de cause, que le contrat de capitalisation soit ou non matérialisé par un bon, l'assureur est tenu à l'égard du souscripteur des mêmes **obligations d'information** qu'en cas de souscription d'un contrat d'assurance-vie (C. ass. art. L 132-5-2).

Remboursement du contrat de capitalisation

433 Le remboursement intervient **au terme prévu** ou antérieurement si le bon de capitalisation prévoit (c'est de plus en plus rare) un **tirage au sort** à la suite duquel l'assureur remboursera, par anticipation, les bons désignés.
Dans le cas d'un **bon investi en euros,** l'assureur est tenu au versement, contre remise du titre de capitalisation, d'une somme égale au montant des primes, augmentée des intérêts au taux contractuel annoncé et de la participation aux bénéfices (C. ass. art. L 132-29 : voir ▶23 s.), déduction faite des frais de gestion.
Si le bon est investi en **unités de compte,** la société émettrice est redevable, en fonction de l'option choisie par le souscripteur ou le bénéficiaire, soit d'une somme en espèces soit de la remise des titres supports du contrat si ceux-ci répondent aux conditions indiquées au ▶37.

Rachat du contrat de capitalisation

434 Le souscripteur peut à tout moment racheter totalement ou partiellement le bon ou contrat **avant son échéance,** dans les mêmes conditions qu'un contrat d'assurance-vie non accepté (▶115 s.).
Généralement, lorsqu'il propose les deux formules, l'assureur décline la même base technique

(nombre et types de supports, options de gestion, etc.) en version assurance-vie et en version capitalisation.

En cas de **rachat total** d'un **contrat investi en euros,** l'assureur est tenu au remboursement du capital et des intérêts acquis à la date du rachat après déduction le cas échéant d'une pénalité de remboursement anticipé. Si le contrat a donné lieu à l'émission d'un **bon,** le rachat consiste en un remboursement par anticipation, effectué contre remise du titre à l'assureur. Ce montant constitue la valeur de rachat indiquée au verso du bon.

Contrat de capitalisation en garantie d'un prêt

435 **Avantages de l'opération** Les bons ou contrats de capitalisation peuvent être donnés en nantissement en garantie d'un prêt (ou d'un paiement différé fractionné dans le cadre de donation d'entreprise par exemple). Cette faculté permet au souscripteur d'obtenir un financement sans être contraint de procéder à un rachat avant le terme prévu.

En **cas de non-remboursement du prêt,** le nantissement pourra être mis en jeu par le prêteur qui se verra attribuer le produit de la valeur de rachat du bon ou contrat (après paiement, à la charge du souscripteur, de la fiscalité afférente au rachat).

Certains établissements de crédit proposent un montage financier consistant, en particulier pour l'acquisition d'un bien immobilier de rapport, en un crédit dont le capital est remboursable à l'échéance (**prêt « in fine »**), garanti par un bon de capitalisation (ou un contrat d'assurance-vie). Cette formule permet à l'emprunteur de rembourser le capital prêté, à l'échéance du crédit, au moyen de l'épargne capitalisée.

Par le **nantissement** du bon de capitalisation, le prêteur a la certitude d'un remboursement in fine, par l'affectation des fonds épargnés au remboursement de son prêt.

Cette stratégie permet d'imputer le coût de l'argent (les intérêts de l'emprunt) sur les revenus du bien, ce qui ne serait pas possible avec un financement par fonds propres. Elle offre de plus une meilleure **diversification économique.**

EXEMPLE Paul veut **acquérir un bien immobilier** de 300 000 € pour le donner en location. Le loyer annuel serait de 18 000 €. Il dispose pour seul actif d'une somme de 180 000 € placée sur un contrat de capitalisation. Deux options principales s'offrent à lui.

La première consiste à financer l'acquisition à hauteur de 180 000 € par le retrait des sommes figurant sur le bon de capitalisation et pour le solde par un emprunt bancaire amortissable.

La seconde consiste à conserver les sommes investies sur le bon et à emprunter l'intégralité du prix d'acquisition par le biais d'un emprunt in fine. Au terme de l'emprunt (12 ou 15 ans), le bon ou contrat de capitalisation servira à rembourser le capital emprunté.

Cette seconde solution présente les avantages suivants :

- les intérêts d'emprunt sont déductibles de la base imposable à l'IR et aux prélèvements sociaux (ou de la base imposable à l'IS en cas d'acquisition par une société soumise à ce régime) ;
- elle permet une capitalisation dans un cadre fiscal favorable ;
- la base imposable à l'IFI est réduite du montant de l'emprunt ; ce choix permet donc à Paul, s'il est soumis à cet impôt, de réduire sa base imposable de 180 000 € supplémentaires ;
- Paul bénéficie pendant la durée de l'emprunt d'une meilleure diversification de ses avoirs : le pôle immobilier représente 63 % de son patrimoine brut lors de l'acquisition de l'immeuble (soit 300 000 € / (300 000 € + 180 000 €)) et va tendre vers l'équilibre si la valeur du bon croît plus rapidement que celle de l'immobilier. Dans la première solution, le patrimoine brut est investi en immobilier à 100 %.

Cette stratégie peut être couplée avec une **démarche de transmission.** Le bien immobilier est acquis par une société civile qui contracte un emprunt garanti par un contrat de capitalisation souscrit par les enfants à l'aide de fonds qui leur auront été préalablement donnés. À la fin de l'emprunt, les enfants procèdent à une augmentation de capital de la société par apport des sommes figurant sur le contrat de capitalisation. La société procède ensuite au remboursement du capital de l'emprunt.

436 **Précaution relative à l'opération** Si le **contrat** n'a pas seulement une fonction de garantie mais doit effectivement être **affecté au remboursement du capital** restant dû, il conviendra d'être attentif au **niveau de risque du placement.** Si le contrat est investi sur des unités de compte, il y a un risque que sa valeur de rachat à l'échéance soit insuffisante pour couvrir le remboursement du prêt.

Lorsqu'elle commercialise également le contrat support de l'adossement, la **banque prêteuse** doit au titre de son **devoir de conseil** fournir à son client toutes les informations lui permettant de mesurer le risque encouru en cas de choix de supports exposés aux fluctuations boursières. S'il a correctement informé son client de ce risque, le bancassureur n'est pas responsable des conséquences des choix spéculatifs de son client (Cass. com. 16-6-2009 n° 08-11.618 FP-PB : BPAT 5/09 inf. 204, solution rendue à propos d'un contrat d'assurance-vie mais transposable).

Saisissabilité du contrat de capitalisation

437 L'article L 132-14 du Code des assurances ne s'applique pas au contrat de capitalisation. Les sommes figurant sur un contrat ou bon de capitalisation sont donc saisissables par les **créanciers du souscripteur,** à la différence de celles investies en assurance-vie.

Décès du souscripteur du contrat de capitalisation

438 En cas de décès du souscripteur **avant l'échéance,** le bon ou contrat nominatif est traité sur le plan civil comme les autres actifs dépendant de sa succession.

En effet, les dispositions de l'article L 132-12 du Code des assurances qui excluent le capital ou la rente versé de la **succession de l'assuré** sont spécifiques aux contrats d'assurance sur la vie en cas de décès de l'assuré et ne trouvent pas à s'appliquer aux bons ou contrats de capitalisation (Cass. 1e civ. 18-7-2000 n° 97-21.535 : Bull. civ. I n° 213, RJF 4/01 n° 563, JCP N 2000 n° 39 p. 1388 ; Cass. 1e civ. 29-1-2002 n° 00-12.967 : BPAT 3/02 inf. 168). Le contrat ne se dénoue pas, ne comportant pas d'assuré (à la différence de l'assurance-vie) ni de règle entraînant sa clôture au décès de son titulaire (à la différence du PEA).

439 Les **héritiers ou légataires** du souscripteur décédé **ont la possibilité** :

– de procéder au rachat du titre. Le règlement de la valeur de remboursement du titre est effectué dans un délai de 30 jours à réception de l'ensemble des pièces nécessaires au règlement. La production de ces pièces incombe aux héritiers ;
– ou de demander le maintien du titre jusqu'à son échéance.

Si un ou plusieurs héritiers souhaitent maintenir le contrat jusqu'à son échéance, alors que d'autres demandent le rachat, certaines compagnies acceptent d'établir au nom des premiers un contrat de capitalisation représentant la part leur revenant. Néanmoins, la plupart des assureurs refusent cette scission : le contrat est alors détenu en indivision, ce qui réclame l'accord de tous les ayants droit pour tout rachat qui doit alors être effectué au profit de l'indivision, sauf si un partage a attribué le contrat à un ou plusieurs des indivisaires.

Démembrement d'un contrat de capitalisation préexistant

440 En cas de démembrement d'un contrat (qui peut se combiner par ailleurs à une indivision sur la nue-propriété) à la suite d'une succession ou d'une donation, et en l'absence de convention (voir ▶429), la **situation de l'usufruitier** sera délicate. Pendant la durée du contrat, l'usufruitier n'a pas de droit autonome à percevoir tout ou partie de la valorisation du contrat, car cette revalorisation est un gain en capital et non un fruit.

Le **rachat** ne peut être effectué que de l'accord de tous les ayants droit (usufruitiers et nus-propriétaires). La somme perçue en cas de rachat a vocation à être partagée entre eux en fonction de la valeur respective de leur droit, à moins qu'ils ne décident de reporter le démembrement sur d'autres actifs ou qu'ils conviennent de consentir à l'usufruitier un quasi-usufruit sur la somme retirée, sa succession restant alors redevable vis-à-vis des nus-propriétaires d'une dette de restitution.

Au terme du contrat, le capital doit être payé entre les mains de l'usufruitier, s'agissant de l'usufruit d'une créance. L'usufruitier bénéficie alors d'un quasi-usufruit sur la somme versée, les nus-propriétaires pouvant lui demander de fournir caution et à défaut lui imposer le placement des sommes (C. civ. art. 602).

Perte d'un bon de capitalisation au porteur

441 La perte doit être déclarée à l'assureur par lettre recommandée ou envoi recommandé électronique, avec avis de réception, cette déclaration emportant **opposition** au paiement du contrat (C. ass. art. L 160-1).

S'il se manifeste un **tiers porteur** du bon frappé d'opposition, l'assureur saisit l'original dont il donne un récépissé au porteur si ce dernier justifie de son identité et de son domicile (s'il refuse, l'assureur restitue le contrat à l'opposant). L'assureur a un mois pour informer l'opposant par lettre recommandée ou par envoi recommandé électronique, avec avis de réception, de la détention du bon par un tiers (la même information étant due au souscripteur originel s'il est autre que l'opposant). Cet avis mentionne l'obligation pour l'opposant d'introduire dans le mois une action en revendication, à peine de mainlevée de plein droit de l'opposition (C. ass. art. R 160-4).

Si personne ne s'est manifesté dans les 2 ans de l'opposition, l'opposant peut demander en justice à se faire délivrer par l'assureur un **duplicata du bon de capitalisation,** qui sera substitué à l'original (C. ass. art. R 160-6). Tant que l'opposant n'a pas saisi le juge, le porteur du bon peut se manifester, même au-delà du délai de 2 ans (Cass. 2e civ. 14-6-2006 n° 02-17.868 FS-PB : Bull. civ. II n° 155). Si les duplicatas ont été obtenus par l'opposant, ces duplicatas prévalent sur les originaux : le détenteur des bons ne peut pas invoquer la règle selon laquelle « en fait de meubles, la possession vaut titre » (C. civ. art. 2276) dès lors que, compte tenu de la procédure d'opposition régulièrement menée, sa possession est équivoque (en ce sens, notamment, Cass. 1e civ. 22-5-2008 n° 07-12.213 FS-PB : Bull. civ. I n° 142).

B. Régime fiscal du contrat de capitalisation souscrit par une personne physique

a. Bons et contrats de capitalisation nominatifs

Définition du bon ou contrat nominatif

442 Il s'agit des bons ou contrats de capitalisation pour lesquels le souscripteur et le bénéficiaire s'il est différent du souscripteur ont accepté que leur **identité et** leur **domicile fiscal** soient communiqués à l'administration fiscale par l'établissement payeur.

Régime des primes versées sur un contrat de capitalisation

443 Ne comportant pas l'assurance d'un risque lié à la vie humaine, les contrats de capitalisation n'ouvrent pas droit à la **réduction d'impôt** sur le revenu attachée au versement des **primes** de certains contrats d'assurance-vie (▶311 s.).

Rachat ou dénouement du contrat de capitalisation au profit du souscripteur initial

444 Le régime d'imposition des **produits des bons et contrats de capitalisation** est le même que celui des contrats d'assurance-vie (voir ▶267 s.). L'article 125-0 A du CGI vise d'ailleurs globalement « les produits attachés aux bons ou contrats de capitalisation ainsi qu'aux placements de même nature » (les contrats d'assurance-vie). Certains aménagements sont cependant à effectuer lorsque le rachat intervient non pas sur un contrat souscrit ab initio par son détenteur, mais sur un contrat acquis suite à une transmission, à titre gratuit ou onéreux.

Le régime des **prélèvements sociaux** est identique à celui de l'assurance-vie tant que le contrat est en cours : prélèvement annuel sur les produits des supports en euros et lors du rachat pour les unités de compte (voir ▶303 s.). En revanche, le décès du souscripteur du contrat de capitalisation n'entraîne pas la clôture du contrat et ne génère aucune imposition spécifique aux prélèvements sociaux.

445 **Cas particulier des bons dénoués par tirage au sort** Un régime de faveur s'applique en ce qui concerne l'**assiette de l'impôt.** Par dérogation à la règle selon laquelle l'impôt est assis sur la différence entre les sommes remboursées par l'assureur et le montant des primes versées, la base imposable est limitée à la différence entre :

- d'une part, le montant du capital qui aurait été versé au porteur à la date du tirage au sort en cas de remboursement anticipé effectué sur sa demande ;
- d'autre part, le montant des primes versées.

L'excédent est assimilé à un gain de loterie et, en tant que tel, exonéré (BOI-RPPM-RCM-20-10-20-50 n° 160).

EXEMPLE Soit un contrat de capitalisation à primes périodiques souscrit pour 30 ans avec un capital garanti en fin de contrat de 50 000 €. Le montant annuel des primes est de 1 000 € et le tirage au sort intervient la 5e année. Le montant des sommes qui auraient été remboursées par l'assureur en cas de dénonciation anticipée du contrat par le souscripteur aurait été par hypothèse de 6 000 €. Bien que le souscripteur reçoive 50 000 €, l'impôt est calculé sur 6 000 € - 5 000 € = 1 000 €.

Transmission du contrat de capitalisation par décès

446 **Régime fiscal du contrat de capitalisation en cas de décès** En cas de décès du souscripteur, le régime fiscal du contrat de capitalisation est différent de celui de l'assurance-vie. Le contrat d'assurance-vie est dénoué par le décès de l'assuré et, en présence de bénéficiaire(s) déterminé(s), il se voit appliquer une fiscalité spécifique, différente de celle des autres actifs dépendant de la succession du défunt (exonération, ou fiscalité spécifique des articles 757 B et 990 I du CGI). À cette occasion, les prélèvements sociaux qui n'ont pas été effectués au fil de l'eau font l'objet d'une retenue sur les capitaux décès.

En cas de décès du souscripteur du bon ou contrat de capitalisation, la valeur du contrat fait partie de sa succession **sur le plan civil comme fiscal** et se voit imposée aux droits d'enregistrement dans les conditions de droit commun (voir ci-dessous pour la valeur du contrat à retenir). En revanche, aucune taxation n'intervient au titre des produits ou des prélèvements sociaux du fait du décès. Il en va de même en cas de transmission du contrat de capitalisation par donation.

447 **Détermination de la valeur du contrat de capitalisation** Le contrat de capitalisation est fiscalement rattaché à la catégorie des créances « à terme ».

Le terme est un événement futur et certain dont dépend l'exigibilité ou l'extinction d'une obligation. En l'occurrence, pour un contrat de capitalisation, il s'agit soit de l'arrivée du terme initialement prévu (durée du contrat), soit de la demande de rachat total qui serait effectuée par le souscripteur. Selon l'administration fiscale, la **base imposable** aux droits de mutation à titre gratuit pour les créances à terme est déterminée comme suit : toutes les créances dues au défunt au moment de son décès doivent être déclarées. Elles sont imposables quelle que soit leur date d'échéance sur leur montant nominal en ajoutant tous les intérêts échus et non encore payés au décès ainsi que ceux courus à la même date. La créance, non contestée dans son principe, mais indéterminée dans son montant, doit être déclarée et faire l'objet d'une déclaration estimative. Il y a lieu, le cas échéant, à révision de la perception, lorsque son montant exact est connu (BOI-ENR-DMTG-10-40-10-40 n° 60).

Cette position conduit à taxer aux droits d'enregistrement **la valeur de rachat,** à la différence de la position retenue en matière d'ISF, pour laquelle la valeur taxable était **le montant nominal du contrat** (primes versées) : « Les bons de capitalisation [...] et les titres assimilés, lorsqu'ils ne sont pas anonymes, doivent être déclarés pour leur valeur nominale, à l'exclusion des intérêts courus ou non encaissés au 1er janvier de l'année d'imposition (Rép. Deprez : AN 21-10-2002 n° 2020 ; Rép. Mathieu : Sén. 24-10-2002 n° 2372 ; BOI-PAT-ISF-30-50-20 n° 50 dans sa version en vigueur jusqu'au 11-10-2018).

Rachat ou dénouement au profit du détenteur ayant acquis le contrat de capitalisation

448 **Modification de l'article 125-0 A du CGI** La loi de finances pour 2018 a modifié l'article 125-0 A du CGI et a précisé la situation d'une acquisition du contrat par rapport à une souscription. **En cas d'acquisition du contrat de capitalisation,** la base imposable lors d'un rachat total ou partiel est constituée, pour celui qui l'a acquis, « par la différence entre, d'une part, les sommes remboursées au bénéficiaire et, d'autre part, le montant des primes versées [...] depuis l'acquisition de ce bon ou contrat, augmenté [...] du prix d'acquisition du bon ou contrat » (CGI art. 125-0 A, I-1° al. 3 modifié par loi 2017-1837 du 30-12-2017 art. 28).

Il pouvait être déduit des termes spécifiques « acquisition » et « prix » retenus par le législateur que la modification concernait l'**hypothèse d'une acquisition à titre onéreux,** réalisée contre paiement d'un prix : cession du contrat ou apport en société.

449 **Transmission à titre onéreux ou gratuit** Dans sa mise à jour du 20 décembre 2019, la doctrine fiscale a intégré au Bofip la modification apportée par le législateur, en précisant, en remarque, que la notion d'acquisition s'entend **non seulement de celle réalisée à titre onéreux, mais aussi de celle réalisée à titre gratuit** (BOI-RPPM-RCM-20-10-20-50 n° 225). Ainsi, tout doute a été levé ; la prise en compte du prix (valeur) d'acquisition du contrat de capitalisation concerne aussi la transmission par décès ou donation, dès lors qu'elle intervient entre personnes physiques. En revanche, si le contrat est détenu par une société (généralement une société civile), la transmission portera sur les titres de la société et non sur le contrat lui-même : à l'instar de tous les actifs détenus par une société, les produits constatés sur le contrat de capitalisation depuis l'origine de sa détention par la société demeureront taxables en fonction du régime applicable à leur détenteur, en l'occurrence la société.

450 Si la transmission **intervient en pleine propriété,** l'intégralité des produits taxables générés entre la souscription et la transmission est donc effacée. Il peut s'agir, par exemple, d'une donation en pleine propriété, ou d'une succession dans laquelle les héritiers reçoivent la pleine propriété, ou encore d'une succession dans laquelle le conjoint survivant reçoit l'usufruit et les enfants, la nue-propriété.

PRÉCISIONS Avant la modification de l'article 125-0 A du CGI, il pouvait être de bon conseil de procéder au **rachat** du contrat de capitalisation **avant la donation** pour transmettre seulement le capital net après paiement de la fiscalité directe, afin de réduire la base imposable aux droits de donation (base imposable équivalant à la valeur de rachat « nette » de l'impôt sur le revenu et des prélèvements sociaux). Tel n'est plus le cas désormais puisque les produits constatés avant la transmission ne sont plus taxables lors du rachat.

451 **Date à retenir pour l'entrée en vigueur de la nouvelle règle fiscale** Il nous semble que tous les rachats effectués depuis le 1er janvier 2018 sont concernés, quelle que soit la date de la transmission à titre gratuit. Pour les rachats intervenus entre le 1er janvier 2018 et le 20 décembre 2019 pour lesquels la nouvelle règle n'a pas été appliquée par la compagnie d'assurance, une réclamation doit pouvoir être effectuée à l'intérieur du délai de prescription.

452 **Questions non encore traitées et éclairages proposés** Si la transmission intervient à l'occasion d'une **donation de la nue-propriété,** le (ou les) donateur(s) se réservant l'usufruit, le montant des primes versées correspondant à la nue-propriété devrait en toute logique être remplacé par la valeur taxable au jour de la transmission pour la seule nue-propriété. La valeur de l'usufruit resterait pour sa part déterminée en fonction de la fraction des primes versées correspondant à sa contre-valeur.

Dans l'attente de précisions, il pourrait, avec une mention expresse, être retenu la même règle que pour les titres démembrés transmis par donation lorsque la cession intervient avant l'extinction de l'usufruit (BOI-RPPM-PVBMI-20-10-20-60 n° 160).

Le cas du **décès de l'usufruitier reconstituant la pleine propriété** entre les mains du nu-propriétaire devra aussi faire l'objet de précisions quant à la base taxable à retenir pour le calcul des produits imposables.

453 Il arrive que le **rachat** intervienne **avant le dépôt de la déclaration de succession,** justement pour générer les liquidités permettant le règlement des droits. Il semble conforme à l'esprit du texte de retenir la valeur de rachat au jour du décès pour déterminer les produits imposables, même si la déclaration n'est pas encore établie.

454 La rédaction retenue ne permet pas d'envisager la **prise en compte** dans le « prix d'acquisition » **des frais et droits acquittés par l'acquéreur,** alors que tel est le cas en matière de plus-values immobilières comme mobilières.

455 La rédaction retenue étant relative au seul calcul des produits, le **décompte de la durée de détention** devrait continuer à s'effectuer depuis la souscription du contrat (et non depuis sa transmission). La précision est apportée au Bofip pour les bons souscrits avant le 1er janvier 1990, c'est-à-dire ceux soumis à la règle de la durée moyenne pondérée (BOI-RPPM-RCM-30-10-20-20 n° 70).

456 **Intérêt d'une attestation notariée à l'attention de la compagnie d'assurance** Il y aura lieu à ce que le notaire ayant accompagné la succession ou reçu la donation établisse une attestation à l'attention de la compagnie d'assurance. Cette attestation indiquera les **éléments clés** permettant de recalculer le second terme de la différence pour le calcul des produits imposables post transmission : contrat dépendant de la communauté ou du patrimoine d'un seul des époux, existence ou non d'un démembrement de propriété, valeur retenue pour le calcul des droits de mutation.

457 **Exemple** Rachat **avant l'entrée en vigueur de la modification de l'**article 125-0 A du CGI : impact de la double imposition.

Isabelle a souscrit en 2007 un contrat de capitalisation en unités de compte avec une prime unique de 300 000 €. Au jour de son décès, le 1er mars 2017, le contrat a une valeur de 400 000 €. On suppose que les héritiers, qui reçoivent la pleine propriété du contrat, sont soumis aux droits de succession dans une tranche imposable à 20 %.

Le montant des droits s'élève ainsi à 20 % × 400 000 € = 80 000 €, dont 60 000 € (300 000 € × 20 %) pour le capital initial et 20 000 € (100 000 € × 20 %) pour les produits capitalisés.

Les héritiers ont racheté le contrat de capitalisation peu de temps après le décès. On suppose que la valeur du contrat était toujours de 400 000 € à cette date.

Les 100 000 € de produits générés sur le contrat depuis sa souscription subissaient alors la fiscalité prévue à l'article 125-0 A du CGI et les prélèvements sociaux au taux de 17,2 %, en plus des droits d'enregistrement appliqués lors de la transmission.

Le contrat ayant été souscrit il y a plus de 8 ans et les primes ayant été versées avant le 27 septembre 2017, la fiscalité du rachat s'est établie, en cas d'option pour le prélèvement forfaitaire libératoire au taux de 7,5 % (et sans tenir compte de l'abattement pour durée de détention), à 24 700 € [(7,5 % + 17,2 %) × 100 000 €].

Au total, les 100 000 € de produits générés sur le contrat depuis sa souscription ont subi une fiscalité de 44 700 € (24 700 € + 20 000 €) représentant 44,70 % de la valorisation constatée sur le contrat depuis sa souscription.

Les héritiers disposaient, après le rachat, d'un capital net de 295300 € (400 000 € - 80 000 € - 24 700 €).

458 Rachat **après l'entrée en vigueur de la modification de l'article** 125-0 A du CGI.

En partant du principe que le rachat porte sur une valeur identique à celle soumise aux droits de mutation à titre gratuit, soit dans notre exemple 400 000 €, la base imposable lors du rachat est

égale à zéro : 400 000 € (sommes remboursées au bénéficiaire) - 400 000 € (prix d'acquisition, en l'occurrence valeur vénale retenue pour le calcul des droits de mutation) = 0
En effet, la transmission en pleine propriété a opéré la « purge » des produits constatés avant la transmission.
Les héritiers disposent, après le rachat, d'un capital net de 320 000 € (400 000 € - 80 000 €).

Donation de la nue-propriété du contrat de capitalisation, alternative a la transmission par assurance-vie

459 **Avantages de la donation de la nue-propriété d'un contrat de capitalisation** La donation de la nue-propriété d'un contrat de capitalisation (ou de la nue-propriété des parts d'une société civile détenant le contrat de capitalisation pour écarter tout risque lié à la fiscalité des retraits pour l'usufruitier, voir ▶429) est présentée comme une **alternative** pouvant s'avérer paradoxalement moins coûteuse fiscalement que la transmission par l'intermédiaire d'un contrat d'assurance-vie.
La donation de la nue-propriété d'un contrat de capitalisation (ou des parts de la société civile le détenant) présente, sous l'angle fiscal, trois avantages :
- les droits de donation sont dus sur la valeur du contrat à la date de la donation et non à la date du décès ;
- la base imposable est limitée à la nue-propriété ;
- les frais et droits peuvent être pris en charge par le donateur sans que cela soit considéré comme un supplément de donation.

PRÉCISIONS Avant de se décider en faveur de l'une ou l'autre stratégie de transmission, il convient d'effectuer une **simulation** intégrant les différents paramètres fiscaux (pour un exemple chiffré, voir ▶462 s.).
Pour autant, d'autres **facteurs, non fiscaux,** doivent aussi être pris en compte :
- l'investissement en assurance-vie permet de conserver la disposition des fonds jusqu'au décès (et le cas échéant de les consommer) et/ou d'en modifier les attributaires (par changement de la clause bénéficiaire) ;
- l'assurance-vie permet d'orchestrer une transmission à « double détente », en désignant par exemple comme bénéficiaire les enfants de l'assuré, tout en permettant à chacun d'eux de renoncer, la rédaction de la clause permettant alors de voir ce capital revenir à leurs propres descendants sans avoir à effectuer une nouvelle donation ;
- la donation aux enfants est prise en compte pour le calcul de la réserve héréditaire alors que l'assurance-vie n'est en principe pas prise en compte ;
- la donation permet de sécuriser une transmission en faveur des donataires dans un cadre familial négocié, alors que les dispositions prises par la clause bénéficiaire sont toujours susceptibles d'être modifiées.

460 **Comparaison avec la transmission via un contrat d'assurance-vie** La donation de la nue-propriété d'un contrat de capitalisation (ou des parts de la société civile le détenant) sera fréquemment plus attractive qu'une transmission par le biais d'un **contrat d'assurance-vie relevant de l'article** 990 I du CGI pour la fraction qui excède 152 500 € par bénéficiaire. En effet, au-delà de cet abattement les capitaux transmis seront imposables à 20 % jusqu'à 700 000 €, puis à 31,25 %.
Soulignons cependant que si la donation intervient moins de 15 ans avant le décès du donateur, les abattements et premières tranches du barème des droits de mutation à titre gratuit utilisés à l'occasion de cette donation ne seront pas reconstitués, ce qui renchérira le coût de la transmission successorale par rapport à une absence de donation anticipée. Cela ne serait pas le cas, en

revanche, d'une transmission via un contrat d'assurance-vie soumis au prélèvement de l'article 990 I du CGI, cette taxe étant indépendante des droits d'enregistrement.

461 La donation de la nue-propriété du contrat de capitalisation (ou des parts de la société civile qui le détient) peut être également plus attractive que la transmission par le biais d'un **contrat d'assurance-vie relevant de l'article 757 B du CGI.** Pour ces contrats, la part des primes versées après 70 ans qui excède un abattement global de 30 500 € est taxée au barème des droits de succession, comme le contrat de capitalisation. Les deux leviers pouvant jouer en faveur du contrat de capitalisation sont alors :

- la limitation de la taxation à la valeur de la seule nue-propriété ;
- la possibilité de voir se reconstituer abattements et tranches basses du barème si la donation intervient plus de 15 ans avant la succession. Dans le cas contraire, les primes soumises à l'article 757 B viennent s'ajouter à la base taxable représentée par les autres actifs dépendant de la succession, sauf à ce que la donation ait été effectuée au profit de non-héritiers (par exemple, des petits-enfants).

462 **Exemples chiffrés** Comparaison avec un **contrat d'assurance-vie relevant de l'article** 990 I du CGI : Jean est veuf et a deux enfants majeurs. Il est âgé de 65 ans. Son patrimoine s'établit à 3 000 000 € et il se demande comment transmettre à ses enfants, avec la fiscalité la plus faible possible, un capital de 1 000 000 € dont ils disposeront à son décès. Il n'a jamais fait de donation antérieurement. Par ailleurs, on suppose que le contrat d'assurance-vie ou de capitalisation sera revalorisé de 3 % par an (taux net de prélèvements sociaux, effectués au fil de l'eau).
La souscription du contrat d'assurance-vie ou du contrat de capitalisation intervient le 1er janvier 2022 (primes versées après le 27 septembre 2017).

463 **En cas de décès 10 ans après la mise en place de la stratégie** (à fiscalité constante)
Hypothèse 1. Jean investit le capital de 1 000 000 € sur un **contrat d'assurance-vie.** À son décès, 10 ans après cette souscription, la situation est la suivante :

- capital d'assurance-vie : 1 343 916 €, soit 671 958 € par enfant ;
- part taxable de chaque bénéficiaire : 519 458 € (après abattement de 152 500 €) ;
- prélèvement de l'article 990 I du CGI : 103 892 € (tranche à 20 %), soit au total 207 784 €.

On suppose que la valeur des autres actifs dépendant de sa succession est restée constante :

- actif de succession : 2 000 000 €, soit 1 000 000 € par enfant ;
- part taxable de chaque enfant : 900 000 € (après abattement de 100 000 €) ;
- droits de succession : 212 962 € par enfant et 425 924 € au total.

Le **coût fiscal de la transmission** (prélèvement sur l'assurance-vie + droits de succession) est donc de 633 708 € (207 784 € + 425 924 €), ce qui laisse **un actif net disponible de 2 710 208 €** (3 343 916 € - 207 784 € - 425 924 €).
Hypothèse 2. Jean investit un capital de 931 800 € sur un **contrat de capitalisation,** le solde, soit 68 200 €, étant affecté au paiement des droits sur la **donation de la nue-propriété** du contrat. La taxation s'établit de la manière suivante :

- valeur de la nue-propriété : 559 080 € (931 800 × 60 %, compte tenu de l'âge du donateur), soit 279 540 € par enfant ;
- part taxable de chaque donataire : 179 540 € (après abattement de 100 000 €) ;
- droits de donation : 34 102 € par enfant et 68 204 € au total (hors réduction pour charges de famille).

Au décès de Jean, 10 ans après cette souscription, le capital du contrat s'établit à 1 252 261 € (en supposant qu'il n'a procédé à aucun retrait), soit au moment du rachat nécessaire pour que les donataires appréhendent les capitaux, une base imposable à l'IR de 320 461 € (1 252 261 € - 931 800 € ; il est fait abstraction de l'abattement éventuel) ce qui génère, au taux de 12,8 %, un impôt de 41 019 €.

On suppose que la valeur des autres actifs dépendant de sa succession est restée constante :

- actif de succession : 2 000 000 € ;
- part taxable de chaque enfant : 1 000 000 € (la donation ayant moins de 15 ans, les enfants ne disposent pas de l'abattement et des tranches basses) ;
- droits de succession : 290 392 € par enfant et 580 784 € au total.

Le **coût fiscal de la transmission** (droits de donation + IR + droits de succession) est donc de 690 007 € (68 204 € + 41 019 € + 580 784 €), ce qui laisse un actif net disponible de 2 562 254 € (3 252 261 € - 690 007 €).

Conclusion. La solution consistant à transmettre via le contrat d'assurance-vie aboutit à un enrichissement familial de 147 954 € **de plus** que la solution consistant à effectuer la donation du contrat de capitalisation avec réserve d'usufruit (2 710 208 € - 2 562 254 €).

464 **En cas de décès 20 ans après la mise en place de la stratégie** (à fiscalité constante)

À l'inverse, avec les mêmes paramètres (mais compte tenu des produits supplémentaires accumulés sur les contrats) et un décès après 20 ans, le **gain fiscal** serait en faveur de la solution consistant à effectuer la donation du contrat de capitalisation avec réserve d'usufruit. Le gain serait d'un montant de 24 070 € au cas particulier. La solution de la donation anticipée est devenue plus favorable à compter de la 15e année, une fois reconstitués les abattements fiscaux en matière de mutation à titre gratuit.

Contrats de capitalisation et IFI

465 La taxation à l'IFI du contrat de capitalisation a été strictement **alignée sur** celle des contrats d'assurance-vie. Ainsi, le contribuable soumis à l'IFI doit désormais déclarer la fraction de la valeur de rachat du contrat correspondant aux unités de compte représentatives de biens ou droits immobiliers, voir ▶317.

PRÉCISIONS

a. **Pour l'ISF,** tout contrat souscrit sous la forme nominative par une personne physique (et non par une société), offrait l'avantage pour les redevables de cet impôt de ne devoir être déclaré que pour sa **valeur nominale** (sans y ajouter les produits capitalisés) et générait de facto un gain par rapport à un contrat d'assurance-vie taxé pour l'intégralité de sa valeur de rachat.

La portée réelle de l'avantage fiscal dépendait du taux marginal de taxation à l'ISF du redevable et de la valorisation constatée sur le contrat : le gain était d'autant plus important que la revalorisation du contrat était élevée.

Par exemple, pour un contrat de capitalisation d'une valeur de 100 000 € avec une valorisation moyenne chaque année de 5 %, le gain constitué par la non-taxation des produits capitalisés générait un gain de 6 171 € au terme de la 10e année d'imposition pour un contribuable imposé au taux de 0,50 %, 12 344 € pour un contribuable taxé au taux de 1 % et 18 514 € pour un contribuable taxé au taux de 1,5 %.

b. L'imposition sur la base de la valeur nominale constituait une **obligation** et non une simple faculté pour le contribuable (Rép. Frassa : Sén. 7-7-2016 n° 17495 : BPAT 6/16 inf. 242).

b. Ancien régime des bons et contrats de capitalisation anonymes

Suppression du régime de l'anonymat

466 Le régime de l'anonymat dont pouvaient bénéficier les contrats de capitalisation, sous réserve de certaines conditions, a été supprimé **depuis le 1er janvier 2018,** en même temps que l'établissement du prélèvement forfaitaire unique (PFU).

Cette suppression vise notamment à permettre le respect par les établissements financiers de leurs obligations relatives à la lutte contre le blanchiment des capitaux et le financement des activités terroristes, les obligeant à obtenir l'identité des bénéficiaires. La suppression de l'anonymat fiscal s'applique aux bons et contrats encore en circulation et non pas seulement aux titres nouvellement émis.

Caractéristiques du régime de l'anonymat

467 Le régime fiscal de l'anonymat cumulait un **prélèvement spécial de 2 % sur le montant nominal** du bon ou contrat, autant de fois qu'il y a eu de 1er janvier entre la date d'émission du bon et celle de son remboursement, et un prélèvement libératoire forfaitaire de 60 % (auquel s'ajoutent les prélèvements sociaux) à la sortie du contrat, quelle que soit la durée du contrat, sans possibilité d'option pour l'impôt sur le revenu.

PRÉCISIONS

a. Pour les **bons ou contrats souscrits depuis le 1er janvier 1998,** le choix de conserver ou non l'anonymat était exercé une fois pour toutes au moment de la souscription. Le régime du nominatif s'appliquait uniquement si le souscripteur et le bénéficiaire (s'il était différent du souscripteur) avaient autorisé, lors de la souscription du bon ou contrat, l'établissement auprès duquel il était souscrit à communiquer leur identité et leur domicile à l'administration fiscale.

b. Pour les **bons ou contrats souscrits jusqu'au 31 décembre 1997,** le choix de conserver ou non l'anonymat pouvait être exercé auprès de l'établissement payeur jusqu'au moment de la mise en paiement des produits, permettant ainsi au souscripteur d'un bon au porteur de transmettre celui-ci à titre onéreux ou à titre gratuit, sans formalité, à la personne de son choix.

C. Régime fiscal du contrat de capitalisation souscrit par une personne morale

468 Lorsque le contrat de capitalisation est souscrit par une personne morale, il peut s'agir d'une **société semi-transparente ou** d'une société soumise à l'**impôt sur les sociétés** (sur les règles déontologiques appliquées à la souscription par des personnes morales, voir ►426).

Contrat de capitalisation souscrit par une personne morale soumise à l'IS

469 **Impôt sur les sociétés** Selon la compagnie des commissaires aux comptes (Bull. CNCC n° 164 décembre 2011 p. 737 s.) il convient de distinguer entre un contrat monosupport en euros et un contrat multisupports.

Dans le cas qui lui a été soumis, le contrat était composé pour sa plus grande partie en fonds en euros (avec une rémunération minimale garantie) et pour le reste en unités de compte sur un OPCVM de trésorerie. Le contrat était prévu pour une durée de 8 ans avec une possibilité de rachat partiel (mais pas avant 5 ans). La commission des études comptables considère tout d'abord que le contrat doit être analysé comme un produit de placement unique et non comme plusieurs placements en fonction des supports. Selon elle, il n'est donc pas possible de considérer que le rendement est certain à chaque clôture (la garantie de rendement ne portant que sur le fonds en euros et non sur la partie en unités de compte). Elle estime que l'éventuelle plus-value ne peut pas être constatée. En revanche, en cas de rachat partiel, le résultat est déterminé en comparant le coût historique de la quote-part rachetée à la valeur de rachat du contrat. Enfin, en présence de moins-values latentes, la commission précise que les dépréciations correspondantes doivent être calculées globalement sur l'ensemble du contrat et comptabilisées à chaque clôture d'exercice.

Quoi qu'il en soit, la **base imposable à l'IS** est déterminée selon les dispositions particulières de l'article 238 septies E du CGI : la société doit ajouter à son résultat imposable de l'année un montant égal à la valeur nominale du contrat multipliée par 105 % du TME (taux moyen des emprunts d'État) en vigueur au moment de sa souscription. Par exemple, pour un TME de 1 % au jour de la souscription et un contrat d'une valeur initiale de 100 000 €, il conviendra de retenir un taux de 1,05 % (1 % × 105 %), soit un produit imposable de 1 050 €.

Lors du rachat, la base taxable réelle est rétablie : elle est égale à la différence entre la valeur de rachat réelle du contrat et le contrat revalorisé forfaitairement au taux de 105 % du TME sur la période.

En revanche, il n'y a aucune taxation aux **contributions sociales,** lesquelles ne sont pas dues par les personnes morales soumises à l'IS.

470 **IFI** Au regard de l'IFI, ce n'est pas le contrat qui est évalué mais les titres de la société qui le détient, au prorata de la valeur des **unités de compte investies en immobilier** (et sous déduction du passif latent constitué par l'impôt sur les sociétés qui sera dû au titre du résultat correspondant à la revalorisation de contrat liée à ces actifs).

Contrat de capitalisation souscrit par une personne morale semi-transparente

471 **Impôt sur le revenu** Si le contrat est souscrit par une personne morale non soumise à l'IS (société civile patrimoniale notamment), le résultat est déterminé au niveau de la société et l'imposition au niveau de ses associés. Ainsi, en cas de détention des parts par une personne physique et **en l'absence de rachat** sur le contrat, aucune fiscalisation ne sera pratiquée (à l'exception de la ponction des prélèvements sociaux sur l'actif en euros).

En cas de rachat, quelle qu'en soit la cause (par exemple pour acquérir un bien immobilier au sein de la société civile, ou encore pour mettre le résultat de la société en distribution), la quote-part de produits dégagée à cette occasion sera répartie entre les associés au prorata de leurs droits dans le capital social et chaque associé sera imposé en fonction de l'option qu'il aura prise.

En cas d'**option pour le prélèvement forfaitaire libératoire** (effectuée auprès de la société civile), certaines compagnies acceptent de jouer le rôle d'établissement payeur, point qu'il convient de valider préalablement avec elles. À défaut, c'est la société civile qui devra remplir ce rôle. Ainsi, la société percevra le montant du rachat « brut » de fiscalité et recevra de la compagnie d'assurances l'indication du montant des produits. Elle remplira ensuite la déclaration n° 2777-SD (revenus de capitaux mobiliers : prélèvement libératoire et retenue à la source) et effectuera les versements correspondants (tant pour le prélèvement libératoire que pour les prélèvements sociaux si la compagnie ne les a pas prélevés à la source) dans le délai de 15 jours suivant l'expiration du mois au cours duquel les revenus ont été payés. Par ailleurs, la société civile devra envoyer à chaque associé de même qu'à l'administration fiscale un IFU (imprimé n° 2561) au titre de l'année du rachat (avant le 15 février de l'année suivante). Les associés devront ensuite reporter ces éléments dans leur déclaration de revenus.

PRÉCISIONS En présence d'une **société civile dont les parts sont démembrées,** le contrat de capitalisation est souscrit par cette dernière en toute propriété.

Les clauses des statuts définissent les modalités de ventilation du résultat entre l'usufruitier et le nu-propriétaire et pourront déconnecter la détermination comptable du résultat des retraits éventuels. Il est par exemple possible de prévoir que la fraction de la capitalisation qui excédera le capital initialement investi sera constitutive du résultat de la société et reviendra aux usufruitiers en cas de distribution.

Lorsque la société effectuera un retrait, ce dernier concernera un contrat de capitalisation détenu en pleine propriété (le démembrement portant sur les parts) et la difficulté évoquée au ▶ 429 concernant le risque de voir l'intégralité du retrait au profit de l'usufruitier considérée comme un produit taxable est évitée.

472 **Acquisition par la société d'un contrat préexistant** Depuis le 1er janvier 2018, l'**acquisition d'un contrat de capitalisation** préexistant par une société semi-transparente (ou l'apport à cette dernière) n'est plus susceptible de relever du régime de l'anonymat.

La fiscalité postérieure à l'acquisition sera calculée sur une base constituée par la différence entre les sommes remboursées (la valeur de rachat du contrat) et le prix d'acquisition du bon ou contrat augmenté des éventuelles primes versées depuis l'acquisition de ce bon ou contrat (CGI art. 125-0 A, I-al. 3).

Du côté du **cédant personne physique,** le régime d'imposition des gains retirés de la cession d'un bon ou contrat de capitalisation suit celui des produits de ces titres (CGI art. 124 B). Le gain est déterminé par différence entre le prix de vente (ou la valeur d'apport) et les primes versées par le cédant sur le bon ou le contrat cédé et qui n'ont pas fait l'objet d'un remboursement en capital à la date de la cession, soit le mode de calcul prévu à l'article 125-0 A du CGI, sans pouvoir toutefois bénéficier des abattements de 4 600 et 9 200 € après 8 ans (CGI art. 124 C).

PRÉCISIONS Les pertes réalisées par le cédant sont **exclusivement imputables** sur les produits et les gains retirés de cessions de titres ou contrats dont les produits sont soumis au même régime d'imposition au cours de la même année et des 5 années suivantes.

473 **Contributions sociales** À la différence des contrats souscrits par des personnes morales soumises à l'IS, il est généralement admis que les contributions sociales sont dues par les associés de société semi-transparente chaque fois qu'ils l'auraient été en cas de détention directe du contrat de capitalisation. Ainsi, les **associés personnes physiques** qui résident fiscalement en France y sont soumis. En revanche, les associés non-résidents et les sociétés soumises à l'IS y échappent.

Pour les contrats de capitalisation exclusivement investis en **unités de compte,** le fait générateur est constitué par un rachat total ou partiel. En principe, les prélèvements sociaux sont effectués par la société (et non par la compagnie d'assurances) en sa qualité d'établissement payeur.

Comme pour le prélèvement forfaitaire, cette opération fait l'objet d'une déclaration sur le formulaire n° 2777-SD, avec un reversement dans les 15 jours du mois suivant le fait générateur, à savoir l'encaissement par la société, qui devra émettre un IFU pour permettre l'établissement de la déclaration des revenus. Néanmoins, la compagnie d'assurances peut accepter de jouer le rôle d'établissement payeur pour les prélèvements sociaux lorsqu'elle effectue déjà le prélèvement forfaitaire libératoire au titre de l'IR, tous les associés ayant opté pour ce mode d'imposition. Ce mandat devient impossible si l'un au moins des associés a choisi de soumettre au barème progressif de l'IR les produits en cause et/ou s'avère non-résident.

Lorsque le contrat de capitalisation comporte des **actifs en euros,** le prélèvement au fil de l'eau s'applique et les prélèvements sociaux sont effectués lors de l'inscription des revenus au bon ou contrat :

- par l'assureur s'il en accepte le mandat tacite ou exprès ;
- par la société elle-même, lorsque l'assureur refuse de jouer ce rôle, ou que les associés n'y ont pas intérêt, certains d'entre eux étant exonérés.

PRÉCISIONS Certains auteurs estiment que les contributions sociales ne s'appliquent pas lorsque le contrat de capitalisation est souscrit par une personne morale, même non soumise à l'IS. Cette thèse s'appuie sur la lettre de l'article L 136-7 du Code de la sécurité sociale qui limite son **champ d'application** aux paiements effectués à des personnes physiques fiscalement domiciliées en France (K. Lecocq, S. Anouchian et L. Gayet, Le régime fiscal de la société civile de portefeuille : Actes prat. strat. patrimoniale 03/2014 p. 32). Il nous semble plus conforme à l'esprit du texte et à la doctrine fiscale antérieure à la base Bofip (Inst. 5 I-4-07 n° 20) de considérer que les prélèvements sociaux visent les revenus perçus par des personnes physiques soit directement, soit par l'intermédiaire d'une société semi-transparente fiscalement.

474 **IFI** L'évaluation de la valeur imposable des parts de la société civile au titre de l'IFI s'effectuera, concernant le contrat de capitalisation, sur la base de sa valeur de rachat (et non de sa valeur nominale) retenue au **prorata** des actifs immobiliers taxables détenus au sein du contrat de capitalisation.

475 **Transmission à titre gratuit des parts de la société** Pour l'**assiette des droits de mutation,** les parts de la société civile sont évaluées sur la base de la valeur de rachat du contrat, mais en tenant compte de l'incidence fiscale liée à la taxation à terme de la capitalisation. C'est en effet la valeur vénale des parts de la société qui constitue la base d'imposition aux droits de mutation à titre gratuit. Aucune purge de la capitalisation n'est constatée sur le contrat du fait de la transmission à titre gratuit. Ce point ne constitue pas un désavantage spécifique par rapport à d'autres placements que détiendrait la société civile, pour lesquels la même règle s'appliquerait. En effet, la transmission portant sur les parts et non les actifs sous-jacents, elle n'a aucun impact sur le prix de revient de ces derniers.

D. Tableau comparatif : contrat de capitalisation, assurance-vie et autres placements financiers

476 **Éléments de comparaison** La différence de bases imposables en cas de décès et l'éventuelle fiscalité applicable pour entrer en possession du capital ne facilitent pas la comparaison entre contrat de capitalisation et assurance-vie, ni la confrontation avec d'autres enveloppes de placement.

Le tableau ci-dessous présente une synthèse et une illustration en vue de faciliter les comparaisons entre les différentes enveloppes de placements financiers.

D'autres éléments doivent cependant être pris en compte dans les critères de choix (comme, par exemple, les frais de chaque enveloppe, la diversité des supports accessibles, la fiscalité des arbitrages et des revenus et la saturation ou non des abattements de 152 500 € pour les contrats d'assurance-vie soumis à l'article 990 I du CGI).

477 **Exemple chiffré** Fiscalisation au taux de droits de mutation à titre gratuit de 20 %.
Primes versées/sommes investies : 100 000 €.
Valeur du contrat/placement au décès avant prélèvements sociaux : 150 000 €.
Valeur lors du rachat/de la cession identique à la valeur lors du décès.

Enveloppe	Au moment du décès	Exemple pour un bénéficiaire/héritier sans prise en compte des éventuels abattements
Contrat de capitalisation	**Fiscalité** : la valeur du contrat est imposable pour sa **valeur vénale,** au jour du décès du souscripteur, aux **droits de succession** dans les conditions de droit commun. Le contrat n'étant pas dénoué, il n'est soumis ni à l'impôt sur le revenu ni aux prélèvements sociaux.	**Au décès** PS : néant Fiscalité : 150 000 × 20 % = 30 000 € Total au décès : 30 000 €
	Sur le plan économique, le contrat de capitalisation ne se dénoue pas. Pour accéder aux liquidités, les héritiers devront racheter le contrat et supporter alors la fiscalité des retraits.	**Au rachat** PS : néant Fiscalité : néant Total au rachat : néant
	Le décès du souscripteur **purgeant désormais la fiscalité** sur les produits acquis, les héritiers ne payeront une fiscalité que sur l'éventuelle valorisation entre le décès et le rachat.	**Net perçu** : 120 000 € **Soit 80 % de la valeur au décès** À la différence du compte-titres, les frais et droits acquittés ne viennent pas en augmentation du prix de revient.
Assurance-vie	**Prélèvements sociaux sur UC** : prélevés au décès, qui entraîne la clôture du contrat	**Au décès (application de l'article** 990 I **du CGI)** PS : 50 000 × 17,2 % = **8 600 €** Fiscalité : (150 000 - 8 600) × 20 % = **28 280 €** (abattement de 152 500 € supposé déjà utilisé) Total fiscalité : **36 880 €** Net perçu : **113 120 €**
	Fiscalité de l'article 990 I du CGI Base : valeur du contrat au décès, nette de prélèvements sociaux Abattement : 152 500 € par bénéficiaire Taux d'imposition : 20 %, puis 31,25 %	**Soit 75,4 % de la valeur au décès**
	Fiscalité de l'article 757 B du CGI Base : montant des primes versées après 70 ans (ou valeur du contrat au décès, nette de prélèvements sociaux, si elle est inférieure) Abattement : 30 500 € par assuré Taux d'imposition : application du barème des droits de succession à titre	**Au décès (application de l'article** 757 B **du CGI)** PS : 50 000 × 17,2 % = **8 600 €** Fiscalité : 100 000 × 20 % = **20 000 €** (abattement de 30 500 € supposé déjà utilisé) Total fiscalité : **28 600 €**

	gratuit dans les conditions de droit commun	
	Sur le plan économique, le placement est dénoué par le décès et le bénéficiaire perçoit une somme nette après paiement des prélèvements sociaux et de la fiscalité de la transmission.	Net perçu : **121 400 €** **Soit 80,9 % de la valeur au décès**
Compte-titres	Le décès ne déclenche pas l'imposition des revenus latents. Ceux-ci ne sont donc pas soumis à **l'impôt sur le revenu** ni aux **prélèvements sociaux.**	**Au décès** PS : néant Fiscalité : 150 000 × 20 % = **30 000 €** Total au décès : **30 000 €**
	Fiscalité droits de succession : la valeur des titres entre dans l'actif successoral du défunt. Application du barème des droits de succession à titre gratuit dans les conditions de droit commun.	**En cas de cession à la même valeur** Valeur d'entrée dans le patrimoine : 180 000 € (150 000 € + 30 000 €) Prix de cession : 150 000 € Moins-value reportable : 30 000 € PS : néant
	Sur le plan économique, les héritiers reçoivent les titres en nature.	Net perçu : 120 000 € **Soit 80 % de la valeur au décès**
	En cas de cession postérieure, la plus-value imposable se calcule par différence entre le prix de vente et la valeur soumise aux droits de succession, augmentée de la quote-part des frais et droits afférente au portefeuille-titres.	Possibilité d'imputer une moins-value de 30 000 €, soit un gain potentiel de 9 000 € (30 000 × 30 %) si application du prélèvement forfaitaire unique de 30 %
PEA (bancaire)	Le gain net constaté sur le PEA lors de la clôture due au décès est exonéré **d'impôt sur le revenu** (quelle que soit l'ancienneté du plan) mais est soumis aux **prélèvements sociaux.**	**Au décès** PS : 50 000 × 17,2 % = **8 600 €** Fiscalité : (150 000 - 8 600) × 20 % = **28 280 €** Total au décès : **36 880 €**
	Fiscalité droits de succession : la valeur globale du PEA entre dans l'actif successoral du défunt et les prélèvements sociaux sont déductibles au passif. Application du barème des droits de succession à titre gratuit dans les conditions de droit commun.	**En cas de cession à la même valeur** Valeur d'entrée dans le patrimoine : 178 280 € (150 000 € + 28 280 €) Prix de cession : 150 000 € Moins-value reportable : 28 280 € PS : néant
	Sur le plan économique, l'héritier ou le légataire qui reçoit des actifs présents sur le PEA doit transférer les titres sur un compte-titres classique.	Net perçu : **113 120 €** **Soit 75,4 % de la valeur au décès**
	En cas de cession postérieure, la plus-value imposable se calcule par différence entre le prix de vente et la valeur soumise aux droits de succession, augmentée de la quote-part des frais et droits de succession.	Possibilité d'imputer une moins-value de 28 280 €, soit un gain potentiel de 8 484 € (28 280 × 30 %) si application du prélèvement forfaitaire unique de 30 %

V. ANNEXE I - Modèles de clauses bénéficiaires

478 Tableau d'orientation thématique

Intérêt de rédiger une clause bénéficiaire	voir 126 et 132
Support de la clause et son détenteur (compagnie d'assurances, notaire)	voir 127 et 129
Modification de la clause bénéficiaire	voir 128
Désignation d'un bénéficiaire par mineur ou un majeur protégé	voir 167
Liberté de choix du bénéficiaire	voir 168 et 185
Détermination du bénéficiaire	voir 170 s. et 335
Désignation des enfants nés ou à naître	voir 171
Désignation des héritiers ou ayants droit	voir 172
Désignation du conjoint	voir 175
Absence de représentation en assurance-vie	voir 176 s.
Renonciation du bénéficiaire	voir 179
Clause bénéficiaire à option	voir 180 s.
Acceptation du bénéficiaire avant le dénouement du contrat	voir 186 s.
Démembrement de la clause bénéficiaire	voir 224 s. et 391 s.

1. - Pour protéger le survivant du couple

a. Rappels

1. Aspects civils

479 Seul le mariage donne la qualité de conjoint. Ainsi, si la clause type est retenue et qu'elle prévoit « mon conjoint, à défaut mes enfants nés ou à naître », le partenaire pacsé ou le concubin ne sont pas concernés. La jurisprudence peut parfois se montrer plus accommodante. Voir ▶ 175.
La qualité de conjoint s'apprécie au jour du décès.
La qualité de concubin est plus délicate à apprécier et on ne saurait trop conseiller de procéder à une désignation nominative, en veillant à modifier la clause en cas de séparation. Si la désignation a été faite par la qualité, un certificat de vie commune (ou de concubinage) peut avoir été établi par la mairie du domicile (mais les mairies ne sont plus obligées de délivrer ce certificat), ou les deux personnes concernées peuvent avoir signé une attestation sur l'honneur.
En cas de séparation :

- lorsque la désignation est effectuée par le nom (Mme Suzanne Z.) sans référence à la qualité, la séparation ou le divorce ne fait pas perdre la qualité de bénéficiaire du contrat ;

- lorsque la désignation est effectuée par la qualité (mon conjoint, mon partenaire pacsé), il faut que le lien d'union soit dissous pour que le bénéficiaire perde sa qualité (divorce, rupture du Pacs).

Pour les époux mariés, que penser de la clause « mon conjoint, à condition qu'une procédure de divorce n'ait pas été entamée » ? Lorsque le divorce est judiciaire, on peut se demander si le moment où la procédure est entamée est celui de la requête initiale ou celui de l'introduction de l'instance par assignation ou requête conjointe. Dans le cadre d'un divorce par consentement mutuel, l'absence de procédure judiciaire rend la situation difficile à appréhender. On pourrait considérer que c'est l'envoi du projet de convention par les avocats qui marquerait l'engagement dans une « procédure » de divorce par consentement mutuel. Si une telle condition peut être insérée dans la clause bénéficiaire à titre de précaution, il est néanmoins fortement conseillé de procéder à une nouvelle rédaction de la clause bénéficiaire lorsque le souhait de protéger l'autre membre du couple a disparu.
De nombreuses clauses proposées par les compagnies d'assurances envisagent aussi l'hypothèse de la séparation de corps, écartant systématiquement le conjoint du bénéfice du contrat, par une rédaction du type : « Mon conjoint, à condition qu'une procédure de divorce ou de séparation de corps n'ait pas été entamée. » Or, si les époux ont choisi de se séparer de corps et non de divorcer, c'est qu'ils ont fait le choix de rester mariés. À cet égard, le Code civil prévoit d'ailleurs qu'en cas de décès de l'un des époux séparés de corps, l'autre conserve les droits que la loi accorde au conjoint survivant, sauf à y avoir renoncé dans la convention établie en cas de séparation de corps par consentement mutuel. Nous estimons donc excessif de prévoir cette clause de manière systématique, même si elle peut être intégrée au cas par cas.
Il convient de rappeler que la notion de séparation de corps n'est pas une situation de fait, mais une situation juridique qui doit être actée (C. civ. art. 296 s.).

2. Aspects fiscaux

480 Au sein d'un couple, seul le conjoint marié ou le partenaire pacsé est exonéré de toute fiscalité. Le concubin est taxable. Il bénéficie de la fiscalité de l'assurance-vie. La qualité de conjoint, partenaire ou concubin s'apprécie au moment du décès. Ainsi, le concubin au moment de la désignation devenu marié ou pacsé au moment du décès bénéficiera de la fiscalité liée à cette seconde situation.

3. Aspects patrimoniaux

481 Lorsque la désignation est faite en faveur du conjoint ou du partenaire pacsé, il n'y a pas d'avantage fiscal lié à l'assurance-vie dans la mesure où ces derniers sont exonérés de toute fiscalité, qu'ils reçoivent des actifs provenant de la succession ou des capitaux décès issus de l'assurance-vie. Au décès du bénéficiaire initial, les sommes sont reçues en pleine propriété par le survivant, qui en dispose comme bon lui semble. L'éventuelle fraction non consommée reviendra à ses propres héritiers ou légataires puisqu'elle dépend de sa succession, avec la fiscalité afférente. Un démembrement de la clause bénéficiaire du contrat instituant le conjoint bénéficiaire en usufruit et les enfants bénéficiaires en nue-propriété peut apporter une solution plus satisfaisante dans certains cas. Voir ▶224 s. et ▶391 s.

4. Aspects liés au contrat d'assurance

482 Lorsque le contrat a fait l'objet d'une cosouscription, la désignation bénéficiaire doit tenir compte du schéma de dénouement retenu : au premier ou au second décès. Voir ▶ 141 s.

b. Exemples

1. Désignation du conjoint ou du partenaire par sa qualité

483 Dans ce cas, si le conjoint perd sa qualité, il n'est plus bénéficiaire.

- **En pleine propriété pour l'intégralité du capital :**

  Bénéficiaire en cas de décès :
  « Mon conjoint (ajouter éventuellement « à condition qu'une procédure de divorce n'ait pas été entamée au jour de mon décès ») / mon partenaire de Pacs, à défaut .... »

- **En pleine propriété pour une partie du capital seulement, avec accroissement au profit du survivant de même rang :**

  Bénéficiaire en cas de décès :
  « Par parts égales, mon conjoint (ajouter éventuellement « à condition qu'une procédure de divorce n'ait pas été entamée au jour de mon décès ») / mon partenaire de PACS et mon fils Jean ......, à défaut de tous .... »

- **En pleine propriété pour une partie du capital seulement, avec autres bénéficiaires à défaut d'un des bénéficiaires de premier rang :**

  Bénéficiaire en cas de décès :
  « Pour 50 % mon conjoint (ajouter éventuellement « à condition qu'une procédure de divorce n'ait pas été entamée au jour de mon décès ») / mon partenaire de PACS, à défaut ....
  Pour 50 % mon fils Jean, à défaut .... »

2. Désignation du conjoint ou du partenaire par son nom, sous condition d'être en couple au jour du décès.

484 **Bénéficiaire en cas de décès :**
« M. X / Mme Y, né(e) le ...... à ...., avec lequel / laquelle je suis en couple, sous réserve que cela soit encore le cas au jour de mon décès (Pacs ou mariage). À défaut, ... »

3. Désignation du concubin par son nom (de préférence à sa qualité).

485 **Bénéficiaire en cas de décès :**
« Mme B, née le .... à ...., etc., à défaut, ... »

4. Désignation du concubin par son nom et sa qualité, sous condition d'être en couple au jour du décès.

486 On peut préférer une désignation par le nom et la qualité et prévoir que la clause ne serait pas applicable si le couple était séparé.

> **Bénéficiaire en cas de décès**
> « Ma concubine, Mme B, née le .... à ......, sauf si nous ne sommes plus en couple au jour de mon décès, à défaut, ... »

Conseils :

- L'appréciation du fait d'être encore en couple au jour du décès peut être délicate à établir notamment lorsque les membres du couple ne vivent plus ensemble, l'un étant en maison de retraite par exemple. Cette rédaction peut s'avérer source de contentieux avec les bénéficiaires « à défaut ».
- Lorsque ce choix est possible, il est préférable de matérialiser le lien d'union par un Pacs ou un mariage, qui permet en outre d'éliminer la fiscalité applicable au capital décès.

5. Désignation du conjoint ou du partenaire pacsé en pleine propriété avec possibilité de choix - clause à options

487 **Bénéficiaire en cas de décès**

« Mon conjoint (ajouter éventuellement « à condition qu'une procédure de divorce n'ait pas été entamée au jour de mon décès ») / mon partenaire de Pacs, qui devra choisir entre les trois options suivantes :

1. L'intégralité du capital, en pleine propriété,
2. La moitié du capital, en pleine propriété,
3. Le quart du capital, en pleine propriété.

Étant précisé que je désigne comme bénéficiaires par parts égales de la fraction qui ne reviendra pas à mon conjoint / mon partenaire..................... (préciser ici les bénéficiaires retenus), qui recevront par ailleurs par parts égales l'intégralité du capital en cas de prédécès de mon conjoint / partenaire de Pacs ou de non-acceptation par lui du capital décès.
Mon conjoint devra faire connaître son option dans un délai maximal de 6 mois à compter de mon décès.
À défaut, il sera réputé avoir retenu l'option pour l'intégralité du capital en pleine propriété (ou autres choix selon la volonté du souscripteur). »

Remarques :
Les compagnies d'assurances préfèrent généralement ne pas gérer une clause comprenant des options, et invitent les souscripteurs à la rédiger auprès de leur notaire. Voir ▶ 129.
Sur les clauses à option, voir ▶ 180 s.

2. Clauses au profit des enfants et/ou petits-enfants

a. Rappels

1. Aspects civils

488 Sauf volonté contraire du souscripteur (rare), le capital payé au décès du contractant est hors succession (C. ass. art. L 132-12). Il n'est soumis ni aux règles du rapport à succession, ni à celles de la réduction pour atteinte à la réserve des héritiers du contractant. Il en va de même pour les primes versées, à moins que celles-ci n'aient été manifestement exagérées eu égard à ses facultés (C. ass. art. L 132-13). Pour une analyse portant sur les primes exagérées, voir ▶239 s. et ▶406 s..

Lorsque les enfants ne reçoivent pas des parts égales ou lorsque certains enfants seulement sont bénéficiaires, il n'existe pas de mécanisme correcteur automatique pour rétablir l'égalité (rapport) ou veiller à ce que la quotité disponible ne soit pas excédée, à la différence des transmissions par donations ou legs. Par ailleurs, le mécanisme de la représentation prévu par le Code civil dans le cadre des successions ne s'applique pas (C. civ. art. 751 s.). Ainsi, par exemple, dans le cas où un enfant désigné bénéficiaire décède avant l'assuré, ses propres enfants ne viennent pas en représentation. De même, une représentation « du vivant » telle que prévue à l'article 754 du Code civil, qui permettrait au bénéficiaire de s'effacer au profit de ses représentants, ne nous semble pas concevable sur la base du Code civil. En revanche, elle est tout à fait possible si une rédaction appropriée est retenue.

2. Aspects fiscaux et patrimoniaux

489 Lorsque les capitaux décès sont soumis à l'article 990 I du CGI, l'existence d'un abattement par bénéficiaire distinct invite à une réflexion sur l'intérêt d'une désignation associant les enfants et les petits-enfants.

Supposons que le contrat d'assurance-vie comporte un capital décès de 450 000 €. Jean, le souscripteur-assuré a un fils, Pierre, et deux petits-enfants : Pierrot et Perrine. Si Pierre est seul bénéficiaire, il sera taxable à 20 % au-delà de l'abattement de 152 500 €, soit une fiscalité de 59 500 € [(20 % × (450 000 - 152 500)]. Si la clause bénéficiaire partage le capital entre Pierre et ses deux enfants (soit 150 000 € chacun), aucune fiscalité ne sera à acquitter.

Lorsque les capitaux décès sont soumis à l'article 757 B du CGI, la répartition entre enfant et petits-enfants n'a d'impact positif significatif que si ces derniers sont soumis à un taux plus faible que leur parent.

Dans tous les cas, la transmission transgénérationnelle directe grâce à une rédaction adéquate de la clause bénéficiaire de Jean permet d'éviter à Pierre de faire une donation à ses enfants sur le capital décès qu'il aurait reçu de son père via l'assurance-vie, et préserve les abattements dont il dispose pour une transmission future.

b. Exemples

1. Désignation des enfants en pleine propriété pour l'intégralité du capital

490 – **Avec représentation en cas de décès seulement :**

Bénéficiaire en cas de décès :
« Par parts égales entre eux, mes enfants, nés ou à naître, vivants ou représentés, à défaut .... »

– **Avec représentation en cas de décès et possibilité pour chaque enfant de voir ses enfants allotis en cas de renonciation :**

Bénéficiaire en cas de décès :
« Par parts égales entre eux, chacun de mes enfants, nés ou à naître, vivants ou représentés, étant précisé qu'à défaut d'acceptation de sa désignation par un ou plusieurs de mes enfants, la part qui était prévue en sa faveur reviendra à ses propres enfants. »

– **Lorsque le nombre d'enfant est connu et que chacun a des enfants, on peut préférer une désignation plus directe :**

Par exemple, en présence de deux enfants :
Bénéficiaire en cas de décès :
« Pour 50 % du capital mon fils Pierrot, à défaut, qu'il soit prédécédé ou qu'il n'accepte pas sa désignation, ses propres enfants, vivants ou représentés, à défaut ma fille Perrine, vivante ou représentée, à défaut ....
Pour 50 % du capital ma fille Perrine, à défaut, qu'elle soit prédécédée ou qu'elle n'accepte pas sa désignation, ses propres enfants, vivants ou représentés, à défaut mon fils Pierrot vivant ou représenté, à défaut.... »

2. Désignation des enfants en pleine propriété avec possibilité de « prendre ou passer » pour le tout - clause à options

491 **Bénéficiaire en cas de décès**
« Par parts égales entre eux, chacun de mes enfants, nés ou à naître, qui devra choisir pour la part du capital décès lui revenant entre les 3 options suivantes :

1. L'intégralité du capital, en pleine propriété,
2. La moitié du capital, en pleine propriété, le solde revenant alors à ses propres enfants, vivants ou représentés,
3. Le quart du capital, en pleine propriété, le solde revenant alors à ses propres enfants, vivants ou représentés.

Étant précisé qu'en cas de prédécès d'un ou plusieurs de mes enfants, de même qu'à défaut d'acceptation de sa désignation, la part prévue en sa faveur reviendra intégralement à ses propres enfants, vivants ou représentés. »
Chacun de mes enfants devra faire connaître son option dans un délai maximal de 6 mois à compter de mon décès. À défaut, il sera réputé avoir retenu l'option pour l'intégralité du capital en pleine propriété (ou autres choix selon la volonté du souscripteur). »

Remarques :
Les compagnies d'assurances préfèrent généralement ne pas gérer une clause comprenant des options, et invitent les souscripteurs à la rédiger auprès de leur notaire. Voir ▶129.
Sur les clauses à option, voir ▶180 s.

3. Désignation des petits-enfants, par parts égales, sans logique d'égalité par souche

492 **Bénéficiaire en cas de décès :**
« Par parts égales entre eux, chacun de mes petits-enfants, nés ou à naitre, vivants ou représentés, à défaut de tous .... (compléter désignation). »

4. Désignation des petits-enfants avec logique d'égalité par souche

493 Par exemple, avec deux enfants et deux petits-enfants dans toutes les branches :

Bénéficiaire en cas de décès :
« Pour 50 % du capital, les enfants de mon fils Pierrot, nés ou à naitre, vivants ou représentés, à défaut, mon fils Pierrot, à défaut ma fille Perrine, vivante ou représentée (ou à défaut, les enfants de ma fille Perrine), à défaut...
Pour 50 % du capital, les enfants de ma fille Perrine, nés ou à naitre, vivants ou représentés, à défaut, ma fille Perrine, à défaut mon fils Pierrot, vivant ou représenté (ou à défaut, les enfants de mon fils Pierrot), à défaut... »

Il est possible de désigner les enfants dans la limite de l'abattement, et au-delà les petits-enfants par branche. Par exemple, pour deux enfants :

Bénéficiaire en cas de décès :
« 1) Par parts égales, mon fils Pierrot et ma fille Perrine, vivants ou représentés, dans la limite de 152 500 € chacun ;
2) L'éventuelle quote-part résiduelle du capital décès reviendra : Pour 50 % du capital aux enfants de mon fils Pierrot, vivants ou représentés, à défaut mon fils Pierrot, à défaut ma fille Perrine, vivante ou représentée, à défaut...
Pour 50 % du capital aux enfants de ma fille Perrine, vivants ou représentés, à défaut ma fille Perrine, à défaut mon fils Pierrot, vivant ou représenté, à défaut... »

On peut aussi décider de désigner les enfants dans la limite de l'abattement, et au-delà le conjoint, et à défaut les petits-enfants par branche. Par exemple, pour deux enfants :

Bénéficiaire en cas de décès :
« 1) Par parts égales, mon fils Pierrot et ma fille Perrine, vivants ou représentés, dans la limite de 152 500 € chacun ;
2) L'éventuelle quote-part résiduelle du capital décès reviendra à mon conjoint (ajouter éventuellement « à condition qu'une procédure de divorce n'ait pas été entamée au jour de mon décès ») et, à défaut, :
Pour 50 % du capital aux enfants de mon fils Pierrot, vivants ou représentés, à défaut, mon fils Pierrot, à défaut ma fille Perrine, vivante ou représentée, à défaut...
Pour 50 % du capital aux enfants de ma fille Perrine, vivants ou représentés, à défaut, ma fille Perrine, à défaut mon fils Pierrot, vivant ou représenté, à défaut... »

3. Démembrement de la clause bénéficiaire

a. Quelques rappels importants

1. Aspects civils et patrimoniaux

494 Lorsque la clause bénéficiaire du contrat prévoit un démembrement de propriété, il s'agit de réaliser la désignation conjointe de deux catégories de bénéficiaires, l'une pour l'usufruit et l'autre pour la nue-propriété, chacun étant titulaire de droits qui s'expriment différemment selon la nature du capital décès (argent ou unités de compte), l'ampleur de la liberté accordée à l'usufruitier et la durée de l'usufruit.

La configuration la plus fréquente concerne un dénouement en capital qui attribue la nue-propriété aux enfants du souscripteur et l'usufruit à son conjoint (ou son partenaire de Pacs), et donne à ce dernier les droits les plus larges. Ainsi, le capital décès est versé entre les mains de l'usufruitier, qui pourra en disposer librement, à charge pour lui de restituer en fin d'usufruit un capital équivalent au nu-propriétaire désigné. Il peut, à l'inverse, être prévu l'obligation d'un maintien du démembrement.

Ainsi, la clause bénéficiaire démembrée se différencie civilement d'une désignation en pleine propriété et, à l'instar d'une libéralité résiduelle, impacte le patrimoine de l'usufruitier, sa succession devant régler cette dette au profit des nus-propriétaires avant de transmettre le solde de son actif net.

Nota : L'usufruit peut être attribué pour une durée viagère (ce sera le cas le plus fréquent), mais il peut également être attribué à titre temporaire.

2. Aspects fiscaux

495 **Au dénouement du contrat**, usufruitier et nu-propriétaire seront taxés selon la fiscalité qui leur est propre (voir ▶391 s.).

Ainsi, le contrat est susceptible de comporter une fiscalité au dénouement, pour le nu-propriétaire comme pour l'usufruitier lorsqu'il n'est pas exonéré.

La fiscalité applicable au titre de l'article 990 I du CGI est automatiquement prélevée par l'assureur sur les capitaux décès. Elle peut être différente selon les nus-propriétaires, par exemple lorsqu'ils ont déjà reçu des capitaux et consommé l'abattement de 152 500 €. La convention doit relater ces éventuels prélèvements et en tirer des conséquences concernant le montant de la créance de restitution due à chacun des nus-propriétaires.

La fiscalité applicable au titre de l'article 757 B du CGI a vocation à être payée préalablement au versement des capitaux (voir ▶356 dans le texte et ▶507 dans les annexes), mais peut être réglée par la compagnie à l'occasion du versement des capitaux. Ces derniers ayant vocation à être remis à l'usufruitier, il nous semble que son accord est nécessaire, sauf à ce que le souscripteur ait imposé une charge à l'usufruitier d'autoriser un tel prélèvement ou de rembourser de manière anticipée au nu-propriétaire les sommes nécessaires à ce paiement.

Au décès de l'usufruitier, la créance du nu-propriétaire sera déductible de l'actif successoral de ce dernier, constituant un passif de succession (voir ▶401 sur la nécessité ou non d'un enregistrement et ▶400 sur les questions d'indexation de la créance).

b. Exemples

1. Conjoint usufruitier et enfants nus-propriétaires - somme d'argent, liberté maximale au conjoint

496 **Bénéficiaire en cas de décès :**

« Pour l'usufruit : mon conjoint (ajouter éventuellement « à condition qu'une procédure de divorce n'ait pas été entamée au jour de mon décès »), à défaut, en cas de prédécès ou de non-acceptation de sa désignation, les bénéficiaires en nue-propriété recevront la pleine propriété du capital.

Pour la nue-propriété : par parts égales, chacun de mes enfants, nés ou à naitre, vivants ou représentés, à défaut de tous, mon conjoint, à défaut... »

Remarques :

Si la clause ne dispense pas de donner caution de jouir raisonnablement (C. civ. art. 601), les sommes comprises dans l'usufruit doivent être placées et seuls les fruits du placement appartiennent, dans ce cas, à l'usufruitier (C. civ. art. 602). Les nus-propriétaires peuvent renoncer à cette protection. Cette renonciation doit être expresse. À défaut, les nus-propriétaires pourront exiger ces garanties postérieurement.

Pour écarter l'obligation de fournir caution et à défaut de faire emploi, poursuivre :

> « Je dispense expressément l'usufruitier de fournir caution (article 601 du code civil) et de faire emploi des sommes (article 602 du code civil). Ainsi, les capitaux décès versés par la compagnie d'assurances seront remis entre ses mains, il aura le droit d'en disposer librement, mais à la charge de restituer, à la fin de l'usufruit, un capital équivalent (article 587 du code civil).
>
> L'usufruitier, bénéficiant d'un quasi-usufruit, aura l'obligation d'autoriser le prélèvement des taxes et/ou droits de succession dus par les nus-propriétaires au titre du dénouement du contrat objet de la présente clause sur les capitaux décès nets qui lui seront remis.
>
> J'invite les bénéficiaires à mettre en place une convention enregistrée et à en faire effectuer l'inscription au fichier central des dernières volontés par le notaire en charge de ma succession.
>
> Cette convention constatera notamment le montant du capital remis à l'usufruitier, les éventuels prélèvements effectués au titre de la fiscalité due par chacun, ainsi que le montant de la créance de restitution due à chacun des nus-propriétaires, et son éventuelle indexation. »

Remarques :

Cette convention pourra comporter l'accord des nus-propriétaires pour dispenser l'usufruitier de donner caution et de faire emploi des deniers au sens de l'article 602 du Code civil, si cette dispense n'a pas été prévue par le souscripteur. Inversement, la convention peut constater la demande effectuée par les nus-propriétaires (ou certains d'entre eux) à l'usufruitier de fournir caution, et à son défaut, demander l'emploi des deniers sur un placement démembré dont les revenus reviendront à l'usufruitier.

2. Conjoint usufruitier et enfants nus-propriétaires - somme d'argent, obligation d'emploi

497 **Bénéficiaire en cas de décès :**

« Pour l'usufruit : mon conjoint (ajouter éventuellement à condition qu'une procédure de divorce n'ait pas été entamée au jour de mon décès), à défaut, en cas de prédécès ou de non-acceptation de sa désignation, les bénéficiaires en nue-propriété recevront la pleine propriété du capital.

Pour la nue-propriété : par parts égales, chacun de mes enfants, nés ou à naitre, vivants ou représentés, à défaut de tous, mon conjoint, à défaut .... »
Poursuivre :

> « J'impose à l'usufruitier de faire emploi des sommes (article 602 du code civil). Ainsi, les capitaux décès versés par la compagnie d'assurances seront portés sur un compte ouvert au nom de l'usufruitier pour l'usufruit et des nus-propriétaires pour la nue-propriété. Le choix des éventuels placements effectués avec ce capital appartiendra à l'usufruitier seul. Ces placements seront réalisés avec report du démembrement de propriété.
> Je précise que mes bénéficiaires sont toutefois libres de convenir d'un choix différent, et notamment de laisser les sommes entre les mains de l'usufruitier au titre d'un quasi-usufruit, et/ou aménager comme bon leur semble les règles relatives au choix du placement du capital démembré.
> Quel que soit le choix retenu, les bénéficiaires auront l'obligation d'autoriser le prélèvement des taxes et/ou droits de succession dus par chacun au titre du dénouement du contrat objet de la présente clause sur les capitaux décès nets qui seront versés. »

4. Clause au profit d'une association/fondation

498 Désigner un organisme sans but lucratif comme bénéficiaire d'un contrat d'assurance-vie peut sembler sans intérêt lorsqu'il est déjà exonéré de toute fiscalité au titre des droits de succession (voir SNH 18/18 inf. 8).

Cette désignation peut néanmoins s'avérer judicieuse pour le souscripteur qui souhaite effectuer un geste philanthropique à son décès :

1. En substitution d'un legs particulier, pour des raisons de plus grande simplicité

499 Par rapport au legs particulier, le fait d'être désigné bénéficiaire d'un contrat d'assurance-vie permet à l'organisme gratifié de recevoir un capital en toute simplicité directement de la compagnie, au lieu de suivre le parcours du légataire, avec ses éventuels aléas et son coût de traitement. L'absence de fiscalité permet d'envisager (voire de prioriser) une souscription après 70 ans, tout en préservant l'abattement de 30 500 € prévu à l'article 757 B du CGI, qui ne se répartit qu'entre les bénéficiaires imposables.

– **Pour l'intégralité du capital :**

> **Bénéficiaire en cas de décès :**
> « .... (indiquer ici la fondation ou l'association retenue en précisant bien sa désignation), à défaut .... (autre organisme sans but lucratif), à défaut .... »

– **Pour une fraction à prélever sur un capital destiné à revenir à plusieurs bénéficiaires :**

> **Bénéficiaire en cas de décès :**
> « 1) .... (indiquer ici la fondation ou l'association retenue en précisant bien sa désignation), dans la limite de .... €, à défaut d'acceptation, ou en cas de disparition de l'organisme, cette fraction reviendra aux bénéficiaires mentionnés au 2) ;
> 2) L'éventuelle quote-part résiduelle du capital décès reviendra à .... (indiquer les bénéficiaires retenus), à défaut .... »

2. En substitution de la désignation « à défaut mes héritiers légaux » qui ponctue traditionnellement les clauses bénéficiaires

500 Le choix des « héritiers légaux » à défaut des bénéficiaires initialement prévus s'inscrit dans une logique d'optimisation fiscale bien pensée. En l'absence de famille proche (conjoint, descendants), si aucune alternative n'est prévue, le capital rejoindra la succession et reviendra aux héritiers légaux du défunt. Ces derniers devront acquitter les droits de succession en fonction de leur lien de parenté avec le défunt. Les ériger en bénéficiaires ne change rien à l'allotissement final, mais permet de voir appliquer la fiscalité de l'assurance-vie, généralement plus favorable que les droits de succession. Mais lorsqu'il s'agit de parents très éloignés, avec lesquels les liens familiaux se sont distendus, nombre de souscripteurs se montrent intéressés à désigner un organisme philanthropique comme bénéficiaire, au moins pour une partie des capitaux.

– **Pour l'intégralité du capital, à défaut de famille proche :**

  Bénéficiaire en cas de décès :
  « Mon conjoint (éventuellement avec les précisions ci-dessus au ▶479), à défaut mes enfants nés ou à naître, vivants ou représentés, à défaut, la fondation ou l'association retenue (bien préciser sa désignation), à défaut …. »

– **Pour une fraction du capital, le solde revenant aux héritiers légaux :**

  Bénéficiaire en cas de décès :
  « Mon conjoint (éventuellement avec les précisions ci-dessus au ▶479), à défaut mes enfants nés ou à naître, vivants ou représentés, à défaut :
  – pour 50 %, la fondation ou l'association X (bien préciser sa désignation), à défaut….
  – pour 50 %, mes héritiers légaux par parts égales (ou un héritier parmi tous, "mon neveu Arthur "), à défaut…. »

5. Absence de clause bénéficiaire

501 Lorsque le choix est fait par le souscripteur de ne pas désigner de bénéficiaire, il semble préférable de l'indiquer expressément pour éviter tout doute sur le caractère volontaire de cette situation. Ce choix, qui peut être guidé par différentes raisons (voir ▶134), emporte des conséquences civiles et fiscales :

a. Rappels

1. Sur le plan civil

502 Le capital décès fait partie de la succession du souscripteur (C. ass. art. L 132-11). Il sera réparti comme les autres actifs de la succession. Il peut avoir été prévu dans le testament que ce capital reviendra à une ou plusieurs personnes déterminées. Elles n'ont pas la qualité de bénéficiaire mais celle de légataire à titre particulier de la quote-part du capital qui leur est attribuée. Ainsi, les capitaux ne seront par réglés au légataire directement par l'assureur mais devront passer pas la succession.

2. Sur le plan fiscal

503 Le capital décès étant réintégré dans la succession, il est taxé dans les conditions de droit commun applicables aux autres actifs.

b. Exemple

504 **Bénéficiaire en cas de décès**

« Je décide de ne pas désigner de bénéficiaire afin que, conformément aux dispositions de l'article L 132-11 du Code des assurances, le capital dont le versement est prévu en cas de mon décès fasse partie de ma succession. »

VI. ANNEXE II - Formalités à accomplir par le bénéficiaire

505 **• Que faire si on pense être bénéficiaire d'un contrat d'assurance-vie ?**

Contrat souscrit auprès d'une compagnie située en France	
Assureur identifié	Prise de contact directement auprès de la compagnie par courrier en joignant un acte de décès (listes et adresses des compagnies sur le site de l'ACPR) https://acpr.banque-france.fr/autoriser/registre-des-organismes-dassurance
Assureur non identifié et décès de moins de 10 ans.	S'adresser à l'AGIRA (Association pour la Gestion des Informations sur le Risque en Assurance) http://www.agira.asso.fr/ La demande s'effectue par courrier ou par formulaire web. Elle peut être effectuée par le bénéficiaire potentiel et/ou le notaire en charge de la succession. Si le bénéficiaire n'est pas désigné nominativement, il ne sera pas identifié. Cependant, l'AGIRA informant toutes les entreprises agréées sur le marché français pour opérer en assurance-vie (sociétés d'assurance, institutions de prévoyance et mutuelles) du décès de l'assuré, elles ont ensuite l'obligation de rechercher le/les bénéficiaires. Mandater le notaire chargé de la succession pour qu'il obtienne, via un accès au fichier Ficovie, communication des informations relatives aux contrats du défunt pour lesquels vous êtes identifié comme bénéficiaire. Ce mécanisme ne communique que les contrats souscrits par le défunt pour lesquels vous êtes désigné nominativement comme bénéficiaire, et non ceux pour lesquels cela résulte de votre qualité.
Contrat non réclamé depuis plus de 10 ans et moins de 30 ans	Caisse des Dépôts - service Ciclade https://ciclade.caissedesdepots.fr
Contrat souscrit auprès d'une compagnie située au Luxembourg	
Assureur identifié	Prise de contact directement auprès de la compagnie par courrier en joignant un acte de décès (listes et adresses sur le site du commissariat aux assurances luxembourgeois, rubrique « opérateurs »).

	https://www.caa.lu/fr/accueil
Assureur non identifié	Pas de dispositif spécifique

506 • Percevoir le capital décès : quelles sont les formalités non fiscales à accomplir ?

Preuve du décès de l'assuré	Acte de décès
Preuve de la qualité de bénéficiaire	Pour chaque bénéficiaire, et notamment s'il est désigné par son nom : preuve de son identité et preuve qu'il est en vie. Si le bénéficiaire est désigné par sa qualité, preuve de celle-ci : conjoint, partenaire, enfant. Par tous moyens, mais généralement un acte de notoriété établi par le notaire est privilégié. Si les bénéficiaires sont les héritiers : acte de notoriété établi par un notaire.
Acceptation du bénéfice	Attention, cette acceptation peut être tacite. Ainsi, l'envoi des pièces demandées par la compagnie vaut acceptation. Spécificité pour les mineurs et majeurs protégés (Décret 2008-1484 du 22-12-2008, annexe 2).

507 • Percevoir le capital décès : quelles sont les formalités fiscales à accomplir ?

Le bénéficiaire est le conjoint ou le partenaire pacsé (ou un organisme exonéré de droits de succession en application de l'article 795 du CGI)	Le certificat de non-exigibilité, qui était requis pour percevoir le capital lorsque le contrat était soumis à l'article 757 B du CGI, ne l'est plus (voir 356). On peut donc en inférer que la déclaration partielle de succession n'est plus requise.		
Le bénéficiaire est une personne autre que le conjoint ou le partenaire pacsé (ou qu'un organisme exonéré de droits de succession en application de l'article 795 du CGI)	**Capital exonéré compte tenu des dates de souscription et de versement des primes** (voir 374)	**Capital décès soumis à l'article 990 I du CGI** (voir 357 s.)	**Capital décès soumis à l'article 757 B du CGI** (voir 338 s.)
		Calcul et paiement de la fiscalité par la compagnie	**Déclaration du contrat et paiement des droits préalablement par le contribuable**
	Pas de formalités fiscales à accomplir	Attestation sur l'honneur indiquant le montant des abattements déjà appliqués à raison du décès du même assuré (voir exemple ci-dessous). Sur la base de cette attestation, l'assureur versera directement le capital décès net après prélèvement de la	Déclaration du contrat à la recette des impôts du domicile du défunt, soit dans la déclaration de succession générale, soit dans une déclaration partielle (voir exemple ci-dessous). Obtention d'un certificat attestant de l'exonération ou

		fiscalité qui sera réglée par elle au trésor public.	du paiement des droits (ce qui suppose de disposer de la trésorerie nécessaire).* Transmettre l'information au notaire en charge de la succession lorsque le bénéficiaire est aussi héritier.
* Une alternative consiste à demander le règlement des droits par la compagnie directement auprès du Trésor public qui émettra ensuite le certificat d'acquittement			

508 • **Exemple d'attestation à remplir par le bénéficiaire en application de l'article 990 I du Code général des impôts**

Je soussigné(e), Mme, Mlle, M., (Nom, prénom du bénéficiaire) .... Né(e) le : ....../....../........... demeurant (adresse fiscale complète) .... Agissant en ma qualité de bénéficiaire en cas de décès du (des) contrat(s) dont l'assuré(e) était M.. ...., (né(e) le....../....../......., demeurant à ....) souscrit(s) auprès de la compagnie d'assurances X........................ **atteste sur l'honneur qu'à ma connaissance à la date de signature de la présente attestation :**

(cocher et renseigner la case A ou B correspondant à votre situation)

A) Je ne suis bénéficiaire en cas de décès d'aucun autre contrat dont M. .... était l'assuré(e)

tant auprès de la compagnie d'assurances X qu'auprès d'autre(s) compagnie(s) ou organisme(s) d'assurances.

En conséquence, je demande à la compagnie d'assurances X d'imputer en totalité, ou à concurrence des sommes imposables, l'abattement de 152 500 € mentionné à l'article 990 I du CGI sur les sommes versées en cas de décès, et, le cas échéant, de verser à l'administration fiscale le prélèvement dû au-delà de cet abattement.

B) Je suis bénéficiaire en cas de décès d'autre(s) contrat(s) dont M. .... était l'assuré(e)

auprès de la compagnie d'assurances X et/ou d'autre(s) compagnie(s) ou organisme(s) d'assurances.

Si vous avez coché la case B, cochez et renseignez la case 1) ou 2) ou 3) correspondant à votre situation.

1) J'atteste ne pas avoir déjà demandé à bénéficier de l'abattement de 152 500 €.

En conséquence, je demande à la compagnie d'assurances X d'appliquer sur les sommes versées en cas de décès cet abattement et, le cas échéant, de verser à l'administration fiscale le prélèvement dû au-delà de l'abattement.

Ou

2) J'atteste avoir déjà demandé à bénéficier partiellement de l'abattement de 152 500 € pour un montant de .... €.

En conséquence, je demande à la compagnie d'assurances X d'appliquer sur les sommes versées en cas de décès la part restante de l'abattement, et, le cas échéant, de verser à l'administration fiscale le prélèvement dû au-delà de l'abattement.

Ou

3) J'atteste avoir déjà demandé à bénéficier en totalité de l'abattement de 152 500 €.

En conséquence, je demande à la compagnie d'assurances X de verser à l'administration fiscale le prélèvement dû sur les sommes versées en cas de décès.

J'atteste que la somme totale (fraction(s) de la part taxable) qui a déjà été assujettie au prélèvement mentionné à l'article 990 I du CGI au titre d'un ou plusieurs contrats est égale à .... €.

509 • **Exemple de déclaration partielle de succession - Formulaire 2705-A-SD (à établir lorsque le défunt était titulaire d'un contrat d'assurance-vie)**

RÉPUBLIQUE FRANÇAISE
Liberté
Égalité
Fraternité

DIRECTION GÉNÉRALE DES FINANCES PUBLIQUES

Date de réception :

Nom du service :

N° 2705-A-SD
(01-2022)

cerfa
12321*07

ASSURANCE-VIE ET CERTIFICAT D'ACQUITTEMENT OU DE NON-EXIGIBILITÉ DE L'IMPÔT (DÉCLARATION PARTIELLE DE SUCCESSION)

À établir lorsque le défunt était titulaire d'un contrat d'assurance-vie

Formulaire obligatoire en vertu des articles 292A de l'annexe II au code général des impôts et 800 dudit code

À déposer en 2 exemplaires soit par mail, soit par voie postale, soit déposés sur place

INFORMATIONS CONCERNANT LE DÉFUNT (voir la notice n° 2705-A-NOT-SD)

Succession de : ☐ Mme ☐ M.

Nom de naissance :

Nom d'usage :

Prénom(s) :

Date de naissance : ____________ Commune de naissance : ____________

Département de naissance : ____________ ou pays [si né(e) à l'étranger] :

Adresse complète du domicile du défunt : N° ____ Voie :

Code postal : ____________ Commune :

Date du décès : ____________ Commune du lieu du décès : ____________ Code postal du lieu du décès :

Service chargé de l'enregistrement du domicile du défunt (SDE/SPFE)(1) :

CADRE RÉSERVÉ À L'ADMINISTRATION

Déclaration 2705-A SD n° ____________ enregistrée le ____________

Référence comptable	Mode de paiement	Date	N°	Somme versée en euros
				€
				€
				€

CADRE RÉSERVÉ À L'ADMINISTRATION
CERTIFICAT D'ACQUITTEMENT OU DE NON-EXIGIBILITÉ DE L'IMPÔT

Certificat ☐ d'acquittement ☐ de non-exigibilité de l'impôt

NOM et Prénom du bénéficiaire	Montant des droits (en €)

Service chargé de l'enregistrement (SDE/SPFE)(1) de :

Date : ____________ Signature (nom et grade du signataire) :

Le présent certificat n'exclut pas la possibilité pour l'administration de rectifier le montant des droits éventuellement dus à l'occasion d'un contrôle ultérieur. La législation prévoit, notamment, un abattement de 30 500 € par défunt et non par déclaration partielle de succession déposée par le(s) bénéficiaire(s) du ou des contrat(s) d'assurance-vie souscrit(s) par le défunt.

(1) SDE : service départemental de l'enregistrement. SPFE : service de la publicité foncière et de l'enregistrement.

Page 1/6

Éditions Francis Lefebvre 2022

N° 2705-A-SD (01-2022)

CADRE À REMPLIR PAR LE DÉPOSANT

Renseignements relatifs aux contrats d'assurance-vie.

Désignation de l'organisme d'assurance concerné par la déclaration :

Nom et adresse de l'organisme : ____________________

		Assurance-vie autre que Plan Épargne Retraite		Plan Épargne Retraite	Informations concernant le(s) bénéficiaire(s)[2, 3] – 1 ligne par bénéficiaire			
1. N° de contrat ou de l'avenant[2]	2. Date de souscription du contrat ou de l'avenant[2]	3. Montant des primes versées après le 70e anniversaire[2]	4. Montant du capital à verser au titre des primes versées après le 70e anniversaire[2]	5. Montant du capital à verser en cas de décès après le 70e anniversaire[2]	6. Nom d'usage	7. Prénom(s)	8. Montant de la part du bénéficiaire dans les primes versées (cf. col. 3)	9. Montant de la part du bénéficiaire dans le capital à verser (cf. col. 4 ou 5)
		€	€	€			€	€
		€	€	€			€	€
		€	€	€			€	€
		€	€	€			€	€
		€	€	€			€	€
		€	€	€			€	€
		€	€	€			€	€
		€	€	€			€	€
		€	€	€			€	€
		€	€	€			€	€

[2] Pour l'ensemble des colonnes, voir la notice n° 2705-A-NOT-SD. [3] Compléter ensuite ci-dessous un cadre par bénéficiaire.

Page 2/6

N° 2705-A-SD (01-2022)

Désignation du ou des bénéficiaires (un cadre par bénéficiaire).

Nom de naissance : ______ Nom d'usage : ______ Prénom(s) : ______

Date de naissance : ______ Commune de naissance : ______

Département de naissance : ______ ou pays [si né(e) à l'étranger] : ______

Adresse du bénéficiaire : N° : ______ Voie : ______

Code postal : ______ Commune : ______ Pays : ______

Adresse courriel : ______ Téléphone : ______

Lien de parenté avec le défunt : ______

Le ______ **Signature du bénéficiaire ou, le cas échéant, du mandataire ou du tuteur[4] :**

Désignation du ou des bénéficiaires (un cadre par bénéficiaire).

Nom de naissance : ______ Nom d'usage : ______ Prénom(s) : ______

Date de naissance : ______ Commune de naissance : ______

Département de naissance : ______ ou pays [si né(e) à l'étranger] : ______

Adresse du bénéficiaire : N° : ______ Voie : ______

Code postal : ______ Commune : ______ Pays : ______

Adresse courriel : ______ Téléphone : ______

Lien de parenté avec le défunt : ______

Le ______ **Signature du bénéficiaire ou, le cas échéant, du mandataire ou du tuteur[4] :**

Désignation du ou des bénéficiaires (un cadre par bénéficiaire).

Nom de naissance : ______ Nom d'usage : ______ Prénom(s) : ______

Date de naissance : ______ Commune de naissance : ______

Département de naissance : ______ ou pays [si né(e) à l'étranger] : ______

Adresse du bénéficiaire : N° : ______ Voie : ______

Code postal : ______ Commune : ______ Pays : ______

Adresse courriel : ______ Téléphone : ______

Lien de parenté avec le défunt : ______

Le ______ **Signature du bénéficiaire ou, le cas échéant, du mandataire ou du tuteur[4] :**

[4] Fournir un mandat ou un jugement de tutelle ainsi qu'une pièce d'identité.

Page 3/6

N° 2705-A-SD (01-2022)

Désignation du ou des bénéficiaires (un cadre par bénéficiaire).

Nom de naissance : ______ Nom d'usage : ______ Prénom(s) : ______
Date de naissance : ______ Commune de naissance : ______
Département de naissance : ______ ou pays [si né(e) à l'étranger] : ______
Adresse du bénéficiaire : N° : ______ Voie : ______
Code postal : ______ Commune : ______ Pays : ______
Adresse courriel : ______ Téléphone : ______
Lien de parenté avec le défunt : ______

Le ______ **Signature du bénéficiaire ou, le cas échéant, du mandataire ou du tuteur[4] :**

Désignation du ou des bénéficiaires (un cadre par bénéficiaire).

Nom de naissance : ______ Nom d'usage : ______ Prénom(s) : ______
Date de naissance : ______ Commune de naissance : ______
Département de naissance : ______ ou pays [si né(e) à l'étranger] : ______
Adresse du bénéficiaire : N° : ______ Voie : ______
Code postal : ______ Commune : ______ Pays : ______
Adresse courriel : ______ Téléphone : ______
Lien de parenté avec le défunt : ______

Le ______ **Signature du bénéficiaire ou, le cas échéant, du mandataire ou du tuteur[4] :**

Désignation du ou des bénéficiaires (un cadre par bénéficiaire).

Nom de naissance : ______ Nom d'usage : ______ Prénom(s) : ______
Date de naissance : ______ Commune de naissance : ______
Département de naissance : ______ ou pays [si né(e) à l'étranger] : ______
Adresse du bénéficiaire : N° : ______ Voie : ______
Code postal : ______ Commune : ______ Pays : ______
Adresse courriel : ______ Téléphone : ______
Lien de parenté avec le défunt : ______

Le ______ **Signature du bénéficiaire ou, le cas échéant, du mandataire ou du tuteur[4] :**

[4] Fournir un mandat ou un jugement de tutelle ainsi qu'une pièce d'identité.

Page 4/6

N° 2705-A-SD (01-2022)

Désignation du ou des bénéficiaires (un cadre par bénéficiaire).

Nom de naissance : ______ Nom d'usage : ______ Prénom(s) : ______
Date de naissance : ______ Commune de naissance : ______
Département de naissance : ______ ou pays [si né(e) à l'étranger] : ______
Adresse du bénéficiaire : N° : ______ Voie : ______
Code postal : ______ Commune : ______ Pays : ______
Adresse courriel : ______ Téléphone : ______
Lien de parenté avec le défunt : ______

Le ______ **Signature du bénéficiaire ou, le cas échéant, du mandataire ou du tuteur[4] :**

Désignation du ou des bénéficiaires (un cadre par bénéficiaire).

Nom de naissance : ______ Nom d'usage : ______ Prénom(s) : ______
Date de naissance : ______ Commune de naissance : ______
Département de naissance : ______ ou pays [si né(e) à l'étranger] : ______
Adresse du bénéficiaire : N° : ______ Voie : ______
Code postal : ______ Commune : ______ Pays : ______
Adresse courriel : ______ Téléphone : ______
Lien de parenté avec le défunt : ______

Le ______ **Signature du bénéficiaire ou, le cas échéant, du mandataire ou du tuteur[4] :**

Désignation du ou des bénéficiaires (un cadre par bénéficiaire).

Nom de naissance : ______ Nom d'usage : ______ Prénom(s) : ______
Date de naissance : ______ Commune de naissance : ______
Département de naissance : ______ ou pays [si né(e) à l'étranger] : ______
Adresse du bénéficiaire : N° : ______ Voie : ______
Code postal : ______ Commune : ______ Pays : ______
Adresse courriel : ______ Téléphone : ______
Lien de parenté avec le défunt : ______

Le ______ **Signature du bénéficiaire ou, le cas échéant, du mandataire ou du tuteur[4] :**

[4] Fournir un mandat ou un jugement de tutelle ainsi qu'une pièce d'identité

Page 5/6

N° 2705-A-SD (01-2022)

Désignation du ou des bénéficiaires (un cadre par bénéficiaire).

Nom de naissance : ____________ Nom d'usage : ____________ Prénom(s) : ____________

Date de naissance : ________ Commune de naissance : ____________

Département de naissance : ____________ ou pays [si né(e) à l'étranger] : ____________

Adresse du bénéficiaire : N° : ____ Voie : ____________

Code postal : ________ Commune : ____________ Pays : ________

Adresse courriel : ____________ Téléphone : ________

Lien de parenté avec le défunt : ____________

Le ________ **Signature du bénéficiaire ou, le cas échéant, du mandataire ou du tuteur[4] :**

[4] Fournir un mandat ou un jugement de tutelle ainsi qu'une pièce d'identité.

Conformément à la loi n° 78-17 du 6 janvier 1978 et au règlement européen 2016/679 du 27 avril 2016,
vous disposez d'un droit d'accès et de rectification auprès de votre service chargé de l'enregistrement et d'un droit de réclamation auprès de la Commission nationale de l'informatique et des libertés

Page 6/6

Textes

510 Code des assurances

Art. L 114-1

Toutes actions dérivant d'un contrat d'assurance sont prescrites par deux ans à compter de l'événement qui y donne naissance.

Toutefois, ce délai ne court :

1° En cas de réticence, omission, déclaration fausse ou inexacte sur le risque couru, que du jour où l'assureur en a eu connaissance ;

2° En cas de sinistre, que du jour où les intéressés en ont eu connaissance, s'ils prouvent qu'ils l'ont ignoré jusque-là.

Quand l'action de l'assuré contre l'assureur a pour cause le recours d'un tiers, le délai de la prescription ne court que du jour où ce tiers a exercé une action en justice contre l'assuré ou a été indemnisé par ce dernier.

La prescription est portée à dix ans dans les contrats d'assurance sur la vie lorsque le bénéficiaire est une personne distincte du souscripteur et, dans les contrats d'assurance contre les accidents atteignant les personnes, lorsque les bénéficiaires sont les ayants droit de l'assuré décédé.

Pour les contrats d'assurance sur la vie, nonobstant les dispositions du 2o, les actions du bénéficiaire sont prescrites au plus tard trente ans à compter du décès de l'assuré.

Art. L 131-1

En matière d'assurance sur la vie et d'assurance contre les accidents atteignant les personnes, les sommes assurées sont fixées par le contrat.

En matière d'assurance sur la vie ou d'opération de capitalisation, le capital ou la rente garantis peuvent être exprimés en unités de compte constituées de valeurs mobilières ou d'actifs offrant une protection suffisante de l'épargne investie et figurant sur une liste dressée par décret en Conseil d'Etat. Le contractant ou le bénéficiaire obtient le règlement en espèces. La remise de titres ou de parts, dans le respect des actifs éligibles en représentation des engagements en unités de compte, est possible dans le respect des conditions suivantes :

1o Le contractant ou le bénéficiaire peut opter pour la remise de titres ou de parts lorsque ceux-ci sont négociés sur un marché réglementé, à l'exception des titres ou des parts qui confèrent directement le droit de vote à l'assemblée générale des actionnaires d'une société inscrite à la cote officielle d'une bourse de valeurs. Dans le cas où un organisme de placement collectif en valeurs mobilières ou un placement collectif relevant des paragraphes 1 et 2, du sous-paragraphe 2 du paragraphe 5 et du paragraphe 6 de la sous-section 2, du paragraphe 2 ou du sous-paragraphe 1 du paragraphe 1 de la sous-section 3 de la section 2 du chapitre IV du titre Ier du livre II du code monétaire et financier a été scindé en application des articles L. 214-7-4, L. 214-24-33, L. 214-8-7 ou L. 214-24-41 du même code, l'assureur propose au contractant ou au bénéficiaire le règlement correspondant aux actions ou parts de l'organisme issu de la scission et qui a reçu les actifs dont la cession n'aurait pas été conforme à l'intérêt des actionnaires ou des porteurs de parts, sous forme de remise des actions ou parts de cet organisme ;

2o Le contractant peut opter irrévocablement à tout moment, avec l'accord de l'assureur, pour la remise de titres ou de parts non négociés sur un marché réglementé, notamment de parts de fonds communs de placement à risques ou non négociables, au moment du rachat des engagements exprimés en unité de compte d'un contrat. Dans ce cas, cette option est réputée s'appliquer aussi au bénéficiaire, sauf mention expresse contraire.

Un bénéficiaire désigné par le contrat peut également, dans des conditions définies par décret en Conseil d'Etat, opter irrévocablement pour la remise de tels titres ou parts en cas d'exercice de la clause bénéficiaire. L'exercice de cette option par le bénéficiaire n'entraîne pas acceptation du bénéfice du contrat, au sens de l'article L. 132-9 du présent code.

Ce paiement en titres ou en parts non négociables ou non négociés sur un marché réglementé ne peut s'opérer qu'avec des titres ou des parts qui ne confèrent pas de droit de vote et qu'à la condition que le contractant, son conjoint ou partenaire lié par un pacte civil de solidarité, leurs ascendants, leurs descendants ou les frères et soeurs du contractant n'aient pas détenu ensemble ou séparément, directement ou indirectement, au cours des cinq années précédant le paiement plus de 10 %, des titres ou des parts de la même entité que ceux remis par l'assureur ;

3o Le contractant ou un bénéficiaire désigné par le contrat peut également opter irrévocablement pour la remise des parts ou actions de fonds d'investissements alternatifs mentionnées au 1o dans les conditions prévues au 2°.

Art. L 131-1-1

Les unités de compte mentionnées au deuxième alinéa de l'article L. 131-1 peuvent être constituées de parts de fonds d'investissement alternatifs ouverts à des investisseurs professionnels, relevant de la sous-section 3 de la section 2 du chapitre IV du titre Ier du livre II du code monétaire et financier, dans le respect de conditions tenant notamment à la situation financière, aux connaissances ou à l'expérience en matière financière du contractant. Un décret en Conseil d'Etat fixe ces conditions et précise les fonds concernés.

Art. L 131-1-2

Le contrat comportant des garanties exprimées en unités de compte mentionnées au deuxième alinéa de l'article L. 131-1 fait référence à au moins une unité de compte constituée de valeurs mobilières, d'organismes de placement collectif ou d'actifs figurant sur la liste mentionnée au même article L. 131-1 et qui respectent au moins l'une des modalités suivantes :

1o Ils sont composés, pour une part comprise entre 5 % et 10 %, de titres émis par des entreprises solidaires d'utilité sociale agréées en application de l'article L. 3332-17-1 du code du travail ou par des sociétés de capital-risque mentionnées au I de l'article 1er de la loi no 85-695 du 11 juillet 1985 portant diverses dispositions d'ordre économique et financier ou par des fonds communs de placements à risque mentionnés à l'article L. 214-28 du code monétaire et financier, sous réserve que l'actif de ces fonds soit composé d'au moins 40 % de titres émis par des entreprises solidaires mentionnées à l'article L. 3332-17-1 du code du travail ;

2o Ils ont obtenu un label reconnu par l'Etat et satisfaisant à des critères de financement de la transition énergétique et écologique selon des modalités définies par décret ;

3o Ils ont obtenu un label reconnu par l'Etat et satisfaisant aux critères d'investissement socialement responsable selon des modalités définies par décret.

Le présent article s'applique aux contrats conclus ou aux adhésions effectuées à compter du 1er janvier 2020. Les contrats conclus ou les adhésions effectuées à compter du 1er janvier 2022 font référence à des unités de comptes respectant les modalités mentionnées aux 1o à 3o du présent article.

À compter du 1er janvier 2022, la proportion d'unités de compte du contrat respectant les modalités mentionnées aux mêmes 1o à 3o est communiquée aux souscripteurs avant la conclusion de ou l'adhésion à ces contrats.

Le présent article ne s'applique pas aux contrats dont l'exécution est liée à la cessation d'activité professionnelle.

Art. L 132-1

La vie d'une personne peut être assurée par elle-même ou par un tiers.

Plusieurs personnes peuvent contracter une assurance réciproque sur la tête de chacune d'elles par un seul et même acte.

Art. L 132-2

L'assurance en cas de décès contractée par un tiers sur la tête de l'assuré est nulle, si ce dernier n'y a pas donné son consentement par écrit avec indication du capital ou de la rente initialement garantis.

Le consentement de l'assuré doit, à peine de nullité, être donné par écrit, pour toute cession ou constitution de gage et pour transfert du bénéfice du contrat souscrit sur sa tête par un tiers.

Les dispositions du premier alinéa ne sont pas applicables aux contrats d'assurance de groupe à adhésion obligatoire.

Art. L 132-3

Il est défendu à toute personne de contracter une assurance en cas de décès sur la tête d'un mineur âgé de moins de douze ans, d'un majeur en tutelle, d'une personne placée dans un établissement psychiatrique d'hospitalisation. Toutefois, cette prohibition n'est pas applicable aux formules de financement d'obsèques mentionnées à l'article L. 2223-33-1 du code général des collectivités territoriales souscrites sur la tête d'un majeur en tutelle.

Toute assurance contractée en violation de cette prohibition est nulle.

La nullité est prononcée sur la demande de l'assureur, du souscripteur de la police ou du représentant de l'incapable.

Les primes payées doivent être intégralement restituées.

L'assureur et le souscripteur sont en outre passibles, pour chaque assurance conclue sciemment en violation de cette interdiction, d'une amende de 4 500 euros.

Ces dispositions ne mettent point obstacle dans l'assurance en cas de décès, au remboursement des primes payées en exécution d'un contrat d'assurance en cas de vie, souscrit sur la tête d'une des personnes mentionnées au premier alinéa ci-dessus ou au remboursement du seul montant des primes payées, en exécution d'un contrat d'assurance de survie, souscrit au bénéfice d'une des personnes mentionnées au premier alinéa ci-dessus.

Art. L 132-4

Une assurance en cas de décès ne peut être contractée par une autre personne sur la tête d'un mineur parvenu à l'âge de douze ans sans l'autorisation de celui de ses parents qui est investi de l'autorité parentale, de son tuteur ou de son curateur.

Cette autorisation ne dispense pas du consentement personnel de l'incapable.

À défaut de cette autorisation et de ce consentement, la nullité du contrat est prononcée à la demande de tout intéressé.

Art. L 132-4-1

Lorsqu'une tutelle a été ouverte à l'égard du stipulant, la souscription ou le rachat d'un contrat d'assurance sur la vie ainsi que la désignation ou la substitution du bénéficiaire ne peuvent être accomplis qu'avec l'autorisation du juge des tutelles ou du conseil de famille s'il a été constitué. Après l'ouverture d'une curatelle, ces mêmes actes ne peuvent être accomplis qu'avec l'assistance du curateur.

Par dérogation à la première phrase du premier alinéa, aucune autorisation n'est requise pour les formules de financement d'obsèques mentionnées à l'article L. 2223-33-1 du code général des collectivités territoriales souscrites sur la tête d'un majeur en tutelle.

Pour l'application du premier alinéa, lorsque le bénéficiaire du contrat d'assurance sur la vie est le curateur ou le tuteur, il est réputé être en opposition d'intérêts avec la personne protégée.

L'acceptation du bénéfice d'un contrat d'assurance sur la vie conclu moins de deux ans avant la publicité du jugement d'ouverture de la curatelle ou de la tutelle du stipulant peut être annulée sur la seule preuve que l'incapacité était notoire ou connue du cocontractant à l'époque où les actes ont été passés.

Art. L 132-5-1

Toute personne physique qui a signé une proposition ou un contrat d'assurance sur la vie ou de capitalisation a la faculté d'y renoncer par lettre recommandée ou par envoi recommandé électronique, avec demande d'avis de réception, pendant le délai de trente jours calendaires révolus à compter du moment où elle est informée que le contrat est conclu. Ce délai expire le dernier jour à vingt-quatre heures. S'il expire un samedi, un dimanche ou un jour férié ou chômé, il n'est pas prorogé.

La renonciation entraîne la restitution par l'entreprise d'assurance ou de capitalisation de l'intégralité des sommes versées par le contractant, dans le délai maximal de trente jours calendaires révolus à compter de la réception de la lettre recommandée ou de l'envoi recommandé électronique. Au-delà de ce délai, les sommes non restituées produisent de plein droit intérêt au taux légal majoré de moitié durant deux mois, puis, à l'expiration de ce délai de deux mois, au double du taux légal.

Les dispositions du présent article sont précisées, en tant que de besoin, par arrêté ministériel.

Elles ne s'appliquent pas aux contrats d'une durée maximale de deux mois.

Art. L 132-5-2

Avant la conclusion d'un contrat d'assurance sur la vie ou d'un contrat de capitalisation, par une personne physique, l'assureur remet à celle-ci, contre récépissé, une note d'information sur les conditions d'exercice de la faculté de renonciation et sur les dispositions essentielles du contrat. Un arrêté fixe les informations qui doivent figurer dans cette note, notamment en ce qui concerne les garanties exprimées en unités de compte. Toutefois, la proposition d'assurance ou le projet de contrat vaut note d'information, pour les contrats d'assurance ou de capitalisation comportant une valeur de rachat ou de transfert, lorsqu'un encadré, inséré en début de proposition d'assurance ou de projet de contrat, indique en caractères très apparents la nature du contrat. L'encadré comporte en particulier le regroupement des frais dans une même rubrique, les garanties offertes et la disponibilité des sommes en cas de rachat, la participation aux bénéfices, ainsi que les modalités de désignation des bénéficiaires. Un arrêté du ministre chargé de l'économie, pris après avis de l'Autorité de contrôle prudentiel et de résolution, fixe le format de cet encadré ainsi que, de façon limitative, son contenu.

La proposition ou le contrat d'assurance ou de capitalisation comprend :

1o Un modèle de rédaction destiné à faciliter l'exercice de la faculté de renonciation ;

2o Une mention dont les termes sont fixés par arrêté du ministre chargé de l'économie, précisant les modalités de renonciation.

La proposition ou le projet de contrat d'assurance ou de capitalisation indique, pour les contrats qui en comportent, les valeurs de rachat au terme de chacune des huit premières années du contrat au moins, ainsi que, dans le même tableau, la somme des primes ou cotisations versées au terme de chacune des mêmes années. Toutefois, pour les contrats mentionnés au deuxième alinéa de l'article L. 132-23, l'entreprise indique les valeurs de transfert au lieu des valeurs de rachat. La proposition ou le projet de contrat d'assurance ou de capitalisation indique les valeurs minimales et explique le mécanisme de calcul des valeurs de rachat ou de transfert lorsque celles-ci ne peuvent être établies.

Le défaut de remise des documents et informations prévus au présent article entraîne, pour les souscripteurs de bonne foi, la prorogation du délai de renonciation prévu à l'article L. 132-5-1 jusqu'au trentième jour calendaire révolu suivant la date de remise effective de ces documents, dans la limite de huit ans à compter de la date où le souscripteur est informé que le contrat est conclu.

Les dispositions du présent article sont précisées, en tant que de besoin, par arrêté ministériel.

Elles ne s'appliquent pas aux contrats d'une durée maximale de deux mois.

Art. L 132-7

L'assurance en cas de décès est de nul effet si l'assuré se donne volontairement la mort au cours de la première année du contrat.

L'assurance en cas de décès doit couvrir le risque de suicide à compter de la deuxième année du contrat. En cas d'augmentation des garanties en cours de contrat, le risque de suicide, pour les garanties supplémentaires, est couvert à compter de la deuxième année qui suit cette augmentation.

Les dispositions du premier alinéa ne sont pas applicables aux contrats mentionnés à l'article L. 141-1 souscrits par les organismes mentionnés au dernier alinéa de l'article L. 141-6.

L'assurance en cas de décès doit couvrir dès la souscription, dans la limite d'un plafond qui sera défini par décret, les contrats mentionnés à l'article L. 141-1 souscrits par les organismes mentionnés à la dernière phrase du dernier alinéa de l'article L. 141-6, pour garantir le remboursement d'un prêt contracté pour financer l'acquisition du logement principal de l'assuré.

Art. L 132-8

Le capital ou la rente garantis peuvent être payables lors du décès de l'assuré à un ou plusieurs bénéficiaires déterminés.

Est considérée comme faite au profit de bénéficiaires déterminés la stipulation par laquelle le bénéfice de l'assurance est attribué à une ou plusieurs personnes qui, sans être nommément désignées, sont suffisamment définies dans cette stipulation pour pouvoir être identifiées au moment de l'exigibilité du capital ou de la rente garantis.

Est notamment considérée comme remplissant cette condition la désignation comme bénéficiaires des personnes suivantes :

- les enfants nés ou à naître du contractant, de l'assuré ou de toute autre personne désignée ;
- les héritiers ou ayants droit de l'assuré ou d'un bénéficiaire prédécédé.

L'assurance faite au profit du conjoint profite à la personne qui a cette qualité au moment de l'exigibilité.

Les héritiers, ainsi désignés, ont droit au bénéfice de l'assurance en proportion de leurs parts héréditaires. Ils conservent ce droit en cas de renonciation à la succession.

En l'absence de désignation d'un bénéficiaire dans la police ou à défaut d'acceptation par le bénéficiaire, le contractant a le droit de désigner un bénéficiaire ou de substituer un bénéficiaire à un autre. Cette désignation ou cette substitution ne peut être opérée, à peine de nullité, qu'avec l'accord de l'assuré, lorsque celui-ci n'est pas le contractant. Cette désignation ou cette substitution peut être réalisée soit par voie d'avenant au contrat, soit en remplissant les formalités édictées par l'article 1690 du code civil, soit par voie testamentaire.

Lorsque l'assureur est informé du décès de l'assuré, l'assureur est tenu de rechercher le bénéficiaire, et, si cette recherche aboutit, de l'aviser de la stipulation effectuée à son profit.

Art. L 132-9

I.- Sous réserve des dispositions du dernier alinéa de l'article L. 132-4-1, la stipulation en vertu de laquelle le bénéfice de l'assurance est attribué à un bénéficiaire déterminé devient irrévocable par l'acceptation de celui-ci, effectuée dans les conditions prévues au II du présent article. Pendant la durée du contrat, après acceptation du bénéficiaire, le stipulant ne peut exercer sa faculté de rachat et l'entreprise d'assurance ne peut lui consentir d'avance sans l'accord du bénéficiaire.

Tant que l'acceptation n'a pas eu lieu, le droit de révoquer cette stipulation n'appartient qu'au stipulant et ne peut être exercé de son vivant ni par ses créanciers ni par ses représentants légaux. Lorsqu'une tutelle a été ouverte à l'égard du stipulant, la révocation ne peut intervenir qu'avec l'autorisation du juge des tutelles ou du conseil de famille s'il a été constitué.

Ce droit de révocation ne peut être exercé, après la mort du stipulant, par ses héritiers, qu'après l'exigibilité de la somme assurée et au plus tôt trois mois après que le bénéficiaire de l'assurance a été mis en demeure par acte extrajudiciaire, d'avoir à déclarer s'il accepte.

L'attribution à titre gratuit du bénéfice d'une assurance sur la vie à une personne déterminée est présumée faite sous la condition de l'existence du bénéficiaire à l'époque de l'exigibilité du capital ou de la rente garantis, à moins que le contraire ne résulte des termes de la stipulation.

II.- Tant que l'assuré et le stipulant sont en vie, l'acceptation est faite par un avenant signé de l'entreprise d'assurance, du stipulant et du bénéficiaire. Elle peut également être faite par un acte authentique ou sous seing privé, signé du stipulant et du bénéficiaire, et n'a alors d'effet à l'égard de l'entreprise d'assurance que lorsqu'elle lui est notifiée par écrit.

Lorsque la désignation du bénéficiaire est faite à titre gratuit, l'acceptation ne peut intervenir que trente jours au moins à compter du moment où le stipulant est informé que le contrat d'assurance est conclu.

Après le décès de l'assuré ou du stipulant, l'acceptation est libre.

Art. L 132-9-1

Le contrat comporte une information sur les conséquences de la désignation du ou des bénéficiaires et sur les modalités de cette désignation. Il précise que la clause bénéficiaire peut faire l'objet d'un acte sous seing privé ou d'un acte authentique.

Art. L 132-9-2

Toute personne physique ou morale peut demander par lettre ou tout autre support durable à un ou plusieurs organismes professionnels représentatifs, habilités à cet effet par arrêté du ministre chargé de l'économie, à être informée de l'existence d'une stipulation effectuée à son bénéfice dans une police souscrite par une personne physique dont elle apporte, par tout moyen, la preuve du décès.

Dans les quinze jours suivant la réception de la lettre mentionnée au premier alinéa, l'organisme transmet cette demande aux entreprises agréées pour exercer les opérations d'assurance dépendant de la durée de la vie humaine. Lorsque la personne morale ou physique mentionnée audit alinéa est désignée dans une police comme bénéficiaire, ces entreprises disposent d'un délai d'un mois pour l'informer de l'existence d'un capital ou d'une rente garantis payables à son bénéfice.

Art. L 132-10

La police d'assurance peut être donnée en nantissement soit par avenant, soit par acte soumis aux formalités des articles 2355 à 2366 du code civil.

Quand l'acceptation du bénéficiaire est antérieure au nantissement, ce dernier est subordonné à l'accord du bénéficiaire.

Quand l'acceptation du bénéficiaire est postérieure au nantissement, celle-ci est sans effet à l'égard des droits du créancier nanti.

Sauf clause contraire, le créancier nanti peut provoquer le rachat nonobstant l'acceptation du bénéficiaire.

Art. L 132-11

Lorsque l'assurance en cas de décès a été conclue sans désignation d'un bénéficiaire, le capital ou la rente garantis font partie du patrimoine ou de la succession du contractant.

Art. L 132-12

Le capital ou la rente stipulés payables lors du décès de l'assuré à un bénéficiaire déterminé ou à ses héritiers ne font pas partie de la succession de l'assuré. Le bénéficiaire, quelles que soient la forme et la date de sa désignation, est réputé y avoir eu seul droit à partir du jour du contrat, même si son acceptation est postérieure à la mort de l'assuré.

Art. L 132-13

Le capital ou la rente payables au décès du contractant à un bénéficiaire déterminé ne sont soumis ni aux règles du rapport à succession, ni à celles de la réduction pour atteinte à la réserve des héritiers du contractant.

Ces règles ne s'appliquent pas non plus aux sommes versées par le contractant à titre de primes, à moins que celles-ci n'aient été manifestement exagérées eu égard à ses facultés.

Art. L 132-14

Sous réserve des dispositions des articles L. 262, L. 263 B et L. 273 A du livre des procédures fiscales, de l'article 387 bis du code des douanes, de l'article L. 1617-5 du code général des collectivités territoriales et du II de l'article 128 de la loi no 2004-1485 du 30 décembre 2004 de finances rectificative pour 2004, le capital ou la rente garantis au profit d'un bénéficiaire déterminé ne peuvent être réclamés par les créanciers du contractant. Ces derniers ont seulement droit au remboursement des primes, dans le cas indiqué par l'article L. 132-13, deuxième alinéa, en vertu soit de l'article 1341-2 du code civil, soit des articles L. 621-107 et L. 621-108 du code de commerce.

Art. L 132-15

Tout bénéficiaire peut, après avoir accepté la stipulation faite à son profit et si la cessibilité de ce droit a été expressément prévue ou avec le consentement du contractant et de l'assuré, transmettre lui-même le bénéfice du contrat par une cession dans la forme de l'article 1690 du code civil.

Art. L 132-16

Le bénéfice de l'assurance contractée par un époux commun en biens en faveur de son conjoint, constitue un propre pour celui-ci.

Aucune récompense n'est due à la communauté en raison des primes payées par elle, sauf dans les cas spécifiés dans l'article L. 132-13, deuxième alinéa.

Art. L 132-20

L'entreprise d'assurance ou de capitalisation n'a pas d'action pour exiger le paiement des primes.

Lorsqu'une prime ou fraction de prime n'est pas payée dans les dix jours de son échéance, l'assureur adresse au contractant une lettre recommandée par laquelle il l'informe qu'à l'expiration d'un délai de quarante jours à dater de l'envoi de cette lettre le défaut de paiement, à l'assureur ou au mandataire désigné par lui, de la prime ou fraction de prime échue ainsi que des primes éventuellement venues à échéance au cours dudit délai, entraîne soit la résiliation du contrat en cas d'inexistence ou d'insuffisance de la valeur de rachat, soit la réduction du contrat.

L'envoi de la lettre recommandée par l'assureur rend la prime portable dans tous les cas.

Le défaut de paiement d'une cotisation due au titre d'un contrat de capitalisation ne peut avoir pour sanction que la suspension ou la résiliation pure et simple du contrat et, dans ce dernier cas, la mise à la disposition du porteur de la valeur de rachat que ledit contrat a éventuellement acquise.

Art. L 132-22

L'entreprise d'assurance ou de capitalisation communique chaque année au contractant :

- le montant de la valeur de rachat ou, pour les contrats liés à la cessation d'activité professionnelle, de transfert ;
- le cas échéant, le montant de la valeur de réduction de son contrat ;
- le montant des capitaux garantis ;
- la prime du contrat.

Elle communique également chaque année au contractant dans des conditions précisées par arrêté du ministre chargé de l'économie :

- le rendement garanti et la participation aux bénéfices techniques et financiers de son contrat ;
- le rendement garanti moyen et le taux moyen de la participation aux bénéfices des contrats de même nature dont la souscription ou l'adhésion est ouverte à la date de communication de ces informations, le rendement garanti moyen et le taux moyen de la participation aux bénéfices des contrats de même nature qui ne sont plus ouverts à la souscription ou à l'adhésion à la date de communication de ces informations ainsi que le rendement garanti moyen et le taux moyen de la participation aux bénéfices de l'ensemble des contrats de même nature ;
- à compter du 1er janvier 2022, la manière dont la politique d'investissement prend en considération les facteurs environnementaux, sociaux et de gouvernance ainsi que la proportion des actifs détenus en représentation des engagements au titre des contrats de même catégorie respectant les modalités mentionnées aux 1o à 3o de l'article L. 131-1-2 ;
- le taux moyen de rendement des actifs détenus en représentation des engagements au titre des contrats de même catégorie ;
- et, pour les contrats dont les garanties sont exprimées en unités de compte, les valeurs de ces unités de compte, leur évolution annuelle à compter de la souscription du contrat, les frais prélevés par l'entreprise d'assurance au titre de chaque unité de compte, les frais supportés par l'actif en représentation de l'engagement en unités de compte au cours du dernier exercice connu et, le cas échéant, les rétrocessions de commission perçues au titre de la gestion financière des actifs représentatifs des engagements exprimés en unités de compte par l'entreprise d'assurance, par ses gestionnaires délégués, y compris sous la forme d'un organisme de placement collectif, ou par le dépositaire des actifs du contrat, ainsi que les modifications significatives affectant chaque unité de compte.

Pour les contrats dont les garanties sont exprimées en unités de compte ou pour les engagements mentionnés à l'article L. 134-1, l'entreprise d'assurance

met à disposition du contractant par tout support durable, à une fréquence au moins trimestrielle, les informations prévues aux deuxième et neuvième alinéas du présent article, ainsi que l'évolution de la valeur de rachat des engagements mentionnés à l'article L. 134-1.
Ces montants ne peuvent tenir compte de participations bénéficiaires qui ne seraient pas attribuées à titre définitif.
L'entreprise d'assurance ou de capitalisation indique en termes précis et clairs dans cette communication annuelle ce que signifient les opérations de rachat, de transfert et de réduction et quelles sont leurs conséquences légales et contractuelles.
Une fois par an, l'entreprise d'assurance est tenue de communiquer au contractant les informations concernant la possibilité et les conditions de transformation de son contrat.
Pour les contrats relevant du chapitre IV, l'entreprise d'assurance ou de capitalisation indique les modalités et conditions de rachat.
Pour les contrats liés à la cessation d'activité professionnelle, l'entreprise d'assurance ou de capitalisation fournit, dans cette communication annuelle, une estimation du montant de la rente viagère qui serait versée à l'assuré à partir de ses droits personnels. Elle précise, le cas échéant, les conditions dans lesquelles l'assuré peut demander le transfert de son contrat auprès d'une autre entreprise d'assurance, d'une mutuelle ou d'une institution de prévoyance. Un arrêté précise les conditions d'application du présent alinéa.
Pour les contrats comportant un terme, l'entreprise d'assurance ou de capitalisation adresse au contractant, un mois avant la date du terme, un relevé d'information spécifique. Ce relevé contient, outre les informations mentionnées aux alinéas précédents, le rappel en caractères très apparents de la date du terme du contrat, et, le cas échéant, de sa prorogation tacite, et du fait que la revalorisation cesse à compter de cette date, sauf stipulation contractuelle contraire.
Le relevé spécifique mentionné au quinzième alinéa est adressé à nouveau par l'entreprise d'assurance ou de capitalisation au contractant un an après le terme du contrat si le contractant ne s'est pas manifesté depuis le terme.
Le contrat fait référence à l'obligation d'information prévue aux alinéas précédents.
L'entreprise d'assurance ou de capitalisation communique également au contractant la date d'échéance du contrat.
L'entreprise d'assurance publie annuellement sur son site internet le rendement garanti moyen et le taux moyen de la participation aux bénéfices attribué pour chacun de ses contrats d'assurance vie ou de capitalisation. Cette publication intervient dans un délai de 90 jours ouvrables à compter du 31 décembre de l'année au titre de laquelle ces revalorisations sont réalisées. Cette publication reste disponible pendant une durée minimale de cinq ans. Le support de communication mentionné au premier alinéa du présent article indique explicitement le chemin d'accès de cette publication sur le site internet.

Art. L 132-23

Les assurances temporaires en cas de décès ainsi que les rentes viagères immédiates ou en cours de service ne peuvent comporter ni réduction ni rachat. Les assurances de capitaux de survie et de rente de survie, les assurances en cas de vie sans contre-assurance et les rentes viagères différées sans contre-assurance ne peuvent comporter de rachat.
Les contrats d'assurance en cas de vie dont les prestations sont liées à la cessation d'activité professionnelle, y compris les contrats qui relèvent du régime de retraite complémentaire institué par la Caisse nationale de prévoyance de la fonction publique, ne comportent pas de possibilité de rachat.
Les contrats qui relèvent du régime de retraite complémentaire institué par la Caisse nationale de prévoyance de la fonction publique peuvent prévoir, à la date de liquidation des droits individuels intervenant à partir de la date de cessation d'activité professionnelle, une possibilité de rachat dans la limite de 20 % de la valeur des droits individuels résultant de ces contrats. La convention d'assurance de groupe dénommée "complémentaire retraite des hospitaliers" peut également prévoir, à la date de

liquidation des droits individuels intervenant à partir de la date de cessation d'activité professionnelle, une possibilité de rachat dans la limite de 20 % de la valeur des droits individuels garantis par la convention à la date de liquidation. Si une possibilité de rachat lui est ouverte, l'affilié reçoit, lorsqu'il demande la liquidation de ses droits, une information détaillant les options soumises à son choix, dont le contenu est fixé par arrêté du ministre chargé de l'économie. Toutefois, ces contrats doivent prévoir une faculté de rachat intervenant lorsque se produisent l'un ou plusieurs des événements suivants :

- expiration des droits de l'assuré aux allocations chômage accordées consécutivement à une perte involontaire d'emploi, ou le fait pour un assuré qui a exercé des fonctions d'administrateur, de membre du directoire ou de membre de conseil de surveillance, et n'a pas liquidé sa pension dans un régime obligatoire d'assurance vieillesse, de ne pas être titulaire d'un contrat de travail ou d'un mandat social depuis deux ans au moins à compter du non-renouvellement de son mandat social ou de sa révocation ;
- cessation d'activité non salariée de l'assuré à la suite d'un jugement de liquidation judiciaire en application des dispositions du livre VI du code de commerce ou toute situation justifiant ce rachat selon le président du tribunal de commerce auprès duquel est instituée une procédure de conciliation telle que visée à l'article L. 611-4 du code de commerce, qui en effectue la demande avec l'accord de l'assuré ;
- invalidité de l'assuré correspondant au classement dans les deuxième ou troisième catégories prévues à l'article L. 341-4 du code de la sécurité sociale ;
- décès du conjoint ou du partenaire lié par un Pacte civil de solidarité ;
- situation de surendettement de l'assuré définie à l'article L. 330-1 du code de la consommation, sur demande adressée à l'assureur, soit par le président de la commission de surendettement des particuliers, soit par le juge lorsque le déblocage des droits individuels résultant de ces contrats paraît nécessaire à l'apurement du passif de l'intéressé.

Les droits individuels résultant des contrats d'assurance de groupe en cas de vie dont les prestations sont liées à la cessation d'activité professionnelle, y compris les contrats qui relèvent du régime de retraite complémentaire institué par la Caisse nationale de prévoyance de la fonction publique, sont transférables, dans des conditions fixées par décret.

Lorsque le contrat d'assurance de groupe en cas de vie est ouvert sous la forme d'un plan d'épargne retraite mentionné à l'article L. 224-1 du code monétaire et financier, les dispositions du présent article s'appliquent sous réserve de celles du chapitre IV du titre II du livre II du code monétaire et financier.

Pour les autres assurances sur la vie et pour les opérations de capitalisation, l'assureur ne peut refuser la réduction ou le rachat. Toutefois, le contrat peut stipuler que les engagements relevant du chapitre IV ne sont pas rachetables durant une période qui ne peut excéder une durée fixée par décret en Conseil d'Etat, sauf lorsque se produisent l'un ou plusieurs des événements mentionnés aux troisième à septième alinéas.

L'assureur peut d'office substituer le rachat à la réduction si la valeur de rachat est inférieure à un montant fixé par décret.

Art. L 132-23-1

L'entreprise d'assurance dispose d'un délai de quinze jours, après réception de l'avis de décès et de sa prise de connaissance des coordonnées du bénéficiaire ou au terme prévu pour le contrat, afin de demander au bénéficiaire du contrat d'assurance sur la vie de lui fournir l'ensemble des pièces nécessaires au paiement.

À réception de ces pièces, l'entreprise d'assurance verse, dans un délai qui ne peut excéder un mois, le capital ou la rente garantis au bénéficiaire du contrat d'assurance sur la vie.

Plusieurs demandes de pièces formulées par l'entreprise d'assurance ne peuvent concerner des pièces identiques ou redondantes.

Au-delà du délai de quinze jours mentionné au premier alinéa, le capital produit de plein droit intérêt au double du taux légal durant un mois puis, à l'ex-

piration de ce délai d'un mois, au triple du taux légal.
Au-delà du délai prévu au deuxième alinéa, le capital non versé produit de plein droit intérêt au double du taux légal durant deux mois puis, à l'expiration de ce délai de deux mois, au triple du taux légal. La période au cours de laquelle le capital a, le cas échéant, produit intérêt en application de l'avant-dernier alinéa s'impute sur le calcul de ce délai de deux mois. Si, au-delà du délai de quinze jours mentionné au premier alinéa, l'entreprise a omis de demander au bénéficiaire l'une des pièces nécessaires au paiement, cette omission n'est pas suspensive du délai de versement mentionné au présent article.

Art. L 132-25

Lorsque l'assureur n'a pas eu connaissance de la désignation d'un bénéficiaire, par testament ou autrement, ou de l'acceptation d'un autre bénéficiaire ou de la révocation d'une désignation, le paiement du capital ou de la rente garantis fait à celui qui, sans cette désignation, cette acceptation ou cette révocation, y aurait eu droit, est libératoire pour l'assureur de bonne foi.

Art. L 132-29

Les entreprises d'assurance sur la vie ou de capitalisation font participer les assurés aux bénéfices techniques et financiers qu'elles réalisent, dans les conditions fixées par arrêté du ministre chargé de l'économie.

Art. L 134-1

Les entreprises d'assurance sur la vie sont autorisées à contracter, dans les conditions prévues au présent chapitre, des engagements en cas de vie ou en cas de décès, à l'exception d'engagements d'assurance temporaire en cas de décès.
Ces engagements peuvent comprendre la garantie d'une rente ou un capital à échéance dans des conditions précisées par un décret en Conseil d'Etat. Ils donnent lieu à la constitution d'une provision de diversification destinée à absorber les fluctuations des actifs en représentation. Ils peuvent être exprimés selon l'une ou l'autre des deux modalités suivantes :
1o La rente ou le capital garantis sont exprimés en euros et en parts de provisions de diversification ;
2o La rente ou le capital garantis sont exprimés uniquement en parts de provisions de diversification avant l'échéance et donnent lieu à une garantie à l'échéance exprimée en euros.
Les engagements contractés selon les modalités prévues au 1o peuvent, avec l'accord des parties, être transformés en engagements définis au 2o. Lorsque cette transformation n'est pas consécutive à la conclusion d'un nouveau contrat, l'entreprise d'assurance ou l'intermédiaire informe le souscripteur ou l'adhérent des modifications apportées ou devant être apportées au contrat. Les dispositions de l'article 3 de l'ordonnance no 2014-696 du 26 juin 2014 favorisant la contribution de l'assurance vie au financement de l'économie ne sont pas applicables à cette transformation.
Le versement de primes au titre d'un contrat d'assurance sur la vie peut donner lieu à la constatation d'engagements exprimés en euros, d'engagements exprimés en unités de compte et d'engagements donnant lieu à la constitution d'une provision de diversification.
Les entreprises d'assurance sur la vie peuvent contracter des engagements sous la forme de contrats de capitalisation dans les mêmes conditions.

Art. L 141-1

Est un contrat d'assurance de groupe le contrat souscrit par une personne morale ou un chef d'entreprise en vue de l'adhésion d'un ensemble de personnes répondant à des conditions définies au contrat, pour la couverture des risques dépendant de la durée de la vie humaine, des risques portant atteinte à l'intégrité physique de la personne ou liés à la maternité, des risques d'incapacité de travail ou d'invalidité ou du risque de chômage.
Les adhérents doivent avoir un lien de même nature avec le souscripteur.

Art. L 160-1

Quiconque prétend avoir été dépossédé par perte, destruction ou vol d'un contrat ou police d'assurance sur la vie, ou d'un bon ou contrat de capitalisation ou d'épargne, lorsque le titre est à ordre

ou au porteur, doit en faire la déclaration à l'entreprise d'assurance, de capitalisation ou d'épargne, à son siège social, par lettre recommandée ou envoi recommandé électronique, avec avis de réception. L'entreprise destinataire en accuse réception à l'envoyeur, en la même forme, dans les huit jours au plus tard de la remise ; elle lui notifie en même temps qu'il doit, à titre conservatoire et tous droits des parties réservés, acquitter à leur échéance les primes ou cotisations prévues, dans le cas où le tiers porteur ne les acquitterait pas, afin de conserver au contrat frappé d'opposition son plein et entier effet.
La déclaration mentionnée à l'alinéa précédent emporte opposition au paiement du capital ainsi que de tous accessoires.

Art. L521-1

I.- Les distributeurs de produits d'assurance agissent de manière honnête, impartiale et professionnelle et ce, au mieux des intérêts du souscripteur ou de l'adhérent.

II.- Sans préjudice des dispositions des articles L. 121-1 à L. 121-5 du code de la consommation, toutes les informations, y compris les communications publicitaires adressées par le distributeur de produits d'assurance à un souscripteur éventuel ou à un adhérent éventuel doivent être claires, exactes et non trompeuses. Les communications publicitaires doivent être clairement identifiables en tant que telles.

III.- Les distributeurs de produits d'assurance ne sont pas rémunérés ou ne rémunèrent pas ni n'évaluent les performances de leur personnel d'une façon qui contrevienne à leur obligation d'agir au mieux des intérêts du souscripteur ou de l'adhérent. Un distributeur de produits d'assurance ne prend en particulier aucune disposition sous forme de rémunération, d'objectifs de vente ou autre qui pourrait l'encourager ou encourager son personnel à recommander un produit d'assurance particulier à un souscripteur éventuel ou à un adhérent éventuel alors que ce distributeur pourrait proposer un autre produit d'assurance correspondant mieux aux exigences et aux besoins du souscripteur éventuel ou de l'adhérent éventuel.

Art. L522-5

I.- Avant la souscription ou l'adhésion à un contrat mentionné à l'article L. 522-1, l'intermédiaire ou l'entreprise d'assurance ou de capitalisation précise par écrit les exigences et les besoins exprimés par le souscripteur éventuel ou l'adhérent éventuel, ainsi que les raisons justifiant le caractère approprié du contrat proposé. Il ou elle lui fournit des informations objectives sur le produit d'assurance proposé sous une forme compréhensible, exacte et non trompeuse afin de lui permettre de prendre une décision en connaissance de cause.
L'intermédiaire ou l'entreprise d'assurance ou de capitalisation conseille un contrat qui est cohérent avec les exigences et les besoins du souscripteur éventuel ou de l'adhérent éventuel et précise les raisons qui motivent ce conseil. À cette fin, cet intermédiaire ou cette entreprise s'enquiert auprès du souscripteur ou de l'adhérent de sa situation financière et de ses objectifs d'investissement, ainsi que de ses connaissances et de son expérience en matière financière.
Les précisions mentionnées au premier alinéa sont adaptées à la complexité du contrat d'assurance ou de capitalisation proposé et permettent de déterminer le caractère approprié pour le souscripteur éventuel ou l'adhérent éventuel du contrat proposé.
Pour les contrats dont les garanties sont exprimées en unités de compte, l'intermédiaire ou l'entreprise d'assurance ou de capitalisation communique avant la souscription ou l'adhésion à un contrat mentionné à l'article L. 522-1 une information détaillée précisant, pour chaque unité de compte, la performance brute de frais, la performance nette de frais et les frais prélevés, au cours d'une période définie par arrêté du ministre chargé de l'économie. Cette information mentionne notamment les éventuelles rétrocessions de commission perçues au titre de la gestion financière des actifs représentatifs des engagements exprimés en unités de compte par l'entreprise d'assurance, par ses gestionnaires délégués, y compris sous la forme d'un organisme de placement collectif, ou par le dépositaire des actifs du contrat dans des conditions définies par arrêté du ministre chargé de l'économie.

Lorsque l'intermédiaire ou l'entreprise conseille des lots de services ou de produits groupés, il vérifie le caractère approprié de l'offre groupée dans son ensemble.

II.- Sans préjudice des dispositions du I, avant la souscription ou l'adhésion à un contrat mentionné à l'article L. 522-1, et lorsqu'un service de recommandation personnalisée est fourni par l'intermédiaire ou l'entreprise d'assurance ou de capitalisation au souscripteur éventuel ou à l'adhérent éventuel, ce service consiste à lui expliquer en quoi, parmi différents contrats ou différentes options d'investissement au sein d'un contrat, un ou plusieurs contrats ou options sont plus adéquats à ses exigences et besoins et en particulier plus adaptés à sa tolérance aux risques et à sa capacité à subir des pertes.

Art. L522-6

Lorsqu'un intermédiaire ou une entreprise d'assurance a informé le souscripteur ou l'adhérent qu'il ou elle procéderait à une évaluation périodique de l'adéquation des produits d'investissement recommandés, cette évaluation comporte une déclaration mise à jour sur la manière dont l'investissement fondé sur l'assurance répond aux préférences, aux objectifs et aux autres caractéristiques du souscripteur ou de l'adhérent.

Lorsque le souscripteur ou l'adhérent ne fournit pas les informations mentionnées à l'article L. 522-5, l'intermédiaire ou l'entreprise d'assurance ou de capitalisation le met en garde préalablement à la conclusion du contrat.

511 Code civil

Art. 414-1

Pour faire un acte valable, il faut être sain d'esprit. C'est à ceux qui agissent en nullité pour cette cause de prouver l'existence d'un trouble mental au moment de l'acte.

Art. 414-2

De son vivant, l'action en nullité n'appartient qu'à l'intéressé.

Après sa mort, les actes faits par lui, autres que la donation entre vifs et le testament, ne peuvent être attaqués par ses héritiers, pour insanité d'esprit, que dans les cas suivants :

1o Si l'acte porte en lui-même la preuve d'un trouble mental ;

2o S'il a été fait alors que l'intéressé était placé sous sauvegarde de justice ;

3o Si une action a été introduite avant son décès aux fins d'ouverture d'une curatelle ou d'une tutelle ou aux fins d'habilitation familiale ou si effet a été donné au mandat de protection future.

L'action en nullité s'éteint par le délai de cinq ans prévu à l'article 2224.

Art. 435

La personne placée sous sauvegarde de justice conserve l'exercice de ses droits. Toutefois, elle ne peut, à peine de nullité, faire un acte pour lequel un mandataire spécial a été désigné en application de l'article 437.

Les actes qu'elle a passés et les engagements qu'elle a contractés pendant la durée de la mesure peuvent être rescindés pour simple lésion ou réduits en cas d'excès alors même qu'ils pourraient être annulés en vertu de l'article 414-1. Les tribunaux prennent notamment en considération l'utilité ou l'inutilité de l'opération, l'importance ou la consistance du patrimoine de la personne protégée et la bonne ou mauvaise foi de ceux avec qui elle a contracté.

L'action en nullité, en rescision ou en réduction n'appartient qu'à la personne protégée et, après sa mort, à ses héritiers. Elle s'éteint par le délai de cinq ans prévu à l'article 2224.

Art. 488

Les actes passés et les engagements contractés par une personne faisant l'objet d'un mandat de protection future mis à exécution, pendant la durée du mandat, peuvent être rescindés pour simple lésion ou réduits en cas d'excès alors même qu'ils pourraient être annulés en vertu de l'article 414-1. Les tribunaux prennent notamment en considération l'utilité ou l'inutilité de l'opération, l'importance ou

la consistance du patrimoine de la personne protégée et la bonne ou mauvaise foi de ceux avec qui elle a contracté.
L'action n'appartient qu'à la personne protégée et, après sa mort, à ses héritiers. Elle s'éteint par le délai de cinq ans prévu à l'article 2224.

Art. 494-1

Lorsqu'une personne est dans l'impossibilité de pourvoir seule à ses intérêts en raison d'une altération, médicalement constatée soit de ses facultés mentales, soit de ses facultés corporelles de nature à empêcher l'expression de sa volonté, le juge des tutelles peut habiliter une ou plusieurs personnes choisies parmi ses ascendants ou descendants, frères et soeurs ou, à moins que la communauté de vie ait cessé entre eux, le conjoint, le partenaire auquel elle est liée par un pacte civil de solidarité ou le concubin à la représenter, à l'assister dans les conditions prévues à l'article 467 ou à passer un ou des actes en son nom dans les conditions et selon les modalités prévues à la présente section et à celles du titre XIII du livre III qui ne lui sont pas contraires, afin d'assurer la sauvegarde de ses intérêts.
La personne habilitée doit remplir les conditions pour exercer les charges tutélaires. Elle exerce sa mission à titre gratuit.

Art. 494-6

L'habilitation peut porter sur :
- un ou plusieurs des actes que le tuteur a le pouvoir d'accomplir, seul ou avec une autorisation, sur les biens de l'intéressé ;
- un ou plusieurs actes relatifs à la personne à protéger. Dans ce cas, l'habilitation s'exerce dans le respect des dispositions des articles 457-1 à 459-2 du code civil.

La personne habilitée ne peut accomplir en représentation un acte de disposition à titre gratuit qu'avec l'autorisation du juge des tutelles.
Si l'intérêt de la personne à protéger l'implique, le juge peut délivrer une habilitation générale portant sur l'ensemble des actes ou l'une des deux catégories d'actes mentionnés aux deuxième et troisième alinéas.
La personne habilitée dans le cadre d'une habilitation générale ne peut accomplir un acte pour lequel elle serait en opposition d'intérêts avec la personne protégée. Toutefois, à titre exceptionnel et lorsque l'intérêt de celle-ci l'impose, le juge peut autoriser la personne habilitée à accomplir cet acte.
En cas d'habilitation générale, le juge fixe une durée au dispositif sans que celle-ci puisse excéder dix ans. Statuant sur requête de l'une des personnes mentionnées à l'article 494-1 ou du procureur de la République saisi à la demande de l'une d'elles, il peut renouveler l'habilitation lorsque les conditions prévues aux articles 431 et 494-5 sont remplies. Le renouvellement peut-être prononcé pour la même durée ; toutefois, lorsque l'altération des facultés personnelles de la personne à l'égard de qui l'habilitation a été délivrée n'apparaît manifestement pas susceptible de connaître une amélioration selon les données acquises de la science, le juge peut, par décision spécialement motivée et sur avis conforme du médecin mentionné à l'article 431, renouveler le dispositif pour une durée plus longue qu'il détermine, n'excédant pas vingt ans.
Les jugements accordant, modifiant ou renouvelant une habilitation générale font l'objet d'une mention en marge de l'acte de naissance selon les conditions prévues à l'article 444. Il en est de même lorsqu'il est mis fin à l'habilitation pour l'une des causes prévues à l'article 494-11.

Art. 505

Le tuteur ne peut, sans y être autorisé par le conseil de famille ou, à défaut, le juge, faire des actes de disposition au nom de la personne protégée.
L'autorisation détermine les stipulations et, le cas échéant, le prix ou la mise à prix pour lequel l'acte est passé. L'autorisation n'est pas exigée en cas de vente forcée sur décision judiciaire ou en cas de vente amiable sur autorisation du juge.
Si l'autorisation prévoit une vente aux enchères publiques du ou des biens mis à disposition, celle-ci peut être organisée et réalisée par une personne habilitée à réaliser des ventes volontaires de meubles aux enchères publiques en application de l'article L. 321-4 du code de commerce.

L'autorisation de vendre ou d'apporter en société un immeuble, un fonds de commerce ou des instruments financiers non admis à la négociation sur un marché réglementé ne peut être donnée qu'après la réalisation d'une mesure d'instruction exécutée par un technicien ou le recueil de l'avis d'au moins deux professionnels qualifiés.

En cas d'urgence, le juge peut, par décision spécialement motivée prise à la requête du tuteur, autoriser, en lieu et place du conseil de famille, la vente d'instruments financiers à charge qu'il en soit rendu compte sans délai au conseil qui décide du remploi.

Art. 587

Si l'usufruit comprend des choses dont on ne peut faire usage sans les consommer, comme l'argent, les grains, les liqueurs, l'usufruitier a le droit de s'en servir, mais à la charge de rendre, à la fin de l'usufruit, soit des choses de même quantité et qualité soit leur valeur estimée à la date de la restitution.

Art. 1205

On peut stipuler pour autrui.

L'un des contractants, le stipulant, peut faire promettre à l'autre, le promettant, d'accomplir une prestation au profit d'un tiers, le bénéficiaire. Ce dernier peut être une personne future mais doit être précisément désigné ou pouvoir être déterminé lors de l'exécution de la promesse.

512 Code monétaire et financier

Art. L612-1

I.-L'Autorité de contrôle prudentiel et de résolution veille à la préservation de la stabilité du système financier et à la protection des clients, assurés, adhérents et bénéficiaires des personnes soumises à son contrôle.

L'Autorité contrôle le respect par ces personnes des dispositions européennes qui leur sont directement applicables, des dispositions du code monétaire et financier ainsi que des dispositions réglementaires prévues pour son application, du code des assurances, du livre IX du code de la sécurité sociale, du code de la mutualité, du livre III du code de la consommation, des articles 26-4 à 26-8 de la loi n° 65-557 du 10 juillet 1965 fixant le statut de la copropriété des immeubles bâtis, des codes de conduite homologués ainsi que de toute autre disposition législative et réglementaire dont la méconnaissance entraîne celle des dispositions précitées.

II.-Elle est chargée :

1° D'examiner les demandes d'autorisations ou de dérogations individuelles qui lui sont adressées et de prendre les décisions prévues par les dispositions européennes, législatives et réglementaires applicables aux personnes soumises à son contrôle ; pour l'application du règlement (UE) n° 648/2012 du Parlement européen et du Conseil du 4 juillet 2012 sur les produits dérivés de gré à gré, les contreparties centrales et les référentiels centraux, elle examine notamment les notifications faites en application du 2 de l'article 4 et des articles 11 et 89 du même règlement, par celles des personnes soumises à son contrôle qui sont également des contreparties financières au sens du 8 de l'article 2 dudit règlement ;

2° D'exercer une surveillance permanente de la situation financière et des conditions d'exploitation des personnes mentionnées au I de l'article L. 612-2 ; elle contrôle notamment le respect de leurs exigences de solvabilité ainsi que, pour les personnes mentionnées aux 1° à 4° et 8° à 10° du A du I de l'article L. 612-2, des règles relatives à la préservation de leur liquidité et, pour les personnes mentionnées aux 1° à 3°, 5°, 8° à 11° du B du I du même article, qu'elles sont en mesure de tenir à tout moment les engagements qu'elles ont pris envers leurs assurés, adhérents, bénéficiaires ou entreprises réassurées et les tiennent effectivement ; pour l'application du règlement (UE) n° 648/2012 du Parlement européen et du Conseil du 4 juillet 2012 précité, elle contrôle également le respect des obligations et conditions prévues à l'article 3, au 2 de l'article 4 et à l'article 11 du même règlement par celles des personnes soumises à son contrôle qui sont également des contreparties financières au sens du 8 de l'article 2 dudit règlement ;

2° bis De fixer l'exigence de coussin applicable aux établissements d'importance systémique mondiale et aux autres établissements d'importance systémique et de veiller au respect de l'exigence globale de coussin de fonds propres définie aux articles L. 511-41-1 A et L. 533-2-1 ;

3° De veiller au respect par les personnes soumises à son contrôle des règles destinées à assurer la protection de leur clientèle, résultant notamment de toute disposition européenne, législative et réglementaire ou des codes de conduite approuvés à la demande d'une association professionnelle, ainsi que des bonnes pratiques de leur profession qu'elle constate ou recommande, ainsi qu'à l'adéquation des moyens et procédures qu'elles mettent en oeuvre à cet effet ; elle veille également à l'adéquation des moyens et procédures que ces personnes mettent en oeuvre pour respecter le livre Ier ainsi que le chapitre II des titres Ier et II du livre II du code de la consommation ;

4° De veiller à l'élaboration et à la mise en oeuvre des mesures de prévention et de résolution des crises bancaires prévues à la section 4 du chapitre III du présent code, et des mesures de prévention et de résolution des crises dans le secteur de l'assurance prévues au chapitre II du titre Ier du livre III du code des assurances ;

5° De veiller au respect par les personnes soumises à son contrôle des règles relatives aux modalités d'exercice de leur activité par elles-mêmes ou par l'intermédiaire de filiales et aux opérations d'acquisition et de prise de participation ;

6° De veiller au respect, par les personnes soumises à son contrôle, des règles relatives à la lutte contre le blanchiment des capitaux et le financement du terrorisme dans les conditions prévues aux articles L. 561-36 et L. 561-36-1 du présent code ;

7° De veiller au respect de l'article L. 564-2. A l'issue des contrôles diligentés pour l'exercice de cette mission, l'Autorité de contrôle prudentiel et de résolution communique à l'administration fiscale les documents et les informations nécessaires au respect de l'article 1649 AC du code général des impôts et de l'article L. 102 AG du livre des procédures fiscales conformément à l'article L. 84 D du même livre. Elle peut obtenir communication de l'administration fiscale des informations et documents nécessaires à l'exercice de cette mission conformément à l'article L. 135 ZI dudit livre ;

8° De veiller au respect, par les personnes soumises à son contrôle, sauf pour les activités de prestation de services d'investissement pour le compte de tiers, des dispositions qui leur sont applicables des articles 3,4 et 5 du règlement (UE) 2019/2088 du Parlement européen et du Conseil du 27 novembre 2019 sur la publication d'informations en matière de durabilité dans le secteur des services financiers, au regard de leur stratégie d'investissement et de leur gestion des risques liés aux effets du changement climatique, ainsi que de l'article L. 533-22-1 du présent code conformément aux articles L. 310-1-1-3 et L. 385-7-2 du code des assurances, à l'article L. 114-46-3 du code de la mutualité et aux articles L. 931-3-8 et L. 942-6-1 du code de la sécurité sociale.

III.-Dans l'accomplissement de ses missions, l'Autorité de contrôle prudentiel et de résolution prend en compte les objectifs de stabilité financière dans l'ensemble de l'Espace économique européen et de mise en oeuvre convergente des dispositions nationales et de l'Union européenne en tenant compte des bonnes pratiques et recommandations issues des dispositifs de supervision de l'Union européenne. Elle coopère avec les autorités compétentes des autres Etats. En particulier, au sein de l'Espace économique européen, elle apporte son concours aux structures de supervision des groupes transfrontaliers.

IV. - Pour l'accomplissement de ses missions, l'Autorité de contrôle prudentiel et de résolution dispose, à l'égard des personnes mentionnées à l'article L. 612-2 et au I et, le cas échéant, au II de l'article L. 613-34, d'un pouvoir de contrôle, du pouvoir de prendre des mesures de police administrative et d'un pouvoir de sanction. Ce pouvoir de sanction s'exerce à l'encontre des personnes et pour les faits entrant dans le champ de son contrôle à la date de commission du manquement ou de

l'infraction. Elle peut en outre porter à la connaissance du public toute information qu'elle estime nécessaire à l'accomplissement de ses missions, sans que lui soit opposable le secret professionnel mentionné à l'article L. 612-17.
En ce qui concerne les établissements de crédit, les compagnies financières holding et les compagnies financières holding mixtes, l'Autorité de contrôle prudentiel et de résolution exerce ses pouvoirs d'autorisation et de surveillance prudentielle prévus par les dispositions du titre Ier du livre V et par le présent livre sans préjudice des compétences confiées à la Banque centrale européenne par le règlement (UE) du Conseil n° 1024/2013 du 15 octobre 2013.
Pour la mise en oeuvre du mécanisme de surveillance unique institué par le règlement mentionné ci-dessus, l'Autorité de contrôle prudentiel et de résolution est l'autorité compétente nationale pour la France. A ce titre, elle assiste la Banque centrale européenne dans l'exercice des missions de surveillance prudentielle qui lui sont confiées par ce règlement.
Lorsqu'en application du troisième alinéa du paragraphe 1 de l'article 9 du même règlement elle a reçu des instructions en ce sens de la Banque centrale européenne pour l'accomplissement des missions de cette dernière, l'Autorité de contrôle prudentiel et de résolution fait usage des pouvoirs de contrôle et de surveillance prudentielle qu'elle tient du présent code.
En ce qui concerne les établissements de crédit, les compagnies financières holding, les compagnies financières holding mixtes, les établissements financiers et les entreprises d'investissement, le collège de résolution de l'Autorité de contrôle prudentiel et de résolution exerce ses pouvoirs en matière de résolution des crises bancaires sans préjudice des compétences confiées au Conseil de résolution unique par le règlement (UE) n° 806/2014 du Parlement européen et du Conseil du 15 juillet 2014.
Pour la mise en oeuvre du mécanisme de résolution unique institué par le règlement mentionné ci-dessus, le collège de résolution de l'Autorité de contrôle prudentiel et de résolution est l'autorité de résolution nationale pour la France. A ce titre, il assiste le Conseil de résolution unique dans l'exercice des missions qui lui sont confiées par ce règlement.
Lorsqu'en application du même règlement il a reçu instruction en ce sens du Conseil de résolution unique, le collège de résolution fait usage des pouvoirs qu'il tient du présent code.
En ce qui concerne la société visée à l'article L. 313-19 du code de la construction et de l'habitation, l'Autorité de contrôle prudentiel et de résolution exerce ses compétences sans préjudice des compétences confiées à l'Agence nationale de contrôle du logement social. Dans le cadre de l'exercice de leurs compétences respectives portant sur cette société, l'Autorité de contrôle prudentiel et de résolution et l'Agence nationale de contrôle du logement social peuvent se transmettre mutuellement des informations couvertes par le secret professionnel.
V. - Le collège de supervision ou, selon les cas, le secrétaire général adopte les mesures nécessaires pour mettre en oeuvre les orientations, instructions, décisions et tout autre acte juridique de la Banque centrale européenne pris dans le cadre du règlement (UE) du Conseil n° 1024/2013 du 15 octobre 2013.
Le collège de résolution ou le directeur chargé des services mentionnés à l'article L. 612-8-1, selon les cas, adopte les mesures nécessaires pour transposer et mettre en oeuvre les recommandations, avertissements, orientations, instructions, décisions et tout autre acte juridique du Conseil de résolution unique pris dans le cadre du règlement (UE) n° 806/2014 du Parlement européen et du Conseil du 15 juillet 2014.
VI. - Par dérogation aux dispositions de la loi n° 68-678 du 26 juillet 1968 relative à la communication de documents et renseignements d'ordre économique, commercial, industriel, financier ou technique à des personnes physiques ou morales étrangères, l'Autorité de contrôle prudentiel et de résolution peut transmettre à la Commission européenne des informations couvertes par le secret professionnel.
VII. - L'Autorité de contrôle prudentiel et de résolution peut être consultée par l'autorité administra-

tive sur le respect des obligations imposées à l'article L. 594-2 du code de l'environnement.
VII bis.-L'Autorité de contrôle prudentiel et de résolution peut être consultée par la Commission nationale d'évaluation du financement des charges de démantèlement des installations nucléaires de base et de gestion des combustibles usés et des déchets radioactifs mentionnée à l'article L. 594-11 du code de l'environnement, pour l'exercice de sa mission d'évaluation du contrôle de l'adéquation des provisions aux charges prévue au premier alinéa du même article L. 594-11.
VIII. - En application de l'article R. 615-4 du code de la consommation, l'Autorité de contrôle prudentiel et de résolution peut être consultée par la commission d'évaluation et de contrôle de la médiation de la consommation sur :
a) Les demandes d'inscription sur la liste des médiateurs de la consommation dans les secteurs de la banque, des établissements de paiement et de l'assurance ;
b) L'évaluation de l'activité de ces médiateurs intervenant dans les mêmes secteurs.
Les modalités de cette saisine sont précisées par une convention conclue entre l'Autorité de contrôle prudentiel et de résolution et la commission d'évaluation et de contrôle de la médiation de la consommation.

Art. L631-2-1

Sans préjudice des compétences respectives des institutions que ses membres représentent, le Haut Conseil de stabilité financière exerce la surveillance du système financier dans son ensemble, dans le but d'en préserver la stabilité et la capacité à assurer une contribution soutenable à la croissance économique. À ce titre, il définit la politique macroprudentielle et assume les missions suivantes :
1° Il veille à la coopération et à l'échange d'informations entre les institutions que ses membres représentent, de même qu'entre ces institutions et lui-même. L'Autorité de contrôle prudentiel et de résolution et l'Autorité des marchés financiers peuvent, à cet effet, lui transmettre des informations couvertes par le secret professionnel ;
2° Il identifie et évalue la nature et l'ampleur des risques systémiques résultant de la situation du secteur et des marchés financiers, compte tenu, notamment, des avis et recommandations des institutions européennes compétentes ;
3° Il formule tous avis ou recommandations de nature à prévenir tout risque systémique et toute menace à la stabilité financière. Il peut rendre publics ses avis ou recommandations ;
4° Il peut, sur proposition du gouverneur de la Banque de France, imposer aux personnes mentionnées au 1o et au 9o du A du I de l'article L. 612-2 ainsi qu'aux personnes définies à l'article L. 533-2-1 la mise en place d'un coussin contra-cyclique prévu au 1o du II de l'article L. 511-41-1 A et à l'article L. 533-2-1 ;
4° bis Il peut, sur proposition du gouverneur de la Banque de France, imposer aux personnes mentionnées au 1o et au 9o du A du I de l'article L. 612-2 ainsi qu'aux personnes définies à l'article L. 533-2-1 la mise en place d'un coussin pour le risque systémique prévu au 4o du II de l'article L. 511-41-1 A et à l'article L. 533-2-1 ;
4° ter Il peut, sur proposition du gouverneur de la Banque de France, président de l'Autorité de contrôle prudentiel et de résolution, prendre les mesures prévues à l'article 458 du règlement (UE) no 575/2013 du Parlement européen et du Conseil du 26 juin 2013, à l'égard des entreprises auxquelles cet article est applicable ainsi qu'à l'égard des sociétés de financement ;
5° Il peut, sur proposition du gouverneur de la Banque de France et en vue de prévenir l'apparition de mouvements de hausses excessives sur le prix des actifs de toute nature ou d'un endettement excessif des agents économiques, fixer des conditions d'octroi de crédit par les entités soumises au contrôle de l'Autorité de contrôle prudentiel et de résolution ou de l'Autorité des marchés financiers et ayant reçu l'autorisation d'exercer cette activité, lorsque ces entités consentent des prêts à des agents économiques situés sur le territoire français ou destinés au financement d'actifs localisés sur le territoire français ;
5° bis Il peut, sur proposition du gouverneur de la Banque de France, président de l'Autorité de

contrôle prudentiel et de résolution, moduler les règles de constitution et de reprise de la provision pour participation aux bénéfices pour l'ensemble ou un sous-ensemble des personnes mentionnées aux 1o, 3o, 5o et 9o à 11o du B du I de l'article L. 612-2 ;

5° ter Il peut, sur proposition du gouverneur de la Banque de France, président de l'Autorité de contrôle prudentiel et de résolution, après avis du collège de supervision de cette autorité, à l'égard de l'ensemble ou d'un sous-ensemble des personnes mentionnées aux 1o à 5o et 9o à 11o du B du I du même article L. 612-2, afin de prévenir des risques représentant une menace grave et caractérisée pour la situation financière de l'ensemble ou d'un sous-ensemble significatif de ces personnes ou pour la stabilité du système financier, prendre les mesures conservatoires suivantes :

a) Limiter temporairement l'exercice de certaines opérations ou activités, y compris l'acceptation de primes ou versements ;

b) Restreindre temporairement la libre disposition de tout ou partie des actifs ;

c) Limiter temporairement, pour tout ou partie du portefeuille, le paiement des valeurs de rachat ;

d) Retarder ou limiter temporairement, pour tout ou partie du portefeuille, la faculté d'arbitrages ou le versement d'avances sur contrat ;

e) Limiter temporairement la distribution d'un dividende aux actionnaires, d'une rémunération des certificats mutualistes ou paritaires ou d'une rémunération des parts sociales aux sociétaires.

Le Haut Conseil de stabilité financière décide des mesures prévues au présent 5o ter pour une période maximale de trois mois, qui peut être renouvelée si les conditions ayant justifié la mise en place de ces mesures n'ont pas disparu, après consultation du comité consultatif de la législation et de la réglementation financières. Les mesures prévues au c du présent 5o ter ne peuvent être maintenues plus de six mois consécutifs.

Dans sa décision, le Haut Conseil veille à la protection de la stabilité financière et des intérêts des assurés, adhérents et bénéficiaires ;

6° Il peut adresser aux institutions européennes compétentes tout avis visant à recommander l'adoption des mesures nécessaires à la prévention de tout risque systémique menaçant la stabilité financière de la France ;

7° Il facilite la coopération des institutions représentées par ses membres pour l'élaboration des normes internationales et européennes applicables au secteur financier et peut émettre tout avis à ce sujet.

Dans l'accomplissement de ses missions, le Haut Conseil de stabilité financière prend en compte les objectifs de stabilité financière au sein de l'Union européenne et dans l'Espace économique européen. Il coopère avec les autorités homologues des autres Etats membres et avec les institutions européennes compétentes.

Le ministre chargé de l'économie, la Banque de France, l'Autorité de contrôle prudentiel et de résolution, l'Autorité des marchés financiers et l'Autorité des normes comptables veillent, pour ce qui les concerne, à la mise en oeuvre des décisions du Haut Conseil de stabilité financière.

Le gouverneur de la Banque de France peut décider de rendre publique la proposition qu'il formule au titre des 4o à 5o ter du présent article.

Les décisions du Haut Conseil de stabilité financière mentionnées aux mêmes 4o à 5o ter peuvent faire l'objet d'un recours en annulation devant le Conseil d'Etat.

Les décisions mentionnées aux 4o, 4o bis, 5o bis et 5o ter font l'objet d'une publication.

Un décret en Conseil d'Etat précise les conditions d'application du présent article.

513 Code général des impôts

Art. 4 B

1. Sont considérées comme ayant leur domicile fiscal en France au sens de l'article 4 A :

a. Les personnes qui ont en France leur foyer ou le lieu de leur séjour principal ;

b. Celles qui exercent en France une activité professionnelle, salariée ou non, à moins qu'elles ne justifient que cette activité y est exercée à titre accessoire ;

Les dirigeants des entreprises dont le siège est situé en France et qui y réalisent un chiffre d'affaires annuel supérieur à 250 millions d'euros sont considérés comme exerçant en France leur activité professionnelle à titre principal, à moins qu'ils ne rapportent la preuve contraire. Pour les entreprises qui contrôlent d'autres entreprises dans les conditions définies à l'article L. 233-16 du code de commerce, le chiffre d'affaires s'entend de la somme de leur chiffre d'affaires et de celui des entreprises qu'elles contrôlent.

Les dirigeants mentionnés au deuxième alinéa du présent b s'entendent du président du conseil d'administration lorsqu'il assume la direction générale de la société, du directeur général, des directeurs généraux délégués, du président et des membres du directoire, des gérants et des autres dirigeants ayant des fonctions analogues ;

c. Celles qui ont en France le centre de leurs intérêts économiques.

2. Sont également considérés comme ayant leur domicile fiscal en France les agents de l'Etat qui exercent leurs fonctions ou sont chargés de mission dans un pays étranger et qui ne sont pas soumis dans ce pays à un impôt personnel sur l'ensemble de leurs revenus.

Art. 122

1. Sous réserve du 2, le revenu est déterminé par la valeur brute en euros des produits encaissés d'après le cours du change au jour des paiements, sans autre déduction que celle des impôts établis dans le pays d'origine et dont le paiement incombe au bénéficiaire.

Le montant des lots est fixé par le montant même du lot en euros.

Pour les primes de remboursement, le revenu est déterminé par la différence entre la somme remboursée et le taux d'émission des emprunts dans les conditions visées au 3o de l'article 119.

2. Les produits des bons ou contrats de capitalisation ainsi que des placements de même nature mentionnés au 6o de l'article 120 sont constitués par la différence entre, d'une part, les sommes brutes remboursées au bénéficiaire et, d'autre part, le montant des primes versées, le cas échéant, depuis l'acquisition de ce bon ou contrat, augmenté, dans ce cas, du prix d'acquisition du bon ou contrat.

Lorsque ces produits sont attachés à des bons ou contrats souscrits auprès d'entreprises d'assurance établies hors de France dans un Etat membre de l'Union européenne, ou dans un autre Etat partie à l'accord sur l'Espace économique européen, ayant conclu avec la France une convention d'assistance administrative en vue de lutter contre la fraude et l'évasion fiscales, l'abattement prévu au I de l'article 125-0 A est applicable dans les mêmes conditions. Les limites de cet abattement s'appliquent globalement aux produits définis à cet alinéa et à l'article 125-0 A.

Les gains de cession des bons ou contrats sont déterminés par application des règles prévues à l'article 124 C.

Art. 125-0 A

I. - 1o Les produits attachés aux bons ou contrats de capitalisation ainsi qu'aux placements de même nature souscrits auprès d'entreprises d'assurance établies en France sont, lors du dénouement ou d'un rachat du bon, contrat ou placement et quelle que soit sa date de souscription, soumis à l'impôt sur le revenu.

Les produits en cause sont exonérés, quelle que soit la durée du contrat, lorsque celui-ci se dénoue par le versement d'une rente viagère ou que ce dénouement résulte du licenciement du bénéficiaire des produits ou de sa mise à la retraite anticipée ou de son invalidité ou de celle de son conjoint correspondant au classement dans la deuxième ou troisième catégorie prévue à l'article L. 341-4 du code de la sécurité sociale ;

Les produits en cause sont constitués par la différence entre, d'une part, les sommes remboursées au bénéficiaire et, d'autre part, le montant des primes versées, le cas échéant, depuis l'acquisition de ce bon ou contrat, augmenté, dans ce cas, du prix d'acquisition du bon ou contrat.

Lorsque la durée du bon ou du contrat est égale ou supérieure à six ans pour les bons ou contrats souscrits entre le 1er janvier 1983 et le 31 décembre 1989 et à huit ans pour les bons ou contrats souscrits à compter du 1er janvier 1990, il est opéré, pour l'ensemble des bons ou contrats détenus par un même contribuable, un abattement annuel de 4 600 € pour les contribuables célibataires, veufs ou divorcés et de 9 200 € pour les contribuables mariés soumis à imposition commune sur la somme des produits acquis à compter du 1er janvier 1998, ou constatés à compter de la même date pour les bons ou contrats en unités de compte visés au deuxième alinéa de l'article L. 131-1 du code des assurances.

L'abattement mentionné au quatrième alinéa du présent 1o s'applique en priorité aux produits attachés aux primes versées avant le 27 septembre 2017, puis, pour les produits attachés aux primes versées à compter de cette même date et lorsque l'option prévue au 2 de l'article 200 A n'est pas exercée, à la fraction de ces produits imposables au taux mentionné au 2o du B du 1 de l'article 200 A, puis à ceux imposables au taux mentionné au 1o du même B.

Pour l'application de l'abattement aux produits attachés aux primes versées avant le 27 septembre 2017, lorsque l'option pour le prélèvement libératoire mentionnée au 1 du II du présent article est exercée, les produits sont soumis audit prélèvement pour leur montant brut, sans qu'il soit fait application de l'abattement mentionné au quatrième alinéa du présent 1o. Dans ce cas, le contribuable bénéficie d'un crédit d'impôt égal au taux dudit prélèvement multiplié par le montant de l'abattement non imputé sur les produits pour lesquels l'option pour ce prélèvement n'a pas été exercée, retenu dans la limite du montant des produits soumis audit prélèvement. Ce crédit d'impôt s'impute sur l'impôt sur le revenu dû au titre de l'année au cours de laquelle le prélèvement a été opéré. S'il excède l'impôt dû, l'excédent est restitué.

En cas de rachat total ou partiel d'un bon ou d'un contrat, effectué avant le 1er janvier 2023 et plus de cinq années avant l'atteinte par le titulaire du bon ou du contrat de l'âge mentionné au premier alinéa de l'article L. 161-17-2 du code de la sécurité sociale, lorsque le bon ou le contrat remplit la condition de durée mentionnée au quatrième alinéa du présent 1o et que l'intégralité des sommes reçues au titre de ce rachat est versée avant le 31 décembre de l'année dudit rachat sur un plan d'épargne retraite défini à l'article L. 224-1 du code monétaire et financier, les produits imposables afférents à ce rachat, sont exonérés dans la limite annuelle globale, pour l'ensemble de leurs bons ou contrats, de 4 600 € pour les contribuables célibataires, veufs ou divorcés et de 9 200 € pour les contribuables mariés soumis à imposition commune. L'application de cette exonération aux produits afférents aux différentes primes du bon ou contrat suit la règle de priorité fixée au cinquième alinéa du présent 1o. L'abattement mentionné au quatrième alinéa s'applique le cas échéant aux produits non exonérés du bon ou contrat, suivant la même règle de priorité.

2o La transformation partielle ou totale d'un bon ou contrat mentionné au 1o du présent I en un bon ou contrat mentionné au même 1o permettant qu'une part ou l'intégralité des primes versées soient affectées à l'acquisition de droits exprimés en unités de compte mentionnées au deuxième alinéa de l'article L. 131-1 du code des assurances ou de droits donnant lieu à la constitution d'une provision de diversification n'entraîne pas les conséquences fiscales d'un dénouement. Cette transformation s'effectue soit par avenant au bon ou contrat, soit par la souscription d'un nouveau bon ou contrat auprès de la même entreprise d'assurance.

I bis. - Les produits attachés aux bons ou contrats mentionnés au I d'une durée égale ou supérieure à six ans pour les bons ou contrats souscrits entre le 1er janvier 1983 et le 31 décembre 1989 et à huit ans pour les bons ou contrats souscrits à compter du 1er janvier 1990, acquis au 31 décembre 1997 ou constatés à cette même date pour les bons ou contrats en unités de compte visés au deuxième alinéa de l'article L. 131-1 du code des assurances, sont exonérés d'impôt sur le revenu quelle que soit la date des versements auxquels ces produits se rattachent. Il en est de même des produits de ces bons ou contrats afférents à des primes versées antérieurement au 26 septembre 1997, acquis ou constatés à compter du 1er janvier 1998.

I ter. - Sont également exonérés d'impôt sur le revenu les produits des contrats mentionnés au I bis souscrits antérieurement au 26 septembre 1997, lorsque ces produits, acquis ou constatés à compter du 1er janvier 1998, sont afférents :
1o aux primes versées sur les contrats à primes périodiques et n'excédant pas celles prévues initialement au contrat ;
2o aux versements programmés effectués du 26 septembre 1997 au 31 décembre 1997 ; les versements programmés s'entendent de ceux effectués en exécution d'un engagement antérieur au 26 septembre 1997 prévoyant la périodicité et le montant du versement ;
3o aux autres versements effectués du 26 septembre 1997 au 31 décembre 1997, sous réserve que le total de ces versements n'excède pas 200 000 F par souscripteur.
I quater A. - Sont également exonérés d'impôt sur le revenu les produits des bons ou contrats souscrits avant le 1er janvier 1983 attachés à des primes versées antérieurement au 10 octobre 2019.
I quater. - Sont exonérés d'impôt sur le revenu les produits attachés aux bons ou contrats en unités de compte visés au deuxième alinéa de l'article L. 131-1 du code des assurances mentionnés au I, d'une durée égale ou supérieure à huit ans, souscrits avant le 1er janvier 2005 et dont l'unité de compte est la part ou l'action d'un organisme de placement collectif en valeurs mobilières ou d'un placement collectif relevant des paragraphes 1, 2 et 6 de la sous-section 2, du paragraphe 2 ou du sous-paragraphe 1 du paragraphe 1 de la sous-section 3 de la section 2 du chapitre IV du titre Ier du livre II du code monétaire et financier, dont l'actif est constitué pour 50 % au moins de :
a) Actions ou certificats d'investissement de sociétés et certificats coopératifs d'investissement admis aux négociations sur un marché réglementé d'instruments financiers figurant sur les listes mentionnées à l'article 16 de la directive 93/22/ CEE du Conseil, du 10 mai 1993, concernant les services d'investissement dans le domaine des valeurs mobilières ;
b) Droits ou bons de souscription ou d'attribution attachés aux actions mentionnées au a ;
c) Actions ou parts d'organismes de placement collectif en valeurs mobilières ou de placements collectifs relevant des paragraphes 1, 2 et 6 de la sous-section 2, du paragraphe 2 ou du sous-paragraphe 1 du paragraphe 1 de la sous-section 3 de la section 2 du chapitre IV du titre Ier du livre II du code monétaire et financier, qui emploient plus de 60 % de leur actif en titres et droits mentionnés aux a et b ;
d) Parts de fonds communs de placement à risques, de fonds professionnels spécialisés relevant de l'article L. 214-37 du code monétaire et financier dans sa rédaction antérieure à l'ordonnance no 2013-676 du 25 juillet 2013 modifiant le cadre juridique de la gestion d'actifs, de fonds professionnels de capital investissement, de fonds d'investissement de proximité, de fonds communs de placement dans l'innovation, actions de sociétés de capital risque ou de sociétés financières d'innovation ;
e) Actions émises par des sociétés qui exercent une activité autre que les activités mentionnées à la deuxième phrase du premier alinéa du I de l'article 44 sexies et dont les titres ne sont pas admis aux négociations sur un marché réglementé ;
f) Actions, admises aux négociations sur un marché d'instruments financiers, dont le fonctionnement est assuré par une entreprise de marché ou un prestataire de services d'investissement autre qu'une société de gestion de portefeuille ou tout autre organisme similaire étranger, d'un Etat partie à l'accord sur l'Espace économique européen, émises par des sociétés qui exercent une activité mentionnée à l'article 34 autre que celles mentionnées à la deuxième phrase du premier alinéa du I de l'article 44 sexies et dont la capitalisation boursière est inférieure à 150 millions d'euros. La capitalisation boursière est évaluée selon la moyenne des cours d'ouverture des soixante jours de bourse précédant celui de l'investissement. Un décret en Conseil d'Etat détermine les modalités d'application de cette évaluation, notamment en cas de première cotation ou d'opération de restructuration d'entreprises.
Les titres mentionnés aux a, b, e et f doivent être émis par des sociétés qui ont leur siège dans un Etat de l'Union européenne, ou dans un autre Etat partie

à l'accord sur l'Espace économique européen ayant conclu avec la France une convention d'assistance administrative en vue de lutter contre la fraude et l'évasion fiscales, et sont soumises à l'impôt sur les sociétés dans les conditions de droit commun au taux normal ou le seraient dans les mêmes conditions si l'activité était exercée en France.

Les titres mentionnés aux d, e et f doivent représenter 5 % au moins de l'actif de l'organisme de placement collectif en valeurs mobilières ou du placement collectif relevant des paragraphes 1, 2 et 6 de la sous-section 2, du paragraphe 2 ou du sous-paragraphe 1 du paragraphe 1 de la sous-section 3 de la section 2 du chapitre IV du titre Ier du livre II du code monétaire et financier.

Les titres mentionnés aux d, e et f doivent représenter 5 % au moins de l'actif de l'organisme de placement collectif en valeurs mobilières ou du placement collectif relevant des paragraphes 1, 2 et 6 de la sous-section 2, du paragraphe 2 ou du sous-paragraphe 1 du paragraphe 1 de la sous-section 3 de la section 2 du chapitre IV du titre Ier du livre II du code monétaire et financier.

I quinquies. - 1. Sont exonérés d'impôt sur le revenu les produits attachés aux bons ou contrats de capitalisation et placements de même nature mentionnés au I, souscrits du 1er janvier 2005 au 31 décembre 2013, d'une durée égale ou supérieure à huit ans et dans lesquels les primes versées sont représentées par une ou plusieurs unités de compte constituées de parts ou d'actions d'organismes de placement collectif en valeurs mobilières, de placements collectifs relevant des paragraphes 1, 2 et 6 de la sous-section 2, du paragraphe 2 ou du sous-paragraphe 1 du paragraphe 1 de la sous-section 3 de la section 2 du chapitre IV du titre Ier du livre II du code monétaire et financier ou d'organismes de même nature établis soit dans un autre Etat membre de l'Union européenne, soit dans un autre Etat partie à l'accord sur l'Espace économique européen ayant conclu avec la France une convention d'assistance administrative en vue de lutter contre la fraude et l'évasion fiscales et qui bénéficient de la procédure de reconnaissance mutuelle des agréments prévue par la directive 85/611/CEE du Conseil du 20 décembre 1985, portant coordination des dispositions législatives, réglementaires et administratives concernant certains organismes de placement collectif en valeurs mobilières (OPCVM), et dont l'actif est constitué pour 30 % au moins :

a. D'actions ne relevant pas du 3 du II de l'article L. 211-1 du code monétaire et financier, admises aux négociations sur un marché d'instruments financiers, dont le fonctionnement est assuré par une entreprise de marché ou un prestataire de services d'investissement autre qu'une société de gestion de portefeuille ou tout autre organisme similaire étranger, d'un Etat partie à l'accord sur l'Espace économique européen ;

b. De droits ou bons de souscription ou d'attribution attachés aux actions mentionnées au a ;

c. D'actions ou parts d'organismes de placement collectif en valeurs mobilières et des placements collectifs mentionnés au premier alinéa dont l'actif est constitué à plus de 75 % en titres et droits mentionnés aux a et b ;

d. De parts de fonds communs de placement à risques ou de fonds professionnels de capital investissement qui remplissent les conditions prévues au II de l'article 163 quinquies B, de fonds d'investissement de proximité mentionnés à l'article L. 214-31 du code monétaire et financier, de fonds communs de placement dans l'innovation mentionnés à l'article L. 214-30 du même code et d'actions de sociétés de capital-risque qui remplissent les conditions prévues à l'article 1er-1 de la loi no 85-695 du 11 juillet 1985 portant diverses dispositions d'ordre économique et financier ;

e. D'actions ou parts émises par des sociétés qui exercent une activité mentionnée à l'article 34 dont les titres ne sont pas admis aux négociations sur un marché d'instruments financiers français ou étranger, dont le fonctionnement est assuré par une entreprise de marché ou un prestataire de services d'investissement ou tout autre organisme similaire étranger, sous réserve que le souscripteur du bon ou contrat, son conjoint et leurs ascendants et descendants ne détiennent pas ensemble, pendant la durée du bon ou contrat, directement ou indirectement, plus de 25 % des droits dans les bénéfices de la société ou n'ont pas détenu une telle participa-

tion à un moment quelconque au cours des cinq années précédant la souscription du bon ou contrat ;
f. D'actions, admises aux négociations sur un marché d'instruments financiers, dont le fonctionnement est assuré par une entreprise de marché ou un prestataire de services d'investissement ou tout autre organisme similaire étranger, d'un Etat partie à l'accord sur l'Espace économique européen, émises par des sociétés qui exercent une activité mentionnée à l'article 34 et dont la capitalisation boursière est inférieure à 150 millions d'euros. La capitalisation boursière est évaluée selon la moyenne des cours d'ouverture des soixante jours de bourse précédant celui de l'investissement. Un décret en Conseil d'Etat détermine les modalités d'application de cette évaluation, notamment en cas de première cotation ou d'opération de restructuration d'entreprises ;
g. De parts de fonds ou actions de sociétés mentionnées au d, dont l'actif est constitué à plus de 50 % en titres mentionnés au e.
Les titres et droits mentionnés aux a, b, e et f doivent être émis par des sociétés qui ont leur siège dans un Etat membre de l'Union européenne, ou dans un autre Etat partie à l'accord sur l'Espace économique européen ayant conclu avec la France une convention d'assistance administrative en vue de lutter contre la fraude et l'évasion fiscales, et qui sont soumises à l'impôt sur les sociétés dans les conditions de droit commun au taux normal ou le seraient dans les mêmes conditions si elles exerçaient leur activité en France.
Les titres mentionnés aux d à g doivent représenter 10 % au moins de l'actif de chaque organisme de placement collectif en valeurs mobilières ou placement collectif relevant des paragraphes 1, 2 et 6 de la sous-section 2, du paragraphe 2 ou du sous-paragraphe 1 du paragraphe 1 de la sous-section 3 de la section 2 du chapitre IV du titre Ier du livre II du code monétaire et financier dont les parts ou actions constituent les unités de compte du bon ou contrat, les titres mentionnés aux e et g représentant au moins 5 % de ce même actif.
Les règlements ou les statuts des organismes de placement collectif en valeurs mobilières et des placements collectifs mentionnés au premier alinéa prévoient le respect des proportions d'investissement prévues à ce même alinéa et au dixième alinéa. Il en est de même pour les organismes et sociétés mentionnés aux c et g s'agissant des proportions d'investissement mentionnées à ces mêmes alinéas.
2. Lorsque les organismes de placement collectif en valeurs mobilières, les placements collectifs et les sociétés mentionnés au premier alinéa et aux c et g du 1 recourent à des instruments financiers à terme, à des opérations de pension, ainsi qu'à toute autre opération temporaire de cession ou d'acquisition de titres, ces organismes ou sociétés doivent respecter, outre les règles d'investissement de l'actif prévues au 1, les proportions d'investissement minimales mentionnées aux premier et dixième alinéas et aux c et g du 1, calculées en retenant au numérateur la valeur des titres éligibles à ces proportions dont ils perçoivent effectivement les produits. Un décret en Conseil d'Etat précise les modalités de calcul et les justificatifs à produire par les organismes ou sociétés concernés.
3. Les bons ou contrats mentionnés au 1 peuvent également prévoir qu'une partie des primes versées est affectée à l'acquisition de droits qui ne sont pas exprimés en unités de compte ou qui sont exprimés en unités de compte autres que celles mentionnées au premier alinéa du 1. Pour ces bons ou contrats, les proportions d'investissement que doivent respecter la ou les unités de compte mentionnées au premier alinéa du 1 sont égales aux proportions prévues au même 1 multipliées par le rapport qui existe entre la prime versée et la part de cette prime représentée par la ou les unités de compte précitées.
I sexies. - Un décret fixe les modalités d'application des I à I quinquies et notamment les obligations déclaratives des contribuables et des établissements payeurs.
II. - 1. Les personnes physiques qui bénéficient de produits mentionnés au I attachés à des primes versées jusqu'au 26 septembre 2017 peuvent opter pour leur assujettissement à un prélèvement qui libère les revenus auxquels il s'applique de l'impôt sur le revenu lorsque la personne qui assure le paiement de ces revenus est établie en France, qu'il

s'agisse ou non du débiteur, ce dernier étant établi dans un Etat membre de l'Union européenne ou dans un autre Etat partie à l'accord sur l'Espace économique européen ayant conclu avec la France une convention d'assistance administrative en vue de lutter contre la fraude et l'évasion fiscales.

L'option, qui est irrévocable, est exercée au plus tard lors de l'encaissement des revenus.

Le caractère libératoire du prélèvement ne peut être invoqué pour les produits qui sont pris en compte pour la détermination du bénéfice imposable d'une entreprise industrielle, commerciale, artisanale ou agricole ou d'une profession non commerciale.

Le taux du prélèvement est fixé :

a. à 45 % lorsque la durée du contrat a été inférieure à deux ans ; ce taux est de 35 p. 100 pour les contrats souscrits à compter du 1er janvier 1990 ;

b. à 25 % lorsque cette durée a été égale ou supérieure à deux ans et inférieure à quatre ans ; ce taux est de 35 p. 100 pour les contrats souscrits à compter du 1er janvier 1990.

c. à 15 % lorsque cette durée a été égale ou supérieure à quatre ans.

d. à 7,5 % lorsque cette durée a été égale ou supérieure à six ans pour les bons ou contrats souscrits entre le 1er janvier 1983 et le 31 décembre 1989 et à huit ans pour les contrats souscrits à compter du 1er janvier 1990.

La durée des contrats s'entend, pour les contrats à prime unique et les contrats comportant le versement de primes périodiques régulièrement échelonnées, de la durée effective du contrat et, dans les autres cas, de la durée moyenne pondérée. La disposition relative à la durée moyenne pondérée n'est pas applicable aux contrats conclus à compter du 1er janvier 1990.

2. Les I et V de l'article 125 A sont applicables aux produits de bons ou contrats de capitalisation ou placements de même nature mentionnés au I du présent article ou au 6o de l'article 120, attachés à des primes versées à compter du 27 septembre 2017.

Le taux du prélèvement appliqué à ces produits est fixé à :

a) 12,8 % ;

b) 7,5 % lorsque la durée du contrat a été égale ou supérieure à six ans pour les bons ou contrats souscrits entre le 1er janvier 1983 et le 31 décembre 1989 et à huit ans pour les contrats souscrits à compter du 1er janvier 1990. Ce taux est également applicable aux bons ou contrats souscrits avant le 1er janvier 1983.

Ce prélèvement n'est pas libératoire de l'impôt sur le revenu établi dans les conditions prévues aux 1 ou 2 de l'article 200 A et dû à raison des revenus auxquels s'est appliqué ce prélèvement.

Le prélèvement s'impute sur l'impôt sur le revenu dû au titre de l'année au cours de laquelle il a été opéré. S'il excède l'impôt dû, l'excédent est restitué.

II bis. - Les prélèvements mentionnés aux 1 et 2 du II sont obligatoirement applicables aux produits et gains de cession de bons ou contrats mentionnés au I, aux taux prévus aux a à d du 1 du même II ou, pour les produits ou gains attachés à des primes versées à compter du 27 septembre 2017, au taux prévu au a du 2 de ce même II, lorsque ceux-ci bénéficient à des personnes qui n'ont pas leur domicile fiscal ou qui ne sont pas établies en France.

Le taux de ces prélèvements est fixé à 75 %, quelle que soit la durée du contrat, lorsque les produits ou gains bénéficient à des personnes qui ont leur domicile fiscal ou qui sont établies dans un Etat ou territoire non coopératif au sens de l'article 238-0 A autre que ceux mentionnés au 2o du 2 bis du même article 238-0 A, sauf si le débiteur apporte la preuve que les opérations auxquelles correspondent ces revenus et produits ont principalement un objet et un effet autres que de permettre la localisation de ces revenus et produits dans un Etat ou territoire non coopératif au sens dudit article 238-0 A.

Les prélèvements mentionnés au premier alinéa du présent II bis libèrent les revenus auxquels ils s'appliquent de l'impôt sur le revenu ou sur les bénéfices.

Toutefois, lorsque le bénéficiaire mentionné au même premier alinéa est une personne physique qui a son domicile fiscal dans un Etat ou territoire autre que ceux mentionnés au deuxième alinéa, il peut demander, par voie de réclamation présentée conformément aux dispositions de l'article L.

190 du Livre des procédures fiscales, le bénéfice du taux mentionné au premier alinéa du 2o du B du 1 de l'article 200 A du présent code dans les conditions prévues par ce même 2o. Pour l'appréciation du seuil de 150 000 € mentionné audit 2o, seules sont retenues, suivant les mêmes règles que celles prévues au a du même 2o, les primes sur l'ensemble des bons ou contrats de capitalisation ainsi que les placements de même nature souscrits auprès d'entreprises d'assurance établies en France.

II ter. - La fraction ayant le caractère de produits attachés aux bons ou contrats de capitalisation, ainsi qu'aux produits de même nature, notamment les contrats d'assurance sur la vie, des sommes versées par la Caisse des dépôts et consignations en application des articles L. 132-27-2 du code des assurances et L. 223-25-4 du code de la mutualité est soumise à l'impôt sur le revenu déterminé suivant les règles de taxation en vigueur l'année de ce versement ou, le cas échéant, sur option du contribuable et pour les seuls produits se rattachant à des primes versées jusqu'au 26 septembre 2017, au prélèvement prévu au 1 du II du présent article. Le montant du revenu imposable est déterminé dans les conditions et selon les modalités applicables à la date de l'échéance de ces bons ou contrats.

III. - Les prélèvements mentionnés aux II et II bis sont établis, liquidés et recouvrés sous les mêmes garanties et sanctions que celui mentionné à l'article 125 A. Les dispositions du 1 des articles 242 ter et 1736 sont applicables.

IV. - Les entreprises d'assurance sont tenues de communiquer à l'assuré l'ensemble des informations et documents permettant à ce dernier de déclarer les produits, le cas échéant rachetés, selon le régime fiscal qui leur est applicable.

Elles communiquent également ces informations à l'administration. Cette déclaration est effectuée dans les conditions prévues à l'article 242 ter.

Art. 125 D

I. - Les personnes physiques fiscalement domiciliées en France au sens de l'article 4 B qui appartiennent à un foyer fiscal dont le revenu fiscal de référence de l'avant-dernière année, tel que défini au 1o du IV de l'article 1417, est égal ou supérieur aux montants mentionnés au dernier alinéa du I de l'article 125 A et qui bénéficient de revenus ou produits énumérés au même I ou de produits et gains mentionnés au 2 du II de l'article 125-0 A sont assujetties au prélèvement prévu au I de l'article 125 A, aux taux fixés, selon les cas, au III bis du même article 125 A ou au 2 du II de l'article 125-0 A, lorsque la personne qui assure leur paiement est établie hors de France, qu'il s'agisse ou non du débiteur des revenus ou produits, ce dernier étant établi en France ou hors de France.

II. - Les personnes physiques fiscalement domiciliées en France au sens de l'article 4 B qui bénéficient de produits ou gains de cession de bons ou contrats de capitalisation et placements de même nature mentionnés au deuxième alinéa du 2 de l'article 122 peuvent opter, à raison de la seule fraction des produits ou gains attachés à des primes versées jusqu'au 26 septembre 2017, pour leur assujettissement au prélèvement prévu au premier alinéa du 1 du II de l'article 125-0 A, aux taux fixés au 1 du II de ce même article. À cet effet, la durée des bons ou contrats de capitalisation ainsi que des placements de même nature s'entend de leur durée effective de détention par le contribuable.

Les revenus de source étrangère mentionnés au premier alinéa sont retenus pour leur montant brut. L'impôt retenu à la source est imputé sur le prélèvement dans la limite du crédit d'impôt auquel il ouvre droit, dans les conditions prévues par les conventions internationales.

III. - Sous réserve des dispositions prévues au troisième alinéa du 1 du II de l'article 125-0 A, le prélèvement mentionné au II du présent article libère les revenus, produits et gains auxquels il s'applique de l'impôt sur le revenu.

IV. - Les revenus, produits et gains pour lesquels le contribuable est assujetti au prélèvement prévu au I ou opte pour le prélèvement prévu au II sont déclarés et le prélèvement correspondant acquitté, soit par la personne qui assure le paiement desdits revenus, produits et gains, lorsqu'elle est établie hors de France dans un Etat membre de l'Union européenne ou dans un autre Etat partie à l'accord sur l'Espace économique européen ayant conclu avec la France une convention d'assistance administrative en vue de lutter contre la fraude et l'évasion fiscales, et qu'elle a été mandatée à cet effet par le contribuable, soit par le contribuable lui-même, dans les quinze jours suivant le mois au cours duquel les revenus ou produits sont encaissés ou inscrits en compte ou, s'agissant d'un gain, dans les quinze jours suivant le mois au cours duquel la cession est réalisée.

L'option pour le prélèvement prévue au II est irrévocable et s'exerce par le dépôt de la déclaration des revenus, produits et gains concernés et le paiement du prélèvement correspondant dans les conditions et délais prévus au premier alinéa.

Lorsque la déclaration prévue au premier alinéa et le paiement du prélèvement correspondant sont effectués par la personne qui assure le paiement des revenus, produits et gains, elle est établie au nom et pour le compte du contribuable.

À défaut de réception de la déclaration et du paiement du prélèvement mentionné au II dans les conditions précitées, les produits et gains sont imposables dans les conditions de droit commun.

Le contribuable tient à la disposition de l'administration tous les renseignements nécessaires à l'établissement du prélèvement.

V. - Les revenus, produits et gains de cession soumis au prélèvement dans les conditions des I et II sont retenus pour leur montant brut. L'impôt retenu à la source est imputé sur le prélèvement mentionné au II dans la limite du crédit d'impôt auquel il ouvre droit tel que ce crédit est prévu par les conventions internationales.

VI. - L'administration peut conclure avec chaque personne établie hors de France mandatée par des contribuables pour le paiement du prélèvement dans les conditions prévues au IV une convention qui en organise les modalités pour l'ensemble de ces contribuables.

VII. - Un décret fixe les modalités d'application, notamment déclaratives, du présent article.

Art. 199 septies

I. - Lorsqu'elles n'entrent pas en compte pour l'évaluation des revenus des différentes catégories, ouvrent droit à une réduction d'impôt sur le revenu de 25 % dans la limite d'un plafond global de versements annuels égal à 1 525 € majoré de 300 € par enfant à charge :

1° Les primes afférentes à des contrats d'assurance en cas de décès, lorsque ces contrats garantissent le versement d'un capital ou d'une rente viagère à un enfant ou à tout autre parent en ligne directe ou collatérale jusqu'au troisième degré de l'assuré, ou à une personne réputée à charge de celui-ci en application de l'article 196 A bis, et lorsque ces bénéficiaires sont atteints d'une infirmité qui les empêche soit de se livrer, dans des conditions normales de rentabilité, à une activité professionnelle, soit, s'ils sont âgés de moins de dix-huit ans, d'acquérir une instruction ou une formation professionnelle d'un niveau normal ;

2° Les primes afférentes aux contrats d'assurance d'une durée effective au moins égale à six ans dont l'exécution dépend de la durée de la vie humaine lorsque les contrats sont destinés à garantir le versement d'un capital en cas de vie ou d'une rente viagère avec jouissance effectivement différée d'au moins six ans, quelle que soit la date de la souscription, à l'assuré atteint, lors de leur conclusion, d'une infirmité qui l'empêche de se livrer, dans des conditions normales de rentabilité, à une activité professionnelle ;

3° Un arrêté du ministre de l'économie et des finances définit les justifications auxquelles est subordonné le bénéfice de la réduction d'impôt.

II. - Les personnes qui n'ont pas leur domicile fiscal en France au sens de l'article 4 B ne bénéficient pas de la réduction d'impôt prévue au I. Les dispositions du 5 du I de l'article 197 sont applicables.

Art. 200 A

1. L'impôt sur le revenu dû par les personnes physiques fiscalement domiciliées en France au sens de l'article 4 B à raison des revenus, gains nets, profits, distributions, plus-values et créances énumérés aux 1o et 2o du A du présent 1 est établi par application du taux forfaitaire prévu au B du présent 1 à l'assiette imposable desdits revenus, gains nets, profits, distributions, plus-values et créances.

A. Pour l'application du premier alinéa du présent 1, sont soumis à l'imposition forfaitaire :

1° Les revenus de capitaux mobiliers mentionnés au VII de la 1re sous-section de la section II du présent chapitre, à l'exception des revenus expressément exonérés de l'impôt en vertu des articles 125-0 A, 155 B, 157 et 163 quinquies B à 163 quinquies C bis, des produits des bons ou contrats de capitalisation ou placements de même nature mentionnés au 6o de l'article 120 et au 1o du I de l'article 125-0 A, attachés à des primes versées jusqu'au 26 septembre 2017, ainsi que des revenus qui sont pris en compte pour la détermination du bénéfice imposable d'une entreprise industrielle, commerciale, artisanale ou agricole, ou d'une profession non commerciale. Sont également soumis à l'imposition forfaitaire les produits mentionnés au 5 de l'article 13 qui se rattachent à la catégorie des revenus de capitaux mobiliers.

Pour le calcul de l'impôt dû, les revenus mentionnés au premier alinéa du présent 1o sont retenus pour leur montant brut, sous réserve, le cas échéant, de l'application des articles 124 C, 125-00 A et 125-0 A.

Les revenus mentionnés au premier alinéa du présent 1o de source étrangère sont également retenus pour leur montant brut. L'impôt retenu à la source est imputé sur l'imposition à taux forfaitaire dans la limite du crédit d'impôt auquel il ouvre droit, dans les conditions prévues par les conventions internationales ;

2° Les gains nets, profits, distributions, plus-values et créances mentionnés aux 1o à 6o du 6 bis de l'article 158, déterminés conformément à ces mêmes dispositions. Toutefois, pour l'établissement de l'imposition forfaitaire mentionnée au premier alinéa du présent 1, il n'est pas fait application de l'abattement mentionné aux 1 ter ou 1 quater de l'article 150-0 D.

B. 1° Le taux forfaitaire mentionné au premier alinéa du présent 1 est fixé à 12,8 % ;

2° Par dérogation au 1o du présent B, lorsque les conditions d'application du b du 2 du II de l'article 125-0 A sont remplies, le taux prévu au même b est appliqué aux produits des bons ou contrats de capitalisation et placements de même nature mentionnés au I de l'article 125-0 A et au II de l'article 125 D attachés à des primes versées à compter du 27 septembre 2017 :

a) Pour le montant total desdits produits, lorsque le montant des primes versées sur le bon ou contrat ou placement auquel se rattachent ces produits ainsi que sur les autres bons ou contrats ou placements dont est titulaire le bénéficiaire desdits produits et qui, au 31 décembre de l'année qui précède le fait générateur d'imposition des produits concernés, n'ont pas déjà fait l'objet d'un remboursement en capital, n'excède pas le seuil de 150 000 €. Pour l'application du présent alinéa, en cas de démembrement de propriété du bon ou contrat, les primes versées sur ce bon ou contrat ne sont prises en compte que pour la détermination du seuil applicable à l'usufruitier ;

b) Lorsque le montant des primes tel que déterminé au a du présent 2o excède le seuil de 150 000 €, pour la seule fraction de ces produits déterminée en multipliant le montant total desdits produits par le rapport existant entre :

- au numérateur, le montant de 150 000 € réduit, le cas échéant, du montant des primes versées antérieurement au 27 septembre 2017 et qui, au 31 décembre de l'année qui précède le fait générateur d'imposition des produits concernés, n'ont pas déjà fait l'objet d'un remboursement en capital ;
- au dénominateur, le montant des primes versées à compter du 27 septembre 2017 et qui, au 31 décembre de l'année qui précède le fait générateur de l'imposition des produits concernés, n'ont pas déjà fait l'objet d'un remboursement en capital.

La fraction des produits mentionnés au premier alinéa du présent 2o qui n'est pas éligible au taux mentionné au même premier alinéa est imposable au taux mentionné au 1o du présent B ;

3° Lorsque les conditions d'application du b du 2 du II de l'article 125-0 A ne sont pas remplies, les produits mentionnés au 2o du présent B attachés à des primes versées à compter du 27 septembre 2017 sont soumis au taux mentionné au 1o du présent B.

2. Par dérogation au 1, sur option expresse et irrévocable du contribuable, l'ensemble des revenus, gains nets, profits, plus-values et créances mentionnés à ce même 1 est retenu dans l'assiette du re-

venu net global défini à l'article 158. Cette option globale est exercée lors du dépôt de la déclaration prévue à l'article 170, et au plus tard avant l'expiration de la date limite de déclaration.

2 bis. (Abrogé)

2 ter. a. Les plus-values mentionnées au I de l'article 150-0 B ter sont imposables à l'impôt sur le revenu au taux déterminé comme suit :

1° Le taux applicable aux plus-values résultant d'opérations d'apport réalisées entre le 14 novembre et le 31 décembre 2012 est déterminé conformément au A du IV de l'article 10 de la loi no 2012-1509 du 29 décembre 2012 de finances pour 2013 ;

2° Le taux applicable aux plus-values résultant d'opérations d'apport réalisées entre le 1er janvier 2013 et le 31 décembre 2017 est égal au rapport entre les deux termes suivants :

- le numérateur, constitué par le résultat de la différence entre, d'une part, le montant de l'impôt qui aurait résulté, au titre de l'année de l'apport, de l'application de l'article 197 à la somme de l'ensemble des plus-values mentionnées au premier alinéa du présent 2o réalisées au titre de cette même année ainsi que des revenus imposés au titre de la même année dans les conditions de ce même article 197 et, d'autre part, le montant de l'impôt dû au titre de cette même année et établi dans les conditions dudit article 197 ;

- le dénominateur, constitué par l'ensemble des plus-values mentionnées au premier alinéa du présent 2o retenues au deuxième alinéa du présent 2o.

Pour la détermination du taux mentionné au premier alinéa du présent 2o, les plus-values mentionnées au même premier alinéa sont, le cas échéant, réduites du seul abattement mentionné au 1 de l'article 150-0 D dans sa rédaction en vigueur jusqu'au 31 décembre 2017 ;

3° Le taux applicable aux plus-values résultant d'opérations d'apport réalisées à compter du 1er janvier 2018 est égal à 12,8 %. Toutefois, lorsque l'option globale prévue au 2 est exercée par le contribuable, le taux applicable à ces plus-values est déterminé suivant les mêmes modalités que celles prévues au 2o du présent a, compte tenu le cas échéant du seul abattement mentionné aux 1 ter ou 1 quater de l'article 150-0 D.

Les plus-values mentionnées au premier alinéa du présent a auxquelles l'article 244 bis B est applicable sont imposables dans les conditions et au taux prévus au même article 244 bis B dans sa rédaction applicable à la date de l'apport.

b. Les plus-values mentionnées au premier alinéa du a du présent 2 ter, retenues pour leur montant avant application de l'abattement mentionné aux 2o ou 3o du même a, sont également imposables, le cas échéant, à la contribution mentionnée à l'article 223 sexies au taux égal au rapport entre les deux termes suivants :

1° Le numérateur, constitué par le résultat de la différence entre, d'une part, le montant de la contribution qui aurait résulté, au titre de l'année de l'apport, de l'application de l'article 223 sexies au revenu fiscal de référence défini à ce même article, majoré du montant de l'ensemble des plus-values mentionnées au premier alinéa du présent b réalisées au titre de la même année, et, d'autre part, le montant de la contribution due le cas échéant dans les conditions dudit article 223 sexies ;

2° Le dénominateur, constitué par l'ensemble des plus-values mentionnées au premier alinéa du présent b retenues au 1o du présent b.

3. L'avantage salarial mentionné au I de l'article 80 quaterdecies est retenu dans l'assiette du revenu net global défini à l'article 158, après application d'un abattement de 50 % ou, le cas échéant, de l'abattement fixe prévu au 1 du I de l'article 150-0 D ter et, pour le surplus éventuel, de l'abattement de 50 %. Pour l'application de ces dispositions, l'abattement fixe s'applique en priorité sur le gain net mentionné au V de l'article 80 quaterdecies puis, pour le surplus éventuel, sur l'avantage salarial précité.

4. (Abrogé).

5. Le gain net mentionné au 2 du II de l'article 150-0 A est imposé dans les conditions prévues aux 1 ou 2 du présent article.

6. (Abrogé).

6 bis (Abrogé).

7. (Abrogé).

Art. 344 C

I. - Les contribuables doivent joindre à la déclaration prévue au 1 de l'article 170 du code général des impôts une déclaration spéciale mentionnant le ou les contrats de capitalisation ou placements de même nature, notamment les contrats d'assurance vie, qu'ils ont souscrits auprès des organismes mentionnés à l'article 1649 AA du code général des impôts.

II. - La déclaration spéciale mentionnée au I porte sur le ou les contrats de capitalisation ou placements de même nature, notamment les contrats d'assurance vie, souscrits hors de France par le déclarant ou une personne à charge du déclarant, au sens des articles 196 à 196 B du code général des impôts.

III. - Cette déclaration doit indiquer pour chaque contrat ou placement :

a) L'identification du souscripteur : nom, prénom, adresse, date et lieu de naissance ;

b) L'adresse du siège de l'organisme d'assurance ou assimilé et, le cas échéant, de la succursale qui accorde la couverture ;

c) La désignation du contrat ou placement, ses références et la nature des risques garantis ;

d) Le moment à partir duquel le risque est garanti et la durée de cette garantie ;

e) Les dates d'effet des avenants survenus au cours de l'année civile ;

f) La date d'effet et le montant de chaque opération de dénouement total ou partiel effectuée au cours de l'année concernée ;

g) Le montant total des opérations de versement des primes effectuées au cours de l'année concernée ;

h) Le cas échéant, la valeur de rachat ou le montant du capital garanti, y compris sous forme de rente, au 1er janvier de l'année de la déclaration.

Art. 757 B

I. Les sommes, rentes ou valeurs quelconques dues directement ou indirectement par un assureur, à raison du décès de l'assuré, donnent ouverture aux droits de mutation par décès suivant le degré de parenté existant entre le bénéficiaire à titre gratuit et l'assuré à concurrence de la fraction des primes versées après l'âge de soixante-dix ans.

Par exception, les sommes, rentes ou valeurs quelconques dues directement ou indirectement par un assureur, à raison du décès après l'âge de soixante-dix ans du titulaire d'un plan d'épargne retraite mentionné à l'article L. 224-1 du code monétaire et financier, donnent ouverture aux droits de mutation par décès suivant le degré de parenté existant entre le bénéficiaire à titre gratuit et l'assuré pour leur montant total.

II. L'ensemble des sommes, rentes ou valeurs visées au I dues à raison du ou des contrats conclus sur la tête d'un même assuré fait l'objet d'un abattement global de 30 500 €.

II bis. (Abrogé).

III. Les conditions d'application du présent article et notamment les obligations concernant les informations à fournir par les contribuables et les assureurs sont déterminées par décret en Conseil d'Etat.

Art. 768

Pour la liquidation des droits de mutation par décès, les dettes à la charge du défunt sont déduites lorsque leur existence au jour de l'ouverture de la succession est dûment justifiée par tous modes de preuve compatibles avec la procédure écrite.

Art. 806

I. Les administrations publiques, les établissements ou organismes quelconques soumis au contrôle de l'autorité administrative, les sociétés ou compagnies, prestataires de services d'investissement autres que des sociétés de gestion de portefeuille, changeurs, banquiers, escompteurs, officiers publics ou ministériels ou agents d'affaires qui seraient dépositaires, détenteurs ou débiteurs de titres, sommes ou valeurs dépendant d'une succession qu'ils sauraient ouverte doivent adresser, soit avant le paiement, la remise ou le transfert, soit dans la quinzaine qui suit ces opérations, à l'autorité compétente de l'Etat de leur département de résidence, la liste de ces titres, sommes ou valeurs.

II. Ces listes sont établies sur des formulaires mis à disposition par le service des impôts.

III. Les sociétés, compagnies, caisses ou organismes d'assurances et tous autres assureurs français, ainsi que les établissements, agences et succursales en France des sociétés, compagnies, caisses, organismes ou assureurs étrangers, ne peuvent se libérer des sommes, rentes ou émoluments quelconques dus par eux, à raison ou à l'occasion du décès de l'assuré à tout bénéficiaire domicilié en France ou à l'étranger, si ce n'est sur la présentation d'un certificat délivré sans frais par le comptable public compétent et constatant soit l'acquittement, soit la non-exigibilité de l'impôt de mutation par décès.

Ils peuvent, toutefois, sur la demande écrite des bénéficiaires, verser tout ou partie des sommes dues par eux en l'acquit des droits de mutation par décès, au service des impôts où doit être déposée la déclaration de succession.

Les dispositions du présent III ne sont pas applicables lorsque l'ensemble des sommes, rentes ou émoluments quelconques dus par un ou plusieurs assureurs, à raison ou à l'occasion du décès de l'assuré, n'excèdent pas 7 600 € et reviennent à des successibles en ligne directe n'ayant pas à l'étranger un domicile de fait ou de droit. Cette mesure est subordonnée à la condition que le bénéficiaire de l'assurance dépose une demande écrite renfermant la déclaration que l'ensemble desdites indemnités n'excède pas 7 600 €.

Le présent III n'est pas applicable aux sommes, rentes ou émoluments quelconques dus au conjoint survivant ou au partenaire survivant dans le cadre d'un pacte civil de solidarité, ni à ceux dus à un organisme exonéré de droits de mutation à titre gratuit en application des dispositions de l'article 795.

IV. Les organismes mentionnés au I de l'article 990 I ne peuvent se libérer des sommes, rentes ou valeurs quelconques dues par eux, à raison du décès de l'assuré, à tout bénéficiaire qu'après avoir déclaré à l'administration des impôts le dénouement mentionné au I de l'article 1649 ter.

Art. 964

Il est institué un impôt annuel sur les actifs immobiliers désigné sous le nom d'impôt sur la fortune immobilière.

Sont soumises à cet impôt, lorsque la valeur de leurs actifs mentionnés à l'article 965 est supérieure à 1 300 000 € :

1° Les personnes physiques ayant leur domicile fiscal en France, à raison de leurs actifs mentionnés au même article 965 situés en France ou hors de France.

Toutefois, les personnes physiques mentionnées au premier alinéa du présent 1° qui n'ont pas été fiscalement domiciliées en France au cours des cinq années civiles précédant celle au cours de laquelle elles ont leur domicile fiscal en France ne sont imposables qu'à raison des actifs mentionnés au 2°.

Cette disposition s'applique au titre de chaque année au cours de laquelle le redevable conserve son domicile fiscal en France, jusqu'au 31 décembre de la cinquième année qui suit celle au cours de laquelle le domicile fiscal a été établi en France ;

2° Les personnes physiques n'ayant pas leur domicile fiscal en France, à raison des biens et droits immobiliers mentionnés au 1° de l'article 965 situés en France et des parts ou actions de sociétés ou organismes mentionnés au 2° du même article 965, à hauteur de la fraction de leur valeur représentative de ces mêmes biens et droits immobiliers.

Sauf dans les cas prévus aux a et b du 4 de l'article 6, les couples mariés font l'objet d'une imposition commune.

Les partenaires liés par un pacte civil de solidarité défini à l'article 515-1 du code civil et les personnes vivant en concubinage notoire font l'objet d'une imposition commune.

Les conditions d'assujettissement sont appréciées au 1er janvier de chaque année.

Art. 965

L'assiette de l'impôt sur la fortune immobilière est constituée par la valeur nette au 1er janvier de l'année :

1° De l'ensemble des biens et droits immobiliers appartenant aux personnes mentionnées à l'article 964 ainsi qu'à leurs enfants mineurs, lorsqu'elles ont l'administration légale des biens de ceux-ci ;

2° Des parts ou actions des sociétés et organismes établis en France ou hors de France appartenant aux personnes mentionnées au 1° du présent article, à hauteur de la fraction de leur valeur représentative de biens ou droits immobiliers détenus directement ou indirectement par la société ou l'organisme.

Pour déterminer la fraction mentionnée au premier alinéa du présent 2°, il est appliqué à la valeur des parts ou actions déterminée conformément aux dispositions de l'article 973 un coefficient correspondant au rapport entre, d'une part, la valeur vénale réelle des biens ou droits immobiliers imposables et, le cas échéant, la valeur des parts ou actions représentatives de ces mêmes biens et, d'autre part, la valeur vénale réelle de l'ensemble des actifs de la société ou de l'organisme mentionné au premier alinéa du présent 2°.

Ne sont pas prises en compte les parts ou actions de sociétés ou d'organismes mentionnés au même premier alinéa qui ont pour activité une activité industrielle, commerciale, artisanale, agricole ou libérale dont le redevable détient directement et, le cas échéant, indirectement, seul ou conjointement avec les personnes mentionnées au 1o, moins de 10 % du capital et des droits de vote.

Ne sont pas prises en compte, pour la détermination de la fraction mentionnée au premier alinéa du présent 2°, les parts ou actions de sociétés ou d'organismes qui ont pour activité une activité industrielle, commerciale, artisanale, agricole ou libérale détenues, directement ou indirectement, par la société ou l'organisme mentionné au même premier alinéa, lorsque le redevable détient indirectement et, le cas échéant, directement, seul ou conjointement avec les personnes mentionnées au 1°, moins de 10 % du capital et des droits de vote de ces sociétés ou organismes.

Par exception aux troisième et quatrième alinéas du présent 2°, sont pris en compte pour la détermination de la fraction mentionnée au premier alinéa du présent 2°, sous réserve des exclusions prévues aux a et b du présent 2°, les biens et droits immobiliers détenus directement par les sociétés ou organismes que le redevable, seul ou conjointement avec les personnes mentionnées au 1° du présent article, contrôle au sens du 2o du III de l'article 150-0 B ter, ou dont le redevable ou l'une des personnes mentionnées au 1° du présent article se réserve la jouissance en fait ou en droit.

Ne sont pas retenus pour le calcul de la fraction mentionnée au premier alinéa du présent 2° :

a) Les biens ou droits immobiliers détenus directement par la société ou l'organisme mentionné au même premier alinéa ou par une société ou un organisme dont la société ou l'organisme mentionné audit premier alinéa détient directement ou indirectement des parts ou actions, lorsque ces biens ou droits immobiliers sont affectés à l'activité industrielle, commerciale, artisanale, agricole ou libérale de la société ou de l'organisme qui les détient ;

b) Lorsque le redevable détient directement ou indirectement des parts ou actions d'une société ou d'un organisme ayant pour activité une activité industrielle, commerciale, artisanale, agricole ou libérale, les biens ou droits immobiliers détenus directement ou indirectement par cette société ou cet organisme affectés à son activité industrielle, commerciale, artisanale, agricole ou libérale ; à celle de la société ou de l'organisme qui les détient directement ; ou à celle d'une société ou d'un organisme dans lesquels la société ou l'organisme détient directement ou par personne interposée la majorité des droits de vote ou exerce en fait le pouvoir de décision.

3° Aucun rehaussement n'est effectué si le redevable, de bonne foi, démontre qu'il n'était pas en mesure de disposer des informations nécessaires à l'estimation de la fraction de la valeur des parts ou actions mentionnées au premier alinéa du 2o du présent article représentative des biens ou droits immobiliers qu'il détient indirectement.

Le premier alinéa du présent 3o ne s'applique pas si le redevable contrôle, au sens du 2o du III de l'article 150-0 B ter, la société ou l'organisme qui détient directement les biens ou droits immobiliers imposables ou si l'une des personnes mentionnée au 1o du présent article se réserve, en fait ou en droit, la jouissance des biens ou droits immobiliers que le redevable détient indirectement ou si le redevable détient directement ou indirectement, seul ou conjointement avec les personnes mentionnées au même 1o, plus de 10 % du capital ou des droits de vote de la société ou de l'organisme qui détient directement les biens ou droits immobiliers imposables.

Art. 972

La valeur de rachat des contrats d'assurance rachetables et des bons ou contrats de capitalisation exprimés en unités de compte mentionnées au deuxième alinéa de l'article L. 131-1 du code des assurances est incluse dans le patrimoine du souscripteur à hauteur de la fraction de leur valeur représentative des unités de compte constituées des actifs mentionnés à l'article 965 appréciée dans les conditions prévues au même article 965 et à l'article 972 bis.

Art. 990 I

I. - Lorsqu'elles n'entrent pas dans le champ d'application de l'article 757 B, les sommes, rentes ou valeurs quelconques dues directement ou indirectement par un ou plusieurs organismes d'assurance et assimilés, à raison du décès de l'assuré, sont assujetties à un prélèvement à concurrence de la part revenant à chaque bénéficiaire de ces sommes, rentes ou valeurs correspondant à la fraction rachetable des contrats et des primes versées au titre de la fraction non rachetable des contrats autres que ceux mentionnés au 1o du I de l'article 199 septies, que ceux mentionnés à l'article 154 bis et au 1o de l'article 998, à l'exception des contrats relevant des articles L. 224-1 et suivants du code monétaire et financier, ainsi que ceux mentionnés à l'article L. 7342-2 du code du travail et souscrits dans le cadre d'une activité professionnelle, diminuée d'un abattement proportionnel de 20 % pour les seules sommes, valeurs ou rentes issues des contrats mentionnés au 1 du I bis et répondant aux conditions prévues au 2 du même I bis, puis d'un abattement fixe de 152 500 €. Le prélèvement s'élève à 20 % pour la fraction de la part taxable de chaque bénéficiaire inférieure ou égale à 700 000 €, et à 31,25 % pour la fraction de la part taxable de chaque bénéficiaire excédant cette limite.

Pour l'application du prélèvement prévu au premier alinéa du présent I, ne sont pas assujetties les sommes, rentes ou valeurs quelconques dues à raison des rentes viagères constituées dans le cadre d'une activité professionnelle, d'un plan d'épargne retraite populaire prévu à l'article L. 144-2 du code des assurances ou d'un plan d'épargne retraite prévu à l'article L. 224-28 du code monétaire et financier, moyennant le versement de primes régulièrement échelonnées dans leur montant et leur périodicité pendant une durée d'au moins quinze ans et dont l'entrée en jouissance intervient, au plus tôt, à compter de la date de la liquidation de la pension du redevable dans un régime obligatoire d'assurance vieillesse ou à l'âge fixé en application de l'article L. 351-1 du code de la sécurité sociale.

Le bénéficiaire doit produire auprès des organismes d'assurance et assimilés une attestation sur l'honneur indiquant le montant des abattements déjà appliqués aux sommes, rentes ou valeurs quelconques reçues d'un ou plusieurs organismes d'assurance et assimilés à raison du décès du même assuré.

Le bénéficiaire n'est pas assujetti au prélèvement visé au premier alinéa lorsqu'il est exonéré de droits de mutation à titre gratuit en application des dispositions des articles 795, 795-0 A, 796-0 bis et 796-0 ter.

Le bénéficiaire est assujetti au prélèvement prévu au premier alinéa dès lors qu'il a, au moment du décès, son domicile fiscal en France au sens de l'article 4 B et qu'il l'a eu pendant au moins six années au cours des dix années précédant le décès ou dès lors que l'assuré a, au moment du décès, son domicile fiscal en France au sens du même article 4 B.

En cas de démembrement de la clause bénéficiaire, le nu-propriétaire et l'usufruitier sont considérés, pour l'application du présent article, comme bénéficiaires au prorata de la part leur revenant dans les sommes, rentes ou valeurs versées par l'organisme d'assurance, déterminée selon le barème prévu à l'article 669. Les abattements prévus au premier alinéa du présent I sont répartis entre les personnes concernées dans les mêmes proportions.

I bis. - 1. Les sommes, valeurs ou rentes qui bénéficient de l'abattement proportionnel de 20 % sont celles qui sont issues des contrats et placements de même nature souscrits à compter du 1er janvier 2014 ou des contrats souscrits avant cette date et ayant subi, entre le 1er janvier 2014 et le 1er janvier 2016, une transformation partielle ou totale entrant dans le champ du I de l'article 1er de la loi no 2005-842 du 26 juillet 2005 pour la confiance et la modernisation de l'économie ou du 2o du I de l'article 125-0 A du présent code et dans lesquels les primes versées sont représentées par une ou plusieurs unités de compte constituées :

a) De parts ou d'actions d'organismes de placement collectif en valeurs mobilières ;

b) De placements collectifs relevant des articles L. 214-24-24 à L. 214-32-1 ou L. 214-139 à L. 214-147 du code monétaire et financier ;

c) D'organismes de même nature que les organismes mentionnés aux a et b établis soit dans un autre Etat membre de l'Union européenne, soit dans un autre Etat partie à l'accord sur l'Espace économique européen ayant conclu avec la France une convention d'assistance administrative en vue de lutter contre la fraude et l'évasion fiscales et qui bénéficient de la procédure de reconnaissance mutuelle des agréments prévue par la directive 2009/65/ CE du Parlement européen et du Conseil du 13 juillet 2009 portant coordination des dispositions législatives réglementaires et administratives concernant certains organismes de placement collectif en valeurs mobilières (OPCVM) (refonte) ;

d) De parts ou d'actions de sociétés mentionnées au I de l'article 150 UB du présent code ayant leur siège social sur le territoire de l'un des Etats membres de l'Union européenne ou dans un autre Etat partie à l'accord sur l'Espace économique européen ayant conclu avec la France une convention d'assistance administrative en vue de lutter contre la fraude et l'évasion fiscales ;

e) De parts ou d'actions d'organismes de placement collectif immobilier ou de sociétés civiles de placement immobilier.

2. Bénéficient de l'abattement proportionnel de 20 % mentionné au premier alinéa du I, les sommes, valeurs ou rentes issues des contrats définis au 1 du présent I bis et qui sont investies notamment :

1° En titres et droits mentionnés aux d et e du même 1 et contribuant au financement du logement social ou intermédiaire selon des modalités définies par décret en Conseil d'Etat ;

2° Ou en titres d'organismes de placement collectif mentionnés aux a à c dudit 1 dont l'actif est constitué notamment par :

a) Des parts de fonds communs de placement à risques ou de fonds professionnels de capital investissement ou de sociétés de libre partenariat qui remplissent les conditions prévues au II de l'article 163 quinquies B du présent code, de fonds communs de placement dans l'innovation mentionnés à l'article L. 214-30 du code monétaire et financier, de fonds d'investissement de proximité mentionnés à l'article L. 214-31 du même code et d'actions de sociétés de capital-risque, qui remplissent les conditions prévues à l'article 1er-1 de la loi no 85-695 du 11 juillet 1985 portant diverses dispositions d'ordre économique et financier, ou d'un organisme similaire d'un Etat membre de l'Union européenne ou d'un Etat partie à l'accord sur l'Espace économique européen ayant conclu avec la France une convention d'assistance administrative en vue de lutter contre la fraude et l'évasion fiscales ;

b) Des actions ou parts émises par des sociétés exerçant une activité mentionnée à l'article 34 du présent code qui, d'une part, occupent moins de 5 000 personnes et qui, d'autre part, ont un chiffre d'affaires annuel n'excédant pas 1 500 millions d'euros ou un total de bilan n'excédant pas 2 000 millions d'euros, sous réserve que le souscripteur du contrat, son conjoint et leurs ascendants et descendants ne détiennent pas ensemble, pendant la durée du contrat, directement ou indirectement, plus de 25 % des droits dans les bénéfices de la société ou n'ont pas détenu une telle participation à un moment quelconque au cours des cinq années précédant la souscription du contrat ;

c) Des actifs relevant de l'économie sociale et solidaire respectant des conditions définies par décret en Conseil d'Etat.

Les titres et droits mentionnés au b du présent 2o et les titres et droits constituant l'actif des organismes mentionnés aux a et c sont émis par des sociétés qui ont leur siège dans un Etat membre de l'Union européenne ou dans un autre Etat partie à l'accord sur l'Espace économique européen ayant conclu avec la France une convention d'assistance administrative en vue de lutter contre la fraude et l'évasion fiscales, et qui sont soumises à l'impôt sur les sociétés dans les conditions de droit commun au taux normal ou le seraient dans les mêmes conditions si elles exerçaient leur activité en France.

Un décret en Conseil d'Etat détermine les modalités d'appréciation des seuils d'effectif salarié, de chiffre d'affaires et de total de bilan mentionnés au même b.

Les titres mentionnés au 1o et aux a à c du 2o du présent 2 représentent au moins 33 % des actifs dont sont constituées les unités de compte mentionnées au 1.

3. Les règlements ou les statuts des organismes de placement collectif en valeurs mobilières et des placements collectifs mentionnés au 1 prévoient le respect des catégories d'investissement prévues au 2. Un décret en Conseil d'Etat précise les modalités de calcul et d'appréciation du respect des proportions d'investissement ainsi que les justificatifs à produire par les organismes ou sociétés concernés.

4. Lorsque les organismes de placement collectif en valeurs mobilières, les placements collectifs et les sociétés mentionnés au 1 recourent à des instruments financiers à terme, à des opérations de pension ainsi qu'à toute autre opération temporaire de cession ou d'acquisition de titres, ces organismes ou sociétés doivent respecter les règles d'investissement de l'actif prévues au 2, calculées en retenant au numérateur la valeur des titres éligibles à ces règles dont ils perçoivent effectivement les produits. Un décret en Conseil d'Etat précise les modalités de calcul et les justificatifs à produire par les organismes ou sociétés concernés.

5. Les contrats mentionnés au présent I bis peuvent également prévoir qu'une partie des primes versées est affectée à l'acquisition de droits qui sont exprimés en unités de compte autres que celles mentionnées au 1. Pour ces contrats, la proportion d'investissement que doivent respecter les unités de compte mentionnées au même 1 est au moins égale à la proportion prévue au 2 multipliée par le rapport qui existe entre la prime versée et la part de cette prime représentée par la ou les unités de compte précitées.

I ter. - Le prélèvement prévu au I est applicable aux sommes versées au bénéficiaire par la Caisse des dépôts et consignations en application des articles L. 132-27-2 du code des assurances et L. 223-25-4 du code de la mutualité, lorsqu'elles entrent dans le champ d'application du I au jour de leur dépôt à la Caisse des dépôts et consignations.

II. - Le prélèvement prévu au I est dû par le bénéficiaire et versé au comptable public compétent par les organismes d'assurance et assimilés ou, dans le cas prévu au I ter, par la Caisse des dépôts et consignations, dans les quinze jours qui suivent la fin du mois au cours duquel les sommes, rentes ou valeurs quelconques dues par eux ont été versées aux bénéficiaires à titre gratuit.

Il est recouvré suivant les mêmes règles, sous les mêmes garanties et les mêmes sanctions que la taxe sur les conventions d'assurances prévue aux articles 991 et suivants.

III. - (Abrogé)

Art. 1133

Sous réserve des dispositions de l'article 1020, la réunion de l'usufruit à la nue-propriété ne donne ouverture à aucun impôt ou taxe lorsque cette réunion a lieu par l'expiration du temps fixé pour l'usufruit ou par le décès de l'usufruitier.

Art. 1649 AA

Lorsque des contrats de capitalisation ou des placements de même nature, notamment des contrats d'assurance vie, sont souscrits auprès d'organismes mentionnés au I de l'article 1649 ter qui sont établis hors de France, les souscripteurs sont tenus de déclarer, en même temps que leur déclaration de revenus, les références des contrats ou placements concernés, la date d'effet et la durée de ces contrats ou placements, les opérations de remboursement et de versement des primes effectuées au cours de l'année précédente et, le cas échéant, la valeur de rachat ou le montant du capital garanti, y compris sous forme de rente, au 1er janvier de l'année de la déclaration. Les modalités d'application du présent alinéa sont fixées par décret.

Les versements faits à l'étranger ou en provenance de l'étranger par l'intermédiaire de contrats non déclarés dans les conditions prévues au premier alinéa constituent, sauf preuve contraire, des revenus imposables.

514 Annexe 2 au Code général des impôts

art. 292 A

Tous les contrats d'assurance en cas de vie ou en cas de décès souscrits à compter du 20 novembre 1991 et conclus sur la tête d'un même assuré, en vertu desquels des primes ont été versées après son soixante-dixième anniversaire, doivent être déclarés par les bénéficiaires, au décès de l'assuré, dans les conditions fixées pour les déclarations de succession. La déclaration doit préciser, pour chaque contrat, la date de souscription et le montant des primes versées après le soixante-dixième anniversaire de l'assuré.

Les plans d'épargne retraite mentionnés à l'article L. 224-1 du code monétaire et financier ayant donné lieu à l'adhésion à un contrat d'assurance dont le titulaire décède après l'âge de soixante-dix ans sont déclarés par les bénéficiaires dans les conditions fixées pour les déclarations de succession. La déclaration précise, pour chaque plan d'épargne retraite, la date de souscription ainsi que le montant total des sommes, rentes ou valeurs dues à raison du décès.

Les assureurs sont tenus, sur la demande des bénéficiaires, de leur communiquer les informations mentionnées ci-dessus.

art. 292 B

I. Les assureurs qui doivent verser des sommes, rentes ou émoluments quelconques au titre des contrats mentionnés à l'article 292 A déclarent à l'administration fiscale, dans les soixante jours qui suivent le jour où ils ont connaissance du décès de l'assuré sur la tête duquel un ou plusieurs contrats en cause ont été souscrits, les éléments mentionnés aux I et II de l'article 370 C, le montant des primes versées après le soixante-dixième anniversaire de l'assuré ou, s'agissant de plans d'épargne retraite mentionnés à l'article L. 224-1 du code monétaire et financier, le montant total des sommes, rentes ou valeurs dues aux bénéficiaires et leurs modalités de versement, en capital ou sous forme de rente temporaire ou viagère. La déclaration indique la répartition des montants entre chacun des bénéficiaires pour chaque contrat.

Les mêmes obligations incombent aux assureurs pour les contrats souscrits avant le 20 novembre 1991, lorsque des avenants prévus à l'article L. 112-3 du code des assurances de nature à transformer l'économie même de ces contrats ont été souscrits après cette date. Les dates, les références ou numéros de police de ces avenants sont alors déclarés.

Ces éléments sont déclarés dans les conditions prévues aux V à VII de l'article 370 C.

II. Les assureurs ne peuvent se libérer des sommes, rentes ou émoluments quelconques dus au titre des contrats mentionnés à l'article 292 A que dans les conditions prévues aux premier et deuxième alinéas du III de l'article 806 du code général des impôts ou dans celles prévues au troisième alinéa du même III, sous réserve de la production d'un certificat du comptable de la direction générale des finances publiques chargé de la formalité de l'enregistrement attestant le dépôt d'une déclaration contenant les références du ou des contrats ainsi que les indications prévues à l'article 292 A et qu'après avoir satisfait aux obligations édictées au I du présent article.

515 Annexe 3 au Code général des impôts

Art. 41 duodecies E

Dans les cas autres que ceux prévus aux articles 41 duodecies C et 41 duodecies D le prélèvement ne doit être opéré par l'établissement payeur que si le bénéficiaire des revenus opte pour son assujettissement à ce prélèvement, dans les conditions définies au I et IV de l'article 125 A du code général des impôts.

L'option, qui est irrévocable, est exercée au plus tard lors de l'encaissement des revenus.

516 Livre des procédures fiscales

Art. L64

Afin d'en restituer le véritable caractère, l'administration est en droit d'écarter, comme ne lui étant pas opposables, les actes constitutifs d'un abus de droit, soit que ces actes ont un caractère fictif, soit que, recherchant le bénéfice d'une application littérale des textes ou de décisions à l'encontre des objectifs poursuivis par leurs auteurs, ils n'ont pu être inspirés par aucun autre motif que celui d'éluder ou d'atténuer les charges fiscales que l'intéressé, si ces actes n'avaient pas été passés ou réalisés, aurait normalement supportées eu égard à sa situation ou à ses activités réelles.

En cas de désaccord sur les rectifications notifiées sur le fondement du présent article, le litige est soumis, à la demande du contribuable, à l'avis du comité de l'abus de droit fiscal. L'administration peut également soumettre le litige à l'avis du comité.

Les avis rendus font l'objet d'un rapport annuel qui est rendu public.

Art. L64 A

Afin d'en restituer le véritable caractère et sous réserve de l'application de l'article 205 A du code général des impôts, l'administration est en droit d'écarter, comme ne lui étant pas opposables, les actes qui, recherchant le bénéfice d'une application littérale des textes ou de décisions à l'encontre des objectifs poursuivis par leurs auteurs, ont pour motif principal d'éluder ou d'atténuer les charges fiscales que l'intéressé, si ces actes n'avaient pas été passés ou réalisés, aurait normalement supportées eu égard à sa situation ou à ses activités réelles.

En cas de désaccord sur les rectifications notifiées sur le fondement du présent article, le litige peut être soumis, à la demande du contribuable ou de l'administration, à l'avis du comité mentionné au deuxième alinéa de l'article L. 64 du présent Livre.

NOTA : Conformément à l'article 109 II A de la loi no 2018-1317 du 28 décembre 2018, l'article L. 64 A, dans sa rédaction résultant du 1o du I, s'applique aux rectifications notifiées à compter du 1er janvier 2021 portant sur des actes passés ou réalisés à compter du 1er janvier 2020.

Art. L151 B

1. Le notaire chargé d'établir l'actif successoral en vue du règlement de la succession pour laquelle il a été mandaté demande à l'administration fiscale et obtient de celle-ci la communication des informations détenues par celle-ci en application de l'article 1649 A du code général des impôts, afin d'identifier l'ensemble des comptes bancaires ouverts au nom du défunt.

En vue du règlement d'une succession, les ayants droit obtiennent de l'administration fiscale les informations mentionnées au premier alinéa du présent 1.

2. Le notaire chargé d'établir l'actif successoral en vue du règlement de la succession pour laquelle il a été mandaté obtient, sur sa demande, auprès de l'administration fiscale la communication des informations détenues par celle-ci en application du I de l'article 1649 ter du code général des impôts, afin d'identifier l'ensemble des contrats de capitalisation souscrits par le défunt.

Le notaire joint à sa demande le mandat l'autorisant à agir au nom des ayants droit.

3. Le notaire mandaté par le bénéficiaire éventuel d'un contrat d'assurance sur la vie dont le défunt était l'assuré obtient, sur sa demande auprès de l'administration fiscale, la communication des informations détenues par celle-ci en application du même I et relatives aux contrats dont le mandant est identifié comme bénéficiaire, à l'exclusion des informations relatives à d'éventuels tiers bénéficiaires.

Le notaire joint à sa demande le mandat l'autorisant à agir au nom du bénéficiaire éventuel.

Art. L262

1. Les créances dont les comptables publics sont chargés du recouvrement peuvent faire l'objet d'une saisie administrative à tiers détenteur notifiée aux dépositaires, détenteurs ou débiteurs de

sommes appartenant ou devant revenir aux redevables.
Dans le cas où elle porte sur plusieurs créances, de même nature ou de nature différente, une seule saisie peut être notifiée.
L'avis de saisie administrative à tiers détenteur est notifié au redevable et au tiers détenteur. L'exemplaire qui est notifié au redevable comprend, sous peine de nullité, les délais et voies de recours.
La saisie administrative à tiers détenteur emporte l'effet d'attribution immédiate prévu à l'article L. 211-2 du code des procédures civiles d'exécution. Les articles L. 162-1 et L. 162-2 du même code sont applicables. Par dérogation au deuxième alinéa de l'article L. 162-1, lorsque le montant de la saisie administrative à tiers détenteur est inférieur à un montant, fixé par décret, compris entre 500 € et 3 000 €, les sommes laissées au compte ne sont indisponibles, pendant le délai prévu au même deuxième alinéa, qu'à concurrence du montant de la saisie.
La saisie administrative à tiers détenteur a pour effet d'affecter, dès sa réception, les fonds dont le versement est ainsi demandé au paiement des sommes dues par le redevable, quelle que soit la date à laquelle les créances même conditionnelles ou à terme que le redevable possède à l'encontre du tiers saisi deviennent effectivement exigibles.
La saisie administrative à tiers détenteur s'applique également aux gérants, administrateurs, directeurs ou liquidateurs des sociétés pour les sommes dues par celles-ci.
2. Lorsque la saisie administrative à tiers détenteur porte sur un contrat d'assurance rachetable, elle entraîne le rachat forcé dudit contrat. Elle a pour effet d'affecter aux créanciers mentionnés au 1 la valeur de rachat du contrat d'assurance au jour de la notification de la saisie, dans la limite du montant de cette dernière.
Ces dispositions s'appliquent au redevable souscripteur ou adhérent d'un contrat d'assurance rachetable, y compris si la possibilité de rachat fait l'objet de limitations.
3. Sous peine de se voir réclamer les sommes saisies majorées du taux d'intérêt légal, le tiers saisi, destinataire de la saisie administrative à tiers détenteur, est tenu de verser, aux lieu et place du redevable, dans les trente jours suivant la réception de la saisie, les fonds qu'il détient ou qu'il doit, à concurrence des sommes dues par ce dernier.
Pour les créances conditionnelles ou à terme, le tiers saisi est tenu de verser immédiatement les fonds lorsque ces créances deviennent exigibles.
Le tiers saisi est tenu de déclarer immédiatement par tous moyens l'étendue de ses obligations à l'égard du redevable dans les conditions prévues à l'article L. 211-3 du code des procédures civiles d'exécution.
Le tiers saisi qui s'abstient, sans motif légitime, de faire cette déclaration ou fait une déclaration inexacte ou mensongère peut être condamné, à la demande du créancier, au paiement des sommes dues à ce dernier, sans préjudice d'une condamnation à des dommages et intérêts.
4. Lorsqu'une personne est simultanément destinataire de plusieurs saisies administratives à tiers détenteur, elle doit, en cas d'insuffisance des fonds, exécuter ces saisies en proportion de leurs montants respectifs.
5. Le montant des frais bancaires afférents à la saisie administrative à tiers détenteur perçu par les établissements de crédit ne peut dépasser 10 % du montant dû au Trésor public, dans la limite d'un plafond fixé par décret.

517 Rép. Proriol : AN 10-11-2009 n° 27336

M. Jean Proriol attire l'attention de Mme la garde des Sceaux, ministre de la justice, sur les difficultés d'interprétation de la neutralité fiscale établie pour les contrats d'assurance-vie. Un arrêt de la Cour de cassation no 90-16343 du 31 mars 1992, confirmé par un arrêt no 02-10895 du 19 avril 2005, a qualifié d'actif de communauté la valeur de rachat d'un contrat d'assurance-vie constitué par un époux au moyen des deniers communs. Sur le plan fiscal, la valeur de rachat échapperait donc aux droits de succession pour le contrat non dénoué lors de la liquidation de la communauté suite au décès de l'époux bénéficiaire. Mais par ailleurs, la réponse ministérielle apportée le 19 novembre 2001 à la question écrite no 55265 indique que « la valeur de rachat (...) n'est pas soumise aux droits de succession (...) lorsque les héritiers n'ont pas intégré ces contrats d'assurance dans l'actif de la communauté ». En conséquence, les valeurs de rachat des contrats concernés ne devraient pas faire partie fiscalement de l'actif de la communauté et donc de l'actif de succession par moitié. Il lui demande de bien vouloir confirmer clairement que la mise hors communauté des valeurs de rachat des contrats concernés n'a qu'une portée purement fiscale, la liquidation civile de la communauté et le partage de la communauté et de la succession ne pouvant en tirer aucune conséquence, sauf à ne pas respecter les principes de l'article 1401 du code civil. En effet, cet article place dans la communauté toutes les créances financées avec des deniers communs, quelle qu'en soit la nature, y compris les créances contre les compagnies d'assurance nées de la souscription de contrats d'assurance-vie.

Texte de la réponse

La doctrine fiscale, selon laquelle la valeur de rachat d'un contrat d'assurance-vie souscrit par des époux à l'aide de biens communs et non dénoué lors de la liquidation d'une communauté conjugale à la suite du décès de l'époux bénéficiaire du contrat n'est pas soumise aux droits de succession dans les conditions de droit commun, a pour objet d'assurer la neutralité fiscale entre les contrats d'assurance-vie souscrits à l'aide de deniers communs par l'un quelconque des époux au profit de son conjoint, indépendamment de leur date de dénouement et de l'ordre du décès entre les époux. Cette position, exprimée dans la réponse ministérielle apportée le 3 janvier 2000 à la question écrite no 23488, et confirmée par la réponse ministérielle apportée la 19 novembre 2001 à la question écrite no 55265, a une portée exclusivement fiscale. Par conséquent, sous réserve de l'appréciation souveraine des juges du fond, elle n'est pas de nature à remettre en cause l'arrêt rendu par la première chambre civile de la Cour de cassation le 31 mars 1992, qui a déclaré que la valeur de rachat fait partie des biens communs lorsque les primes d'assurance vie ont été acquittées avec des fonds communs, conformément à l'article 1401 du code civil. Cette position a d'ailleurs été confirmée par la première chambre civile de la Cour de cassation le 19 avril 2005. Au demeurant, la tolérance doctrinale évoquée est devenue sans objet compte tenu des modifications intervenues sur le plan fiscal en matière successorale dans le cadre de la loi no 2007-1223 du 21 août 2007 en faveur du travail, de l'emploi et du pouvoir d'achat, et notamment de l'exonération des droits de succession au profit du conjoint survivant qui en est résulté.

518 Rép. Bacquet : AN 29-6-2010 n° 26231

Texte de la question

M. Jean-Paul Bacquet attire l'attention de Mme la ministre de l'économie, de l'industrie et de l'emploi sur le problème suivant : la difficulté tient dans l'interprétation de la neutralité fiscale établie pour l'assurance vie suite à l'arrêt Praslicka (Cass. 1re civ., 31 mars 1992, no 90-16343, confirmé depuis par Cass. 1re civ., 19 avril 2005, no 02-10895), qui qualifie d'actif de communauté la valeur de rachat d'un contrat d'assurance vie constitué par un époux au moyen de deniers communs. Cette valeur de rachat échappe-t-elle aux droits de succession pour le contrat non dénoué lors de la liquidation de la communauté suite au décès de l'époux bénéficiaire. « La question posée comporte une réponse affirmative au plan fiscal. Il serait d'ailleurs contraire à l'équité de prévoir l'assujettissement de la valeur de rachat d'un contrat non dénoué aux droits de succession » (rép. Min. Marsaudon, JOAN 3 janvier 2000, p. 58 ; BOI 7 G-6-00). Cette solution fournie par les services concernés est effectivement satisfaisante en matière d'équité. Mais une seconde réponse laisse planer le doute en précisant qu'il en est ainsi « lorsque les héritiers n'ont pas intégré ces contrats d'assurance dans l'actif de la communauté » (Rép. Min. Marsaudon, JOAN 19 novembre

2001, p. 6613), semblant d'ailleurs renouer avec une erreur précédemment commise (Rép. Min. Bataille, JOAN 3 juillet 2000, p. 3645, qui envisage la neutralité uniquement « lorsque les héritiers considèrent que le contrat d'assurance constitue un bien propre au conjoint survivant », ce qui ne peut ni ne doit être en droit civil). Il lui demande donc de bien vouloir lui confirmer que la neutralité fiscale instaurée n'est en aucune manière la contrepartie d'une liquidation et d'un partage de la communauté ne prenant pas en compte la valeur de rachat du contrat, opérations qui seraient erronées et placeraient le notariat et les familles dans l'embarras.

Texte de la réponse

Dans un souci de neutralité fiscale pour l'ensemble des contrats souscrits à l'aide de deniers communs par l'un quelconque des époux mariés sous le régime de la communauté de biens, indépendamment de leur date de dénouement et de l'ordre des décès des époux, souscripteur-assuré ou bénéficiaire, il avait été décidé de ne pas étendre la jurisprudence de la Cour de cassation citée par l'auteur de la question à la matière fiscale et, par suite, de ne pas intégrer à l'actif de communauté, en cas de prédécès du bénéficiaire, la valeur de rachat des contrats d'assurance-vie souscrits par le conjoint survivant à l'aide de fonds communs. Cette tolérance doctrinale avait une portée exclusivement fiscale. Désormais, compte tenu des modifications intervenues sur le plan fiscal en matière successorale dans le cadre de la loi no 2007-1223 du 21 août 2007 en faveur du travail, de l'emploi et du pouvoir d'achat, et notamment de l'exonération de droits de succession au profit du conjoint survivant résultant de cette loi, cette tolérance doctrinale est devenue sans objet. Dès lors, la mise hors de communauté, du strict point de vue fiscal, de la valeur de rachat des contrats d'assurance-vie constitués par un époux au moyen de deniers communs n'a plus lieu d'être, la législation fiscale actuelle répondant pleinement au souci de neutralité fiscale entre les conjoints. Par conséquent, conformément à l'article 1401 du code civil, et sous réserve de l'appréciation souveraine des juges du fond, la valeur de rachat des contrats d'assurance-vie souscrits avec des fonds communs fait partie de l'actif de communauté soumis aux droits de succession dans les conditions de droit commun.

519 Rép. Malhuret : Sén. 1-10-2015 n° 18026

Question écrite

M. Claude Malhuret attire l'attention de M. le ministre des finances et des comptes publics sur la fiscalité des contrats d'assurance vie. Dans une clause bénéficiaire d'un contrat d'assurance sur la vie, le stipulant a précisé que le bénéficiaire en premier pourrait n'accepter qu'une quotité du capital, par exemple 100 %, 75 % ou 50 %, la fraction non acceptée du capital revenant au bénéficiaire en second désigné par le stipulant lui-même.

Il lui demande de confirmer que les droits de succession éventuellement dus, en application de l'article 757 B du code général des impôts, sur la fraction du capital profitant alors au bénéficiaire de second rang seront liquidés en fonction du lien de parenté entre le second bénéficiaire et l'assuré, et certainement pas en fonction du lien de parenté entre le bénéficiaire en premier et le bénéficiaire en second, l'acceptation partielle comme le refus total du bénéficiaire en premier ne pouvant nullement être constitutifs d'une libéralité indirecte entre le bénéficiaire en premier et le bénéficiaire en second.

Texte de la réponse

Aux termes de l'article 757 B du code général des impôts (CGI), les sommes, rentes ou valeurs quelconques dues directement ou indirectement par un assureur, à raison du décès de l'assuré, donnent ouverture aux droits de mutation par décès suivant le degré de parenté existant entre le bénéficiaire à titre gratuit et l'assuré, à concurrence de la fraction des primes versées après l'âge de soixante-dix ans qui excède 30 500 €. Ces principes s'appliquent quel que soit le rang du bénéficiaire dans l'hypothèse où, en cas de renonciation totale ou partielle du premier bénéficiaire, le contrat d'assurance-vie prévoit un ou plusieurs bénéficiaires successifs. Par suite, les droits de succession éventuellement dus sur la fraction qui excède 30 500 € des primes acquittées après le soixante-dixième anniversaire de l'assuré, sont toujours liquidés en fonction du lien de parenté existant entre le bénéficiaire effectif des versements et l'assuré. Il est rappelé que l'abattement précité de 30 500 € est global, quel que soit le nombre de bénéficiaires aux contrats et le nombre de contrats souscrits par l'assuré. Par conséquent, en cas de renonciation partielle des premiers bénéficiaires d'un ou de plusieurs contrats et d'attribution des restes à un ou plusieurs bénéficiaires en second, l'abattement de 30 500 € sera réparti entre l'ensemble des bénéficiaires effectifs des différents contrats souscrits par l'assuré au prorata de la part leur revenant dans les primes taxables versées au titre de l'ensemble de ces contrats.

520 Rép. Ciot : AN 23-2-2016 n° 78192

Texte de la question

M. Jean-David Ciot attire l'attention de M. le ministre de l'économie, de l'industrie et du numérique sur le droit des contrats d'assurance vie non dénoués. La réponse du ministère à la question écrite du député Jean Paul-Bacquet du 29 juin 2010 semble introduire une incohérence avec la substance même du contrat d'assurance vie, qui est un contrat aléatoire, l'exécution de la prestation étant liée à un évènement incertain. Cette réponse dérogerait ainsi à la règle de la propriété apparente, la présomption résultant de l'article 2228 du code civil et la théorie de l'accession, mais également à la qualification même dudit contrat, constituant un patrimoine en instance d'affectation dont l'attribution finale doit attendre le dénouement effectif du contrat. Ainsi, cette réponse ministérielle, reprise partiellement par le Bofip, menace le contrat d'assurance vie dans sa stabilité, alors que ce dernier remplit en lui-même une véritable mission de service public dont une grande partie des produits finance l'État et les entreprises. Elle va également à l'encontre de l'arrêt « Pelletier » du 12 décembre 1986 rendu par l'assemblée plénière de la Cour de cassation qui précise en substance que le contrat d'assurance vie est un contrat aléatoire qui n'appartient pas à l'actif successoral. Le fait d'affirmer une position contradictoire avec les positions antérieures du Gouvernement, telles que formalisées par le ministère le 9 juillet 1999 ou en réponse à la question du député Bataille du 30 janvier 2001 induit un trouble. En effet, même si le conjoint survivant est exonéré en totalité de droits de succession, le fait d'incorporer dans la masse active communautaire la valorisation au jour du décès des contrats non dénoués ne fait qu'aggraver la fragilité financière des descendants quant au règlement des droits de succession. En ce compris les émoluments d'établissement de la déclaration de succession perçus par le notaire chargé du dossier, sur des biens, qui ne connaissant pas la clause bénéficiaire (cette dernière n'étant connue qu'au jour du dénouement du contrat soit au décès du conjoint survivant, ce dernier étant libre d'en modifier la clause sans porter atteinte à l'essence même du contrat), ne leur appartient nullement. C'est pourquoi il lui demande de préciser sa position sur ce point et de se positionner quant à la réponse apportée par le Gouvernement à la question écrite « Bacquet ».

Texte de la réponse

Les droits de mutation par décès s'appliquent en principe à tous les biens qui faisaient partie du patrimoine du défunt au jour de son décès, et qui, par le fait de son décès, sont transmis à ses héritiers, donataires ou légataires. Conformément à l'article 1401 du code civil, et sous réserve de l'appréciation souveraine des juges du fond, la valeur de rachat des contrats d'assurance-vie souscrits avec des fonds communs et non dénoués lors de la liquidation d'une communauté conjugale à la suite du décès de l'époux bénéficiaire du contrat, fait partie de l'actif de communauté. En vertu de l'article 1475 du code civil, l'actif de communauté se partage ensuite par moitié entre les époux. La réponse ministérielle dite « Bacquet » no 26231 du 29 juin 2010 a tiré les conséquences en matière de droit fiscal des règles civiles, en considérant qu'il convenait d'intégrer à l'actif successoral du défunt soumis aux droits de mutation par décès la valeur de rachat des contrats d'assurance-vie souscrits avec des fonds communs et non dénoués lors de la liquidation de la communauté conjugale à la suite du décès de l'époux bénéficiaire du contrat. Cela étant, il est apparu que le strict alignement de la règle fiscale sur la règle civile, sans prise en compte des spécificités juridiques du contrat d'assurance-vie, conduisait à d'importantes difficultés pratiques, notamment en présence d'héritiers autres que le conjoint survivant, lesquels peuvent se retrouver à payer des droits de mutation calculés sur un actif successoral augmenté du fait de l'augmentation, par le jeu des règles civiles, de l'actif de communauté. Aussi, afin de garantir la neutralité fiscale pour l'ensemble des héritiers lors du décès du premier époux, il est admis, pour les successions ouvertes à compter du 1er janvier 2016, qu'au plan fiscal la valeur de rachat d'un contrat d'assurance-vie souscrit avec des fonds communs et non dénoué à la date du décès de l'époux bénéficiaire de ce contrat, ne soit pas intégrée à l'actif de la communauté conjugale lors de sa liquidation, et ne constitue donc pas un élément de l'actif successoral pour le calcul des droits de mutation dus par les héritiers de l'époux prédécédé. Lors du dénouement du contrat suite au décès du second conjoint, les sommes versées aux bénéficiaires de l'assurance-vie resteront bien évidemment soumises aux prélèvements prévus, suivant les cas, aux articles 757 B et 990 I du code général des impôts dans les conditions de droit commun. La position exprimée dans la réponse ministérielle no 26231 dite « Bacquet » du 29 juin 2010 est donc rapportée pour les successions ouvertes à compter du 1er janvier 2016.

521 Rép. Malhuret : Sén. 26-5-2016 n° 19978

Texte de la question

M. Claude Malhuret attire l'attention de M. le ministre des finances et des comptes publics sur le communiqué de presse, en date du 12 janvier 2016, par lequel il a fait savoir qu'il avait décidé de revenir sur une doctrine fiscale, contenue dans une réponse ministérielle dite Bacquet de juin 2010.

Cette doctrine fiscale avait pour effet de faire acquitter aux enfants des droits de succession sur la valeur de rachat du contrat d'assurance de l'époux survivant alors même qu'ils ne pouvaient bénéficier du contrat parce que non dénoué. On ne peut qu'apprécier cette mesure d'allégement fiscal qui vient modestement compenser l'aggravation de la fiscalité constatée depuis de nombreuses années. Cependant la mise en oeuvre de cette mesure justifie de quelques précisions. Il lui demande que soit précisé : d'une part, que cette mesure n'a qu'une portée fiscale et n'apporte aucune modification quand au traitement civil d'un contrat d'assurance qui demeure un « acquêt de communauté » ; d'autre part, qu'au décès du conjoint en raison du dénouement de son contrat les enfants ne paieront de droits ou taxes en application des dispositions des articles 757 B et 990 I que dans la mesure ou ils seront bénéficiaires de ce contrat.

Texte de la réponse

Conformément aux termes de la réponse ministérielle dite « Ciot » no 78192 du 23 février 2016, la réponse ministérielle dite « Bacquet » no 26231 du 29 juin 2010 est rapportée pour les successions ouvertes à compter du 1er janvier 2016. La réponse « Ciot » précitée précise le régime d'imposition désormais applicable. Il est confirmé que la réponse « Ciot » a une portée exclusivement fiscale et n'emporte aucune conséquence sur le traitement civil des contrats d'assurance-vie. Conformément à l'article 1401 du code civil, et sous réserve de l'appréciation souveraine des juges du fond, la valeur de rachat des contrats d'assurance-vie souscrits avec des fonds communs et non dénoués lors de la liquidation d'une communauté conjugale à la suite du décès de l'époux bénéficiaire du contrat constitue, au plan civil, un actif de communauté.

522 Rép. Malhuret : Sén. 30-5-2019 n° 00260

Texte de la question

M. Claude Malhuret attire l'attention de M. le ministre de l'économie et des finances sur un arrêt de la Cour de cassation en date du 19 mars 2015 (n° 13-28776). Celui-ci, qui a confirmé la position de la cour d'appel, a jugé que l'adhésion d'un nouvel assuré à un contrat existant n'était pas constitutive d'une novation. Les juges ont considéré qu'à l'obligation d'origine s'était rajoutée une obligation complémentaire, mais pas nouvelle, sans que cette obligation complémentaire ait un effet extinctif sur la première. La doctrine a très largement approuvé cette position. Conséquence logique de cette décision, le contrat d'assurance conservait ses caractéristiques et plus particulièrement son antériorité.

Il lui est demandé de préciser que l'administration fiscale tiendra bien compte de cette décision et considérera qu'un contrat auquel il serait co-adhéré conserverait sa date d'ouverture au jour de l'adhésion individuelle.

Texte de la réponse

Le régime fiscal de l'assurance vie dépend notamment de la date de souscription du contrat. Ainsi, l'article 757 B du code général des impôts (CGI), qui soumet aux droits de succession les sommes versées par un assureur à un bénéficiaire déterminé à raison du décès de l'assuré, à concurrence de la fraction des primes versées après l'âge de soixante-dix ans qui excède 30 500 €, s'applique aux contrats souscrits à compter du 20 novembre 1991. Par ailleurs, les produits des contrats souscrits avant le 1er janvier 1983 n'entrent pas dans le champ de la soumission à l'impôt sur le revenu prévue par l'article 125-0 A du même code. La Cour de cassation, dans un arrêt du 19 mars 2015 (n° 13-28776), a jugé qu'une cour d'appel, après avoir souverainement estimé que la souscription conjointe à un contrat d'assurance sur la vie n'avait pas en l'espèce substitué au rapport d'obligation initial un nouveau rapport d'obligation, en a exactement déduit que la souscription conjointe n'avait pas emporté novation du contrat. La co-souscription en litige n'a donc pas remis en cause l'antériorité du contrat pour l'application de l'article 757 B du CGI. La question de savoir si la souscription conjointe à un contrat d'assurance vie emporte novation du contrat constitue ainsi une question de fait, qui doit être appréciée en fonction notamment des stipulations du contrat en cause, de la volonté des parties, des dates des souscriptions et de la situation et de l'espérance de vie de chacun des assurés lors de la co-souscription. La co-souscription est en effet par exemple susceptible, lorsqu'elle conduit de manière prévisible à substituer à l'assuré un nouvel assuré unique, d'emporter un changement de créancier de l'obligation pesant sur l'assureur. Enfin, il est rappelé que la souscription d'un contrat d'assurance-vie est susceptible de constituer une donation indirecte en présence d'éléments démontrant l'intention libérale du souscripteur. La régularité d'une souscription conjointe à cet égard doit être appréciée au cas par cas au vu des circonstances de fait de l'espèce et notamment de l'auteur des versements et des éventuels rachats effectués par le nouvel assuré.

523 Rép. Frassa : Sén. 30-5-2019 n° 01398

Texte de la question

M. Christophe-André Frassa attire l'attention de M. le ministre de l'action et des comptes publics sur un arrêt de la première chambre civile de la Cour de cassation (Cass. 1ère civ. 19 mars 2015 n° 13-28776) s'agissant de l'absence de novation en cas d'adjonction d'un époux commun en biens à un contrat d'assurance vie souscrit initialement en adhésion simple. La Cour de cassation a souligné que l'ajout d'un souscripteur ne peut constituer une novation au sens de l'article 1271 du code civil en l'absence de substitution du créancier, ni de la créance, ni du débiteur. Il lui indique que, par le passé, l'administration fiscale avait pris une position contraire (réponse à la question écrite n° 37181, publiée au Journal officiel de l'Assemblée nationale du 6 mars 2000, page 1452 ; non reprise au bulletin officiel des finances publiques). À ce titre, il lui demande de confirmer qu'en l'absence de dispositions législatives d'ordre fiscal, l'adjonction du second époux commun en biens à un contrat souscrit initialement en adhésion simple, ne constitue aucune novation et permet de conserver l'antériorité fiscale dudit contrat.

Texte de la réponse

Le régime fiscal de l'assurance vie dépend notamment de la date de souscription du contrat. Ainsi, l'article 757 B du code général des impôts (CGI), qui soumet aux droits de succession les sommes versées par un assureur à un bénéficiaire déterminé à raison du décès de l'assuré, à concurrence de la fraction des primes versées après l'âge de soixante-dix ans qui excède 30 500 €, s'applique aux contrats souscrits à compter du 20 novembre 1991. Par ailleurs, les produits des contrats souscrits avant le 1er janvier 1983 n'entrent pas dans le champ de la soumission à l'impôt sur le revenu prévue par l'article 125-0 A du même code. La Cour de cassation, dans un arrêt du 19 mars 2015 (n° 13-28776), a jugé qu'une cour d'appel, après avoir souverainement estimé que la souscription conjointe à un contrat d'assurance sur la vie n'avait pas en l'espèce substitué au rapport d'obligation initial un nouveau rapport d'obligation, en a exactement déduit que la souscription conjointe n'avait pas emporté novation du contrat. La co-souscription en litige n'a donc pas remis en cause l'antériorité du contrat pour l'application de l'article 757 B du CGI. La question de savoir si la souscription conjointe à un contrat d'assurance vie emporte novation du contrat constitue ainsi une question de fait, qui doit être appréciée en fonction notamment des stipulations du contrat en cause, de la volonté des parties, des dates des souscriptions et de la situation et de l'espérance de vie de chacun des assurés lors de la co-souscription. La co-souscription est en effet par exemple susceptible, lorsqu'elle conduit de manière prévisible à substituer à l'assuré un nouvel assuré unique, d'emporter un changement de créancier de l'obligation pesant sur l'assureur. Enfin, il est rappelé que la souscription d'un contrat d'assurance-vie est susceptible de constituer une donation indirecte en présence d'éléments démontrant l'intention libérale du souscripteur. La régularité d'une souscription conjointe à cet égard doit être appréciée au cas par cas au vu des circonstances de fait de l'espèce et notamment de l'auteur des versements et des éventuels rachats effectués par le nouvel assuré.

524 Rép. Montaugé : Sén. 8-8-2019 n° 450

Texte de la question

M. Franck Montaugé interroge M. le ministre de l'économie et des finances sur les modalités d'attribution du capital issu des contrats d'assurance vie. Dans le cas d'un contrat qui est resté unique, souscrit avant le 20 novembre 1991, abondé avant et depuis le 13 octobre 1998, ledit contrat se compose ainsi de deux compartiments soumis à une fiscalité différente.

Le premier compartiment (versements antérieurs au 13 octobre 1998) bénéficie d'une exonération totale, tandis que le second (versements depuis le 13 octobre 1998) sera, s'il y a lieu, passible de droits après application d'un abattement de 152 500 euros par bénéficiaires. Ces deux parties du contrat sont distinctes au regard de leur régime fiscal et il semblerait donc logique que le disposant puisse traiter distinctement et à son gré chaque compartiment, par exemple en désignant un bénéficiaire pour la valeur acquise par les versements exonérés, le surplus (fiscalisé) revenant à l'ensemble des bénéficiaires (en pourcentages) avec application pour chacun de l'abattement susvisé.

Or, en pareille situation, l'assureur considère le contrat comme un tout indissociable et que la totalité du capital constitué doit être attribuée selon une clé de répartition en pourcentage appliquée à la valeur globale acquise in fine.

Aussi lui demande-t-il si des dispositions régissent clairement les règles de répartition entre les bénéficiaires du capital d'une assurance vie.

Texte de la réponse

Lorsque l'issue d'un contrat d'assurance-vie intervient lors du décès de l'assuré, le montant capitalisé et les intérêts éventuels y afférents sont intégralement versés à un ou plusieurs bénéficiaires désignés par une clause du contrat. Ces sommes, lorsqu'elles n'entrent pas dans le champ d'application de l'article 757 B du code général des impôts (CGI), font l'objet d'un prélèvement prévu à l'article 990 I du même code. Aux termes du I de cet article, le prélèvement frappe l'ensemble des sommes, rentes ou valeurs dues par l'assureur, et ce à raison des primes versées à compter du 13 octobre 1998. L'assiette soumise au prélèvement est ainsi déterminée à l'échelle du contrat, qui est indissociable. Ses bénéficiaires sont ensuite imposés à concurrence de la part leur revenant. Il en résulte qu'en cas de pluralité de bénéficiaires, l'assiette taxable, déterminée globalement selon les modalités décrites ci-dessus, est répartie pour chaque bénéficiaire selon la part des sommes, rentes ou valeurs qui lui revient (cf. § 210 du BOI-TCAS-AUT-60). L'assiette imposable au nom de chacun est donc déterminée en fonction de sa part dans l'ensemble des sommes versées. Les stipulations du contrat ou la volonté éventuelle du défunt de répartir ces sommes entre les bénéficiaires en fonction de la date de leur versement ne sont pas susceptibles de déroger à ces règles et demeurent ainsi sans effets sur le montant d'impôt dû par chacun.

525 France Assureurs, recueil des engagements à caractère déontologique des entreprises membres de la fédération, version juillet 2021, p. 38 s.

[Extraits]

11 Engagement relatif aux contrats proposant des supports « croissance » et « Eurocroissance »

Cet engagement a été approuvé par l'Assemblée générale de la FFSA le 17 décembre 2014 et par la Commission exécutive du GEMA le 8 janvier 2015.

La loi de finances rectificative du 29 décembre 2013, l'ordonnance du 26 juin 2014 favorisant la contribution de l'assurance vie au financement de l'économie, le décret du 4 septembre 2014 relatif aux contrats comportant des engagements donnant lieu à constitution d'une provision de diversification et l'arrêté du 12 septembre 2014 relatif aux engagements donnant lieu à la constitution d'une provision de diversification ont créé le cadre d'une diffusion large de contrats donnant lieu à la constitution d'une provision de diversification, ce qui permet de participer davantage au financement de l'économie.

Dans ce contexte, la profession a souhaité préciser la terminologie utilisée et définir des bonnes pratiques en matière d'information et de commercialisation.

Un bilan de la première année de commercialisation sera effectué par la profession.

1. Terminologie

Les entreprises d'assurance s'engagent à réserver l'usage des termes fonds « Eurocroissance » ou support « Eurocroissance » à des engagements qui donnent lieu à une provision de diversification et qui offrent une garantie des sommes investies au moins égale à 100 % à un horizon donné d'au moins 8 ans. Les autres engagements comportant une provision de diversification c'est-à-dire ceux ne comportant pas de garantie ou comportant une garantie partielle sont qualifiés de « fonds croissance » ou « support croissance » en référence à un financement accru des entreprises.

2. Information

En cas de transformation d'un contrat existant en contrat comportant des engagements donnant lieu à provision de diversification, lorsque cette transformation n'est pas consécutive à la souscription d'un nouveau contrat, les entreprises d'assurance remettent un avenant au souscripteur ou un document d'information à l'adhérent. Dans ce cas, elles s'engagent à privilégier la réécriture des articles à modifier à l'indication des seules modifications intervenues, de manière à ce que l'avenant ou le document soit explicatif et facilite la compréhension par le souscripteur ou l'adhérent. Préalablement à la souscription, à l'adhésion ou à la première demande de conversion, les entreprises fournissent, à titre d'exemple, des simulations des valeurs de rachat ou de transfert. À cette fin, les entreprises s'engagent à présenter des simulations non seulement pour les huit premières années au moins mais aussi, le cas échéant, à un terme plus long, cohérent avec les caractéristiques du produit commercialisé. Pendant la vie du contrat, les entreprises d'assurance s'engagent à mettre à la disposition du souscripteur ou de l'adhérent une information la plus fréquente possible et au moins annuelle sur la valorisation du contrat.

3. Commercialisation

En cas de souscription ou d'adhésion à un nouveau contrat comportant des engagements donnant lieu à provision de diversification ou de transformation d'un contrat existant en contrat comportant des engagements donnant lieu à provision de diversification, l'attention du souscripteur ou de l'adhérent doit être attirée par le conseiller en assurances de personnes sur les points suivants : différents types de supports peuvent être proposés au sein du contrat, qu'il s'agisse de supports en euros, de supports en unités de compte, de supports Eurocroissance et de supports croissance ; les conséquences de la transformation d'un contrat existant, notamment sur les caractéristiques des garanties doivent être précisées ; pour les supports croissance et Eurocroissance, le niveau garanti des sommes investies (exprimé en pourcentage et si possible en montant) et la durée au terme de laquelle la garantie est acquise doivent être précisés. Les garanties relatives aux versements programmés ou complémentaires sont précisées. En cas de versements complémentaires non programmés sur un support croissance ou Eurocroissance dans les dernières années précédant l'échéance de la garantie (par exemple trois ans), l'attention du souscripteur ou de l'adhérent doit être attirée sur la durée résiduelle de la garantie et sur les conséquences en termes de provision de diversification et donc, d'espérance de rendement ; pour les supports croissance et Eurocroissance, les conditions de prorogation à l'échéance de la garantie et les modalités et conditions de rachat pendant la durée du contrat doivent être précisées ; pour les supports croissance et Eurocroissance, l'existence éventuelle d'une provision collective de diversification différée destinée à lisser les performances dans la durée doit être indiquée ; seuls les supports euros et Eurocroissance ont une garantie intégrale du capital, (qui correspond aux sommes versées après déduction des frais), à tout moment pour l'euro, au terme choisi pour l'Eurocroissance ; à l'exception du support en euros, tous les autres supports peuvent fluctuer à la hausse ou à la baisse en fonction de l'évolution des marchés financiers.

4. Suivi

Les entreprises d'assurance mettent en place un suivi annuel (« reporting ») à l'intention de la FFA afin : d'indiquer la répartition de leurs actifs correspondants à des supports Eurocroissance ou croissance, de suivre l'évolution de leurs passifs, y compris du fait de versements complémentaires non programmés.

12 Engagement relatif aux contrats en UC, y compris ceux reposant sur des actifs dédiés fermés

Faisant suite à un précédent engagement de 1994, modifié en 2003, le présent engagement a été approuvé par l'Assemblée générale de la FFSA le 21 juin 2011 et par la Commission exécutive du GEMA le 12 mai 2011.

Le présent engagement a été adopté par la profession pour éviter que ne se développent des pratiques qui auraient pu être préjudiciables aux assurés comme à sa propre image.

1. Contrats en unités de compte

Les contrats en unités de compte constituent des opérations d'assurance et les produits proposés par les entreprises doivent évidemment respecter les caractéristiques de ces opérations.

Les actifs affectés aux contrats en unités de compte, dont on rappelle qu'ils servent de référence aux engagements de l'assureur, sont effectivement et à tout moment la propriété des entreprises d'assurance.

- L'entreprise d'assurance doit conserver l'exercice de tous les droits qui sont attachés aux actifs. En particulier, tout pacte d'actionnaire ou convention de même nature est à écarter. Il convient également d'éviter tout démembrement de propriété des actions ainsi que les prêts de titres.
- Toute participation directe ou indirecte du souscripteur du contrat à la gestion des actifs par l'entreprise d'assurance est à écarter. Ceci n'interdit évidemment pas la possibilité pour le souscripteur

de choisir, lorsque le contrat le prévoit, les unités de compte à la souscription ou en cours de contrat. L'article R 131-1 autorise comme actif support les actions des entreprises d'assurance : l'entreprise d'assurance ne devrait pas commercialiser des contrats en unités de compte utilisant ses propres actions pour des raisons prudentielles. Il est rappelé que les règles concernant l'autocontrôle sont applicables aux entreprises d'assurance.

2. Principes concernant les contrats reposant sur des actifs dédiés fermés Les principes ci-après complètent ceux visés précédemment. Ils concernent les contrats reposant sur des actifs dédiés fermés définis comme suit : les actifs dédiés fermés sont des actifs supports de contrats dont l'accès est réservé de manière explicite ou implicite à un souscripteur, ou à un nombre limité de souscripteurs ou d'adhérents, ce nombre ne pouvant être augmenté sans son ou leur accord.

Les dispositions réglementaires qui permettent l'affectation directe d'un actif unique de type actions, obligations, sont à concilier avec les exigences de mutualisation des risques à l'égard de l'ensemble de l'activité de l'entreprise d'assurance. Dans tous les cas, la gestion des actifs doit être faite de façon à ne pas nuire à l'équilibre des autres contrats.

En complément aux dispositions de la loi du 16 juillet 1992 les principes suivants doivent être suivis :

2.1. Les objectifs de gestion des actifs concernés sont clairement définis à la souscription du contrat. Ils sont consignés par écrit. Toute modification de ces objectifs est constatée par avenant.

2.2. Les versements sur ce type de contrat doivent être effectués uniquement en numéraire.

2.3. Il est précisé que l'entreprise d'assurance ne peut accepter de transférer la jouissance des droits et obligations attachés aux actifs.

2.4. Aucune ligne, dès lors qu'elle est constituée par des actions, par des parts de société immobilière, ou des obligations convertibles, ne peut excéder 20 % de la valeur de l'actif dédié fermé.

2.5. La détention de titres appartenant à une même catégorie de titres d'un même émetteur ne peut excéder 20 % de l'ensemble de cette catégorie de titres du même émetteur.

Ces dispositions ne concernent évidemment pas les contrats collectifs souscrits par les entreprises au profit de l'ensemble ou d'une catégorie de leurs collaborateurs.

13 Engagement relatif à l'utilisation des avances sur contrat

Faisant suite à un précédent engagement de 1995, le présent engagement a été approuvé par l'Assemblée générale de la FFSA le 21 juin 2011 et par la Commission exécutive du GEMA le 12 mai 2011.

Le présent engagement a pour objet de préciser le cadre dans lequel les avances peuvent être consenties par l'assureur, les contrats d'assurance vie devant conserver les finalités et le statut spécifique qui sont les leurs.

Le présent engagement est applicable aux avances accordées à compter de son adoption pour les nouveaux contrats, ainsi que pour les contrats en cours dont les clauses contractuelles ne prévoient pas de procédure contraire.

L'avance est une opération par laquelle l'assureur accepte de faire au souscripteur ou à l'adhérent une avance d'argent sans modifier le fonctionnement du contrat d'assurance vie ou du contrat de capitalisation.

1. Information du souscripteur ou adhérent lors de l'avance

Au moment où l'assureur consent une avance, il doit informer le souscripteur ou l'adhérent de ses caractéristiques et ses modalités.

1.1. Informations sur les caractéristiques de l'avance

- les avances ne doivent pas être programmées dans le contrat ni revêtir un caractère systématique ;
- l'avance en cours ne doit pas être imputée sur les provisions mathématiques pour éviter qu'elle soit confondue avec un rachat partiel ;
- aucune avance ne peut être effectuée avant l'expiration du délai de renonciation prévu à l'article L.132-5-1 du Code des assurances.

1.2. Informations sur les modalités de l'avance

Les modalités de l'avance doivent respecter certains principes concernant le montant, la durée, et le taux d'intérêt.

Les conditions de l'avance doivent faire l'objet d'un document spécifique remis par l'assureur au souscripteur ou l'adhérent lorsque l'avance est consentie.

2. Montant de l'avance

Le montant de l'avance ne doit pas dépasser 80 % du montant de la provision mathématique pour les contrats en euros et 60 % pour les contrats en unités de compte.

Les avances pouvant être accordées dans un contrat en unités de compte ne pourront s'effectuer qu'en euros.

3. Durée de l'avance

L'avance est consentie pour une durée qui ne peut excéder trois années renouvelables deux fois.

Les entreprises d'assurance incitent les souscripteurs ou adhérents à procéder au remboursement de l'avance au plus tard lors du terme de l'avance.

4. Taux d'intérêt de l'avance

Les conditions de calcul du taux d'intérêt annuel auquel est consentie l'avance doivent être indiquées au souscripteur au moment de l'opération.

Le taux d'intérêt doit être au moins égal au taux moyen des emprunts d'Etat, calculé sur une base au plus semestrielle, majoré du taux des frais de gestion du contrat et d'une rémunération normale de l'assureur.

Pour les contrats comportant un compartiment euros, ce taux doit en outre être au moins égal au taux de rémunération du compartiment euros du contrat de l'année précédant la demande d'avance majoré des frais de gestion du contrat et d'une rémunération normale de l'assureur.

16 Engagement relatif à la communication des taux de rendement des supports en euros des contrats d'assurance vie et de capitalisation

Faisant suite à un précédent engagement de 1998, le présent engagement a été approuvé par l'Assemblée générale de la FFSA le 21 juin 2011 et par la Commission exécutive du GEMA le 12 mai 2011.

À un moment où des règles prudentielles ont été renforcées, les assureurs ont porté une attention particulière aux conditions de l'information du public sur les taux des rendements des contrats d'assurances vie et de capitalisation correspondant à des engagements en euros. Les engagements pris concernent aussi bien l'information communiquée à la presse que la publicité et les documents promotionnels.

1. Champ d'application

Les engagements qui suivent portent sur la diffusion au public des taux de rendement des contrats à adhésion individuelle d'assurance vie et de capitalisation, et non sur l'information des souscripteurs des contrats concernés, qui est l'objet d'une réglementation spécifique et d'engagements complémentaires par la profession.

Ces engagements s'appliquent dans les communications des entreprises d'assurance membres de la FFA à destination du grand public ainsi que dans la réponse aux questionnaires transmis par la presse, afin d'améliorer la clarté et la transparence des informations que notre profession diffuse sur l'évolution du rendement des contrats.

2. Contenu

Les entreprises d'assurance membres de la FFA s'engagent à ce que l'information sur la performance d'un contrat donné ne puisse laisser faussement croire, implicitement ou explicitement, qu'elle concerne d'autres contrats ou la totalité des contrats proposés par l'entreprise.

En outre, afin de permettre une bonne information et d'éviter que celle-ci puisse donner lieu, soit à des confusions, soit à des erreurs d'interprétation, les entreprises adhérentes s'engagent à prendre les précautions ci-après :

- le taux de rendement annoncé et communiqué sur un contrat en euros doit être le taux de rendement net de frais de gestion annuels et brut de prélèvements sociaux ;
- si le contrat n'est plus commercialisé, mention doit en être faite après l'énonciation du taux ;
- les performances portant sur des périodes différentes d'un an doivent être annualisées ;
- s'agissant de promesses de taux garantis, il y a lieu d'indiquer clairement si la garantie porte ou non sur les encours existants du contrat, ainsi que :

• la période durant laquelle les nouveaux versements bénéficieront de la garantie ;

• la période durant laquelle s'applique le taux garanti ;

• les éventuelles autres conditions à remplir pour bénéficier du taux garanti.

Par ailleurs, pour toute communication spécifiquement destinée à établir des comparaisons avec d'autres contrats, il doit être indiqué soit le montant total de l'épargne en euros gérée au titre de la catégorie de contrats concernée par le taux, soit le pourcentage d'encours en euros que ce contrat représente par rapport à l'ensemble des engagements en euros gérés par l'entreprise (ce pourcentage s'entend par entreprise, prise isolément au sein d'un groupe, pour ses opérations d'assurance directe en France).

17 Engagement relatif aux contrats d'assurance vie

Faisant suite à un précédent engagement de 2001, le présent engagement a été approuvé par l'Assemblée générale de la FFSA le 21 juin 2011 et par la Commission exécutive du GEMA le 12 mai 2011 puis a été modifié par l'Assemblée générale de la FFSA le 25 juin 2013 et par la Commission exécutive du GEMA le 13 juin 2013.

La spécificité du contrat d'assurance vie impose que soient réaffirmés notamment par une rédaction sans ambiguïté le contenu du contrat d'assurance vie et la nature des garanties proposées. Cette spécificité doit être prise en compte dans les pratiques à la souscription.

1. Contenu et rédaction du contrat d'assurance vie

La rédaction du contrat met en évidence les éléments spécifiques au contrat d'assurance vie.

1.1. Mentions caractérisant le contrat d'assurance vie

Les documents contractuels contiennent notamment des mentions relatives :

- au fait qu'il s'agit d'un contrat d'assurance vie régi par le Code des assurances ;
- au numéro et à l'intitulé de la branche dont il relève (20. Vie décès ; 22 assurances liées à des fonds d'investissement…) ainsi qu'à son nom technique (capital différé, temporaire décès, etc.) ;
- à sa durée (temporaire ou viagère) ;
- à l'existence d'une ou plusieurs têtes assurées ;
- à la nature de la garantie (vie, décès, autres…) ;
- à la possibilité, pour le contractant, de désigner un bénéficiaire, ainsi qu'au mécanisme et aux conséquences de cette désignation et de l'acceptation du bénéfice du contrat.

1.2. Termes utilisés dans les documents contractuels

Le contrat doit utiliser les termes prévus par le code des assurances pour décrire les engagements et notamment lorsqu'il s'agit de qualifier les primes, la tête assurée et les garanties.

L'objectif de rendre les textes contractuels plus compréhensibles pour les contractants non avertis, ne doit pas aller à l'encontre de la spécificité du contrat, et notamment ne doit pas conduire à une présentation juridiquement et techniquement incomplète du contrat. L'aide à la compréhension des termes et techniques relevant du contrat d'assurance vie peut se faire par recours à un lexique, qui présente et commente les mots techniques lorsqu'ils sont difficiles à comprendre par les souscripteurs (valeur et modalités de rachat, participation aux bénéfices, etc.).

1.3. La communication publicitaire

Au-delà de la rédaction contractuelle proprement dite, la communication publicitaire du contrat doit éviter toute ambiguïté sur la nature d'assurance vie du contrat. Il convient donc d'être très vigilant sur ces communications, quel que soit le support utilisé, et d'écarter toute formulation qui ne correspondrait pas clairement à la réalité juridique, technique et fiscale du contrat proposé (le contrat d'assurance vie n'est pas une enveloppe fiscale, un compte d'épargne, etc.…).

2. Spécificité des garanties d'un contrat d'assurance vie

Le contrat d'assurance vie est un contrat aléatoire dont l'exécution dépend de la durée de la vie humaine contrairement aux produits financiers.

En conséquence, et pour s'inscrire dans les préconisations de l'engagement professionnel relatif à la commercialisation des assurances de personnes, le contrat doit préciser :

- l'événement (vie ou décès) qui, atteignant la tête ou les têtes assurées, entraîne le paiement des prestations garanties ;
- si des garanties complémentaires relevant le cas échéant d'une autre branche d'assurance sont prévues, telles que le doublement de la prestation ga-

rantie en cas de décès accidentel, ou la couverture de la perte totale et irréversible d'autonomie, ainsi que, pour des contrats comportant une valeur de rachat notamment libellée en unités de compte, l'existence éventuelle d'une garantie plancher ;
- les modalités de paiement de la prestation, et notamment si une sortie en rente est possible, modalité que seul le contrat d'assurance peut fournir.
Le contrat ne peut faire mention des garanties de performance de l'unité de compte, lorsqu'il s'agit d'un contrat libellé en UC adossés à de tels supports. En effet, il convient d'éviter que le souscripteur puisse faire une confusion entre les garanties du contrat et les garanties attachées à l'unité de compte, chacune ayant sa propre logique et ses propres règles de fonctionnement.
3. Points de vigilance
Un contrat d'assurance vie répond à des besoins particuliers des contractants. S'agissant d'une opération inscrite dans la durée, il convient d'éviter les souscriptions qui fragilisent l'opération d'assurance vie, tant sur le plan civil que sur le plan fiscal.
Au-delà des préconisations inscrites dans l'engagement professionnel relatif à la commercialisation des assurances de personnes, il est nécessaire de porter une attention particulière aux éléments suivants :
- l'âge à la souscription :
Il faut écarter les souscriptions à des âges très élevés dans des conditions qui laissent envisager un risque sensible de contestations ultérieures. L'entreprise d'assurance doit mettre en place une procédure d'examen systématique pour les demandes de souscription au-delà d'un certain âge et, en tout état de cause, à partir de 85 ans, afin de vérifier l'opportunité, pour le souscripteur, de l'opération d'assurance vie envisagée.
- le montant des primes versées :
Ce montant doit être adapté aux objectifs du souscripteur et à la composition de son patrimoine.
- la rédaction de la clause bénéficiaire, qui, établie par le souscripteur en fonction des objectifs qu'il assigne à l'opération d'assurance vie, doit comporter les éléments d'information nécessaires à sa mise en jeu.

18 Engagement relatif à l'information des notaires par les assureurs
Compte tenu des évolutions réglementaires, la Fédération française de l'assurance (FFA) et le Conseil supérieur du notariat (CSN) ont mis à jour les Accords Notaires/Assureurs de 2002.
Un nouvel accord a été conclu le 25 juillet 2017. Il a pour objet les informations relatives aux contrats d'assurance vie pouvant être communiquées :
- d'une part, par l'assureur au notaire à l'occasion du règlement des successions, et,
- d'autre part, par le notaire à l'assureur à l'occasion de la recherche des coordonnées du bénéficiaire ayant droit de l'assuré.
Faisant suite à un précédent engagement de 2011, le présent engagement a été approuvé par l'Assemblée générale de la FFA le 13 décembre 2017.
INFORMATION DES NOTAIRES PAR LES ASSUREURS
- Contrats dénoués par le décès de l'assuré
Le notaire peut interroger l'assureur sur l'existence des contrats d'assurance vie souscrits par le défunt et certaines de leurs caractéristiques sous réserve du respect des obligations de confidentialité de l'assureur qui ne lui permettent notamment pas de révéler l'identité du ou des bénéficiaire(s).
Au regard des éléments communiqués, en particulier du montant des primes versées, les héritiers pourront, le cas échéant, par voie judiciaire, obtenir communication d'informations complémentaires et faire valoir leurs droits en application de l'article L.132-13 du code des assurances.
Un modèle d'échange de lettres entre notaires et assureurs a été élaboré.
- Contrats non dénoués lors de la liquidation d'une communauté par décès d'un des époux
L'administration fiscale, afin de garantir la neutralité fiscale pour l'ensemble des héritiers lors du décès d'un des époux, considère que la valeur de rachat d'un contrat d'assurance vie, souscrit avec les fonds communs et non dénoué lors de la liquidation d'une communauté conjugale à la suite du décès de l'un des époux, n'est pas, au plan fiscal, intégrée à l'actif de la communauté conjugale lors de sa liquidation et ce, quelle que soit la qualité des bénéficiaires désignés. La valeur de ra-

chat ne constitue donc pas un élément de l'actif successoral pour le calcul des droits de mutation dus par les héritiers de l'époux prédécédé. Ainsi, en cas de décès n'entraînant pas le dénouement du contrat d'assurance vie, la valeur de rachat du contrat non dénoué souscrit avec des fonds communs n'est pas soumise aux droits de succession (cf. BOI-ENR-DMTG-10-10-20-20- 20160531).

En application du mandat qu'il a reçu de la part du conjoint survivant commun en biens, le notaire peut interroger l'assureur sur l'existence éventuelle de contrats d'assurance vie souscrits auprès de cet assureur par le conjoint survivant.

Un modèle d'échange de lettres entre notaires et assureurs a été élaboré afin que le conjoint survivant soit clairement informé de la position de l'administration fiscale.

INFORMATION DES ASSUREURS PAR LES NOTAIRES

Dans le cas où le bénéficiaire d'un contrat d'assurance vie est l'ayant droit de l'assuré décédé, le II de l'article 8 de la loi no 2014-617 du 13 juin 2014 relative aux comptes bancaires inactifs et aux contrats d'assurance vie en déshérence prévoit que l'assureur obtient sur sa demande auprès du notaire en charge de la succession la communication des informations nécessaires à l'identification du bénéficiaire ayant droit de l'assuré. L'assureur joint à sa demande un certificat établissant son obligation vis-à-vis de l'ayant droit du défunt, bénéficiaire du contrat d'assurance sur la vie.

Un modèle de certificat établissant l'obligation de l'assureur vis-à-vis du bénéficiaire du contrat d'assurance vie a été élaboré.

19 Engagement relatif aux contrats d'assurance vie et aux contrats de capitalisation souscrits par des personnes morales

Faisant suite à un précédent engagement de 2002, le présent engagement a été approuvé par l'Assemblée générale de la FFSA le 21 juin 2011 et par la Commission exécutive du GEMA le 12 mai 2011.

La question se posait des conditions dans lesquelles les entreprises pouvaient souscrire à leur bénéfice un contrat d'assurance vie ou de capitalisation pour effectuer des opérations liées à leur trésorerie, sans nuire à la mutualité des assurés.

Les entreprises d'assurance membres de la FFA s'engagent à ne pas accepter la souscription d'un contrat d'assurance vie ou d'un contrat de capitalisation qu'il soit libellé en euros ou en unités de compte par les entreprises industrielles, commerciales et artisanales et les personnes morales soumises à l'impôt sur les sociétés.

Cet engagement ne vise pas les contrats de capitalisation à prime unique souscrits :

- par des organismes de droit privé sans but lucratif ;
- par des sociétés qui ont pour activité principale la gestion de leur propre patrimoine mobilier et immobilier dont les associés sont soit des personnes physiques, soit des sociétés non soumises à l'impôt sur les sociétés, soit des sociétés soumises à l'impôt sur les sociétés dont les associés seraient exclusivement des personnes physiques ou des sociétés non soumises à l'impôt sur les sociétés ;

à condition que le chiffre d'affaires de ces sociétés au titre de leurs activités industrielles, commerciales, artisanales ou libérales ne dépasse pas 10 % de la somme du chiffre d'affaires et des produits financiers, y compris les plus-values. Les loyers et les honoraires de prestations de services ou de conseil fournies aux filiales n'entrent pas en ligne de compte dans le chiffre d'affaires considéré.

Ces contrats souscrits par les organismes ou sociétés cités ci-dessus doivent respecter les deux règles suivantes :

- pour leur engagement en euros, la rémunération totale afférente au moins aux douze premiers mois n'est attribuée au contrat qu'au terme de la quatrième année suivant la souscription ;
- en cas de sortie du support en euros par rachat avant le terme de la quatrième année, cette rémunération est réduite en proportion du montant racheté par rapport à la valeur totale du contrat.

Tout autre dispositif conduisant à des valeurs de rachat au plus égales à celles résultant des deux règles ci-dessus énoncées peut être appliqué.

En outre, il est précisé que cet engagement ne vise pas les contrats souscrits par une personne morale soit au titre des contrats d'assurance homme-clé, soit au titre de contrats collectifs de retraite, de prévoyance, ou d'indemnités de fin de carrière.

20 Engagement relatif aux contrats d'assurance vie non réclamés

Cet engagement a été :

- approuvé par l'Assemblée générale de la FFSA le 21 juin 2011 et par la Commission exécutive du GEMA le 12 mai 2011 ;
- modifié par l'Assemblée générale de la FFSA et par la Commission exécutive du GEMA en 2012 et en 2014 ;
- modifié par l'Assemblée générale de la FFSA le 23 juin 2015 et par la Commission exécutive du GEMA le 1er juillet 2015.

Plusieurs mesures ont été prises par les pouvoirs publics au cours des dernières années afin d'éviter que des sommes ne demeurent non réglées en assurance vie : c'est notamment le cas de la loi Eckert du 13 juin 2014 au travers de son chapitre II « contrats d'assurance vie non réclamés ».

Les assureurs souhaitant participer activement à la prévention de l'apparition de contrats d'assurance vie non réglés ont décidé de se doter de l'engagement suivant.

1. Mesures de prévention

Les entreprises d'assurance s'engagent à renseigner de la façon la plus complète possible les informations relatives à l'identité et aux coordonnées du souscripteur ou de l'adhérent, au moment de la souscription et à actualiser ces données durant la vie du contrat.

Les entreprises d'assurance s'engagent à attirer l'attention du souscripteur ou de l'adhérent sur la nécessité de rédiger la clause bénéficiaire en adéquation avec ses volontés et sur l'utilité de l'actualiser en tant que de besoin.

Lorsque le souscripteur ou l'adhérent ne choisit pas la clause prérédigée, les entreprises s'engagent à l'inciter à renseigner de la façon la plus complète possible l'identité (nom, prénom, date et lieu de naissance) du ou des bénéficiaires désignés, y compris les personnes morales (associations caritatives...).

Les entreprises d'assurance attirent l'attention des souscripteurs ou adhérents d'un contrat d'assurance vie sur l'utilité d'informer les bénéficiaires (y compris s'il s'agit de personnes morales) ou des personnes de confiance de l'existence de ce contrat et des coordonnées de l'assureur. Les entreprises d'assurance mettent en place des procédures de traitement des retours de courriers adressés aux souscripteurs ou adhérents et revenant avec la mention NPAI (« n'habite pas à l'adresse indiquée ») ou la mention PND (« pli non distribué »).

2. Recours à des prestataires externes pour rechercher les bénéficiaires

Les entreprises d'assurance s'engagent à faire leurs meilleurs efforts pour rechercher par tous moyens les bénéficiaires des contrats d'assurance vie non réclamés dès qu'elles ont connaissance du décès de l'assuré.

Lorsqu'elles font appel à des généalogistes ou à des enquêteurs privés, les entreprises d'assurance s'engagent :

- à demander aux enquêteurs privés communication des justificatifs de leurs conditions d'exercice c'est-à-dire ceux afférents à l'agrément, l'autorisation d'exercice et la carte professionnelle, qui sont délivrés par le Conseil National des Activités Privées de Sécurité ainsi que l'attestation d'assurance couvrant leur responsabilité professionnelle ;
- à prévoir des règles déontologiques dans leurs contrats de prestations tant avec les généalogistes que les enquêteurs privés (confidentialité, protection des données, rappel du principe de non-facturation aux bénéficiaires...).

Jurisprudence

Cass. 1e civ. 31-3-1992 n° 90-16.343, Praslicka

526 **contrat non dénoué à la dissolution de la communauté – époux communs en biens – primes versées avec des fonds de la communauté – divorce – actif de la communauté**

(Extraits)

Attendu que les époux X. se sont mariés sans contrat le 12 mars 1964 ; que sur assignation du 31 mars 1983, leur divorce a été prononcé aux torts exclusifs de l'épouse ;

Sur le moyen unique du pourvoi principal :

Attendu que M. X... reproche à l'arrêt attaqué de n'avoir pas constaté la révocation des donations indirectes consenties à son épouse du fait de la mise à la disposition de celle-ci des entiers salaires qu'il percevait, alors que, selon le moyen, la cour d'appel n'a pas donné de base légale à sa décision au regard de l'article 267 du Code civil, en ne recherchant pas si, comme il le soutenait, le fait de renoncer à la jouissance de son salaire pour en faire bénéficier intégralement et sans contrepartie son épouse qui en a usé à d'autres fins qu'à l'achat de biens communs, ne caractérisait pas l'intention libérale du mari et, par suite, une donation indirecte au profit de la femme ou, à tout le moins, un profit constitutif d'un avantage matrimonial ;

Mais attendu que, comme l'ont justement relevé les juges du fond, les salaires perçus par M. X... avaient le caractère de biens communs de sorte que leur remise entre les mains de l'épouse ne pouvait s'analyser en une libéralité faite à celle-ci par son conjoint ou en un avantage matrimonial qu'il lui aurait consenti, la communauté étant seulement en droit de demander raison à la femme des sommes qu'elle aurait consommées frauduleusement ; que la décision attaquée est ainsi légalement justifiée du chef critiqué par le moyen ; que celui-ci n'est donc pas fondé ;

Mais sur le premier moyen du pourvoi incident :

Vu l'article 1401 du Code civil, ensemble, l'article L 132-13 du Code des assurances ;

Attendu qu'au cours de la communauté, M. X... a souscrit une assurance-vie mixte dont le capital lui a été versé, à la date d'échéance, postérieurement à l'assignation en divorce ;

Attendu que pour décider qu'il ne devait pas récompense à la communauté de ce chef, la cour d'appel, après avoir affirmé que ce capital n'est pas tombé en communauté, énonce que les primes de cette assurance qui sont élevées à 565,52 francs par mois seulement, n'étaient pas disproportionnées par rapport au salaire de M. X..., supérieur à 20 000 francs par mois ;

Attendu qu'en se déterminant ainsi, après avoir retenu que les primes de cette assurance en cas de vie du souscripteur avaient été payées avec des fonds communs jusqu'à la dissolution de la communauté, si bien que la valeur de la police faisait partie de l'actif de celle-ci, et avoir constaté que M. X... avait reçu le capital prévu au contrat après la dissolution, ce qui établissait que les droits nés de ce contrat lui avaient été attribués, de sorte qu'il devait être tenu compte dans les opérations de partage de la valeur du contrat au jour de la dissolution de la communauté, la cour d'appel a violé les textes susvisés ;

Et sur le second moyen du pourvoi incident :

Vu l'article 1401, ancien, du Code civil ;

Attendu qu'ayant, avant le divorce, décidé de prendre une retraite anticipée, M. X... a obtenu une indemnité exceptionnelle de départ en retraite ;

Attendu que pour refuser de comprendre dans l'actif de la communauté cette indemnité, la cour d'appel énonce que celle-ci compense la renonciation de M. X... à poursuivre ses activités jusqu'à l'âge normal de sa retraite et que cette indemnité, compensatrice de son droit personnel à poursuivre son activité, ne lui a été payée qu'après l'assignation ;
Attendu cependant que l'indemnité de départ en retraite n'avait pas pour objet de réparer un dommage affectant uniquement la personne de M. X... ; que dès lors, en ne recherchant pas si la somme versée n'était pas exigible avant la dissolution de la communauté, de sorte qu'elle serait entrée en communauté par application du texte susvisé, la cour d'appel n'a pas donné de base légale à sa décision ;
PAR CES MOTIFS :
REJETTE le pourvoi principal :
Mais sur le pourvoi incident :
CASSE ET ANNULE, en ce qu'il a statué sur l'avantage procuré au mari par l'assurance mixte et en ce qu'il a décidé que l'indemnité de départ en retraite n'était pas un bien dépendant de la communauté, l'arrêt rendu le 2 mai 1990, entre les parties, par la cour d'appel de Paris.

Cass. 1e civ. 2-7-2002 n° 99-14.819

527 **faculté de réduction du bénéficiaire – renonciation partielle du bénéficiaire en premier – calcul des droits de succession – lien de parenté entre bénéficiaire en second et assuré –**

(Extraits)
Donne acte à la société Cardif du désistement de son pourvoi en tant que dirigé à l'encontre de M. Joseph X... et de M. Y..., ès qualités de représentant des créanciers et de commissaire à l'exécution du plan de M. X... ;
Sur le moyen unique, pris en ses deux branches :
Vu les articles L. 263 du Livre des procédures fiscales, L132-8, L132-9, L132-12 et L132-14 du Code des assurances ;
Attendu qu'il résulte du premier de ces textes que l'avis à tiers détenteur qui entraîne le transfert au profit du Trésor public des créances même conditionnelles ou à terme qu'au jour de sa notification le redevable possède à l'encontre du tiers détenteur, n'est pas applicable aux créances éventuelles ; qu'il résulte des quatre autres que tant que le contrat n'est pas dénoué, le souscripteur est seulement investi, sauf acceptation du bénéficiaire désigné du droit personnel de faire racheter le contrat et de désigner ou modifier le bénéficiaire de la prestation, de sorte qu'aucun créancier du souscripteur n'est en droit de se faire attribuer ce que ce dernier ne peut recevoir ;
Attendu que le receveur principal des Impôts de Toulouse Nord-Ouest à qui M. X... était redevable d'une certaine somme a délivré un avis à tiers détenteur à la société Cardif société Vie (la compagnie) auprès de laquelle M. X... avait adhéré à un contrat d'assurance prévoyant, d'une part, en cas de vie, l'attribution à l'âge de la retraite d'un capital ou d'une rente viagère et en cas de décès, le versement d'un capital au bénéficiaire désigné et d'autre part, la faculté de rachat au cours du contrat par le souscripteur ;
Attendu que pour valider cet avis à tiers détenteur, l'arrêt énonce qu'en vertu du contrat, la compagnie était, au jour dudit avis, tenue d'une obligation à terme, disponible, portant sur une somme d'argent ;
Attendu, qu'en statuant ainsi, alors que la compagnie n'était pas débitrice de M. X... à la date de l'avis à tiers détenteur, la cour d'appel a violé les textes susvisés ;
PAR CES MOTIFS :
CASSE ET ANNULE, dans toutes ses dispositions, l'arrêt rendu le 16 février 1999, entre les parties, par la cour d'appel de Toulouse.

Cass. ch. mixte 23-11-2004 n° 02-11.352 P

528 bénéficiaire en cas de décès – régime dérogatoire de l'assurance-vie – applicabilité à tous les contrats dont les effets dépendent de la vie humaine – existence d'un aléa

Attendu, selon l'arrêt attaqué, que Célestin X..., décédé le 17 décembre 1997 en laissant pour lui succéder son fils Joseph, a souscrit sept contrats d'assurance sur la vie au bénéfice notamment de l'Association des paralysés de France, de l'Association française contre la myopathie ainsi que de la Fondation de France ; que M. Joseph X... a saisi le tribunal de grande instance pour voir juger que ces contrats étaient en réalité des contrats de capitalisation et que le montant des primes était manifestement exagéré au regard des facultés du contractant ;

Sur le premier moyen :

Attendu que M. Joseph X... fait grief à l'arrêt d'avoir rejeté sa demande en requalification des contrats, alors, selon le moyen :

1) que les contrats d'assurance mixte vie-décès Assurdix no 1, 2, 3 et no 4 Préviposte, qui donnaient lieu à versement d'une prime unique, se confondant avec le capital placé, qui comportaient une faculté de rachat par le souscripteur et qui donnaient lieu à remboursement du capital placé augmenté des produits financiers ou bien au profit du bénéficiaire en cas de décès, ou bien au profit du souscripteur au terme fixé, ne comportaient aucun aléa financier mais caractérisaient une opération de capitalisation, si bien que la cour d'appel a faussement appliqué à ces contrats les dispositions des articles L. 132-12 et suivants du Code des assurances ;

2) que les contrats dits vie entière Poste avenir et Predige qui ne comportaient aucun terme mais une faculté de rachat à tout moment et qui à l'issue du contrat obligeaient seulement l'assureur au remboursement de la prime valant capital placé, augmentée des produits financiers et diminuée des frais de gestion, ou bien au souscripteur en cas de rachat, ou bien au bénéficiaire en cas de décès, ne comportaient aucun aléa financier mais caractérisaient une opération de capitalisation si bien que la cour d'appel a faussement appliqué à ces contrats les dispositions des articles L. 132-12 et suivants du Code des assurances ;

Mais attendu que le contrat d'assurance dont les effets dépendent de la durée de la vie humaine comporte un aléa au sens des articles 1964 du Code civil, L. 310-1,1 et R321-1,20 du Code des assurances et constitue un contrat d'assurance sur la vie ;

Et attendu que l'arrêt retient, d'une part, que les contrats litigieux, Assurdix et Préviposte, d'assurance vie mixte en ce qu'ils comprenaient une assurance sur la vie à capital différé et une assurance temporaire décès, comportaient un aléa tenant à la durée de la vie du souscripteur dont devait dépendre le réel bénéficiaire, d'autre part, que l'exécution des contrats Poste avenir et Predige, dépendait de la durée de la vie de l'assuré ; que de ces constatations et énonciations, la cour d'appel a exactement déduit l'existence de l'aléa inhérent aux contrats au sens des textes précités et ainsi légalement justifié sa décision ;

Mais sur le second moyen :

Vu l'article 455 du nouveau Code de procédure civile ;

Attendu qu'après avoir relevé que le montant des primes versées de février 1991 à septembre 1995 qui s'élevait à 531 100 francs, y compris celle du contrat Assurdix conclu le 2 février 1991 était manifestement exagéré eu égard aux facultés du souscripteur, l'arrêt retient dans son dispositif que les primes versées pour les contrats Assurdix n'étaient pas sujettes à une éventuelle réduction ;

Qu'en statuant ainsi, la cour d'appel a entaché sa décision d'une contradiction entre les motifs et le dispositif ;

PAR CES MOTIFS :

CASSE ET ANNULE, mais seulement en ce qu'il a dit que les primes versées pour les contrats Assurdix ne sont pas sujettes à une éventuelle réduction, l'arrêt rendu, entre les parties, le 9 octobre 2001, par la cour d'appel de Paris.

Cass. ch. mixte 23-11-2004 n° 02-17.507 P

529 **bénéficiaire en cas de décès – primes manifestement exagérées – critères d'appréciation de l'exagération – primes jugées non-exagérées**

Attendu, selon l'arrêt attaqué (Douai, 25 mars 2002), que les consorts Marie-Christine, Pascal et Claudine X..., ont fait assigner Mme Édith X..., leur soeur, ainsi que Mlle Y..., leur nièce, pour voir ordonner à cette dernière la restitution, à la succession de sa grand-mère Mme Z..., veuve X..., du bénéfice de trois contrats d'assurance-vie souscrits par cette dernière à son profit auprès de la société Natio-Vie, au motif que les libéralités consenties dépassaient la quotité disponible ;

Sur le premier moyen :

Attendu que les consorts X... font grief à l'arrêt d'avoir retenu que les contrats souscrits étaient des contrats d'assurance-vie, alors, selon le moyen :

1) qu'en retenant que l'opération d'assurance sur la vie n'est pas une assurance de placement, qu'elle vise à couvrir soit le risque de survie, soit le risque de décès de l'assuré, que le risque couvert par l'assurance sur la vie est un événement certes certain dans sa réalisation mais incertain quant à sa date, qu'elle est alternative dès lors que si le risque décès se réalise en premier le bénéficiaire sera le tiers désigné, cependant qu'en cas de survie de l'assuré à l'échéance il bénéficiera d'une garantie vie, que l'obligation de l'assureur prend en compte non pas le terme fixé à l'avance mais la durée de vie de l'assuré, la mort ou la survie constituant la réalisation du risque dont la date est inconnue d'où l'aléa, cependant que dans tels types de contrats l'assureur s'engage à verser à l'assuré s'il est en vie aux termes du contrat ou, s'il meurt avant, au bénéficiaire désigné, un capital qui dans les deux cas est égal aux primes cumulées majorées des produits financiers et diminuées des frais de gestion, ce qui exclut tout aléa tenant à la date du décès laquelle est indifférente, la cour d'appel n'a pas légalement justifié sa décision au regard des articles L 132-1 et suivants du Code des assurances et 1104 du Code civil ;

2) qu'en retenant que dans un contrat d'assurance sur la vie l'assureur est propriétaire des primes mais ne devient débiteur d'une obligation personnelle que lorsque le risque se réalise, que son créancier lui est désormais connu, que le souscripteur ne récupérera la valeur acquise de son épargne que s'il survit à l'échéance du contrat d'où un risque de perte puisque l'actif successoral sera dans ce cas privé d'un actif correspondant à l'épargne du souscripteur, la cour d'appel n'a nullement caractérisé la perte encourue par le souscripteur, lequel connaît à la date de conclusion du contrat le montant du capital devant être versé, que ce soit à lui-même ou au bénéficiaire désigné, la cour d'appel a privé sa décision de base légale au regard des articles L 132-1 et suivants du Code des assurances ;

3) qu'en ne procédant à aucune analyse du contrat dans lequel la défunte avait versé un capital avec rachat trimestriel réduisant le capital dû au décès ce dont il se déduisait l'absence d'aléa dès lors que l'assureur s'engageait à verser le capital acquis au jour du décès lequel dépendait uniquement des cotisations versées, étant assorti d'une demande de prélèvement libératoire, la cour d'appel, qui se prononce par des motifs généraux sur la distinction entre le contrat d'assurance-vie et le contrat de capitalisation a violé l'article 455 du nouveau Code de procédure civile ;

4) qu'en ne statuant pas sur le moyen faisant valoir que dans le cadre d'un contrat (formule B souscrit le 28 décembre 1987) conclu pour une durée déterminée et stipulant qu'en cas de vie au terme du contrat, le capital serait versé à la de cujus et en cas de décès avant terme à la bénéficiaire, le contrat prévoyant aussi le dénouement sous la forme d'une

rente viagère calculée sur le montant des cotisations, ce qui excluait tout aléa, la cour d'appel a violé l'article 455 du nouveau Code de procédure civile ;

5) qu'en ne statuant pas sur le moyen faisant valoir que la de cujus avait souscrit un contrat (Natio-Vie le 31 octobre 1993) mixte vie et décès pour une durée déterminée, l'article I des conditions générales valant note d'information précisant que « l'objet du contrat est la constitution d'un capital ou d'une rente viagère. L'épargne est accumulée par des cotisations périodiques ou libres. Elle se valorise au choix de l'adhérent, soit par une capitalisation garantie complétée de participation aux bénéfices, soit conversion d'actions de SICAV ou de parts de SCI, » la cour d'appel a violé l'article 455 du nouveau Code de procédure civile ;

Mais attendu que le contrat d'assurance dont les effets dépendent de la durée de la vie humaine comporte un aléa au sens des articles 1964 du Code civil, L. 310-1,1 et R. 321-1,20. du Code des assurances et constitue un contrat d'assurance sur la vie ;

Et attendu que l'arrêt retient que l'exécution des engagements de faire fructifier l'épargne du souscripteur par une méthode commune aux opérations de capitalisation et à celles d'assurance dépendait de la durée de la vie humaine ; que la cour d'appel en a exactement déduit l'existence de l'aléa inhérent aux contrats au sens des textes précités et a ainsi légalement justifié sa décision ;

Et sur le second moyen :

Attendu qu'il est fait grief à l'arrêt d'avoir ordonné l'ouverture des opérations de compte liquidation et partage de la succession décidant que Mlle Y... était bénéficiaire des contrats d'assurance sur la vie, alors, selon le moyen :

1 / que la cour d'appel qui a pris en considération les avoirs boursiers tels qu'ils existaient antérieurement à la conclusion du contrat Duo Dix souscrit le 9 octobre 1992 et la souscription du contrat Multiplacement du 31 octobre 1993 n'a pas légalement justifié sa décision au regard de l'article L. 132-13 du Code des assurances ;

2 / que la cour d'appel, qui n'a pas apprécié la situation à la date à laquelle a été conclu chacun des contrats, n'a, par là même, pas légalement justifié sa décision au regard de l'article L. 132-13 du Code des assurances ;

3 / qu'en relevant que les contrats ont été souscrits en 1987, 1992 et 1993 à une époque où la défunte avait 73 ans pour le premier, 78 et 79 pour les suivants étant décédée à l'âge de 82 ans et que dès lors les primes payées étaient manifestement exagérées par rapport à ses facultés, la cour d'appel, qui n'explique pas en quoi la souscription de tels contrats peu d'années avant le décès étaient utiles pour la défunte, n'a pas légalement justifié sa décision au regard de l'article L. 132-13 du Code des assurances ;

Mais attendu qu'il résulte de l'article L. 132-13 du Code des assurances que les règles du rapport à succession et celles de la réduction pour atteinte à la réserve des héritiers ne s'appliquent pas aux sommes versées par le contractant à titre de primes, à moins que celles-ci n'aient été manifestement exagérées eu égard à ses facultés ;

qu'un tel caractère s'apprécie au moment du versement, au regard de l'âge ainsi que des situations patrimoniale et familiale du souscripteur ;

Et attendu que l'arrêt retient, par motifs propres et adoptés, que Mme Z..., veuve X..., âgée de 73, 78 et 79 ans au moment des versements est décédée à 82 ans laissant plusieurs héritiers, qu'elle disposait de valeurs mobilières d'un montant de 1 200 000 francs en 1992, possédait un mobilier estimé à 336 000 francs en 1990, des biens immobiliers évalués à 500 000 francs lors de l'ouverture de sa succession et percevait une retraite mensuelle de 11 000 francs ; que la cour d'appel en a exactement déduit que les primes versées d'un montant global de 900 000 francs n'étaient pas manifestement exagérées eu égard aux facultés du souscripteur ; qu'elle a ainsi légalement justifié sa décision ;

PAR CES MOTIFS :

REJETTE le pourvoi.

Cass. 1e civ. 8-3-2005 n° 03-10.854 FS-PB

530 **bénéficiaire en cas de décès – souscripteur commun en biens – conjoint bénéficiaire – absence de récompense à la communauté**

(Extraits)

Attendu qu'au décès de René X... survenu le 21 mars 1989, sa veuve et son fils unique, M. Roger X..., ont régularisé une déclaration de succession faisant apparaître à l'actif brut de communauté une récompense, inscrite corrélativement au passif de la succession, due par le défunt au titre du contrat d'assurance-vie qu'il avait souscrit en 1993 avec des fonds communs au profit de son épouse ;

que, s'appuyant sur les dispositions de l'article L. 132-16 du Code des assurances, le Trésor public a notifié à M. X... un redressement fiscal et fait valoir que le bénéfice de l'assurance contractée par un époux commun en biens en faveur de son conjoint constituait un propre pour celui-ci, de sorte qu'aucune récompense ne serait due à la communauté en raison des primes payées par elle ; que la contestation de M. X... au titre de ce redressement ayant été rejetée, il a fait assigner le directeur des services fiscaux ;

Attendu que M. X... fait grief à l'arrêt confirmatif attaqué (Bourges, 21 octobre 2002) d'avoir :

1) violé l'article 1437 du Code civil en estimant que le souscripteur d'un contrat d'assurance-vie alimenté par des fonds communs ne devait pas récompense à la communauté, alors que l'article 1437 stipule que toutes les fois que l'un des époux a tiré un profit personnel des biens de la communauté, il en doit récompense, et que dès lors, le souscripteur d'un contrat d'assurance-vie dont le contrat constitue en lui-même un de ses biens propres, doit nécessairement récompense à la communauté du montant des primes payées avec des fonds communs ;

2) violé les dispositions de l'article L. 132-16 du Code des assurances en estimant que lesdites dispositions étaient applicables au souscripteur alors que celles-ci ne visent que la personne du bénéficiaire de l'assurance contractée ;

Mais attendu que la cour d'appel, qui a relevé que René X... avait souscrit un contrat d'assurance-vie au bénéfice de son épouse et exactement énoncé que, du fait de son décès, le produit du contrat d'assurance-vie était soumis au régime juridique dérogatoire prévu à l'article L. 132-16 du Code des assurances, en a déduit à bon droit que les dispositions de l'article 1437 du Code civil, selon lesquelles l'époux qui a tiré un profit personnel des biens de la communauté en doit récompense, ne s'appliquaient pas et qu'en conséquence aucune récompense n'était due à la communauté en raison des primes payées par elle ; que le moyen n'est fondé en aucune de ses branches ;

PAR CES MOTIFS :

REJETTE le pourvoi.

Cass. 2e civ. 2-6-2005 n° 04-13.306 FS-PB

531 **acceptation du bénéficiaire – bénéficiaire de second rang – absence d'effet sur la révocabilité du bénéficiaire de premier rang**

(Extraits)

Sur le moyen unique :

Attendu, selon l'arrêt attaqué (Bordeaux, 5 février 2004), que Robert X... qui avait souscrit auprès de la société Natio vie trois contrats d'assurance-vie prévoyant qu'en cas de décès du souscripteur les capitaux prévus à ces contrats seraient versés au conjoint non divorcé, et, à défaut à ses enfants, a avisé la société Natio vie, le 13 août 1998, qu'il modifiait le bénéficiaire initial, pour désigner M. Claude X... ; qu'à la suite du décès de Robert X..., l'assureur a versé à M. Claude X... les capitaux prévus aux contrats ; que l'épouse et les quatre filles du défunt, qui avaient accepté le bénéfice des contrats d'assurance le 3 août 1998, ont assigné la société Natio vie devant le tribunal de grande instance, afin de voir juger que leur acceptation avait rendu sans portée le changement de bénéficiaire effectué ensuite, et d'obtenir en conséquence le paiement des capitaux assurés ;

Attendu que les consorts X... font grief à l'arrêt de les avoir déboutés de leurs demandes, alors, selon le moyen :

1) qu'aux termes de l'article L. 132-9 du Code des assurances, la stipulation en vertu de laquelle le bénéfice de l'assurance est attribué à un bénéficiaire déterminé devient irrévocable par l'acceptation expresse ou tacite du bénéficiaire ; que ce texte ne distingue pas selon que le bénéficiaire est de premier ou de second rang ; qu'en l'espèce, les trois contrats d'assurance-vie souscrits par Robert X... désignaient en qualité de bénéficiaires en cas de décès "le conjoint non séparé de corps, à défaut les enfants par parts égales, à défaut les ayants droit de l'adhérent" ; que par lettre du 3 août 1998, l'épouse et les enfants du souscripteur avaient expressément accepté ces stipulations qui sont ainsi devenues irrévocables, en tout cas à l'égard des enfants compte tenu de la révocabilité des donations entre époux ; que par conséquent, si postérieurement, par lettre du 13 août 1998, Robert X... a manifesté sa volonté d'instituer comme bénéficiaire M. Claude X..., cette révocation ne pouvait avoir pour effet de remettre en cause l'attribution des capitaux dus en vertu des contrats d'assurance-vie au profit des enfants X... ; qu'en faisant cependant produire effet à cette révocation, décidée par le souscripteur après l'acceptation par les bénéficiaires initialement désignés, la cour d'appel a violé le texte susvisé ;

2) que les juges du fond ne peuvent dénaturer les termes clairs et précis d'un contrat ; qu'en l'espèce, les trois contrats d'assurance-vie se bornaient à désigner en qualité de bénéficiaires en cas de décès "le conjoint non séparé de corps, à défaut les enfants par parts égales, à défaut les ayants droit de l'adhérent" et à prévoir qu'en cas de décès de l'adhérent, le capital était versé au(x) bénéficiaire(s) ; qu'ils ne comportaient aucune stipulation relative à la portée de l'acceptation de la stipulation par les enfants de l'adhérent ; qu'en outre, si ces derniers étaient certes désignés comme bénéficiaires de second rang, c'était uniquement par rapport au conjoint non séparé de corps, et nullement par rapport à tout autre bénéficiaire que le stipulant lui aurait substitué ; qu'en affirmant qu'il résultait des termes et précis de ces contrats que l'acceptation par les enfants X... en août 1998 de la stipulation faite "à défaut" en leur faveur de Robert X... n'avait rendu irrévocable à leur profit l'attribution du capital acquis que par défaut d'attribution au bénéficiaire désigné, qu'il s'agisse du conjoint non séparé de corps ou de toute autre personne que le stipulant lui aurait substitué, la cour d'appel a dénaturé ces contrats et violé l'article 1134 du Code civil ;

Mais attendu que l'arrêt retient que les certificats d'adhésion initialement souscrits par Robert X... désignaient en qualité de bénéficiaires en cas de décès "le conjoint non séparé de corps, à défaut les enfants par parts égales", et que, par courrier du 13 août 1998, Robert X... avait institué comme bénéficiaire en cas de décès M. Claude X... ;

Que, dès lors, c'est sans dénaturer les contrats d'assurance que la cour d'appel, appréciant souverainement la volonté du défunt de substituer M. Claude X... à son épouse comme bénéficiaire, en a exactement déduit que l'acceptation de ses enfants ne rendait irrévocable à leur profit l'attribution des capitaux que par défaut d'attribution au bénéficiaire désigné, qu'il s'agisse du conjoint non séparé de corps à l'égard duquel, en vertu des dispositions de l'article 1096 du Code civil, la stipulation demeurait révocable, ou de toute autre personne que le stipulant lui aurait substituée ;

D'où il suit que le moyen n'est pas fondé ;

PAR CES MOTIFS :

REJETTE le pourvoi.

Cass. com. 12-7-2005 n° 04-10.214 FS-PBRI

532 **acceptation du bénéficiaire – emprunt bancaire – nantissement d'un contrat en unités de compte – non-transmission à la banque de la faculté d'arbitrage en l'absence de stipulation expresse**

(Extraits)

Sur le moyen unique :

Attendu, selon l'arrêt attaqué (Paris, 10 octobre 2003), que M. X... qui avait souscrit, le 31 août 1996, auprès de la société Coparc, filiale de la société W Finance, trois contrats d'assurance-vie libellés en unités de compte, d'une valeur de 1 000 000 francs chacun, qui étaient adossés à différents supports entre lesquels le souscripteur pouvait choisir, tout au long du contrat, en usant de sa faculté d'arbitrage, les a, par avenants aux polices prenant effet au 26 septembre 1996, donné en nantissement à la société Athena Banque aux droits de laquelle se trouve la Banque AGF pour garantir le remboursement d'un prêt que cette dernière devait consentir ; qu'après avoir obtenu, en mai et octobre 1998, l'exécution des deux demandes d'arbitrage qu'il avait notifiées, M. X... a, le 21 octobre 1998, à nouveau donné instruction à la société W Finance de changer le support de ses polices ;

que, consultée, la société Athena Banque a refusé d'autoriser l'opération au motif que les deux précédents arbitrages intervenus avaient déjà réduit la valeur de son gage et que le nouveau support choisi était volatile de sorte que la société W Finance s'est abstenue de donner suite aux instructions litigieuses ; qu'estimant ce refus fautif, M. X..., après avoir mis fin aux contrats, a mis en cause la responsabilité des sociétés Athena Banque, W Finance et Coparc ; que la cour d'appel a accueilli cette prétention en retenant que les polices, dont la société Athena Banque avait reconnu avoir pris connaissance, réservaient au souscripteur le choix de la répartition de ses versements entre les différents supports financiers proposés et qu'aucune des clauses des actes de nantissement n'avait restreint cette faculté ;

Attendu que la société Athena Banque, la société W Finance et la société Coparc font grief à l'arrêt d'avoir ainsi statué, alors, selon le moyen :

[...]

Mais attendu, en premier lieu, que la dépossession, qui fait perdre au constituant une partie de ses prérogatives sur la chose donnée en gage, ne les confère pas pour autant au créancier nanti, qui dispose, en sa qualité de dépositaire de cette chose jusqu'à sa restitution, du seul pouvoir de la garder et conserver sans acquérir celui d'en user ni de l'administrer ; qu'ayant relevé qu'en l'espèce les polices souscrites réservaient au seul souscripteur le choix de la répartition de ses versements entre les différents supports financiers qui lui étaient proposés et que les actes de nantissement ne comportaient à cet égard aucune clause restrictive en faveur du créancier nanti, la cour d'appel, loin d'avoir violé les textes cités par les deux premières branches du moyen, a, au contraire, exactement décidé qu'en l'absence de stipulation expresse l'y autorisant, la société Athena Banque s'était fautivement opposée à l'exécution de l'ordre litigieux et que les sociétés W Finance et Coparc avaient aussi manqué à leurs obligations en se soumettant à son veto ;

Attendu, en deuxième lieu, qu'en se bornant à user de la faculté d'arbitrage que lui conféraient les polices, M. X... n'élevait aucune prétention susceptible de le faire venir en concours avec la société Athena Banque ; que l'article 10 des actes de nantissement étant ainsi inapplicable au cas d'espèce, la cour d'appel qui n'avait pas à répondre à un moyen inopérant, n'encourt pas le grief de la troisième branche ;

Attendu, enfin, que l'exercice par M. X... de sa faculté de choisir les supports auxquels les polices d'assurance dont il était le souscripteur étaient adossés ne constituant pas une atteinte au droit de créance de la société Athena Banque, c'est sans méconnaître les dispositions de l'article 1er du premier protocole additionnel à la Convention européenne des droits de l'Homme et des libertés fondamentales que la cour d'appel a statué comme elle a fait ;

D'où il suit que le moyen n'est fondé en aucune de ses branches ;
PAR CES MOTIFS :
REJETTE le pourvoi.

Cass. 2e civ. 22-9-2005 n° 04-13.077 F-D

533 **détermination du bénéficiaire – prédécès d'un bénéficiaire de premier rang – clause type – absence de représentation – enfants du prédécédé privés du bénéfice de l'assurance-vie**

(Extraits)
Vu l'article L. 132-9 du Code des assurances et l'article 1134 du Code civil ;
Attendu, selon le premier de ces textes, que l'attribution à titre gratuit du bénéfice d'une assurance sur la vie à une personne déterminée est présumée faite sous la condition de l'existence du bénéficiaire à l'époque de l'exigibilité ;
Attendu que Suzanne X... a souscrit le 21 mars 1996 auprès de la Caisse nationale de prévoyance (CNP) un contrat d'assurance vie dans lequel, par une clause manuscrite, elle désignait ses deux fils comme bénéficiaires en cas de décès :
"Y. Jean et Y. Bernard, par parts égales, à défaut mes héritiers" ; que Jean Y... est décédé le 5 juillet 1998, laissant ses trois enfants, Didier, Pascal et Evelyne comme héritiers ; que Suzanne X... est décédée le 1er avril 1999 ; que la CNP ayant versé la totalité du capital à M. Bernard Y., les héritiers de Jean Y. ont assigné la CNP en paiement de la moitié du capital ;
Attendu que pour faire droit à leur demande, l'arrêt retient que l'expression "à défaut" ne pouvait signifier "à défaut de Y. Jean et Y. Bernard", ce qui impliquerait que si un seul de ses fils prédécédait, le survivant bénéficierait de la totalité du capital, solution contraire à la volonté d'égalité exprimée par les expressions "parts égales", et "à défaut mes héritiers" impliquant que le prédécédé était représenté par ses enfants ;
Qu'en statuant ainsi, en l'absence de toute clause de représentation en cas de décès de l'un des bénéficiaires en premier rang, alors que la désignation de Jean Y. était devenue caduque à la suite de son décès, la cour d'appel a dénaturé la clause et violé les textes susvisés ;
PAR CES MOTIFS, et sans qu'il y ait lieu de statuer sur le second moyen :
CASSE ET ANNULE, dans toutes ses dispositions, l'arrêt rendu le 13 janvier 2004, entre les parties, par la cour d'appel de Paris.

Cass. 2e civ. 5-7-2006 n° 05-13.580 FS-PB

534 **devoir précontractuel d'information – portée de l'obligation – risque fiscal de requalification en donation indirecte**

(Extraits)
Sur le moyen unique :
Attendu, selon l'arrêt attaqué (Versailles, 3 février 2005), que, le 20 décembre 1995, Mme X..., collaboratrice de M. Y., cofondateur et directeur du groupe BIC, a signé une proposition de souscription d'un contrat dénommé "Cadentiel", proposé par la société UAP vie, aux droits de laquelle est venue la société Axa France vie (l'assureur) ; que le versement de la souscription, d'un montant de 8 000 000 francs (1 219 592,13 euros), est intervenu le 26 décembre 1995, au moyen d'un chèque tiré sur la société Le Crédit Lyonnais par M. Y... ; que celui-ci est décédé en mai 1996 ; que, le 25 janvier 2000, Mme X... a fait l'objet d'un redressement fiscal au titre de la donation indirecte dont elle avait été bénéficiaire, pour un montant de 6 528 000 francs (995 187,18 euros) ; qu'invoquant un

manquement de l'assureur à son obligation d'information et de conseil, quant aux conséquences fiscales de l'opération, Mme X... a assigné l'assureur devant le tribunal de commerce en paiement de cette somme à titre de dommages-intérêts ;
Attendu que Mme X... fait grief à l'arrêt de l'avoir déboutée de son action en responsabilité formée à l'encontre de l'assureur, alors selon le moyen :
1 / que l'assureur qui commercialise des produits financiers a les obligations des professionnels en placements financiers, et est tenu en particulier à l'égard de ses clients d'une obligation d'information et de conseil sur les conséquences fiscales du contrat souscrit, si bien que la cour d'appel n'a pas justifié légalement sa décision au regard de l'article 1147 du code civil ;
2 / que l'obligation d'information et de conseil est due à l'égard du souscripteur du contrat vie, si bien que, dès lors qu'il résultait de ses propres constatations que le souscripteur-assuré du contrat Cadentiel était Mme X... et non M. Y..., qui n'avait jamais entendu payer les droits d'enregistrement en cause, la cour d'appel ne pouvait juger rempli le devoir d'information et de conseil par l'envoi (prétendu) d'une simple lettre du 3 janvier 1996 adressée à M. Y... et non à Mme X..., sans priver sa décision de base légale au regard de l'article 1147 du code civil ;
Mais attendu que l'obligation de conseil de l'assureur ne peut s'étendre à des circonstances qui excèdent le cadre de l'opération d'assurance qu'il propose ;
Et attendu que l'arrêt énonce exactement que l'obligation d'information et de conseil, due par l'assureur à son client, portait sur l'opération d'assurance elle-même et non pas sur l'existence de dispositions législatives ou réglementaires ayant vocation à s'appliquer, non pas à raison du contrat d'assurance, mais à raison de la donation dont le contrat était le moyen ; que l'assureur n'avait, donc, pas l'obligation de se préoccuper de l'aspect fiscal de la donation de M. Y... au profit de Mme X... ;
D'où il suit que le moyen n'est pas fondé ;
PAR CES MOTIFS :
REJETTE le pourvoi.

Cass. 1e civ. 22-5-2007 n° 05-18.516 F-PB

535 bénéficiaire en cas de décès – souscripteur commun en biens – conjoint bénéficiaire décédé avant acceptation du contrat – bénéficiaire de second rang – récompense à la communauté

(Extraits)
Attendu qu'André X..., marié le 26 octobre 1946 sous le régime légal avec Blanche Y..., est décédé le 29 mars 1999 ; qu'il avait souscrit quatre contrats d'assurance-vie désignant comme bénéficiaires son conjoint survivant, à défaut ses enfants nés ou à naître, à défaut ses héritiers ; que Blanche X... est décédée le 26 juin 1999, sans avoir accepté le bénéfice des contrats ;
Attendu que M. X..., enfant d'un premier lit du défunt et bénéficiaire acceptant des contrats, fait grief à l'arrêt confirmatif attaqué (Caen,14 juin 2005), statuant sur les difficultés nées de la liquidation de la communauté et de la succession de Blanche Y..., de l'avoir déclaré redevable envers la communauté d'une récompense égale aux primes versées au moyen de fonds communs, alors, selon le moyen :
1o/ qu'aucune récompense n'est due à la communauté en raison des primes payées par elle pour l'assurance contractée par un époux commun en biens en faveur de son conjoint ; qu'en se prononçant comme elle l'a fait, après avoir pourtant constaté que les contrats d'assurance vie avaient été souscrits par André X... en faveur de " son conjoint " et que c'est uniquement parce que Blanche Y... n'avait pas accepté le bénéfice de ces assurances, avant son décès, que M.X... en était devenue le bénéficiaire, la cour d'appel a violé les dispositions de l'article L. 132-16 du code des assurances ;
2o/ que c'est uniquement lorsqu'il est pris sur la communauté une somme, soit pour acquitter les dettes ou charges personnelles à l'un des époux, soit pour le recouvrement, la conservation ou

l'amélioration de ses biens personnels et, plus généralement, toutes les fois que l'un des époux a tiré un profit personnel des biens de la communauté, qu'il en droit récompense ; que la récompense n'est donc due que si un mouvement de valeur s'est produit entre le patrimoine de la communauté et le patrimoine propre de l'un des époux pendant le cours du régime ; qu'en se prononçant comme elle l'a fait, en l'état de constatations desquelles il résultait qu'André X... n'avait tiré aucun profit personnel des biens de la communauté avant la dissolution de la communauté, M. Roger X... n'était devenu bénéficiaire des contrats d'assurance vie qu'après le décès de Blanche Y..., qui avait refusé le bénéfice de ces contrats, la cour d'appel a violé, par fausse application, les dispositions de l'article 1437 du code civil ;

Mais attendu qu'ayant relevé que Blanche Y... était décédée sans avoir accepté le bénéfice des contrats d'assurance-vie, de sorte que, en application de l'article L. 132-12 du code des assurances, M.X..., bénéficiaire désigné en dernier lieu, était réputé avoir droit aux sommes stipulées aux contrats à partir du jour de leur souscription, la cour d'appel, qui a écarté à bon droit les dispositions de l'article L. 132-16 du même code, a exactement décidé qu'en vertu de l'article 1437 du code civil, la succession d'André X... était redevable envers la communauté des deniers communs ayant servi à acquitter une charge contractée dans l'intérêt personnel de celui-ci ; que le moyen n'est pas fondé ;
PAR CES MOTIFS :
REJETTE le pourvoi.

Cass. 2e civ. 4-7-2007 n° 06-14.048 FS-PB

536 **bénéficiaire en cas de décès – primes manifestement exagérées – exemple de primes jugées non exagérées**

Attendu, selon l'arrêt attaqué (Versailles,19 janvier 2006), que Robert X..., né le 18 novembre 1909 et décédé le 18 novembre 1997, a souscrit plusieurs contrats d'assurance sur la vie entre 1988 et 1992 dans lesquels Mme Michèle X..., sa fille issue d'un premier mariage, était désignée comme bénéficiaire ; que Mme Brigitte X..., épouse Y..., sa fille née d'un second mariage, a assigné Mme Michèle X... pour voir rapportées à la succession les sommes que cette dernière avait reçues au titre des contrats d'assurance sur la vie souscrits par son père ;
Attendu que les consorts Y... font grief à l'arrêt d'avoir dit que les primes versées sur ces contrats n'étaient pas manifestement exagérées et qu'elles n'étaient pas rapportables à la succession alors, selon le moyen :
1o / qu'il résulte de l'article L. 132-13 du code des assurances que les règles du rapport à succession et celles de la réduction pour atteinte à la réserve des héritiers s'appliquent aux sommes versées par le contractant à titre de primes d'assurances si celles-ci sont manifestement exagérées eu égard à ses facultés ; qu'ayant constaté que, au moment du versement de la prime d'assurance-vie litigieuse de 228 844,27 euros, à l'exception d'une retraite modeste et de l'usufruit de deux maisons, Robert X... ne disposait que d'un capital de 131 151 euros, ne justifie pas légalement sa solution au regard du texte susvisé la cour d'appel qui n'explique pas ce qui lui a permis de considérer qu'une telle prime d'assurance d'un montant correspondant à 73 % du capital disponible de l'assuré, ne présentait pas un caractère manifestement exagéré ; que ce défaut de base légale est d'autant plus caractérisé que la cour d'appel a constaté que Robert X... avait également souscrit, entre fin 1987 et fin 1995 divers autres contrats d'assurance-vie pour un montant total de primes de 48 475,96 euros ;
2o / qu'il résulte de l'article L. 132-13 du code des assurances que les règles du rapport à succession et celles de la réduction pour atteinte à la réserve des héritiers s'appliquent aux sommes versées par le contractant à titre de primes d'assurances si celles-ci sont manifestement exagérées eu égard à ses facultés et qu'un tel caractère s'ap-

précie au moment du versement, au regard notamment de la situation patrimoniale du souscripteur ; qu'ayant constaté que Robert X... avait souscrit le 27 mai 1990 deux contrats d'assurance-vie pour lesquels il avait versé en une seule fois une prime globale de 228 844,27 euros, viole le texte susvisé l'arrêt attaqué qui considère que cette prime ne présentait pas un caractère manifestement exagéré au motif qu'à son décès, survenu le 18 décembre 1997, soit plus de sept ans après le versement de la prime litigieuse, l'actif net de son patrimoine s'élevait à la somme de 310 445,70 euros ;
Mais attendu qu'il résulte de l'article L. 132-13 du code des assurances que les règles de rapport à succession et celles de la réduction pour atteinte à la réserve des héritiers ne s'appliquent pas aux sommes versées par le contractant à titre de primes, à moins que celles-ci n'aient été manifestement exagérées eu égard à ses facultés ;
Mais attendu qu'après avoir constaté que si Robert X... ne disposait que d'une retraite modeste, il jouissait d'un patrimoine important puisqu'il devait recevoir une somme de 313 151 euros au moment de la liquidation de la communauté intervenue en avril 1990 à la suite de son divorce, outre l'usufruit de deux maisons, l'arrêt relève que, le 27 mai 1990, Robert X... a souscrit deux contrats Tercap, pour lesquels il a versé en tout, en une seule fois, une prime globale de 228 844,27 euros ; que cette prime ne revêt pas un caractère manifestement exagéré dès lors qu'il venait de recevoir une somme de 313 151 euros dans le cadre de la liquidation de la communauté ;
Que, sans se référer à l'actif successoral et abstraction faite du motif surabondant critiqué par la deuxième branche du moyen, la cour d'appel a souverainement retenu qu'au regard de l'âge ainsi que de la situation patrimoniale et familiale du souscripteur, la prime versée ne présentait pas, au moment de son versement, un caractère manifestement exagéré ;
D'où il suit que le moyen n'est pas fondé ;
PAR CES MOTIFS :
REJETTE le pourvoi.

Cass. 2e civ. 13-9-2007 n° 06-18.199 FS-PB

537 modification du bénéficiaire – assureur – connaissance après le décès – efficacité de la modification

(Extraits)
Vu l'article L. 132-8 du code des assurances ;
Attendu, selon l'arrêt attaqué, que Claude X..., salarié de la société Total Fina Elf (la société), bénéficiait d'un régime de prévoyance souscrit par son employeur auprès de la société Union assurance de Paris, aux droits de laquelle sont venues successivement la société Axa France collectives puis la société Axa France vie (l'assureur) ; que le 21 octobre 2001, il a opéré une nouvelle répartition entre les bénéficiaires désignés dans un précédent document du 19 juillet 1996 ; qu'il est décédé le 11 novembre 2001 ; que ses deux enfants, Mme Z... et M. X..., contestant la validité de ce second bulletin, ont fait opposition au paiement du capital décès par l'assureur ; que Mme X... et ses enfants, M. A... et M. B... ont assigné Mme Z... et M. X... aux fins de voir ordonner la mainlevée de leur opposition et la liquidation du capital décès selon l'ordre des bénéficiaires tel que figurant au bulletin du 21 octobre 2001 ;
Attendu que, pour dire que les stipulations contenues dans le bulletin du 19 juillet 1996 étaient seules applicables à la liquidation du capital décès du contrat d'assurance, l'arrêt énonce que, selon l'article 6 du titre II du contrat, il était stipulé que l'assuré pouvait à toute époque faire une désignation différente par lettre transmise à l'assureur par l'intermédiaire du souscripteur, la date d'effet de la désignation étant la date de réception par le souscripteur ; que cette indication était reprise sur le formulaire de désignation qui précisait qu'elle prendrait effet à la date de réception par Elf Antar France ; qu'en l'espèce, le document de désignation daté du 21 octobre 2001, produit par toutes les parties, portait le visa de la société qui avait apposé

son tampon mais sans date de réception ; que l'assureur l'avait visé le 16 novembre 2001 ; que dans ces conditions, s'il était établi que le document était parvenu à la société avant le 16 novembre 2001 ou à tout le moins le même jour, il n'était pas démontré que cette société l'avait reçu avant le 11 novembre 2001, date du décès de Claude X... ; que dans ces conditions, il n'était pas certain que les modifications apportées dans la répartition du capital entre les bénéficiaires avaient été contractuellement effectives du vivant du stipulant ;

Qu'en statuant ainsi, alors que, dans les assurances sur la vie, l'assuré peut modifier jusqu'à son décès la répartition du capital entre les bénéficiaires, dès lors que la volonté du stipulant est exprimée d'une manière certaine et non équivoque et que, comme en l'espèce, l'assureur en a eu connaissance, la cour d'appel a violé le texte susvisé ;

PAR CES MOTIFS :

CASSE ET ANNULE, dans toutes ses dispositions, l'arrêt rendu le 8 juin 2006, entre les parties, par la cour d'appel de Lyon.

Cass. 1e civ. 31-10-2007 n° 06-14.399 FS-PB

538 **bénéficiaire en cas de décès – primes manifestement exagérées – exemple de primes jugées exagérées**

Attendu que Marie-Madeleine X..., veuve Y..., est décédée le 5 octobre 1998, en laissant pour lui succéder M. Louis Z..., né de sa première union dissoute par décès avec Louis Z..., M. André A..., né de sa deuxième union dissoute par décès avec Georges A..., Mme Marie-Madeleine B..., épouse C..., Mme Micheline B..., épouse D..., et M. Michel B..., nés de sa troisième union dissoute par divorce avec M. Roger B... ;

Sur le premier moyen, pris en ses deux branches :

Attendu que Mme C... fait grief à l'arrêt attaqué (Poitiers, 25 janvier 2006), d'avoir dit qu'elle a bénéficié, de la part de sa mère, de donations d'un montant de 97 475,90 euros, incluant le montant de primes d'assurance-vie à hauteur de 8 689,59 euros, et de l'avoir condamnée à rapporter cette somme à l'actif de la succession ;

Attendu que, les co-héritiers de Mme C... ayant établi l'existence de retraits opérés sur un compte bancaire dont celle-ci était co-titulaire avec sa mère et sur un compte de sa mère pour lequel elle bénéficiait d'une procuration, c'est sans inverser la charge de la preuve que la cour d'appel a estimé souverainement que Mme C... ne justifiait pas de la destination des sommes retirées ; qu'elle a ainsi considéré implicitement que celle-ci en avait été la bénéficiaire, de sorte qu'elle a procédé à la recherche prétendument omise ; que le moyen n'est pas fondé ;

Sur le deuxième moyen, pris en ses deux branches :

Attendu que Mme C... fait encore grief à l'arrêt d'avoir dit qu'en application des peines du recel successoral, elle sera privée de tous droits sur la somme de 88 786,31 euros ;

Attendu, d'une part, que le rejet du premier moyen rend sans portée le grief de la première branche du moyen ;

Attendu, d'autre part, qu'après avoir retenu que Mme C... ne justifiait pas de la destination des retraits opérés sur les comptes bancaires, c'est sans inverser la charge de la preuve que la cour d'appel, qui a apprécié l'existence du recel au regard du comportement de Mme C..., a estimé qu'il appartenait à celle-ci de déclarer lesdits biens au moment de l'ouverture de la succession et que la réticence de celle-ci à fournir les renseignements demandés tant par le notaire que par les autres héritiers caractérisait sa volonté de les dissimuler et de les soustraire à l'égalité du partage ;

D'où il suit que le moyen ne peut être accueilli ;

Sur le troisième moyen :

Attendu que Mme C... fait encore grief à l'arrêt d'avoir dit qu'elle était redevable envers la succession des intérêts au taux légal sur les sommes recelées, à compter du 31 décembre 1995 pour la somme de 27 745,72 euros, du 11 janvier 1996 pour la somme de 54 881,65 euros et du 5 octobre 1998 pour la somme de 6 158,94 euros ;

Attendu que c'est à bon droit que la cour d'appel a fait courir les intérêts au taux légal sur chacune des sommes recelées à compter de leur appropriation injustifiée ; que le moyen n'est pas fondé ;
Sur le quatrième moyen :
Attendu que Mme C... fait enfin grief à l'arrêt d'avoir dit qu'elle devra rapporter à la succession de sa mère la somme de 8 689,59 euros au titre de primes d'assurance-vie ;
Attendu qu'ayant relevé, par motifs adoptés, que Marie-Madeleine Y... n'avait laissé aucun bien à son décès et, par motifs propres, qu'elle était âgée de 89 ans lors de la souscription du contrat d'assurance-vie et avait effectué quatre versements d'un montant total de 8 689,59 euros entre le 11 octobre 1996 et le 6 juillet 1998, la cour d'appel a estimé souverainement que le versement mensuel moyen était sans rapport avec les ressources de Marie-Madeleine Y... à l'époque puisqu'elle percevait des revenus mensuels d'environ 1 372,04 euros sur lesquels elle versait à Mme C... une somme de 731,76 euros et qu'il lui restait donc une somme mensuelle nette de 640,29 euros représentant à 152,45 euros près la somme nécessaire au paiement des primes ; qu'ayant ainsi pris en compte l'âge de la souscriptrice et sa situation patrimoniale et familiale, elle a pu estimer que les primes versées étaient manifestement exagérées, au sens de l'article L. 132-13 du code des assurances, eu égard aux facultés de Marie-Madeleine Y..., de sorte qu'elles devaient être rapportés par Mme C..., bénéficiaire du contrat, à l'actif successoral de sa mère ; que le moyen n'est pas fondé ;
PAR CES MOTIFS :
REJETTE le pourvoi

Cass. ch. mixte 21-12-2007 n° 06-12.769 FS-PBRI

539 modification du bénéficiaire – date proche du décès – requalification du contrat en donation indirecte

(Extraits)
Attendu, selon l'arrêt attaqué (Chambéry, 17 janvier 2006), que Serge G..., qui avait souscrit deux contrats d'assurance-vie en 1994 et 1995 et versé une somme totale de 16 500 000 francs, a, par avenant du 27 août 1996, désigné Mme X..., épouse Y..., comme seule bénéficiaire ; qu'il est décédé le 30 août 1996, laissant celle-ci comme légataire universelle ; qu'au cours du contrôle de la déclaration de succession de Serge G..., l'administration fiscale a notifié un redressement à Mme Y... aux motifs que les versements effectués au titre des contrats d'assurance-vie constitueraient une donation indirecte ; qu'après rejet de sa réclamation, Mme Y... a assigné le directeur des services fiscaux de la Haute-Savoie pour obtenir le dégrèvement de l'imposition et des pénalités mises à sa charge ;
Attendu que Mme Y... fait grief à l'arrêt de déclarer la procédure de redressement bien fondée et de rejeter ses demandes dirigées contre les avis de mise en recouvrement émis à son encontre, alors, selon le moyen :
1o / qu'il résulte de l'article 894 du code civil qu'un acte juridique ne peut être qualifié de donation que s'il réunit les trois conditions suivantes : l'intention libérale de son auteur, le dessaisissement immédiat et irrévocable du donateur et l'acceptation par le bénéficiaire ; qu'en l'espèce, la cour d'appel se borne, en ce qui concerne la troisième condition, à relever que l'acceptation d'une donation indirecte n'est pas soumise aux solennités requises à l'article 932 du code civil sans caractériser l'acceptation d'un quelconque donataire ; que dès lors la cour s'est prononcée par un motif inopérant, entachant ainsi sa décision de défaut de base légale au regard des articles 894 du code civil et 784 du code général des impôts ;
2o / que la donation est un acte par lequel le donateur se dépouille actuellement et irrévocablement de la chose donnée en faveur du donataire qui l'accepte ; que la souscription d'un contrat d'assurance-vie ne constitue pas une donation indirecte au profit du bénéficiaire, dès lors que la faculté de rachat dont bénéficie le souscripteur pendant la du-

rée du contrat, à défaut d'acceptation du bénéficiaire, exclut qu'il se soit dépouillé irrévocablement au sens de l'article 894 du code civil ; qu'en statuant comme elle l'a fait, alors qu'elle avait constaté que le souscripteur avait conservé jusqu'à son décès la faculté de modifier les clauses des contrats litigieux, ce dont il résultait que ces contrats étaient demeurés rachetables jusqu'au décès, la cour d'appel n'a pas tiré les conséquences légales de ses propres constatations au regard du texte susvisé et de l'article 784 du code général des impôts, qu'elle a donc violés ;
Mais attendu, d'une part, que la cour d'appel a retenu, à bon droit, que l'acceptation d'une donation dans les formes prescrites par les articles 932 et suivants du code civil n'est exigée que pour la donation passée en la forme authentique et peut résulter de l'attribution du bénéfice du contrat ;
Attendu, d'autre part, qu'un contrat d'assurance-vie peut être requalifié en donation si les circonstances dans lesquelles son bénéficiaire a été désigné révèlent la volonté du souscripteur de se dépouiller de manière irrévocable ; que la cour d'appel, qui a retenu que Serge G... qui se savait, depuis 1993, atteint d'un cancer et avait souscrit en 1994 et 1995 des contrats dont les primes correspondaient à 82 % de son patrimoine, avait désigné, trois jours avant son décès, comme seule bénéficiaire la personne qui était depuis peu sa légataire universelle, a pu en déduire, en l'absence d'aléa dans les dispositions prises, le caractère illusoire de la faculté de rachat et l'existence chez l'intéressé d'une volonté actuelle et irrévocable de se dépouiller ; qu'elle a exactement décidé que l'opération était assujettie aux droits de mutation à titre gratuit ;
D'où il suit que le moyen n'est pas fondé ;
PAR CES MOTIFS :
REJETTE le pourvoi.

Cass. ch. mixte 22-2-2008 n° 06-11.934 PBRI

540 **acceptation du bénéficiaire – acceptation avant le 18-12-2007 – absence de renonciation expresse du souscripteur à son droit – absence d'effet sur la faculté de rachat du souscripteur**

(Extraits)
Sur le moyen unique :
Attendu, selon l'arrêt attaqué (Riom,10 novembre 2005), que, le 2 novembre 1999, M. A... a souscrit un contrat d'assurance sur la vie auprès de la société Generali (l'assureur), d'une durée de trente ans, prévoyant la constitution d'un capital, payable à son terme à l'assuré ou, en cas de décès de ce dernier, à M. Y... et à Mme X..., bénéficiaires désignés ; que ceux-ci ont accepté cette stipulation faite en leur faveur ; que M. A..., désirant racheter son contrat, en application d'une clause prévoyant expressément cette possibilité, s'est vu opposer un refus de l'assureur ; que M. A... a assigné l'assureur pour obtenir l'annulation du contrat et, subsidiairement, sa réduction ;
Attendu que Mme X... et M. Y... font grief à l'arrêt d'avoir dit que M. A... était bien fondé à exercer le rachat du contrat d'assurance-vie souscrit, alors, selon le moyen, que tant que le contrat n'est pas dénoué, le souscripteur est seulement investi, sauf acceptation du bénéficiaire désigné, du droit personnel de faire racheter le contrat et de désigner ou de modifier le bénéficiaire de la prestation ; que sauf accord contraire de sa part, l'acceptation du bénéficiaire désigné interdit au souscripteur de faire racheter le contrat ; qu'en décidant le contraire, la cour d'appel a violé les articles L. 132-8, L. 132-9, L. 132-12 et L. 132-14 du code des assurances ;
Mais attendu que lorsque le droit de rachat du souscripteur est prévu dans un contrat d'assurance-vie mixte, le bénéficiaire qui a accepté sa désignation n'est pas fondé à s'opposer à la demande de rachat du contrat en l'absence de renonciation expresse du souscripteur à son droit ;
Et attendu qu'ayant relevé que le contrat souscrit par M. A... garantissait le droit de rachat pour le cas où le souscripteur entendrait disposer des fonds, la cour d'appel a exactement décidé que M. A...

était fondé à exercer ce droit auquel il n'avait pas renoncé ;
D'où il suit que le moyen n'est pas fondé ;

PAR CES MOTIFS :
REJETTE le pourvoi.

Cass. 2e civ. 5-6-2008 n° 07-14.077 FS-PB

541 faculté de rachat – droit personnel du souscripteur – exercice par un mandataire – mandat spécial

(Extraits)
Vu l'article L. 132-21 du code des assurances dans sa rédaction alors applicable ; Attendu que la faculté de rachat d'un contrat d'assurance vie est un droit personnel du souscripteur qui ne peut être exercé par son mandataire qu'en vertu d'un mandat spécial prévoyant expressément cette faculté ;
Attendu, selon l'arrêt attaqué, que Germaine X... a souscrit par l'intermédiaire du Crédit mutuel du Sud-Ouest (la banque) un contrat d'assurance vie auprès de la société Suravenir ; que Mme Y..., titulaire d'une procuration sur les comptes de sa mère, a effectué deux retraits en octobre 1998 et mars 1999 sur ce contrat ; que Mme Z..., agissant en qualité d'administratrice légale de Germaine X..., a assigné la banque en remboursement des sommes retirées ; que l'UDAF de la Dordogne est intervenue volontairement à l'instance en sa qualité de tuteur de Germaine X... ; que la société Suravenir et les époux Y... ont été appelés dans la cause ; qu'à la suite du décès de Germaine X..., M. X..., Mme Z... et Mme X... (les consorts X...) ont repris l'instance en leur qualité d'héritiers ;
Attendu que pour débouter les consorts X... de leur demande en paiement dirigée contre la banque l'arrêt énonce qu'il est constant que les fonds objet du rachat partiel du contrat d'assurance Prévi-retraite II souscrit de son vivant par Germaine X... ont été remis par la banque à sa fille Mme Y... en vertu d'une procuration donnant à la mandataire les plus larges pouvoirs en ce qui concerne le fonctionnement du ou des "comptes chèques et dépôts ouverts ou à ouvrir" au nom du mandant, et notamment celui de "faire tous dépôts ou retraits de fonds ou de titres, en donner ou retirer quittance et décharge" ; que la procuration consentie à Mme Y... lui donnait ainsi le pouvoir de procéder au rachat litigieux qui s'analyse en une opération de retrait de fonds sur les dépôts effectués par le mandant, dépôts dont la banque avait conservé la gestion ;
Qu'en statuant ainsi, alors qu'il ne ressortait pas de ses constatations que Mme Y... justifiait d'un mandat spécial visant expressément l'exercice par le mandataire de la faculté de rachat du contrat d'assurance vie en cause, la cour d'appel a violé le texte susvisé ;
PAR CES MOTIFS, et sans qu'il y ait lieu de statuer sur les autres branches du moyen :
CASSE ET ANNULE, dans toutes ses dispositions, l'arrêt rendu le 22 janvier 2007, entre les parties, par la cour d'appel de Bordeaux.

Cass. 2e civ. 23-10-2008 n° 07-19.163 FS-PB

542 détermination du bénéficiaire – décès après l'assuré d'un bénéficiaire de premier rang non acceptant – clause comportant deux stipulations distinctes – transmission aux héritiers du bénéficiaire décédé sans avoir accepté

(Extraits)
Donne acte à la CNP assurances de ce qu'elle reprend l'instance ouverte au nom de la société Ecureuil vie caisse d'épargne ;
Sur le moyen unique, pris en sa première branche :
Vu les articles 1121 du code civil et L. 132-9 du code des assurances ;
Attendu que le bénéfice d'une stipulation pour autrui est transmis aux héritiers du bénéficiaire désigné lorsque celui-ci vient à décéder après le stipu-

lant, sauf manifestation contraire de volonté de ce dernier ;
Attendu, selon l'arrêt attaqué, qu'Henriette X..., décédée le 5 décembre 2002, avait souscrit auprès de la société Ecureuil vie caisse d'épargne, aux droits de laquelle vient la société CNP assurances (l'assureur), un contrat d'assurance viager "Assur-Ecureuil" ; qu'elle avait désigné comme bénéficiaires ses enfants, Jean-Jacques X... et Mme Y..., née X..., par parts égales, à défaut les descendants ; que Jean-Jacques X... est décédé le 26 mars 2003 sans avoir accepté le bénéfice du contrat souscrit par sa mère ; que l'assureur a versé à Mme Y... le capital décès ; que MM. Alexandre et Philippe X... ont assigné devant le tribunal de grande instance l'assureur afin de se voir attribuer la part de leur père défunt ; que l'assureur a assigné en intervention forcée Mme Y... ;
Attendu que pour juger que MM. Alexandre et Philippe X... ne pouvaient prétendre bénéficier de la part de leur père dans le capital garanti, l'arrêt retient que Jean-Jacques X... était décédé sans avoir accepté le bénéfice de l'assurance vie souscrite par sa mère et que cette dernière n'avait pas stipulé une clause de représentation en cas de décès de l'un des bénéficiaires de premier rang ;
Qu'en statuant ainsi, alors que le contrat d'assurance vie qui mentionnait deux bénéficiaires par parts égales comportait deux stipulations pour autrui distinctes dont le bénéfice de l'une d'entre elles avait été transmise aux enfants de Jean-Jacques X..., la cour d'appel a violé les textes susvisés ;
PAR CES MOTIFS, et sans qu'il y ait lieu de statuer sur les autres branches du moyen :
CASSE ET ANNULE, dans toutes ses dispositions, l'arrêt rendu le 22 mai 2007, entre les parties, par la cour d'appel de Paris.

Cass. 1e civ. 5-11-2008 n° 07-14.598 FS-PBI

543 détermination du bénéficiaire – décès après l'assuré d'un bénéficiaire de premier rang non acceptant – clause ne réservant pas les droits des héritiers – capitaux versés aux bénéficiaires de même rang

(Extraits)
Donne acte à la société CNP assurances de sa reprise d'instance ;
Sur le moyen unique, pris en ses deux branches :
Attendu que Marcelle X..., veuve Y..., a souscrit auprès de la société Caisse d'épargne Ecureuil vie, aux droits de laquelle se trouve la société CNP assurances (la Caisse), un contrat d'assurance-vie en désignant comme bénéficiaires, son conjoint et à défaut ses enfants nés ou à naître et à défaut ses héritiers ; que Marcelle Y... est décédée le 1er octobre 1999 en laissant pour lui succéder ses trois enfants, Bernard, Odette et François ; que François Y... est décédé le 17 janvier 2000 sans avoir accepté le bénéfice du contrat ; que la Caisse ayant versé les capitaux garantis à M. Bernard Y... et à Mme Odette Y... (les consorts Y...), Mme Z..., veuve de François Y..., avec lequel elle avait adopté le régime de la communauté universelle, le contrat stipulant l'attribution intégrale de la communauté au conjoint survivant, a assigné la Caisse en paiement de la part des capitaux qu'elle soutenait revenir à son mari ;
Attendu que Mme Z... fait grief à l'arrêt attaqué (Paris, 13 février 2007) de l'avoir déboutée de sa demande en paiement de la part d'assurance-vie revenant à son mari, alors, selon le moyen :
1o/ que les biens échus par succession à l'un des époux sous le régime de la communauté universelle entrent dans la communauté et deviennent communs à son conjoint ; qu'en cas de décès de l'époux du chef duquel les biens sont entrés en communauté, le conjoint survivant exerce sur ces biens des droits qui lui sont propres ; qu'il agit au titre de la communauté et non en tant qu'héritier de son conjoint décédé ; qu'il peut ainsi accepter au lieu et place de son époux décédé le bénéfice d'une stipulation pour autrui ; que Dominique Z... intervenait à la succession de Marcelle Y... non pas en tant qu'héritière de François Y... mais pour faire valoir ses droits sur des actifs entrés dans la com-

munauté universelle du chef de son époux décédé ; qu'en considérant, pour écarter Mme Dominique Z... du bénéfice de la stipulation, qu'elle agissait en tant qu'héritière, quand elle revendiquait un actif non pas de la succession de son époux mais de la communauté qui la liait à lui, la cour d'appel a violé les articles 1526 et 1121 du code civil ;
2o/ qu'à titre subsidiaire, l'acceptation du bénéficiaire n'est pas une condition de la stipulation pour autrui ; que l'acceptation ne fait que rendre définitive et irrévocable la stipulation, dont le bénéfice entre dans le patrimoine du bénéficiaire dès sa stipulation ; que le décès du stipulant rend irrévocable la stipulation au même titre que son acceptation ; qu'en retenant, pour écarter Mme Dominique Z... du bénéfice de la stipulation, que son mari était décédé avant de l'avoir acceptée, quand le bénéfice de l'assurance vie était entré définitivement dans le patrimoine de M. François Y... au décès de sa mère, la cour d'appel a violé l'article 1121 du code civil ;
Mais attendu, d'abord, que le bénéfice de l'assurance-vie n'ayant pas été accepté avant la dissolution du régime, les capitaux garantis ne pouvaient entrer dans l'actif de la communauté ;
Attendu, ensuite, que la cour d'appel a rappelé, à bon droit, que, si le bénéfice d'une stipulation pour autrui est en principe transmis aux héritiers du bénéficiaire désigné lorsque celui-ci vient à décéder après le stipulant mais sans avoir déclaré son acceptation, il en va autrement lorsque le stipulant, souscripteur d'une assurance-vie, a désigné d'autres bénéficiaires de même rang ou en sous-ordre sans réserver les droits des héritiers des bénéficiaires premiers nommés ; qu'ayant constaté que François Y..., décédé après Marcelle Y..., n'avait pas demandé le règlement des sommes dont il était bénéficiaire et n'avait accompli aucun acte qui puisse être considéré comme une acceptation de la stipulation faite en sa faveur, la cour d'appel en a exactement déduit que les capitaux garantis devaient être versés aux consorts Y..., désignés comme bénéficiaires de même rang ;
D'où il suit que le moyen n'est pas fondé ;
PAR CES MOTIFS :
REJETTE le pourvoi.

Cass. 2e civ. 7-5-2009 n° 08-16.501 F-D

544 contrat en unités de compte – clause d'arbitrage à cours connu – modification de la liste des supports disponibles

(Extraits)
Sur le moyen unique :
Attendu selon l'arrêt attaqué (Paris, 20 mai 2008), rendu sur renvoi après cassation (2e Civ, 5 juillet 2006, no 05-15.754) que, le 11 avril 1997, M. X... a souscrit auprès de la société Abeille vie, devenue Aviva vie (l'assureur), un contrat d'assurance sur la vie multisupports, dénommé Sélection International, lui permettant des versements libres sur des parts ou actions de supports financiers, acquis et gérés par l'assureur, entre lesquels il pouvait arbitrer, sans limitation, sur la base du cours de la dernière bourse de la semaine précédente en application d'une clause dite arbitrage à cours connu ; que le contrat stipulait que la liste et le nombre des supports étaient susceptibles d'évoluer ; qu'estimant que la modification à plusieurs reprises de la liste des supports éligibles avait dénaturé le contrat, M. X... a fait assigner l'assureur, le 5 novembre 2001, aux fins de voir constater que ce dernier avait illégalement supprimé les supports dont bénéficiait le contrat de le voir condamner au paiement de dommages-intérêts en réparation du préjudice subi et de voir rétablir l'intégralité des supports tels qu'ils existaient dans leur dénomination et leur composition lors de la souscription du contrat ;
Attendu que l'assureur fait grief à l'arrêt de dire qu'il a de manière irrégulière supprimé les supports figurant sur la liste des supports annexée au contrat du 11 avril 1997 et de le condamner à restituer les supports tels qu'ils figuraient, ou par équivalents, sur la liste des supports annexée à ce contrat alors, selon le moyen, que si la règle selon laquelle les conventions doivent être exécutées de

bonne foi permet au juge de sanctionner l'usage déloyal d'une prérogative contractuelle, elle ne l'autorise pas à porter atteinte à la substance même des droits et obligations légalement convenus entre les parties, de sorte qu'en condamnant l'assureur à restituer les supports tels qu'ils figuraient sur la liste des supports annexée au contrat du 11 avril 1997 par une disposition revenant à frapper de nullité la clause des conditions générales de ce contrat autorisant l'assureur à modifier la liste et le nombre des supports, la cour d'appel a violé, par fausse application, l'alinéa 3 de l'article 1134 du code civil et, par refus d'application, l'alinéa 1er de ce même article ;

Mais attendu que la partie envers laquelle un engagement contractuel n'a point été exécuté a la faculté de forcer l'autre à l'exécution de la convention lorsque celle-ci est possible ; que l'arrêt retient que si la liste de supports remises à l'assuré est susceptible d'évoluer, l'assureur est tenu de maintenir une diversité équivalant à celle qui existait lors de la souscription du contrat ; que la clause des conditions générales selon laquelle la liste et le nombre des supports sont susceptibles d'évoluer, n'autorise pas l'assureur à bloquer le fonctionnement du contrat ;

Qu'en l'état de ces constatations et énonciations, la cour d'appel a pu condamner l'assureur, sans porter atteinte à la substance même des droits et obligations légalement convenus entre les parties, à exécuter ses obligations en rétablissant les supports tels qu'ils figuraient ou par équivalents, sur la liste des supports annexée au contrat du 31 janvier 1995 afin que la clause d'arbitrage à cours connu reprenne sa pleine efficacité ;

D'où il suit que le moyen n'est pas fondé ;

PAR CES MOTIFS :

REJETTE le pourvoi.

Cass. 1e civ. 20-5-2009 n° 08-11.355 FS-PB

545 succession – bénéficiaires du contrat – légataires universels avec charge – absence de réduction du capital décès

(Extraits)

Attendu que Pierre X... est décédé le 21 octobre 1999, en laissant pour lui succéder ses deux enfants issus de son premier mariage, Christine et Sylvain, et sa seconde épouse, Mme Y... ; que, par testament authentique du 13 octobre 1998, il avait institué ses deux enfants légataires universels, "à charge pour eux de délivrer" à Mme Y... "le capital décès" d'un contrat d'assurance-vie les désignant bénéficiaires ; que, le capital garanti ayant été versé à Mme et M. X..., Mme Y... les a assignés en reversement de ce capital ;

Attendu que Mme et M. X... font grief à l'arrêt confirmatif attaqué (Besançon, 8 novembre 2007) d'avoir fait droit à la demande, alors, selon le moyen :

1o/ que le testament du 13 octobre 1998 prévoyait explicitement que les exposants, légataires universels, avaient la charge de délivrer à Mme Christiane Régine Y... "les legs particuliers ci-après : ... troisièmement : le capital décès de Peugeot moto cycles caisse de retraite qui reviendra en intégralité à mon épouse" ; qu'en jugeant pourtant que cette clause prévoyant le versement du capital décès à Mme Y... ne constituait pas un legs, la cour d'appel a dénaturé le testament établi par Pierre X..., violant ainsi l'article 1134 du code civil ;

2o/ que le capital payable aux bénéficiaires d'une assurance-vie au décès du souscripteur est réputé appartenir aux seuls bénéficiaires du contrat dès la date de conclusion du contrat ; que le souscripteur du contrat d'assurance-vie ne peut donc pas léguer ce capital à un tiers, le legs de la chose d'autrui étant nul ; qu'en l'espèce, la cour d'appel a expressément constaté que les exposants étaient les bénéficiaires du contrat d'assurance-vie conclu le 6 juin 1984 ; qu'il s'en évinçait que le capital payable au titre de ce contrat était réputé leur appartenir dès le 6 juin 1984 et n'appartenait pas à Pierre X... ; que ce capital ne pouvait par conséquent pas faire l'objet d'un legs par Pierre X..., de sorte qu'en condamnant les exposants à exécuter un legs nul au bénéfice de

Mme Y..., la cour d'appel a violé l'article 1021 du code civil ;
3o/ subsidiairement, que, si le capital payable au bénéficiaire d'une assurance-vie ne fait pas partie de la succession de l'assuré et n'est pas soumis aux règles de la réduction pour atteinte à la réserve des héritiers de l'assuré, les sommes allouées à un tiers en exécution d'un testament ne doivent en revanche pas excéder la quotité disponible ; qu'en l'espèce, la cour d'appel a jugé que Mme Y... n'était pas bénéficiaire du contrat d'assurance-vie du 6 juin 1984, mais qu'elle avait droit aux sommes perçues au titre de ce contrat par exécution du testament du 13 octobre 1998 ; qu'en refusant pourtant de réduire les sommes allouées à Mme Y... à la quotité disponible, la cour d'appel a violé les articles L. 132-12 et L. 132-13 du code des assurances par fausse application, ensemble les articles 912 et suivants du code civil par refus d'application ;

Mais attendu, d'abord, que la cour d'appel a exactement décidé, hors toute dénaturation, que les dispositions testamentaires litigieuses s'analysaient en un legs universel avec charge ;
Attendu, ensuite, que, dès lors qu'il ne fait pas partie de la succession de l'assuré, le capital stipulé payable lors du décès de l'assuré à un bénéficiaire déterminé ou à ses héritiers n'entre pas dans la masse de calcul de la réserve et de la quotité disponible ; que, la charge du legs universel ayant pour objet "le capital décès", la cour d'appel a jugé à bon droit que Mme et M. X... ne pouvaient solliciter une éventuelle réduction du capital garanti à hauteur de la quotité disponible ;
D'où il suit que le moyen, qui n'est pas fondé en ses première et troisième branches et qui est inopérant en sa deuxième, ne peut être accueilli ;
PAR CES MOTIFS :
REJETTE le pourvoi.

Cass. 1e civ. 17-6-2009 n° 08-13.620 FS-PB

546 bénéficiaire en cas de décès – primes manifestement exagérées – exemple de primes jugées non exagérées

Attendu que Jean-Claude X... est décédé le 14 janvier 2005 en laissant pour lui succéder son épouse commune en biens, Mme Y... ; qu'il avait souscrit, en 1994, trois contrats d'assurance-vie Tercap désignant sa soeur, Mme X..., épouse Z..., en qualité de bénéficiaire et, en 1996 et 1998, deux contrats d'assurance-vie Lion vie multicapital en faveur de sa nièce, Mme A..., épouse B..., puis, racheté, en 2004, celui souscrit en 1996 ; que Mme Y... a demandé la réintégration des capitaux assurés dans l'actif communautaire sur le fondement de l'article 1421 du code civil et, subsidiairement, la réintégration des primes versées dans l'actif successoral et leur réduction, sur le fondement de l'article L. 132-13 du code des assurances ;
Sur le premier moyen, ci-après annexé :
Attendu que ce moyen n'est pas de nature à permettre l'admission du pourvoi ;
Sur le second moyen, pris en ses quatre branches, ci-après annexé :

Attendu que Mme Y... fait grief à l'arrêt attaqué (Rennes, 22 janvier 2008) de l'avoir déboutée de sa demande en réduction des primes versées par Jean-Claude X... ;
Attendu que, par motifs propres et adoptés, après avoir constaté que Jean-Claude X..., qui n'avait pas d'enfant, avait perçu un revenu global de 3 098 833 euros de 1994 à 2004 et que ses déclarations d'impôt de solidarité sur la fortune mentionnaient une base imposable comprise entre 1 et près de 2 millions d'euros au cours de la même période, la cour d'appel a retenu que, pour l'ensemble des contrats, il avait payé environ 1 900 000 euros à titre de primes, déduction faite des rachats intervenus pour un montant de 862 898 euros, soit approximativement la moitié de ses revenus et, qu'au titre du contrat Lion-vie encore en vigueur, souscrit en 1998 au profit de Mme B..., Jean-Claude X... avait versé des primes de 118 910, 23 euros, cette année là et de 323 640 euros en 2004, dont une somme de 238 000 euros, correspondant au pro-

duit d'une vente immobilière revenant à Mme B…, devait être déduite ; que les juges du fond ont relevé qu'âgé de 78 ans en 2004, Jean-Claude X… dirigeait toujours ses entreprises et retenu que, compte tenu de son espérance de vie, de la nature de ses obligations familiales et de la possibilité de rachat en cas de difficultés de trésorerie, faculté dont il avait usé en rachetant en 2004, sans frais ni pénalité, l'un des deux contrats Lion-vie, le contrat souscrit présentait pour le souscripteur une utilité certaine, tout en lui permettant, à raison de sa situation de fortune et de ses revenus, d'assurer ses obligations à l'égard de son épouse ; qu'en l'état de ces énonciations et sans être tenue de répondre aux conclusions inopérantes invoquées par la quatrième branche du moyen, la cour d'appel a souverainement estimé qu'au regard des situations patrimoniale et familiale du souscripteur, les primes versées n'étaient pas manifestement exagérées au sens de l'article L. 132-13 du code des assurances ; que le moyen n'est pas fondé ;

PAR CES MOTIFS :

REJETTE le pourvoi.

Cass. 2e civ. 9-7-2009 n° 08-18.730 FS-PB

547 devoir précontractuel d'information – portée de l'obligation – prorogation du délai de renonciation

(Extraits)

Attendu, selon l'arrêt attaqué que M. Lucien X…, Mme Marie-Noëlle Y…, M. Eric X…, Mme Réjane X…. et Mme Marjorie X… (les consorts X…) ont chacun souscrit au cours de l'année 2000 auprès de la société Sogecap (l'assureur) un ou plusieurs contrats d'assurance-vie à adhésion facultative ; que se prévalant du non-respect par la société d'assurance de l'obligation précontractuelle d'information mise à sa charge par l'article L. 132-5-1 du code des assurances, les consorts X…, à l'exception de Mme Réjane X…, qui a procédé au rachat total de son contrat, ont exercé en mai 2005 leur droit de renoncer aux contrats précités, d'une part, en faisant valoir l'absence de communication de la note d'information prévue à l'article L. 132-5-1 du code des assurances, d'un projet de lettre de renonciation sur les bulletins d'adhésion, des valeurs de rachat des contrats au terme de chacune des huit premières années au moins sur les bulletins d'adhésion, d'information sur le risque prévu à l'article A. 132-5 afférent à l'engagement de l'assureur en caractères très apparents sur le nombre d'unités de compte et non sur leur valeur, laquelle est sujette à des fluctuations à la hausse ou à la baisse, la communication incomplète des modalités et du délai d'exercice de la faculté de renonciation au contrat d'assurance vie et, d'autre part, en faisant observer que le défaut de communication des documents et informations a pour effet de proroger le délai de renonciation au contrat ; que Mme Réjane X… a sollicité la réparation de son préjudice correspondant à la différence entre la somme investie sur son contrat et la valeur de rachat de ce dernier ;

Sur le second moyen :

Attendu que l'assureur fait grief à l'arrêt de dire qu'il avait manqué à son obligation précontractuelle d'information et de le condamner à restituer diverses sommes aux consorts X…, alors, selon le moyen :

1o/ que le caractère discrétionnaire de la faculté de renonciation instaurée par l'article L. 132-5-1 du code des assurances a pour seule signification de dispenser l'assuré d'avoir à motiver son exercice et n'interdit pas au juge de sanctionner, le cas échéant, l'exercice abusif de ce droit ; qu'en l'espèce, l'assureur rappelait dans ses écritures que les consorts X… s'étaient régulièrement vu communiquer des relevés de situation et des brochures d'information trimestrielles retraçant l'évolution de leur épargne en fonction de celle des marchés financiers ; que l'assureur soulignait qu'ayant ainsi pu mesurer de manière très concrète, dès le premier relevé de situation qui leur avait été adressé fin 2000, l'impact significatif de la baisse des marchés d'actions sur la valeur de leur épargne, les consorts X... auraient pu, à cette date, exercer leur faculté de renonciation ou réorienter leur épargne sur un support financier moins spéculatif ; que l'assureur faisait dès lors valoir que les consorts X... avaient abusé de leur droit de renonciation, en prétendant l'exercer près de cinq ans après la conclusion du contrat d'assurance (et sept ans pour M. Lucien X...) ; qu'en repoussant ce moyen comme inopérant, au motif erroné que la faculté de renonciation instaurée par l'article L. 132-5-1 du code des assurances ne serait jamais susceptible d'abus et qu'elle pourrait être exercée indépendamment de "toute considération de morale, de bonne foi et de loyauté contractuelle", la cour d'appel a violé le texte susvisé, ensemble l'article 1134, alinéa 3, du Code civil ;

2o/ qu'il résulte de la jurisprudence constante de la Cour de justice des Communautés européennes que lorsqu'une directive communautaire ne comporte aucune disposition spécifique prévoyant une sanction en cas de violation des prescriptions qu'elle édicte, l'article 10 du Traité CE impose aux États membres de prendre toutes mesures propres à garantir la portée et l'efficacité du droit communautaire dans les conditions de fond et de procédure conférant à la sanction un caractère effectif, proportionné et dissuasif ; que la prorogation sans limitation de durée du délai d'exercice de la faculté de rétractation instituée en faveur du souscripteur ne peut revêtir le caractère d'une sanction proportionnée aux objectifs poursuivis par la directive 2002/83/CEE si l'assureur se voit interdire d'invoquer, le cas échéant, un abus du souscripteur dans l'exercice différé de sa faculté de rétractation ; qu'en déniant à l'assureur la faculté d'invoquer un tel abus, la cour d'appel a violé l'article 10 du Traité CE ;

Mais attendu qu'il résulte de l'article L. 132-5-1 du code des assurances, d'ordre public, et conforme à la directive 2002/83/CEE du 5 novembre 2002 que la faculté de renonciation prorogée ouverte de plein droit pour sanctionner le défaut de remise à l'assuré des documents et informations énumérés par ce texte est discrétionnaire pour l'assuré, dont la bonne foi n'est pas requise ; que cette sanction est proportionnée aux objectifs poursuivis par cette directive, les assureurs pouvant sans difficulté sauvegarder tant les intérêts des preneurs d'assurance que leurs propres exigences de sécurité juridique en se conformant à leur obligation d'information ;

D'où il suit que le moyen n'est pas fondé ;

Mais sur le premier moyen, pris en sa première branche :

Vu l'article 1382 du code civil ;

Attendu que l'assureur qui a communiqué au souscripteur d'une assurance vie libellée en unités de comptes les caractéristiques essentielles des divers supports financiers qui lui étaient proposés ainsi que les risques qui leur étaient associés a, par là même, satisfait à son obligation d'information et ne saurait voir sa responsabilité engagée, peu important que la note d'information remise à l'assuré ait omis certaines des mentions exigées par les articles L. 132-5-1 et A. 132-5 du code des assurances ;

Attendu que pour condamner l'assureur à payer des dommages-intérêts à Mme Réjane X..., l'arrêt retient que l'assureur a manqué à son obligation d'information et notamment aux exigences de l'article L. 132-5-1 du code des assurances : absence de communication des valeurs de rachat de son contrat au terme de chacune des huit premières années, absence de mention en caractère très apparent de ce que l'assureur ne s'engage que sur le nombre d'unités de compte, et non sur leur valeur, à défaut de communication du sort de la garantie décès en cas d'exercice de la faculté de renonciation, absence de lettre de renonciation sur le bulletin d'adhésion et communication non conforme des conditions d'exercice de la faculté de renonciation ;

Qu'en statuant ainsi sans rechercher si les caractéristiques essentielles du contrat Séquoia et des divers supports financiers proposés, ne figuraient pas, comme le soutenait l'assureur, dans le document annexe accompagnant la note d'information, la cour d'appel n'a pas donné de base légale à sa décision ;

Et sur le premier moyen, pris en sa troisième branche :

Vu l'article L. 132-5-1 du code des assurances, dans sa rédaction alors applicable :

Attendu que si, selon ce texte, l'assureur a l'obligation de remettre au souscripteur d'un contrat d'assurance vie une note d'information distincte des conditions générales et particulières précisant notamment les conditions d'exercice de la faculté de renonciation, aucune disposition légale ou réglementaire ne lui impose d'informer l'assuré de ce que le défaut de remise d'un tel document a pour effet de proroger le délai d'exercice de cette faculté ;
Attendu que, pour statuer ainsi qu'il l'a fait, l'arrêt retient que les consorts X... objectent à bon droit que le contrat doit mentionner la sanction encourue de plein droit en cas de défaut de remise des documents d'information, c'est-à-dire le mécanisme de prorogation du délai de la faculté de renonciation ;
Qu'en statuant ainsi la cour d'appel a violé le texte susvisé ;
PAR CES MOTIFS, et sans qu'il y ait lieu de statuer sur la deuxième branche du premier moyen :
CASSE ET ANNULE, mais seulement en ce qu'il a condamné la société Sogecap à payer à Mme Réjane X... la somme de 49 881,78 euros à titre de dommages-intérêts, l'arrêt rendu le 5 juin 2008, entre les parties, par la cour d'appel de Versailles.

Cass. 2e civ. 18-2-2010 n° 09-10.595 FS-D

548 devoir précontractuel d'information – sanctions cumulatives

(Extraits)
Sur la demande de mise hors de cause :
Dit n'y avoir lieu à mettre la CNP hors de cause ;
Attendu, selon l'arrêt attaqué, que Mme X... a adhéré le 1er février 1997 à un contrat d'assurance sur la vie souscrit auprès de la Caisse nationale de prévoyance (l'assureur) par la Poste, aux droits de laquelle vient la Banque postale (la banque) ; que Mme X... a assigné la banque et l'assureur en responsabilité pour avoir manqué à leur obligation d'information et de conseil et pour lui avoir communiqué un relevé de comptes erroné ; que, statuant par un précédent arrêt du 2 octobre 2007, la cour d'appel a dit Mme X... bien fondée à solliciter l'application des dispositions de l'article L. 132-5-1 du code des assurances, dans sa rédaction alors applicable, l'a invitée à en tirer les conséquences juridiques légales et a rouvert les débats ; que par lettre recommandée avec demande d'avis de réception du 7 novembre 2007, Mme X... a déclaré renoncer au contrat, demande acceptée par l'assureur ;
Attendu qu'il n'y a pas lieu de statuer sur le premier moyen qui n'est pas de nature à permettre l'admission du pourvoi ;
Mais sur le deuxième moyen :
Vu l'article 1382 du code civil et l'article L. 132-5-1 du code des assurances ;
Attendu que pour débouter Mme X... de la demande en dommages-intérêts qu'elle avait formée à raison du manquement de l'assureur et de la banque à leur obligation précontractuelle d'information et de conseil, l'arrêt retient que la sanction du défaut d'information précontractuelle par l'assureur par application de l'article L. 132-5-1 du code des assurances est exclusive de toute autre sanction, que Mme X... ne justifie par ailleurs pas d'un manquement de l'assureur ou de la banque à leur devoir de conseil en cours de contrat, notamment lors du désinvestissement de 300 000 francs le 1er octobre 1998 dès lors que cet arbitrage a été opéré en suite d'une demande explicite de l'assurée qui la conduisait à choisir des supports dynamiques, situation qui n'était pas en contradiction avec la tendance encore haussière de la bourse à cette date ;
Qu'en se déterminant ainsi, sans rechercher, comme il lui était demandé, si les manquements précontractuels allégués n'étaient pas distincts et de nature à engager la responsabilité de la banque, la cour d'appel n'a pas donné de base légale à sa décision ;
Et sur le troisième moyen, pris en sa deuxième branche :
Vu l'article 455 du code de procédure civile ;

Attendu que l'arrêt déboute Mme X... de sa demande visant à être indemnisée du préjudice résultant de la délivrance d'une information erronée dans le relevé de compte du 8 février 1999 ;
Qu'en statuant ainsi, sans répondre aux conclusions de Mme X... qui soutenait que la banque avait commis une faute dans la délivrance de ce relevé, qui l'avait conduite à épuiser son capital, la cour d'appel n'a pas satisfait aux exigences du texte susvisé ;
PAR CES MOTIFS, et sans qu'il y ait lieu de statuer sur les autres branches du troisième moyen :
CASSE ET ANNULE, sauf en ce qu'il a constaté que la CNP avait accédé à la demande de renonciation de Mme X... et que la valeur débitrice du contrat était de 2 464, 68 euros, condamné Mme X... a payer ce montant à la CNP, condamné la CNP et la Banque postale à payer une indemnité de 5 000 euros en application de l'article 700 du code de procédure civile, mis à néant la condamnation au même titre mise à la charge de l'assurée par le jugement de première instance, l'arrêt rendu le 7 octobre 2008, entre les parties, par la cour d'appel de Paris.

Cass. 2e civ. 25-2-2010 n° 09-11.352 FS-PB

549 **absence de modèle de lettre de renonciation – prorogation du délai de renonciation - renonciation tacite à la renonciation**

(Extraits)
Attendu, selon l'arrêt attaqué (Paris, 18 novembre 2008), que le 17 janvier 2000 M. X... a souscrit trois contrats d'assurance sur la vie en unités de compte auprès de la société GAN vie, devenue GAN assurances vie (l'assureur) ; que l'un des contrats a fait l'objet d'un rachat total et les deux autres de rachats partiels ; que le 19 septembre 2003 les contrats 31.006.972 et 31.006.973 ont fait l'objet d'une délégation de créance au profit d'une banque en garantie d'une ouverture de crédit de 62 500 euros ; que par lettre recommandée avec demande d'avis de réception du 14 mars 2005, M. X... s'est prévalu auprès de l'assureur de sa faculté de renoncer à ces deux contrats en raison des pertes subies par ceux-ci, en application de l'article L. 132-5-1 du code des assurances ; que l'assureur n'ayant pas donné de suite à sa demande, M. X... l'a assigné devant un tribunal de grande instance en restitution des primes investies sous déduction des rachats effectués et en paiement de dommages-intérêts ;
Sur le premier moyen :
Attendu que l'assureur fait grief à l'arrêt de dire que M. X... a valablement exercé son droit à renonciation aux contrats d'assurance sur la vie "Chromatys" et de le condamner à lui payer les sommes de 139 949 euros et 79 158,77 euros au titre des contrats no 31.006.972 et 31.006.973, avec intérêts au taux légal majoré de moitié du 23 avril au 23 juin 2005, puis au double du taux légal à compter du 24 juin 2005, alors, selon le moyen :
1o/ qu'il résulte de l'article L. 132-5-1 du code des assurances, dans sa rédaction issue de la loi du 4 janvier 1994, que l'assureur doit informer le souscripteur d'un contrat d'assurance vie de la faculté de renonciation qui lui est offerte, en lui précisant les modalités d'exercice de cette faculté et en lui fournissant un modèle de lettre de renonciation ; que, selon le texte, l'information relative à la renonciation doit être contenue dans une note d'information distincte des conditions générales, et la proposition d'assurance doit comprendre un modèle de lettre de renonciation ; que l'obligation d'information de l'assureur est ainsi remplie lorsque ce dernier a remis à l'assuré une proposition d'assurance à laquelle est matériellement attachée la note d'information visée par la loi, comportant les modalités d'exercice et le projet de lettre de renonciation ; qu'en l'espèce, l'assureur a remis à M. X... une proposition d'assurance comportant un volet détachable correspondant à la note d'information requise par l'article L. 132-5-1 du code des assurances, dans sa rédaction applicable en la cause ; que pour juger néanmoins que M. X... n'aurait pas été informé de sa faculté de renonciation dans les formes requises par la loi, la cour d'appel a rete-

nu que seule la proposition d'assurance avait été soumise à la signature de l'assuré et que l'assureur ne pouvait utilement se prévaloir de ce que la note d'information faisait partie intégrante de la proposition d'assurance, la loi imposant deux documents distincts comportant des informations différentes ; qu'en se prononçant ainsi, en l'état d'une proposition d'assurance comportant un volet détachable, qui fait corps avec elle, correspondant à la note d'information visée par la loi et reproduisant un modèle de lettre de renonciation, la cour d'appel a violé l'article L. 132-5-1 du code des assurances, dans sa rédaction applicable en la cause ;

2o/ que nul ne peut se contredire au détriment d'autrui ; qu'il résulte de l'article L. 132-5-1 du Code des assurances, dans sa rédaction issue de la loi du 4 janvier 1994, que l'assuré dispose d'une faculté de renonciation au contrat d'assurance vie qu'il a souscrit, qu'il peut exercer dans les 30 jours à compter du premier versement ; qu'afin de garantir l'effectivité de cette faculté, le texte impose à l'assureur d'informer l'assuré sur la faculté de renonciation qui lui est offerte, en lui précisant les modalités d'exercice de cette faculté et en lui fournissant un modèle de lettre de renonciation, à la fois dans la proposition d'assurance et dans une note d'information distincte des conditions générales ; qu'il en résulte que l'assuré ne peut, sauf à se contredire et commettre ainsi un abus de droit, exercer cette faculté de renonciation, fût-elle discrétionnaire, après le délai initial de 30 jours, dès lors qu'il a été complètement informé de cette faculté par l'assureur à l'occasion de la transmission d'une note d'information matériellement rattachée à la proposition d'assurance et de la remise des conditions générales ; qu'en l'espèce, la cour d'appel a retenu que l'assureur avait rempli son obligation d'information précontractuelle vis-à-vis de l'assuré, en lui délivrant une note d'information, distincte des conditions générales, comportant les modalités de renonciation ainsi qu'un modèle de lettre de renonciation ; qu'elle ne pouvait dès lors admettre le bien-fondé de l'action en remboursement exercée par M. X... plusieurs années après la souscription du contrat, tandis qu'il avait été parfaitement informé par l'assureur de sa faculté de renonciation dès la souscription du contrat ; que l'exercice de cette faculté n'était pas cohérent avec sa parfaite connaissance des modalités de la renonciation qui n'a pas été mise en oeuvre dans le délai de 30 jours à compter de la souscription ; qu'en considérant néanmoins que l'assuré avait valablement exercé sa faculté de renonciation, la cour d'appel a violé l'article L. 132-5-1 du code des assurances ;

Mais attendu que selon l'article L. 132-5-1 du code des assurances, dans sa rédaction applicable en l'espèce, la proposition d'assurance ou de contrat doit comprendre un projet de lettre destiné à faciliter l'exercice de la faculté de renonciation ; que l'entreprise d'assurance doit, en outre, remettre, contre récépissé une note d'information sur les dispositions essentielles du contrat et notamment sur les conditions d'exercice de la faculté de renonciation ; que le défaut de remise des documents et informations ainsi énumérés entraîne de plein droit la prorogation du délai de renonciation ; que l'exercice de cette faculté est discrétionnaire pour l'assuré dont la bonne foi n'est pas requise ;

Et attendu que l'arrêt qui constate l'absence de communication d'un projet de lettre de renonciation dans la proposition d'assurance elle-même, en a exactement déduit que M. X..., qui n'avait pas reçu une information conforme au texte susvisé, avait valablement exercé sa faculté de renonciation ;

D'où il suit que le moyen n'est pas fondé ;

Mais sur le second moyen :

Vu l'article L. 132-5-1 du code des assurances, dans sa rédaction applicable en l'espèce ;

Attendu que le souscripteur d'un contrat d'assurance sur la vie, qui a exercé son droit de renonciation au contrat en application de l'article susvisé, peut y renoncer en poursuivant l'exécution du contrat ;

Attendu que pour statuer ainsi qu'il l'a fait, l'arrêt retient qu'il est constant que par lettre recommandée avec demande d'avis de réception du 14 mars 2005, reçue par l'assureur le 22 mars suivant, M. X... s'est prévalu de sa faculté de renoncer aux contrats souscrits le 17 janvier 2000 ; qu'il est non moins constant que l'assureur n'a pas donné de suite favorable à cette demande dans le délai d'un mois suivant la réception de la lettre recommandée ; qu'il s'ensuit que l'assureur ne peut utilement prétendre que M. X... aurait renoncé à la renonciation précédemment exercée en effectuant des opérations sur ses contrats en décembre 2005, en réalité 2006, dès lors que ces actes d'exécution sont intervenus à une date très postérieure à l'expiration du délai de réponse de l'assureur ;

Qu'en se déterminant ainsi, alors qu'elle constatait, qu'après avoir exercé sa faculté de renoncer aux contrats, M. X... avait effectué des actes d'exécution, incompatibles avec cette faculté, en prolongeant la délégation de créance au profit d'un tiers, la cour d'appel a violé le texte susvisé ;

PAR CES MOTIFS :

CASSE ET ANNULE, dans toutes ses dispositions, l'arrêt rendu le 18 novembre 2008, entre les parties, par la cour d'appel de Paris.

Cass. 1e civ. 8-7-2010 n° 09-12.491 F-PB

550 bénéficiaire en cas de décès – intégration volontaire des capitaux à la succession – prise en compte pour le calcul de la réserve et de la quotité disponible

Attendu que Roland X..., veuf de Marie-Louise Y..., est décédé le 6 janvier 2003 en laissant pour lui succéder M. Arnaud X..., son petit-fils, venant par représentation de Thierry X..., son père, prédécédé et Mme Florence X..., épouse Z..., sa fille, et en l'état d'un testament olographe léguant à cette dernière la quotité disponible de sa succession et précisant que dans son lot devront figurer " l'intégralité des contrats d'assurance-vie " ; qu'il avait souscrit le 7 avril 1999 un contrat d'assurance-vie auprès de la société Natio-vie avec stipulation que le bénéficiaire était le contractant lui-même et, en cas de décès de celui-ci, le conjoint, à défaut ses enfants vivants et, à défaut, ses héritiers ; que M. Arnaud X... a fait assigner Mme Z... aux fins d'ouverture des opérations de comptes, liquidation et partage des communauté et successions réunies des époux X... - Y... ;

Sur le second moyen, pris en ses trois premières branches :

Attendu que ces griefs ne sont pas de nature à permettre l'admission du pourvoi ;

Mais sur le premier moyen, pris en sa première branche :

Vu l'article 455 du code de procédure civile ;

Attendu que pour débouter M. Arnaud X... de sa demande tendant à ce que le capital d'assurance-vie versé à Mme Florence X... soit pris en compte dans la masse de calcul de la réserve et de la quotité disponible, l'arrêt retient, d'une part, que, contrairement à ce qu'affirmait M. Arnaud X..., son père ne pouvait être le bénéficiaire du contrat d'assurance-vie puisqu'il était décédé antérieurement à la souscription du contrat, d'autre part, qu'il ne rapportait pas la preuve de l'intention libérale au sens de l'article 894 du code civil relatif à la donation puisque l'assurance-vie suppose un aléa, enfin, que les primes versées n'étaient pas manifestement exagérées compte tenu des facultés contributives de Roland X... eu égard à l'importance de son patrimoine mobilier et immobilier ;

Qu'en statuant ainsi, sans répondre aux conclusions de M. Arnaud X... qui faisait valoir que Roland X... avait, dans son testament, exprimé la volonté que le capital d'assurance-vie soit pris en considération pour le calcul de la réserve et de la quotité disponible en précisant que ce capital devrait être inclus dans le lot de sa fille, légataire de la quotité disponible, la cour d'appel n'a pas satisfait aux exigences du texte susvisé ;

Et sur le second moyen, pris en sa quatrième branche :

Vu les articles 843 et 894 du code civil ;

Attendu que pour dire que M. Arnaud X... devra faire rapport à la succession de la somme totale de 57 107, 22 euros réputée consentie en avancement d'hoirie, l'arrêt retient qu'il ne démontre pas que les dépenses engagées à son profit par le défunt l'ont été dans le cadre de son entretien et de sa subsistance ;

Qu'en statuant ainsi, sans constater que Roland X… avait agi dans une intention libérale au profit de son petit-fils, la cour d'appel a violé les textes susvisés ;
PAR CES MOTIFS, et sans qu'il y ait lieu de statuer sur les autres griefs :
CASSE ET ANNULE, mais seulement en ce qu'il a dit, d'une part, que le capital versé à Mme Florence X… au titre du contrat d'assurance-vie échappera aux règles du rapport et de la réduction, d'autre part, que M. Arnaud X… devait faire rapport à la succession de la somme totale de 57 107, 22 euros, l'arrêt rendu le 27 novembre 2008, entre les parties, par la cour d'appel de Reims.

Cass. 1e civ. 4-11-2010 n° 07-21.303 FS-PBI

551 choix du bénéficiaire – limite à la liberté de choix – incapacité relative de recevoir une liberalité – application à l'assurance-vie

(Extraits)
Attendu que Nicole X…, qui avait souscrit un contrat d'assurance-vie désignant Mme Y… comme bénéficiaire, a, par avenant du 4 mars 1999, substitué à cette dernière, Mme Z…, psychiatre-psychanalyste, et, à défaut, M. A…, concubin de celle-ci ; qu'après le décès de Nicole X…, survenu le 14 mars 2000, Mme Y…, légataire universelle, a poursuivi, sur le fondement de l'article 909 du code civil, dans sa rédaction antérieure à celle issue de la loi du 23 juin 2006, l'annulation de l'avenant, soutenant qu'il constituait une libéralité consentie à un médecin ayant traité la défunte au cours de sa dernière maladie ;
Sur le premier moyen ci-après annexé :
Attendu que Mme Z… et M. A… font grief à l'arrêt attaqué d'avoir accueilli la demande de Mme Y…, condamné Mme Z… à rembourser à celle-ci le capital versé le 17 mai 2000 en vertu du contrat d'assurance-vie, dit que la nullité de l'avenant du 4 mars 1999 est une nullité globale et qu'en conséquence M. A… ne peut se prévaloir de ses dispositions l'intéressant et dit que le capital à la restitution duquel Mme Z… est condamnée sera assortie des intérêts au taux légal à compter de l'assignation ;
Attendu que la recevabilité d'une action en justice n'étant pas subordonnée à la démonstration préalable de son bien-fondé, la cour d'appel n'était pas tenue de procéder à des recherches inopérantes ; que le moyen n'est pas fondé ;
Sur le deuxième moyen, pris en ses deux branches :
Attendu que Mme Z… et M. A… font encore le même grief à l'arrêt, alors, selon le moyen :
1o/ que l'interdiction faite aux docteurs en médecine de profiter des dispositions entre vifs ou testamentaires des personnes qu'ils ont soigné pendant la maladie dont elles sont décédées, n'a lieu de s'appliquer qu'aux médecins ayant dispensé un traitement en vue d'assurer la guérison du patient ; qu'il résulte des propres constatations de l'arrêt attaqué que Mme Z… n'avait pu traiter le mésothéliome dont est décédée Nicole X… ; qu'en jugeant néanmoins applicables les dispositions de l'article 909 du code civil, la cour d'appel, qui n'a pas tiré les conséquences qui s'évinçaient de ses propres constatations, a violé les dispositions précitées ;
2o/ qu'à tout le moins, ne donne pas à sa décision une véritable motivation, le juge qui procède par voie de simple affirmation sans donner à ses constatations de fait une précision suffisante ; que la cour d'appel a cru pouvoir affirmer que "parallèlement au traitement d'oncologie qui était organisé par le docteur B…", Mme Z… a prodigué à Mme X… "des soins réguliers et durables afférents à la pathologie secondaire dont elle était affectée en raison même de la première maladie dont elle devait décéder et dont la seconde était la conséquence" (arrêt attaqué page 5, § 3), ce que contestait formellement Mme Z…, qui faisait valoir qu'elle n'avait jamais soigné Mme X… des conséquences psychologiques de son cancer en soulignant l'absence de toute prescription de soins psychothérapeutiques dans le cadre de la prise en charge du

cancer de la malade (conclusions d'appel, p. 12) ; qu'en statuant comme elle l'a fait, sans indiquer les éléments qui lui permettaient d'affirmer que Mme X... était atteinte d'une pathologie secondaire trouvant sa cause dans le cancer dont elle était atteinte, que Mme Z... aurait traitée, la cour d'appel a violé les articles 455 et 458 du code de procédure civile ;

Mais attendu qu'après avoir relevé que Nicole X... était décédée des suites d'un mésothéliome du poumon révélé en 1995, les juges du fond ont constaté que Mme Z... avait été consultée à plusieurs reprises par Nicole X... de 1995 à 1997 et qu'ensuite, elle lui avait donné de nombreuses consultations gratuites jusqu'au mois de juillet 1999 ; qu'ils ont retenu, l'applicabilité au litige de l'article 909 du code civil n'étant pas contestée, que, si, en sa qualité de psychiatre-psychanalyste, Mme Z... n'avait pu traiter Nicole X... pour le cancer dont elle était atteinte, elle avait apporté à sa patiente un soutien accessoire au traitement purement médical mais associé à celui-ci, lui prodiguant, parallèlement au traitement d'oncologie, des soins réguliers et durables afférents à la pathologie secondaire dont elle était affectée en raison même de la première maladie dont elle devait décéder et dont la seconde était la conséquence ; que la cour en a exactement déduit que Mme Z... avait soigné Nicole X..., pendant sa dernière maladie, au sens de l'article 909 du code civil, de sorte qu'elle était frappée d'une incapacité de recevoir à titre gratuit ; que le moyen n'est pas fondé ;

Mais sur le troisième moyen, pris en sa première branche :

Vu l'article 1131 du code civil ;

Attendu que l'arrêt énonce que la nullité de l'avenant est globale et qu'en conséquence, M. A... ne peut se prévaloir des dispositions de cet acte ;

Qu'en statuant ainsi, sans se prononcer sur la cause ayant déterminé Nicole X... à souscrire l'avenant au bénéfice de M. A..., la cour d'appel n'a pas donné de base légale à sa décision ;

PAR CES MOTIFS et sans qu'il y ait lieu de statuer sur les autres griefs :

CASSE ET ANNULE, mais seulement en celle de ses dispositions ayant retenu que l'avenant du 4 mars 2000 était nul l'égard de M. A... et que ce dernier ne peut s'en prévaloir, l'arrêt rendu le 11 septembre 2007, entre les parties, par la cour d'appel de Paris.

Cass. 1e civ. 18-5-2011 n° 10-23.114 F-PBI

552 faculté de renonciation – mineur – acte d'administration

(Extraits)

Attendu que le 7 juillet 2000, Mme X... a souscrit auprès de la société Legal et General France un contrat de capitalisation pour elle-même et un contrat de capitalisation au nom de son fils, alors mineur, Antoine Y... ; que le même jour, elle a souscrit un contrat d'assurance-vie pour elle-même et deux contrats d'assurance-vie, l'un au nom de son fils, Simon Z..., et l'autre au nom de sa fille, Aurélie Z... ; que le 25 juillet 2000, Mme X... a souscrit à son nom trois nouveaux contrats de capitalisation, dont elle a, le 27 janvier 2001, donné la nue-propriété à chacun de ses trois enfants ; qu'elle a ultérieurement procédé au rachat de sept de ces neuf contrats ; qu'en ce qui concerne les deux derniers contrats non rachetés, Mme X... a, le 12 mai 2004, exercé la faculté prorogée de renonciation au contrat souscrit au nom de son fils, Antoine Y..., et au contrat souscrit à son nom, mais dont elle avait donné la nue-propriété à ce dernier ; que, par assignation du 27 septembre 2004, Mme X..., agissant tant en son nom propre qu'au nom de son fils mineur, a demandé la restitution des sommes versées sur ces deux contrats et, pour ce qui est des autres contrats, des dommages-intérêts en raison des manquements de l'assureur à son obligation pré-contractuelle d'information ; qu'Aurélie Z... et Simon Z..., devenus majeurs, sont intervenus volontairement à l'instance ; que, par jugement du 30 janvier 2007, le tribunal de grande instance de Paris a condamné la société Legal et General France à restituer à Mme X... les sommes versées sur les deux contrats non rachetés, et a dé-

bouté les consorts X... de leur demande de dommages-intérêts pour les autres contrats ;
Sur le premier moyen :
Attendu que la société Legal et Général France fait grief à l'arrêt attaqué (Paris, 1er juin 2010) d'avoir déclaré Mme X... recevable à exercer au nom de son fils Antoine Y..., alors mineur, la faculté de renonciation prévue à l'article L. 132-5-1 du code des assurances pour les contrats no 8074837/9 et no 8075090/4 et d'avoir en conséquence condamné la société Legal et General France à restituer les sommes versées sur ces deux contrats alors, selon le moyen, que Mme X... ne pouvait pas procéder seule, sans autorisation du juge des tutelles, à la renonciation au contrat d'assurance vie souscrit au nom de son fils mineur, qui constituait un acte de disposition ; qu'en décidant le contraire, la cour d'appel a violé l'article 389-5 du code civil ;
Mais attendu que la renonciation à un contrat d'assurance-vie s'analysant en un acte d'administration c'est à bon droit que la cour d'appel a décidé qu'un tel acte pouvait être exercé par Mme X..., en sa qualité d'administratrice légale de son fils mineur, seule, sans autorisation du juge des tutelles ; que le moyen n'est pas fondé ;
Sur le second moyen, pris en ses deux branches, ci-après annexé :
Attendu que ce moyen n'est pas de nature à permettre l'admission du pourvoi ;
PAR CES MOTIFS :
REJETTE le pourvoi.

Cass. 2e civ. 1-6-2011 n° 10-30.430 FS-PB

553 **détermination du bénéficiaire – décès concommitant du bénéficiaire et de l'assuré – absence de bénéficiaire de second rang – capital dans la succession**

(Extraits)
Vu les articles L. 132-9 et L. 132-11 du code des assurances ;
Attendu, selon le premier de ces textes, que l'attribution à titre gratuit du bénéfice d'une assurance sur la vie à une personne déterminée est présumée faite sous la condition de l'existence du bénéficiaire à l'époque de l'exigibilité du capital ou de la rente garantie ;
Attendu, selon le second de ces textes, que lorsque l'assurance en cas de décès a été conclue sans désignation d'un bénéficiaire, le capital ou la rente garantis font partie du patrimoine ou de la succession du contractant ;
Attendu, selon l'arrêt infirmatif attaqué, que le 1er septembre 2006, Pierre-Marie X..., conducteur d'un véhicule automobile assuré auprès de la société MAAF assurances (l'assureur), et son épouse, Thérèse Y..., sont décédés dans un accident de la circulation ; qu'ils ont laissé pour leur succéder leur fille, Mme X..., épouse Z... ; que Pierre-Marie X... avait souscrit un contrat d'assurance automobile prévoyant, en cas de décès du conducteur, le versement pour le conjoint non séparé de corps d'un capital de 80 000 euros ; que Mme Z... a assigné l'assureur en paiement notamment de cette somme ;
Attendu que pour débouter Mme Z... de sa demande, l'arrêt retient que le capital, étant prévu au profit d'un bénéficiaire déterminé, ne fait pas partie de la succession du souscripteur aux termes de l'article L. 132-12 du code des assurances ; que l'article 725-1 du code civil, qui concerne le règlement des successions, ne s'applique donc pas en l'espèce ; que l'attribution du capital au conjoint suppose que le bénéficiaire soit vivant lors de l'exigibilité du capital par application de l'article L. 132-9 du code des assurances ; que Mme Z... ne justifie pas que sa mère ait survécu, ne serait-ce qu'un instant, à son père, ses deux parents étant décédés dans le même accident et officiellement à la même heure ;
Qu'en statuant ainsi, alors qu'il résultait de ces constatations qu'au moment du décès de l'assuré le contrat était devenu sans bénéficiaire déterminé de sorte que le capital décès faisait partie de la succession du contractant, la cour d'appel a violé les textes susvisés ;
PAR CES MOTIFS :

CASSE ET ANNULE, mais seulement en ce qu'il a débouté Mme Z... de sa demande reposant sur le contrat d'assurance automobile, l'arrêt rendu le 17 novembre 2009, entre les parties, par la cour d'appel d'Amiens.

Cass. 2e civ. 3-11-2011 n° 10-25.364 F-D

554 acceptation du bénéficiaire – acceptation avant le 18-12-2007 – clause du contrat impropre à caractériser une renonciation sans équivoque du souscripteur à sa faculté de rachat

(Extraits)

Attendu, selon l'arrêt attaqué et les productions, que le 12 avril 2005, Mme X... a souscrit auprès de la société Mutuelles du Mans assurances vie (l'assureur) un contrat d'assurance sur la vie mixte "MMA multisupports" ; qu'elle a désigné comme bénéficiaires en cas de décès ses six enfants (les consorts X...), ce qu'ils ont accepté par courriers en octobre 2005 ; que l'assureur a refusé les demandes de rachat anticipé présentées par Mme X... en novembre 2005, mai et octobre 2006, faute d'accord des bénéficiaires ; qu'elle l'a assigné, ainsi que les consorts X..., aux fins notamment de "rachat de sa part dans les fonds placés" ;

Attendu que la première branche du moyen unique n'est pas de nature à permettre l'admission du pourvoi ;

Mais sur le moyen unique, pris en sa seconde branche :

Vu les articles L. 132-8, L. 132-9 et L. 132-23 du code des assurances, ensemble l'article 1134 du code civil ;

Attendu que, lorsque le droit de rachat du souscripteur est prévu dans un contrat d'assurance sur la vie mixte, le bénéficiaire qui a accepté sa désignation n'est pas fondé à s'opposer à la demande de rachat du contrat, en l'absence de renonciation expresse du souscripteur à son droit ;

Attendu que pour rejeter les demandes de Mme X..., l'arrêt retient que, selon la convention de quasi-usufruit conclue à la suite du décès de son époux, les enfants, désignés bénéficiaires et titulaires d'une créance de restitution, se portaient acceptants à concurrence de leur créance et que la souscriptrice pourrait, sans porter atteinte aux droits des bénéficiaires acceptants, procéder seule au retrait ou rachat sous réserve que l'épargne résiduelle ne soit pas inférieure à la somme de 45 692 euros ; que les conditions générales du contrat d'assurance sur la vie stipulaient au chapitre "rachat" que l'adhérent pouvait à tout moment demander le rachat partiel ou total des supports, une clause "bénéficiaire acceptant" figurant en outre au chapitre "autres dispositions" étant ainsi rédigée : "en présence d'un bénéficiaire acceptant, celui-ci doit donner son accord aux opérations telles que rachat partiel, rachat total, rachats partiels programmés, demande d'avance ou aux modifications telles que le changement de clause bénéficiaire, que l'adhérent souhaite effectuer" ; que les six bénéficiaires désignés ont manifesté la volonté de recevoir le bénéfice du contrat, ce dont les MMA ont informé Mme X... par une lettre lui rappelant que cette acceptation l'engageait à recueillir l'accord préalable des bénéficiaires pour toutes opérations notamment de rachat ; que, si le contrat stipulait un droit de rachat du souscripteur, il stipulait également expressément que, dans l'hypothèse où le bénéficiaire aurait accepté sa désignation, ce droit de rachat était subordonné à l'accord de ce dernier, ce dont il se déduit que le souscripteur avait renoncé, en cas d'acceptation du bénéficiaire, au droit de rachat unilatéral ;

Qu'en statuant ainsi, par des motifs impropres à caractériser une renonciation sans équivoque de Mme X... à sa faculté de rachat, et alors que la seule clause du contrat d'assurance ne permettait pas de faire la preuve d'une renonciation expresse, la cour d'appel a privé sa décision de base légale au regard des textes susvisés ;

PAR CES MOTIFS :

CASSE ET ANNULE, mais seulement en ce qu'il déboute Mme X... de sa demande de rachat de la part lui revenant dans l'argent placé auprès de la société

MMA et de sa demande tendant au paiement de la somme de 54 784, 54 euros actuellement placée, l'arrêt rendu le 7 mai 2009, entre les parties, par la cour d'appel de Rouen.

Cass. 1e civ. 10-10-2012 n° 11-14.018 FS-PB

555 bénéficiaire en cas de décès – primes manifestement exagérées – exemple de primes jugées exagérées

Attendu, selon l'arrêt attaqué (Caen, 23 novembre 2010), que Jacques X... est décédé le 20 janvier 1998, laissant pour lui succéder son conjoint survivant, Mme Y..., avec laquelle il était marié sous le régime de la séparation de biens, leur fille Mme Rebecca X... ainsi que Mme X..., épouse Z..., MM. Dominique et Jean-Marc X..., nés de précédentes unions ; que MM. X... ont fait assigner leurs cohéritiers aux fins de liquidation et partage de la succession et de rapport à celle-ci de différentes sommes qu'elles auraient reçues à titre de donation, soutenant en particulier qu'un contrat d'assurance-vie du 30 juin 1995 s'analysait en réalité en un contrat de capitalisation et, qu'en tout état de cause, la prime versée était excessive ;

Attendu qu'il est fait grief à l'arrêt de dire que la prime de ce contrat d'assurance-vie était excessive et devait être considérée comme une donation prise en compte à ce titre dans la succession ;

Attendu qu'ayant relevé que le souscripteur avait placé l'équivalent en francs de la somme de 106 114, 31 euros provenant de la vente d'un bien immobilier lui ayant rapporté 176 840, 85 euros alors que ses déclarations fiscales en 1995, 1996 et 1997 faisaient apparaître des revenus en francs équivalents à 21 043 euros, 18 682 euros et 19 752 euros et que des sommes provenant de cette vente avaient été employées dans les dépenses de ménage, la cour d'appel a souverainement estimé, abstraction faite du motif surabondant critiqué par la deuxième branche du moyen, que le montant de la prime versée était manifestement exagéré au regard des situations personnelle et familiale de l'intéressé ; que le moyen ne peut être accueilli ;

PAR CES MOTIFS :

REJETTE le pourvoi.

Cass. 1e civ. 10-10-2012 n° 11-17.891 F-PBI

556 désignation du bénéficiaire – testament – volonté d'inclure le capital dans la succession

(Extraits)

Attendu, selon l'arrêt attaqué, que Jean-José X..., veuf de Jacqueline Y..., est décédé le 26 février 2007, en laissant trois enfants pour lui succéder, Catherine, épouse Z..., Véronique, épouse B..., et Sylvie, épouse A... et en l'état d'un testament olographe aux termes duquel il a déclaré léguer le capital d'un contrat d'assurance-vie à Mme Z... et aux deux enfants de celles-ci, Carl et Florian (consorts Z...) ; que Mmes B... et A... ont assigné les consorts Z... en liquidation et partage de la communauté et des successions de Jacqueline Y... et de Jean-José X... ;

Sur le premier moyen :

Attendu que les consorts Z... font grief à l'arrêt d'ordonner le séquestre du capital d'assurance-vie, alors, selon le moyen, qu'il résulte des articles L. 132-8 et L. 132-12 du code des assurances que le capital stipulé payable lors du décès de l'assuré à un bénéficiaire déterminé ne fait pas partie de la succession de l'assuré, que le bénéficiaire, quelles que soient la forme et la date de sa désignation, laquelle peut être faite par testament, est réputé y avoir eu seul droit à partir du jour du contrat, si bien qu'en retenant que le capital du contrat d'assurance-vie ASAC constituait une libéralité en raison de la désignation des bénéficiaires par voie testamentaire, la cour d'appel a violé, par refus d'application, les textes précités ;

Mais attendu qu'après avoir relevé que le testament énonce que le défunt déclare léguer le capital du contrat d'assurance-vie à sa fille Catherine et aux deux enfants de celle-ci, c'est par une appréciation souveraine de sa volonté que la cour d'appel a admis que le souscripteur avait entendu inclure ce capital dans sa succession et en gratifier les bénéficiaires désignés ; que le moyen n'est pas fondé ;
Mais sur la première branche du second moyen :
Vu l'article 724 du code civil ;
Attendu que, pour ordonner le séquestre de la totalité du capital du contrat d'assurance-vie, l'arrêt énonce que, légataires particuliers, les consorts Z... doivent, préalablement, avoir entrepris la procédure prévue à l'article 1014 du code civil, c'est-à-dire formuler une demande de délivrance auprès des héritiers réservataires ;
Qu'en statuant ainsi, alors que Mme Z..., héritière investie de la saisine sur l'universalité de l'hérédité, se trouvait dispensée de demander la délivrance du legs qui lui avait été fait, la cour d'appel a violé le texte susvisé ;
Et sur la seconde branche de ce moyen :
Vu l'article 924 du code civil ;
Attendu qu'aux termes de ce texte, lorsque la libéralité excède la quotité disponible, le gratifié, successible ou non successible, doit indemniser les héritiers réservataires à concurrence de la portion excessive de la libéralité, quel que soit cet excédent ; que le paiement de l'indemnité par l'héritier réservataire se fait en moins prenant et en priorité par voie d'imputation sur ses droits dans la réserve ;
Attendu que, pour statuer comme il l'a fait, l'arrêt énonce encore que le bénéfice de l'assurance-vie constituant une libéralité, celle-ci est réductible à la quotité disponible en application de l'article 918 du code civil ;
Qu'en statuant ainsi, alors que Mme Z..., héritière réservataire, pouvait s'acquitter de l'éventuelle indemnité de réduction mise à sa charge en moins prenant lors du partage, la cour d'appel a violé le texte susvisé ;
PAR CES MOTIFS :
CASSE ET ANNULE, mais seulement en ce qu'il a dit que M. C..., notaire, devra remettre à M. D..., chargé des opérations de compte, liquidation et partage de la succession X.../ Y..., les fonds en provenance du contrat d'assurance-vie Asac et qu'à défaut de versement de cette somme dans les quinze jours de la mise en demeure par lettre AR, les parties pourront saisir le juge du tribunal de grande instance de Soissons chargé de la surveillance des opérations de liquidation et de partage de ces difficultés, l'arrêt rendu le 10 mars 2011, entre les parties, par la cour d'appel d'Amiens.

Cass. 2e civ. 28-2-2013 n° 12-14.385 FS-PB

557 faculté de renonciation – modalités d'exercice – lettre recommandée

(Extraits)
Vu l'article L. 132-5-1 du code des assurances, dans sa rédaction alors applicable ;
Attendu, selon le premier alinéa de ce texte, que toute personne physique qui a signé une proposition d'assurance ou un contrat a la faculté d'y renoncer par lettre recommandée avec demande d'avis de réception pendant le délai de trente jours à compter du premier versement ; que, selon le deuxième alinéa, le défaut de remise des documents et informations énumérés au même alinéa entraîne de plein droit la prorogation du délai prévu au premier alinéa jusqu'au trentième jour suivant la date de remise effective de ces documents ;
Attendu, selon l'arrêt attaqué, que, le 23 septembre 1999, Mme X..., épouse Y..., a souscrit auprès de la société Generali vie (l'assureur) un contrat d'assurance sur la vie sur lequel elle a effectué un versement de 175316,37 euros ; que, par lettre recommandée avec avis de réception, du 25 octobre 2007 qui lui est revenue non réclamée le 15 novembre 2007, l'assureur a adressé à Mme Y... une note d'information sur les conditions d'exercice de la faculté de renonciation ; que Mme Y..., indiquant qu'elle avait eu connaissance de cette

note par son courtier, a adressé à l'assureur une lettre pour l'informer de sa volonté de renoncer au contrat ; que l'assureur, considérant que le délai de trente jours prévu par l'article L. 132-5-1 du code des assurances n'avait pas été respecté, a interprété la demande de Mme Y... comme tendant au rachat du contrat et lui a adressé un chèque de 112 004,72 euros ; que Mme Y... a assigné l'assureur en remboursement de la somme versée initialement sur le contrat d'assurance ;
Attendu que pour déclarer valable la renonciation de Mme Y... au bénéfice de la police d'assurance vie souscrite le 23 septembre 1999 et condamner l'assureur à lui payer la somme de 175 316,37 euros en remboursement des sommes versées lors de la souscription du contrat, l'arrêt énonce que l'assureur ne peut se prévaloir du fait que la lettre de renonciation n'a pas été envoyée en recommandé, l'assurée ne pouvant fournir l'avis de réception, alors qu'il reconnaît avoir reçu cette lettre et que l'envoi en recommandé n'a pour but que de permettre de dater l'envoi pour calculer le délai de 30 jours courant à compter de la réception de la note d'information et n'est pas prévu à peine de nullité de la renonciation ; que dès lors peu importe que l'envoi n'ait éventuellement pas été fait en recommandé ; que le délai de renonciation n'ayant jamais couru, la renonciation pouvait intervenir à tout moment ;
Qu'en statuant ainsi, après avoir constaté que l'assurée ne démontrait pas avoir exercé la faculté de renonciation par lettre recommandée avec demande d'avis de réception, la cour d'appel a violé le texte susvisé ;
PAR CES MOTIFS, et sans qu'il y ait lieu de statuer sur la troisième branche du moyen :
CASSE ET ANNULE, dans toutes ses dispositions, l'arrêt rendu le 8 décembre 2011, entre les parties, par la cour d'appel de Douai.

Cass. 2e civ. 13-6-2013 n° 12-20.518 F-D

558 détermination du bénéficiaire – prédécès d'un bénéficiaire de premier rang – interprétation de la volonté du souscripteur – représentation

(Extraits)
Sur le moyen unique :
Attendu, selon l'arrêt attaqué (Nîmes, 6 mars 2012), que Virginia X..., née Y..., est décédée le 14 novembre 2007 ; qu'elle avait souscrit auprès de la caisse d'épargne Provence-Alpes-Corse (la caisse d'épargne) un contrat d'assurance sur la vie dénommé PEP Transmission, désignant comme bénéficiaires « à parts égales Y...Robert, Y...Victorin, A...Annie, à défaut leurs héritiers, à défaut mes héritiers » ; que Robert Y...est décédé le 6 juillet 1999 sans avoir accepté le bénéfice du contrat ; qu'il a laissé pour lui succéder son épouse, Mme Z..., et ses deux fils, MM. Jean-Pierre et Patrice Y... (les consorts Y...) ; que les consorts Y...ont demandé à la caisse d'épargne le paiement du capital revenant à Robert Y... ; que les sommes ayant été versées aux deux autres bénéficiaires, les consorts Y...ont assigné la caisse d'épargne en paiement ; que la Caisse nationale de prévoyance (l'assureur) a assigné en intervention forcée Victorin Y...et Mme A... ; que les deux instances ont été jointes ; que Victorin Y...étant décédé en cours d'instance, les consorts Y...ont assigné en intervention forcée Mme Félicie Y...et Mme Danielle Y..., épouse B... ;
Attendu que l'assureur fait grief à l'arrêt de le condamner à payer les sommes de 3 536, 81 euros à M. Jean-Pierre Y..., 3 536, 81 euros à M. Patrice Y...et 4 715, 75 euros à Mme Jeannine Z..., veuve Y..., alors, selon le moyen :
1o/ que l'attribution à titre gratuit du bénéfice d'une assurance sur la vie à une personne déterminée est présumée faite sous la condition de l'existence du bénéficiaire à l'époque de l'exigibilité du capital ou de la rente garantis, à moins que le contraire ne résulte des termes de la stipulation ; qu'il résulte des constatations de l'arrêt attaqué que Robert Y..., désigné comme l'un des bénéficiaires du contrat d'assurance sur la vie souscrit par Virginia X..., est décédé le 6 juillet 1999, avant la stipulante, Mme

X..., décédée le 14 novembre 2007 ; d'où il suit qu'en l'absence de clause expresse de représentation dans la clause bénéficiaire dont s'agit, la désignation de M. Robert Y...était devenue caduque à la suite de son décès et ses héritiers ne pouvaient prétendre au bénéfice du tiers du contrat dont le bénéfice devait revenir intégralement aux deux bénéficiaires de premier rang subsistant (Victorin Y... et Annie A...) ; qu'en décidant du contraire et en affirmant que le bénéfice du tiers du contrat devait revenir aux héritiers de M. Robert Y..., la cour d'appel a violé les articles L. 132-9 du code des assurances et 1134 du code civil ;

2o/ que l'attribution à titre gratuit d'une assurance sur la vie à une personne déterminée est présumée faite sous la condition de l'existence du bénéficiaire à l'époque de l'exigibilité du capital ou de la rente garantis, à moins que le contraire ne résulte des termes de la stipulation ; qu'il résulte des constatations de l'arrêt attaqué que Robert Y..., désigné comme l'un des bénéficiaires du contrat d'assurance sur la vie souscrit par Virginia X..., est décédé le 16 juillet 1999, avant la stipulante, Mme X..., décédée le 14 novembre 2007 ; qu'en énonçant néanmoins que le tiers du bénéfice du contrat d'assurance sur la vie devait revenir aux héritiers de Robert Y..., en présence de deux autres bénéficiaires de premier rang (Victorin Y...et Annie A...), sans rechercher si la clause bénéficiaire stipulait de manière expresse que le bénéfice du contrat soit attribué aux petits-enfants de la stipulante par représentation de son enfant prédécédé, la cour d'appel a privé sa décision de base légale au regard des articles L. 132-9 du code des assurances et 1134 du code civil ;

Mais attendu que l'arrêt retient qu'il ne saurait être sérieusement contesté à la lecture de la clause figurant dans le contrat d'assurance sur la vie souscrit par Virginie X...que cette dernière a eu la volonté clairement exprimée de voir les fonds reversés aux héritiers de Robert Y... ; que cette volonté est d'ailleurs confirmée par Mme A..., cobénéficiaire du contrat avec Victorin Y..., laquelle, dans une lettre du 28 décembre 2010 adressée à son conseil a précisé : « Je fais suite à notre entretien du 21 décembre 2010 et vous confirme que j'étais présente lors de la signature du contrat d'assurance-vie PEP transmission transfert no 916058443 par ma tante Virginie X.... De même, je vous confirme que sa volonté était bien de voir les fonds reversés aux héritiers de Robert Y...après son décès conformément aux termes du contrat » ;

Que par ces seuls motifs procédant de son appréciation souveraine de la valeur et de la portée des éléments de preuve, et abstraction faite du motif erroné mais surabondant critiqué par le moyen, la cour d'appel a pu déduire que la souscriptrice avait désigné comme bénéficiaires par représentation les héritiers de Robert Y... ;

D'où il suit que le moyen n'est pas fondé ;

PAR CES MOTIFS, sans qu'il y ait lieu de statuer sur le pourvoi provoqué éventuel des consorts Y... :

REJETTE le pourvoi.

Cass. 2e civ. 13-6-2013 n° 12-22.308 F-D

559 contrats en unités de compte – clause d'arbitrage à cours connu – modification de la liste des supports disponibles – absence d'abus de l'assureur

(Extraits)

Attendu, selon l'arrêt attaqué, que M. X..., gérant d'une société de courtage en assurances, a souscrit à titre personnel, avec effet au 10 juillet 1989, un contrat d'assurance collective à adhésion facultative et à capital variable dénommé Selectivaleurs, auprès de la société Abeille vie devenue Aviva vie (l'assureur) ; qu'il s'agissait d'un contrat à versements libres, libellés, au choix de l'adhérent, sur une ou plusieurs unités de compte, entre lesquelles il pouvait arbitrer, lorsqu'il le souhaitait, à cours connu ; que suite au refus opposé le 17 septembre 2001 par l'assureur d'exécuter les arbitrages sollicités, au motif que le support choisi n'était pas disponible, M. X... l'a assigné le 30 juillet 2003 afin d'obtenir le rétablissement des supports retirés, ainsi

que la désignation d'un expert afin de vérifier le préjudice subi ;
Attendu que le premier moyen n'est pas de nature à permettre l'admission du pourvoi ;
Mais sur le second moyen, pris en sa première branche :
Attendu que pour dire que la liste des supports applicables à compter du 1er janvier 2010 est inopposable à M. X... et condamner l'assureur à rétablir les supports retirés, par équivalence s'il y a lieu, l'arrêt énonce que l'utilisation, par décision unilatérale de l'assureur, d'une clause prévoyant, comme en l'espèce, que la liste et le nom des supports sont susceptibles d'évoluer est de nature à dénaturer le contrat et à porter atteinte à la loyauté des engagements des parties dès lors que le retrait des supports les plus spéculatifs, qui étaient entrés dans le champ contractuel, au profit d'autres ne présentant pas ce caractère, amoindrit la diversité des produits soumis à l'arbitrage du souscripteur ;
Qu'en statuant ainsi sans caractériser l'abus commis par l'assureur dans l'usage de la prérogative contractuelle lui donnant la faculté de modifier les supports éligibles en cas d'arbitrage, la cour d'appel a violé le texte susvisé ;
PAR CES MOTIFS, et sans qu'il y ait lieu de statuer sur les autres branches du second moyen :
CASSE ET ANNULE, sauf en ce qu'il a confirmé le jugement déféré sur la prescription, l'arrêt rendu le 9 mai 2012, entre les parties, par la cour d'appel de Paris.

Cass. 1e civ. 25-9-2013 n° 12-23.197 F-PB

560 Modification du bénéficiaire – modification tardive – volonté certaine et non équivoque du souscripteur de modifier les bénéficiaires

(Extraits)
Attendu, selon l'arrêt attaqué (Rennes, 29 mai 2012), que René X..., qui avait souscrit un contrat d'assurance-vie désignant, en qualité de bénéficiaires, par parts égales, chacune de ses filles, Mmes Y..., Z... et A..., est décédé le 1er juin 2006 ; qu'après son décès, l'assureur, qui avait reçu une lettre du 25 mars 2006 modifiant la clause bénéficiaire, a versé les capitaux garantis à Mmes Y... et Z... ;
Attendu que Mmes Z... et Y... font grief à l'arrêt de les condamner à payer à Mme A... la somme de 46 033,29 euros avec intérêts au taux légal à compter du 31 janvier 2008 correspondant à un tiers du capital afférent à l'assurance-vie souscrite par René X..., alors, selon le moyen, que la modification de la clause bénéficiaire d'un contrat d'assurance-vie n'est assujettie à aucune forme particulière et obéit au principe de consensualisme ; qu'en jugeant que la simple signature de René X... au bas du document pré-rédigé par sa fille, Mme Martine X..., était insuffisante à faire la preuve de sa volonté de modifier la clause bénéficiaire du contrat d'assurance-vie et en exigeant, au minimum, qu'il eût fait précéder sa signature d'une formule d'approbation expresse telle que "lu et approuvé", la cour d'appel, qui a ajouté une condition à la loi, a violé les articles 1108 du code civil et L. 132-8 du code des assurances ;
Mais attendu que la cour d'appel a relevé que Mme Y... était la rédactrice de l'avenant manuscrit signé par René X... deux mois avant son décès, après une intervention chirurgicale et pendant son hospitalisation dans une unité de soins palliatifs et que sa signature révélait des indices de détérioration morphologique pouvant être mis en relation avec une grande fatigue physique ; qu'en l'état de ces énonciations, la cour d'appel, qui a souverainement estimé qu'il n'était pas établi que le souscripteur ait eu connaissance du contenu et de la portée exacts du document au bas duquel il avait apposé sa signature, ni qu'il ait exprimé la volonté certaine et non équivoque de modifier les bénéficiaires du contrat, a, par ces seuls motifs, légalement justifié sa décision ; que le moyen ne peut être accueilli ;
PAR CES MOTIFS :
REJETTE le pourvoi.

Cass. 2e civ. 3-10-2013 n° 12-24.957 F-D

561 obligation d'information et de conseil – portée de l'obligation – fiscalité applicable - perte de chance

(Extraits)

Sur le moyen unique :

Attendu, selon l'arrêt confirmatif attaqué (Paris, 12 janvier 2012), que le 17 février 1998, Guy X..., alors âgé de soixante-et-onze ans, a souscrit au bénéfice de sa concubine, Mme Y..., un contrat d'assurance sur la vie "Initiatives Plus" auprès de la société Ecureuil Vie, aux droits de laquelle vient la société CNP Assurances (l'assureur), sur lequel il a versé le jour même la somme de 510 000 francs (77 749 euros) ; que Guy X... est décédé le 7 décembre 2006 ; que lors des démarches entreprises en vue d'obtenir la remise de ces fonds, Mme Y... a appris que le montant des primes versées, après les soixante-dix ans de Guy X..., devait être déclaré à l'administration fiscale en application de l'article 757 B du code général des impôts ; que le capital lui revenant a, dès lors, été taxé à hauteur de 35 611 euros au titre de ce contrat ; que Mme Y... a assigné l'assureur le 18 avril 2008, devant un tribunal de grande instance, en paiement de cette somme à titre de dommages-intérêts pour manquement à son obligation de conseil et d'information ;

Attendu que l'assureur fait grief à l'arrêt de le condamner à payer à Mme Y... la somme de 30 000 euros à titre de dommages-intérêts, avec intérêts au taux légal à compter de la date de l'exploit introductif d'instance, outre diverses sommes au titre des frais irrépétibles et aux dépens de première instance et d'appel, alors, selon le moyen :

1o/ que seule constitue une perte de chance réparable, la disparition actuelle et certaine d'une éventualité favorable ; qu'à l'appui de leurs décisions, les juges du fond se sont bornés à retenir que le prétendu manquement de l'assureur à son devoir d'éclairer M. X... sur le régime fiscal des primes d'un contrat d'assurance vie versées après 70 ans lui « a fait perdre une chance d'agir autrement pour gérer son épargne et pour trouver une solution plus favorable pour sa compagne pour assurer la transmission de son capital, ce dont Mme Y... a subi directement les conséquences ayant eu à régler les droits de mutation » et que « le préjudice s'analyse en une perte de chance d'agir autrement dans la gestion de l'épargne ainsi que la recherche d'une solution favorable à Mme Y... dans la transmission du capital » ; qu'en statuant ainsi, sans préciser quelle solution fiscale plus favorable à M. X... aurait pu être envisagée pour la transmission de son patrimoine à Mme Y..., la cour d'appel n'a pas caractérisé la disparition actuelle et certaine d'une éventualité favorable, privant sa décision de base légale au regard de l'article 1147 du code civil ;

2o/ que dans ses conclusions d'appel, l'assureur avait fait valoir que Mme Y... ne donnait aucune précision sur les « autres possibilités tant patrimoniales que familiales » que M. X... aurait pu envisager pour protéger ses intérêts, que le contrat d'assurance vie a permis à Mme Y... de bénéficier des intérêts (34 574,61 euros) en dehors de toute fiscalité, ainsi que de l'abattement légal de 30 500 euros en application de la législation fiscale propre aux contrats d'assurance vie, Mme Y... n'établissant pas que M. X... aurait informé le conseiller qu'il avait déjà souscrit un autre contrat d'assurance vie sur lequel venait s'imputer cet abattement et que sur tout autre placement, Mme Y... aurait dû s'acquitter des droits de succession à hauteur de 60 % sur la totalité des sommes transmises ; qu'en s'abstenant totalement de s'expliquer sur ces conclusions, la cour d'appel a violé les articles 455 et 458 du code de procédure civile ;

3o/ que, à supposer que M. X... ait pu envisager d'agir autrement pour la gestion de son épargne et la transmission de son capital à sa compagne, la perte de chance d'obtenir une solution plus favorable n'aurait pu être caractérisée que s'il avait été établi que, dûment informé, M. X... aurait opté pour cette autre solution qui aurait pu lui imposer d'autres contraintes ; qu'en s'abstenant totale-

ment de rechercher si la preuve avait été rapportée que M. X..., dûment informé du régime fiscal des primes versées après 70 ans sur un contrat d'assurance vie, aurait opté pour une autre solution patrimoniale ou familiale, la cour d'appel a privé sa décision de base légale au regard des articles 1147 et 1315 du code civil ;
Mais attendu que, par motifs propres et adoptés, l'arrêt retient que Mme Y..., dans le cadre du déblocage des fonds dont elle était la bénéficiaire, a dû régler des droits de mutation sur cette opération, notamment au motif, conformément à l'article 757 B du code général des impôts, que les primes versées par Guy X... l'avaient été après l'âge de soixante-dix ans ; que le régime fiscal appliqué à l'intéressée a été le suivant : sur le montant de 112 323,61 euros, les droits fiscaux ont été calculés à hauteur de 60 %, uniquement sur 77 749 euros après un abattement de 30 500 euros ; que s'il est constant que Guy X... a reconnu, lors de la signature de la demande de souscription le 17 février 1998, avoir reçu un exemplaire des conditions générales valant note d'information et comportant un modèle de lettre de renonciation, aucun de ces documents n'expose cependant la teneur de la règle fiscale applicable à l'âge de soixante dix ans ou celui-ci dépassé, ni même ne mentionne le seuil de cet âge ; que la note d'information se limite à renvoyer à : « la fiscalité qui s'applique à votre contrat est la fiscalité française de l'assurance-vie » sans même évoquer l'article 757 B du code général des impôts ; que dans ces conditions, l'organisme Ecureuil Vie était tenu d'éclairer son client sur l'adéquation du produit en cause à sa situation personnelle de souscripteur et à ses objectifs de transmission de son capital ; que la seule remise d'une notice valant conditions générales dans lesquelles il n'était mentionné aucune information précise sur la fiscalité et sur les conditions de mise en oeuvre des droits de mutation à prévoir ne suffisait pas ; qu'en venant souscrire un contrat d'assurance-vie à soixante et onze ans, Guy X... ne pouvait que souhaiter faire bénéficier sa compagne des avantages fiscaux les plus importants possibles pour la transmission de son capital ; qu'il appartenait, dès lors, à l'organisme en cause de le mettre en garde sur l'impossibilité de bénéficier de cet avantage ; que la CNP a fait perdre à Guy X... une chance d'agir autrement pour gérer son épargne et pour trouver une solution plus favorable pour sa compagne pour assurer la transmission de son capital, ce dont Mme Y... a subi directement les conséquences, ayant eu à régler des droits de mutation ;
Que de ces constatations et énonciations procédant de son appréciation souveraine de la valeur et de la portée des éléments de preuve qui lui étaient soumis, la cour d'appel, qui n'était pas tenue de suivre les parties dans le détail de leur argumentation, a pu déduire, par une décision motivée, que l'assureur avait failli à son obligation d'information et de conseil envers Guy X..., et fixer comme elle l'a fait le préjudice subi par Mme Y... au titre de la perte de chance ;
D'où il suit que le moyen n'est pas fondé ;
PAR CES MOTIFS :
REJETTE le pourvoi.

Cass. 1e civ. 19-3-2015 n° 13-28.776 F-PB

562 Souscription – transformation d'une souscription unique en cosouscription – absence de novation – appréciation souveraine des juges du fond

(Extraits)
Attendu, selon l'arrêt attaqué (Paris, 22 octobre 2013), que François X... a souscrit un contrat d'assurance sur la vie le 6 décembre 1988 et que Fanny Y..., son épouse, y a adhéré conjointement le 11 septembre 1995 ; qu'après le décès de François X... en 1999, Fanny Y... a désigné comme bénéficiaires à parts égales, ses sept petits-neveux et nièces et a procédé à un versement complémentaire ; qu'au décès de Fanny Y... survenu en 2003, ceux-ci ont reçu leur quote-part de capital ; que l'administration fiscale leur a alors réclamé le paiement de droits de mutation ; qu'après règlement de ces sommes, les bénéficiaires ont assigné le directeur

général des finances publiques afin d'obtenir l'annulation de l'imposition contestée et le remboursement des sommes versées ;
Attendu que le directeur général des finances publiques fait grief à l'arrêt d'accueillir les demandes, alors, selon le moyen :
1o/ qu'il résulte des dispositions combinées des articles 1271 et 1273 du code civil que la novation suppose notamment l'extinction d'une obligation à laquelle se substitue une obligation nouvelle ; qu'en estimant que la souscription conjointe de Fanny Y..., épouse X... en 1995 au contrat souscrit par François X... en 1988 ne constituait qu'un simple ajout d'un rapport d'obligation complémentaire entre l'assureur et Fanny Y... alors que la cosouscription du conjoint, qui devient également coassuré du contrat, entraîne l'extinction pure et simple de l'obligation initiale remplacée par une obligation nouvelle, la cour d'appel a violé les articles 1271 et 1273 du code civil ;
2o/ que pour refuser le caractère novatoire de la souscription conjointe de Fanny Y... au contrat souscrit initialement par François X..., la cour d'appel estime que cette coadhésion a donné naissance à un simple rapport d'obligation complémentaire entre l'assureur et Fanny Y... alors qu'elle relevait que ce contrat avait été modifié par cette nouvelle souscription ; qu'en ne recherchant pas si les conséquences civiles et fiscales d'une telle modification n'emportait pas novation du contrat, la cour d'appel n'a pas donné de base légale à sa décision au regard des articles 1271 et 1273 du code civil ;
Mais attendu que, dans l'exercice de son pouvoir souverain d'appréciation du contenu du contrat en cause, la cour d'appel a estimé qu'au rapport d'obligation contracté entre l'assureur et François X... en 1988 ne s'était pas substitué un nouveau rapport d'obligation, mais s'était ajouté, en 1995, du fait de la souscription conjointe de l'épouse, un rapport d'obligation complémentaire entre l'assureur et Fanny Y..., sans que l'existence du second n'ait un quelconque effet extinctif sur le premier ; qu'elle en a exactement déduit que la souscription conjointe de l'épouse n'avait pas emporté novation du contrat ; que le moyen n'est fondé en aucune de ses branches ;
PAR CES MOTIFS :
REJETTE le pourvoi.

Cass. 2e civ. 22-3-2015 n° 14-11.206 FS-PB

563 modification du bénéficiaire – assureur – connaissance après le décès – acceptation du bénéiciaire

(Extraits)
Attendu, selon l'arrêt attaqué (Nîmes, 17 octobre 2013), que Jean X... a souscrit le 5 janvier 1999 auprès de l'Association française d'épargne et de retraite (l'Afer) un contrat d'assurance sur la vie et désigné son épouse, Mme Y..., en qualité de bénéficiaire ; qu'aux termes d'une lettre manuscrite datée du 5 juillet 2000, reçue le 20 juillet 2000 par l'Afer, il a désigné ses enfants Mme Nadine X... et M. André X... (les consorts X...) en qualité de bénéficiaires de ce contrat, en lieu et place de Mme Y... ; qu'invoquant cette lettre, les consorts X... ont assigné Mme Y..., ainsi que l'Afer, afin de voir juger que leur mère, qui se prévalait de l'acceptation préalable, au 10 juillet 2000, de la clause bénéficiaire initiale la désignant, ne pouvait prétendre au bénéfice du contrat ;
Attendu que Mme Y... fait grief à l'arrêt de faire droit à la demande principale des consorts X... sur le fondement des dispositions de l'article L. 132-9 du code des assurances et de dire que Jean X... a valablement révoqué le 5 juillet 2000, au bénéfice de ses deux enfants, le contrat d'assurance-vie stipulé initialement en faveur de son épouse Mme Y..., alors, selon le moyen, que les actes sous seing privé n'ont de date contre les tiers que du jour où ils ont été enregistrés, du jour de la mort de celui ou de l'un de ceux qui les ont souscrits, ou du jour où leur substance est constatée dans les actes dressés par des officiers publics, tels que procès-verbaux de scellé ou d'inventaire ;

que l'acte unilatéral par lequel le souscripteur d'un contrat d'assurance vie modifie son bénéficiaire est soumis aux dispositions de l'article 1328 du code civil à l'égard des tiers non signataires dudit acte ; qu'en retenant que « Mme Y..., qui a accepté la clause bénéficiaire, n'est pas un tiers au sens des dispositions de l'article 1328 du code civil », cependant que celle-ci n'était pas signataire de l'acte de révocation et n'y avait aucunement souscrit, la cour d'appel a violé l'article 1328 du code civil par refus d'application ;

Mais attendu que l'article 1328 du code civil, selon lequel les actes sous seing privé n'ont date certaine contre les tiers que du jour où ils ont été enregistrés, n'est pas applicable aux contrats d'assurance et à leurs actes modificatifs ;

Que par ce motif de pur droit substitué à ceux critiqués par le moyen, après avis donné aux parties en application de l'article 1015 du code de procédure civile, l'arrêt se trouve légalement justifié ;

Et attendu qu'il n'y pas lieu de statuer sur les autres branches du moyen, annexées, qui ne sont manifestement pas de nature à entraîner la cassation ;

PAR CES MOTIFS

REJETTE le pourvoi.

Cass. 2e civ. 21-5-2015 n° 14-18.742 F-PBI

564 frais indiqués de façon confuse – prorogation du délai de renonciation

(Extraits)

Sur le moyen unique, tel que reproduit en annexe :

Attendu, selon l'arrêt attaqué (Paris, 1er avril 2014), que, le 17 octobre 2006, M. X... a souscrit un contrat d'assurance sur la vie auprès de la société Generali vie (l'assureur) ; que l'assureur lui a remis une note d'information valant conditions générales, en tête de laquelle figurait un encadré contenant les dispositions essentielles du contrat ; que, par lettre recommandée avec demande d'avis de réception du 15 mars 2010, M. X... a exercé sa faculté de renonciation en faisant valoir que les mentions de l'encadré n'étaient pas conformes aux dispositions des articles L. 132-5-2 et A. 132-8 du code des assurances ; que l'assureur ne lui ayant pas remboursé les sommes investies, M. X... l'a assigné en paiement ;

Attendu que l'assureur fait grief à l'arrêt de le condamner à restituer les sommes versées sur le contrat d'assurance sur la vie UBS croissance vie souscrit le 17 octobre 2006 ;

Mais attendu que l'arrêt retient que, dans l'encadré, les frais de gestion sur le support en euros sont fixés à 0,60 point par an du montant du capital libellé en euros ; que cette formule ne correspond pas aux exigences du texte qui prévoit que les frais doivent être indiqués pour leur montant ou en pourcentage maximum et qu'en ce qu'elle n'est pas précise et prête à confusion, elle ne satisfait pas à l'exigence d'information du souscripteur ;

D'où il suit que le moyen, qui, en ses première, deuxième, troisième, sixième et septième branches, attaque des motifs surabondants, n'est pas fondé pour le surplus ;

PAR CES MOTIFS :

REJETTE le pourvoi.

Cass. 2e civ. 10-9-2015 n° 14-20.017 F-PB

565 détermination du bénéficiaire – prédécès du bénéficiaire acceptant – absence de représentation - capital dans la succession

(Extraits)

Attendu, selon l'arrêt attaqué, rendu sur renvoi après cassation (1re civ. 20 juin 2012, pourvoi no 10-21. 808), que Germaine X... a souscrit six contrats d'assurance sur la vie au bénéfice de son frère René X... ; que celui-ci est décédé le 4 janvier 2005 ; que, par avenants du 17 mars 2005, elle a désigné en qualité de bénéficiaires, à parts

égales, Mme Marie-Christine X..., fille de René, et M. Jean-Pierre X..., fils de son autre frère, antérieurement décédé ; qu'elle est décédée le 21 décembre 2005 en laissant pour seuls héritiers sa nièce et son neveu précités ; qu'à la demande de Mme Marie-Christine X..., un jugement a prononcé la nullité de ces avenants pour insanité d'esprit de leur signataire et dit que Mme X... est la seule bénéficiaire des six contrats ;
Sur le premier moyen :
Vu les articles L. 132-9 et L. 132-11 du code des assurances ;
Attendu qu'il résulte de ces textes que, si l'attribution à titre gratuit du bénéfice d'une assurance sur la vie à une personne déterminée devient irrévocable par l'acceptation du bénéficiaire, cette attribution est présumée faite sous la condition de l'existence du bénéficiaire à l'époque de l'exigibilité du capital ou de la rente garantie, à moins que le contraire ne résulte des termes d'une clause de représentation, à défaut, elle est caduque et le capital ou la rente garantie font partie du patrimoine ou de la succession du contractant ;
Attendu que pour confirmer ce jugement, condamner M. X... à restituer à Mme X... une somme de 195 131, 18 euros et rejeter la demande tendant à voir dire que le contrat " Plurivalors " doit revenir à la succession faute de comporter une clause de représentation, l'arrêt retient que René X... avait accepté le bénéfice de ce contrat par lettre recommandée du 5 avril 2002 ce dont la compagnie d'assurance lui en a accusé réception le 19 avril 2002, le souscripteur en étant avisé ; que, conformément à l'article L. 132-9 du code des assurances, la stipulation en vertu de laquelle le bénéfice de l'assurance est attribué à un bénéficiaire déterminé devient irrévocable ; que dès lors, malgré le décès de René X... intervenu avant celui de Germaine X..., le bénéfice de ce contrat est entré dans le patrimoine de Marie-Christine X..., fille unique de René X... ;
Qu'en statuant ainsi, alors que la désignation de René X... était devenue caduque à la suite de son décès quand bien même l'avait-il acceptée, la cour d'appel qui n'a pas relevé l'existence d'une clause de représentation du bénéficiaire décédé, a violé les textes susvisés ;
Et sur le second moyen :
Vu les articles 843 du code civil et L. 132-13, alinéa 2, du code des assurances ;
Attendu que, pour rejeter la demande de rapport des sommes versées au titre des primes manifestement excessives des six contrats d'assurance sur la vie, l'arrêt énonce que M. X... et Mme X... ne sont pas des héritiers réservataires de leur tante, qu'ils ne sont donc pas tenus au rapport d'une éventuelle donation et qu'en application des articles 843 et 863 du code civil et de l'article L. 132-13 du code des assurances, les règles du rapport à succession et celles de la réduction pour atteinte à la réserve des héritiers ne s'appliquent pas aux sommes versées par le contractant à titre de primes, même exagérées, en l'absence d'héritiers réservataires ;
Qu'en statuant ainsi, alors que la qualité de réservataire est indifférente à l'obligation de rapport pesant sur tout héritier, la cour d'appel, ajoutant une condition à la loi, a violé les textes susvisés ;
PAR CES MOTIFS :
CASSE ET ANNULE, dans toutes ses dispositions, l'arrêt rendu le 24 avril 2014, entre les parties, par la cour d'appel de Montpellier.

Cass. 1e civ. 10-2-2016 n° 14-27.057 FS-PBI

566 détermination du bénéficiaire – clause désignant les héritiers – légataires universels en usufruit et en nue-propriété désignés par testament

(Extraits)
Vu les articles 1003 et 1010 du code civil, ensemble l'article L. 132-8 du code des assurances dans sa rédaction antérieure à celle issue de la loi du 16 décembre 2005 ;
Attendu, selon l'arrêt attaqué et les productions, que, le 4 octobre 2000, Jean X... et Monique Y..., son épouse, ont adhéré conjointement à un contrat d'assurance sur la vie souscrit par La Poste auprès de la société Caisse nationale de prévoyance assu-

rances (la CNP), désignant comme bénéficiaires du capital en cas de décès du dernier survivant des époux « par parts égales, nos enfants respectifs nés ou à naître, à défaut de l'un décédé avant ou après l'adhésion pour sa part ses descendants, à défaut les survivants, à défaut nos héritiers » ; que Jean X... et Monique Y... sont respectivement décédés les 13 mars et 24 juin 2007, sans descendants ; que Monique Y..., qui a laissé pour lui succéder son frère, M. Y..., et avait institué, par un testament olographe déposé le 2 mai 2006 au rang des minutes d'un office notarial, en cas de pré-décès de son époux, « légataires universels en usufruit » Nicole Z..., Ségolène Z..., Marine Z..., Béatrice A..., Constance X..., Françoise Y..., Guy Y... et désigné comme « légataires universels en nue-propriété » leurs enfants vivants ou à naître, dont Ségolène et Marine Z..., filles de Nicole Z... ; que Mmes Nicole, Marine et Ségolène Z..., MM. Benjamin et Edouard Z..., Mmes Béatrice et Constance X..., Mme Laure A..., MM. Clément et Martin A..., Mmes Adrienne et Mathilde B... ont contesté le versement du capital par la CNP à M. Y... ;

Attendu que, pour rejeter leur contestation, l'arrêt retient qu'en l'absence de bénéficiaire désigné, seul l'héritier peut bénéficier, hors part successorale, du versement du capital décès ou de la rente, qu'il est établi que postérieurement à la souscription d'un contrat d'assurance sur la vie survenue en 2000, Monique Y... a, par testament olographe en date du 2 mai 2006, institué comme légataires en usufruit ses nièces par alliance, Nicole Z..., Béatrice A..., Constance X..., sa petite-nièce par alliance Ségolène Z..., sa nièce Françoise Y... et son frère Guy Y..., et comme légataires universels en nue-propriété, leurs enfants vivants ou à naître ; qu'il ajoute que, cependant, quelle que soit l'expression utilisée par la testatrice, le legs de la nue-propriété ou de l'usufruit de tous les immeubles et les meubles d'une succession est à titre universel et non universel, que M. Guy Y..., en sa qualité de seul parent collatéral au second degré de la défunte, a seul la qualité d'héritier en application des dispositions de l'article 734, 2o, du code civil, et en l'absence de légataires universels, il est le seul héritier de la succession au sens de la loi, les légataires à titre universel ne pouvant être considérés comme tels, que M. Y..., frère de Monique Y..., a seul la qualité d'héritier parmi les légataires à titre universel ;

Qu'en statuant ainsi, alors que les legs portant sur la nue-propriété et l'usufruit de l'ensemble des biens composant la succession et ceux portant sur la nue-propriété de ces biens, constituaient des legs universels, et qu'il lui incombait de rechercher si Monique Y... avait eu la volonté, ou non, de faire bénéficier les légataires des capitaux garantis par le contrat d'assurance sur la vie, la cour d'appel a violé les textes susvisés ;

PAR CES MOTIFS :

CASSE ET ANNULE, en toutes ses dispositions, l'arrêt rendu le 16 septembre 2014, entre les parties, par la cour d'appel de Rennes.

Cass. 1e civ. 11-5-2016 n° 15-10.447 FS-PBI

567 faculté de renonciation – cosouscription par deux époux – fonds communs – gestion concurrente

(Extraits)

Attendu, selon l'arrêt attaqué, que, le 4 juillet 1997, M. et Mme X... ont souscrit un contrat d'assurance sur la vie auprès de la société Generali vie (l'assureur) ; que, par lettre recommandée avec demande d'avis de réception du 18 septembre 2009, M. X... a informé ce dernier de sa volonté de renoncer au contrat ; que, contestant le refus opposé par l'assureur d'accéder à leur demande de renonciation et de restitution des sommes versées, M. et Mme X... l'ont assigné devant un tribunal ;

Sur le premier moyen, ci-après annexé :

Attendu que, par application des dispositions de l'article 916 du code de procédure civile, le pourvoi n'est pas recevable en ce qu'il est formé contre l'ordonnance du 10 septembre 2012 ;

Qu'il n'y a donc pas lieu de statuer par une décision spécialement motivée sur ce moyen ;

Mais sur le deuxième moyen, pris en sa première branche, qui est recevable :
Vu l'article L. 132-5-1 du code des assurances, dans sa rédaction antérieure à celle issue de la loi no 2005-1564 du 15 décembre 2005, ensemble l'article 1421 du code civil ;
Attendu que, pour écarter la demande des époux X... tendant à faire constater qu'ils avaient renoncé au contrat d'assurance sur la vie litigieux, l'arrêt retient que la faculté de renonciation prévue à l'article L. 132-5-1 du code des assurances est un droit personnel du souscripteur qui ne peut être exercé par un mandataire qu'en vertu d'un mandat spécial et que M. X..., qui a, seul, fait part à l'assureur de sa volonté de renoncer au contrat, ne pouvait valablement renoncer à celui-ci au nom de son épouse en vertu des pouvoirs d'administration de la communauté ;
Qu'en statuant ainsi, alors que la renonciation à un contrat d'assurance sur la vie constitue un acte d'administration et que, dans le régime de communauté auquel elle se référait, chacun des époux a le pouvoir d'administrer seul les biens communs, sauf à répondre des fautes qu'il aurait commises dans sa gestion, la cour d'appel a violé les textes susvisés ;
PAR CES MOTIFS et sans qu'il y ait lieu de statuer sur la seconde branche du deuxième moyen et sur le troisième moyen :
Déclare IRRECEVABLE le pourvoi en ce qu'il est dirigé contre l'ordonnance du conseiller de la mise en état du 10 septembre 2012 ;
CASSE ET ANNULE, dans toutes ses dispositions, l'arrêt rendu le 25 mars 2014, entre les parties, par la cour d'appel de Paris.

Cass. 2e civ. 19-5-2016 n° 15-12.767 FS-PBRI

568 prorogation du délai de renonciation – abus de droit – appréciation de l'abus – souscripteur averti ou profane

(Extraits)
Attendu, selon l'arrêt attaqué, que M. et Mme X... ont souscrit chacun, le 11 juin 2008, auprès de la société de droit luxembourgeois Fortis Luxembourg vie, aux droits de laquelle se trouve la société Cardix Lux vie (l'assureur), un contrat d'assurance sur la vie " Liberty 2 invest ", libellé en unités de compte sur lequel il ont investi un même capital initial de 1 503 057, 25 euros avant de procéder le 1er mars 2009 à un rachat partiel d'un montant de 344 500 euros chacun ; qu'estimant ne pas avoir reçu une information précontractuelle conforme aux exigences légales, M. et Mme X... ont, par lettres recommandées avec demande d'avis de réception du 15 octobre 2010, reçus le 19 octobre suivant par l'assureur, exercé la faculté de renonciation prévue aux articles L. 132-5-1 et L. 132-5-2 du code des assurances ; que l'assureur n'ayant pas donné suite à cette demande, M. et Mme X... l'ont assigné en restitution de la somme de 1 158 557, 25 euros augmentée des intérêts majorés ;
Sur le premier moyen :
Attendu que l'assureur fait grief à l'arrêt de confirmer le jugement entrepris en toutes ses dispositions, de dire n'y avoir lieu de poser une question préjudicielle à la Cour de justice de l'Union européenne et de le débouter ainsi de sa demande tendant à voir dire et juger que la sanction prononcée est disproportionnée, alors, selon le moyen, que l'appréciation du caractère proportionné d'une sanction s'effectue de façon nécessairement concrète, en mettant en balance, d'un côté, le degré d'atteinte aux règles protégées, la nature de ces règles, d'un autre côté, le préjudice subi par la « victime » supposée du manquement ; qu'une sanction n'est ainsi pas proportionnée si, pour un manquement véniel à une obligation d'information purement formelle, aucun préjudice n'est constaté dans le chef du créancier de ladite information, lequel est parfaitement informé par ailleurs ; qu'au cas présent, la personne se plaignant d'un manquement à l'obligation d'information était directeur financier du fonds d'investissement Wendel, auteur d'un montage défiscalisant dit « d'intéressement »

du premier cercle des dirigeants dudit fonds ; que le manquement visé était purement formel, puisqu'il s'agissait d'une absence de parfaite adéquation entre l'encadré et l'arrêté régissant ledit encadré ; qu'en considérant comme proportionnée la sanction infligée à l'assureur-vie, d'une prorogation de plusieurs années du délai de renonciation de 30 jours, et, au final, du paiement de la valeur des titres apportés à l'origine, « sans qu'il y ait lieu de distinguer selon que le manquement est purement formel ou tient au contenu de l'information qui doit être fournie, ni de subordonner la sanction à la démonstration préalable d'un préjudice subi par le preneur d'assurance », la cour d'appel a violé les articles L. 132-5-1 et L. 132-5-2 du code des assurances, lu à la lumière des articles 35 et 36 de la directive 2002/ 83/ CE du 5 novembre 2002 concernant l'assurance directe sur la vie, ensemble le principe de proportionnalité ;

Mais attendu qu'après avoir à bon droit énoncé que lorsqu'une réglementation communautaire ne comporte aucune disposition spécifique prévoyant une sanction en cas de violation, ou renvoie sur ce point aux réglementations nationales, ce qui est le cas de l'article 36 de la directive 2002/ 83 CE et de son annexe III, il incombe aux États membres de prendre toutes mesures propres à garantir la portée et l'effectivité du droit communautaire dans les conditions de fond et de procédure conférant à la sanction un caractère effectif, proportionné et dissuasif, l'arrêt retient que la sanction prévue à l'article L. 132-5-2 du code des assurances est proportionnée à l'objectif de la directive vie rappelé au considérant no 52 qui est de faire profiter le consommateur de la diversité des contrats et d'une concurrence accrue, sans qu'il y ait lieu de distinguer selon que le manquement est purement formel ou tient au contenu de l'information qui doit être fournie, ni de subordonner la sanction à la démonstration préalable d'un préjudice subi par le preneur d'assurance ;

Que de ces constatations et énonciations, la cour d'appel a exactement déduit que l'article L. 132-5-2, alinéa 2, du code des assurances était conforme au droit de l'Union ;

D'où il suit que le moyen n'est pas fondé ;

Mais sur le deuxième moyen, pris en sa première branche :

Vu les articles L. 132-5-1 et L. 132-5-2 du code des assurances, dans leur rédaction applicable ;

Attendu que si la faculté prorogée de renonciation prévue par le second de ces textes en l'absence de respect, par l'assureur, du formalisme informatif qu'il édicte, revêt un caractère discrétionnaire pour le preneur d'assurance, son exercice peut dégénérer en abus ;

Et attendu que ne saurait être maintenue la jurisprudence initiée par les arrêts du 7 mars 2006 (2e civ., 7 mars 2006, pourvois no 05-10. 366 et 05-12. 338, Bull. II, no 63), qui, n'opérant pas de distinction fondée sur la bonne ou la mauvaise foi du preneur d'assurance, ne permet pas de sanctionner un exercice de cette renonciation étranger à sa finalité et incompatible avec le principe de loyauté qui s'impose aux contractants ;

Attendu que pour déclarer recevable et bien fondé l'exercice par M. et Mme X… de leur droit de renonciation et condamner l'assureur à leur payer la somme de 1 158 557 euros, augmentée des intérêts majorés, l'arrêt retient que la faculté de renonciation prévue par le code des assurances est un droit discrétionnaire pour l'assuré dont la bonne foi n'est pas requise, qu'il soit averti ou profane et ne peut donc dégénérer en abus ;

Qu'en statuant ainsi, la cour d'appel a violé les textes susvisés ;

Et sur le second moyen, pris en sa seconde branche :

Vu les articles L. 132-5-1 et L. 132-5-2 du code des assurances, dans leur rédaction applicable ;

Attendu que pour statuer comme il l'a fait, l'arrêt retient qu'en tout état de cause, l'assureur ne démontre pas que l'usage par M. et Mme X… de la faculté de renonciation qui leur est ouverte du fait même des manquements de l'assureur, qui ne leur a pas remis les documents et informations prévus par des dispositions d'ordre public, constitue un détournement de la finalité de la règle de droit issue du code des assurances, même s'ils peuvent ainsi échapper aux conséquences des fluctuations du marché financier ;

Qu'en se déterminant ainsi, par voie de simple affirmation, en se bornant à constater que les conditions d'exercice du droit de renonciation étaient réunies, sans rechercher, au regard de la situation concrète de M. et Mme X..., de leur qualité d'assurés avertis ou profanes et des informations dont ils disposaient réellement, quelle était la finalité de l'exercice de leur droit de renonciation et s'il n'en résultait pas l'existence d'un abus de droit, la cour d'appel, qui n'a pas mis la Cour de cassation en mesure d'exercer son contrôle, a privé sa décision de base légale ;

PAR CES MOTIFS, et sans qu'il y ait lieu de statuer sur le troisième moyen auquel la société Cardif Lux vie a renoncé :

CASSE ET ANNULE, sauf en ce qu'il a dit n'y avoir lieu de poser une question préjudicielle à la Cour de justice de l'Union européenne, l'arrêt rendu le 16 septembre 2014, entre les parties, par la cour d'appel de Paris.

Cass. 2e civ. 19-5-2016 n° 15-13.606 FS-PBRI

569 paiement de la prime – apport de titres sur un fonds dédié

(Extraits)

Attendu, selon l'arrêt attaqué (Versailles, 18 décembre 2014) que M. X... a conclu avec la société de droit luxembourgeois Natixis Life un contrat d'assurance sur la vie à fonds dédié dénommé « Premium vie » dont la prime devait être versée sous forme d'apport de titres ; qu'en vue du règlement de cette prime, M. X... a ouvert le 21 novembre 2005 un compte titres dans les livres de la société de droit luxembourgeois Natixis Bank et donné instruction à cette dernière le 23 mars 2006 de souscrire des parts du fonds Groupement financier, organisme de placement collectif de valeurs mobilières de droit des Iles Vierges Britanniques et de transférer ces titres sur son contrat d'assurance ; que la société Natixis Bank a procédé à cette souscription le 31 mars 2006 ; que la société Natixis Life a ensuite adressé à M. X... un exemplaire de son contrat ainsi qu'un relevé de situation du capital investi ; que les actifs du fonds Groupement financier étant intégralement investis auprès de la société Bernard Madoff Investment securities (la société BMIS), la faillite de cette société a entraîné une importante perte financière pour M. X... ; qu'il a alors assigné les sociétés Natixis Life et Natixis Bank, principalement en annulation du contrat d'assurance vie et de l'ordre d'achat des parts du fonds Groupement financier et subsidiairement en paiement de dommages-intérêts ;

Sur le premier moyen, pris en sa première branche :

Attendu que M. X... fait grief à l'arrêt de le débouter de sa demande d'annulation du contrat d'assurance sur la vie et de l'ordre d'achat des parts du fonds Groupement financier, alors, selon le moyen, qu'est nul, comme contraire à l'ordre public, le contrat d'assurance-vie portant sur des actifs dédiés fermés qui permet au souscripteur de payer ses primes par un apport de titres ; qu'en énonçant qu'aucune disposition légale ne prohibe que le paiement des primes d'un contrat d'assurance-vie s'effectue par apport de titres, la cour d'appel a violé l'article L. 113-2 du code des assurances, ensemble les articles 6, 1128 et 2013 du code civil ;

Mais attendu que si le droit français n'envisage le versement des primes d'assurance qu'en numéraire, aucune disposition légale d'intérêt général ne prohibe la distribution en France par un assureur luxembourgeois de contrats d'assurance sur la vie qui sont régis par la loi française mais dont les caractéristiques techniques et financières relèvent du droit luxembourgeois conformément à l'article 10-2 de la directive 2002/ 83/ CE du 8 novembre 2002 et permettent l'apport de titres sur des fonds dédiés fermés ;

Qu'il s'ensuit que c'est à bon droit que la cour d'appel a décidé que le contrat d'assurance sur la vie souscrit par M. X... auprès d'un assureur de droit luxembourgeois était valable ;

Et attendu qu'il ne ressort ni des énonciations de l'arrêt ni des conclusions des parties que M. X... ait invoqué devant la cour d'appel que le contrat

d'assurance litigieux constituait en réalité une fiducie procédant d'une intention libérale, prohibée par l'article 2013 du code civil ;
D'où il suit que le moyen, pour partie nouveau, mélangé de fait et de droit et comme tel irrecevable, n'est pas fondé pour le surplus ;
Sur le premier moyen, pris en ses trois dernières branches :
Attendu que M. X... fait le même grief à l'arrêt, alors, selon le moyen :
1o/ que, le contrat d'assurance vie réalisé par apport de titres suppose que le souscripteur ait, au préalable, la qualité de propriétaire des titres ; qu'il en va autrement lorsque les titres acquis par l'intermédiaire d'une banque se trouvent être des parts d'un fonds d'investissement situé aux Iles Vierges Britanniques qui ne reconnaît à l'investisseur que la qualité de bénéficiaire économique ; qu'en statuant en sens contraire, la cour d'appel a violé les articles 544 et 1126 du code civil ;
2o/ que l'assureur doit avoir la qualité de propriétaire des titres qui constituent le portefeuille du contrat d'assurance-vie, en vue d'en assurer la gestion ; qu'en permettant à l'assureur de détenir des titres dans un fonds d'investissement étranger par l'intermédiaire d'une banque, qui avait seule la qualité d'actionnaire, la cour d'appel a violé l'article L. 131-1 du code des assurances ;
3o/ que, l'assureur doit, s'il a recours à un intermédiaire pour assurer la gestion des titres qui composent le portefeuille de valeurs mobilières, lui confier un tel pouvoir en vertu d'un mandat ; qu'en énonçant que la banque détenait les titres pour le compte de l'assureur, quand elle tirait ses droits directement du souscripteur, la cour d'appel a violé les articles 1984 et 1998 du code civil, ensemble l'article L. 131-1 du code des assurances ;
Mais attendu qu'ayant retenu que les titres du Groupement financier relevaient de la loi du pays où se trouvait la société émettrice et donc du droit des Iles Vierges Britanniques, c'est par une interprétation souveraine de cette loi étrangère que la cour d'appel a retenu que M. X... était devenu propriétaire de ces titres et en a déduit qu'il en avait valablement transféré la propriété à la société Natixis Life en paiement de la prime du contrat d'assurance souscrit ;
Et attendu qu'il ne ressort ni des énonciations de l'arrêt ni des conclusions des parties que M. X... ait soutenu que la société Natixis Bank ne disposait d'aucun mandat de l'assureur pour gérer les parts du fonds d'investissement qu'elle détenait ;
D'où il suit que le moyen, nouveau, mélangé de fait et de droit et partant irrecevable en sa dernière branche, n'est pas fondé pour le surplus ;
Sur le second moyen :
Attendu que M. X... fait grief à l'arrêt de le débouter de ses demandes tendant à voir déclarer les sociétés Natixis Bank et Natixis Life responsables d'un défaut d'information et de conseil et à les voir condamnées au paiement de dommages-intérêts, alors, selon le moyen :
1o/ qu'en souscrivant des titres nominatifs en son nom propre pour le compte de M. X..., la banque a agi en qualité de commissionnaire et qu'il lui appartenait en conséquence d'informer son client de l'impossibilité de se voir reconnaître la qualité d'actionnaire au sein de Groupement financier ; qu'en énonçant que la demande de M. X..., exclusivement fondée sur le prétendu défaut de propriété des titres, ne saurait prospérer dès lors qu'il a été dit précédemment qu'il était bien propriétaire des titres en cause qu'il a régulièrement cédés quelques semaines plus tard à l'assureur, la cour d'appel a violé l'article L. 132-1 du code de commerce, ensemble l'article 1147 du code civil ;
2o/ que l'assureur, tenu d'un devoir de conseil, doit informer son client souscripteur de ce que les titres apportés au contrat d'assurance-vie ont été souscrits au nom d'une banque qui a seule la qualité d'actionnaire ; qu'en énonçant que la demande de M. X..., exclusivement fondée sur le prétendu défaut de propriété des titres, ne saurait prospérer dès lors qu'il a été dit précédemment qu'il était bien propriétaire des titres en cause qu'il a régulièrement cédés quelques semaines plus tard à l'assureur, la cour d'appel a violé l'article 1147 du code civil ;
Mais attendu que la cour d'appel ayant retenu par des motifs adoptés des premiers juges, non critiqués par le moyen, que ni la banque, ni l'assureur

n'étaient débiteurs d'une obligation d'information, de mise en garde et de conseil à l'égard de M. X..., investisseur particulièrement avisé et conseillé, la décision se trouve justifiée par ces seuls motifs ;

D'où il suit que le moyen est inopérant ;

PAR CES MOTIFS :

REJETTE le pourvoi.

Cass. 2e civ. 12-1-2017 n° 15-27.908 F-D

570 contrats en unités de compte – clause d'arbitrage à cours connu – modification de la liste des supports disponibles – abus de l'assureur

(Extraits)

Sur le moyen unique :

Attendu, selon l'arrêt confirmatif attaqué (Versailles, 10 septembre 2015), que le 14 décembre 1993, M. X... a souscrit auprès de la société Abeille vie, aux droits de laquelle vient la société Aviva vie (l'assureur), un contrat d'assurance sur la vie multisupports dénommé « Sélectivaleurs croissance » comportant une clause dite d'arbitrage à cours connu permettant au souscripteur de passer des ordres d'arbitrage entre différents supports financiers sur la base des cours de la bourse de la semaine précédente, en parfaite connaissance du résultat de l'opération ; qu'en janvier et juillet 1998, l'assureur a modifié la liste des supports éligibles à l'arbitrage ; qu'il a proposé en juin 1998 à M. X... de signer un avenant au contrat d'assurance, aux termes duquel, moyennant renonciation à la clause d'arbitrage à cours connu, il aurait accès à une liste de supports plus étendue ; que M. X... n'a pas donné suite à cette proposition ; qu'à la suite du refus opposé par l'assureur en décembre 2009 de procéder à un arbitrage vers un support qu'il avait précédemment utilisé, M. X... a assigné ce dernier en réparation du préjudice causé par son refus d'exécuter ses ordres d'arbitrage ;

Attendu que l'assureur fait grief à l'arrêt de dire qu'il a commis une faute en dénaturant le contrat souscrit le 14 décembre 1993 et d'ordonner en conséquence une mesure d'expertise avant dire droit sur le préjudice, alors, selon le moyen :

1o/ que la contradiction de motifs équivaut à l'absence de motifs ; qu'en retenant que l'assureur n'était pas fondé à faire évoluer la liste des supports financiers du contrat d'assurance-vie Sélectivaleurs croissance, sauf à établir que le maintien de la liste originaire de supports l'aurait placé dans une situation de péril économique ou aurait nui aux autres souscripteurs, ce après avoir pourtant relevé, par motifs propres et adoptés, que les stipulations contractuelles excluaient que la liste originaire des supports éligibles pût demeurer figée, que l'assureur n'avait pas à recueillir l'accord de l'assuré pour faire évoluer les supports, que cette faculté contractuellement offerte ne revêtait pas en elle-même de caractère abusif, et que l'assuré ne pouvait prétendre avoir un droit acquis sur la liste des supports éligibles à la date de la souscription du contrat, laquelle était dépourvue de valeur contractuelle, la cour d'appel a entaché sa décision d'une contradiction de motifs et violé l'article 455 du code de procédure civile ;

2o/ qu'en subordonnant l'exercice, par l'assureur, de la faculté contractuelle de modification de la liste des supports éligibles du contrat Sélectivaleurs croissance, dont elle relevait expressément l'existence, à la démonstration préalable de ce que le maintien de la liste originaire de supports l'aurait placée dans une situation de péril économique ou aurait nui aux autres souscripteurs, ainsi qu'à la nécessité d'une renégociation contractuelle, la cour d'appel a dénaturé le contrat en y ajoutant des conditions que celui-ci ne prévoyait pas et a méconnu, par là même, les dispositions de l'article 1134 du code civil ;

3o/ que l'utilisation d'une prérogative contractuelle n'est pas, en elle-même constitutive d'un abus ; qu'en affirmant, pour retenir l'exercice d'un supposé abus, par l'assureur, de sa faculté contractuelle de modification de la liste des supports éligibles du contrat Sélectivaleurs croissance, que la mise en oeuvre de cette faculté, au sein d'un contrat com-

portant une clause d'arbitrage à cours connu, aurait en soi constitué une dénaturation du contrat au seul bénéfice de la partie économiquement la plus forte, sans caractériser une telle « dénaturation » au regard de l'objet même du contrat d'assurance-vie, ni procéder sur ce point aux recherches qui lui étaient demandées par l'assureur, notamment quant à l'absence de tout engagement contractuel portant sur une liste de supports éligibles à dominante actions, la cour d'appel a privé sa décision de base légale au regard de l'article 1147 du code civil ;
4o/ qu'en se fondant pour retenir que l'assureur aurait cherché à "sauvegarder ses propres intérêts" en modifiant la liste des supports éligibles dans le cadre d'un contrat contenant une clause d'arbitrage à cours connu, sur les énonciations d'un procès-verbal d'assemblée d'une filiale de l'assureur, entité juridique distincte, sans vérifier si ce procès-verbal concernait l'assureur et se rapportait au contrat litigieux, la cour d'appel n'a pas donné de base légale à sa décision au regard de l'article 1147 du code civil ;
5o/ qu'en se prononçant ainsi, sans rechercher, comme elle y était invitée, si la liste des supports éligibles modifiée en 1998 ne continuait pas à comporter des supports variés à base notamment d'actions françaises et étrangères, et si les gains dégagés substantiels de M. X... dans ses opérations accomplies postérieurement aux modifications de supports litigieuses n'excluaient pas toute dénaturation du contrat originaire, la cour d'appel a privé sa décision de base légale au regard de l'article 1134 du code civil ;
6o/ qu'en retenant, par motifs éventuellement adoptés, que l'assureur aurait fait disparaître de la liste des supports originaires les fonds les plus spéculatifs au profit de fonds obligataires présentant un aspect spéculatif moindre, par la considération que l'assureur aurait supprimé deux fonds orientés vers les actions, quand il résultait par ailleurs de ses propres constatations que les deux fonds « composés d'actions » Option équilibre et Option performance n'avaient pas été affectés par la modification de la liste originaire, la cour d'appel n'a pas tiré les conséquences légales de ses constatations au regard de l'article 1147 du code civil ;

Mais attendu que l'arrêt retient par motifs propres et adoptés que la clause d'arbitrage à cours connu et la diversité des supports éligibles sont des conditions essentielles de l'engagement de l'assuré ; que s'il n'est pas stipulé que l'assureur s'engage à maintenir la liste des supports initialement proposés, ce qui empêche l'assuré de soutenir valablement avoir un droit acquis sur une liste de supports, l'économie du contrat exige que des supports diversifiés comparables en nombre et en nature à ceux existant lors de la souscription, soient proposés à l'assuré à l'occasion de chacune des demandes d'échange ; que ladite liste proposait onze supports dont deux fonds composés notamment d'actions (Option équilibre et Option performance) et deux fonds orientés vers les actions (Victoire France et Victoire performance) ; qu'il ressort de l'examen des documents applicables à compter du 1er juillet 1998 que l'assureur a réduit ce nombre à neuf et supprimé les fonds Victoire France et Victoire performance ; qu'en faisant disparaître les fonds les plus spéculatifs au profit de ceux qui, essentiellement orientés vers les obligations, présentaient un caractère spéculatif moindre, l'assureur a dénaturé le contrat ; que la mauvaise foi de l'assureur est d'autant plus avérée qu'il a, dans le même temps, proposé à l'assuré de souscrire un avenant par lequel il renonçait à la clause d'arbitrage à cours connu, mais qui lui aurait ouvert une gamme de quinze supports, dont une Sicav d'actions françaises et trois FCP orientés vers les actions ; que l'assureur ne démontre ni que le maintien d'une offre de supports diversifiée l'aurait placé dans une situation économique grave ni qu'elle aurait nui aux autre souscripteurs ; que l'assureur ne pouvait modifier de manière unilatérale l'offre de supports afin de priver d'une grande partie de son intérêt le jeu de la clause d'arbitrage à cours connu et de limiter ses coûts ;
Que de ces constatations et énonciations, la cour d'appel, qui n'avait pas à procéder aux recherches inopérantes visées par le moyen, a pu déduire, sans se contredire ni ajouter au contrat des conditions qu'il ne comportait pas, que l'assureur avait commis un abus dans l'exercice de la faculté contrac-

tuelle lui permettant de fixer unilatéralement la liste des supports éligibles à l'arbitrage ;
D'où il suit que le moyen n'est pas fondé ;
PAR CES MOTIFS :
REJETTE le pourvoi.

Cass. 1e civ. 8-3-2017 n° 16-10.384 F-PB

571 **bénéficiaire en cas de décès – primes manifestement exagérées – bénéficiaire n'ayant pas la qualité d'héritier ab intestat – absence de rapport**

(Extraits)
Attendu, selon l'arrêt attaqué, que Georgette D… est décédée le […], en Polynésie française, laissant pour lui succéder ses deux fils, MM. Jacques Z… et Gérard Y… ; qu'auparavant, elle avait souscrit une assurance sur la vie en désignant comme bénéficiaires les enfants de ce dernier, Carole et Vianney Y… ; que M. Z… a assigné devant le tribunal de première instance de Papeete M. Gérard Y…, Mme Carole Y… et M. Vianney Y… en partage de la succession ;
Sur le premier moyen, qui est recevable comme étant de pur droit :
Vu les articles 843 du code civil, dans sa rédaction antérieure à celle issue de la loi no 2006-228 du 23 juin 2006, et L. 132-13 du code des assurances ;
Attendu que le rapport des libéralités à la succession n'est dû que par les héritiers ab intestat ;
Attendu que l'arrêt dit que Mme Carole Y… et M. Vianney Y… doivent rapporter à la succession la prime versée par Georgette D… sur le contrat d'assurance sur la vie ;
Qu'en statuant ainsi, alors que Mme Carole Y… et M. Vianney Y… ne sont pas héritiers ab intestat de cette dernière, la cour d'appel a violé les textes susvisés ;
Et sur le second moyen, pris en sa première branche :
Vu l'article 6, alinéas 3 et 5, du code de procédure civile de la Polynésie française ;
Attendu que le juge doit, en toutes circonstances, faire observer et observer lui-même le principe de la contradiction ; qu'il ne peut fonder sa décision sur les moyens qu'il a relevés d'office sans avoir au préalable invité les parties à présenter leurs observations ;
Attendu que, pour rejeter la demande de M. Gérard Y… tendant à ce que M. Z… soit tenu de rapporter à la succession des fonds qui lui avaient été remis par Georgette D…, l'arrêt retient que si celui-ci a bien reçu un don manuel de la part de sa mère, cette dernière, qui a été constamment soucieuse de n'avantager aucun de ses deux fils l'un par rapport à l'autre, a eu la volonté de le dispenser du rapport de cette donation, à l'instar du legs et de la donation qu'elle a faits en faveur de M. Gérard Y… ;
Qu'en se déterminant ainsi, sans avoir, au préalable, invité les parties à présenter leurs observations sur ce moyen relevé d'office, la cour d'appel a méconnu le principe de la contradiction et violé le texte susvisé ;
PAR CES MOTIFS, et sans qu'il y ait lieu de statuer sur les autres branches du second moyen :
CASSE ET ANNULE, mais seulement en ce qu'il ordonne le rapport à la succession par Mme Carole Y… et M. Vianney Y… de la somme de 7 200 000 FCFP avec intérêts au taux légal à compter du 9 septembre 2005 et rejette la demande formée par M. Gérard Y… tendant au rapport à la succession par M. Z… de la contre-valeur en euros ou en francs pacifique de la somme de 20 000 FRF de 1974 et de la valeur de la maison d'habitation sise lieu-dit Lascaux, l'arrêt rendu le 25 septembre 2014, entre les parties, par la cour d'appel de Papeete.

Cass. 2e civ. 8-6-2017 n° 15-12.544 F-PB

572 **modification du bénéficiaire – curatelle – assistance du curateur**

(Extraits)

Attendu, selon l'arrêt attaqué (Bordeaux, 4 décembre 2014), qu'Edouard X... a été placé le 11 décembre 2008 sous le régime de la curatelle simple, l'Association pour adultes et jeunes handicapés de la Gironde (l'association) ayant été désignée en qualité de curateur ; que par lettre du 10 février 2009, il a indiqué à la société CNP assurances (l'assureur) vouloir modifier la clause désignant le bénéficiaire, en cas de décès, de deux contrats d'assurance-vie, intitulés "GMO" et "Solesio", qu'il avait respectivement souscrits les 3 décembre 1999 et 6 octobre 2004, en substituant son fils, M. Janick X..., à sa fille, Mme Y... ; que par un testament reçu en la forme authentique le 13 février 2009, il a indiqué qu'il désignait son fils Janick bénéficiaire des deux contrats d'assurance-vie ; que le curateur a donné son accord pour la substitution de bénéficiaire du contrat "Solesio" par une lettre adressée à l'assureur le 5 octobre 2009 ; qu'Edouard X... est décédé le [...] ; que n'ayant pas reçu l'accord du curateur pour la substitution de bénéficiaire du contrat "GMO", l'assureur a versé le 5 mai 2010 à Mme Y... le capital de ce contrat ; que reprochant à l'assureur et à l'association d'avoir manqué à leurs obligations, M. Janick X... les a assignés en responsabilité afin d'obtenir des dommages-intérêts ; que l'assureur a appelé en garantie Mme Y... ;

Attendu que M. Janick X... fait grief à l'arrêt de le débouter de l'ensemble de ses demandes à l'encontre de l'assureur, alors, selon le moyen :

1o/ que la modification de la clause bénéficiaire d'un contrat d'assurance-vie peut intervenir par voie de testament authentique, lequel peut être fait par la personne sous curatelle sans l'assistance de son curateur ; qu'en considérant, pour débouter M. Janick X... de ses demandes relatives au contrat d'assurance-vie "GMO" souscrit par Edouard X... et dont il avait été désigné bénéficiaire, que le testament authentique établi le 13 février 2009 par Edouard X..., emportant modification des clauses bénéficiaires de ce contrat, était privé d'efficacité à défaut d'accord du curateur, la cour d'appel a violé les articles 470 du code civil et L. 132-25 du code des assurances ;

2o/ que si la personne protégée a accompli seule un acte pour lequel elle aurait dû être assistée, l'acte reste valable sauf s'il est établi que la personne protégée a subi un préjudice ; qu'au demeurant, en estimant que n'était pas valable la modification, par Edouard X... de la clause bénéficiaire de son assurance-vie "GMO", exprimée par testament authentique du 13 février 2009, outre d'ailleurs par plusieurs courriers ultérieurs, en tant que l'accord de son curateur n'avait pas été obtenu avant son décès, sans en toute hypothèse relever le préjudice causé à Edouard X... par cet acte de modification de la clause bénéficiaire, la cour d'appel a privé sa décision de base légale au regard des articles 465 du code civil et L. 132-4-1 du code des assurances ;

Mais attendu qu'il ressort de l'article L. 132-4-1, alinéa 1, du code des assurances qui déroge à l'article 470, alinéa 1, du code civil, que si une personne en curatelle peut librement tester sous réserve des dispositions de l'article 901 du code civil, ce n'est qu'avec l'assistance de son curateur qu'elle peut procéder à la substitution du bénéficiaire d'un contrat d'assurance sur la vie pour lequel elle avait stipulé ; qu'ayant constaté l'absence de son curateur au moment où Edouard X... avait exprimé, dans son testament, sa volonté de procéder à la substitution du bénéficiaire du contrat d'assurance sur la vie "GMO", et que l'accord du curateur n'avait pas été adressé à l'assureur avant le décès du stipulant, c'est à bon droit que la cour d'appel en a déduit que son testament du 13 février 2009 se trouvait privé d'efficacité quant à cette substitution ;

D'où il suit que le moyen qui, en sa seconde branche, est nouveau, mélangé de fait et de droit et, comme tel, irrecevable, ne peut être accueilli ;

PAR CES MOTIFS :

REJETTE le pourvoi.

Cass. 2e civ. 23-11-2017 n° 16-21.671 FS-PB

573 devoir précontractuel d'information – manquement de l'assureur – appréciation du dommage

(Extraits)

Vu l'article 1382 devenu l'article 1240 du code civil, ensemble l'article L. 132-5-1 du code des assurances dans sa rédaction applicable en la cause ;

Attendu que l'exercice de la faculté de renonciation prévue par le second de ces textes en cas de défaut de remise des documents et informations qu'il énumère ne fait pas obstacle à l'application des dispositions du premier, fût-ce au titre du même manquement de l'assureur à son devoir d'information, l'appréciation des conséquences dommageables de ce manquement sur le terrain de la responsabilité civile devant alors tenir compte de la restitution des sommes versées et du paiement des intérêts au taux légal mis en ce cas à la charge de l'assureur ;

Attendu, selon l'arrêt attaqué, qu'au cours de l'année 2000, M. et Mme Y... ont chacun souscrit auprès de la société Axa France vie (l'assureur) un contrat de capitalisation en unités de compte, dénommé "Valoriges" en versant sur quatre supports différents d'unités de compte, pour l'un la somme de 1 200 000 francs, pour l'autre celle de 691 020 francs, Mme Y... ayant en outre adhéré à un contrat collectif d'assurance sur la vie multisupports, dénommé "Expantiel", en y versant la somme de 300 000 francs, après imputation des frais, sur un fonds obligataire en francs ; que, se prévalant du non respect par l'assureur de l'obligation précontractuelle d'information mise à sa charge par l'article L. 132-5-1 du code des assurances, M. et Mme Y... lui ont notifié leur renonciation aux contrats de capitalisation et d'assurance sur la vie précités, par lettres recommandées avec demandes d'avis de réception du 10 février 2010 ; que l'assureur leur a indiqué accepter, à titre commercial, leur renonciation et a procédé au remboursement des primes versées augmentées d'intérêts au taux légal majoré ; que M. et Mme Y... l'ont ensuite assigné en indemnisation des préjudices qu'ils soutenaient avoir subis en lui reprochant d'avoir manqué à son obligation de mise en garde et d'information ;

Attendu que pour rejeter les demandes de M. et Mme Y..., l'arrêt retient que la sanction du défaut d'information précontractuelle prévue par l'article L. 132-5-1 du code des assurances est exclusive de toute autre et en déduit que M. et Mme Y..., ayant fait le choix de renoncer aux contrats litigieux en se fondant sur un défaut d'information précontractuelle et ayant obtenu en conséquence de l'assureur la restitution intégrale des primes augmentées des intérêts au taux légal majoré, ne peuvent pas solliciter des dommages-intérêts au titre de ce même manquement ;

Qu'en statuant ainsi, la cour d'appel a violé les textes susvisés ;

PAR CES MOTIFS et sans qu'il y ait lieu de statuer sur le second moyen :

CASSE ET ANNULE, en toutes ses dispositions, l'arrêt rendu le 2 juin 2016, entre les parties, par la cour d'appel de Versailles.

Cass. 2e civ. 23-11-2017 n° 08-16.51 FS-PBI

574 contrats en unités de compte – produits structurés qualifiés d'obligations

(Extraits)

Sur le premier moyen, pris en sa première branche :

Vu les articles L. 213-5 du code monétaire et financier et L. 228-38 du code de commerce, ensemble les articles R. 131-1 et R. 332-2 du code des assurances ;

Attendu qu'aux termes des deux premiers textes à la lumière desquels doivent être lus les deux derniers, les obligations sont des titres négociables qui,

dans une même émission, confèrent les mêmes droits de créance pour une même valeur nominale ;
Attendu, selon l'arrêt attaqué, que M. Y... a souscrit le 21 février 1997 par l'intermédiaire de son courtier, la société Horizon patrimoine, un contrat d'assurance sur la vie en unités de compte proposé par la société Fédération continentale, aux droits de laquelle vient désormais la société Generali vie (l'assureur) ; qu'il a procédé en cours de contrat à un arbitrage de l'ensemble de sa prime pour la placer sur un unique support dénommé "Optimiz Presto 2" commercialisé par l'assureur comme un produit obligataire non garanti en capital à échéance et dont les actifs concernés sont admis sur le marché officiel de la Bourse de Luxembourg ; qu'à la suite des mauvaises performances de ce support, M. Y..., soutenant qu'il ne pouvait être éligible à l'assurance sur la vie, et reprochant à l'assureur et au courtier d'avoir manqué à leur devoir d'information et de mise en garde, a assigné ces derniers en dommages-intérêts ;
Attendu que, pour débouter l'assureur de ses demandes et le condamner à payer la somme de 416 238,03 euros à M. Y..., l'arrêt, après avoir énoncé que les parties circonscrivent le débat concernant l'éligibilité du produit Optimiz Presto 2 à l'assurance sur la vie au fait qu'il serait ou non un produit obligataire, retient qu'aux termes de l'article L. 213-5 du code monétaire et financier "les obligations sont des titres négociables qui, dans une même émission, confèrent les mêmes droits de créance pour une même valeur nominale" ; qu'une obligation est donc un titre de créance représentatif d'un emprunt et dont le détenteur, outre la perception d'un intérêt, a droit au remboursement du nominal à l'échéance ; que le prospectus commercial du produit litigieux agréé par l'autorité de contrôle luxembourgeoise rappelle, au titre des inconvénients de ce produit, qu'"il n'y a pas de garantie en capital" ; qu'il est établi que le détenteur n'a pas droit au remboursement du nominal de sorte que cette caractéristique essentielle de l'obligation n'étant pas acquise, le produit litigieux ne peut être qualifié d'obligation et n'est donc pas éligible au contrat ;
Qu'en statuant ainsi, alors que la qualification d'obligation n'est pas subordonnée à la garantie de remboursement du nominal du titre, la cour d'appel, ajoutant à la loi une condition qu'elle ne comporte pas, a violé les textes susvisés ;
PAR CES MOTIFS et sans qu'il y ait lieu de statuer sur les autres griefs du pourvoi :
CASSE ET ANNULE, mais seulement en ce qu'il déboute la société Generali vie de ses demandes et la condamne à payer la somme de 416 238,03 euros à M. Y..., l'arrêt rendu le 21 juin 2016, entre les parties, par la cour d'appel de Paris.

Cass. 1e civ. 7-2-2018 n° 17-10.818 FS-PBI

575 primes manifestement exagérées – réintégration à l'actif successoral – versement autorisé par le juge des tutelles

(Extraits)
Attendu, selon l'arrêt attaqué (Versailles, 27 novembre 2015), que le juge des tutelles a autorisé le tuteur de Pierre X... à placer, sur un contrat d'assurance sur la vie, le prix de vente d'un immeuble ; que Pierre X... est décédé le [...], laissant pour lui succéder quatre enfants, qui ont reçu, courant 2009, leur quote-part du capital de l'assurance sur la vie ; que, Pierre X... ayant bénéficié d'une allocation de solidarité aux personnes âgées de 1987 jusqu'à son décès, la caisse d'assurance retraite et de la santé au travail du Centre (la Carsat) a demandé aux héritiers, notamment à Mme X..., par lettre du 18 octobre 2010, la récupération des sommes servies au défunt sur l'actif de la succession ; que cette dernière a contesté la demande devant le tribunal des affaires de sécurité sociale ;
Sur le moyen unique, pris en sa première branche :
Attendu que Mme X... fait grief à l'arrêt de rejeter sa demande, alors, selon le moyen, que lorsque la souscription d'un contrat d'assurance-vie et les primes versées à ce titre ont fait l'objet d'une au-

torisation du juge des tutelles, qui les a estimées conformes aux intérêts du majeur protégé, ces primes ne peuvent jamais être considérées comme manifestement exagérées et souscrites en fraude des droits des créanciers ; qu'en considérant que Mme X... ne pouvait pas s'opposer à la réintégration des primes en invoquant l'autorisation donnée par le juge des tutelles à la souscription de l'assurance-vie, la cour d'appel a violé l'article L. 132-13 du code des assurances ;

Mais attendu que l'autorisation donnée par le juge des tutelles à un tuteur de placer, sur un contrat d'assurance sur la vie, des capitaux revenant à un majeur protégé, ne prive pas les créanciers du droit qu'ils tiennent de l'article L. 132-13 du code des assurances de revendiquer la réintégration, à l'actif de la succession, des primes versées par le souscripteur qui sont manifestement excessives au regard de ses facultés ;

Et attendu que l'arrêt relève que l'autorisation du juge résulte de la nécessité d'assurer la gestion des ressources du majeur protégé en permettant au tuteur, soit de procéder au placement des fonds, ouvrant ainsi à la Carsat la possibilité de récupérer les sommes versées au titre de l'allocation de solidarité aux personnes âgées, après le décès, dans les conditions fixées à l'article L. 815-13 du code de la sécurité sociale, soit d'affecter les fonds à l'entretien du majeur protégé, renonçant ainsi au bénéfice de cette allocation ; que la cour d'appel en a exactement déduit que l'autorisation judiciaire du placement ne faisait pas obstacle à la demande en réintégration à l'actif successoral des primes manifestement excessives au regard des très faibles ressources de Pierre X... ; que le moyen n'est pas fondé ;

Sur la seconde branche du moyen :

Attendu que Mme X... fait le même grief à l'arrêt, alors, selon le moyen, que l'héritier acceptant purement et simplement peut demander à être déchargé en tout ou partie de son obligation à une dette successorale qu'il avait des motifs légitimes d'ignorer au moment de l'acceptation lorsque l'acquittement de cette dette aurait pour effet d'obérer gravement son patrimoine personnel, l'endettement devant s'apprécier à la date à laquelle le juge statue ; qu'en se fondant sur la circonstance que le paiement de la somme de 11 533,13 euros ne conduisait qu'à la restitution par Mme X... de la somme perçue le 23 avril 2009, correspondant à sa quote-part dans l'assurance-vie litigieuse sans rechercher, comme elle y était invitée, si Mme X... n'était pas dans l'incapacité, au jour de l'arrêt, de rembourser la somme de 11 533 euros, étant âgée de plus de 60 ans et bénéficiaire du revenu de solidarité active, la cour d'appel a privé sa décision de base légale au regard de l'article 786 du code civil ;

Mais attendu que la décharge prévue à l'article 786, alinéa 2, du code civil ne s'applique qu'aux dettes successorales, nées avant le décès et qui sont le fait du défunt ; que les sommes servies au titre de l'allocation de solidarité aux personnes âgées, qui peuvent être récupérées après le décès du bénéficiaire sur une fraction de l'actif net, en application de l'article L. 815-13 du code de la sécurité sociale, ne constituent pas des dettes successorales mais des charges de la succession, nées après le décès de l'allocataire ; que, la cour d'appel ayant relevé que la Carsat avait demandé aux héritiers la récupération des sommes servies à Pierre X... au titre de l'allocation de solidarité aux personnes âgées, dans les conditions fixées par ce texte, il en résulte que l'article 786, alinéa 2, du code civil n'était pas applicable ; que, par ce motif de pur droit substitué, dans les conditions de l'article 1015 du code de procédure civile, à ceux critiqués, la décision se trouve légalement justifiée ;

PAR CES MOTIFS :

REJETTE le pourvoi.

Cass. 2e civ. 8-2-2018 n° 17-11.659 F-PB

576 délégation de la faculté d'arbitrage – action du souscripteur contre le mandataire prescription biennale

(Extraits)
Attendu, selon l'arrêt attaqué (Colmar, 25 novembre 2016), que M. Y... a souscrit le 26 février 2005 un contrat d'assurance sur la vie auprès de la société La Mondiale partenaire (l'assureur) ; qu'un mandat d'arbitrage a confié à la société Financière gestion investissement (le mandataire) le soin d'effectuer la sélection des unités de compte ainsi que les arbitrages nécessaires, conformément à l'orientation "dynamique" choisie par le souscripteur, et selon des limites précisées au contrat de mandat ; qu'à la suite de l'évolution défavorable de l'épargne investie dans le contrat d'assurance, M. Y..., invoquant des investissements spéculatifs hasardeux, ainsi que le maintien de lignes d'investissement prohibées par le contrat, a demandé à résilier ce contrat, au mois de mai 2012, puis a assigné l'assureur et le mandataire en responsabilité, le 25 septembre 2013 ;
Sur le premier moyen, pris en sa première branche :
Attendu que M. Y... fait grief à l'arrêt de déclarer irrecevable comme prescrite son action en ce qu'elle est dirigée contre le mandataire, sauf en ce qui concerne la demande d'indemnisation relative au non-respect de l'obligation d'investir exclusivement dans des organismes de placement collectif en valeurs mobilières pour la période courant à compter du 25 septembre 2011, alors, selon le moyen, que l'action que l'assuré dirige contre le mandataire chargé de la gestion de son contrat d'assurance-vie, en raison d'une gestion non conforme aux stipulations de son contrat de mandat, n'est pas soumise à la prescription biennale de l'article L. 114-1 du code des assurances puisque ne dérivant pas du contrat d'assurance au sens de ce texte, les obligations d'assurance n'étant pas en cause ; qu'en déclarant prescrite l'action de M. Y... contre le mandataire, aux motifs inopérants que le contrat de mandat faisait référence au contrat d'assurance-vie et que ce dernier mettait à la charge de l'assureur l'obligation de surveiller la gestion du mandataire, la cour d'appel a violé les dispositions de l'article L. 114-1 du code des assurances ;
Mais attendu que l'arrêt retient que le contrat d'assurance était notamment constitué du mandat d'arbitrage confié au mandataire et que l'action exercée par M. Y... avait pour objet de faire reconnaître la responsabilité de ce mandataire en raison d'une gestion non conforme aux stipulations contractuelles ; qu'en l'état de ces constatations et énonciations, faisant apparaître que le contrat d'assurance et le mandat d'arbitrage étaient unis par un lien tel que, peu important qu'elle puise sa source dans ce mandat, il en résultait que cette action dérivait du contrat d'assurance qui l'intégrait, la cour d'appel a exactement décidé qu'elle était soumise à la prescription biennale de l'article L. 114-1 du code des assurances ;
D'où il suit que le moyen n'est pas fondé ;
Sur le premier moyen, pris en sa deuxième branche :
Attendu que M. Y... fait le même grief à l'arrêt, pour ce qui concerne son action en ce qu'elle est dirigée contre l'assureur, alors, selon le moyen, que l'action que l'assuré dirige contre l'assureur qui a agréé son mandataire pour gérer ses contrats d'assurance-vie et s'était obligé à contrôler la conformité de sa gestion aux stipulations du mandat d'arbitrage, n'est pas soumise à la prescription biennale puisque ne dérivant pas du contrat d'assurance au sens de l'article L. 114-1 du code des assurances, les stipulations contractuelles n'étant pas en cause ; qu'en déclarant prescrite, parce que soumise à la prescription biennale, l'action de M. Y... contre l'assureur, visant à faire reconnaître sa responsabilité, la cour d'appel a violé les dispositions de l'article L. 114-1 du code des assurances ;
Mais attendu qu'ayant relevé que l'action exercée par M. Y... avait pour objet de faire reconnaître la responsabilité de l'assureur en raison d'une gestion non conforme aux stipulations contractuelles, et que l'obligation qu'il avait de contrôler la conformité de la gestion confiée au mandataire résultait de l'article VIII-3 des conditions générales du contrat d'assurance, la cour d'appel a exactement décidé que l'action de M. Y... dérivait de ce contrat, en sorte qu'elle était soumise à la prescription biennale de l'article L. 114-1 du code des assurances ;
D'où il suit que le moyen n'est pas fondé ;

Et attendu qu'il n'y a pas lieu de statuer par une décision spécialement motivée sur la dernière branche du premier moyen et sur le second moyen, annexés, qui ne sont manifestement pas de nature à entraîner la cassation ;
PAR CES MOTIFS :
REJETTE le pourvoi.

Cass. 2e civ. 10-02-2018 n° 17-10.423 F-D

577 **détermination du bénéficiaire – bénéficiaire renonçant au bénéfice du contrat – vice du consentement – charge de la preuve**

(Extraits)
Sur le moyen unique, pris en sa première branche :
Vu l'article 1315, devenu 1353, du code civil ;
Attendu, selon l'arrêt attaqué, que Bertrand X... a, les 20 décembre 1995 et 10 janvier 1996, souscrit auprès de la société Fructivie, devenue la société Assurances banque populaire vie-ABP vie, aux droits de laquelle se trouve la société BPCE vie (l'assureur), deux contrats d'assurance sur la vie dont les bénéficiaires étaient son conjoint à la date du décès, à défaut ses enfants, à défaut ses héritiers ; que Bertrand X... est décédé le [...], laissant pour lui succéder Mme A..., qu'il avait épousée en 2008, et ses trois enfants d'un premier lit, M. Yvan X... et Mmes Agnès et Rachel X... (les consorts X...) ; que, par lettre du 25 octobre 2011 établie à l'occasion de la signature d'un accord portant partage de la succession, Mme A... a déclaré « ne pas accepter les contrats d'assurance vie » ; que, par lettre du 26 octobre 2011, elle a informé le notaire qu'elle souhaitait « annuler sa renonciation » ; que l'assureur, qui avait été informé par le notaire, d'abord, de ce que Mme A... refusait le bénéfice des contrats et de ce que les consorts X... l'acceptaient, ensuite, du revirement de Mme A..., a versé à celle-ci les capitaux garantis ;
Attendu que, pour déclarer nulle la renonciation faite le 25 octobre 2011 par Mme A... au bénéfice des contrats d'assurance sur la vie souscrits par Bertrand X... les 20 décembre 1995 et 10 janvier 1996 et dire qu'en conséquence, Mme A... est la seule bénéficiaire des « indemnités » prévues par ces contrats, l'arrêt retient que Mme A... fait valoir qu'en signant l'acte de renonciation à ses droits, elle ignorait l'étendue de ceux-ci, en particulier le montant exact des indemnités d'assurance vie auxquelles elle avait droit ; que, sur ce point, aucune preuve n'est rapportée par les consorts X..., alors que cette preuve leur incombe dès lors qu'ils se prévalent de la renonciation, de ce que Mme A... aurait eu connaissance, au moment où elle la signait, du montant précis des indemnités d'assurance vie auxquelles elle renonçait ; qu'il en résulte que la renonciation de Mme A... au bénéfice des assurances sur la vie, qui n'a pas été opérée en parfaite connaissance de cause, n'a pu produire effet ;
Qu'en statuant ainsi, alors qu'elle avait constaté que les consorts X..., qui se prévalaient de la renonciation de Mme A..., en avaient rapporté la preuve en produisant l'acte unilatéral du 25 octobre 2011 par lequel celle-ci avait déclaré ne pas accepter les contrats d'assurance sur la vie, et qu'il incombait à Mme A..., qui prétendait que cet acte était nul, de rapporter la preuve du vice allégué de son consentement, la cour d'appel a inversé la charge de la preuve et violé le texte susvisé ;
PAR CES MOTIFS, et sans qu'il y ait lieu de statuer sur les autres branches du moyen :
CASSE ET ANNULE, en toutes ses dispositions, l'arrêt rendu le 15 novembre 2016, entre les parties, par la cour d'appel de Grenoble.

Cass. 1e civ. 19-09-2018 n° 17-23.568 FS-PB

578 **détermination du bénéficiaire – clause désignant les héritiers – répartition du capital – volonté du souscripteur**

(Extraits)

Attendu, selon l'arrêt attaqué et les productions, que le 6 février 2007, Élise B... a signé une demande d'adhésion au contrat collectif d'assurance sur la vie CLER souscrit par l'Association générale interprofessionnelle de prévoyance et d'investissement (l'Agipi) auprès de la société Axa assurances vie mutuelle (la société Axa), désignant comme bénéficiaire du capital son fils Christian ; que, le 13 mars suivant, elle a signé une seconde demande d'adhésion au même contrat désignant comme bénéficiaires ses héritiers ; qu'elle est décédée le [...], laissant pour lui succéder ses trois enfants, Christian, André et Danielle X..., en l'état d'un testament léguant à Christian la quotité disponible de tous les biens composant sa succession ; qu'André X... est décédé le [...], laissant pour lui succéder son épouse, Mme Y..., et leurs deux filles, Karine et Pascale ; qu'un litige est survenu quant à la répartition du capital de l'assurance entre les héritiers ;

Sur les premier et deuxième moyens du pourvoi principal, ci-après annexés :

Attendu que ces moyens ne sont manifestement pas de nature à entraîner la cassation ;

Mais sur le moyen unique du pourvoi incident :

Vu l'article L. 132-8 du code des assurances ;

Attendu que selon ce texte, le capital ou la rente garantis peuvent être payables lors du décès de l'assuré à un ou plusieurs bénéficiaires déterminés ; qu'est considérée comme faite au profit de bénéficiaires déterminés la désignation comme bénéficiaires des héritiers ou ayants droit de l'assuré ; que les héritiers, ainsi désignés, ont droit au bénéfice de l'assurance en proportion de leurs parts héréditaires et conservent ce droit en cas de renonciation à la succession ;

Attendu que, pour condamner l'Agipi à payer un tiers du capital de l'assurance sur la vie à Mme Danielle X... et un tiers aux héritiers d'André X..., l'arrêt retient que les dispositions du testament d'Elise B... léguant à M. Christian X... la quotité disponible de ses biens ne font pas perdre à sa soeur et aux ayants droit de son frère, désignés par la loi, leur qualité d'héritiers et n'ont pas d'effet sur cette qualité dès lors que selon l'article L. 132-12 du code des assurances, le capital ou la rente stipulés payables lors du décès de l'assuré à un bénéficiaire déterminé ou à ses héritiers ne font pas partie de la succession de l'assuré, de sorte que l'Agipi et la société Axa avaient l'obligation de partager ce capital par parts égales entre les enfants de la défunte ;

Qu'en se déterminant ainsi, sans rechercher, comme il le lui incombait, la volonté du souscripteur quant à la répartition du capital garanti, la cour d'appel a privé sa décision de base légale au regard du texte susvisé ;

PAR CES MOTIFS et sans qu'il y ait lieu de statuer sur le troisième moyen du pourvoi principal :

CASSE ET ANNULE, sauf en ce qu'il rejette les demandes de M. Christian X... en paiement par l'AGIPI de dommages-intérêts pour les préjudices financier et moral résultant, d'une part, de l'inexécution du contrat d'assurance sur la vie du 6 février 2007, d'autre part, du manquement de l'Agipi à son devoir d'information et de conseil envers Elise B..., l'arrêt rendu le 21 mars 2017, entre les parties, par la cour d'appel de Chambéry.

Cass. 2e civ. 28-3-2019 n° 18-15.612 F-PB

579 prorogation du délai de renonciation – abus de droit – date d'appréciation de la bonne foi de l'assuré

(Extraits)

Attendu, selon l'arrêt attaqué rendu sur renvoi après cassation (2e civ., 24 mars 2016, no 15-16.693), que M. et Mme J... ont adhéré chacun au cours de l'année 1999 à un contrat collectif d'assurance sur la vie dénommé "Hévéa", auprès de la société Sogecap (l'assureur) ; que, se prévalant du manquement de ce dernier à son obligation précontractuelle d'information, ils ont exercé le 5 janvier 2011 la faculté prorogée de renonciation que leur ouvrait l'article L. 132-5-1 du code des assurances ; que l'assureur ne leur ayant pas restitué les sommes qu'ils avaient versées, ils l'ont assigné en paiement desdites sommes ;

Attendu qu'il n'y a pas lieu de statuer par une décision spécialement motivée sur le premier moyen, annexé, qui n'est manifestement pas de nature à entraîner la cassation ;

Mais sur le second moyen pris en ses première et troisième branches :

Vu l'article L. 132-5-1 du code des assurances dans sa rédaction alors applicable ;

Attendu que si la faculté prorogée de renonciation prévue par ce texte en l'absence de respect, par l'assureur, du formalisme informatif qu'il édicte, revêt un caractère discrétionnaire pour le preneur d'assurance, son exercice peut dégénérer en abus ; que l'abus s'apprécie au moment où le preneur d'assurance exerce cette faculté ;

Attendu que, pour condamner l'assureur à payer respectivement à Mme J... et à M. J... les sommes de 5515,97 euros et de 23 694,62 euros avec intérêts au taux légal majoré, au titre de leurs contrats "Hévéa", et le débouter de ses demandes contraires, l'arrêt retient que, pour rapporter la preuve de la mauvaise foi de l'assuré et de l'abus de droit dans l'exercice de la faculté de renonciation prorogée, l'assureur doit établir que l'assuré était au moment de la souscription du contrat mieux informé que lui-même du manquement par ce dernier à son obligation d'information et qu'il n'aurait souscrit le contrat qu'en considération de la possibilité d'y renoncer ultérieurement ; qu'il retient encore que l'assureur ne prouve pas l'intention de lui nuire des époux J..., et que leur renonciation trouve son fondement dans le non-respect par l'assureur de son obligation pré-contractuelle d'information telle que prévue par les articles L. 132-5-1 et A 132-4 du code des assurances, de sorte qu'ils n'ont donc pas détourné le droit de sa finalité ;

Qu'en se déterminant ainsi, sans rechercher, à la date d'exercice de la faculté de renonciation, au regard de la situation concrète de M. et Mme J..., de leur qualité d'assuré averti ou profane et des informations dont ils disposaient réellement, quelle était la finalité de l'exercice de leur droit de renonciation et s'il n'en résultait pas l'existence d'un abus de droit, la cour d'appel n'a pas donné de base légale à sa décision ;

PAR CES MOTIFS, et sans qu'il y ait lieu de statuer sur les autres griefs du pourvoi :

CASSE ET ANNULE, en toutes ses dispositions, l'arrêt rendu le 22 février 2018, entre les parties, par la cour d'appel de Versailles.

Cass. 1e civ. 3-4-2019 n° 18-14.640 FS-PBI

580 désignation du bénéficiaire – testament – changement de bénéficiaire par avenant - absence de parallélisme des formes

(Extraits)

Attendu, selon l'arrêt attaqué (Bordeaux, 20 février 2018), que, dans un testament authentique du 12 août 1997, U... P... a désigné comme bénéficiaires du capital de contrats d'assurance sur la vie souscrits en juillet 1997 auprès des sociétés Ecureuil vie, aux droits de laquelle vient la société CNP assurances, et Cardif assurances vie (les assureurs), son épouse, Mme F..., pour l'usufruit, et ses enfants, pour la nue-propriété ; que, par avenants des 1er septembre 2005 et 1er septembre 2006, il a modifié les clauses bénéficiaires de ces contrats en désignant son épouse et, à défaut, ses filles Y..., I... et A...-V... ; qu'il est décédé le [...], laissant pour lui succéder son épouse et leurs cinq filles, Y..., Q..., N..., I... et A...-V... ; que les assureurs ont versé les capitaux décès à Mme F... ; que, contestant la validité des modifications des clauses bénéficiaires, Mme Q... P... a assigné sa mère, ses soeurs et les assureurs pour obtenir sa part dans les capitaux des assurances sur la vie souscrites par son père ;

Sur le premier moyen :

Attendu que Mme P... fait grief à l'arrêt de rejeter sa demande, alors, selon le moyen :

1o/ que selon l'article 1035 du code civil, les testaments ne pourront être révoqués, en tout ou en partie, que par un testament postérieur, ou par un acte devant notaires portant déclaration du change-

ment de volonté ; que le souscripteur d'un contrat d'assurance sur la vie qui a désigné le bénéficiaire de ce contrat dans un testament ne peut révoquer ce testament que par l'une des formes prévues par l'article 1035 du code civil ; qu'en décidant néanmoins que U... P..., qui avait désigné les bénéficiaires des contrats d'assurance-vie dans un testament du 12 août 1997, n'avait pas l'obligation de révoquer ce testament dans l'une des formes prévues par l'article 1035 du code civil mais pouvait uniquement désigner les nouveaux bénéficiaires par voie d'avenant au contrat d'assurance sur la vie, la cour d'appel a violé l'article 1035 du code civil ;
2o/ que la règle specialia generalibus derogant ne s'applique que pour des règles qui sont de même nature ; que l'article 1035 du code civil qui prévoit que les testaments ne pourront être révoqués, en tout ou en partie, que par un testament postérieur, ou par un acte devant notaires portant déclaration du changement de volonté concerne les rapports entre le testateur et ses héritiers alors que l'article L. 132-8 du code des assurances qui prévoit que le contractant a le droit de désigner un bénéficiaire par la voie d'un avenant concerne les rapports entre l'assureur et le bénéficiaire ; que ces deux articles ne sont donc pas de même nature ; qu'en affirmant néanmoins que les règles édictées par le code des assurances prévalent sur l'article 1035 du code civil par l'effet de la règle specialia generalibus derogant, la cour d'appel a violé l'article 1035 du code civil ;

Mais attendu qu'après avoir énoncé que, selon l'article L. 132-8 du code des assurances, à défaut d'acceptation par le bénéficiaire, le contractant a le droit de désigner un bénéficiaire ou de substituer un bénéficiaire à un autre, l'arrêt relève que U... P..., qui, dans un testament authentique du 12 août 1997, avait désigné comme bénéficiaires de ses contrats d'assurance sur la vie litigieux son épouse, en qualité d'usufruitière, et ses enfants, en qualité de nues-propriétaires, a ultérieurement manifesté la volonté certaine et non équivoque de modifier cette désignation par des avenants des 1er septembre 2005 et 1er septembre 2006 au profit de son épouse et, à défaut, de trois de ses filles ; qu'en l'état de ses énonciations et constatations, la cour d'appel a exactement décidé que les avenants modificatifs étaient valables, dès lors que la modification des bénéficiaires pouvait intervenir soit par voie d'avenant au contrat, soit en remplissant les formalités édictées par l'article 1690 du code civil, soit par voie testamentaire, sans qu'il soit nécessaire de respecter un parallélisme des formes entre la voie choisie pour la désignation initiale et celle retenue pour la modification ; que le moyen n'est pas fondé ;
Sur le second moyen, ci-après annexé :
Attendu qu'il n'y a pas lieu de statuer par une décision spécialement motivée sur ce moyen qui n'est manifestement pas de nature à entraîner la cassation ;
PAR CES MOTIFS :
REJETTE le pourvoi.

Cass. 2e civ. 13-6-2019 n° 18-14.954 F-PBI

581 désignation du bénéficiaire – changement de bénéficiaire – prise de connaissance par l'assureur après le décès

(Extraits)
Attendu, selon l'arrêt attaqué, que lors de son adhésion à la garantie décès d'un contrat d'assurance sur la vie souscrit auprès de la société Gan vie (l'assureur), K... D... avait désigné son fils, M. Q... D... ou, à défaut, son épouse, Mme T... D..., comme bénéficiaire des sommes garanties ; qu'il avait fait part à l'assureur, dans une lettre du 20 juin 1982, de la modification de la clause bénéficiaire en faveur de son épouse ; qu'à la suite du décès de son époux survenu le [...], Mme T... D... a obtenu de l'assureur le règlement du capital garanti, qui lui a été versé le 17 octobre 1991 ; que M. Q... D..., se prévalant de l'intention de son père de le désigner en définitive comme unique bénéficiaire du contrat

d'assurance, a assigné Mme T... D... en restitution de ce capital ;
Sur le moyen unique, pris en sa troisième branche :
Vu l'article L. 132-8 du code des assurances dans sa rédaction applicable au litige ;
Attendu qu'il résulte de ce texte que l'assuré peut modifier jusqu'à son décès le nom du bénéficiaire du contrat d'assurance sur la vie, dès lors que sa volonté est exprimée d'une manière certaine et non équivoque et que l'assureur en a eu connaissance ; qu'en l'absence de désignation d'un bénéficiaire dans la police ou à défaut d'acceptation par le bénéficiaire, le contractant a le droit de désigner un bénéficiaire ou de substituer un bénéficiaire à un autre ; que cette désignation ou cette substitution ne peut être opérée, à peine de nullité, qu'avec l'accord de l'assuré, lorsque celui-ci n'est pas le contractant ; que cette désignation ou cette substitution peut être réalisée soit par voie d'avenant au contrat, soit en remplissant les formalités édictées par l'article 1690 du code civil, soit par voie testamentaire ;
Attendu que, pour condamner Mme T... D... à payer à M. Q... D... la somme de 132 379,41 euros, l'arrêt retient que, par testament olographe en date du 10 août 1987, ce dernier a révoqué toute donation faite au profit de Mme T... D..., la privant de tout usufruit sur les biens de sa succession, et a institué son fils légataire universel ; que, le 7 août 1987, le défunt avait écrit à son notaire pour désigner son fils comme seul et unique héritier ; que l'arrêt retient encore que K... D... avait expressément indiqué, dans un écrit daté du 29 juillet 1987 et signé, que le capital décès de son assurance-vie revenait à son fils ; que ce document, de façon autonome par rapport au testament olographe du 10 août 1987, comporte incontestablement une intention révocatoire de la clause bénéficiaire et a pour effet de détruire valablement l'attribution primitive du capital-décès à Mme T... D..., en lui substituant M. Q... D... ; que ce document est cohérent, dans un contexte de séparation des époux D..., avec les autres dispositions testamentaires du défunt qui visent à instituer son fils légataire de tous ses biens ; qu'en conservant les fonds malgré la connaissance qu'elle avait de la lettre du 29 juillet 1987, Mme T... D... a commis une faute en contrevenant aux dernières volontés du défunt ; qu'il résulte de cette faute un préjudice pour l'appelant équivalent au montant du capital décès ;
Qu'en statuant ainsi, alors qu'elle constatait que l'écrit daté du 29 juillet 1987 avait été envoyé à l'assureur le 18 octobre 1991, soit postérieurement au décès de K... D..., ce dont il résultait que l'assureur n'en avait pas eu connaissance du vivant de l'assuré, et alors qu'elle n'a pas caractérisé que cet écrit constituait un testament olographe dont M. Q... D... aurait été fondé à se prévaloir, la cour d'appel n'a pas tiré les conséquences légales de ses constatations et a violé le texte susvisé ;
PAR CES MOTIFS, et sans qu'il y ait lieu de statuer sur les autres griefs du pourvoi :
CASSE ET ANNULE, en toutes ses dispositions, l'arrêt rendu le 28 mars 2018, entre les parties, par la cour d'appel de Paris.

Cass. 1e civ. 26-6-2019 n° 18-21.383 F-PB

582 cosouscription – dénouement au second décès – primes payées par la communauté - actif de communauté

(Extraits)
Vu les articles 1134, dans sa rédaction applicable à la cause, et 1401 du code civil ; Attendu, selon l'arrêt attaqué, que J... X... et son épouse, H... Y..., ont souscrit un contrat Aurineige no 00 W 59 250 auprès de la société MMA Vie ; que l'épouse est décédée le 25 octobre 2005, laissant pour lui succéder son mari, ses filles, D..., J... et B... X... et ses petits-enfants, S..., V... et V... X..., venant aux droits de leur père, G... X..., prédécédé ; que J... X... est décédé le 27 mars 2013 ; que des difficultés se sont élevées pour la liquidation et le partage ;
Attendu que, pour rejeter la demande de réintégration dans la masse active de la succession d'H...

Y..., de la moitié des fonds du contrat d'assurance sur la vie litigieux, l'arrêt retient qu'il résulte d'une lecture combinée des dispositions du contrat et de celles du code des assurances qu'au décès de son épouse, J... X... a été bénéficiaire du contrat qui constitue un propre pour celui-ci, peu important que les primes aient été payées par la communauté ;

Qu'en statuant ainsi, alors qu'elle avait constaté que le contrat s'était poursuivi avec J... X... en qualité de seul souscripteur, ce dont il résultait qu'il ne s'était pas dénoué au décès de l'épouse, que sa valeur constituait un actif de communauté et que la moitié de celle-ci devait être réintégrée à l'actif de la succession de la défunte, la cour d'appel a violé les textes susvisés ;

PAR CES MOTIFS et sans qu'il y ait lieu de statuer sur l'autre branche du moyen :

CASSE ET ANNULE, en toutes ses dispositions, l'arrêt rendu le 13 juin 2018, entre les parties, par la cour d'appel d'Agen.

Cass. 1e civ. 6-11-2019 n° 18-16.153 F-D 589.

583 primes manifestement excessives – analyse de la situation patrimoniale et fiscale du souscripteur

(Extraits)

1. Selon Attendu, selon l'arrêt attaqué (Pau, 12 mars 2018), qu'K... L..., père de quatre enfants, A..., W..., Q..., prédécédé, et O..., issus de son union avec Mme H..., dont il était divorcé suivant arrêt du 11 mars 1988, est décédé le [...] ; qu'il avait souscrit trois contrats d'assurance sur la vie, l'un le 23 août 2002 et les deux autres le 6 juin 2008, en désignant comme bénéficiaire T... J... avec laquelle il avait conclu un pacte civil de solidarité le 28 août 2009 ; que cette dernière est décédée le [...], laissant pour lui succéder ses quatre enfants, F..., M... et CJ... V... U... et R... Y... (les consorts U... Y...) ; que les consorts H... L... ont assigné les consorts U... Y... et M. S..., notaire, membre de la SCP [...], aux fins notamment de voir ordonner le rapport à la succession d'K... L... du montant du capital versé sur ses contrats d'assurance sur la vie ;

Sur le premier moyen :

Attendu que les consorts H... L... font grief à l'arrêt de dire que la donation entre époux du 29 avril 1982 a été révoquée par K... L... et de déclarer Mme H... irrecevable à agir en tant qu'héritière de son ex-époux, alors, selon le moyen, que la révocation tacite d'une donation ne peut résulter que de l'accomplissement d'actes incompatibles avec son maintien ; qu'en déclarant la donation consentie le 29 avril 1982 à Mme H... tacitement révoquée sans constater que les actes invoqués par les consorts U... Y... étaient incompatibles avec le maintien de la donation litigieuse, la cour d'appel a privé sa décision de base légale au regard de l'article 1096 du code civil ;

Mais attendu qu'ayant relevé que, postérieurement à son divorce d'avec Mme H..., K... L... avait souscrit trois contrats d'assurance sur la vie au bénéfice de T... J..., avec laquelle il avait conclu un pacte civil de solidarité enregistré le 28 août 2009, et établi en sa faveur, le 6 août 2008, un testament révoquant tout testament antérieur aux termes duquel il lui avait légué divers meubles pour tous les services qu'elle lui avait rendus, c'est dans l'exercice de son pouvoir souverain d'appréciation que la cour d'appel a estimé que ces actes, tous révélateurs d'un relâchement des liens conjugaux qui avaient uni K... L... à Mme H..., induisaient une intention non équivoque de sa part de révoquer la donation qu'il lui avait consentie le 29 avril 1982 ; qu'elle a ainsi légalement justifié sa décision de ce chef ;

Sur le deuxième moyen, pris en sa première branche, et sur le troisième moyen, pris en ses première et huitième branches, réunis et ci-après annexés :

Attendu que les consorts H... L... font grief à l'arrêt de juger non rapportables à la succession d'K... L... les primes versées par ce dernier au titre des trois contrats d'assurance sur la vie par lui souscrits au bénéfice de T... J..., ainsi que les capitaux issus de ces contrats, de rejeter l'intégralité de leurs prétentions relatives à ces contrats, et notamment de leur demande de rapport à la succession de ce dernier et de leur demande de réduction pour atteinte à leur réserve héréditaire, d'ordonner à M. G..., notaire à Biarritz, de remettre les fonds provenant des trois contrats d'assurance sur la vie [...], [...] et [...] aux consorts U... Y... en leur qualité d'héritiers de T... J..., de dire que T... J... disposait d'un droit propre et direct à percevoir les fonds figurant sur les trois contrats d'assurance sur la vie souscrits à son profit et qu'en raison de son décès, ses héritiers ont le droit de revendiquer le bénéfice desdits contrats ;

Attendu, d'abord, que l'arrêt retient qu'avant son décès, T... J... a effectué diverses démarches révélatrices de sa volonté non équivoque d'accepter le bénéfice des trois contrats d'assurance sur la vie souscrits à son profit par K... L..., tel que cela ressort clairement d'une déclaration partielle de succession qu'elle a établie le 12 mai 2010 auprès des services fiscaux, ayant donné lieu à la délivrance d'un certificat d'enregistrement desdits contrats, et des diligences qu'elle a accomplies auprès de la Caisse d'épargne pour lui transmettre la déclaration de succession et signer les formulaires de déblocage des fonds au titre des contrats en cause, diligences dont la réalité est confirmée par une attestation du 24 juin 2013, et qui ont conduit la Caisse d'épargne à verser les fonds au notaire en charge de sa succession ; que ces énonciations procèdent de l'appréciation souveraine, par la cour d'appel, de la valeur et de la portée des éléments de preuve versés aux débats ;

Attendu, ensuite, que si, pour apprécier le caractère excessif des primes versées, il y a lieu de s'attacher à la situation financière du seul souscripteur, il n'est pas interdit aux juges du fond, dans leur appréciation globale des situations patrimoniale et familiale de celui-ci, de tenir compte du fait qu'il partage les charges de la vie courante avec une autre personne ; qu'ayant constaté qu'K... L... vivait en couple avec T... J..., la cour d'appel a pu retenir que les ressources mensuelles du souscripteur, d'un montant de 2 174 euros, lui permettaient d'assumer ses charges courantes, relativement limitées s'agissant de l'hébergement, avec la contribution de sa compagne, bénéficiaire d'une retraite mensuelle de l'ordre de 1 150 euros ;

Attendu, enfin, qu'ayant relevé que, lors de la souscription du premier contrat d'assurance sur la vie, le 23 août 2002, sur lequel il avait versé une somme globale de 71 000 euros, K... L... était âgé de 69 ans, percevait une retraite de l'ordre 1 734 euros par mois et avait reçu par héritage de son ancienne compagne, la moitié indivise de la maison acquise en commun ainsi qu'une somme de 85 411 euros, que lors de la souscription des deux autres contrats, le 6 juin 2008, sur lesquels il avait versé les sommes respectives de 80 000 euros et 65 000 euros, il était âgé de 75 ans, avait vendu sa maison en viager moyennant le versement d'un capital de 165 000 euros et d'une rente mensuelle de 440 euros sa vie durant, avait conservé la jouissance de l'immeuble où il était domicilié, disposait de revenus mensuels d'un montant total de 2 174 euros lui permettant d'assumer ses charges courantes, avec la contribution de sa compagne, T... J..., tout en conservant la possibilité d'effectuer des rachats partiels, et n'était atteint d'aucune maladie grave mortelle à brève échéance, la cour d'appel a souverainement estimé que les primes versées pour la souscription de ces contrats n'étaient pas manifestement exagérées au regard de l'âge, des situations personnelle et familiale de l'intéressé et de l'utilité pour lui des placements ainsi réalisés ;

D'où il suit que le moyen n'est fondé en aucune de ses branches ;

Sur la seconde branche du deuxième moyen et les deuxième à septième branches du troisième moyen, ci-après annexés :

Attendu qu'il n'y a pas lieu de statuer par une décision spécialement motivée sur ces griefs qui ne sont manifestement pas de nature à entraîner la cassation ;

PAR CES MOTIFS :

REJETTE le pourvoi

Cass. 1e civ. 20-11-2019 n° 16-15.867 FS-PBI

584 acceptation du bénéfice du contratx – analyse de la situation patrimoniale et fiscale du sosucripteur

(Extraits)

Attendu, selon l'arrêt attaqué, que V... P... est décédé le [...], laissant pour lui succéder son épouse, I... R... ; que les époux, mariés sous le régime de la séparation de biens, avaient adopté en 1988 le régime de la communauté universelle ; que, soutenant que son époux avait diverti des fonds au profit de Mme W... L..., avec laquelle il entretenait une relation adultère, I... R... a assigné cette dernière pour en obtenir la restitution ; que I... R... étant décédée en cours d'instance, son frère, M. O... R... est intervenu volontairement en sa qualité de légataire universel ;

Sur le premier moyen :

Attendu que Mme W... L... fait grief à l'arrêt de prononcer la nullité des donations de 200 000 et 120 000 euros consenties par V... P... à son profit et de la condamner à payer ces sommes à M. R... alors, selon le moyen :

1°/ que chaque époux a le pouvoir de disposer de ses gains et salaires à titre gratuit ou onéreux après s'être acquitté de la part lui incombant dans les charges du mariage ; qu'en l'espèce, Mme W... L... faisait valoir que les pensions de retraite de M. P... ne constituaient qu'une partie de ses revenus et sollicitait la production des déclarations de revenus et d'ISF manquants ; qu'en se fondant pour apprécier la validité des donations litigieuses, sur le montant des pensions de retraite perçues par M. P... soit la somme de 96 704 euros, sans s'expliquer comme elle y était invitée sur les autres revenus de M. P... et en considérant au contraire que les demandes de Mme W... relatives aux éléments manquants sur les déclarations de revenus et déclarations d'ISF faites en France depuis 2001 ne seraient pas des prétentions au sens de l'article 4 du code de procédure civile et qu'il n'y aurait donc pas lieu de statuer de ce chef, la cour d'appel a privé sa décision de base légale au regard des articles 1422 et 223 du code civil ;

2°/ qu'alors, en tout état de cause, que chaque époux a le pouvoir de disposer de ses gains et salaires à titre gratuit ou onéreux après s'être acquitté de la part lui incombant dans les charges du mariage ; qu'en annulant l'intégralité des donations consenties en 2004 à Mme W... L... après avoir constaté qu'il résulte de la déclaration de revenus pour l'année 2004 que V... P... avait perçu au titre de ses pensions de retraite la somme de 96 704 euros, ce dont il résulte que les donations étaient valables au moins à hauteur de ces gains et salaires, la cour d'appel a violé les articles 223, 1422 et 1427 du code civil ;

Mais attendu que ne sont pas valables les libéralités consenties par un époux commun en biens au moyen de sommes provenant de ses gains et salaires lorsque ces sommes ont été économisées ;

Et attendu que, par motifs adoptés, l'arrêt relève que V... P... a remis à Mme W... L... deux chèques de 120 000 et 200 000 euros tirés sur deux de ses comptes personnels, lesquels avaient été alimentés par des virements provenant, pour le premier, du rachat d'un contrat d'assurance sur la vie, pour le second, de la liquidation d'un compte-titre ouvert au nom des deux époux en 1988 ; qu'il en déduit que même si certains de ces fonds provenaient des gains et salaires de V... P..., ils étaient devenus des économies et ne constituaient donc plus des gains et salaires, de sorte qu'en application de l'article 1422 du code civil, les donations ainsi consenties, sans l'accord de son épouse, devaient être annulées ; que, par ces seuls motifs, l'arrêt se trouve légalement justifié de ce chef ;

Mais sur le second moyen, pris en ses trois branches :

Vu l'article L. 132-9 du code des assurances, dans sa rédaction antérieure à celle issue de la loi n° 2007-1775 du 17 décembre 2007, et l'article L. 132-21 du même code, ensemble l'article 894 du code civil,

Attendu, selon ces textes, qu'en l'absence de renonciation expresse de sa part, le souscripteur d'un contrat d'assurance sur la vie mixte est fondé à exercer le droit de rachat prévu au contrat même en présence de bénéficiaires ayant accepté le bénéfice de ce contrat ;

Attendu que, pour requalifier en donations indirectes les contrats d'assurance sur la vie que V... P... a souscrit en désignant Mme W... L... comme bénéficiaire, l'arrêt énonce, d'abord, qu'un tel contrat peut être requalifié en donation si les circonstances dans lesquelles son bénéficiaire a été désigné révèlent la volonté du souscripteur de se dépouiller de manière irrévocable et que tel est le cas lorsque celui-ci a consenti à l'acceptation de sa désignation par le bénéficiaire dans la mesure où, en une telle hypothèse, il est alors privé de toute possibilité de rachat ; qu'il relève, ensuite, que, le 28 septembre 2004, Mme W... L... et V... P... ont signé une lettre par laquelle ils demandaient à l'assureur d'enregistrer l'accord de Mme W... L..., bénéficiaire acceptante des contrats d'assurance ; qu'il en déduit, enfin, que celui-ci ayant ainsi consenti à cette acceptation, il s'est dépouillé irrévocablement de sorte que les contrats doivent être requalifiés en donation indirecte ;

Qu'en statuant ainsi, sans constater une renonciation expresse de V... P... à l'exercice de son droit de rachat garanti par le contrat, la cour d'appel a violé les textes susvisés ;

PAR CES MOTIFS :

CASSE ET ANNULE, mais seulement en ce qu'il requalifie les contrats d'assurance sur la vie Livret Gaipare n° [...] et Premium Line n° [...] en donations indirectes, prononce leur nullité et condamne Mme W... L... à verser à M. R... la somme de 604 041,44 euros au titre du compte n° [...] Livret Gaipare et celle de 156 583,62 euros au titre du contrat d'assurance-vie Premium Line n° [...], l'arrêt rendu le 27 janvier 2016, entre les parties, par la cour d'appel de Paris ; remet, en conséquence, sur ce point, la cause et les parties dans l'état où elles se trouvaient avant ledit arrêt et, pour être fait droit, les renvoie devant la cour d'appel de Versailles ;

Cass. 2e civ. 25-6-2020 n° 19-14.047 F-D

585 Informations imprécises ou incomplètes – prorogation du délai de renonciation – abus de droit du souscripteur

(Extraits)

1. Selon 1. Selon l'arrêt attaqué (Lyon, 5 février 2019), rendu sur renvoi après cassation (2e Civ.,19 mai 2016, pourvoi n° 15-12.767) et les productions, que M. et Mme F... ont souscrit chacun, le 11 juin 2008, auprès de la société Fortis Luxembourg vie, aux droits de laquelle se trouve la société Cardif Lux vie (l'assureur), un contrat individuel d'assurance sur la vie « Liberty 2 invest », libellé en unités de compte, sur lequel ils ont investi un même capital initial de 1 503 057,25 euros avant de procéder par la suite à des rachats partiels d'un montant de 344 500 euros.

2. Estimant ne pas avoir reçu une information précontractuelle conforme aux exigences légales, M. et Mme F... ont exercé la faculté de renonciation prévue par les articles L. 132-5-1 et L. 132-5-2 du code des assurances par lettre recommandée avec demande d'avis de réception du 15 octobre 2010.

3. L'assureur n'ayant pas donné suite à leur demande, M. et Mme F... l'ont assigné en restitution d'une somme de 1 158 557,25 euros, chacun, augmentée des intérêts majorés.

Examen des moyens

Sur les premier et second moyens réunis

4. Premier moyen : M. et Mme F... font grief à l'arrêt de débouter Mme F... de sa demande de condamnation de l'assureur, à lui payer la somme de 1 158 557,25 euros en principal, outre les intérêts au taux légal majoré de moitié du 19 novembre 2010 au 19 janvier 2011, et au double du taux légal à compter de cette date et jusqu'au paiement alors :

« 1°/ que la connaissance que pouvait avoir l'assuré des caractéristiques techniques du contrat qui lui est proposé, et des risques inhérents à son investissement, doit être appréciée de manière concrète, au regard des informations effectivement portées à sa connaissance par l'assureur ; que ce dernier doit exécuter son obligation précontractuelle d'information de manière individualisée à l'égard de chacun des époux souscripteurs d'un contrat d'assurance-vie, peu important que l'un des époux puisse être considéré comme averti ; qu'en l'espèce, Mme F... faisait valoir (ses conclusions d'appel, p. 60 et 61) que son seul diplôme universitaire était un DUT en chimie, qu'elle avait été employée en qualité de chimiste de 1977 à 1988 et était par conséquent sans emploi lors de la souscription du contrat d'assurance-vie en juin 2008, soulignant qu'elle n'avait « absolument aucune compétence ni en matière boursière, ni en matière financière, ni en matière d'assurance-vie » ; qu'en se bornant à retenir, pour dire que l'exercice par Mme F... de la faculté de renonciation au contrat d'assurance-vie était abusif, que son époux, qui avait conclu un contrat identique le même jour, était un souscripteur averti, que la proposition d'assurance comportait toutes les informations permettant à un souscripteur averti comme M. F... d'être complètement informé tant sur la nature du contrat, sur son fonctionnement et sur les risques encourus et de comprendre la portée de son engagement, ce en dépit des manquements de l'assureur au formalisme imposé par le code des assurances, et que s'agissant de Mme F..., celle-ci avait « nécessairement bénéficié de l'expertise de son mari », quand il appartenait à la compagnie d'assurances de démontrer avoir rempli son obligation d'information de manière personnalisée à l'égard de Mme F..., quelles qu'aient pu être les compétences de son époux, la cour d'appel a violé les articles L. 132-5-1 et L. 132-5-2 du code des assurances ;

2°/ que l'abus dans l'exercice de la faculté prorogée de renonciation à un contrat d'assurance-vie doit être prouvé par l'assureur qui s'en prévaut pour s'opposer à une demande de remboursement des sommes investies par l'assuré ; qu'en retenant, pour dire abusif l'exercice par Mme F... de la faculté prorogée de renonciation au contrat d'assurance-vie qu'elle avait souscrit auprès de la société Fortis Luxembourg Vie, que les multiples griefs invoqués par Mme F... quant au contenu des documents contractuels (non-respect de l'ordre des informations ou de leur emplacement dans le document, de la typographie de certaines mentions ou de la formulation de certaines informations, absence de mention relative à la participation aux bénéfices, non-conformité de l'information relative aux valeurs de rachat, informations superfétatoires relatives à la durée du contrat et à la désignation des bénéficiaires) « se fondent sur le non-respect du strict formalisme requis par les textes sans que leurs critiques soient accompagnées d'explications sur la mauvaise compréhension ou sur l'erreur que les manquements allégués auraient provoquées », quand il incombait à l'assureur de démontrer que les non-conformités des documents précontractuels remis à Mme F... aux dispositions protectrices du code des assurances, constatées par l'arrêt attaqué (p. 8, quatre premiers §) n'avaient pas empêché la souscriptrice d'être parfaitement informée des caractéristiques essentielles du contrat, la cour d'appel a encore violé les articles L. 132-5-1 et L. 132-5-2 du code des assurances, ensemble l'article 1315 (devenu 1353) du code civil ;

3°/ que l'objet du litige est déterminé par les moyens et prétentions respectifs des parties, tels qu'ils résultent de leurs dernières conclusions ; qu'en l'espèce, Mme F... faisait valoir dans ses conclusions d'appel (p. 17) que l'ordre des mentions relatives aux frais du contrat, imposé par les articles L. 132-5-2 et A. 132-8 5° du code des assurances, ne procédait pas « d'un formalisme excessif mais d'un choix délibéré du législateur permettant une meilleure visibilité sur les différents frais du contrat » et que la société Fortis Luxembourg Vie n'avait en l'espèce pas respecté ce formalisme « destiné à favoriser la lisibilité des contrats d'assurance » ; qu'elle soutenait également (p. 25) que la remise d'une note d'information qui n'était pas distincte des conditions générales entraînait « une surinformation de nature à en alourdir le contenu et en altérer la clarté », et que « la société Fortis Luxembourg Vie était tenue d'indiquer les mentions indispensables à la parfaite information de l'assuré à l'exclusion de toute autre. La multiplication des informations détourne l'attention du lec-

teur des éléments réellement nécessaires à son information. Si l'assuré reçoit trop d'informations, il n'en retient aucune. Or la société Fortis Luxembourg Vie a choisi de fournir à l'assuré des informations qui ne sont pas requises par le législateur » ; que s'agissant des informations contenues dans les conditions générales, Mme F... soutenait (p. 52) que « les conditions générales comprennent des éléments qui ne devraient pas y figurer, ce qui contribue à diluer l'information essentielle qui devait, seule, être délivrée » ; que Mme F... soutenait encore que « de multiples violations reprochées et prouvées ne sont pas relatives au non-respect de « formes » prescrites mais touchent à l'absence de l'information : Les mentions relatives aux unités de compte proposées ; Les mentions relatives aux valeurs de rachat. Il s'agit pourtant d'éléments essentiels tant pour opérer un choix entre les différents supports en toute connaissance de cause, que pour apprécier le risque auquel est exposée la prime versée » (p. 53) ; que plus généralement, elle faisait valoir (p. 30) que « l'obligation d'information précontractuelle ayant pour objet de protéger le consentement de l'assuré et s'assurer de sa pleine information, la société Fortis Luxembourg Vie ne peut pas valablement prétendre que l'absence de délivrance des informations relatives au délai de renonciation et la valeur du contrat seraient des informations de « second rang » sans sanction » ; qu'en énonçant que Mme F... n'évoquait que des irrégularités de pure forme, « sans que ses critiques soient accompagnées d'explications sur la mauvaise compréhension ou sur l'erreur que les manquements allégués auraient provoquées », la cour d'appel a dénaturé les conclusions d'appel de Mme F..., et méconnu les termes du litige dont elle était saisie, violant ainsi l'article 4 du code de procédure civile ;
4°/ que la connaissance que pouvait avoir l'assuré des caractéristiques techniques du contrat qui lui est proposé, et des risques inhérents à son investissement, doit être appréciée de manière concrète, au regard des informations effectivement portées à sa connaissance par l'assureur ; qu'il incombe à cet égard aux juges du fond, saisis d'une contestation en ce sens, d'analyser le contenu et la présentation des éléments d'information communiqués à l'assuré afin de s'assurer qu'ils étaient de nature à permettre à ce dernier d'en prendre utilement connaissance et d'appréhender pleinement la portée de son engagement ; qu'en se bornant à affirmer qu'en tout état de cause, « la proposition d'assurance remise aux preneurs comporte toutes les informations utiles et pertinentes permettant à un souscripteur averti comme M. F... d'être complètement informé au moment de sa prise de décision tant sur la nature du contrat, sur son fonctionnement et sur les risques encourus et de comprendre la portée de son engagement, ce en dépit des manquements de l'assureur au formalisme imposé par le code des assurances », sans analyser concrètement le contrat souscrit par Mme F... ni vérifier, comme il le lui était demandé (conclusions d'appel de l'exposant, not. p. 17 ; 25-26 ; 30 ; 52 ; 53) si l'absence de certaines mentions obligatoires, et la présentation confuse des documents qui lui avaient été remis, n'avaient pas été de nature à altérer la compréhension par Mme F... des caractéristiques essentielles du contrat, la cour d'appel a privé sa décision de base légale au regard des articles L. 132-5-1 et L. 132-5-2 du code des assurances ;
5°/ que Mme F... faisait valoir (ses conclusions d'appel, p. 26 1er §) que la proposition d'assurance ou le bulletin de souscription ne comportaient pas certaines informations devant figurer dans la note d'information, en particulier le régime fiscal applicable au contrat souscrit ; qu'en énonçant que la proposition d'assurance remise à M. F... comportait toutes les informations utiles permettant à ce dernier de comprendre la portée de son engagement, et que son épouse avait nécessairement bénéficié de l'expertise de son mari, quand ce document ne comportait pas d'informations sur le régime fiscal applicable, la cour d'appel a violé l'article 1134 (devenu 1103) du code civil, ensemble les articles L. 132-5-2 et A. 132-4 du code des assurances ;
6°/ que l'abus dans l'exercice du droit de renoncer à un contrat d'assurance-vie ne peut être déduit du laps de temps qui s'est écoulé depuis la souscription du contrat, ni de la situation financière du souscripteur ou de la circonstance que le contrat en cause avait généré des pertes ; que pour dire que Mme F... avait abusé de ce droit, la cour d'ap-

pel a retenu qu'elle l'avait exercé « concomitamment à une perte latente très importante de la valeur du titre [...] et à une proposition de rectification fiscale », les dirigeants de [...] qui avaient souscrit un contrat d'assurance-vie auprès de Fortis Luxembourg Vie ayant « adressé de façon quasi-concomitante un lettre de renonciation libellée en termes identiques », que Mme F... avait reconnu dans l'acte introductif d'instance qu'ayant « constaté une évolution critique de son épargne » elle « s'était [penchée] sur les documents qui [lui avaient] été remis lors de la souscription », et qu'elle avait souscrit ce contrat dans un but d'optimisation fiscale ; qu'en se fondant sur ces circonstances inopérantes, inaptes à caractériser l'abus de qu'aurait commis Mme F..., qui était tierce à ce montage, en renonçant à son contrat, la cour d'appel a violé les articles L. 132-5-1 et L. 132-5-2 du code des assurances. »

5. Second moyen : M. et Mme F... font grief l'arrêt de débouter M. F... de sa demande de condamnation de la société Cardif Lux Vie, venant aux droits de la société Fortis Luxembourg Vie, à lui payer la somme de 1 158 557,25 euros en principal, outre les intérêts au taux légal majoré de moitié du 19 novembre 2010 au 19 janvier 2011, et au double du taux légal à compter de cette date et jusqu'au paiement, alors :

« 1°/ que l'abus dans l'exercice de la faculté prorogée de renonciation à un contrat d'assurance-vie doit être prouvé par l'assureur qui s'en prévaut pour s'opposer à une demande de remboursement des sommes investies par l'assuré ; qu'en retenant, pour dire abusif l'exercice par M. F... de la faculté prorogée de renonciation au contrat d'assurance-vie qu'il avait souscrit auprès de la société Fortis Luxembourg Vie, que les multiples griefs invoqués par M. F... quant au contenu des documents contractuels (non-respect de l'ordre des informations ou de leur emplacement dans le document, de la typographie de certaines mentions ou de la formulation de certaines informations, absence de mention relative à la participation aux bénéfices, non-conformité de l'information relative aux valeurs de rachat, informations superfétatoires relatives à la durée du contrat et à la désignation des bénéficiaires) « se fondent sur le non-respect du strict formalisme requis par les textes sans que leurs critiques soient accompagnées d'explications sur la mauvaise compréhension ou sur l'erreur que les manquements allégués auraient provoquées », quand il incombait à l'assureur de démontrer que les non-conformités des documents précontractuels remis à M. F... aux dispositions protectrices du code des assurances, constatées par l'arrêt attaqué (p. 8, quatre premiers §) n'avaient pas empêché le souscripteur d'être parfaitement informé des caractéristiques essentielles du contrat, la cour d'appel a violé les articles L. 132-5-1 et L. 132-5-2 du code des assurances, ensemble l'article 1315 (devenu 1353) du code civil ;

2°/ que la qualité d'assuré averti s'apprécie de manière concrète au regard des compétences personnelles de ce dernier, et de ses connaissances effectives de l'investissement considéré ; que pour dire que M. F... était un souscripteur averti, la cour d'appel a relevé que ce dernier était diplômé de HEC, titulaire d'un DECS, membre de la société des analystes financiers-SFAF, et qu'après avoir travaillé en qualité d'analyste financier à l'UAP, puis à la direction financière de la banque Indosuez, il était, à la date de l'investissement litigieux, directeur des études et de la communication de la société [...] , membre de son comité opérationnel, ce dont elle a déduit que l'ensemble de ces compétences lui permettait de comprendre le mécanisme de l'assurance vie, d'analyser la documentation contractuelle relative à ce type de contrat et d'appréhender les caractéristiques du contrat proposé par Fortis dans tous ses aspects ; qu'elle a également relevé que M. F... avait participé « à une opération d'ingénierie financière complexe interne au groupe [...], ouverte aux principaux membres de l'équipe de direction et dénommée Solfur, qui lui a permis d'acquérir 34 141 actions [...] en souscrivant un emprunt bancaire de 4,5 millions d'euros auprès de la société JP Morgan Chase Bank, garanti par un nantissement de ses titres [...] et que le contrat d'assurance-vie Fortis Luxembourg a été souscrit afin d'y loger l'ensemble des titres [...] », pour en déduire que M. F... avait la capacité d' « appréhender des mécanismes d'investissement autrement plus complexes que l'apport de titres dont il était

propriétaire à une enveloppe de capitalisation sous forme d'assurance-vie » ; qu'en statuant par ces seuls motifs, impropres à établir la connaissance concrète que pouvait avoir M. F..., lequel soulignait qu'il exerçait à l'époque les fonctions de Directeur des études et de la communication de la société [...] (ses écritures d'appel, p. 57-59), des risques impliqués par la souscription du produit commercialisé par la société Fortis Luxembourg Vie, et donc sa qualité d'assuré averti, la cour d'appel a privé sa décision de base légale au regard des articles L. 132-5-1 et L. 132-5-2 du code des assurances ;
3°/ que l'objet du litige est déterminé par les moyens et prétentions respectifs des parties, tels qu'ils résultent de leurs dernières conclusions ; qu'en l'espèce, M. F... faisait valoir dans ses conclusions d'appel (p. 17) que l'ordre des mentions relatives aux frais du contrat, imposé par les articles L. 132-5-2 et A. 132-8 5° du code des assurances, ne procédait pas « d'un formalisme excessif mais d'un choix délibéré du législateur permettant une meilleure visibilité sur les différents frais du contrat » et que la société Fortis Luxembourg Vie n'avait en l'espèce pas respecté ce formalisme « destiné à favoriser la lisibilité des contrats d'assurance » ; qu'il soutenait également (p. 25) que la remise d'une note d'information qui n'était pas distincte des conditions générales entraînait « une surinformation de nature à en alourdir le contenu et en altérer la clarté », et que « la société Fortis Luxembourg Vie était tenue d'indiquer les mentions indispensables à la parfaite information de l'assuré à l'exclusion de toute autre. La multiplication des informations détourne l'attention du lecteur des éléments réellement nécessaires à son information. Si l'assuré reçoit trop d'informations, il n'en retient aucune. Or la société Fortis Luxembourg Vie a choisi de fournir à l'assuré des informations qui ne sont pas requises par le législateur » ; que s'agissant des informations contenues dans les conditions générales, M. F... soutenait (p. 52) que « les conditions générales comprennent des éléments qui ne devraient pas y figurer, ce qui contribue à diluer l'information essentielle qui devait, seule, être délivrée » ; que M. F... soutenait encore que « de multiples violations reprochées et prouvées ne sont pas relatives au non-respect de « formes » prescrites mais touchent à l'absence de l'information : Les mentions relatives aux unités de compte proposées ;
Les mentions relatives aux valeurs de rachat. Il s'agit pourtant d'éléments essentiels tant pour opérer un choix entre les différents supports en toute connaissance de cause, que pour apprécier le risque auquel est exposée la prime versée » (p. 53) ; que plus généralement, il faisait valoir (p. 30) que « l'obligation d'information précontractuelle ayant pour objet de protéger le consentement de l'assuré et s'assurer de sa pleine information, la société Fortis Luxembourg Vie ne peut pas valablement prétendre que l'absence de délivrance des informations relatives au délai de renonciation et la valeur du contrat seraient des informations de « second rang » sans sanction » ; qu'en énonçant que M. F... n'évoquait que des irrégularités de pure forme, « sans que leurs critiques soient accompagnées d'explications sur la mauvaise compréhension ou sur l'erreur que les manquements allégués auraient provoquées », la cour d'appel a dénaturé les conclusions d'appel de M. F..., et méconnu les termes du litige dont elle était saisie, violant ainsi l'article 4 du code de procédure civile ;
4°/ que la connaissance que pouvait avoir l'assuré des caractéristiques techniques du contrat qui lui est proposé, et des risques inhérents à son investissement, doit être appréciée de manière concrète, au regard des informations effectivement portées à sa connaissance par l'assureur ; qu'il incombe à cet égard aux juges du fond, saisis d'une contestation en ce sens, d'analyser le contenu et la présentation des éléments d'information communiqués à l'assuré afin de s'assurer qu'ils étaient de nature à permettre à ce dernier d'en prendre utilement connaissance et d'appréhender pleinement la portée de son engagement ; qu'en se bornant à affirmer qu'en tout état de cause, « la proposition d'assurance remise aux preneurs comporte toutes les informations utiles et pertinentes permettant à un souscripteur averti comme M. F... d'être complètement informé au moment de sa prise de décision tant sur la nature du contrat, sur son fonctionnement et sur les risques encourus et de com-

prendre la portée de son engagement, ce en dépit des manquements de l'assureur au formalisme imposé par le code des assurances », sans analyser concrètement le contrat souscrit par M. F... ni vérifier, comme il le lui était demandé (conclusions d'appel de l'exposant, not. p. 17 ; 25-26 ; 30 ; 52 ; 53), si l'absence de certaines mentions obligatoires, et la présentation des documents qui lui avaient été remis, n'avaient pas été de nature à altérer la compréhension par M. F... des caractéristiques essentielles du contrat, la cour d'appel a privé sa décision de base légale au regard des articles L. 132-5-1 et L. 132-5-2 du code des assurances ;

5°/ que M. F... faisait valoir (ses conclusions d'appel, p. 26 1er §) que la proposition d'assurance ou le bulletin de souscription ne comportaient pas certaines informations devant figurer dans la note d'information, en particulier le régime fiscal applicable au contrat souscrit ; qu'en énonçant que la proposition d'assurance remise à M. F... comportait toutes les informations utiles permettant à ce dernier de comprendre la portée de son engagement, quand ce document ne comportait pas d'informations sur le régime fiscal applicable, la cour d'appel a violé l'article 1134 (devenu 1103) du code civil, ensemble les articles L. 132-5-2 et A. 132-4 du code des assurances ;

6°/ que l'abus dans l'exercice du droit de renoncer à un contrat d'assurance-vie ne peut être déduite du laps de temps qui s'est écoulé depuis la souscription du contrat, ni de la situation financière du souscripteur ou de la circonstance que le contrat en cause avait généré des pertes ; que pour dire que M. F... avait abusé de ce droit, la cour d'appel a retenu qu'il l'avait exercé « concomitamment à une perte latente très importante de la valeur du titre [...] et à une proposition de rectification fiscale », les dirigeants de [...] qui avaient souscrit un contrat d'assurance-vie auprès de Fortis Luxembourg Vie ayant « adressé de façon quasi-concomitante un lettre de renonciation libellée en termes identiques », que M. F... avait reconnu dans l'acte introductif d'instance qu'ayant « constaté une évolution critique de son épargne » il « s'était [penché] sur les documents qui [lui avait] été remis lors de la souscription », et qu'il avait souscrit ce contrat dans un but d'optimisation fiscale ; qu'en se fondant sur ces circonstances inopérantes, inaptes à caractériser l'abus de droit qu'aurait commis M. F... en renonçant à son contrat, la cour d'appel a violé les articles L. 132-5-1 et L. 132-5-2 du code des assurances. »

Réponse de la Cour

6. Après avoir relevé que les manquements à la forme et au contenu de l'encadré invoqués par les demandeurs étaient établis, la cour d'appel a retenu, d'une part, que le détournement de la faculté de renonciation pour échapper à la dévalorisation de leur épargne par les souscripteurs ayant la qualité d'assurés avertis et ayant disposé des informations leur permettant de comprendre les caractéristiques du contrat souscrit, caractérisait un abus de droit, d'autre part, que la bonne foi étant présumée, il appartenait à l'assureur d'apporter la preuve qu'en dépit des insuffisances de l'information précontractuelle qui leur avait été fournie, les époux F... avaient été parfaitement à même de mesurer la portée de leur engagement lors de la souscription du contrat.

7. Elle a ensuite constaté que M. F... était diplômé de HEC, titulaire d'un DECS, membre de la société française des analystes financiers-SFAF et qu'après avoir travaillé en qualité d'analyste financier à l'UAP, puis à la direction financière de la banque Indosuez, il était à la date de l'investissement litigieux, directeur des études et de communication de la société [...] , membre de son comité opérationnel, et que ces compétences lui permettait de comprendre le mécanisme de l'assurance sur la vie, d'analyser la documentation contractuelle relative à ce type de contrat et d'appréhender les caractéristiques du contrat proposé par l'assureur dans tous ses aspects .

8. La cour d'appel a constaté, par ailleurs, que M. F... avait participé à une opération d'ingénierie financière complexe interne au groupe [...], ouverte aux principaux membres de l'équipe de direction et dénommée Solfur, qui lui avait permis d'acquérir avec son épouse 34 141 actions [...] en souscrivant un emprunt bancaire de 4,5 millions d'euros auprès de la société JP Morgan Chase Bank, garanti par un nantissement de ses titres [...] et que le

contrat d'assurance sur la vie « Fortis Luxembourg » avait été souscrit afin d'y loger l'ensemble des titres [...] acquis lors de l'opération Solfur, ce qui confirmait sa capacité d' appréhender des mécanismes d'investissement autrement plus complexes que l'apport de titres sur un contrat d'assurance sur la vie .

9. Elle a également relevé que Mme F... avait bénéficié de l'expertise de son mari, que la banque JP Morgan avait établi au mois de mai 2007 un document à l'intention des dirigeants participant au projet Solfur comportant une présentation du contrat d'assurance et qu'il ressortait d'un courrier du cabinet d'avocats Debevoise et Plimpton en date du 15 mars 2007 et du document établi par la banque JP Morgan que le placement en assurances sur la vie des titres acquis , proposé par la banque JP Morgan, avait été librement souscrit dans un but d'optimisation fiscale.

10. Elle a ensuite estimé que les multiples griefs invoqués par M. et Mme F... à l'encontre du contenu des documents contractuels, - non respect de l'ordre des informations ou de leur emplacement dans le document, de la typographie de certaines mentions ou de la formulation de certaines informations, absence de mention relative à la participation aux bénéfices alors que le contrat proposé ne prévoit pas de participation aux bénéfices, non conformité de l'information relative aux valeurs de rachat, informations superfétatoires relatives à la durée du contrat et à la désignation des bénéficiaires - se fondaient sur le non respect du strict formalisme requis par les textes.

11. Elle a enfin constaté que la proposition d'assurance remise aux preneurs d'assurance comportait toutes les informations utiles et pertinentes permettant à un souscripteur averti comme M. F... d'être complètement informé au moment de sa prise de décision tant sur la nature du contrat, sur son fonctionnement et sur les risques encourus et de comprendre la portée de son engagement, ce en dépit des manquements de l'assureur au formalisme imposé par le code des assurances.

12. En l'état de ces seules constatations et énonciations, et abstraction faite de motifs surabondants , la cour d'appel qui, sans être tenue de suivre les parties dans le détail de leur argumentation, a souverainement apprécié au regard de la situation concrète de M. et Mme F... et de leur qualité d'assurés avertis, les informations dont ils disposaient réellement à la date d'exercice de leur faculté de renonciation, a pu décider, sans inverser la charge de la preuve ni méconnaître les termes du litige et dénaturer les conclusions des époux F..., que ces derniers n'avaient exercé la faculté de renonciation prévue par l'article L.132-5-1 du code des assurances que pour échapper à l'évolution défavorable de leur investissement et que l'abus de droit qui leur était reproché était caractérisé.

13. Les moyens ne sont dès lors pas fondés.

PAR CES MOTIFS, la Cour :

REJETTE le pourvoi ;

Cass. 2e civ. 25-6-2020 n° 19-16.109 et 19-16.110 F-D

586 **contrat en unités de compte – clause d'arbitrage à cours connu – modification de la liste des supports disponibles – restitution des supports**

(Extraits)

1. Selon l'arrêt attaqué (Paris, 15 janvier 2019), M. H... P... et son épouse, Mme X... P..., ont souscrit à effet du 23 décembre 1991, auprès de la société Abeille vie aux droits de laquelle se trouve la société Aviva vie (la société Aviva), un contrat d'assurance sur la vie multi-supports, dénommé « Sélectivaleurs », permettant au souscripteur d'arbitrer entre les différents supports proposés en parfaite connaissance du résultat financier des opérations en application d'une clause dite « d'arbitrage à cours connu », les valeurs liquidatives étant celles de la dernière bourse de la semaine précédant l'échange.

2. Reprochant à l'assureur d'avoir progressivement supprimé les supports composés d'actions afin de faire échec au fonctionnement de la clause d'arbitrage à cours connu, M. et Mme P... l'ont assigné

afin d'obtenir la restitution des supports initialement offerts à l'arbitrage.

3. Par un arrêt du 24 mai 2011, devenu irrévocable, la cour d'appel de Paris a confirmé le jugement entrepris en qu'il avait condamné l'assureur à rétablir sur le contrat des époux P... les supports éligibles au moment de la souscription ou des supports offrant les mêmes caractéristiques et ordonné, une expertise avant dire droit sur la fixation des supports devant être restitués aux époux P... et sur l'évaluation de leur préjudice.

4. Les époux P... ont parallèlement assigné devant un tribunal de grande instance la société Aviva afin qu'il soit jugé qu'elle avait commis une faute en refusant de prendre en compte les arbitrages réalisés à compter du 24 mai 2011 et qu'elle soit condamnée à exécuter sous astreinte leurs ordres d'arbitrage et à leur verser des dommages-intérêts en réparation du préjudice subi.

5. L'exception de connexité soulevée par la société Aviva a été accueillie et le dessaisissement du tribunal initialement saisi a été ordonné au profit de la cour d'appel de Paris qui a joint les deux instances.

Examen du moyen

Sur le moyen unique, pris en sa cinquième branche, ci-après annexé

6. En application de l'article 1014, alinéa 2, du code de procédure civile, il n'y a pas lieu de statuer par une décision spécialement motivée sur ce moyen qui est irrecevable.

Sur le moyen unique, pris en ses première, deuxième, troisième, quatrième et sixième branches

Enoncé du moyen

7. La société Aviva fait grief à l'arrêt de la condamner à « réintégrer » les vingt-et-un supports listés au dispositif dans le contrat « Sélectivaleurs » souscrit par M. et Mme P..., et de la condamner à exécuter sous astreinte les arbitrages à cours connu sur ces supports, alors :

« 1°/ que, dans le dispositif de son arrêt du 24 mai 2011, revêtu de l'autorité de la chose définitivement jugée, la cour d'appel de Paris a confirmé le jugement rendu le 23 mai 2006 par le tribunal de commerce de Paris en ce qu'il avait « condamné la société Aviva vie à rétablir sur le contrat des époux P... les supports éligibles au moment de la souscription ou des supports offrant les mêmes caractéristiques », ce dont il s'induisait que la restitution devait concerner uniquement les supports éligibles au contrat des époux P... au moment de la souscription de celui-ci ; qu'en condamnant la société Aviva vie à « réintégrer » dans le contrat des époux P... des supports qui n'y avaient jamais été éligibles ou ne l'étaient devenus qu'en cours d'exécution du contrat, la cour d'appel a méconnu l'autorité de chose jugée qui s'attachait au chef de dispositif précité, en violation des articles 480 du code de procédure civile et 1351, devenu 1355, du code civil ;

2°/ que, dans le dispositif de son arrêt du 24 mai 2011, revêtu de l'autorité de la chose définitivement jugée, la cour d'appel de Paris a confirmé le jugement rendu le 23 mai 2006 par le tribunal de commerce de Paris en ce qu'il avait « condamné la société Aviva vie à rétablir sur le contrat des époux P... les supports éligibles au moment de la souscription ou des supports offrant les mêmes caractéristiques », ce dont il s'induisait qu'il ne pouvait être offert aux époux P... des supports plus nombreux que les douze supports éligibles au moment de la souscription de leur contrat ; qu'en décidant n'y avoir lieu de limiter le nombre de supports à restituer aux époux P... au nombre de supports éligibles à la souscription, à savoir douze supports, et en condamnant la société Aviva Vie à « réintégrer » dans leur contrat les vingt-et-un supports listés au dispositif de son arrêt attaqué, la cour d'appel a méconnu l'autorité de chose jugée qui s'attachait au chef de dispositif précité, et violé les articles 480 du code de procédure civile et 1351, devenu 1355, du code civil ;

3°/ que le préjudice doit être réparé sans perte ni profit pour aucune des parties ; qu'en condamnant la société Aviva Vie à rendre éligibles dans le contrat des époux P... les vingt-et-un supports listés au dispositif de son arrêt attaqué, tout en constatant que seuls douze supports étaient éligibles au contrat au moment de la souscription et qu'un maximum de quinze supports avaient été très temporairement disponibles en cours d'exécution du contrat, la cour d'appel, qui n'a pas exactement re-

placé les époux P... dans la situation où ils se seraient trouvés si la faute imputée à la société Aviva vie ne s'était pas produite, a violé le principe de la réparation intégrale et les articles 1147 et 1149, devenus 1231-1 et 1232-2, du code civil ;
4°/ que les conventions légalement formées tiennent lieu de loi à ceux qui les ont faites ; qu'en condamnant la société Aviva vie à rendre éligibles au contrat des époux P... les vingt-et-un supports listés au dispositif de son arrêt attaqué, tout en constatant que ledit contrat reconnaissait à l'assureur la prérogative de faire évoluer la liste des supports disponibles, sans que les adhérents n'aient de droit acquis au maintien de ceux initialement proposés, interdisant ainsi qu'ils bénéficient simultanément des supports retirés de l'éligibilité et des supports venus en remplacement, la cour d'appel a méconnu la convention des parties et violé l'article 1134, devenu 1103, du code civil ;
5°/ que le défaut de réponse à conclusions équivaut à un défaut de motifs ; que, pour substituer à l'ancien support Gestion Sélection France les deux nouveaux supports Amundi Actions France Part C et Amundi Actions France Part D, l'arrêt attaqué a retenu que la société Aviva vie n'expliquait pas pour quel motif les époux P... ne seraient pas éligibles à ces deux supports ; qu'en statuant ainsi, sans répondre au moyen péremptoire des écritures de la société Aviva vie (conclusions récapitulatives d'appel notifiées le 7 septembre 2018, p. 20) qui faisait valoir que le support Amundi Actions France Part C n'avait jamais été éligible, ni au contrat des époux P..., ni à aucun autre contrat qu'elle commercialisait, la cour d'appel n'a pas satisfait aux exigences de l'article 455 du code de procédure civile. »

Réponse de la Cour
8. C'est d'abord sans méconnaître l'autorité de chose jugée attachée à son précédent arrêt du 24 mai 2011, que la cour d'appel, interprétant souverainement le dispositif ambigu et imprécis de cette décision, à la lumière des motifs de l'arrêt et de la mission assignée à l'expert, a estimé que la restitution ne devait pas se limiter à la liste des supports éligibles à la date de la souscription mais inclure tous les supports dont les époux P... avaient été privés par l'abus commis, y compris ceux rendus éligibles en cours d'exécution du contrat .
9. C'est ensuite, dans l'exercice de son pouvoir souverain d'appréciation des mesures propres à assurer la réparation intégrale du préjudice des époux P... résultant de l'usage abusif par la société Aviva de la prérogative contractuelle lui permettant de faire évoluer la liste des supports disponibles et sans méconnaître la convention des parties, que la cour d'appel, qui n'a pas constaté qu'un maximum de quinze supports avaient été disponibles en cours d'exécution du contrat a, répondant aux conclusions dont elle était saisie, sans avoir à suivre les parties dans le détail de leur argumentation, défini la liste des supports devant être restitués à l'arbitrage, incluant les supports « Amundi actions France » dont elle a constaté qu'ils correspondaient à la nouvelle dénomination du support originaire « Gestion sélection France », qu'ils présentaient le même profil et étaient gérés par le même administrateur.
10. Le moyen n'est donc pas fondé.
PAR CES MOTIFS, la Cour :
REJETTE le pourvoi ;

Cass. 2e civ. 2-7-2020 n° 19-11.417 et 19-13.636 F-PBI

587 nantissement du contrat – avis à tiers détenteur

(Extraits)
1. En raison de leur connexité, les pourvois n° C 19-11.417 et Q 19-13.636 sont joints.
Faits et procédure
2. Selon l'arrêt attaqué (Paris, 29 novembre 2018), le comptable responsable du service des impôts des particuliers de Paris 7e (le comptable public), agissant sur le fondement de titres exécutoires délivrés à l'encontre de M. B..., a notifié le 31 août 2016 entre les mains de la société Cardif assurance vie (l'assureur) un avis à tiers détenteur

portant, notamment, sur un contrat rachetable n °305536 souscrit par le débiteur.

3. L'assureur a indiqué qu'il ne pouvait procéder à aucun paiement au titre de ce contrat.

4. Le comptable public a assigné l'assureur devant un juge de l'exécution en paiement des sommes, objet de l'avis à tiers détenteur, sur le fondement de l'article R. 211-9 du code des procédures civiles d'exécution. L'assureur a fait valoir que le contrat en cause avait fait l'objet d'un nantissement le 2 décembre 2012 au profit de la société BNP Paribas (la banque).

5. Par jugement du 21 février 2018, le juge de l'exécution a accueilli la demande formée par le comptable public. La banque et l'assureur ont formé chacun un pourvoi contre l'arrêt qui a confirmé le jugement.

Examen des moyens

Sur la deuxième branche du moyen du pourvoi Q 19-13.636 et la deuxième branche du moyen pourvoi C 19-11.417, qui sont similaires

Enoncé du moyen

6. L'assureur et la banque font grief à l'arrêt confirmatif attaqué de condamner la société Cardif assurance vie à payer au Service des impôts des particuliers de Paris 7e l'intégralité des fonds versés par M. B... sur le contrat n° ... dans la limite de la valeur de rachat des droits à la date de la notification de l'avis à tiers détenteur, ainsi qu'une somme de 4 000 euros au titre de l'article 700 du code de procédure civile et aux dépens, alors

« 1°/ que le nantissement du contrat confère au créancier nanti un droit exclusif sur la valeur de rachat ; qu'il en résulte que l'avis à tiers détenteur qui oblige l'assureur à payer le Trésor public « aux lieu et place du redevable », est sans effet attributif lorsque le contrat est donné en nantissement, le redevable ne disposant plus dans son patrimoine des droits qu'il a régulièrement transférés avant la notification de l'avis à tiers détenteur ; qu'en donnant cependant effet à l'avis à tiers détenteur notifié à l'assureur postérieurement à la constitution du nantissement, la cour d'appel a violé l'article 2363 du code civil par refus d'application et l'article 1920 du code général des impôts par fausse application, ensemble les articles L. 211-2 et R. 211-9 du code des procédures civiles d'exécution ;

2°/ que seul le créancier nanti reçoit valablement le paiement de la créance nantie tant en capital qu'en intérêts ; que la cour d'appel a constaté que M. B... avait donné en nantissement le 2 décembre 2012 à la société BNP Paribas les créances qu'il détenait contre la société Cardif assurance vie au titre du contrat d'assurance vie n° ... ; qu'en condamnant la société Cardif assurance vie à verser l'intégralité de la valeur de rachat de ce contrat au Trésor public, au prétexte qu'il bénéficiait d'un privilège mobilier général s'exerçant avant tout autre, la cour d'appel a violé l'article 2363 du code civil, ensemble l'article R. 211-9 du code des procédures civiles d'exécution. »

Réponse de la Cour

Vu l'article 2363 du code civil et l'article L. 132-10 du code des assurances :

7. Il résulte de ces textes que le créancier bénéficiaire d'un nantissement de contrat d'assurance vie rachetable, qui peut provoquer le rachat, dispose d'un droit exclusif au paiement de la valeur de rachat, excluant ainsi tout concours avec les autres créanciers du souscripteur, même privilégiés.

8. Pour condamner l'assureur à verser au comptable public le montant visé par l'avis à tiers détenteur, l'arrêt retient que, s'agissant des contributions directes, le privilège du Trésor, bien que général, doit, en raison de son rang, s'exercer avant tout autre et primer le nantissement de la créance du souscripteur sur l'assureur au profit de la banque, quelle que soit la date à laquelle ce dernier a été constitué et que le comptable peut exercer immédiatement la faculté de rachat, aux lieu et place de la banque ou du souscripteur.

9. En statuant ainsi, la cour d'appel a violé les textes susvisés.

PAR CES MOTIFS, et sans qu'il y ait lieu de statuer sur les autres griefs des pourvois, la Cour :

CASSE ET ANNULE, en toutes ses dispositions, l'arrêt rendu le 29 novembre 2018, entre les parties, par la cour d'appel de Paris.

Cass. 2e civ. 16-7-2020 n° 19-16.922 F-PBI

588 contrats en unités de compte – produits structurés qualifiés d'obligations – éligibilité unités de compte

(Extraits)

1. Selon l'arrêt attaqué (Paris, 11 avril 2019), M. G... a souscrit, le 21 février 1997, par l'intermédiaire de son courtier, un contrat d'assurance sur la vie, libellé en unités de compte, auprès de la société Fédération continentale, aux droits de laquelle vient désormais la société Generali vie (l'assureur).

2. Le 12 décembre 2016, M. G... a procédé à l'arbitrage de l'intégralité des sommes investies sur un unique support, dénommé « Optimiz presto 2 », produit structuré indexé sur un panier d'actions de référence, émis par une filiale du groupe Société générale et coté sur le marché de la Bourse de Luxembourg.

3. A la suite des mauvaises performances de ce support, M. G..., soutenant que celui-ci n'était pas éligible à l'assurance sur la vie et reprochant à l'assureur et au courtier d'avoir manqué à leur obligation d'information et de conseil, a assigné ces derniers en paiement de dommages-intérêts.

Examen des moyens :

Sur le moyen, pris en sa troisième branche, ci-après annexé

5. En application de l'article 1014, alinéa 2, du code de procédure civile, il n'y a pas lieu de statuer par une décision spécialement motivée sur ce grief qui n'est manifestement pas de nature à entraîner la cassation.

Sur le moyen, pris en ses deux premières branches

Enoncé du moyen

6. M. G... fait grief à l'arrêt de le débouter de toutes ses demandes dirigées contre l'assureur, alors :

« 1°/ que le capital investi sur un contrat d'assurance-vie ou de capitalisation peut être exprimé en unités de compte constituées de valeurs mobilières ou d'actifs offrant une protection suffisante de l'épargne investie et figurant sur une liste dressée par décret en Conseil d'Etat ; que la seule circonstance que la valeur mobilière ou l'actif en cause figure parmi les unités de compte éligibles énumérées par les articles R. 131-1 et R. 332-2 du code des assurances ne suffit pas à établir que cette valeur mobilière ou cet actif offre une protection suffisante de l'épargne ; qu'en se bornant à retenir, pour dire que le produit Optimiz Presto 2 était éligible en tant qu'unité de compte du contrat d'assurance-vie souscrit par M. W... G..., que « l'article L. 131-1, alinéa 2, du code des assurances, mentionnant des unités de compte constituées de valeurs mobilières ou d'actifs offrant une protection suffisante de l'épargne investie et figurant sur une liste dressée par décret en Conseil d'Etat renvoie, par l'article R. 131-1-1° à l'article R. 332-2 A 2° visant les obligations », quand les conditions d'éligibilité posées par l'article L. 131-1 du code des assurances - faire partie de la liste prévue à l'article R. 131-1 du code des assurances, et offrir une protection suffisante de l'épargne - sont cumulatives, la cour d'appel a violé l'article L. 131-1 du code des assurances ;

2°/ que le respect de l'exigence de protection suffisante de l'épargne que doivent remplir les valeurs mobilières ou actifs éligibles en qualité d'unités de comptes d'un contrat d'assurance-vie ou de capitalisation s'apprécie au regard de la probabilité de perte en capital et de l'importance de celle-ci ; qu'en se bornant à retenir, pour dire que la liquidité et la sécurité des actifs sur lesquels M. G... avait investi ses fonds étaient assurées au sens de l'article L. 131-1 du code des assurances, qu' « au surplus, étaient prévues la possibilité annuelle de remboursement anticipé du capital investi, ainsi que l'assurance de ce remboursement jusqu'au seuil de 40 % de la valeur du panier de référence », la cour d'appel, qui a statué par des motifs impropres à caractériser la protection suffisante de l'épargne assurée par le produit Optimiz Presto 2, a privé sa décision de base légale au regard de l'article L. 131-1 du code des assurances. »

Réponse de la Cour

7. Selon l'article L. 131-1 du code des assurances, dans sa rédaction applicable au litige, en matière d'assurance sur la vie ou d'opération de capitalisation, le capital ou la rente garantis peuvent être exprimés en unités de compte constituées de valeurs mobilières ou d'actifs offrant une protection suffisante de l'épargne investie et figurant sur une liste dressée par décret en Conseil d'Etat.
8. Il résulte de ce texte, interprété à la lumière des travaux préparatoires de la loi n° 92-665 du 16 juillet 1992, que les valeurs mobilières et actifs visés par l'article R. 131-1 du code des assurances remplissent la condition de protection suffisante de l'épargne prévue par ce texte.
9. Selon l'article R. 131-1 du code des assurances, dans sa rédaction applicable au litige, les unités de compte visées à l'article L. 131-1 du code des assurances incluent les actifs énumérés au 1°, 2°, 2° bis, 2° ter, 3°, 4°, 5° et 8° de l'article R. 332-2 du code des assurances, au nombre desquels figurent les obligations négociées sur un marché reconnu.
10. Ayant retenu que le produit Optimiz Presto 2 s'analysait en une obligation au sens de l'article L. 213-5 du code monétaire et financier, soit un titre négociable conférant les mêmes droits de créance pour une même valeur nominale dans une même émission, en dépit de l'absence de garantie de remboursement intégral du capital, puis relevé qu'il avait été officiellement admis à la cote de la Bourse de Luxembourg, marché réglementé figurant sur la liste établie par la Commission européenne et reconnu au sens de l'article R. 232-2 2° du code monétaire et financier et que sa liquidité effective était établie par cinq mille deux-cent-vingt négociations par les clients de la société Generali vie, intervenues de 2007 à 2013, la cour d'appel en a exactement déduit qu'il était éligible comme unité de compte dans un contrat d'assurance sur la vie.
11. Le moyen, inopérant en sa seconde branche comme s'attaquant à des motifs surabondants, n'est donc pas fondé.
PAR CES MOTIFS, la Cour :
REJETTE le pourvoi ;

Cass. 1e civ. 30-9-2020 n° 19-11.187 FS-PB

589 désignation des héritiers – interprétation de la clause – volonté du souscripteur

(Extraits)
1. Selon l'arrêt attaqué (Rennes, 31 octobre 2018), G... K... est décédée le [...], laissant pour lui succéder ses deux enfants, M. E... et Mme Q... N..., en l'état d'un testament olographe du 27 décembre 2001 instituant sa fille légataire de la moitié de la quotité disponible et Mme B... N..., fille de M. E... N..., légataire de l'autre moitié. Désignée tutrice de sa mère, Mme Q... N... a été autorisée en 2007 par le juge des tutelles à souscrire au nom de celle-ci un contrat d'assurance sur la vie auprès de la société Prédica, dont le paragraphe « bénéficiaires des garanties en cas de décès » indique « mes héritiers ».
Examen du moyen
Sur le moyen, pris en ses première à troisième branches, ci-après annexé
2. En application de l'article 1014, alinéa 2, du code de procédure civile, il n'y a pas lieu de statuer par une décision spécialement motivée sur ces griefs qui ne sont manifestement pas de nature à entraîner la cassation.
Sur le moyen, pris en sa quatrième branche
Enoncé du moyen
3. M. E... N... fait grief à l'arrêt de rejeter l'ensemble de ses demandes tendant à ce qu'il soit jugé que les seuls héritiers de G... K... sont Mme Q... N... et M. E... N..., que la société Predica a commis une faute d'imprudence en procédant elle-même à la répartition des fonds provenant du contrat d'assurance sur la vie selon sa propre appréciation, contraire à celle du juge des tutelles, et que cette dernière soit condamnée à lui payer la somme de 30 497,61 euros en principal, alors « que seuls les légataires universels peuvent être assimilés à des héritiers ; qu'en retenant, pour juger que la société Predica avait pu valablement verser un sixième de la valeur de l'assurance à Mme B... N..., petite-fille de la défunte et légataire à titre universel, que le terme d' hé-

ritiers "présent dans la clause bénéficiaire devait s'entendre des héritiers légaux et testamentaires", quand un légataire à titre universel ne saurait être assimilé à un héritier, la cour d'appel a violé les articles 724 et 731 du code civil, ensemble les articles 1003 et 1010 du même code. »

Réponse de la Cour

4. Selon l'article L. 132-8 du code des assurances, le capital ou la rente garantis peuvent être payables lors du décès de l'assuré à un ou plusieurs bénéficiaires déterminés. Est considérée comme faite au profit de bénéficiaires déterminés la désignation comme bénéficiaires des héritiers ou ayants droit de l'assuré. Les héritiers, ainsi désignés, ont droit au bénéfice de l'assurance en proportion de leurs parts héréditaires et conservent ce droit en cas de renonciation à la succession.

5. Pour identifier le bénéficiaire désigné sous le terme d'« héritier », qui peut s'entendre d'un légataire à titre universel, il appartient aux juges du fond d'interpréter souverainement la volonté du souscripteur, en prenant en considération, le cas échéant, son testament.

6. Après avoir relevé que G... K... avait, par testament olographe désignant ses héritiers et précisant la part revenant à chacun d'eux, formalisé ses volontés avant son placement en tutelle et la souscription en son nom du contrat d'assurance sur la vie, et souverainement apprécié la volonté de la défunte, la cour d'appel a pu en déduire que le capital garanti devait être réparti entre les héritiers légaux et les légataires à titre universel de G... K....

7. Le moyen n'est donc pas fondé.

PAR CES MOTIFS, la Cour :

REJETTE le pourvoi ;

Cass. 2e civ. 26-11-2020 n° 18-22.563 F-PBI

590 modification du bénéficiaire – lettre type – volonté du souscripteur

(Extraits)

1. Selon l'arrêt attaqué (Nancy, 22 mai 2018), par avenant du 27 novembre 2008, A... Y..., qui avait souscrit auprès de la banque CIC Est trois contrats d'assurance-vie, a désigné comme bénéficiaires ses quatre soeurs, Mmes D..., G..., C... et O... Y....

2. Il est décédé le 30 janvier 2011.

3. Le 29 avril 2011, un notaire a établi un procès-verbal de description et de dépôt d'un testament olographe de A... Y..., daté du 30 novembre 2010, dans lequel il était stipulé que son auteur instituait légataires universels ses deux enfants, M. S... Y... et Mme F... K... née Y..., et qu'il leur léguait tous ses biens, notamment le produit de ses contrats d'assurance-vie.

4. Après le dépôt d'un rapport d'expertise médicale se prononçant, tel qu'ordonné par le juge des référés, sur l'état de santé mentale du testateur à l'époque de la rédaction du document, Mmes D..., G..., C... et O... Y... ont assigné M. S... Y... et Mme F... Y..., aux fins de voir prononcer l'annulation du testament et de les voir condamner solidairement à leur payer une somme correspondant à celle perçue par eux en vertu de ce testament.

Examen du moyen

Sur le moyen, pris en sa seconde branche, ci-après annexé

5. En application de l'article 1014, alinéa 2, du code de procédure civile, il n'y a pas lieu de statuer par une décision spécialement motivée sur ce grief qui n'est manifestement pas de nature à entraîner la cassation.

Sur le moyen, pris en sa première branche

Enoncé du moyen

6. M. S... Y... et Mme F... Y... font grief à l'arrêt de les condamner à payer à Mmes D..., G..., C... et O... Y... la somme de 305 561,84 euros, chacun à concurrence du capital perçu en vertu du testament annulé, avec intérêts au taux légal, alors « que le changement dé bénéficiaire d'un contrat d'assurance-vie n'est subordonné à aucune condition de forme ; qu'en retenant, pour juger que A... Y... n'avait pas manifesté la volonté de désigner comme bénéficiaires des contrats d'assurance sur la vie ses deux enfants au lieu et place de

ses quatre soeurs et condamner en conséquence les premiers à payer aux secondes la somme de 305 561,84 euros perçue en vertu du testament annulé, que les lettres adressées aux différents établissements bancaires le 21 janvier 2011 pour modifier la clause bénéficiaire desdits contrats en faveur de M. S... Y... et Mme F... Y..., épouse K... étaient des lettres-types et n'étaient pas revêtues de la signature de l'intéressé, la cour d'appel a ajouté une condition à la loi et a violé l'article L. 132-8 du code des assurances. »

Réponse de la Cour

7. Après avoir retenu que le testament olographe du 30 novembre 2010 devait être annulé faute d'avoir été écrit en entier de la main du testateur, et relevé que M. S... Y... et Mme F... Y... faisaient également valoir qu'en tout état de cause, leur père avait écrit aux assureurs, le 21 janvier 2011, pour modifier en leur faveur la clause bénéficiaire de ses contrats d'assurance-vie, c'est dans l'exercice de son pouvoir souverain d'appréciation des éléments de fait et de preuve qui lui étaient soumis que la cour d'appel a estimé, sans ajouter à la loi une condition qu'elle ne prévoit pas, que les six courriers à en-tête de A... Y... adressés à différents établissements bancaires étaient des lettres-types non revêtues de la signature de l'intéressé et ne pouvaient être considérés comme la manifestation de la volonté du souscripteur de désigner comme bénéficiaires ses deux enfants aux lieu et place de ses quatre soeurs.

8. Le moyen n'est, dès lors, pas fondé.

PAR CES MOTIFS, la Cour :

REJETTE le pourvoi ;

Cass. 2e civ. 26-11-2020 n° 19-12.499 F-D

591 **renonciation au contrat – autorité parentale exercée par un seul parent**

(Extraits)

1. Selon l'arrêt attaqué (Grenoble, 26 juin 2018), le 6 août 1996, M. J..., par l'intermédiaire d'un courtier, a adhéré auprès de l'association Afer à un contrat collectif d'assurance-vie à versements et retraits libres, au nom et pour le compte de son fils mineur.

2. Les parents du mineur se sont séparés en 2000 et par décision du juge aux affaires familiales du 14 décembre 2004, l'autorité parentale exclusive sur l'enfant a été attribuée à la mère.

3. Le 8 décembre 2006, M. J... a demandé le transfert d'une somme de 27 000 euros du compte ouvert au nom de son fils vers son propre compte et s'est vu opposer un refus au motif que l'exercice de la faculté de rachat impliquait l'accord des deux parents et à défaut l'autorisation du juge des tutelles.

4. Le 23 avril 2010, M. J... a assigné l'association Afer en restitution de l'épargne disponible sur le compte ouvert au nom de son fils en se fondant sur le manquement de l'assureur à son devoir d'information.

5. Le GIE Afer (l'assureur), seul en charge de la gestion des adhésions, est intervenu volontairement à l'instance.

Examen du moyen

Sur le moyen, ci-après annexé, pris en sa troisième branche

6. En application de l'article 1014, alinéa 2, du code de procédure civile, il n'y a pas lieu de statuer par une décision spécialement motivée sur ce grief qui n'est manifestement pas de nature à entraîner la cassation.

Sur le moyen, pris en sa première branche

Enoncé du moyen

7. M. J... fait grief à l'arrêt de le débouter de sa demande de restitution par le GIE Afer de la totalité de l'épargne disponible sur son contrat d'assurance-vie multisupport, alors « qu'aux termes de l'article L. 132-5-1, alinéa 2, du code des assurances, dans sa rédaction applicable en la cause, l'entreprise d'assurance ou de capitalisation doit remettre la proposition d'assurance ou de contrat qui doit comprendre un projet de lettre destiné à faciliter l'exercice de la faculté de renonciation prévue au premier alinéa et, en outre, contre récépis-

sé, une note d'information sur les dispositions essentielles du contrat ; que le défaut de remise des documents ainsi énumérées entraîne de plein droit la prorogation du délai de renonciation ; que M. J... avait en l'espèce exercé sa faculté de renonciation le 20 novembre 2012 et demandait donc le remboursement des primes versées ; que la cour d'appel s'est contentée de relever que le bulletin de souscription mentionnait sous sa signature la reconnaissance de la remise « du dossier d'information joint comportant un modèle de lettre de renonciation » et que le livret d'accueil contenait l'ensemble des conditions générales et le rappel de la faculté de renonciation avec un modèle de lettre pour l'exercice de la faculté de renonciation ; qu'en en déduisant qu'il avait reçu une information régulière et complète, sans rechercher si l'assureur lui avait aussi remis, contre récépissé une note d'information sur les dispositions essentielles du contrat, la cour d'appel a privé sa décision de base légale au regard de l'article L. 132-5-1 du code des assurances. »

Réponse de la Cour

8. Selon les dispositions de l'article 383 du code civil, dans sa rédaction antérieure à l'ordonnance n° 2015-1288 du 15 octobre 2015, applicable en la cause, en cas d'exercice de l'autorité parentale par un seul des parents, celui-ci exerce, sous le contrôle du juge, l'administration légale. Il s'en déduit que l'autre parent n'est pas investi de pouvoirs de gestion sur le patrimoine de l'enfant.

9. Il résulte des énonciations de l'arrêt que lorsque M. J... a signifié le 20 novembre 2012 à l'assureur son souhait de renoncer au contrat, l'autorité parentale exclusive sur son fils avait déjà été confiée à la mère de l'enfant. Il en découle qu'il ne disposait pas de la faculté de renonciation dont il s'est prévalu.

10. Par ce motif de pur droit, substitué à ceux critiqués, dans les conditions prévues par les articles 620, alinéa 1er, et 1015 du code de procédure civile, la décision déférée se trouve légalement justifiée de ce chef.

Sur le moyen, pris en sa deuxième branche

Enoncé du moyen

11. M. J... fait grief à l'arrêt de le débouter de sa demande de restitution par le GIE Afer de la totalité de l'épargne disponible sur son contrat d'assurance-vie multisupport, alors « que l'assureur qui fait souscrire une police d'assurance vie est tenu d'un devoir général d'information et de conseil, indépendamment de l'obligation d'information spécialement prévue par le code des assurances ; qu'il est notamment tenu de conseiller son client sur l'adéquation des garanties envisagées avec sa situation personnelle dont il a connaissance et d'attirer l'attention de l'assuré sur toute restriction de ses droits ; que la police d'assurance vie souscrite par M. J... présentait cette particularité qu'elle l'était au nom d'un mineur ; qu'il en résultait que le retrait de tout ou partie de l'épargne versée sur le contrat était soumise à l'accord express de l'un et l'autre des parents du mineur ; qu'en affirmant que l'assureur n'avait pas à préciser l'existence de cette restriction à la liberté de retrait pourtant annoncée dans le contrat, parce que cette restriction résultait des règles du code civil sur l'administration des biens des mineurs, sans tenir compte du devoir général d'information et de conseil imposant à l'assureur, informé par l'indication de la date de naissance de l'assuré sur le bulletin de souscription, de fournir une information claire et précise sur la restriction apportée à la liberté de retrait qui était un des avantages recherchés par le souscripteur, la cour d'appel a violé l'article 1382 devenu l'article 1240 du code civil. »

Réponse de la Cour

12. Pour rejeter le moyen tiré d'un manquement de l'assureur à son devoir général d'information, et débouter en conséquence M. J... de ses demandes, l'arrêt, par motifs propres et adoptés, énonce qu'aucune disposition légale n'imposait au jour de la conclusion du contrat la délivrance d'une information sur les règles d'ordre public relatives à l'administration légale des biens du mineur et que M. J..., ayant souscrit un contrat au nom de son fils mineur, ne pouvait ignorer d'une part, que les sommes versées sur ce compte appartenaient dès leur versement à son fils, d'autre part, qu'il ne pourrait en disposer sans aucun contrôle durant la minorité, ce qui n'est pas incompatible avec la for-

mule « compte à versements et à retraits libres », les retraits pouvant être effectués à tous moments soit par les deux parents du mineur en cas d'administration légale pure et simple, soit par l'un des parents avec l'accord du juge des tutelles en cas d'administration légale sous contrôle judiciaire, c'est-à-dire exercée par un parent seul. L'arrêt ajoute que le contrat a été souscrit par le père avec l'accord présumé de la mère dont il n'était alors pas séparé et qu'il ne saurait être reproché à l'assureur de ne pas avoir attiré l'attention de M. J... sur les difficultés qu'il rencontrerait pour effectuer des retraits en cas de dissensions entre les deux parents.

13. De ces constatations et énonciations, la cour d'appel a pu déduire que l'assureur avait satisfait à son obligation d'information et de conseil.

14. Le moyen n'est, dès lors, pas fondé.

PAR CES MOTIFS, la Cour :

REJETTE le pourvoi ;

Cass. 1e civ. 16-12-2020 n° 19-17.517 F-D

592 primes manifestement exagérées – montant à rapporter à la succession

(Extraits)

1. Selon l'arrêt attaqué (Douai, 28 février 2019), X... F... est décédé le 7 août 2009, laissant pour lui succéder sa fille, D..., et ses trois petits-fils venant par représentation de leur père pré-décédé, I..., H... et O....

2. Ces trois derniers ont assigné leur tante en partage de la succession.

Examen des moyens

Sur le moyen du pourvoi principal, pris en ses première, deuxième et quatrième branches, et sur le moyen du pourvoi incident, ci-après annexés

3. En application de l'article 1014, alinéa 2, du code de procédure civile, il n'y a pas lieu de statuer par une décision spécialement motivée sur le moyen, pris en ses première et quatrième branche, du pourvoi principal et le moyen du pourvoi incident, qui ne sont manifestement pas de nature à entraîner la cassation, et sur le moyen, pris en sa deuxième branche, du pourvoi principal, qui est irrecevable.

Sur le moyen du pourvoi principal, pris en sa troisième branche

Enoncé du moyen

4. Mme F... fait grief à l'arrêt de dire que les primes versées par X... F... sur les contrats d'assurance sur la vie étaient manifestement exagérées au regard de ses facultés, de lui ordonner en conséquence de produire l'intégralité des contrats d'assurance sur la vie dont elle a été bénéficiaire, d'ordonner le rapport à la succession des sommes et des intérêts perçus par elle au dénouement de ces contrats et de la condamner à payer aux consorts F... la somme de 5 000 euros au titre de l'article 700 du code de procédure civile, alors « que tant l'appréciation du caractère manifestement exagéré des sommes versées eu égard au patrimoine restant du souscripteur et à ses revenus que celle de l'utilité pour ce dernier de ces versements doivent être effectuées pour chaque opération à la date de celles-ci ; qu'en effectuant ces appréciations à la date du projet d'état liquidatif de la succession, de façon globale pour tous les versements de M. F... sur une longue période tout en énonçant qu'elle n'était pas en mesure de vérifier l'historique exact de ces versements, la cour d'appel a de nouveau violé l'article L. 132-13 du code des assurances. »

Réponse de la Cour

5. Après avoir relevé qu'entre 1995 et 1998, X... F... avait souscrit des contrats d'assurance sur la vie et versé des primes de 368 472,17 euros sur celui ouvert auprès de la compagnie Allianz vie, 457 347,05, 228 673,53, 365 877,64, 365 877,64, 76 224,51 et 60 979,61 euros sur ceux ouverts auprès de la BNP et 143 408,57 euros sur celui ouvert auprès du Crédit du Nord, alors qu'il était veuf, âgé de plus de 65 ans et disposait d'une retraite confortable de 55 000 euros, l'arrêt retient que ces placements, effectués principalement sous forme de prime unique pour des montants particulièrement conséquents, représentant 61 % de l'actif successoral, ne s'inscrivaient pas dans un projet particu-

lier tel que le financement de frais d'hébergement en maison de retraite et ne présentait aucun intérêt personnel ni économique mais avaient pour seul but de soustraire l'essentiel de l'actif de la succession au profit d'un seul héritier réservataire, de sorte que la preuve du caractère manifestement exagéré des primes versées est rapportée.

6. En l'état de ces constatations et énonciations, dont il résulte qu'elle a tenu compte de l'âge, de la situation patrimoniale et familiale du souscripteur et de l'utilité des opérations à la date de chacun des versements effectués, c'est dans l'exercice de son pouvoir souverain que la cour d'appel a estimé que les primes présentaient un caractère manifestement exagéré.

7. Le moyen n'est donc pas fondé.

Mais sur le moyen du pourvoi principal, pris en sa quatrième branche

Enoncé du moyen

8. Mme F... fait le même grief à l'arrêt, alors « que même en cas de primes jugées manifestement excessives, seul le montant de celles-ci peut faire l'objet d'un rapport à succession ou à une réduction pour atteinte à la réserve des héritiers du contractant ; qu'en condamnant Mme F... à rapporter à la succession de X... F... les sommes et les intérêts sur les assurances vie dont elle est bénéficiaire, la cour d'appel a violé l'article L. 132-13 du code des assurances. »

Réponse de la Cour

Vu l'article L. 132-13 du code des assurances :

9. Le rapport à la succession prévu par ce texte ne porte que sur les sommes versées par le contractant à titre de primes, lorsque celles-ci étaient manifestement exagérées eu égard à ses facultés.

10. En décidant que Mme F... devait rapporter à la succession les sommes et les intérêts perçus au titre des assurances sur la vie souscrites par X... F... et non celui du seul montant des primes versées qu'elle jugeait manifestement exagérées, la cour d'appel a violé le texte susvisé.

Portée et conséquences de la cassation

11. Après avis donné aux parties, conformément à l'article 1015 du code de procédure civile, il est fait application des articles L. 411-3, alinéa 2, du code de l'organisation judiciaire et 627 du code de procédure civile.

12. L'intérêt d'une bonne administration de la justice justifie, en effet, que la Cour de cassation statue au fond.

PAR CES MOTIFS, la Cour :

REJETTE le pourvoi incident ;

CASSE ET ANNULE, mais seulement en ce qu'il dit que Mme F... doit rapporter à la succession les sommes et les intérêts perçus au titre des assurances sur la vie souscrites par X... F..., l'arrêt rendu le 28 février 2019 par la cour d'appel de Douai ;

Cass. 1e civ. avis 18-12-2020 n° 20-70.003 F-PB

593 versement de primes sur le contrat – tuteur – autorisation du juge

(Extraits)

Enoncé de la demande d'avis

1. La demande est ainsi formulée :

« Les dispositions de l'article 501 du code civil autorisant, depuis la loi n° 2019-222 du 23 mars 2019, le tuteur à placer sans autorisation des fonds sur un compte sont-elles applicables au versement libre de primes sur un contrat d'assurance vie existant ou ce type de placement doit-il toujours être considéré comme un acte de disposition soumis à l'autorisation du juge des tutelles ? »

Examen de la demande d'avis

2. Selon l'article 501 du code civil, dans sa rédaction issue de la loi n° 2019-222 du 23 mars 2019, le tuteur peut, sans autorisation, placer des fonds du majeur protégé sur un compte.

3. En premier lieu, le contrat d'assurance sur la vie n'est pas un compte.

4. En deuxième lieu, un tel contrat peut comporter des risques financiers, notamment lorsqu'il est libellé en unités de compte.

5. En troisième lieu, la clause bénéficiaire, dans certaines hypothèses, notamment lorsqu'elle désigne

le tuteur, peut placer celui-ci dans une situation de conflit d'intérêts.

6. Enfin, le décret n° 2008-1484 du 22 décembre 2008, qui classe le versement de nouvelles primes sur un contrat d'assurance sur la vie dans les actes de disposition, sauf circonstances particulières, n'a pas été modifié.

7. Il en résulte que, sauf circonstances particulières, le tuteur doit solliciter l'autorisation du conseil de famille, ou à défaut, du juge des contentieux de la protection, pour verser des primes sur un contrat d'assurance sur la vie existant.

En conséquence, la Cour :

EST D'AVIS QUE les dispositions de l'article 501 du code civil autorisant, depuis la loi n° 2019-222 du 23 mars 2019, le tuteur à placer sans autorisation des fonds sur un compte ne sont pas applicables au versement libre de primes sur un contrat d'assurance sur la vie existant, ce type de placement demeurant un acte de disposition soumis, sauf circonstances particulières, à l'autorisation du conseil de famille ou, à défaut, du juge des contentieux de la protection.

Cass. 1e civ. 3-3-2021 n° 19-21.420 F-D

594 récupération des aides sociales – conditions de la requalification du contrat en donation indirecte

(Extraits)

1. Selon l'arrêt attaqué (Riom, 18 juin 2019), B... F..., décédé le [...], a souscrit le 11 mars 2003 un contrat d'assurance sur la vie, M. T... étant désigné comme bénéficiaire. A compter du 1er décembre 2007 jusqu'à la date de son décès, il a bénéficié de l'aide sociale du département de l'Allier pour la prise en charge de ses frais de séjour dans une maison de retraite.

2. Par arrêté du 16 janvier 2012, le président du conseil général de l'Allier a décidé de procéder, sur le fondement l'article L. 132-8 du code de l'action sociale et des familles, à la récupération d'une certaine somme, au titre de l'aide sociale versée à B... F..., à l'encontre de M. T.... Ce dernier a formé un recours devant la commission départementale d'aide sociale.

Examen du moyen

Enoncé du moyen

3. Le conseil départemental de l'Allier fait grief à l'arrêt de dire n'y avoir lieu à la récupération de la somme de 9 224,17 euros versée au titre de l'aide sociale à B... F..., alors « qu'une action en récupération est ouverte au département, notamment contre le donataire, lorsque la donation est intervenue dans les dix ans qui ont précédé la demande d'aide sociale ; qu'un contrat d'assurance-vie peut être requalifié en donation si, compte tenu des circonstances dans lesquelles il a été souscrit, il révèle, pour l'essentiel, une intention libérale de la part du souscripteur vis-à-vis du bénéficiaire ; que l'intention libérale s'apprécie au regard de l'âge ainsi que des situations patrimoniale et familiale du souscripteur et de l'utilité du contrat pour ce dernier ; qu'en se bornant à affirmer que le président du conseil départemental ne rapportait pas la preuve d'une intention libérale de M. F... lors de la souscription d'un contrat d'assurance-vie au bénéfice de M. T... pour en déduire que le président du conseil départemental ne pouvait exercer une action en récupération sur les capitaux du contrat d'assurance-vie, sans rechercher l'utilité présentée par le contrat souscrit par M. F..., notamment en considération de son âge (77 ans au moment de la souscription), de l'importance des fonds placés (correspondant à la quasi-totalité de son patrimoine) et de l'absence de déclaration du contrat lors du dépôt de la demande d'aide sociale, la cour d'appel a privé sa décision de base légale au regard des articles L. 132-8 du code de l'action sociale et des familles et 894 du code civil, ensemble des articles L. 132-13 et L. 132-14 du code des assurances. »

Réponse de la Cour

4. Vu l'article L. 132-8 du code de l'action sociale et des familles, dans sa rédaction antérieure à

celle issue de la loi n° 2015-1776 du 28 décembre 2015 relative à l'adaptation de la société au vieillissement, et l'article 894 du code civil :

5. Il résulte du premier de ces textes que l'Etat ou le département peut exercer un recours en récupération des sommes avancées contre le donataire lorsque la donation est intervenue postérieurement à la demande d'aide sociale ou dans les dix ans qui ont précédé cette demande.

6. Il résulte du second qu'un contrat d'assurance sur la vie peut être requalifié en donation si les circonstances dans lesquelles son bénéficiaire a été désigné révèlent la volonté du souscripteur de se dépouiller de manière irrévocable.

7. Pour dire n'y avoir lieu à récupération, contre M. T..., du montant de l'aide sociale versée au profit d'B... F..., l'arrêt, après avoir énoncé qu'un contrat d'assurance sur la vie ne peut être requalifié en donation que lorsque sont établies non seulement l'intention libérale du souscripteur mais également une disproportion entre les primes versées et les revenus de ce dernier, se borne à constater que la preuve de ces conditions n'est pas rapportée par le conseil départemental.

8. En se déterminant ainsi, par ces seuls motifs généraux, sans s'expliquer, comme il le lui était demandé, sur les données propres du litige s'agissant de l'âge du souscripteur, de l'importance des primes versées et de l'utilité du contrat pour ce dernier, la cour d'appel n'a pas donné de base légale à sa décision.

PAR CES MOTIFS, la Cour :

CASSE ET ANNULE, en toutes ses dispositions, l'arrêt rendu le 18 juin 2019, entre les parties, par la cour d'appel de Riom ;

Cass. 2e civ. 11-3-2021 n° 18-12.376 F-P

595 informations imprécises ou incomplètes – prorogation du délai de renonciation

(Extraits)

1. Selon l'arrêt attaqué (Paris, 19 décembre 2017), Mme V... a souscrit le 21 septembre 2001 un contrat d'assurance sur la vie auprès de la société La Fédération continentale, devenue Generali vie (l'assureur).

2. Se prévalant du manquement de ce dernier à son obligation précontractuelle d'information, Mme V... a exercé le 26 juin 2012 la faculté prorogée de renonciation que lui ouvrait l'article L. 132-5-1 du code des assurances. L'assureur ne lui ayant pas restitué les sommes qu'elle avait versées, elle l'a assigné en exécution de ses obligations.

3. À l'occasion du pourvoi qu'il a formé contre l'arrêt faisant droit aux demandes de Mme V..., l'assureur a sollicité le renvoi au Conseil constitutionnel d'une question prioritaire de constitutionnalité.

4. Par arrêt du 6 septembre 2018 (2e Civ., 6 septembre 2018, pourvoi n° 18-12.376), la Cour a rejeté cette demande.

Examen des moyens

Sur le premier moyen, le deuxième moyen pris en sa troisième branche, et le troisième moyen, ci-après annexés

5. En application de l'article 1014, alinéa 2, du code de procédure civile, il n'y a pas lieu de statuer par une décision spécialement motivée sur ces griefs qui ne sont manifestement pas de nature à entraîner la cassation.

Sur le deuxième moyen, pris en ses première, deuxième, quatrième, et cinquième branches

Enoncé du moyen

6. L'assureur fait grief à l'arrêt de dire que Mme V... avait valablement renoncé au contrat souscrit, par lettre du 26 juin 2012 reçue le 28 juin 2012, de le condamner à restituer à Mme V... la somme de 30 489 euros avec intérêts au taux légal majoré, et de le débouter de ses autres demandes, alors :

« 1°/ que lorsque l'assureur n'a pas, avant la souscription d'un contrat d'assurance-vie, communiqué au souscripteur un modèle de lettre de renonciation dans les conditions prévues à l'article L. 132-5-1 du code des assurances, l'irrégularité ainsi constatée peut être couverte par l'envoi, par tous moyens, d'un modèle de lettre de renonciation, cette régularisation faisant courir un nouveau délai de 30 jours à l'assuré pour exercer sa faculté de renonciation ; qu'ainsi la régularisation peut prendre la forme de l'adjonction, par l'assureur, d'un modèle de lettre dans une note d'information envoyée, par ailleurs, à des fins de régularisation ; qu'en décidant au contraire que les documents d'information précontractuels initialement adressés à Madame V... par la société Generali vie étaient irréguliers, faute pour cette dernière d'avoir fait figurer un modèle de lettre de renonciation dans la proposition de contrat, et que la note d'information distincte que la société Generali vie avait adressée, en décembre 2007, à Mme V... à des fins de régularisation était de ce point de vue inefficace puisque l'assureur ne pouvait, pour couvrir une telle irrégularité, insérer un modèle de courrier de renonciation dans la note d'information distincte des conditions générales qu'elle avait communiquée à son assurée, la cour d'appel a violé l'article L. 132-5-1 du code des assurances dans sa rédaction applicable à la cause ;

2°/ que dans sa rédaction applicable à la cause, l'article A.132-4 du code des assurances n'imposait pas à l'assureur d'insérer dans la note d'information de mention « concernant l'exercice de la faculté de renonciation à réception du contrat lorsque celui-ci contient des réserves ou des modifications essentielles à l'offre originelle » ; qu'en jugeant que la note d'information distincte des conditions générales adressée par la société Generali vie à Mme V... était inefficace et n'était pas de nature à faire courir un nouveau délai de renonciation de trente jours, au motif que cette note, dans sa section relative à l'information sur l'exercice de la faculté de renonciation, ne contenait pas d'information « concernant l'exercice de la faculté de renonciation à réception du contrat lorsque celui-ci contient des réserves ou des modifications essentielles à l'offre originelle », la cour d'appel a violé l'article L. 132-5-1 du code des assurances, ensemble l'article A 132-4 du même code ;

4°/ que l'article A 132-4 du code des assurances, dans sa rédaction applicable à la cause, n'imposait pas à l'assureur de faire apparaître dans la note d'information la mention relative au taux minimum garanti et à sa durée lorsqu'aucun taux minimum garanti n'était prévu par le contrat ; qu'en retenant que s'il n'existait aucun taux minimum garanti concernant le support euros, l'assureur devait le préciser dans sa note d'information et qu'à défaut de l'avoir fait dans la note d'information distincte des conditions générales qu'il avait adressée en décembre 2007 à Mme V..., la régularisation qu'il avait entendue opérer était inefficace, la cour d'appel a violé les articles L. 132-5-1 et A 132-4 du code des assurances ;

5°/ de même que l'article A 132-4 du code des assurances, dans sa rédaction applicable à la cause, n'imposait pas davantage à l'assureur de faire apparaître dans la note d'information la mention relative aux garanties de fidélité et aux valeurs de réduction lorsque le contrat d'assurance n'en prévoit pas ; qu'en retenant que s'il n'existait aucune garantie de fidélité ou valeur de réduction, l'assureur devait le préciser dans sa note d'information et qu'à défaut de l'avoir fait dans la note d'information distincte des conditions générales qu'il avait adressée en décembre 2007 à Mme V..., la régularisation qu'il avait entendu opérer était inefficace, la cour d'appel a violé les articles L. 132-5-1 et A. 132-4 du code des assurances. »

Réponse de la Cour

7. Selon l'article L. 132-5-1 du code des assurances, dans sa rédaction antérieure à la loi n° 2005-1564 du 15 décembre 2005, applicable au litige, la proposition d'assurance ou de contrat doit comprendre un projet de lettre destiné à faciliter l'exercice de la faculté de renonciation et l'entreprise d'assurance ou de capitalisation doit remettre, contre récépissé, une note d'information sur les dispositions essentielles du contrat. Le défaut de remise des documents et informations ainsi énumérés entraîne de plein droit la prorogation du délai de renonciation jusqu'au trentième jour suivant la date de leur remise effective.

8. Selon l'article A 132-4 du même code, auquel renvoie ce texte, la note d'information contient les informations prévues par un modèle annexé.

9. Ce modèle, qui recense quatre rubriques, prévoit, au titre de celle intitulée « Rendement minimum garanti et participation », que la note d'infor-

mation mentionne « a) Taux d'intérêt garanti et durée de cette garantie ; b) Indication des garanties de fidélité, des valeurs de réduction et des valeurs de rachat.... »

10. Aucun de ces deux textes ne prescrit que ces mentions n'ont pas lieu d'être portées dans la note d'information lorsque le contrat ne prévoit pas de taux d'intérêt garanti, de garanties de fidélité, de valeurs de réduction ou de valeurs de rachat.

11. Dès lors, il incombe à l'assureur, dans un tel cas, de mentionner dans la note d'information qu'il délivre que le contrat qu'il propose ne garantit à l'assuré aucun taux d'intérêt, ou aucune garantie de fidélité, ou aucune valeur de réduction ou de rachat, toutes informations essentielles pour permettre à celui-ci d'apprécier la compétitivité de ce placement, ainsi que les risques inhérents à l'investissement envisagé, par suite, la portée de son engagement.

12. Il s'ensuit que la cour d'appel, ayant relevé que ni les documents remis à l'assurée lors de la souscription ni la note d'information distincte adressée par l'assureur au mois de décembre 2007 ne comprenaient les informations relatives au taux d'intérêt garanti, à sa durée, aux garanties de fidélité et aux valeurs de réduction, a, en l'état de ces seuls motifs, et abstraction faite des motifs erronés mais surabondants justement critiqués par la première branche du moyen, décidé à bon droit que l'assurée bénéficiait de la faculté de renonciation prorogée prévue par l'article L. 132-5-1 du code des assurances, en cas de défaut de remise de documents ou d'informations par l'assureur.

13. Il s'ensuit que le moyen, non fondé en ses quatrième et cinquième branches, est inopérant pour le surplus.

PAR CES MOTIFS, la Cour :

REJETTE le pourvoi.

Cass. 2e civ. 16-12-2021 n° 19-23.907 F-B

596 informations imprécises ou incomplètes – arbitrages sur le contrat – prorogation du délai de renonciation

(Extraits)

1. Selon l'arrêt attaqué (Paris, 24 septembre 2019), rendu sur renvoi après cassation (2e Civ., 8 décembre 2016, pourvoi n° 15-26.086), le 26 juin 2006, M. [C] a souscrit auprès de la société Sogelife (l'assureur) un contrat d'assurance sur la vie sur lequel il a effectué des versements s'élevant à un total de 20 341 000 euros. Entre le 22 décembre 2006 et le 14 juillet 2009, il a effectué des rachats partiels.

2. Le 20 février 2009, soutenant que l'assureur n'avait pas respecté les obligations précontractuelles d'information imposées par l'article L. 132-5-1 du code des assurances, il a exercé sa faculté prorogée de renonciation au contrat et demandé la restitution des sommes versées, déduction faite des rachats partiels. A la suite du refus de l'assureur, il l'a assigné devant un tribunal de grande instance.

Examen des moyens

Sur le premier moyen, pris en ses cinquième et septième branches, et sur le second moyen, ci-après annexés

3. En application de l'article 1014, alinéa 2, du code de procédure civile, il n'y a pas lieu de statuer par une décision spécialement motivée sur ces griefs qui ne sont manifestement pas de nature à entraîner la cassation.

Sur le premier moyen, pris en sa sixième branche, qui est préalable

Enoncé du moyen

4. L'assureur fait grief à l'arrêt de déclarer valable et régulière la renonciation au contrat en cause exercée par M. [C], de le condamner à lui restituer la somme de 3 583 232,32 euros avec intérêts au taux légal majoré de moitié et au double du taux légal dans les conditions déterminées par la cour d'appel, alors « que l'assureur n'est pas tenu de faire figurer dans la note d'information remise à l'assuré les mentions relatives aux modalités de calcul des frais et indemnités de rachat, aux garan-

ties de fidélité et aux valeurs de réduction, lorsque le contrat n'en prévoit pas ; qu'en jugeant, pour écarter l'abus allégué, que la documentation précontractuelle remise à Monsieur [C] était irrégulière en la forme au motif que la note d'information ne contenait pas la mention relative aux modalités de calculs des frais et indemnités de rachat, aux garanties de fidélité, et aux valeurs de réduction, cependant qu'une telle mention n'avait pas à figurer dans la note d'information remise à l'assuré dès lors qu'il était constant que le contrat conclu avec Monsieur [C] ne prévoyait pas de tels frais ou garanties, la cour d'appel a violé les articles L.132-5-1, L.132-5-2 et A.132-4 du code des assurances. »

Réponse de la cour

5. Selon l'article L. 132-5-1 du code des assurances, dans sa rédaction antérieure à la loi n° 2005-1564 du 15 décembre 2005, applicable au litige, la proposition d'assurance ou de contrat doit comprendre un projet de lettre destiné à faciliter l'exercice de la faculté de renonciation et l'entreprise d'assurance ou de capitalisation doit remettre, contre récépissé, une note d'information sur les dispositions essentielles du contrat. Le défaut de remise des documents et informations ainsi énumérés entraîne de plein droit la prorogation du délai de renonciation jusqu'au trentième jour suivant la date de leur remise effective.

6. Selon l'article A. 132-4 du même code, auquel renvoie ce texte, la note d'information contient les informations prévues par un modèle annexé.

7. Ce modèle, qui recense quatre rubriques, prévoit, au titre de celle intitulée « Caractéristiques du contrat », que la note d'information mentionne « f) contrats en cas de vie ou de capitalisation : frais et indemnités de rachat et autres frais prélevés par l'entreprise d'assurance, mentionnés au premier alinéa de l'article R. 132-3 » et au titre de la rubrique intitulée « Rendement minimum garanti et participation », que la note d'information mentionne « b) Indication des garanties de fidélité, des valeurs de réduction et des valeurs de rachat... ».

8. Aucun de ces deux textes ne prescrit que ces mentions n'ont pas lieu d'être portées dans la note d'information lorsque le contrat ne prévoit pas de frais et indemnités de rachat, de garanties de fidélité, de valeurs de réduction ou de valeurs de rachat.

9. Dès lors, il incombe à l'assureur, dans un tel cas, de mentionner dans la note d'information qu'il délivre que le contrat qu'il propose ne prélève aucun frais ni indemnité de rachat et ne prévoit aucune garantie de fidélité ou aucune valeur de réduction ou de rachat, toutes informations essentielles pour permettre à l'assuré d'apprécier la compétitivité de ce placement, ainsi que les risques inhérents à l'investissement envisagé et par suite, la portée de son engagement.

10. Il s'ensuit que la cour d'appel, ayant relevé que le document intitulé « note d'information » ne mentionnait pas les frais et indemnités de rachat mentionnés au 1er alinéa de l'article R. 132-3 du code des assurances et ne comportait pas l'indication des garanties de fidélité, des valeurs de réduction et des valeurs de rachat, a décidé à bon droit que le contenu de ce document n'était pas conforme aux dispositions impératives des textes précités.

11. Le moyen n'est, dès lors, pas fondé.

Sur le premier moyen, pris en ses quatre premières branches

Enoncé du moyen

12. L'assureur fait le même grief à l'arrêt, alors : « 1°/ que pour apprécier l'existence d'un abus dans l'exercice de la faculté de renonciation prévue par l'article L.132-5-2 du code des assurances, il appartient au juge du fond de rechercher au regard de la situation concrète de l'assuré, de sa qualité d'assuré averti ou profane, et des informations dont celui-ci disposait réellement à la date à laquelle il a prétendu renoncer à son contrat, quelle était la finalité de l'exercice de son droit de renonciation et s'il n'en résultait pas l'existence d'un abus de droit ; que pour écarter l'abus allégué, la cour d'appel s'est en l'espèce bornée à énoncer que, compte tenu des manquements entachant la documentation précontractuelle remise à Monsieur [C], il ne pouvait être dit que celui-ci avait été suffisamment informé lors de la signature de son contrat, que sa qualité de dirigeant ne suffisait pas en soi à en faire un connaisseur averti des produits financiers complexes, qu'aucune conséquence ne pouvait en soi être tirée des arbitrages effectués par celui-ci

ou du fait qu'il avait prétendu renoncer à ses investissements en période de pertes sauf à admettre que la faculté de renonciation ne puisse s'exercer qu'en période de hausse boursière et, enfin, que la connaissance générale que Monsieur [C] avait pu avoir de ce que ses placements pouvaient être soumis à des fluctuations affectant son capital était en soi insuffisante à établir qu'il avait conclu le contrat litigieux « en connaissance de cause » ; qu'en se prononçant par ces seuls motifs, insuffisants à caractériser la recherche de l'existence d'un abus de droit au regard de la situation concrète de Monsieur [C], de sa qualité d'assuré averti ou de profane, et des informations dont celui-ci disposait réellement à la date à laquelle il avait exercé sa faculté de renonciation, la cour d'appel a privé sa décision de base légale au regard des articles L. 132-5-1 et L. 132-5-2 du code des assurances ;

2°/ que dans ses conclusions d'appel, l'assureur faisait valoir que Monsieur [C] avait été dûment informé sur les caractéristiques essentielles de son contrat, sur les caractéristiques du support sélectionné, sur les risques qui y étaient associés, et que les manquements essentiellement formels allégués par Monsieur [C] avaient dans les faits été sans incidence sur la qualité de son information ; qu'elle faisait ainsi valoir, tout d'abord, que s'il lui était reproché d'avoir annexé son modèle de lettre de renonciation à la note d'information et non au bulletin de souscription lui-même, aucun défaut d'information n'en était résulté pour Monsieur [C] puisqu'un modèle de lettre lui avait bien été communiqué, que ce modèle avait été signé et paraphé par l'assuré, que celui-ci avait reconnu avoir été informé sur les conditions d'exercice de la faculté de renonciation, et qu'il avait en outre reçu un modèle de lettre de renonciation lors de la souscription d'un précédent contrat d'assurance-vie ; que l'assureur avait également fait valoir que s'il lui était reproché d'avoir, par commodité, réuni la note d'information et les conditions générales en une seule liasse, Monsieur [C] avait en tout état de cause reconnu avoir reçu et pris connaissance de deux documents distincts et avait signé et paraphé chacun de ces documents; que l'assureur soulignait que s'il lui était reproché d'avoir fait figurer dans sa note d'information une mention trop générale sur le régime fiscal applicable, aucun préjudice n'en était résulté pour Monsieur [C] puisque celui-ci s'était vu remettre une annexe dédiée, qu'il avait paraphée et signée et qui, allant au-delà de ce qu'exige la loi, décrivait de façon exhaustive le régime fiscal applicable au contrat ; qu'elle rappelait encore que s'il lui était reproché de ne pas avoir fait mention des frais supportés par l'unité de compte et des modalités de versement du produit des droits attachés à la détention de l'unité de compte dans la note d'information elle-même, ces informations étaient décrites dans l'annexe financière que Monsieur [C] avait signée et paraphée et dont il avait reconnu avoir pris connaissance ; qu'elle faisait enfin observer que Monsieur [C] ne pouvait sans faire preuve de mauvaise foi lui reprocher de ne pas avoir fait figurer dans la note d'information les mentions relatives aux valeurs de rachats, aux modalités de calculs des frais et indemnités de rachat, aux garanties de fidélités et valeurs de réduction alors que ces derniers éléments n'étaient pas prévus par le contrat ; qu'en se référant, pour écarter l'abus allégué, aux irrégularités qui auraient entaché les documents précontractuels remis à Monsieur [C], sans répondre à ces conclusions, la cour d'appel a violé l'article 455 du code de procédure civile ;

3°/ que c'est à la lumière d'un faisceau d'indices qu'il appartient au juge de déterminer si l'assuré avait, au moment où il a exercé sa faculté de renonciation, conscience des caractéristiques de son contrat et de la portée de son engagement ; que pour écarter en l'espèce tout abus dans l'exercice, par Monsieur [C], de sa faculté de renonciation prorogée, la cour d'appel a énoncé que l'abus ne pouvait se déduire de la seule circonstance que Monsieur [C] avait prétendu renoncer à son contrat dans un contexte de perte sauf à admettre que cette faculté ne puisse s'exercer que dans un contexte favorable à l'investisseur, que la profession exercée par Monsieur [C] ne suffisait pas à en faire un « connaisseur averti des produits financiers complexes », que le fait que le Monsieur [C] avait procédé à de nombreux arbitrages ne suffisait pas en soi à démontrer qu'il avait compris la portée de ses engagements, et que la connaissance générale de ce que ses placements pouvaient être soumis à des fluctuations affectant son capital était insuffisante à démontrer que c'est en pleine connaissance de cause qu'il avait « fait le choix du contrat litigieux » ; qu'en statuant ainsi, sans rechercher s'il ne résultait pas de l'ensemble des éléments invoqués, analysés globalement, que Monsieur [C] avait parfaitement conscience de la portée de son engagement et qu'en renonçant tardivement à son contrat, il avait fait un usage déloyal de la faculté de renonciation qui lui était offerte, la cour d'appel a privé sa décision de base légale au regard des articles L 132-5-1 et L 132-5-2 du code des assurances dans sa rédaction applicable à la cause ;

4°/ qu'en écartant l'abus allégué sans tenir compte, pour apprécier la situation concrète de Monsieur [C] ainsi que les connaissances dont il disposait réellement à la date à laquelle il avait prétendu renoncer à son contrat, du fait que celui-ci avait souscrit de précédents d'assurance-vie également exprimés en unités de compte, qu'il était depuis la signature de son contrat entouré de nombreux conseils, qu'il était diplômé d'une école de commerce réputée, et qu'il avait, pendant des années, été personnellement destinataire de relevés de situation l'informant sur le nombre d'unités de compte acquises sur le support choisi, le cours de l'unité de compte et la valeur totale de son épargne, la cour d'appel a privé sa décision de base légale au regard des articles L.132-5-1 et L.132-5-2 du code des assurances. »

Réponse de la Cour

13. Après avoir rappelé que l'abus de droit, qui conduit à priver d'efficacité une renonciation déjà effectuée et dont la preuve incombe à l'assureur, est établi lorsque l'exercice de cette prérogative a été détourné de sa finalité par un souscripteur qui, suffisamment informé, a été en mesure d'apprécier la portée de son engagement, l'arrêt relève qu'au regard des manquements substantiels de l'assureur à l'information précontractuelle qu'il se devait d'apporter concernant des éléments essentiels du contrat, manquements constatés par la cour, il ne saurait être dit que M. [C] a été suffisamment informé.

14. L'arrêt retient qu'il ne peut être tiré aucune conséquence du fait que M. [C] a continué à faire des arbitrages et des rachats partiels postérieurement à l'exercice de la faculté de renonciation dès lors que cette situation trouve sa cause dans le refus de l'assureur de donner suite à l'exercice prorogé de la faculté de renoncer et la nécessité, en conséquence, pour l'assuré de préserver au mieux ses intérêts dans une période de baisse des valeurs boursières.

15. L'arrêt énonce ensuite que M. [C] a opté pour une gestion déléguée, confiée à un spécialiste en gestion de portefeuille, que, dans ces conditions, le fait d'avoir effectué des versements d'un montant total de 20 341 000 euros sur son contrat ne caractérise par sa qualité d'investisseur averti et qu'il en est de même du fait qu'il soit dirigeant de huit sociétés propriétaires de magasins hard discount de petite surface, ses qualités de gestionnaire de ce type de commerces ne faisant pas de lui un connaisseur averti de produits financiers complexes, choisis par le gérant de portefeuille.

16. L'arrêt retient en outre que la connaissance de ce que ses placements pouvaient être soumis à des fluctuations affectant son capital est insuffisante, alors qu'il n'a pas reçu les informations essentielles explicitant les mécanismes de son contrat, pour dire que c'est en pleine connaissance de cause du fonctionnement de celui-ci et de la connaissance des titres souscrits qu'il a fait le choix du contrat litigieux.

17. L'arrêt retient enfin que la mise en jeu « tardive » de la faculté de renoncer n'est que la conséquence du défaut d'information donné sur les risques encourus par les placements et du moment où, devant la baisse importante de son capital, M. [C] a pris conscience des risques et souhaité immédiatement réagir par le moyen qui lui semblait préserver au mieux ses intérêts.

18. L'arrêt en déduit que l'assureur ne rapporte pas la preuve des éléments constitutifs de l'abus de droit et que la déloyauté contractuelle par un usage de la faculté de renonciation sans lien avec sa finalité n'est pas caractérisée.

19. Par ces constatations et énonciations, dont il résulte que la cour d'appel, qui s'est placée au jour de

la renonciation pour apprécier son caractère abusif, a recherché le moment auquel l'intéressé avait disposé des informations lui permettant d'exercer la faculté de renonciation prorogée et a pris en considération sa situation concrète et sa qualité d'assuré averti ou profane, sans être tenue de suivre les parties dans le détail de leur argumentation, l'arrêt se trouve légalement justifié.

20. Le moyen n'est, dès lors, pas fondé.

PAR CES MOTIFS, la Cour :

REJETTE le pourvoi ;

Cass. 1e civ. 9-2-2022 n° 20-18.544 F-PB

597 primes manifestement exagérées – contrat racheté par le souscripteur avant son décès

(Extraits)

2. Selon l'arrêt attaqué (Versailles, 26 mai 2020), [G] [X] est décédé le 15 décembre 2012, en laissant pour lui succéder son épouse, [C] [I], et sa fille issue d'une précédente union, Mme [K] [X]. [C] [I] est décédée le 25 novembre 2013, en laissant pour lui succéder ses deux soeurs, [H] et [L].

3. Des difficultés se sont élevées à l'occasion du partage de la succession de [G] [X].

Examen des moyens

Sur le premier moyen et le second moyen, pris en sa troisième branche, ci-après annexés

4. En application de l'article 1014, alinéa 2, du code de procédure civile, il n'y a pas lieu de statuer par une décision spécialement motivée sur ces griefs qui ne sont manifestement pas de nature à entraîner la cassation.

Sur le second moyen, pris en ses deux premières branches

Enoncé du moyen

5. Mme [X] fait grief à l'arrêt de rejeter sa demande au titre des assurances sur la vie, tendant à voir ordonner que la somme de 376 508,10 euros et les sommes versées par la Caisse nationale de prévoyance soient réintégrées dans la succession de [G] [X], et de sa demande au titre du recel successoral, alors :

« 1°/ que les règles du rapport à succession et celles de la réduction pour atteinte à la réserve des héritiers ne s'appliquent pas aux sommes versées par le contractant à titre de primes, à moins que celles-ci n'aient été manifestement exagérées eu égard à ses facultés ; que les primes manifestement exagérées eu égard aux facultés du souscripteur sont sujets à rapport et à réduction pour atteinte à la réserve, quand bien-même le contrat d'assurance vie aurait été racheté par le souscripteur, dès lors que le produit de ce rachat a été réinvesti dans un autre contrat d'assurance vie ; qu'en l'espèce, Mme [B] invoquait le caractère exagéré de 11 versements exceptionnels de primes sur des contrats d'assurance vie soit 5 784,05 euros le 10 décembre 1985, 2 884,40 euros le 28 août 1987, 23 181,94 euros le 10 mars 1989, 15 244,90 euros le 20 décembre 1992, 3 048,48 euros le 30 juin 1993, 30 508,10 euros le 27 septembre 1994, 5 335,72 euros le 23 mai 1995, 19 056,13 euros le 6 novembre 1996, 15 244,90 euros le 17 décembre 1997, 160 000 euros le 14 février 2006 et 30 000 euros le 15 mai 2008 ; qu'en énonçant que le contrat Projectis et partant les primes versées sur ce contrat entre 1985 et 2006 n'auraient pas à entrer en ligne de compte puisque ce contrat a été racheté par M. [X] le 8 février 2006, tout en constatant que les sommes rachetées avaient été réinvesties dans un nouveau contrat d'assurance vie dont Mme [I]-[X] était bénéficiaire, ce dont il résulte que les primes versées sur le contrat Projectis depuis 1985 étaient bien sujets à rapport et à réduction dès lors qu'ils étaient exagérés eu égard aux facultés de M. [X], ce qu'il lui appartenait de vérifier, la cour d'appel a violé l'article L. 132-13 du code des assurances ;

2°/ que les règles du rapport à succession et celles de la réduction pour atteinte à la réserve des héritiers ne s'appliquent pas aux sommes versées par le contractant à titre de primes, à moins que celles-ci n'aient été manifestement exagérées eu égard à ses facultés ; qu'un tel caractère s'apprécie au moment du versement, au regard de l'âge ainsi que des situations patrimoniale et familiale du souscripteur ; qu'en se bornant à énoncer que le versement de 160 000 euros sur le contrat Top croissance en 2006 correspond à hauteur de la moitié à une modification de support, que les versements n'ont pas retiré aux contrats d'assurance vie leur aléa, que l'utilité des placements ne pourrait être contestée, que M. [X] n'avait pas de charge particulière et n'avait pas de frais pour se loger, que les relevés bancaires postérieurs aux versements montrent qu'il n'avait pas de problème financier, qu'il a laissé 84 689,10 euros à son décès, et par adoption des motifs du jugement que rapporté au nombre d'années de mariage la moyenne mensuelle des versement ne serait pas exagérée, sans avoir égard à la situation notamment patrimoniale de M. [X] au moment de chacun des versements litigieux réalisés entre 1985 et 2006, la cour d'appel a privé sa décision de base légale au regard de l'article L. 132-13 du code des assurances.»

Réponse de la Cour

6. L'article L. 132-13 du code des assurances dispose :

« Le capital ou la rente payables au décès du contractant à un bénéficiaire déterminé ne sont soumis ni aux règles du rapport à succession, ni à celles de la réduction pour atteinte à la réserve des héritiers du contractant. Ces règles ne s'appliquent pas non plus aux sommes versées par le contractant à titre de primes, à moins que celles-ci n'aient été manifestement exagérées eu égard à ses facultés. »

7. Ce texte ne s'applique pas aux primes versées sur un contrat d'assurance sur la vie racheté par son souscripteur.

8. Ayant souverainement estimé que le versement de la somme de 160 000 euros le 14 février 2006 sur le contrat d'assurance sur la vie Top croissance ne présentait pas un caractère manifestement exagéré eu égard à l'âge du souscripteur, à sa situation patrimoniale et familiale et à l'utilité que revêtait pour lui l'opération, la cour d'appel, qui a exactement retenu qu'elle n'avait pas à vérifier si les primes versées sur le contrat Projectis, racheté le 8 février précédent, présentaient un caractère manifestement exagéré, a légalement justifié sa décision.

PAR CES MOTIFS, la Cour :

REJETTE le pourvoi ;

Cass. 2e civ. 10-3-2022 n° 20-19.655 F-B

598 changement de bénéficiaire – prise de connaissance par l'assureur après le décès – testament

(Extraits)

1. Selon l'arrêt attaqué (Paris, 1er juillet 2020), rendu sur renvoi après cassation (2e Civ., 13 juin 2019, pourvoi n° 18-14.954), lors de son adhésion à la garantie décès d'un contrat d'assurance sur la vie souscrit auprès de la société Gan vie (l'assureur), [Z] [N] avait désigné son fils, M. [D] [N] ou, à défaut, son épouse, Mme [K] [N]-[V], comme bénéficiaire des sommes garanties. Il avait ensuite fait part à l'assureur, dans une lettre du 20 juin 1982, de la modification de la clause bénéficiaire en faveur de son épouse.

2. À la suite du décès de son époux survenu le 1er septembre 1990, Mme [N]-[V] a obtenu de l'assureur le règlement du capital garanti, qui lui a été versé le 17 octobre 1991.

3. M. [N], se prévalant de l'intention de son père de le désigner en définitive comme unique bénéficiaire du contrat d'assurance, a assigné Mme [N]-[V] en restitution de ce capital.

Examen du moyen

Sur le moyen pris en ses deuxième, troisième, quatrième et cinquième branches, ci-après annexé

4. En application de l'article 1014, alinéa 2, du code de procédure civile, il n'y a pas lieu de statuer par une décision spécialement motivée sur ces griefs qui ne sont manifestement pas de nature à entraîner la cassation.

Sur le moyen, pris en sa première branche

Enoncé du moyen

5. Mme [N]-[V] fait grief à l'arrêt de la condamner à payer à M. [N] la somme de 132 379,41 euros,

alors « qu'en matière d'assurances sur la vie, l'assuré peut modifier jusqu'à son décès le nom du bénéficiaire dès lors que la volonté du stipulant est exprimée d'une manière certaine et non équivoque et que l'assureur en a eu connaissance ; qu'en l'espèce, il résulte des propres constatations de l'arrêt que M. [Z] [N] était décédé le 1er septembre 1990, soit avant le 18 octobre 1991, date à laquelle Maître [M] avait adressé au Gan la lettre datée du 29 juillet 1987 par laquelle M. [N] avait demandé d'effectuer les démarches afin que le capital-décès des assurances soit bloqué sur le compte de son fils ; qu'il résultait de ces constatations que l'assureur n'avait pas eu connaissance, avant le décès du stipulant, de la volonté de celui-ci de modifier le nom du bénéficiaire, ce qui faisait obstacle à toute modification ultérieure ; qu'en décidant le contraire, la cour d'appel a violé l'article L. 132-8 du code des assurances. »

Réponse de la Cour

6. La désignation ou la substitution du bénéficiaire d'un contrat d'assurance sur la vie, que l'assuré peut, selon l'article L. 132-8 du code des assurances dans sa rédaction applicable au litige, opérer jusqu'à son décès n'a pas lieu, pour sa validité, d'être portée à la connaissance de l'assureur lorsqu'elle est réalisée par voie testamentaire.

7. Par suite, c'est à bon droit que l'arrêt, retenant que [Z] [N] avait indiqué dans un écrit du 29 juillet 1987, s'analysant en un testament olographe, que le capital décès de son assurance-vie devait revenir à son fils, décide que ce dernier soutient à juste titre que la substitution de bénéficiaire peut être effectuée par voie testamentaire, cette modalité étant expressément prévue par l'article L.132-8 précité, peu important que l'assureur n'en ait pas été avisé.

8. Le moyen n'est, dès lors, pas fondé.

PAR CES MOTIFS, la Cour :

REJETTE le pourvoi.

Liste des décisions reproduites

Voici la liste des décisions de jurisprudence reproduites, de la plus récente à la plus ancienne, avec indication des paragraphes où elles sont évoquées dans la synthèse et où figure un extrait.

Années	Références	n° Synth.	n° Juris.
2022	Cass. 1e civ. 9-2-2022 n° 20-18.544 F-PB	**243**	597
	Cass. 2e civ. 10-3-2022 n° 20-19.655 F-B	**128**	598
2021	Cass. 1e civ. 3-3-2021 n° 19-21.420 F-D	**214**	594
	Cass. 2e civ. 11-3-2021 n° 18-12.376 F-P	**81**	595
	Cass. 2e civ. 16-12-2021 n° 19-23.907 F-B	**81**	596
2020	Cass. 2e civ. 25-6-2020 n° 19-14.047 F-D	**83**	585
	Cass. 2e civ. 25-6-2020 n° 19-16.109 et 19-16.110 F-D	**30**	586
	Cass. 2e civ. 2-7-2020 n° 19-11.417 et 19-13.636 F-PBI	**185**	587
	Cass. 2e civ. 16-7-2020 n° 19-16.922 F-PBI	**30**	588
	Cass. 1e civ. 30-9-2020 n° 19-11.187 FS-PB	**172**	589
	Cass. 2e civ. 26-11-2020 n° 18-22.563 F-PBI	**128**	590
	Cass. 2e civ. 26-11-2020 n° 19-12.499 F-D	**99**	591
	Cass. 1e civ. 16-12-2020 n° 19-17.517 F-D	**248**	592
	Cass. 1e civ. avis 18-12-2020 n° 20-70.003 F-PB	**102**	593
2019	Cass. 2e civ. 28-3-2019 n° 18-15.612 F-PB	**83**	579
	Cass. 1e civ. 3-4-2019 n° 18-14.640 FS-PBI	**128**	580
	Cass. 2e civ. 13-6-2019 n° 18-14.954 F-PBI	**128**	581
	Cass. 1e civ. 26-6-2019 n° 18-21.383 F-PB	**144**	582
	Cass. 1e civ. 6-11-2019 n° 18-16.153 F-D 589.	**243**	583
	Cass. 1e civ. 20-11-2019 n° 16-15.867 FS-PBI	**106, 194, 195, 253**	584
2018	Cass. 1e civ. 7-2-2018 n° 17-10.818 FS-PBI	**102, 214, 244**	575
	Cass. 2e civ. 8-2-2018 n° 17-11.659 F-PB	**32**	576
	Cass. 2e civ. 10-02-2018 n° 17-10.423 F-D	**179**	577
	Cass. 1e civ. 19-09-2018 n° 17-23.568 FS-PB	**172**	578
2017	Cass. 2e civ. 12-1-2017 n° 15-27.908 F-D	**30**	570

	Cass. 1e civ. 8-3-2017 n° 16-10.384 F-PB	**249**	571
	Cass. 2e civ. 8-6-2017 n° 15-12.544 F-PB	**102**	572
	Cass. 2e civ. 23-11-2017 n° 16-21.671 FS-PB	**75**	573
	Cass. 2e civ. 23-11-2017 n° 08-16.51 FS-PBI	**30**	574
2016	Cass. 1e civ. 10-2-2016 n° 14-27.057 FS-PBI	**172**	566
	Cass. 1e civ. 11-5-2016 n° 15-10.447 FS-PBI	**107**	567
	Cass. 2e civ. 19-5-2016 n° 15-12.767 FS-PBRI	**83**	568
	Cass. 2e civ. 19-5-2016 n° 15-13.606 FS-PBRI	**67**	569
2015	Cass. 1e civ. 19-3-2015 n° 13-28.776 F-PB	**158, 339**	562
	Cass. 2e civ. 22-3-2015 n° 14-11.206 FS-PB	**128**	563
	Cass. 2e civ. 21-5-2015 n° 14-18.742 F-PBI	**81**	564
	Cass. 2e civ. 10-9-2015 n° 14-20.017 F-PB	**176**	565
2013	Cass. 2e civ. 28-2-2013 n° 12-14.385 FS-PB	**85**	557
	Cass. 2e civ. 13-6-2013 n° 12-20.518 F-D	**177**	558
	Cass. 2e civ. 13-6-2013 n° 12-22.308 F-D	**30**	559
	Cass. 1e civ. 25-9-2013 n° 12-23.197 F-PB	**128**	560
	Cass. 2e civ. 3-10-2013 n° 12-24.957 F-D	**75**	561
2012	Cass. 1e civ. 10-10-2012 n° 11-14.018 FS-PB	**244**	555
	Cass. 1e civ. 10-10-2012 n° 11-17.891 F-PBI	**129, 208**	556
2011	Cass. 1e civ. 18-5-2011 n° 10-23.114 F-PBI	**99**	552
	Cass. 2e civ. 1-6-2011 n° 10-30.430 FS-PB	**176**	553
	Cass. 2e civ. 3-11-2011 n° 10-25.364 F-D	**195**	554
2010	Cass. 2e civ. 18-2-2010 n° 09-10.595 FS-D	**75**	548
	Cass. 2e civ. 25-2-2010 n° 09-11.352 FS-PB	**81, 84**	549
	Cass. 1e civ. 8-7-2010 n° 09-12.491 F-PB	**251**	550
	Cass. 1e civ. 4-11-2010 n° 07-21.303 FS-PBI	**169**	551
2009	Cass. 2e civ. 7-5-2009 n° 08-16.501 F-D	**30**	544
	Cass. 1e civ. 20-5-2009 n° 08-11.355 FS-PB	**240**	545
	Cass. 1e civ. 17-6-2009 n° 08-13.620 FS-PB	**245**	546
	Cass. 2e civ. 9-7-2009 n° 08-18.730 FS-PB	**75, 82**	547
2008	Cass. ch. mixte 22-2-2008 n° 06-11.934 PBRI	**194, 202**	540
	Cass. 2e civ. 5-6-2008 n° 07-14.077 FS-PB	**115**	541
	Cass. 2e civ. 23-10-2008 n° 07-19.163 FS-PB	**178**	542
	Cass. 1e civ. 5-11-2008 n° 07-14.598 FS-PBI	**178**	543
2007	Cass. 1e civ. 22-5-2007 n° 05-18.516 F-PB	**257, 258**	535
	Cass. 2e civ. 4-7-2007 n° 06-14.048 FS-PB	**245**	536

Certifié PEFC
Ce produit est issu de forêts gérées durablement et de sources contrôlées.
PEFC 10-31-3068
pefc-france.org

36893-630 (I) - OFF 70 - Int-LC
Achevé d'imprimer en juin 2022 par CPI Bussière
18200 Saint-Amand Montrond
N° d'impression : 2065567
Dépôt légal : juin 2022

Imprimé en France